LA
DIVINE COMÉDIE

DE

DANTE ALIGHIERI,

TRADUITE EN FRANÇAIS

PAR M. LE CHEVALIER ARTAUD DE MONTOR,

Ancien chargé d'affaires de France a Rome, a Florence et a Vienne,
Membre de l'Académie des inscriptions et belles lettres, de l'Académie de la Crusca,
de la Société royale de Gottingue, et de l'Académie Tibérine,
Officier de la Légion d'honneur, Chevalier de l'ordre du Saint-Sépulcre,
Chevalier Commandeur de l'ordre de Saint-Grégoire le Grand
Commandeur de l'ordre royal Espagnol de Charles III.

TROISIÈME ÉDITION.

PARIS,

LIBRAIRIE DE FIRMIN DIDOT FRÈRES,

IMPRIMEURS DE L'INSTITUT DE FRANCE,

RUE JACOB, 56.

LA
DIVINE COMÉDIE.

On trouve à la même librairie, du même auteur,
les deux ouvrages suivants :

MACHIAVEL, SON GÉNIE ET SES ERREURS,
2 vol. in-8°, avec gravures.

L'HISTOIRE DE DANTE ALIGHIÉRI,
1 vol. in-8°, avec gravures.

LA
DIVINE COMÉDIE

DE

DANTE ALIGHIÉRI,

TRADUITE EN FRANÇAIS

PAR M.

LE C^{re} ARTAUD DE MONTOR,

Ancien chargé d'affaires de France a Rome, a Florence et a Vienne,
Membre de l'Académie des inscriptions et belles-lettres, de l'Académie de la Crusca,
de la Société royale de Gottingue, et de l'Académie Tibérine,
Officier de la Légion d'honneur, Chevalier de l'ordre du Saint Sepulcre,
Chevalier Commandeur de l'ordre de Saint-Grégoire le Grand,
Commandeur de l'ordre royal Espagnol de Charles III.

TROISIÈME ÉDITION.

PARIS,

LIBRAIRIE DE FIRMIN DIDOT FRERLS,
IMPRIMEURS DE L'INSTITUT,
RUE JACOB, 56.

1849.

INTRODUCTION.

Qui revelat profunda de tenebris, et producit in lumen, umbram mortis. Job, xii, 22.

Ostendam tibi, audi me, quod vidi, narrabo tibi. Job, xv, 17.

« Honneur aux hommes illustres, dans tous les temps « et dans tous les pays (1) ! »

Nous avons publié une traduction de la *Divine Comédie*, 3 vol. in-8°, Paris, 1811-1813 : le public a bien voulu accueillir cet essai avec quelque bonté. Rendu à la vie des lettres, après de nouveaux travaux politiques, nous avons cru convenable de publier la seconde édition, 9 vol. in-32, 1828-1830. Aujourd'hui, nous publions la troisieme, avec de nombreuses corrections et une foule d'additions dans les notes.

Nous nous sommes procuré, en général, les dissertations, les variantes imprimées en Italie, en France, en Espagne, en Angleterre, et en Allemagne. Nous présentons donc au lecteur les investigations assidues des principales nations littéraires du monde; et puisque les hommages les plus mérités sont rendus universellement au *padre Alighieri*, dans toute la terre savante, nous avons cherché à résumer ces louanges, a profiter de tous les conseils utiles, à repousser des calomnies, à stimuler l'ardeur des amis du vrai, du beau, du plus noble sentiment moral et religieux, et nous avons pensé que ce tribut

(1) *Histoire de Dante*, grand in-8°. Paris, 1841, p. 1.

d'admiration, offert sous la protection de cette langue qui, malgré des écarts dont elle ne tardera pas à se corriger, donne la vie à tout ce qu'elle touche, continuerait d'entretenir l'empressement avec lequel Dante est partout recherché, expliqué et mieux compris.

Nous avons cru qu'il était a propos de réunir les trois *cantiche* dans un seul volume. Longtemps, on n'a pas même connu, parmi nous, le nom de Dante : plus tard, on consentait a lire l'*Enfer*, et même à louer la contexture de ce premier poeme. Ensuite, sans avoir lu le *Purgatoire* et le *Paradis*, on était tenté de les déclarer fatigants, sans but, ennuyeux (ceci concerne les pays étrangers à l'Italie). Le grand auteur n'avait réussi, disait-on, que dans son commencement : le reste ne valait pas la peine d'occuper un instant l'attention. Ce préjugé régnait avec aigreur dans tous les esprits. Sous l'influence des reines Catherine et Marie de Medicis, il y eut des éditions italiennes imprimees à Lyon, mais on les debitait plus en Italie qu'en France. On ne connaissait en français, dans le XVIe siecle, que la traduction de Grangier, dédiée a Henri IV; Paris, 3 vol. in-12, 1596-1597 (1). Elle est en vers qui suivent exactement le texte ; ce qui la rend, dans beaucoup de passages, à peu pres incomprehensible. Les notes qui l'accompagnent sont cependant instructives. Au

---

(1) Dans le XVIIe siecle la langue italienne etait répandue a Paris. On voit que madame de Sévigné lisait l'*Arioste* et le *Tasse :* elle ne dit rien des vers de Dante. M. de Monmerqué, infatigable ami de la gloire de madame de Sevigné, M. de Monmerqué, mon confrère, cet annaliste si ingenieux, qui connait si intimement tous les secrets historiques du grand siecle, m'a dit que dans les documents inédits mis en ordre pour préparer une nouvelle edition des *Lettres inimitables,* il n'avait rien vu qui fût relatif a Dante.

total, on connait peu cette édition, et on ne la lit jamais.

Une autre édition, ou plutôt imitation, composée par le comte Colbert d'Estouteville, petit-fils du célèbre Colbert, et qui a circulé longtemps manuscrite, fut imprimée en 1796 par Sallior. Elle est, aussi, complete, mais dépourvue de notes. Il ne faut pas disconvenir que cette publication *n'ait donné*, suivant un passage de la préface de l'éditeur, *n'ait donné au public une première idée d'un poeme tres-singulier et qui présente de très-grandes beautés*. Cette édition n'obtint aucun succès, a cause de l'époque désastreuse où elle fut publiée. Ensuite, l'auteur substituait trop souvent des équivalents mal choisis à la haute inspiration du poete. Véritablement, d'Estouteville ne révéla que la *charpente* du poeme.

Moutonnet avait traduit l'*Enfer* in-8°, Paris, 1776. Plus tard, en 1785, Rivarol avait traduit l'*Enfer* seulement, comme Moutonnet.

Je parle de Grangier, de d'Estouteville, de Moutonnet et de Rivarol, dans mes notes, et toujours avec la convenance nécessaire, parce qu'il s'agit de prédécesseurs qui ont fait, dans leur temps, aussi bien qu'ils pouvaient faire.

Je détaillerai les motifs pour lesquels j'ai désiré qu'un seul volume contint aujourd'hui le poeme entier.

Des libraires avaient remarqué, dans des ventes publiques, que les héritiers possesseurs de mes deux premieres éditions, retenaient comme *bon* et *de quelque valeur* le poeme de l'*Enfer*, et se défaisaient avec affectation du *Purgatoire* et du *Paradis*, réputés, selon eux, livres sans intérêt, sans poésie, et *écailles d'huîtres* (je dis le propre nom dont on se servait).

Eh bien! ce jugement n'est pas fondé. Je revendique pour les trois parties du poeme la même portion d'éloges, tout en laissant cependant, par force, à des croyances égarées, non pas le droit, mais l'habitude de se livrer à des préférences que je ne caractérise pas ici. La question considérée poétiquement est tout autre. Il suffit de continuer la lecture avec bonne foi.

Si l'on parlait du vaste ensemble de mes premières éditions, ces esprits résistants et ennemis, quand ils avaient lu l'*Enfer*, étaient satisfaits.

Aujourd'hui, on ne pourra acheter rien séparément : on aura *tout*, à la fois, et au prix le plus minime ; et il faut espérer qu'on ne manquera pas au premier devoir des juges, le devoir de lire, d'examiner, de tout considérer, et de ne prononcer qu'après avoir rempli cette obligation d'honnête homme et de magistrat intègre. La magistrature littéraire, pas plus que la magistrature judiciaire, ne doit échapper a aucune des conditions qui *obligent*.

Le poeme de Dante est un *tout* qui a son but, ses vues distinctes, ses enchaînements, ses mystères. Tout cela marche ensemble et ne s'arrête jamais. C'est à un résultat déterminé qu'il faut que le lecteur se laisse conduire. D'abord l'homme religieux ne perdra pas son temps et n'exposera pas sa conscience. Ainsi que je l'ai remarqué dans mes notes, il semble qu'un théologien austère suit pas à pas Dante dans ses définitions. On croit voir le poete se retourner vers cet ami fidele (je n'entends point parler de Virgile, je parle d'un théologien consommé, d'un ecclésiastique du temps), on croit entendre le poete lui dire « Est-ce bien ? ai-je manqué à une injonction catholique ? » — « Allez, allez, répond le compagnon instruit de la doctrine des Peres ; allez, vous n'avez pas failli : les dogmes sont saufs, avec une docilité comme la vôtre. » Et ce religieux si heureusement consulté a tenu le même langage au voyageur, jusqu'au dernier tercet du *Paradis*.

Voilà les arguments graves que l'on peut opposer à ceux que nous désirons convaincre de leur erreur et de leur trop pétulante précipitation. Voici d'autres motifs : car il faut introduire la persuasion en ce qui est raisonnable, par tous les moyens propres à la faire accepter. Je dirai ces motifs, quoiqu'ils puissent, en apparence, servir d'armes pour essayer à combattre Dante.

« Esprits *d'une seule pièce*, qui ne voulez que des scènes
« de terreur, qui ne vous plaisez que dans des cercles
« d'effroi et de châtiment, votre vie sans doute n'a rien à
« redouter de ces épouvantables menaces, de ces feux
« dévorants, de ces glaces éternelles ; vous vous assignez
« d'avance, même en ne croyant à rien, une place dans
« le plus beau royaume, ou, à tout prendre, dans un des
« circuits plus ou moins douloureux qui en sont voisins.
« Si du reste rien, de mille importantes considérations,
« ne vous intéresse, pourquoi répugnez-vous à connaître
« quelques-unes des images qui sont tracées par le pinceau
« toujours créateur d'un génie à qui vous accordez d'ail-
« leurs le titre de poete sublime? Mais abandonnons des
« arguments que les esprits forts ne veulent pas entendre,
« qu'ils poursuivent et rejettent en termes moqueurs ! On
« veut bien revenir à vos goûts, à vos penchants pour ce
« qui est inexorable, pour ce qui fait trembler le plus in-
« trépide : soyez libres de courir au spectacle des tortures,
« comme à une fête. Encore une fois, laissons en paix ces
« yeux endurcis qui ne versent aucune larme ; mais prenez
« garde, tout votre plaisir n'est pas fini : quelque chose
« d'approchant se manifeste encore dans ce que vous dé-
« daignez, et si vous voulez bien vous contenter des pa-
« roles, sans exiger les ventres fendus, les têtes portées

« en guise de lanternes, il y a des passages du *Paradis*
« où le Toscan, peu maître de lui-même, se croit forcé de
« mettre dans la bouche de ses interlocuteurs les plus
« saints, des attaques, des apostrophes foudroyantes. Ne
« restez pas en chemin, puisque vous voila prévenus à
« temps ; sans doute Dante s'est laissé emporter un mo-
« ment par un zèle trop rude, mais ce qu'il dit est bon
« pour vous ; pourquoi refusez-vous une autre délectation
« qui est là, à votre disposition? Vous avez payé le prix
« convenu ; ce plaisir est à vous : il est un de vos droits :
« feuilletez donc le reste, mais ne feuilletez pas vite, de peur
« que ce que je vous annonce ne vous échappe : soyez as-
« surés que vous trouverez de quoi satisfaire des goûts que
« vos écrivains appellent *sains*, *enivrants*, et *la nourri-*
« *ture nécessaire aux grandes âmes.* »

Dante obtiendra-t-il cette fois la juste victoire qu'il peut ambitionner? La cause enfin sera-t-elle tout à fait entendue? Dans les ouvrages des hommes prime-sautiers, des oppositions audacieuses n'impriment-elles pas à ces ouvrages un cachet d'originalité, d'*imprévu*, semblable aux scènes variées de la nature qui nulle part n'offre rien de semblable, de répété et de *même allure?* Dante a travaillé dans l'esprit qui guide le souverain maître. Le livre de ce Toscan merveilleux, véritable encyclopédie du temps, renferme jusqu'à des découvertes que d'autres personnages se sont attribuées depuis ; sous ce rapport, Dante est un inventeur admirable ; puis tout ce qui était connu déjà est mentionné par lui avec sagacité, et ce n'est pas dans l'*Enfer* seul qu'il montre sa vaste érudition.

Son immense perception de tout ce que les savants anciens avaient accumulé de sentences hardies et de principes généreux, prouve que le xivᵉ siècle n'etait pas aussi ignorant qu'on le prétend. C'est dans l'ouvrage tout entier de Dante qu'il faut chercher quelle était alors la masse des connaissances humaines.

Il n'est pas permis de dire : « Je jugerai, mais je choisirai les pièces sur lesquelles je prononcerai mon jugement; » qu'on y mette le temps, si l'on veut, Dante a bien attendu quatre siècles, qu'on s'occupât de lui si attentivement en France! Il ne demande pas que l'on aille vite, mais qu'on l'entende. Ses amis l'ont fait, pour certains retardataires, petit, et comme restreint; mais dans le présent format, quoique si réduit, le génie du grand homme vit tout entier. Les incertitudes, les confusions que l'on pourrait craindre de rencontrer sont éclaircies : tous les commentateurs, de quelque pays qu'ils soient, sont consultés, et interrogés tour a tour sans passion.

Je crois devoir indiquer ceux qui ont fourni les informations les plus sûres. Je mets en première ligne Bocace et sa vie de Dante; Bernardin Daniello, in-4°, Venise, 1568; Benvenuto da Imola, Venise, 1577; Landino, Vellutello et Sansovino, 1 vol. in-folio, 1578; l'édition de la Crusca, Florence, 1595; Volpi, Padoue, 1727; la traduction en vers latins du père Charles d'Aquin, Naples, 3 vol. in-8°, 1728; la première édition de Venturi, dédiée à Clément XII, Lucques, 3 vol. in-8°, 1732; Louis Dolce, in-12, Bergame, 1752; Portirelli, 3 vol. in-8°, 1804; Poggiali, 1 vol. in-8°, Livourne, 1806-1813; Lombardi, deuxième édition romaine, 4 vol. in-8°, 1815. Cette édition a été donnée par le judicieux M. de Romanis, un des meilleurs guides que l'on puisse suivre, quand on doit parler de Dante. Biagioli, 3 vol. in-8°, Paris, 1818-1819.

Il y a encore des commentateurs et des auteurs de traités sur Dante que j'ai cités d'après Lombardi.

J'ai aussi rendu justice à M. Terrasson, poete provençal, qui a traduit avec élégance plusieurs morceaux d'Alighiéri. Un autre Provençal, M. Étienne Masse, a traduit, avec un grand et remarquable talent, les paroles terribles d'Ugolin.

Voila les auteurs que nous avons lus avec attention, et dont les travaux ont jeté la lumière sur une foule de faits que le lecteur n'aurait pu comprendre sans un aussi utile secours.

J'ai publié précédemment une *Histoire de Dante*, dédiée à la péninsule Ausonienne, 1 vol. in-8°, Paris, 1841.

Cet ouvrage, orné de gravures, comprend l'analyse de tous les écrits de Dante. Je crois que c'est l'histoire la plus détaillée de cet illustre auteur, qui ait été encore publiée.

J'en extrairai quelques détails, pour annoncer aux lecteurs de la présente traduction ce que fut Dante, dans quels temps il vecut, et quelles ont été les causes de ce dépit qui faisait de lui un si indomptable poete.

Dante Alighiéri naquit en 1265 à Florence, le 8 mai. Brunetto Latini, Florentin, d'abord notaire, ensuite *dettatore*, charge qui correspondait à celle de secrétaire de la république, fut le maître du jeune Alighiéri et lui enseigna les premiers élements des sept arts qu'on appelait le *trivium* et le *quadrivium* (1). Le *trivium* comprenait la grammaire, la rhétorique et la dialectique. Le

---

(1) *Trivium* veut dire place où aboutissent trois rues; *quadrivium*, place où aboutissent quatre rues.

quadrivium comprenait l'arithmétique, la géométrie, l'astronomie et la musique (1).

On conçoit ce qu'un esprit ferme et solide, une mémoire heureuse, un caractère indépendant et fort, devaient trouver de puissance et d'énergie dans des connaissances aussi étendues. On reconnaîtra, en lisant la *Divine Comédie*, avec quel zèle, avec quelle avidité, Dante s'était livré à l'étude des sept arts, et surtout de l'astronomie, de la géométrie et de la musique.

Mais il est nécessaire de parler des circonstances qui influèrent tant sur le génie de Dante, ce sublime chantre de Béatrix, dont la *Divine Comédie* se trouve un éloge continuel.

Dante avait neuf ans, quand celle qui fut la *glorieuse dame de son esprit* s'offrit devant lui. Elle allait atteindre un peu plus de huit ans, et s'appelait Béatrix. Son père, Foulques Portinari, noble Florentin, était voisin du père de Dante.

Dans un sonnet de son livre intitulé : *Vita nuova* (ce qui signifie : *La jeune vie*), Dante donne le secret du projet qu'il médite.

« Désormais, si tel est le plaisir de celui par lequel
« toutes choses vivent (Dieu), et que ma vie se prolonge
« quelque temps, j'espère dire de cette femme bénie ce
« qu'on n'a jamais dit de personne : ensuite, qu'il plaise
« au Seigneur de toute courtoisie que mon âme puisse
« aller voir la gloire de son amie, c'est-à-dire de cette
« bénie Béatrix, contemplant glorieusement celui qui est
« béni dans tous les siècles (2). »

(1) Les informations qui concernent le *trivium* sont dispersées dans les ouvrages de Platon et d'Aristote. Quant au *quadrivium*, voyez dans Platon le livre VII *des Lois*.

(2) *Histoire de Dante*, p. 69.

Dante parlait ainsi à l'âge de vingt-six ans, au moment où la mort venait d'enlever la fille de Foulques Portinari.

Cependant les nobles et les *popolani* de Florence, confusément mêlés à deux factions appelées les *Noirs* et les *Blancs* (voyez *Enfer*, page 100, note 3), se déchiraient avec acharnement. Qui préférer? à quelles passions, puisqu'il faut vivre avec les passions, faut-il tendre la main? En définitive, l'orgueil, défaut dominant des uns, est un vice qui, préoccupé de lui-même, oubliait quelquefois de faire le mal; l'envie, ce vice inhérent aux autres, ne connaissait pas de relâche, et sans cesse voulait combattre pour vaincre et punir, et déplacer à son profit ces fatales richesses que les hommes savent plutôt arracher que défendre. Au total, si on ne sait pas ceux qu'il faut préférer, l'expérience que nous ont donnée notre âge et les affaires nous instruisent assez du sort des nobles et des *popolani* de tous les pays. On remporte plus souvent des victoires sur l'orgueil qui se garde mal, que sur l'envie qui ne dort jamais.

Dante voulut se placer au milieu de ces querelles pour les apaiser. Ce grand poète, il faut l'avouer, ne fut pas un aussi grand politique. Il appartenait, par sa famille, au parti guelfe protégé par les papes, il fut jeté, malgré lui, dans les rangs des gibelins soutenus par l'empereur.

Dante, envoyé à Rome comme ambassadeur, ne se trouva pas à Florence, quand les Guelfes y obtinrent un avantage, et il voulut modérer leur esprit de vengeance. Ceux-ci l'exilèrent et successivement le condamnèrent à être brûlé, s'il reparaissait sur le territoire de la république, et confisquèrent lâchement tous les biens de la famille Alighiéri. Il n'y eut plus de refuge pour Dante que parmi les Gibelins florentins et les autres républiques gibelines répandues de loin en loin dans l'Italie.

C'est dans l'exil que le poeme de la *Divine Comédie* a été composé. Les notes de cette traduction expliquent souvent toutes les phases de la vie de l'exilé.

Vers 1505, il composa un ouvrage appelé le *Convito*, il s'en occupait en même temps que de la *Cantica* de l'*Enfer*.

« La nourriture de ce *banquet* (1) sera ordonnée de « quatorze manieres, c'est-à-dire, qu'elle se composera « de quatorze *canzones* qui auront pour sujet *l'amour* et « *la vertu.* »

Dans l'analyse que j'ai offerte de quelques passages du *Convito*, j'ai tâché de rester le plus près que j'ai pu de l'original écrit en langue vulgaire, de conserver les images, et surtout de ne pas altérer une sorte d'*étrangeté* vagabonde, à laquelle se livre l'auteur qui n'a pas devant lui un but fixe et arrêté.

Nous trouvons dans le chapitre xv de ce traité du *Convito* que Dante ne savait pas le grec, et n'avait pas la prétention de le savoir.

M. Letronne, mon savant confrere, m'a donné, en ce qui concerne particulierement un passage sur la voie lactée, des notes pleines d'érudition et de netteté, qu'on ne lira pas sans plaisir, page 156 et suivantes de l'*Histoire de Dante*.

Dans une définition de ce même traité, Dante défend à un auteur de se louer. « Les louanges que l'on se donne, dit-il, sont des paroles faites pour montrer ce que l'on ne sait pas. » Plus bas, il fait un pompeux éloge de la langue

(1) *Histoire de Dante*, p 151.

latine. Malheureusement, il se contredira dans le traité *De Vulgari eloquio*, dont nous parlerons plus tard. Quoi qu'il en soit, voici ce qu'il dit du latin : « Il est perpétuel et non corruptible; le vulgaire est non stable et corruptible (1). » Dante composa ensuite, en prose latine, un livre qu'il intitula : *De Vulgari eloquio*. L'auteur trouve moyen, dans cette circonstance, en parlant des divers langages de la Péninsule, d'aimer avec passion toute l'Italie, sans aucun détriment de tendresse pour sa ville, et il faut le louer en cela plus que ceux qui semblent ne pouvoir aimer l'Italie sans *désaimer* leur propre province, comme s'ils pouvaient être Italiens sans avoir été précédemment Piémontais, Lombards, Toscans, Romagnols, Vénitiens, Romains, et Napolitains (2).

Nous n'oublierons pas d'observer ici que ce traité ne contient aucune injure personnelle contre les Florentins. L'auteur est souvent un homme qui voyage, qui compare, qui, s'apprêtant à écrire en langage vulgaire, rassemble partout des matériaux. L'éloge qu'il fait d'une langue, *illustre*, *aulique*, *cardinale* et *de cour*, est

(1) Cette définition me rappelle les opinions sages de mon confrère M. Hase, qui les a exprimées avec une grande clarté, dans une lettre qu'il m'a fait l'honneur de m'écrire, parce que je lui avais demandé si l'on devait choisir le français ou le latin, pour une inscription à mettre sur les tombeaux, élevés à Toulouse par la libéralité reconnaissante de mademoiselle Sarazin de Belmont, en l'honneur du célèbre Gros et de sa femme (Voyez, relativement à mademoiselle de Belmont, la note 2 de la page 230.) Je donnais la préférence au latin, parce qu'en Italie j'étais accoutumé à ne voir que des inscriptions latines. M. Hase m'adressa sur ce sujet des réflexions qu'il avait trouvées dans son esprit orné d'une grande science, et dans son expérience éprouvée, réflexions qui étaient, aux termes près, les mêmes que celles de Dante.

(2) Je dois cette remarque généreuse à M. le comte César Balbo, auteur de la *Vita di Dante*, 2 vol. in-8°. Turin, 1839.

l'annonce du prodige qu'il cherche, du succès qu'il ambitionne, du but qu'il veut atteindre (1).

Il paraît que Dante, quand il est venu en France, avait terminé le poeme de l'*Enfer*. Dans les ouvrages qu'il a composés après ce voyage, il reste des traces de prévention, de colère contre la France, et qui doivent faire penser que le poete ne fut pas heureux à Paris.

Vers 1312, de retour en Italie, Dante y publia son traité *De Monarchiá*. Ce livre, composé en latin, a été traduit en italien par Marsile Ficin (j'ai donné avec détails l'analyse de ce traité dans l'*Histoire de Dante*, page 297).

On recherche avec empressement les lettres que Dante écrivit alors, et qui tendaient à fortifier le parti de l'empereur Henri VII contre les Guelfes de Florence. Le Pape sejournait a Avignon; Dante s'adresse aux cardinaux italiens. « *Rome*, dit-il, *exciterait la pitié d'Annibal.* » Lorsque Dante s'obstinait à être aussi un écrivain politique, malgré lui, il restait poete.

C'est vers la fin de 1314 que Dante termina probablement la *Cantica* du *Purgatoire*.

En 1317, suivant M. de Witte, celebre philologue allemand, Dante écrivit à un religieux qui avait profité des dispositions de douceur ou un commencement de paix avait placé les esprits, depuis la mort de Henri VII, pour demander qu'on permît que Dante allât a Florence. Les conditions récemment acceptées par d'autres Florentins exilés, étaient celles-ci : le condamné devait se constituer quelque temps en prison; puis, a un jour de solennité, il devait se présenter, une torche a la main, dans une des

---

(1) *Histoire de Dante*, p 185.

principales églises, et la se recommander a la miséricorde du *comune*.

On lit dans la réponse de Dante : « Ce n'est pas la un chemin par lequel on revienne dans la patrie; mais si vous ou vos amis, vous en entrevoyez un autre qui ne déroge ni à la renommée de Dante ni à l'honneur, j'accourrai a grands pas pour l'accepter. Si l'on n'entre pas à Florence par une autre voie, je ne rentrerai pas à Florence. »

« Eh quoi! ne pourrai-je contempler partout les mirons du soleil et des astres? Est-ce que je ne pourrai pas admirer les plus douces vérités sous le ciel, si auparavant je ne me montre pas sans gloire et couvert d'ignominie, devant le peuple et devant la ville de Florence? Jamais le pain ne me manquera.... »

Le reste de la lettre n'a pas été retrouvé. Reponse magnifique à jamais! Il est dur de ne pas revoir la patrie. Il est amer pour tous le pain etranger! Mais la noblesse, la force, la dignité dans l'exilé, que l'on veut déshonorer, sont, de tout temps, des vertus du premier ordre, des titres de gloire ineffaçables, des sujets de louanges destinés a ne pas périr.

Douze chants du *Paradis* etaient terminés sans doute, vaant que cette lettre fût écrite.

Depuis quelques années, Dante résidait à Vérone, auprès de Can le Grand. En 1318, le poete, à la suite de mécontentements, quitta cette ville. Au commencement de 1319, âgé de cinquante-quatre ans, il visita Udine dont Pagano della Torre, patriarche d'Aquilée, était seigneur, et il passa auprès de ce prince plusieurs mois.

Dante trouva son dernier asile à la cour de Guido V, seigneur de Ravenne. Il parait que ce prince était menacé de l'inimitié de Venise. Dante fut invité a porter des paroles de paix et d'alliance; mais il ne réussit pas dans son ambassade. Il aimait tendrement Guido; cette contrariété affligea vivement Alighiéri, qui tomba malade quelque temps après son retour à Ravenne. Il remplit exactement les saints devoirs, et le 14 septembre 1321, jour où l'on célèbre l'Exaltation de la Croix, il rendit le dernier soupir.

Divers auteurs ont tracé le portrait du poete. Voici comment s'exprime Bocace : « Dante fut d'une stature moyenne, et quand il parvint à l'âge mûr, il cheminait un peu courbé. Il avait la démarche empreinte de gravité et de mansuetude; toujours il était vêtu de draps assez fins, ajustés comme il convenait à son âge. Il avait le visage long, le nez aquilin, les yeux plus grands que petits, le menton allongé; sa levre inférieure debordait la lèvre supérieure. Il avait le teint brun, la barbe et les cheveux epais, noirs et crépus; la figure était melancolique et pensive..... Dans ses habitudes publiques et domestiques, il était admirablement retenu et modeste, plus que tout autre, courtois et civil. Il buvait et mangeait peu, et constamment aux heures réglées. Il se contentait du nécessaire à ses repas : il ne montrait aucune gourmandise. Il louait les mets délicats, et s'alimentait de mets communs..... Il parlait rarement, à moins qu'on ne l'interrogeât. Il répondait poliment et du ton qui convenait à la matière. Neanmoins, quand il le fallait, il était très-eloquent, avec une prononciation excellente et prompte. » (Bocace, in-12, 1723, tome III, page 29.)

Lorsqu'il passa dans un monde meilleur, le poete était âgé de cinquante-six ans, quatre mois et sept jours.

Ainsi mourut Dante (1). Homme malheureux dès son

---

(1) *Histoire de Dante*, p. 486

adolescence, parce qu'il avait perdu l'objet de son chaste amour; malheureux dans l'âge viril, parce qu'il avait tâché de rendre des services à la patrie; méconnu alors par ses concitoyens, condamné au feu, accusé injustement de baraterie; privé de ses écrits, persécuté pour les avoir composés; banni, errant, pauvre, peut-être mendiant, assurément forcé de *monter l'escalier d'autrui* et de tendre la main pour recevoir *un pain amer;* souvent seul, sans commerce avec les hommes; attiré dans un illustre pays étranger par les récits que lui avait faits son maître Brunetto Latini, l'un des favoris de Louis IX; réduit à quitter ce pays, et presque à le maudire, nourrissant imprudemment de fausses espérances en faveur de la puissance impériale; distrait par d'immenses travaux, jeté plus tard parmi les bouffons et jouet des cours, auprès de *Cane della Scala*, Dante, quoique surpris par des moments de sensibilité, qui accablent le moral des hommes, ne s'est pas laissé avilir. Sa vie a été courageuse comme ses vers. Il ne s'est jamais écarté de la Foi : il n'a jamais, jusqu'au dernier moment, cessé d'aimer : il n'a pas cessé d'écrire pour sa *donna* inspiratrice, pour sa patrie, pour son Dieu.

Guido fit rendre à Dante les honneurs les plus magnifiques : les premiers seigneurs de la cour portèrent le corps sur leurs épaules dans une église des Franciscains. Tous les poetes de la Romagne, pour plaire à leur maître, composèrent des vers en l'honneur d'Alighiéri.

Jean de Virgile envoya une épitaphe devenue celebre.

Bernard Bembo, père du fameux cardinal Bembo, étant en 1483 préteur de Ravenne, pour la république de Venise, fit élever à Dante un mausolée. En 1692, le cardinal Corsi, étant légat, fit attacher au mur une autre inscription.

La première édition du poeme de Dante parut dans les Etats de l'Église, à Fuligno, le quatrième mois de l'année 1472; elle est intitulee : *La Commedia di Dante Alighieri di Fiorenza.*

On a imprimé, en 1512, à Venise, la vingt-quatrième edition intitulée : *Opere del divino poeta Dante.*

Bernard Stagnino publia en 1516 la vingt-neuvieme édition sous ce titre : *La Divina Commedia*, avec le commentaire de Landino, revu par Pierre da Figino. Voilà le titre de *Divine Comédie* publiquement établi. Aucune nation, aucun auteur, aucun critique n'a réclamé jusqu'à nos jours, et il est certain que personne n'osera plus attaquer cette juste possession de plus de trois siècles. Dante en cela est pur de tout orgueil. Il n'a appelé son poeme que *la Commedia*, c'est-à-dire, poeme dans un style mixte.

Un de nos plus célèbres poetes d'aujourd'hui, M. Victor Hugo, accuse Dante d'avoir lui-même appelé sa *Comédie, divine*. M. Victor Hugo s'est trompé.

La cinquante-quatrieme édition est due à l'académie de la Crusca et elle a été imprimée à Florence en 1595, sous le titre de *Divina Commedia di Dante Alighieri, nobile Fiorentino.* C'est un ouvrage qui mérite la reconnaissance de tous les hommes de lettres, et digne de l'immortelle académie qui l'a composé.

La cinquante-cinquieme fut imprimée à Venise, en 1596. On en envoya des exemplaires en Espagne, où on les laissa circuler pendant dix-huit ans; mais en 1614, l'*Index espurgatorio*, imprimé à Madrid, ordonna qu'à l'avenir, lors de chaque réimpression que l'on ferait dans les provinces espagnoles, on supprimerait au chant xi de l'*Enfer* les vers 8 et 9 où il est question du pape Anastase. Il y avait lieu plutôt à critiquer ce passage qu'à le supprimer. (Voyez la note que nous avons mise, page 44.)

L'*Index* espagnol ordonna encore que l'on supprimât les sept derniers vers du neuvième chant du *Paradis*. Ces vers écrits après la mort de Henri VII, dans le moment peut-être où le Gibelin éprouvait le plus de dépit, ces vers où il est dit que les pensées du Pape et des cardinaux (de Clément V et des cardinaux ses partisans) ne *vont plus a Nazareth*, ne méritaient pas tant de colère. Rome n'a jamais exigé que ces vers fussent supprimés. Du reste, pour être juste avec les personnes qui, de leur côté, n'ont pas toujours été justes, n'oublions pas que dans une édition plus récente du même *Index* (en avril 1747), il n'est fait aucune mention de cette mutilation du texte de Dante.

En 1829, les Toscans ont élevé à Dante un tombeau honoraire, trois fois décrété en vain par leurs ancêtres. La réparation morale faite à Dante est donc complète.

On choisit pour exécuter ce monument, dit M. Missivicci (*Vita di Dante*), M. Étienne Ricci, sculpteur de renom. Le grand-duc Léopold II, appréciateur du vrai mérite, ce prince si éminemment éclairé, et le défenseur empressé de tous les intérêts de la Toscane, approuva le choix : on grava des modèles. Le comte Léopardi anima les souscripteurs par des chants d'enthousiasme.

Étienne Ricci se pénétra de son sujet et voulut que son travail se composât de l'urne funéraire, en arrière de laquelle Dante serait assis, tandis que, plus bas, figureraient deux statues allégoriques.

Ainsi, sur une large base s'élève cette urne à contours

simples, dépouillés de tout ornement, afin de rappeler la gravité du sujet et la sévérité du poete. Au-dessus de l'urne, paraît Dante assis, dans sa majesté terrible.

Il y eut plus d'un homme en lui. Là plusieurs esprits étaient associés. L'homme de la vie humaine en découvrit les vices. L'homme du monde idéal s'y purifia et s'embellit en le contemplant. Ses idées devinrent des cachets ineffacables.

Dante appuie le coude du bras droit sur un volume et porte la main vers le menton. Le poete est absorbé dans une méditation immense et dans ce *concentrement* qu'exigeaient *l'arduité* et la sublimité de ses pensées et des choses contemplées. Le bras gauche est étendu horizontalement sur le même livre où sont consignés les châtiments des hypocrisies, des *avarices*, des simonies, des usurpations, des apostasies, des assassinats, et des autres scélératesses du temps et des siècles anciens. Dans le même livre, sont aussi consignées les récompenses dues à la gloire, à l'honneur, a la résignation, a l'amitié fidele, à la sagesse des mœurs, aux qualités du cœur, à la bienfaisance, aux succès de l'esprit, à la pureté de la foi.

Un long manteau descend a grands plis des epaules; ramené par devant, il couvre les jambes et les genoux, et laisse nu le torse accusant l'état de maigreur ou tombait Alighiéri, lorsqu'il achevait le poeme *auquel le ciel et la terre avaient mis la main*. La statue rappelle celle d'Euripide placée actuellement dans le *Braccio nuovo* du Vatican.

L'*Italie* tourellée et debout a un des côtés de l'urne, tient de la main droite le sceptre avec lequel elle a autrefois gouverné le monde, et qu'elle étend encore sur les etudes humaines de l'imagination, de l'imitation et de l'inspiration. Le bras gauche semble indiquer aux nations qu'elles doivent honorer l'*altissimo poeta*.

La *Poésie* est de l'autre côté du cénotaphe, assise dans une attitude d'abattement. Elle a ôté de son front sa couronne, et avec les doigts légèrement repliés, la tient pendante, comme si elle allait lui échapper. Cette idée est à la fois simple et passionnée.

Le cénotaphe est placé dans l'église de *Santa Croce*. C'est, s'il est permis de s'expliquer ainsi, le sanctuaire consacré au génie et à l'esprit de la patrie. Le poete est aujourd'hui en compagnie de Machiavel, de Michel-Ange, de Galilée et d'Alfiéri.

La *Divine Comédie* a été dédiée à trois papes : Paul III, Pie IV et Clément XII.

Les hommages abondent tous les jours. M. Ozanam a dernièrement entretenu le public des mérites divers de Dante, et loué l'esprit profondément catholique qui anima constamment le poete.

Moi, j'ai reçu une preuve de gratitude particulière du graveur romain Pinelli. Il m'a dédié les planches qu'il a composées pour représenter toutes les scenes du poeme (1).

Je regrette de n'avoir pas pu profiter pour cette édition, des commentaires que M. Torricelli publie régulièrement dans un journal intitulé : *L'Anthologie*, et imprimé à Fossombrone (États du Saint-Siége). Je n'ai eu connais-

---

(1) Buonarroti avait composé des dessins pour chacun des cent chants de Dante. Ces dessins ont péri dans une traversée de Civita Vecchia à Livourne. Quelle perte que celle de ces compositions ou le *Dante* de la sculpture luttait contre le *Michel-Ange* de la poésie !

sance de ces ingénieuses recherches, qu'au moment où je terminais les notes du dernier chant du *Paradis* (1).

Il faut actuellement que je fasse mes adieux à cet incommensurable édifice de la *Divine Comédie*. On peut, il est vrai, compter les vers qui le composent. L'*Enfer* en offre 4720; le *Purgatoire*, 4754; le *Paradis*, 4747; en tout, 14,221; mais on ne peut pas dénombrer les sentiments, les pensées, les satisfactions, les terreurs, les frémissements, les joies, les *attendrissements* que fait naître la lecture de ce poeme. Tout lecteur devient pour lui-même un homme nouveau. Une partie de l'antiquité et de sa science, le moyen âge entier et ses fureurs, se trouvent là confondus. J'ai commencé à lire la *Divine Comédie* avec le secours d'habiles Florentins, vers l'an 1805 : depuis, elle est devenue, dans mes loisirs, une constante étude. Chacun de ses vers a été comme manié par moi, pendant plus de quarante années. Ma première intelligence de ce texte, bornée d'abord dans ses aperçus, balbutiait devant mon maître, le bon et savant abbé Fontani, quelques paroles d'applaudissements et d'actions de grâces. Revenu de Toscane, j'ai donné au public mes premiers tâtonnements qui partaient d'une main mal assurée. Je devais recevoir de Dieu la permission d'ajouter quelques perfectionnements à cette hardie tentative. Plus tard, j'ai mieux fait, mais je n'avais pas fait ce que je pouvais faire. Il me

(1) Le travail de ce spirituel Romain vient de m'être communiqué par M. des Vergers, savant orientaliste, qui a été dans ce pays porter l'activité française. Il y a fondé un bel etablissement de soierie en grand qui doit acquerir nécessairement des accroissements précieux. On sait que c'est de l'art de la laine et surtout de l'art de la soie que sont sorties ces fortunes si considérables de Florence qui ont enrichi tant de familles, tiges fecondes des plus anciennes et des plus nobles maisons de la Toscane.

semblait d'abord que des équivalents suffisaient dans la traduction. Le public de 1812 se montrait peut-être trop encourageant; celui de 1830, plus difficile, a été encore trop bienveillant. Déterminé à travailler sans relâche, j'ai repris ces vers : plus je marchais, plus ils me paraissaient inaccessibles ; je les ai attaqués un à un.

Quelques parties de mon ouvrage allaient servir de piédestal à la renommée d'autres amis de Dante qui me croyaient mort. J'allais être dévoré tout vivant (1). Je me

(1) Je dois parler ici de deux traductions nouvelles qui ont paru l'une en 1840, l'autre en 1841. Cette dernière est due a M. Brizeux : elle offre peu de notes, et elle suit encore la pensée d'Alighieri, vers a vers, tercet a tercet. Quand Dante est obscur, le traducteur qui s'est attaché ainsi aux flancs du poète ne peut pas présenter un sens toujours clair, et quelquefois on doit revenir à l'original qui se trouve encore de meilleure composition que le flambeau avec lequel on voulait l'éclairer. Ce livre est excellent pour les jeunes gens qui apprennent; il guidera souvent avec utilité ceux qui veulent, suivant la méthode allemande, *emboîter le pas*, et se rendre compte de la moindre expression du texte. L'harmonie du vers, le charme délicieux du langage italien ont disparu sans qu'on ait rencontré ce qui eût pu *donner le change* en français, et ce travail ne rapporte pas les fruits qu'on pouvait en espérer; mais il restera un avantage de cette étude sérieuse. M. Brizeux est un écrivain aimable, ses poesies se distinguent par un style doux et suave, où l'on retrouvera sans doute de plus en plus la trace des parties analogues du talent d'Alighieri, que l'on ne fréquente pas inutilement, quand on est un auteur aussi laborieux et aussi recommandable que M. Brizeux

L'autre traduction, qui a aussi peu de notes, est due a un Napolitain, M. Fiorentino celle-la, surtout, en ce qui concerne les deux dernières *Cantiche*, n'a pas ete composée en l'absence de nos deux éditions Elles étaient présentes, et bien présentes sur le bureau de l'auteur, lorsqu'il a entrepris cette tâche difficile, même pour un Italien Comprendre Dante, cela peut n'être pas toujours pénible pour un fils de la Péninsule qui a, comme M Fiorentino, de l'instruction, du courage, de la persévérance et le désir de réussir. Mais, Dante une fois compris, il faut, ainsi que dit Montaigne, que *le Français y arrive* Un Italien, même le plus travailleur,

suis remis sur pied ; je n'ai plus cessé de ressaisir ces vers dans lesquels j'avais débrouillé tant de sens, et parmi lesquels il fallait en choisir un définitif. Quand le besoin du

sait-il notre langue, comme la peut posséder un Français? Nous avons signalé des préjugés en France ; il en existe aussi en Italie, et d'une autre sorte Dante, là, peut être attaqué, dit-on, pour deux ou trois mots, le reste est or pur (Je veux bien tomber un instant moi-même dans cette complaisance, qui est un grave mécompte, si on s'y livre sans prudence) Aussi, un Italien feodalement cloué au texte, ne veut démordre d'aucune de ses inversions ce que le traducteur italien aime, et juge mieux peut-être qu'un autre dans l'original. cela même, ce traducteur le transporte dans sa version Les délicatesses de notre langue, ses hésitations, ses répugnances, ses haines, on peut dire encore, ce traducteur ne les connaît pas, et il nous sert des mets de son pays après avoir prétendu nous servir ceux du nôtre. On répondra : Mais à Paris il y a tant de secours pour aider un étranger, un littérateur du terroir peut corriger les idiotismes qui ne conviennent pas, et replacer le char dans les rails dont il est sorti. C'est vrai, cela s'est vu, cela se voit toujours ainsi dans des circonstances pareilles On a corrigé en France Goldoni, l'abbé Galiani et d'autres. Oui, mais celui qui répare le mal ne sait pas à fond l'excuse que peut donner le traducteur qui a bien compris, et qui se trouve remplacé par un autre auquel l'intelligence du texte primitif manque absolument Voila donc une nécessité de nettoyer, de purifier, de *rapatrier* deux caractères de nature diverse : l'Italien croit ne devoir rien concéder a notre *ritrosia* (c'est son mot), il lui suffit d'avoir apporté la Dante, qui a autant perdu que gagné au service qu'on lui a rendu. Résumons-nous C'est un Français qui doit traduire Dante en France. S'il manque a ce Français quelque chose de la sagacité que peut avoir eue M. Fiorentino, né et grandi glorieusement dans la contrée du *si*, que ce Français pâlisse sur les recherches d'autres Italiens, les oppose s'il y a lieu, aux explications de leurs compatriotes ; que ce Français sollicite partout les moyens de polir, d'améliorer ses recherches ; qu'il travaille longtemps, trente, quarante années s'il le faut, surtout sous le beau ciel de l'Italie ; qu'il ait soin, dans l'intervalle, de ne pas *desapprendre* sa langue ; qu'à cet effet il consulte, il fatigue ceux qui ont gardé le feu sacré, qu'il soumette aux plus habiles, son *langage qui a voyagé*, et qu'après cela, il attende avec confiance le jugement du public! Il s'agit

repos, prescrit par la nature, demandait le sommeil, je m'endormais avec les fidèles compagnons de ma pensée ; souvent je me réveillais avec eux. Je me suis présenté, d'un texte ardu à transporter dans une autre langue. Il faut savoir de l'une ce qu'il est nécessaire de savoir pour bien comprendre, et de l'autre ce qu'il est nécessaire de savoir pour bien traduire.

Je finirai par une autre considération. En fait de Dante, j'ai vu partout, comme pour beaucoup d'autres choses, qu'on aimait la besogne faite. Que l'on écoute donc un instant ce qui m'est arrivé : quand j'ai rencontré cette *besogne faite*, je m'en suis emparé, et j'aurais de graves comptes à rendre aux Venturi, aux Lombardi ; mais souvent je me suis trouvé isolé, surtout pour saisir l'expression française qui convenait. Puis, à défaut d'*explicateurs* convenables, j'ai vu parfois en face de moi des passages de Dante qui présentaient sept, huit sens différents. Je me suis livré à des méditations de mois entiers ; et enfin sur ces sept ou huit sens, j'en ai choisi un de guerre lasse ; à présent comment se ferait-il qu'un sens que j'ai trouvé, que j'ai *inventé* si vous voulez, à l'aide d'un fil imperceptible qui m'a guidé dans ce labyrinthe, comment se ferait-il que ce sens, bien à moi, et qui avait des rivaux de toutes sortes, pût venir étaler sa gloire, sa clarté, sa lumineuse existence dans un ouvrage qui a suivi les miens ? Dante a beaucoup dérobé à tout le monde, sur la grande route de l'imagination : ceux qui s'occupent de ses travaux ont-ils le droit d'agir ainsi envers un contemporain dont la succession n'est pas ouverte ? En lisant la traduction d'un Italien rajustée par un correcteur français, le public, s'il est mécontent, ne sait qui il doit accuser. Est-ce le premier qui a mal mesuré, est-ce le second qui a trop raboté ? Finalement, un Français dit aux écrivains de son pays : « Je suis seul devant vous, j'avais assumé la responsabilité de deux devoirs, il me fallait me pénétrer d'une conception où luttaient tour à tour des éclairs, la foudre, des nuages, le désordre des saisons, puis la pureté de l'air, une atmosphère *de saphyr oriental* ; j'ai abordé presque fanatiquement ce danger. Puis j'ai étalé sur ma palette les couleurs d'un autre climat, et je vous ai apporté avec hardiesse une composition où, par des glacis transparents, j'ai tâché de donner de l'éclat à des scènes qui seraient restées sèches pour votre regard. Si vous n'êtes pas contents, vous n'avez devant vous qu'un coupable qui se nomme. Il ne vous a parlé que votre langage, il a profité de la juxtaposition de Dante, qui ne se plie pas facilement aux caprices des paroles d'un autre, pour assouplir quelques rudesses que vous

mieux armé, à cet assaut, à ce combat encore inégal ; je me suis présenté une troisième fois. Je livre au public ce que j'ai pu obtenir de tant de fatigues.

Aujourd'hui, je me suis plus attaché au texte ; j'ai repudié la périphrase, tout en évitant ce qui, chez nous, pouvait être blâmé. Pour me délivrer de ce dernier danger, je n'ai pas usé d'une réserve trop sévère, et l'on verra bien, dans cette dernière bataille contre le géant, tout ce que j'ai concédé au goût de ceux qui veulent Dante, toujours Dante, et rien que Dante, précisément comme ces présidents d'assises qui nous demandent un peu imprudemment, et sans restriction, la vérité, toute la vérité, et rien que la vérité. Mais en me prêtant à cette exigence magistrale, je me suis souvenu, et c'était mon droit, des lois de style portées par Bossuet et par Buffon (1).

En Angleterre, il règne depuis quelque temps un amour pour Dante qui doit être observé. Cet enthousiasme d'un peuple généralement froid et retenu, mais penseur et réfléchi, doit être signalé, et je m'empresse de rendre cette justice à la Grande-Bretagne. Il serait à désirer qu'à ces témoignages de saine philosophie, il ne se mêlât pas un désir de rencontrer, dans la verve de Dante, une disposition à insulter le catholicisme, et à voir dans le poète

avez en vous, pour repousser quelque froideur que ne déguise pas assez votre élégance habituelle ; c'est à vous de voir si le téméraire a trouvé plus qu'il ne cherchait ; c'est à vous à l'absoudre, si, sans vous offenser, il vous a offert des tableaux que vous jugiez mal, et qui excuseront peut-être un jour votre audace pour embellir et fortifier en même temps la belle langue dans laquelle vous avez tant de fois instruit le monde entier, et qui était coupable de ne pas connaître à fond les modèles que Dieu a dispersés sur la terre, pour hâter la civilisation et assurer le bonheur de tous ses enfants ».

(1) Voyez la note 2 de la page 47.

un frondeur, un ennemi de Rome. Rien de cela n'est vrai. Dante doit etre pris pour ce qu'il est, un grand génie rempli de franchise et de bonne foi. Le génie n'a pas le temps de mentir.

En Allemagne, on éleve aussi des trophées à Alighieri : voici ce que M. Lhomann, directeur de la bibliotheque de Gottingue, nous en dit, d'après Meinbard et Bouterweck :

« Avec toutes ses irrégularités, la *Divina Commedia*
« est et sera toujours un chef d'œuvre, un poeme vraiment
« original, supérieur a tous les poemes qui ont eté faits
« depuis. Tout y est tiré de son propre fonds. Il a sa ma-
« niere a lui de voir les choses et d'approfondir ses idées,
« et comme il ne veut que rendre ses idees, cela donne a
« son langage cette vive énergie, cette force si expressive
« a son style, a ses figures, a ses allusions. Ses belles com-
« paraisons, toujours neuves, toujours poetiques, sont frap-
« pantes par leur originalité, mais toujours vraies et tirées
« de la nature même. Le sublime de la terreur et de l'effroi
« est porté au plus haut point. Réfléchi jusque dans les plus
« fortes manifestations des passions, concis sans froideur,
« délicat sans affectation, il a de la chaleur dans l'expres-
« sion douce des sentiments de son cœur et de sa religieuse
« moralité. On ferait, de toutes les beautés de ses vers, un
« riche recueil, le plus admirable *florilegium* poétique. »

C'est à moi-même que M. Lhomann a bien voulu adresser ce jugement si exact, auquel on peut souscrire en toute confiance. Je présente avec respect à la Société royale de Gottingue, dont j'ai l'honneur d'être membre, ce tribut de ma vénération, et cette assurance du bonheur que j'ai de lui appartenir.

Dans d'autres parties de l'Allemagne, Dante ne compte pas moins d'appréciateurs de sa gloire. Je nommerai surtout le prince Jean, a Dresde, qui fait ses delices de la lecture d'Alighiéri. Ce prince si bon, si vertueux, a été calomnié, il y a quelque temps. Est-il possible que la bienfaisance, la générosité, une vertu franche, sœur de celle qui est assise aujourd'hui sur le trône de Saxe, aient rencontré des ennemis? L'amour des lettres n'entre que dans les cœurs bien nés. Puisse cette faible expression de dévouement être agréable au prince Jean, comme nous ami et admirateur de Dante!

Je crois ne devoir plus rien dire pour engager le lecteur à s'empresser d'accorder toute son attention au chef-d'œuvre de Dante, reconnu tel par l'Europe savante, unanimement vénéré par ceux qui ont la faculté de le lire dans l'original, et qui aura peut-être encore quelque valeur dans cet essai, auquel *le temps*, au moins, a mis sa main patiente. J'offre ici à l'ambition littéraire des jeunes hommes de lettres une espèce d'attrait qui pourra decider à quelque courage (il en faut pour lire Dante) ceux qui voudront bien accepter un conseil que l'on n'a, je crois, encore donné à personne.

Je me suis, si souvent, si profondément, si amoureusement pénetré de la poésie de Dante, de son ton, de ses manières, de ses tours de phrase, de son originalité piquante, que tant d'exemples suivis sans adulation et sans contrainte, mais par l'effet d'un entrainement naturel, ont en quelque sorte *deteint* sur tous mes ouvrages, et ils en portent la preuve. Reconnaissable à cette sorte de *cohabitation*, je n'ai pas a m'en plaindre. Personne ne perdra à bien lire Dante. Notre siècle peut et sait éviter ses défauts : mais ce qu'aucun siècle n'efface, ce qu'aucune epoque ne pretend corriger, la verve ardente, le mot précis, la solidité du raisonnement, surtout la méthode comme mathématique, l'agencement calculé, le souvenir exact qui ne répète rien de la même manière, le don des comparaisons heureuses, la délicatesse des rapprochements, le coup de pinceau promené rapidement sans revenir; on gagne plus ou moins tout cela avec Dante (1). Aucun écrivain ne distribue les présents d'une reconnaissance plus immédiate, ne vous fait aussi cordialement son parent et son frère; aucun auteur ne se communique plus intimement à ses élèves. Dante a beaucoup lu; il impose le besoin de lire : dans ce qu'il a construit, il est architecte habile; dans ce qu'il conseille, il est bienfaiteur et prince (2). La jeunesse aujourd'hui a des intentions soutenues et puissantes : la jeunesse qui se fera un bonheur de connaître et d'apprécier Dante, acquerra bien plus que moi encore qui n'étais pas si préparé à cette lutte, et qui cependant ai toujours pu vaillamment combattre, mettant à profit une longue série de jours nécessaires pour un si magnifique *tournoi*, comme dirait notre auteur; la jeunesse qui lira Dante acquerra confiance, force, dignité, moralité, et tant de trésors que la fortune semblait, jusques ici, n'avoir voulu accorder qu'au grand Alighieri.

(1) Il faut lire le *Voyage dantesque* de M. Ampère. Cet homme d'esprit et de cœur suit Dante dans tous les lieux qu'il a parcourus. C'est un des travaux les plus précieux sur Dante et ses pérégrinations.

(2) Je donnerai un dernier avis relativement aux contre-sens. On crie : *aux contre-sens* maintes fois, parce qu'on lit un texte mal épuré. Les variantes sont à l'infini dans les éditions de Dante. Il ne faut parler de contre-sens que lorsqu'on a sous les yeux le texte suivi par le traducteur. Ce dernier ne doit un compte sévère que pour le texte qu'il adopte, et non pour celui qu'ont substitué des novateurs inconsidérés, et de prétendus rectificateurs jaloux de se faire une réputation par une virgule, en prêtant à Dante des bizarreries auxquelles il n'a pas pensé.

L'ENFER.

CHANT PREMIER.

Au milieu de la course de notre vie[1], je perdis le veritable chemin, et je m'égarai dans une forêt obscure : ah ! il serait trop pénible de dire combien cette forêt, dont le souvenir renouvelle ma crainte, était âpre, touffue et sauvage. Ses horreurs ne sont pas moins amères que les atteintes de la mort. Pour expliquer l'appui secourable que j'y rencontrai, je dirai quel autre spectacle s'offrit à mes yeux. Je ne puis pas bien retracer comment j'entrai dans cette forêt, tant j'étais accablé de terreur, quand j'abandonnai la bonne voie. Mais à peine fus-je arrivé au pied d'une colline où se terminait la vallée qui m'avait fait ressentir un effroi si cruel, que je levai les yeux et que je vis le sommet de cette colline re-

---

[1] *Au milieu de la course de notre vie* Par le milieu de la course de notre vie, le poëte entend l'âge de trente-cinq ans, auquel il était parvenu quand il suppose qu'il fit son voyage dans l'Enfer, dans le Purgatoire et dans le Paradis. Je n'entasserai pas ici les explications qu'ont données les commentateurs sur la forêt où entra Dante et sur les différentes rencontres qu'il y fit successivement. Je donnerai ces explications à mesure qu'elles seront nécessaires. Voici seulement ce qu'il suffit de bien rappeler à l'attention du lecteur : Le poëte feint d'avoir entrepris son voyage l'an 1300. Cependant, il a évidemment travaillé à son poëme jusqu'à la fin de sa vie (1321), mais pour ne pas se contredire, il a soin de présenter comme des prédictions les événements dont il a pu être témoin depuis cette année 1300, qui était celle du jubilé. Lombardi, l'un des meilleurs commentateurs de Dante, croit que le premier vers du poëme est une imitation de ces paroles d'Ezéchias : *Ego dixi : In dimidio dierum meorum vadam ad portas inferi.* Isaïe, XXXVIII, v. 10.

Il est permis d'ajouter à cette conjecture de Lombardi, que ces mots de l'Écriture sainte, surtout les quatre derniers, ont peut-être donné à Dante l'idée première de son poëme.

vêtu des rayons de l'astre qui est un guide sûr dans tous les voyages. Alors s'affaiblit la crainte qui m'avait glacé le cœur pendant la nuit où j'étais si digne de pitié. Tel que celui qui, sorti des profondeurs de la mer, se tourne, suffoqué d'effroi, vers cet élément périlleux, osant le contempler, mon esprit, qui n'était pas encore assez rassuré, se tournait vers le lieu que je venais de franchir, lieu terrible qui voue à l'infamie ceux qui ne craignent pas de s'y arrêter [1]. Reposé de ma fatigue, je continuai de gravir la montagne déserte, de manière que le pied droit était le plus bas [2]. Et voilà que, tout à coup, une panthère agile et tachetée de diverses couleurs apparaît devant mes yeux, et s'oppose avec tant d'obstination à mon passage, que plusieurs fois je me retournai pour prendre la fuite.

Le jour avait commencé à renaître, le soleil s'élevait entouré des mêmes étoiles qui l'accompagnaient au moment où l'amour divin créa cet œuvre sublime [3]. Le charme de la saison, la fraîcheur du matin m'avaient bien fait espérer la peau brillante de la panthère. Cependant une nouvelle frayeur me saisit à l'apparition d'un lion horrible : il semblait courir sur moi, à travers l'air épouvanté, portant le tête haute, et paraissant pressé d'une faim dévorante. En même temps une louve avide, d'une maigreur repoussante, et souillée encore des traces de ses fureurs, en fixant sur moi ses yeux qui lançaient la terreur, me fit perdre l'espoir de franchir la colline [4].

Semblable à celui que la soif de l'argent tourmente, et qui, s'il vient à perdre ses richesses, ne cesse, dans sa douleur,

1. Selon l'auteur, le lieu dont il parle serait la forêt des vices.

2. L'auteur veut dire qu'il marchait sur un plan incliné, en allant à droite. On peut différer d'opinion pour de pareilles explications; mais, en vérité, elles sont bien inutiles. Ce n'est pas sur de semblables passages que se fonde la gloire de Dante.

3. Dante aurait entrepris son voyage au commencement du printemps, et veut faire entendre cette supposition en disant que le soleil paraissait entouré des astres qui l'accompagnaient, lorsqu'il fut créé, parce que, suivant l'opinion commune, la première saison que virent Adam et Ève fut celle du printemps.

4. Le lion dont il est parlé plus haut est l'emblème de l'ambition, et la louve est celui de l'avarice.

de faire entendre des sanglots, je m'affligeais profondément
en voyant la louve impitoyable s'avancer à ma rencontre et
me repousser insensiblement là où se tait l'astre du jour [1]. Je
reculais précipitamment vers la vallée ténébreuse, lorsque je
distinguai devant moi un personnage [2] à qui un long silence
paraissait avoir ôté l'usage de la voix. En l'apercevant dans
cet immense désert, je lui criai : « Prends pitié de moi, qui
que tu sois, ombre ou homme véritable. » Il me répondit :
« Je ne suis plus un homme; je l'ai été. Mes parents furent
Lombards, et Mantouans de patrie. Je puis dire que je suis ne
sous le règne de Jules-César, quoiqu'il n'ait été revêtu de la
dictature que longtemps après ma naissance [3], et j'ai vécu à
Rome sous l'empire bienfaisant d'Auguste, quand on adorait
encore des dieux faux et trompeurs. J'ai été poete, et j'ai
chanté le pieux fils d'Anchise, qui a fui loin de Troie, après
que la flamme eut dévoré le superbe Ilion [4]. Mais toi, pourquoi retournes-tu vers cette fatale forêt? pourquoi ne franchis-tu pas ce mont délicieux qui est le principe et la cause des joies de la terre? » — « Es-tu donc, lui dis-je en rougissant
de l'état de crainte où il m'avait surpris, es-tu ce Virgile, cette
source qui répand des flots d'une harmonieuse poésie? O flambeau, ô gloire des autres poetes, puissent mes longues études
et l'amour passionné avec lequel j'ai cherché tes vers me
protéger auprès de toi! Tu es mon maître, tu es mon modèle;
à toi seul je dois ce style noble qui a pu honorer mon nom.
Vois-tu cette bête sanguinaire dont je fuis les approches! secours-moi, illustre sage, sa férocité m'épouvante. »

Virgile, me voyant verser des larmes, répondit : « Si

1. Le texte dit :
   La dove 'l sol tace.
2. Ce personnage est Virgile, qui est ici le symbole de la poesie. Dante suppose que le poëte lui a d'abord adressé quelques mots d'une voix fatiguée. Les commentateurs Landino, Daniello et Lombardi, pensent que la voix de Virgile avait quelque chose d'insolite, parce que, depuis l'invasion des Barbares, il n'y avait eu aucun poëte qui eût fait entendre des accents aussi nobles que ceux du Cygne de Mantoue.
3. Virgile naquit l'an de Rome 685, sous le consulat du grand Pompée et de Marcus Licinius Crassus.
4. L'abbé Delille a dit dans son Énéide, *chere Ilion*, souvent aussi il a employé le genre masculin. M. Aignan a dit *le superbe Ilion*.

tu veux sortir de ce lieu sauvage, il faut suivre une autre route. Cette louve qui t'effraye empêche qu'on ne s'engage dans ce chemin. Elle dévore à la fin ceux qui s'obstinent à y pénétrer. Insatiable de sa nature, plus elle trouve de proies à déchirer, plus la faim la dévore. Elle s'accouple avec un grand nombre d'animaux, et il en est un plus grand nombre encore dont elle ne dédaignerait pas les caresses immondes : mais bientôt paraîtra le Lévrier[1] qui doit exterminer cette louve sans pitié. Il ne sera pas nourri de l'ambition de posséder des terres et des richesses ; il ne s'alimentera que de sagesse, de bienfaisance et de courage. Né entre *Feltro* et *Feltre*, il sera le sauveur de l'Italie épuisée qui vit, pour sa gloire, mourir de leurs honorables blessures, la vierge Camille, Turnus, Nisus et Euryale. Il poursuivra la louve, jusqu'à ce qu'il l'ait rejetée dans l'abîme des pleurs, d'où l'envie l'a vomie sur la terre. Pour ton avantage, suis-moi donc, je serai ton guide : je te ferai sortir de ce lieu terrible ; je te conduirai à travers le royaume éternel, où tu entendras les accents du désespoir, où tu verras le supplice de ces anciens coupables qui invoquent à grands cris une seconde mort[2] : tu visiteras ensuite ceux qui vivent satisfaits au milieu des flammes, parce qu'ils esperent jouir, quand le ciel le permettra, d'une divine béatitude. Si tu veux monter au séjour des ombres bienheureuses, une âme plus digne que moi de cet honneur[3] te protégera dans ce glorieux voyage. A mon départ, je te laisserai auprès d'elle. Le souverain qui règne sur les mondes ne veut pas que je serve de guide dans son empire, parce que je n'ai pas connu la foi véritable. Sa puissance s'étend sur toutes les parties de l'univers; mais c'est dans le ciel qu'il fixe son sé-

[1] Le *levrier*, suivant quelques auteurs, est *Can della Scala*, seigneur de Verone, qui, un jour, donnera un asile à Dante. D'autres prétendent que le *levrier* est Uguccione della Faggiola, célèbre chef des Gibelins, allié de *Gemma*, femme de Dante. (Voyez l'*Histoire de Dante Alighieri*, p 193)

[2] Allusion à ce passage de l'Apocalypse : *Desiderabunt mori, et mors fugiet ab eis.* Cap IX, v. 6. Le poëte dit *une seconde mort*, parce que, selon son idee, les coupables seront déjà morts une fois

[3] C'est Beatrix, la femme sainte qui guidera Dante dans le Paradis.

jour. C'est là que tu dois admirer sa capitale et son trône : heureux ceux qu'il appelle jusqu'à lui ! »

Alors je parlai ainsi : « O poete ! je te le demande au nom de ce Dieu que tu n'as pas connu, aide-moi à fuir cette forêt et d'autres lieux plus funestes ; accompagne-moi dans ces régions dont tu m'as entretenu ; fais que je voie ceux que tu dis plongés dans un si profond désespoir, et conduis-moi jusqu'à la porte confiée à saint Pierre. »

Virgile alors se mit en marche, et je suivis ses pas [1].

---

[1] « On respire dans le premier chant, dit Rivarol, je ne sais quelle vapeur sombre, effet des allusions mystérieuses dont il est rempli. C'était l'esprit du temps, et l'on doit s'y transporter pour mieux juger le poëte. »

Je terminerai mes observations sur ce chant par la citation d'un passage de M Ginguené, qui se trouve au commencement de l'analyse de l'Enfer. (*Hist. d'Italie*, tome II, pag. 51 et 52.)

« De quelque manière qu'on entende cette allégorie, c'en est une incontestablement, et ce n'est pas chercher des explications trop raffinées que d'y voir que le poëte, parvenu au milieu de sa carrière, après s'être égaré dans les sentiers de l'ambition et des passions humaines, veut enfin s'élever jusqu'aux hauteurs qu'habite la vertu. L'amour des plaisirs s'oppose d'abord à son dessein, l'orgueil ou l'amour des distinctions vient ensuite, l'avarice ou l'amour des richesses est le plus redoutable. Le sage qui vole à son secours lui apprend qu'on ne peut vaincre de front tous les obstacles ; que ce n'est pas en quittant le chemin du vice, qu'on peut arriver immédiatement à la vertu, que pour y parvenir, il faut s'en rendre digne par la méditation des leçons de la sagesse. Or, en ce temps-là ces leçons consistaient dans la contemplation des destinées de l'homme après sa mort, et dans la connaissance qu'on croyait pouvoir acquérir de l'Enfer, du Purgatoire et du Paradis. C'est là sans doute le sens et le but de cette vision : elle n'a rien d'étrange, d'après l'esprit qui régnait dans ce siècle ; mais ce qui surprend toujours davantage, c'est que l'auteur ait pu tirer d'un pareil fonds un si grand nombre de beautés. »

Ces courtes observations de M Ginguené sont aussi judicieuses que noblement exprimées.

CHANT II.

Le jour commençait à disparaître, et l'air plus rembruni appelait au repos les habitants de la terre. Moi seul je me préparais à soutenir la fatigue d'une pénible route, et les émotions de la pitié, que va retracer mon esprit fidèle. O muses, ô intelligences sublimes, secondez-moi; ô mémoire qui écrivis ce que j'ai vu, c'est ici que tu manifesteras ta noblesse! Alors je parlai ainsi : « Poete qui me guides, dis-moi si mon courage peut suffire à la haute entreprise dans laquelle tu m'engages : tu m'apprends que le père de Sylvius [1], vivant, et avec un esprit capable de sentir, obtint de voir les profondeurs du royaume immortel; tout être doué de quelque sagesse, s'il pense aux heureuses destinées promises à la famille d'Énée, ne s'etonnera pas que l'ennemi de tout mal ait montré tant de courtoisie envers ce prince. Le fils d'Anchise avait été désigné par le souverain des hautes sphères pour être le fondateur de la féconde Rome et de son empire, que le ciel protégeait avec l'intention d'y placer ensuite le successeur du premier Pierre; et dans ce voyage que tu as si dignement chanté, Enée entendit des choses qui lui présagèrent sa victoire et l'éclat du manteau pontifical. »

« Le vase d'élection [2] fut ravi dans le ciel : il devait rapporter de ce saint pèlerinage un nouvel appui pour la foi qui est le principe de notre salut. Mais moi, pourquoi dois-je obtenir le même bienfait? Et qui me l'accorde? Je ne suis ni

---

1. Tu m'apprends que le père de Sylvius, Enée, descendit aux Enfers.
2. Le vase d'élection, saint Paul

Énée ni Paul ; ni à mes yeux, ni aux yeux d'aucun mortel, je ne suis digne d'un tel honneur. Si je te suis, je crains que ma tentative ne soit insensée. Tu es sage, tu me comprends mieux que je ne m'exprime. »

De même qu'un homme qui, changeant de pensée, renonce à ce qu'il avait voulu entreprendre, je m'arrêtai au milieu de cette montagne obscure, effrayé de la témérité d'une entreprise si peu réfléchie, et déterminé à ne point pénétrer plus avant. « Si je t'ai bien compris, me répondit le poete magnanime, ton âme cède à un mouvement de terreur. La vile crainte souvent détourne l'homme d'une tâche honorable, et le fait fuir comme l'animal timide qu'épouvante une ombre mensongère. Rassure tes esprits : apprends pourquoi je suis venu près de toi et ce qui m'a fait accourir à ton aide, dans le premier moment où tu as excité ma compassion.

« Je me trouvais parmi ceux qui attendent au milieu des limbes que leur sort soit fixé [1], lorsque je fus appelé par une femme sainte et belle. Je lui dis que j'obéirais à ses ordres. Ses yeux brillaient d'une clarté plus éblouissante que celle des étoiles, et elle m'adressa ces paroles d'un ton de voix suave et angélique : « Ame bienfaisante de Mantoue, dont le
« nom vit encore dans le monde et vivra autant que le mou-
« vement des créations célestes, mon ami, et non celui de la
« fortune, a trouvé sur la plage déserte des obstacles qui l'ont
« effrayé et l'ont fait retourner en arrière. Je crains qu'il ne se
« soit déjà égaré. Peut-être viens-je trop tard à son secours,
« d'après ce que j'ai entendu dans le ciel. Va, emploie les
« ornements de ton éloquence, fais tant d'efforts pour le
« sauver que ma douleur soit apaisée : c'est Béatrix [2] qui t'en

---

1. *Io, era intra color che son sospesi*. Le mot *sospesi*, suivant Venturi, signifie ici des âmes qui ne sont ni *heureuses en gloire*, ni *tourmentees par des peines*. Lombardi pense que le poëte fait allusion à cette phrase de saint Pierre, cp 2, cap 3 : *Novos cœlos et novam terram, secundum promissa*, *expectamus* M Biagioli croit que ce passage doit s'expliquer ainsi « Ceux qui ne sont ni sauves ni condamnés »

2. Béatrix est ici le symbole de la Theologie, suivant les plus anciens interprètes M Biagioli dit que Béatrix est le symbole de la Philosophie.

Dans sa *Vita nuova*, Dante s'ex-

« conjure. Je viens d'un lieu d'où je ne veux pas rester long-
« temps éloignée. Ma tendresse pour mon ami sera l'excuse
« de mes prières. Quand je serai de nouveau devant mon
« maître, je me louerai souvent de toi auprès de lui. » Béatrix
se tut, et je lui dis : « O reine de vertu! c'est par toi seule
que l'homme surpasse en excellence les créatures contenues
sous le ciel qui a la plus petite circonférence [1]. Tes commandements me sont doux; si je les avais déjà exécutés, je croirais encore t'avoir obéi trop tard. J'ai assez entendu ta volonté; mais comment ne crains-tu pas de descendre dans ce
monde ténébreux, du haut de ce royaume immense où tu
brûles de retourner? » « Je vais, me répondit-elle, satisfaire à
« ta demande en peu de mots; et tu apprendras pourquoi je
« ne crains pas de venir parmi vous. Il faut redouter ce qui
« peut apporter quelque mal, mais non pas ce qui ne saurait
« nuire. Je suis, par la faveur de Dieu, telle, que votre mi-
« sère et les flammes de ces gouffres ne peuvent m'atteindre.
« Il est dans le ciel une femme bienveillante [2] qui gémit des
« obstacles que je t'envoie combattre. Sa charité arrête l'effet
« d'un jugement sévère. Cette femme s'est adressée à Lucie
« dans ses prières, et lui a dit : « *Ton ami fidèle a besoin*
« *de ton secours, je le recommande à ta clémence.* » « Lu-
« cie, ennemie de tout ce qui ne connaît pas la pitié, est ve-
« nue dans le lieu où j'étais assise près de l'antique Rachel [3],
« et m'a parlé ainsi : « *Béatrix, ô vraie louange de Dieu,*
« *est-ce que tu ne vas pas secourir celui qui t'a voué un si*
« *ardent amour, celui qui, pour toi, s'éleva si noblement*
« *au-dessus du vulgaire? N'entends-tu pas ses sourds gé-*

prime ainsi en parlant de Beatrix.
« J'espère dire de cette femme bénie ce
« qu'on n'a jamais dit de personne, en-
« suite, qu'il plaise au Seigneur de
« toute courtoisie que mon âme puisse
« aller voir la gloire de son amie, c'est-
« a-dire de cette bénie Beatrix contem-
« plant glorieusement celui qui est beni
« dans tous les siecles ! » (*Histoire de
Dante*, p 69) Dante commence à tenir
sa parole dans ce chant de la *Divine
Comedie*.

1 Le ciel lunaire

2. Cette femme bienveillante est *la
clémence divine* Plus bas, Lucie est *la
grâce divine*, suivant Lombardi, et *la
grâce illuminante*, suivant Venturi.

3 Rachel, fille de Laban et épouse
du patriarche Jacob

« *missements? ne vois-tu pas qu'il se débat contre la mort,*
« *sur ce fleuve dont l'océan le plus agité ne se vante pas de*
« *surpasser les orages.* »

« A peine eus-je entendu ces paroles, que plus prompte qu'un
« homme qui court à ses profits, ou qui fuit un malheur,
« je quittai mon siége glorieux, pleine de confiance dans ta
« pure éloquence qui t'honore toi et ceux qui la suivent pour
« modèle. »

« Béatrix cessa de parler ; et, me regardant avec des yeux
baignés de larmes, elle semblait m'inviter à ne pas différer
de partir. Je lui ai donc obéi. Je suis venu à toi comme elle a
voulu, et je t'ai délivré de la louve qui te fermait le plus court
chemin pour franchir la montagne. Mais maintenant réponds,
pourquoi demeures-tu immobile ? pourquoi ne chasses-tu pas
de ton cœur cette ignoble crainte ? pourquoi n'as-tu plus ni
audace, ni courage, puisque trois femmes bénies [1] daignent
s'occuper de toi dans le ciel, et que ma voix te promet le
bonheur ? »

Tel que des fleurs abattues et fermées par le froid de la
nuit se relèvent sur leur tige et s'entr'ouvrent aux premiers
rayons du soleil qui les colore, tel je sentis renaître mes
forces affaiblies [2]. Une ardeur généreuse entra dans mon
cœur, et je m'écriai : « Qu'elle fut charitable celle qui prit ma
défense ! Que tu fus bienfaisant, toi qui accourus à la première
parole de ma protectrice ! Tu m'as rendu le désir de
suivre ma haute entreprise. Marche, tous deux nous n'avons
plus qu'une volonté ; tu es mon guide, tu es mon seigneur, tu
es mon maître. » Je me tus : Virgile s'avança, et je le suivis
dans un chemin tortueux et sauvage.

---

1. Les trois femmes bénies sont Béatrix, la divine Clémence et Lucie.
2. Il est inutile de faire ressortir la grâce, l'élégance, la fraîcheur de cette comparaison. Dante ne sera pas toujours terrible.

CHANT III.

« Par moi l'on va dans la cité des larmes; par moi l'on va dans l'abîme des douleurs; par moi l'on va parmi les races criminelles. La justice anima mon sublime créateur : je suis l'ouvrage de la divine puissance, de la haute sagesse et du premier amour; rien ne fut créé avant moi, que les substances éternelles, et moi je dure éternellement. O vous qui entrez, laissez toute espérance[1] ! »

Telles sont les paroles que je vis tracées en caractères noirs au-dessus d'une porte. Je dis alors : « Mon maître, ces paroles sont terribles. » Il me répondit avec un ton d'assurance : « Il faut renoncer ici à toute défiance, il faut bannir toute lâcheté : nous sommes arrivés aux lieux dont je t'ai parlé; tu y verras les ombres plaintives qui ont perdu la connaissance de la béatitude. » En même temps mon guide me prit par la main d'un air riant, qui me rendit mon courage, et il m'introduisit dans les mystères de l'abîme.

Là, des soupirs, des plaintes, des gémissements profonds se répandaient sous un ciel qui n'est éclairé d'aucune étoile. Un premier mouvement de pitié m'arracha des larmes. Mille

---

1. Voilà ce beau morceau de poésie si admirablement gradué, même si exact en théologie ! Milton a imité Dante dans le livre premier du *Paradis perdu*, en disant : « L'Espérance n'y vient jamais, elle qui vient partout »

Dante voulant faire mention d'une définition de la Trinité, a dû dire ce qu'il a dit. Elle se compose de *puissance*, de *sagesse* et d'*amour* Ginguené voudrait que Dante n'eut pas parlé du *Saint-Esprit* Si Dante avait pu oublier cette intervention, que d'accusations d'hérésie n'aurait-on pas lancées contre le poète ? Et parmi les accusateurs se seraient aussi trouvés les esprits forts, ne s'annonçant d'ailleurs sur ce point que comme critiques indifférents au dogme. Ainsi Dante agit conformément aux règles de la foi et conformément à celles de la logique.

langages divers [1], des cris de désespoir et de rage, d'affreux hurlements, des voix rauques ou retentissantes, accompagnés du choc tumultueux des mains, produisaient un bruit impétueux dont ce brouillard perpétuel est agité, comme le sable est soulevé par le vent de la tempête. Et moi qui avais la tête ceinte d'un voile d'incertitude et d'erreur, je m'écriai : « O mon maître! qu'entends-je? quel est ce peuple d'infortunés vaincus par la douleur? » — « Voilà, me répondit-il, quel est le sort des âmes malheureuses de ceux qui vécurent sans vice et sans vertu. Elles sont confondues avec les anges indignes [2] qui, dans leur égoïsme, ne furent ni fidèles ni rebelles à Dieu. Ces âmes que le ciel chassa pour ne rien perdre de sa pureté, ne sont pas précipitées dans les gouffres infernaux, parce que les coupables qui les habitent pourraient tirer vanité d'une telle compagnie. » — « O maître! dis-je ensuite, quelle est la douleur cuisante qui leur fait jeter de tels cris? » Il me répondit : « Tu vas l'apprendre en peu de mots Ces esprits n'ont pas l'espoir de la mort, et leur destinée obscure est si avilie, qu'ils sont envieux même d'un sort plus terrible. Le monde n'a gardé aucun souvenir de leur existence ; la miséricorde et la justice les dédaignent. Ne parlons plus d'eux ; mais regarde et passe. »

Je vis alors un grand nombre d'âmes (je n'aurais jamais cru que la mort eût dévoré tant de victimes) se précipiter en foule à la suite d'un étendard emporté en tournant, comme indigné du moindre retard. Je cherchai à reconnaître une de

---

1. Ce morceau a été imité par l'auteur de la *Jérusalem délivrée*. Il y a dans ces deux strophes de Dante une poésie et un *crescendo* de tumulte qui glace de terreur.

2 Je rapporterai l'ingénieuse observation de M Ginguené : « On a beaucoup discuté sur cette troisième espèce d'anges que Dante semble créer ici, de sa propre autorité, mais ne peut-on pas dire que, habitué aux agitations d'une république ou les partis se heurtaient et se combattaient sans cesse, il a voulu désigner et couvrir du mépris qu'ils méritent, ces hommes qui, lorsqu'il s'agit des intérêts de la patrie, gardent une neutralité coupable, exempts des sacrifices qu'elle impose, des services qu'elle réclame, des périls auxquels elle a droit de vouloir qu'on s'expose pour elle, et toujours portés, quoi qu'il arrive, à se ranger du parti du vainqueur? » *Hist. litt de l'Italie*, II, 36

ces âmes, et je vis celui qui fit, par lâcheté, le *grand refus* [1].
Je ne doutai pas que cette foule ne fût celle de ces hommes
inertes qui ne sont agréables ni à Dieu ni à ses ennemis. Ces
malheureux, qui ne furent jamais vivants, étaient nus, et piqués sans cesse par des insectes et des guêpes. Le sang confondu avec leurs larmes tombait à leurs pieds, où il était recueilli par des vers affamés.

Je me hasardai à regarder encore, et j'aperçus plus loin une
autre multitude d'âmes au bord d'un grand fleuve. « Maître,
dis-je à mon guide, apprends-moi quelles sont ces autres ombres que je discerne à l'aide du faible jour qui nous éclaire,
et quelle loi les force à se presser de traverser ce fleuve. » —
« Je t'en instruirai, répondit-il, lorsque nous aurons atteint le
formidable Achéron. » Craignant d'être devenu importun, et
baissant les yeux avec respect, je m'abstins de parler davantage, jusqu'au moment où nous arrivâmes à la rive.

Nous vîmes alors paraître un vieillard à cheveux blancs,
monté sur une barque; il criait : « Malheur à vous, âmes dépravées, n'espérez jamais de revoir le ciel; je viens pour vous
mener à l'autre rive, dans la région des ténèbres, au milieu
des flammes et des glaces éternelles : et toi, homme vivant,
qui te présentes ici, éloigne-toi de ceux qui sont morts. » Il
ajouta, voyant que je ne m'éloignais pas : « C'est par un autre
chemin, et non à ce port, que tu peux traverser cette onde;
il faut qu'une barque plus légère te conduise sur l'autre
bord. » — « Caron, dit alors mon guide, ne résiste pas : on
le veut ainsi, là où l'on peut tout ce que l'on veut; ne demande rien de plus. »

A ces mots, le visage barbu de ce nocher du marais fétide
perdit les traces de la colère qui avait chargé ses yeux de

---

[1] On a prétendu qu'il s'agit de Célestin V, qui abdiqua la papauté. Sans aller chercher dans le poëme une injure de plus contre les papes, n'est-il pas plus simple de penser que celui qui fit *le grand refus* n'est pas autre qu'un de ces Florentins pour nous obscurs et insignifiants, mais qui excitèrent la colère de Dante, par exemple, un Guelfe blanc qui, comme Torreggiano de' Cerchi, aura refusé de se faire déclarer généralissime des Florentins : charge dans laquelle il aurait pu les sauver de l'anarchie.

flammes menaçantes. Mais les âmes nues et harassées qui avaient entendu les paroles dures de Caron, changèrent de couleur et grincèrent des dents; elles blasphémaient Dieu, elles maudissaient leurs parents, les enfants de leurs enfants, l'espèce humaine, le lieu, le temps de leur naissance; ensuite elles se réunirent, en versant des larmes. au bord du fleuve terrible où est attendu tout homme qui ne craint pas Dieu L'infernal Caron, roulant ses yeux enflammés, les rassemble toutes, et frappe de sa rame les plus lentes à se mouvoir.

Tels que dans l'automne les feuilles tombent des arbres l'une après l'autre, tant que les branches n'ont pas rendu à la terre toutes leurs dépouilles, les fils impies d'Adam se jettent[1] dans la barque un à un, au moindre signe du pilote, semblables à l'oiseau que trompe la ruse de l'oiseleur. Ainsi les ombres s'embarquent sur l'onde noire; et, avant qu'elles soient descendues à l'autre bord, une autre foule s'est déjà rassemblée sur la première rive. « Mon fils, me dit mon guide bienfaisant, ceux qui meurent dans la colère de Dieu arrivent ici, de tous les pays de la terre. Ils sont tourmentés du besoin de traverser le fleuve, parce que la justice divine les aiguillonne, et que leur crainte se change en désir. Jamais une âme vertueuse[2] n'a passé ici; et si Caron t'a voulu repousser, tu dois deviner quel est le motif de ses menaces. »

Virgile cessa de parler : le sombre royaume trembla si fortement, que le souvenir de cette commotion couvre encore mon esprit de sueur[3]. Il s'eleva sur cette terre de larmes un vent mêlé d'eclairs qui me fit perdre tout sentiment, et je tombai comme un homme que le sommeil accable.

[1] Ce passage est évidemment imité du sixieme livre de l'Eneide
[2] Caron n'est pas ici seulement l'ancien nocher des Enfers, c'est un ange puni comme tous les autres rebelles. Il ne reçoit dans sa barque, suivant l'ordre de Dieu, que des âmes condamnées par la justice divine Il a horreur de tout ce qui est vertueux, même a demi. Comme il sait que Dante doit visiter les Enfers, pour s'y confirmer dans la crainte des châtiments eternels, Caron cherche à le détourner de son entreprise et à l'arrêter, par de vains prétextes, dans son glorieux voyage.
Telle est a peu près l'explication de Lombardi.
[3] J ai conservé l'excentricite de l'image hasardée par le poete

CHANT IV.

Un violent bruit de tonnerre m'ébranlant la tête, rompit mon sommeil profond : je m'agitai comme un homme qu'une secousse éveille. Je portai autour de moi mon œil reposé, et je cherchai à reconnaître le lieu où je me trouvais. Je me vis alors sur le bord de l'abîme de douleurs, où se font entendre tant de gémissements épouvantables imitant les fracas de la foudre. Cet abîme était nébuleux, obscur et immense. En y fixant mes yeux, je ne pouvais distinguer aucun objet. « Descendons maintenant dans le monde des ténèbres, me dit mon guide en pâlissant, je vais marcher le premier, tu me suivras. » Mais me sentant tout ému de sa pâleur, je lui parlai ainsi : « Toi qui sais si bien ranimer mon courage, dis, quand tu es maintenant si épouvanté toi-même, comment pourrais-je te suivre ? » Mon guide me répondit : « Les angoisses cruelles de tant de malheureux plongés dans cette enceinte de larmes impriment sur mon visage une compassion que tu prends pour de la crainte. Allons, la longueur du chemin ne nous permet pas de différer davantage. » Alors il entra et me fit entrer avec lui dans le premier cercle qui environne l'abîme. Là, autant que je pus m'en convaincre, en prêtant attentivement l'oreille, on n'entendait pas des plaintes; mais des soupirs agitaient l'air de la prison éternelle, parce qu'une foule d'hommes, de femmes et d'enfants y éprouvaient une douleur de l'âme sans tourment. « Eh bien, me dit mon généreux maître, tu ne demandes pas quels sont ces esprits que tu vois; apprends, avant d'avancer encore, que ces ombres n'ont pas péché. Mais il ne suffit pas qu'elles aient eu des mérites, puisqu'elles n'ont pas reçu le baptême, porte de la foi dans laquelle tu as été élevé. Si, parmi ces esprits, il en est qui vécurent avant la venue de Jésus-Christ, ils sont ici, parce qu'ils n'adorèrent pas Dieu d'une manière convenable. Je suis au nombre de ces derniers. C'est pour cette raison, et non pour aucun crime, que nous sommes relégués dans ce lieu, et notre infortune se borne à vivre encore dans le désir, sans conserver l'espérance. »

A ces mots, je fus saisi d'une vive douleur; je reconnus qu'une grande quantité de personnages d'une vertu éminente devaient voir dans ces limbes leur sort encore suspendu. Alors je parlai ainsi, pour me confirmer dans cette foi qui triomphe de toutes les erreurs : « Dis-moi, ô maître, dis-moi, ô seigneur, le mérite de quelques-unes de ces ombres, ou celui de quelque intercesseur, les peut-il faire sortir de ce lieu pour les conduire à la gloire du ciel ? » Le sage Romain, entendant ces paroles discrètes, me répondit : « Il y avait peu de temps que j'étais arrivé dans ces limbes, quand j'y vis descendre un être puissant [1], couronné de tous les signes de la victoire. Il en fit sortir notre premier père, Abel son fils, Noé, Moïse à la fois législateur et obéissant, le patriarche Abraham, le roi David, Israel, son père [2], et ses enfants, Rachel pour qui Israel fit tant de sacrifices, beaucoup d'autres enfin, et il les emmena dans le séjour de la béatitude. Je t'apprendrai en même temps qu'avant eux aucun homme n'avait été sauvé. »

Virgile continuait de parler. Nous marchions en traversant une forêt remplie d'une foule d'ombres diverses. Nous n'étions pas parvenus à une grande distance de l'entrée de l'abîme, quand j'aperçus une lueur qui avait vaincu l'hémisphère des ténèbres. Je vis bientôt qu'un peuple d'hommes célèbres habitait ce lieu. Je dis alors : « O toi qui honores les sciences

---

[1] Jésus-Christ descendit dans les Limbes après sa mort.
[2] Jacob, fils d'Isaac, reçut ensuite le nom d'Israël Voyez Genèse, XXXII, v 28

et les arts, apprends-moi quels sont ceux qui, par leur vie illustre, ont mérité d'obtenir ce séjour privilégié où ils sont séparés des autres âmes. » Mon guide répondit : « La haute renommée qu'ils ont laissée sur la terre que tu habites les rend dignes de cette faveur et de cette récompense du ciel. » J'entendis alors une voix qui s'écriait : « Honorez le sublime poëte qui nous avait quittés [1], et dont l'ombre revient parmi nous. » La voix se tut, et je vis venir quatre personnages majestueux. Leur visage n'annonçait ni joie ni tristesse. « Vois, me dit mon maître, celui qui, un glaive à la main, précède les autres, comme leur roi : c'est Homère, le prince des poètes. Après lui vient Horace le satirique. Ovide est le troisième : le dernier est Lucain. Chacun d'eux mérite, comme moi, le nom qu'une seule voix vient de faire entendre [2]. Ils s'avancent pour me rendre les honneurs dont je suis digne. » Je vis alors se réunir cette école imposante du prince de la haute poésie, qui, comme un aigle, plane sur les autres poëtes. Ces illustres personnages parlèrent quelque temps ensemble; ensuite ils se tournèrent vers moi. Leur salut amical fit sourire mon guide. Ils m'honorèrent encore davantage, puisqu'ils m'admirent dans leur auguste compagnie, et je me trouvai le sixième parmi des grands hommes si renommés. Nous marchâmes ensemble jusqu'à cette lumière brillante que j'avais aperçue. Nous parlions de choses qu'il est beau de taire en ce moment, comme là il convenait d'en faire le sujet de notre entretien. Nous nous trouvâmes bientôt au pied d'un noble château, sept fois entouré de hautes murailles, que baignait un fleuve limpide et peu profond. Nous le passâmes facilement, guidés par nos sages compagnons, et nous entrâmes dans le château par sept portes, pour arriver dans un pré émaillé d'une fraîche verdure. J'y remarquai d'autres personnages au regard calme et sérieux. Ils parlaient rarement, et d'une voix douce; j'admirai l'autorité de leur visage.

[1] Honorez Virgile, qui nous avait quittés, et qui reparaît parmi nous.

[2] Le nom de poëte

Nous nous dirigeâmes vers un point plus découvert, plus éclairé et plus élevé, d'où je pus distinguer toutes les âmes à la fois. Là, on me montra, sur l'émail fleuri, des esprits sublimes que je me réjouis d'avoir contemplés. Je vis Électre [1] environnée d'une foule de héros, parmi lesquels je reconnus Hector, le fils d'Anchise, César armé de ses yeux étincelants. D'un autre côté, je vis Camille, Pentésilée, et le roi Latinus assis à côté de Lavinie sa fille; je vis ce Brutus qui chassa Tarquin; je vis Lucrèce, Julie, Marcia, Cornélie; plus loin, Saladin était seul à l'écart. J'aperçus, en élevant les yeux, le maître de ceux qui aiment la sagesse, assis au milieu de sa famille de philosophes qui lui offrent l'hommage de leur admiration. Je vis Socrate et Platon, qui n'ont pas obtenu une renommée moins brillante; Démocrite, qui croit que le monde est l'effet du hasard; Diogène, Anaxagore, Thalès, Empédocle, Héraclite et Zénon; Dioscoride, cet excellent observateur de la qualité des substances; Orphée, Tullius, Linus, Sénèque le moraliste, le géomètre Euclide, Ptolémée, Hippocrate, Avicenne, Galien, Averroès le célèbre commentateur. Je ne puis en nommer davantage : mon sujet m'entraîne, le dire n'équivaut pas au fait. Alors notre société de six se divisa : mon sage guide, m'éloignant de cet air pur et tranquille, me ramena dans la région des ténèbres.

---

1 Suivant presque tous les commentateurs, Dante veut parler d'Électre, fille d'Atlas et mère de Dardanus, fondateur de Troie. Volpi seul croit que cette Électre est la fille d'Agamemnon et de Clytemnestre. Camille, fille du roi des Volsques, et qui combattit en faveur de Turnus. Pentésilée, fille de Mars et reine des Amazones : après avoir donné de grandes marques de valeur, elle fut tuée au siège de Troie par Achille. Julie, fille de César et femme de Pompée. Marcia, femme de Caton d'Utique. Cornélie, fille de Scipion l'Africain. Saladin, soudan d'Égypte : il remporta sur les chrétiens une mémorable victoire en 1187, il reprit ensuite Jérusalem sur les successeurs de Godefroy, et mourut en 1193. Le poëte met Saladin à l'écart, parce que, à cette époque, peu de Musulmans se distinguèrent. « C'est un trait « d'indépendance remarquable, dit « M. Ginguené, d'avoir osé placer dans « l'Élysée ce terrible ennemi des chré- « tiens » Le maître de ceux qui aiment la sagesse, Aristote. Ptolémée, l'astronome et le géographe. Averroès de Cordoue, commentateur d'Aristote

CHANT V.

Je descendis du premier cercle dans le second, d'une étendue moins spacieuse, mais où l'on éprouve des douleurs plus vives qui arrachent des cris lamentables. C'est là que siége, en grinçant des dents, l'horrible Minos [1].

Il pèse les crimes de ceux qui entrent; il les examine, et, par le roulement de sa queue, il va leur assigner le lieu de leur supplice. Ainsi, quand un coupable paraît devant Minos, il est contraint à tout avouer. Ce juge du crime, chargé d'en connaître, voit bientôt la région de l'enfer où cette âme doit souffrir, et il indique, par le nombre des replis de sa queue, celui des neuf cercles où le damné doit être précipité. Une grande multitude d'âmes est toujours en la présence du juge : elles s'accusent, elles entendent, et tout à coup sont plongées dans le gouffre. « O toi qui es entré dans l'hospice des douleurs, me dit Minos en suspendant son terrible ministère, prends garde à qui tu t'abandonnes; ne te laisse pas tromper par l'entrée facile de ce séjour [2] ! » — « Pourquoi ces cris, lui répondit mon guide? ne mets pas obstacle à son voyage qu'ont ordonné les destins : on le veut ainsi, là où l'on peut tout ce que l'on veut [3]. Je ne dois pas t'en dire davantage. »

J'entendais déjà des voix plaintives. J'arrivai dans un lieu où elles redoublaient leurs gémissements, qui formaient, dans

---

[1] « C'est un juge de l'ancien Enfer, mais c'est un démon de l'Enfer moderne, » dit M. Ginguené, *Hist. litt. d'Italie*, tome II, page 85.

[2] *Facilis descensus Averni.*
VIRGILE, liv. VI.
Le poëte a pu aussi puiser cette idée dans un passage de S. Matthieu, VII, v. 13 : *Lata porta et spatiosa via est quæ ducit ad perditionem.*

[3] Ce sont les mêmes vers qu'on a vus page 12, ligne 26. Il paraît qu'ils étaient une espèce de mot d'ordre que Virgile répète textuellement.

cette enceinte *muette* de toute lumière, un mugissement semblable à celui de la mer battue par une tempête. La tourmente infernale qui n'a jamais de repos entraîne les âmes dans son tourbillon, et les pousse avec fracas contre les débris d'innombrables rochers. Là, elles renouvellent leurs cris et leurs lamentations, en blasphémant la vertu divine. J'appris que l'on condamnait à ce supplice les ombres charnelles qui avaient asservi la raison aux plaisirs des sens.

De même que le froid fait prendre aux étourneaux un vol irrégulier, de même cette tourmente emporte, choque, repousse et ramène les âmes coupables, sans qu'aucun espoir de relâche ou d'adoucissement à cette peine vienne leur rendre quelque courage. Telles les grues disposées en files allongées fendent l'air et le frappent de leurs cris lugubres, telles les ombres enlevées par la tempête poussent sans cesse de sourds gémissements. « O mon maître, dis-je, quelles sont ces âmes infortunées que cet air noir *déchire?* » Il me répondit : « Celle que tu vois ici la première régna sur une foule de peuples aux langages différents. Elle s'adonna tellement à l'impudicité, que, pour éviter le blâme dû à ses emportements, elle eut pour loi de regarder comme permis ce qui lui était agréable: c'est Sémiramis, qui donna le sein à Ninus [1], et fut son épouse. Elle gou-

---

[1]. Il faut lire ainsi le vers italien : « Che sugger dette a Nino', e fu sua sposa » Autrefois, au lieu de *sugger dette*, on lisait *succedette;* ainsi, on croyait que Dante avait dit, *qui succeda a Ninus, et fut son épouse*. Mais cela n'a aucun sens; cela est si simple, et porte si peu avec soi la pensée d'un reproche, qu'on ne reconnaît pas Dante. Ce poëte ne depense pas huit mots pour ne rien dire en lisant *sugger dette*, on trouve le grand châtiment dantesque Sémiramis fut, selon une des cinquante narrations de Conon (voy. *Biogr univ*, XLI, 552), mere de *Ninus*; ainsi elle lui donna, ou put lui donner le sein : ensuite, enflammée d'un amour incestueux, elle fut son épouse. Voilà Dante, voilà ses jugements terribles. Lombardi croit que Dante a dit *succedette*, et que c'est une *synchyse* pour la rime, c'est-à-dire simplement une transposition de mots qui trouble l'ordre et l'arrangement de la phrase. C'est Mgr l'évêque de Mindo, frère de Canova, qui m'a fait connaître une si importante variante, adoptée aujourd'hui presque généralement en Italie.

Cette nouvelle explication a été donnée dans une lettre de l'abbé Fortune Federici, vice-bibliothecaire de l'Université de Padoue; in-8°, Milan, 1836 Il m'en a envoyé un exemplaire avec beaucoup d'obligeance, et je suis heureux de faire connaître ce fruit des recherches d'un des hommes les plus savants de la péninsule italique A cette supposition, d ailleurs, Daunou répond que

verra le pays où commande aujourd'hui le Soudan. Cette autre est celle qui chercha la mort par amour, et mourut infidèle aux cendres de Sichée. Tu vois, après elle, la luxurieuse Cléopâtre. » On me fit ensuite remarquer, en me les montrant de la main, Helène, pour qui coula tant de sang, le grand Achille qui, en aimant, courut à une mort prématurée, Pâris, Tristan [1], et plus de mille autres ombres que l'amour conduisit au trépas. Lorsque mon guide me nommait ces princesses des premiers âges et ces antiques guerriers, la compassion entra dans mon cœur. « O poete, dis-je à mon maître, je parlerais avec plaisir à ces deux ombres qui volent ensemble et qui s'abandonnent au vent, dans leur course légère. » — « Attends, reprit-il, qu'elles soient arrivées plus près de toi, et prieles, au nom de l'amour qui les tient encore unies, de s'arrêter un moment. Elles viendront à nous. » Lorsque le vent les dirigea de notre côté, j'élevai la voix et je parlai ainsi : « O âmes infortunées, venez vous entretenir avec nous, si aucun obstacle ne s'y oppose ! » Telles que des colombes appelées à leur nid, objet de leur tendre affection, sillonnent l'air d'un vol rapide, les deux âmes, tant notre invitation affectueuse eut de force, quittent la foule où se trouvait Didon, et accourent vers nous à travers la tempête. L'une d'elles me dit : « Nous te saluons, être gracieux et bienveillant qui viens nous visiter dans cet air de ténèbres, nous qui avons teint le monde de notre sang. Si le roi de l'univers nous était favorable, nous le conjurerions de t'accorder des jours de paix, puisque tu as quelque pitié de nos maux éternels. Pendant que le vent se tait, comme à présent, nous écouterons ce que tu vas dire, et nous répondrons à tes demandes. La contrée qui m'a vue naître est voisine de la mer où descend le Pô, fatigué du tribut des diverses eaux qu'il a re-

---

Conon s'est trompé, et qu'il a confondu Semiramis avec Atossa, fille de Belochus Cela est possible ; mais Dante a pu lire une traduction latine du grec de Conon, et cela, comme il est arrivé plusieurs autres fois, a suffi pour induire le poëte en erreur.

1. Tristan, neveu du roi Marc de Cornouailles, aima la reine Yseult, épouse de ce prince. Le roi Marc, les ayant surpris ensemble, frappa de son épée Tristan, qui mourut quelques jours après

çues dans son sein. L'amour, qui enflamme si vite une âme noble, rendit celui que tu vois près de moi passionné pour ces charmes séduisants qui me furent si cruellement enlevés (le souvenir de cette barbarie oppresse mon cœur). L'amour qui ne dispense de l'amour aucun objet aimé, m'enivra d'une tendresse si vive, qu'elle ne m'a pas encore abandonnée. L'amour nous entraîna tous deux à la même mort. Le lieu où Caïn est tourmenté [1] attend le monstre qui nous arracha le jour. »

L'ombre acheva de parler. A ces mots déchirants, touché d'une vive douleur, je baissais les yeux. Mon guide me dit : « Que fais-tu ? » — « Hélas ! répondis-je, combien de douces pensées et de désirs brûlants ont dû les conduire au terme de la vie ! » Je me retournai ensuite vers les deux âmes, et je dis : « Françoise, ton supplice excite la douleur et la pitié ; mais écoute encore, au temps de vos doux soupirs, quand et comment connûtes-vous la tendre intelligence de vos cœurs ? » L'âme répondit ainsi : « Il n'est pas de peine plus vive que celle de se rappeler, dans le malheur, les jours de la félicité ; c'est une vérité enseignée par ton maître [2].

« Puisque tu veux connaître la première source de notre amour, tu vas m'entendre pleurer et parler à la fois. Nous lisions un jour pour nous distraire, l'histoire des amours de Lancelot. Nous étions seuls, sans aucune défiance. Plusieurs fois

---

1. Il est question ici du cercle de l'Enfer où sont punis les fratricides. « Ce n'était pas le philosophe profond, le théologien, ni même le poëte sublime, qui pouvait peindre et inventer ainsi, dit M. Ginguené ; c'était l'amant de Béatrix » Il est à propos de faire connaître l'histoire de l'ombre qui vient de parler. Elle s'appelait Françoise, et elle était une des plus belles femmes de son temps, et fille de Guido da Polenta, seigneur de Ravenne. Son père lui avait fait épouser Lanciotto, fils aîné de Malatesta, seigneur de Rimini. Lanciotto était laid, boiteux et difforme, brusque et avare, mais il avait un frère, Paul, qui était beau, tendre et généreux. Paul ne tarda pas à aimer sa belle-sœur. Françoise s'éprit pour lui d'une vive passion, mais un jour Lanciotto les surprit lisant un livre d'amour, et les perça tous deux d'un même coup d'épée.

2. On a cru que Dante voulait ici parler de Virgile, mais Virgile n'a écrit aucune sentence pareille. Ce sentiment, du reste, se trouve dans Boëce (De Consolatione, prosa 4). Il dit : « In omni adversitate fortunæ infelicissimum genus infortunii est fuisse felicem » «Dans toute adversité de fortune, avoir été heureux, est un très-malheureux genre d'infortune » Boëce était connu de Dante, comme on le voit dans plusieurs passages de son Convito

cette lecture nous arracha des larmes, et nous fit changer de couleur. Un seul moment décida de notre sort. Quand nous lûmes que cet amant si tendre avait imprimé un baiser sur le doux sourire de son amante, Paul (ah! que jamais il ne soit séparé de moi) imprima, tout tremblant, un baiser sur mes lèvres. Le livre et celui qui l'écrivit furent pour nous un autre GALLÉHAUT [1]. Ce jour-là, nous ne lûmes pas davantage. »

Pendant que l'une des âmes parlait ainsi [2], l'autre pleurait si amèrement que, dans une émotion pénible de pitié, je perdis l'usage de mes sens, et je tombai comme tombe un corps sans vie.

---

[1] Galléhaut était un confident qui favorisa les amours de Ginèvre et de Lancelot. (Voyez *Biblioth des romans*, page 63 et suiv., octobre, 1er vol 1775.)

[2] Voici des réflexions de Foscolo sur cet épisode. « Toute l'histoire de l'amour d'une femme est vivement retracée et renfermée en peu de lignes. C'est ainsi qu'il en a été pour Juliette dans la tragédie de Shakspeare. Françoise attribue la passion de Paul pour elle, non pas à un sentiment de dépravation, mais à sa propre beauté, et à une noblesse d'âme dans le jeune homme. Avec une effusion d'angoisse amère et d'ingénuité compatissante, elle dit qu'elle était belle et qu'une indigne mort l'a frappée ; elle confesse qu'elle aimait, parce qu'elle était aimée ; cette douce pensée avait triomphé d'elle Françoise déclare aussi avec énergie que le plaisir ne l'a pas abandonnée, même dans l'enfer. Cela est expliqué de telle manière que Dante unit la clarté à la concision, et la simplicité la plus naïve à la plus profonde connaissance du cœur. La flamme coupable de Françoise survit au châtiment que le ciel lui inflige, mais cette flamme survit sans aucune ombre d'impiété. Le juge est inflexible, puis nous sommes au delà de cette porte où *on laisse l'espérance*, mais il n'interdit pas un tendre regret. »

« Cependant Françoise, avec une généreuse délicatesse, s'attache à disculper Paul de toute imputation de l'avoir séduite. »

M. Foscolo, à qui je viens d'emprunter quelques traits touchants, mérite la palme parmi tous ceux qui ont commenté ce chef-d'œuvre de grâce, de tendresse, de naïveté, de résignation et d'amour. S'il y a quelque chose de plus à dire sur l'épisode de Françoise, c'est à une femme à le dire. Les mystères du cœur de la femme ne sont peut-être pas encore tous connus.

(*Hist. de Dante*, pag 227 et suiv.)

Mademoiselle Félicie de Fauveau a composé à Florence, pour M. Pourtalès, un morceau de sculpture représentant l'épisode de Françoise de Rimini. Les Florentins, si passionnés pour Dante et les beaux-arts, ont vu partir avec regret, de leur ville, ce petit monument d'une élégance exquise : on le voit à Paris dans les salons de l'heureux amateur qui le possède.

CHANT VI.

Au moment où, recouvrant mes esprits, je sortis de cette tristesse profonde que j'avais ressentie, en contemplant l'état déplorable des deux tendres parents, je vis, autour de moi, de quelque côté que je tournasse mes mouvements, mes pas, et mes regards, de nouveaux tourments et de nouveaux tourmentés. J'étais arrivé au cercle de la pluie éternelle, froide, funeste et maudite, composée des mêmes matières, tombant sans cesse dans une quantité toujours égale, irrévocablement réglée par le destin : une grêle épaisse mêlée de neige, une eau noirâtre infectant la terre, inondent avec fracas l'enceinte ténébreuse de ce cercle qui est le troisième de l'enfer. Cerbere, chien cruel et si dissemblable des autres animaux, aboie obstinément de ses trois gueules contre les damnés que la justice divine y a renfermés. On ne peut voir, sans frémir, les yeux enflammés de ce monstre, ses poils rudes et sanglants, son ventre élargi, ses pattes armées de griffes dont il écorche, déchire et pourfend les esprits confiés à sa garde. Les impies, à qui la pluie glacée fait pousser d'affreux hurlements, n'ont d'autre soulagement que de présenter souvent au supplice le côté de leur corps où la douleur est moins récente. Dès qu'il nous vit, le reptile immense ouvrit ses gueules ; et, tout tremblant de colère, il nous montra ses defenses menaçantes. Mon guide alors se baissa, prit de la terre dans ses deux mains, et la jeta dans les gueules affamées. Tel le chien qui, par ses cris perçants, annonce son avidité, et qui s'apaise aussitôt qu'on lui a jeté sa pâture qu'il s'empresse de dévorer, tel le démon Cerbère ferma ses trois gueules qui assourdissent, par leurs effroyables aboiements, les ombres condamnées à les entendre.

Nous passions à travers ces âmes qu'accable la pluie noirâtre, et nous marchions sur leurs ombres qui paraissaient des corps. Elles restaient étendues à terre, excepté une qui se leva au moment où elle nous vit passer. Elle me dit : « O toi qui as été conduit dans cet enfer, reconnais-moi si tu le peux ! Tu étais né avant ma mort. » Je repondis : « Les angoisses que tu éprouves te rendent peut-être méconnaissable, et il ne me paraît pas que je t'aie vu jamais. Dis-moi, qui es-tu? toi jeté dans un lieu si triste, pour subir une peine qui, si elle n'est pas la plus terrible, doit être la plus fatigante. » L'ombre prit ainsi la parole : « Ta ville qui regorge d'envieux, m'a vu naître sur cette terre où l'on devrait couler des jours si fortunés; vous, concitoyens, vous m'appelâtes Ciacco [1], et je suis condamné à recevoir cette pluie, pour expier le crime fatal de la gourmandise. Je ne suis pas la seule âme qui ait mérité ce supplice. Toutes les ombres que tu vois ici, ont commis la même faute. » A ces mots il se tut. Je lui répondis : « Ciacco, ta peine fait couler mes larmes : mais apprends-moi, si tu le sais, comment finiront les divisions de ta patrie. Renferme-t-elle au moins quelque juste? Apprends-moi la cause des dissensions qui l'ont assaillie. » — « Écoute, reprit-il : A la suite d'un grand debat, ils répandront le sang. Le parti, dont le chef est venu des bois [2], chassera l'autre parti qui se retirera en désordre. Après trois révolutions de *soleils*, celui-ci reprendra l'avantage. Enfin, les derniers triompheront à l'aide d'un prince [3] qui se portera pour médiateur. Cette faction régnera longtemps, et opprimera violemment ses ennemis dont elle bravera la fureur, et dont elle n'écoutera pas les

---

[1] Ciacco signifie, en toscan, porc, pourceau. Il paraît que ce surnom avait été donné au Florentin qui parle en ce moment, parce qu'il etait connu pour un parasite, et se rendait celebre à Florence par une insigne gourmandise. Landino assure que ce Ciacco était pourtant un homme « eloquent, plein d'urbanité, facétieux et d'une conversation très-agréable »

[2] Le parti des *Blancs*, qui avait pour chefs les Cerchi, d'une noblesse nouvelle, venue depuis peu des bois de Val di Nievole, chassera le parti des *Noirs*, commandés par Corso Donati

[3] A l'aide de Charles de Valois, frere de Philippe le Bel, roi de France. Charles entra à Florence en 1301, pour protéger les *Noirs* Dante parle au futur, parce qu'il est censé ecrire en 1300.

plaintes. Florence compte encore deux justes ¹, mais elle les méconnaît. L'orgueil, la jalousie et l'avarice, de leurs brandons homicides, ont embrasé tous les cœurs. » Ciacco cessa de faire entendre ses paroles douloureuses Je lui dis : « Accorde-moi plus de détails, je t'en conjure. Où sont Farinata ², Tegghiajo, qui furent si vertueux? que sont devenus Jacques Rusticucci, Arrigo et Mosca, et d'autres qui s'appliquèrent à mériter l'admiration de leur patrie? J'ai un grand désir de savoir de toi s'ils ont été dévoués aux flammes de l'enfer, ou s'ils ont en partage les béatitudes du ciel. » L'âme répondit : « Ils sont parmi des ombres plus coupables. D'autres crimes les ont précipités dans un cercle plus profond, où tu pourras les voir, si tu descends plus bas. Maintenant, je t'en supplie, quand tu seras retourné sur la terre, cet heureux séjour, rappelle-moi à la mémoire de mes concitoyens ³ ; je ne puis pas t'en dire davantage, je ne puis plus te répondre. » Alors il renversa ses yeux, me regarda encore un moment, baissa la tête, en retombant à terre avec les autres âmes criminelles.

Mon guide me dit : « Elles ne se relèveront plus jusqu'au moment où sonnera la trompette de l'ange, à l'arrivée de la puissance ennemie du crime : alors chacune d'elles retrouvera son triste tombeau, reprendra sa chair et ses traits, et entendra l'arrêt qui retentira dans l'éternité. » Nous traversâmes à pas lents cet amas d'ombres glacées par la pluie, en nous entretenant un peu de la vie future. « Mais ces tourments, dis-je à

---

1. Qui sont ces deux justes ? Guido, frère carme, assure que ces deux justes sont Dante lui-même et son ami Guido Cavalcanti

2 Farinata degli Uberti, chef de la faction des Gibelins, personnage d'un grand caractère Je possède dans mon cabinet un beau portrait sur bois de cet illustre Florentin, qui a été gravé par M Challamel. — Tegghiaio Aldobrandi degli Adimari, grand capitaine du temps, qui s'était rendu recommandable par sa prudence et les sages conseils qu'il donnait à son parti Jacques Rusticucci d'une famille peu élevée

mais très-riche. — Arrigo, chevalier. de la famille de' Fisanti. — Mosca, de la famille degli Uberti, suivant Landino, Danielio, et Vellutello, et de la famille des Lamberti, suivant Jean Villani et Paolino Pieri On retrouve ce Mosca dans le chant XXVIII de cette cantica.

3. Toutes les âmes que Dante rencontre dans l'Enfer manifestent le plus grand désir d'être rappelées au souvenir des hommes qui les ont connues sur la terre, et même d'attirer l'attention de ceux qui ne les ont pas connues.

3

mon maître, croîtront-ils après la haute sentence? deviendront-ils moins cruels ou plus cuisants? » — « Rappelle-toi les leçons de ta science ¹, interrompit mon guide; elle t'apprend que plus une substance approche de la perfection, plus elle doit ressentir vivement le bien et la douleur. Quoiqu'elle ne doive pas atteindre la perfection, cette race maudite, cependant elle espère y parvenir davantage, après le jugement solennel. »

Nous parcourions ainsi le cercle en discourant sur d'autres objets que je m'abstiens de rapporter. Nous arrivâmes au point où la pente devient plus rapide, et nous y trouvâmes Plutus ², ce formidable ennemi.

---

1 Les leçons d'Aristote, qui déclare que plus l'homme approche de la perfection, plus il est apte à jouir de la béatitude et à sentir la misère. C'est dans ce sens que S. Augustin a dit : « *Cum fiet resurrectio carnis, et bonorum gaudium erit et tormenta majora* »

2 Plutus, dieu des richesses. On va entrer dans le cercle des avares et des prodigues. M. Salfi m'a repris assez amèrement de ce que j'ai traduit *Pluto* par Plutus, et il voudrait qu'il s'agit ici de Pluton, mais M. Salfi, qui était certainement un homme très savant, s'est trompé. Les principaux commentateurs veulent que Dante ait entendu parler ici de Plutus. Au chant XXXIV de l'Enfer, nous rencontrerons Pluton dans la personne de Lucifer, et Dante l'appellera *dite et imperador del doloroso regno*

CHANT VII.

Plutus, d'une voix rauque, s'écria : *Papé satan, papé satan, aleppe*[1]. Mais le généreux guide, qui fut une source abondante de savoir, me dit, pour me rendre du courage : « Ne crains rien : quelle que soit sa puissance, il ne t'empêchera pas de descendre dans cette enceinte. » Puis, se retournant vers ce démon superbe, il lui cria : « Tais-toi, loup de malédiction, déchire-toi, toi-même, dans ta rage. Ce n'est pas sans raison que nous pénétrons dans l'abîme : on le veut ainsi là où Michel[2] a puni le viol orgueilleux. » La bête formidable[3] tomba à terre, comme les voiles tombent renversées, lorsque le mât éclate et se rompt. Nous atteignîmes facilement la quatrième cavité, en nous enfonçant davantage dans l'entonnoir infernal qui engouffre les crimes de l'univers. O justice de Dieu! qui pourrait décrire le tableau de nouveaux tourments qui se déroula devant mes yeux? Pourquoi nos crimes provoquent-ils tant de supplices? Les damnés de cette enceinte, en se rencontrant dans cette danse effroyable, se choquaient avec violence, comme les ondes amenées par des courants opposés, se heurtent avec fracas, près de l'écueil de Charybde. Je distinguai alors une foule d'ombres qui portaient péniblement des fardeaux énormes, en poussant des hurlements de douleur. Elles se frappaient l'une l'autre, et se criaient mutuellement : « Pourquoi re-

---

[1]. Suivant M. Lanci, ces mots sont des expressions hébraïques qui signifient : « Montre toi, Satan, dans la majesté de tes splendeurs. » Plutus, par ces paroles, invite *Dite* (Lucifer) à se faire voir du fond et du centre de l'abîme, pour effrayer Dante, personne vivante qui rompt et brave les lois de l'Enfer. M Étienne Quatremère croit que ces mots n'ont aucun sens

[2] Là où l'archange Michel a puni les anges parjures.

[3] Plutus

tiens-tu sans cesse, et toi, pourquoi jettes-tu¹? » Les âmes tournaient ainsi, en se partageant entre elles l'enceinte obscure, et en se répétant leur refrain honteux ; et, quand elles avaient parcouru la moitié du cercle qui leur était réservé, elles retournaient précipitamment se heurter à l'impitoyable combat. Mon cœur était ému de compassion. Je dis à mon maître : « Quels sont ces infortunés? Parmi ceux que je vois à notre gauche², ont-ils été clercs ceux qui en portent le signe? » Il me répondit : « Ceux-ci ont été si *chauves* d'esprit, que, dans la première vie, ils n'ont pas su user de leur fortune avec mesure. Tu comprends assez ce que ces esprits ont été, si tu entends ce que leur voix aboie, quand ils sont arrivés à la moitié de leur course, où un vice différent les sépare. Ils ont été clercs, ceux à qui tu vois la tonsure ; ce sont des papes et des cardinaux, qu'une excessive avarice a dominés. »—« Mais apprends-moi, ô mon maître, dis-je alors, ne pourrais-je pas reconnaître quelques-uns de ceux qui se souillèrent de tels vices? » — « Non, me dit-il, renonce à cette pensée : la vie sordide qu'ils ont menée les a rendus si difformes, qu'il n'est aucun moyen de retrouver leurs traits. C'est à ces deux *heurts* sans fin qu'ils sont condamnés. Ceux-ci sortiront de leurs tombeaux le poing fermé ; ceux-là dépouillés de leur chevelure : pour avoir mal donné et mal tenu, ils perdent le séjour de la gloire céleste, et sont entraînés à ce combat éternel. Je ne dépense pas plus de paroles pour te prouver combien il est terrible. Juge donc, mon fils, quelle est la frivolité de ces biens que

---

1. Il s'agit ici des avares et des prodigues. Le prodigue dit à l'avare : « Pourquoi retiens-tu ? » L'avare dit au prodigue : « Pourquoi jettes-tu ? » Ces deux sortes de pécheurs se partageaient entre eux toute l'enceinte. La moitié était occupée par les avares, et l'autre moitié par les prodigues. Ils parcouraient chacun leur moitié de vallée, en proférant les paroles qu'on vient de lire Arrivés au point où il leur était défendu de passer outre, ils se heurtaient réciproquement avec fureur, et retournaient au point d'où ils étaient partis, pour revenir à celui qu'ils venaient de quitter Ce tableau terrible a été reproduit d'une manière passionnée dans les gravures de l'Enfer, par Pinelli.

2. Comme les prodigues sont dépouillés de leur chevelure, Dante demande si ceux qu'il voit ainsi sans cheveux ont été clercs. Virgile répond qu'ils sont en cet état parce qu'ils ont été *chauves* d'esprit.

donne *la fortune*, et que les mortels cherchent à s'arracher : tout l'or que l'on a vu ou que l'on voit sur la terre ne pourrait pas donner un instant de relâche aux peines cuisantes de ces malheureux. » Je repris ainsi : « O mon maître ! apprends-moi ce qu'est cette fortune que tu viens de nommer. Qu'est-elle donc pour tenir si fortement dans sa main les biens de la terre ? » Il répondit : « O créatures insensées ! quelle est votre ignorance ! je veux t'alimenter de ma sentence. Celui dont la science est universelle [1] a créé les cieux et les moteurs qui les conduisent. Par l'effet d'une distribution égale de la lumière, chaque partie des cieux est visible pour la partie de la terre qui lui correspond. Le même souverain a commis aussi à une intelligence [2] régulatrice le soin des biens de ce monde : c'est elle qui, de temps en temps, fait passer ces biens périssables d'une famille à une autre famille, d'une nation à une autre nation, sans que la prudence humaine puisse y apporter le moindre obstacle. Voilà pourquoi un peuple commande et l'autre dégénère, au gré de cette intelligence capricieuse, dont la volonté est cachée comme le serpent sous l'herbe. Votre savoir est vainement opposé à cette intelligence : elle pourvoit à son propre ministère, juge, ordonne, comme font les autres intelligences créées de Dieu. Ses changements n'ont pas d'intermittence ; la nécessité la contraint à un mouvement qui l'emporte dans une précipitation continuelle ; telle est celle que maudissent souvent ceux qui devraient la bénir et qui l'accusent à tort. Mais elle poursuit sa course heureuse,

---

[1] Dieu, qui connaît seul les éléments intérieurs et extérieurs des choses, tous contenus en lui et par lui disposés.

[2] Cette intelligence est la *Fortune* M. Ginguené dit : « On ne trouve dans aucun poëte, un plus beau portrait de la Fortune, peut-être pas même dans cette belle ode d'Horace, *O diva quæ regis Antium*, au dessus de laquelle il n'y a rien sur le même sujet dans la poésie antique. Dante a profité d'une idée de l'ancienne philosophie, adoptée par le christianisme de cette idée d'une intelligence secondaire chargée de présider à chacune des sphères célestes, et il en a en quelque sorte ressuscité et rajeuni la déesse de la Fortune, en plaçant cette intelligence à la direction des affaires de ce monde. C'est un de ces morceaux de Dante qui sont rarement cités, mais que relisent souvent ceux qui ont une fois vaincu les difficultés et goûté les beautés sévères de ce poëte inégal et sublime » (*Hist. litt. d'Italie*, tom. II, pag. 58 et 69.)

et n'entend pas ces plaintes. Joyeuse, ainsi que les autres créatures d'un ordre supérieur, elle imprime le mouvement à sa sphère, et jouit glorieusement de sa béatitude.

« Maintenant descendons vers des tourments plus affreux. Les étoiles qui montaient [1], quand je suis arrivé près de toi, commencent à s'abaisser, et nous défendent de trop tarder à nous avancer. »

Nous achevâmes de traverser le cercle ; nous trouvâmes ensuite une source bouillonnante, et dont l'eau, plutôt noire que *perse*, tombait dans un fossé qu'elle avait creusé. En côtoyant le bord de l'onde ténébreuse, nous entrâmes dans un chemin encore plus âpre et plus horrible. Ce ruisseau funeste, quand il est arrivé au pied des côtes impures de cette enceinte, forme un étang qu'on appelle Styx. J'attendais impatiemment le spectacle qui allait s'offrir à mes yeux, et j'aperçus des âmes nues plongées dans la fange. Je remarquai leurs traits irrités : elles se frappaient, non pas seulement avec les mains, mais avec la tête, avec la poitrine, et se déchiquetaient de leurs dents meurtrières. « Voilà, me dit mon maître, les âmes de ceux qui s'adonnèrent à la colère. Elles remplissent cet étang ; et jusqu'au fond de ces eaux, une foule innombrable est vouée au même supplice. Regarde ces tourbillons ; le tourment des condamnés soulève la surface de ces ondes fétides. Plongés dans ce limon, ils disent : « Nous ne con-
« nûmes que la rage sous ce ciel doux que récrée le soleil, et
« nous conservâmes dans nos cœurs une violence coupable ;
« nous sommes tourmentés maintenant dans ces eaux limo-
« neuses. » Telle est l'*hymne* qu'ils coassent dans ce marais où ils ne peuvent articuler des paroles entières. »

Nous tournâmes ainsi tout autour d'une partie de ce lac immonde, les yeux fixés sur les ombres englouties dans la fange, et nous arrivâmes enfin au pied d'une tour.

---

1. Il veut lui faire entendre qu'il est minuit, et qu'ils ont déjà employé à peu près six heures à leur voyage.

CHANT VIII.

Je dis, pour suivre mon récit, qu'avant d'arriver au pied de la tour, nos yeux avaient aperçu deux flammes qu'on avait placées sur ses créneaux : une autre tour plus éloignée avait répondu par un semblable signal que nous n'avions pu discerner qu'avec peine. Je me tournai vers mon maître, cette mer immense de tout savoir, et je lui dis : « Que signifie ce signal? qui a été chargé de le faire? à quoi répond cet autre feu? » Mon guide me parla ainsi : « A travers ces eaux fangeuses, si le brouillard du gouffre éternel ne t'empêche pas de distinguer les objets, tu dois apercevoir ce qu'on attend ici. » Un arc ne lance pas la flèche dans l'air aussi promptement que s'avançait une petite barque montée d'un seul nocher qui criait : « Tu es donc arrivée, âme félone? » — « Phlégias [1], Phlégias, cette fois tu cries en vain, lui dit mon guide, tu ne nous verras auprès de toi, que le temps nécessaire pour traverser l'onde impure. » Semblable à celui qui, voyant qu'il a été cruellement trompé, se plaint amèrement, Phlégias gémit d'être forcé à contenir sa colere. Mon guide entra dans l'antique barque, et m'y fit descendre; mais elle ne parut chargée que quand j'y fus entré avec lui,

[1]. Phlégias, fils de Mars, père d'Ixion et roi des Lapithes. Ayant appris que sa fille Coronis avait été insultée par Apollon, Phlégias alla, dans sa colère, mettre le feu au temple de ce dieu, qui le tua à coups de flèches. Daniello assure que Phlégias est ici le demon chargé de surveiller ceux qui sont enclins à la colere, parce que, lui même, il s'abandonna à ce vice honteux. Lombardi assure, au contraire, que Phlégias doit être ici consideré comme un impie qui méprisa les dieux, et que ce fut parce qu'il brula le temple d'Apollon, à Delphes, qu'il est condamné à conduire les âmes dans la ville de *Dite*, lieu qui renferme les incredules.

et elle sillonna l'onde plus profondément, lorsqu'elle m'eut reçu moi et mon guide. Nous parcourions ainsi le marais de la mort, quand il se présenta devant nous une ombre couverte de fange, qui me dit : « Qui es-tu, toi qui viens ici avant l'heure? » Je répondis : « Je passe, et je ne dois pas rester avec toi : mais toi qui es ainsi défiguré, qui es-tu toi-même? » L'ombre reprit : « Tu vois bien que je suis un de ceux qui habitent l'empire des larmes. » Je continuai ainsi : « Ah! esprit maudit de Dieu, séjourne éternellement au milieu des plaintes et des gémissements! Je te connais, quoique tu sois tout sali de fange. » L'ombre alors saisit l'esquif de ses deux mains; mais mon maître qui s'en aperçut, la repoussa, en lui criant : « Fuis loin d'ici avec ces autres chiens. » En même temps il me serra dans ses bras, me baisa le visage, et me dit : « O noble mortel, qui éprouves une sainte colère, bénie soit la femme qui t'a enfanté! Cette ombre fut, dans le monde, livrée à un fol orgueil; aucune vertu n'a orné sa mémoire. Tu vois comme son âme est furieuse. Que de grands rois seront un jour engloutis dans ce cloaque, comme de vils pourceaux, ne laissant après eux que d'horribles mépris! » — « O mon maître, dis-je alors, que je voudrais, avant de sortir de cette barque, voir ce coupable plongé dans ce vil bouillon! » Virgile me répondit : « Tu seras satisfait avant d'avoir touché le rivage. » Je vis bientôt les autres âmes impures poursuivre cette ombre. J'en loue et j'en remercie encore le ciel. Toutes criaient : « A « Philippe Argenti [1]. » Et ce Florentin superbe, ne pouvant se venger, se déchirait de ses propres dents. Nous le laissâmes en butte à ces outrages : le dégoût m'empêche de prolonger ce récit. J'entendis alors de nouveaux gémissements, et je prêtai une oreille attentive. Mon maître me parla ainsi : « Mon fils, nous approchons de la ville qui s'ap-

---

[1]. Philippe Argenti, de la famille noble des Cavicciuli, l'une des branches de la famille des Adimari, était riche et puissant, mais, pour la plus petite cause, il se livrait à des fureurs insensées

pelle *Dité*[1]. C'est le séjour le plus peuplé ; c'est là que tu verras des ombres qui ont commis de plus grands crimes. »
— « En effet, répondis-je, j'aperçois déjà ses *mosquées* ; elles sont enflammées comme si le feu les dévorait. » — « Oui, reprit-il, c'est le feu éternel, dont elles sont pénétrées, qui leur donne la couleur rougeâtre que tu remarques dans cette partie plus basse de l'Enfer. »

Nous approchâmes des hauts retranchements qui entourent cette terre de désolation dont les murs paraissaient de fer. Ce ne fut qu'après quelques détours que nous atteignîmes un point où le nocher[2] nous cria d'une voix forte : « Sortez, voilà l'entrée. » Auprès des portes, plus de mille de ces rebelles, tombés en pluie, du ciel, disaient avec fureur : « Mais quel est donc celui qui, sans la mort, s'avance dans son empire ? » Mon guide les prévint, par un signe, qu'il voulait leur parler secrètement. Leur fureur effroyable se calma, et il répondirent : « Toi, viens ici sans lui, et qu'il se retire, cet autre qui a été assez audacieux pour entrer dans ce royaume ! qu'il s'en retourne seul à travers les sentiers pénibles de ces régions ténébreuses ; qu'il essaye de retrouver la route, s'il le peut ! Tu resteras parmi nous, toi qui as eu l'imprudence de le guider dans ces contrées obscures. » Juge, ô lecteur ! si je ne dus pas perdre tout courage, en entendant ces paroles cruelles ! Je craignis de ne pouvoir jamais retourner sur la terre. Je dis alors : « O mon guide chéri, qui m'as rassuré tant de fois, toi qui m'as arraché au plus imminent danger, ne m'abandonne pas ; et s'il m'est défendu d'avancer encore, recherche rapidement avec moi les traces de nos pas. »

« Ne crains rien, me répondit-il, un être surnaturel nous a permis solennellement de parcourir ces enceintes. Aucune puissance n'a le droit de nous interdire le passage. Attends-moi ici, reprends courage, conçois une vive espérance Je ne t'abandonnerai pas dans ce monde de larmes. »

[1] Dante donne à cette cité le nom qu'il donnera plus bas à Lucifer. Les anciens appelaient Pluton « *Dis* »
[2] Le nocher, Phlégias

A ces mots, ce généreux père me quitte en me laissant en proie au *oui* et au *non* qui se débattent dans ma tête. Je ne pus entendre ce que mon guide dit aux rebelles. Il resta peu de temps auprès d'eux ; bientôt nos ennemis rentrèrent dans leurs retranchements avec la plus grande vitesse, et refermèrent violemment les portes sur mon maître, qui revint à moi, en marchant à pas lents ; il baissait à terre ses yeux qui n'annonçaient plus l'espérance, et en soupirant il disait : « Qui m'a donc refusé l'entrée de la vallée des douleurs ! Et toi, continua-t-il, rappelle ton courage ; que mon indignation n'abatte pas ton assurance ! je vaincrai leur présomption, quelle que soit la résistance qu'ils préparent : cette insolence n'est pas nouvelle. Ils ont déjà tenté un effort non moins outrageant [1], à cette porte où tu as lu l'inscription de mort, et qui, encore aujourd'hui, présente ses gonds fracassés. Mais déjà s'avance seul et sans guide, à travers les cercles, celui qui doit punir l'audace de ces démons, et nous ouvrir les portes de cet empire. »

---

[1] Allusion à ce passage de l'office du samedi saint : « *Hodie portas mortis et seras pariter Salvator noster disrupit.* » Dante veut dire que J. C. voulant pénétrer dans les Limbes, les démons lui en interdirent l'entrée, et qu'il brisa les portes de l'Enfer, où l'on voit encore aujourd'hui leurs gonds fracassés.

CHANT IX.

Mon guide, voyant la pâleur de mes traits qu'altérait la peur, s'efforça de ramener le calme sur son visage ; tout à coup il s'arrête, attentif, comme un homme qui écoute, parce que l'œil ne pouvait pénétrer bien avant dans l'air obscurci par ces brouillards ; il commence ainsi : « Nous l'emporterons sur nos ennemis..... Si nous n'étions pas vainqueurs !..... Il s'est offert un tel appui !..... qu'il me tarde que ce secours arrive ! » Je vis bien que mon guide cherchait à modifier ce qu'il avait dit d'abord. Ma peur augmenta, parce que j'interprétais peut-être mal ses premières paroles entrecoupées. Je lui adressai alors cette question : « Vit-on jamais descendre [1] au fond de cette région impure, quelques-uns des esprits qui sont condamnés seulement à vivre sans espérance ? » Il me répondit : « Il est rare qu'aucun de nous entreprenne le voyage dans lequel tu me vois engagé. Il est vrai que déjà une fois je pénétrai dans l'abîme des douleurs, par l'effet d'une conjuration magique de cette cruelle Éricto [2] qui rendait les corps à la vie. Depuis peu de temps mon âme avait quitté son enveloppe mortelle, lorsqu'Éricto me fit entrer dans les murailles de la ville de *Dité*, pour ra-

[1] Dante doute ici du pouvoir de Virgile, et lui montre de la défiance. Il lui dit « Vit-on jamais descendre dans une partie de l'Enfer plus basse que celle ou nous sommes, des esprits qui, comme toi, sont condamnés à vivre sans espérance ? N'as-tu pas été imprudent en m'amenant si loin ? »

[2] Éricto, magicienne de Thessalie, dit Lucain, sur la prière de Sextus Pompée, fils du grand Pompée, évoqua une ombre des Enfers, pour lui demander quelle serait l'issue de la guerre civile (*Phars*, liv VI, vers 727 et suiv) Mais on ne sait pourquoi Virgile prétend que c'est lui même qu'Éricto évoqua des Enfers Virgile mourut l'an 754 de la fondation de Rome, la quatrième du règne d'Auguste, près de trente ans après la bataille de Pharsale Ou Éricto mourut très-âgée, ou il s'agit d'une autre Éricto, et, en effet, ce nom était commun aux magiciennes du temps

mener un esprit du cercle de Judas. Ce cercle est le plus profond, le plus sombre et le plus éloigné du ciel qui embrasse l'univers. Je sais le chemin, rassure-toi. Ce marais fétide entoure la cité de douleurs, dont nous voyons avec indignation qu'on nous interdise les approches. » Il ajouta d'autres paroles que je n'ai pas retrouvées dans ma mémoire. Mes yeux s'étaient tout à coup portés sur la haute tour couronnée de flammes; j'y vis paraître trois furies infernales teintes de sang : elles avaient les formes et les traits d'une femme; des hydres verdâtres ceignaient leurs flancs; de petits serpents et des cérastes qui figuraient leurs cheveux tombaient sur leur front livide. Mon guide, qui reconnut les suivantes de la reine des pleurs éternels, me dit : « Regarde les féroces Érinnyes : à gauche, est Mégère; celle qui verse des larmes à droite est Alecto; Tisiphone est au milieu. » A ces mots, il se tut. Elles se déchiraient le sein, de leurs ongles sanglants, se frappaient à coups redoublés, et poussaient des cris si affreux que, dans ma frayeur, je me serrai contre le poete. Elles disaient en nous regardant : « Qu'on apporte la tête de Méduse, et nous le convertirons en pierre. Nous n'avons pas tiré une vengeance assez terrible de Thésée! » — « Retourne-toi, dit mon maître, ferme les yeux, si l'on montre la tête de la sœur des Gorgones : à peine tu l'aurais aperçue, qu'il n'y aurait plus d'espoir, pour toi, de revoir la lumière. » En même temps il me fit tourner le visage en arrière; et, ne se confiant pas assez à mes mains, il mit encore les siennes devant mes yeux. O vous qui avez l'entendement sain, découvrez la science qui se cache sous le voile de ces vers étranges!

Mais déjà, à travers la noire vallée des tempêtes, on entendait un bruit qui faisait trembler les deux rives. C'est ainsi qu'un vent impétueux, irrité par des chaleurs contraires, embrasse une forêt dans ses vastes tourbillons, ébranle les arbres, arrache les branches, les lance au loin avec fracas, et, précédé d'un nuage épais de poussière, s'avance, orgueilleux, en chassant devant lui les bergers et les animaux. Mon guide retirant ses mains qui couvraient mes yeux, me dit : « Promène ta vue sur cette écume antique, là où la fumée est plus acerbe. »

Telles les grenouilles poursuivies par la couleuvre ennemie s'enfoncent sous les eaux jusque dans l'asile le plus impénétrable, telles mille âmes coupables fuyaient devant celui qui traversait le Styx à pied sec, d'un pas lent, et qui de sa main gauche repoussait l'air empesté, ne paraissant être fatigué que de ce soin. Je devinai que c'était un envoyé du ciel, et je regardai mon maître qui me fit signe de me taire et de m'incliner. Quel noble dédain se montrait sur le visage de l'ange! Il arriva près de la porte, la frappa d'une baguette, et l'ouvrit sans effort. « Démons chassés du ciel, race méprisée, s'écria-t-il en se plaçant sur le seuil de la porte terrible, quelle est votre présomptueuse arrogance? pourquoi regimber contre cette volonté qui doit toujours atteindre son terme, et qui a tant de fois accru vos tourments? Que vous sert de frapper de la corne contre les destins? Votre Cerbere, s'il s'en souvient, porte encore a son cou et à son menton pelés les traces des liens qui ont enchaîné sa rage. » L'ange alors se retourna vers le marais fangeux sans nous parler, et nous parut un être mordu d'un intérêt bien autrement impérieux que celui de l'homme qu'il a devant les yeux

Puis nous avançâmes, rassurés par les saintes paroles de l'envoyé céleste [1], et nous franchîmes la porte sans aucune résistance. J'avais le désir de connaître ce que ces retranche-

---

[1] Nous donnerons quelques explications sur tout ce qui précède. . L'arrivée de cet ange, qui vient ici exprès pour Dante, est d'un bel effet, et donne lieu a une comparaison très poétique — Pluton n'avait pas fait mourir Thésée, qui avait osé descendre aux Enfers il l'avait condamné à rester attaché sur une énorme pierre, mais Hercule, envoyé par Eurysthée, était venu le délivrer. Aussi les Furies disent : « Nous n'avons pas tiré une vengeance assez terrible des assauts de Thésée » Dante adjure ceux qui ont l'entendement sain de découvrir la science qui se cache sous le voile de ces vers étranges, les trois vers qui correspondent a cette phrase sont très-beaux, tous les Italiens les savent et les citent souvent, mais peut-être sans bien les comprendre

ments pouvaient renfermer J'envoyai partout mes regards curieux, et j'aperçus à droite et à gauche une immense campagne remplie de nouvelles douleurs et de nouveaux tourments.

De même que dans les campagnes d'Arles [1] où le Rhône néglige le cours de ses eaux stagnantes, et à Pola, près du Quarnaro qui baigne les confins de l'Italie, on voit une quantité immense de sépulcres couvrir la terre de monticules inégaux, de même des tombeaux epars s'offraient à ma vue; mais le spectacle qu'ils présentaient était plus pénible et plus amer. Ils étaient séparés par des flammes plus ardentes que le fer rougi sous la main du forgeron. Tous leurs couvercles étaient soulevés, et l'on entendait des lamentations qui paraissaient arrachées par de cruelles souffrances. « Maître, dis-je, quels sont ceux qui, ainsi renfermés dans les cachots brûlants, jettent des cris si douloureux? » — « Ce sont, me répondit-il, les hérésiarques [2] et ceux qui ont embrassé leur secte : ces tombes sont plus remplies que tu ne crois; chacun est ici enfermé avec son semblable : les sépulcres sont plus ou moins environnés de flammes. »

Alors il marchait à droite, et nous passâmes entre les supplices et les hautes murailles de la cité.

---

1. Turpin fait mention du cimetiere d'Arles dans la vie de Charlemagne, chap 25 et 30, et dit que ce champ de repos fut béni par sept évêques.— Pola, ville d'Istrie. Le Quarnaro, appelé vulgairement le Quarnero, et en latin *sinus Flanaticus*, et non Phanaticus, comme disent Daniello, Venturi et Rivarol.

2 Voici, sur ce point, une des principales notes de Rivarol. « Quoique le poëte nomme ici les hérésiarques, il ne veut pas dire les sectaires, les fondateurs de religion ou les schismatiques qui ont divisé ou troublé le monde par leur imposture, puisque ce n'est qu'au XXVIIIe chant qu'il les classe : il veut indiquer seulement les incrédules, esprits forts, athées, matérialistes, épicuriens, et tous les personnages enfin qui ont suivi des opinions singulières sur Dieu et la Providence, mais qui n'ont fait du mal qu'à eux-mêmes. Il designe aussi les hérétiques de toute espèce, à qui on ne peut reprocher que l'erreur et non la mauvaise foi. »

CHANT X.

Mon maître, que je suivais, s'avançait par un sentier secret, entre les murailles de l'enceinte et les sépulcres enflammés. Je m'écriai : « Poete doué d'un haut courage, qui me conduis à ton gré au milieu de cette région impie, réponds-moi, et contente mon désir. Pourrait-on voir ceux qui sont enfermés dans ces tombes ardentes ? elles sont ouvertes, et la garde n'en est confiée à personne. » Il me répondit : « Elles seront fermées, quand les coupables qui les habitent reviendront de la vallée de Josaphat, avec leurs dépouilles qu'ils ont laissées sur la terre. Épicure et tous ses sectateurs, qui font mourir l'âme avec le corps, ont leurs sépulcres de ce côté. Je vais aussi satisfaire à ta demande et prévenir un désir que tu n'exprimes pas. » — « O mon maître chéri, repris-je, je ne te cache ce qui est dans mon cœur, que pour ne parler qu'avec mesure, et ce n'est pas seulement en ce moment que tu m'as disposé à cette réserve. »

Tout à coup, d'un tombeau sortirent ces paroles : « O Toscan, toi qui, vivant, t'en vas ainsi à travers la cité de feu, parlant modestement, te plaît-il de t'arrêter en ce lieu ? Ton langage me fait connaître que tu as reçu le jour dans cette noble patrie à laquelle mes victoires furent peut-être si funestes. » Saisi de crainte, je me rapprochai de mon guide, qui me dit : « Tourne-toi ; que fais-tu ? C'est Farinata [1] qui se

---

[1] Farinata était un Florentin d'une haute réputation, chef du parti des Gibelins, c'est-à-dire du parti favorable aux intérêts des empereurs, et ennemi des papes Dante ne place pas ici ce guerrier redoutable parce qu'il s'est rendu coupable de quelque crime éclatant, mais parce qu'il avait adopté les sentiments de ceux qui croient que l'âme périt avec le corps. Il y a plus loin une singularité à remarquer Farinata veut savoir de Dante quels ont

dresse dans son sépulcre. Vois-le depuis la ceinture jusqu'à la tête. » J'avais fixé sur lui mes regards, et déjà de son front superbe, et dans une attitude menaçante, il semblait braver la puissance de l'Enfer. Alors de ses courageuses mains, mon guide me conduisit, à travers les cercueils, vers Farinata, en ajoutant : « Que tes paroles soient claires et précises. » A peine fus-je arrivé au pied de la tombe, que celui-ci me considéra, et me dit d'un air de dédain : « Quels ont été tes ancêtres ? » Moi, dans mon désir de lui marquer toute ma déférence, je lui parlai sans détour : alors il éleva un peu la tête, puis il dit : « Ils ont été cruellement opposés à moi, à ma famille et à mon parti : aussi deux fois les envoyai-je en exil. » Je répondis : « S'ils furent chassés de leur patrie, ils surent bien deux fois y rentrer ; et aujourd'hui vos partisans proscrits n'ont pas su bien apprendre l'art de revoir leurs foyers. » Alors un autre coupable[1] se leva du même tombeau ; mais on ne voyait que sa tête ; l'ombre paraissait s'être dressée sur ses deux genoux : elle regarda autour de moi, comme pour savoir si quelqu'un m'accompagnait ; et, quand elle fut assurée que j'étais seul, elle dit en pleurant : « Si c'est la force du génie qui t'a ouvert l'entrée de cette prison *aveugle*, dis, où est mon fils, pourquoi n'est-il pas avec toi ? » — « Je ne viens pas ici de moi-même, répondis-je ; celui qui m'attend plus loin m'a conduit en ces lieux. Votre fils Guido, peut-être *eut-il* trop d'éloignement pour lui. » Ses

été ses ancêtres. Il répond avec franchise et nomme des personnages célèbres dans le parti des Guelfes : cependant le poëte était devenu Gibelin, quand il écrivait son poëme. Mais il se suppose encore Guelfe, comme il l'était probablement en 1300, époque où il est censé avoir visité les Enfers.

1. Cette ombre est Cavalcante de' Cavalcanti, père de Guido Cavalcanti, dont il demande des nouvelles à Dante, après lui avoir dit : « Si c'est la force du génie qui t'a ouvert l'entrée de cette prison *aveugle*, dis où est mon fils... » Dante répond immédiatement « J'ai été amené ici par Virgile. Votre fils Guido.. peut-être *eut il* trop d'éloignement pour lui ? » C'est-à-dire, votre fils Guido, en s'adonnant à l'étude de la philosophie, a trop négligé celle de la poésie, qui ouvre l'entrée de ces lieux, comme elle me l'ouvre en ce moment. A ces mots seuls, *eut-il*, Cavalcante croit son fils déjà mort, retombe dans le tombeau, et disparaît. Toute cette scène est d'une couleur admirable, et l'on n'a jamais assez loué ce passage de Dante, qui respire la sensibilité la plus expansive.

paroles et le genre de supplice m'avaient appris quel était le nom de cette ombre : aussi je pus lui parler d'une manière précise. Tout à coup l'ombre s'écria en se levant : « Comment, mon fils..... peut-être *eut-il*..... N'est-il plus au nombre des vivants? La douce lumière ne frappe-t-elle plus ses yeux? » J'hésitais à répondre : l'esprit retomba et disparut.

L'âme magnanime [1] qui m'avait invité à rester près d'elle, ne changea pas de visage, et, gardant sa contenance imposante et orgueilleuse, reprit son discours interrompu : « Oui, dit-elle, ils n'ont pas su bien apprendre cet art, ce qui me tourmente plus que ce lit de flammes ; mais la déesse [2] qui règne ici ne se sera pas manifestée cinquante fois dans tout l'éclat de sa gloire, que tu sauras toi-même combien cet art est difficile [3] ; et si tu continues d'habiter ce monde, qui est si doux, dis-moi pourquoi ce peuple, dans ses lois, se montre si impitoyable contre les miens. » — « Le sang [4], répondis-je, que votre fureur a versé, et qui a teint les flots de l'Arbia, fait adresser aujourd'hui dans notre temple des prières si funestes. »

Farinata secoua la tête en soupirant, et continua en ces termes : « Je n'étais pas seul alors ; ce n'était pas sans motif que j'avais apporté aux exilés le secours de mon bras ; mais je me montrai seul, là, où, lorsque tous permettaient qu'on détruisît Florence, je la défendis à visage découvert. » Je repris ainsi :

---

1. L'âme magnanime est Farinata, dont Cavalcanti avait interrompu l'entretien avec Dante.

2. La déesse est la Lune, qui s'appelait Proserpine aux Enfers, c'est-à-dire, il ne s'écoulera pas cinquante mois. En effet, Farinata parle ici en 1300, et Dante fut exilé en 1302.

3 L'art de revenir d'exil, et d'y envoyer à son tour ceux qui vous ont chassés précédemment Toute la politique des guerres civiles de Florence est dans ce peu de mots.

4 Les Gibelins, conseillés par Farinata, livrèrent un combat aux Guelfes de Florence, le 4 septembre 1260, à Monte Aperto, près de la rivière de l'Arbia, et remportèrent une victoire signalée. Alors les généraux gibelins résolurent de détruire Florence de fond en comble. Ils tinrent un conseil à Empoli, où se réunirent les députés de toutes les villes gibelines de la Toscane. Farinata s'opposa seul à l'exécution de cette résolution cruelle Il tira son épée au milieu du conseil, et moitié par menaces, moitié par prières, il persuada à toute l'assemblée de pardonner aux Florentins Il résulta malheureusement de la grande et belle action de Farinata, que les Guelfes rentrèrent à Florence, et en chassèrent les Gibelins Ils possédèrent, veut dire ici Dante, *l'arte di tornar*, « l'art de savoir revenir. »

« Que Dieu ne refuse pas la paix à vos descendants ! Mais, vous, dissipez un doute qui m'agite. Suivant ce que je puis comprendre, il me semble que vous pénétrez l'avenir, quoique cependant le présent ne vous soit pas connu. » — « Nous, reprit Farinata, nous sommes comme celui dont la vue est affaiblie, et qui distingue souvent mieux les objets éloignés : la suprême Puissance daigne encore nous accorder ce bienfait Lorsque les choses approchent ou existent [1], notre intelligence est vaine ; et si on ne vient pas nous apporter les faits, nous ignorons tout ce qui se passe sur votre terre. Cette même intelligence n'aura plus d'action, lorsque la porte de l'avenir sera fermée [2]. »

Dans l'affliction que je ressentais de ma faute, je dis : « Vous apprendrez à celui qui vient de disparaître [3] que son fils est encore au nombre des vivants : je n'ai tardé à répondre, que parce que j'étais tourmenté du doute que vous venez d'éclaircir. »

J'entendis mon guide me rappeler ; je priai l'ombre de me dire promptement en quelle compagnie elle se trouvait ; elle me répondit : « Dans cette enceinte, nous sommes plus de mille ombres différentes. Là est le second Frédéric ; ici est le Cardinal [4]. Je me tairai sur le nom des autres. »

A ces mots, elle s'enfonça dans le sépulcre. Je me rapprochai de l'antique poëte, en pensant à la prédiction que j'avais entendue, et qui me paraissait si fatale. Il me dit en marchant « Pourquoi es-tu si effrayé ? » Je lui en fis connaître la raison « Hé bien ! reprit-il, que ton souvenir conserve fidèlement ce que tu viens d'apprendre : mais en cet instant pense à me suivre. » Puis il éleva la main et ajouta : « Quand tu seras de-

---

[1] Toutes ces suppositions du poëte sont fondées sur des passages de S. Augustin, de S. Grégoire et de S Thomas

[2]. Lorsque la porte de l'avenir sera fermée, lorsque le jour du dernier jugement aura ouvert les portes de l'éternité

[3] A Cavalcanti, père de Guido Ce Guido était ami intime du poëte.

[4] Le second Frédéric est Frédéric II, fils de Henri VI, né en 1194, mort en 1250, accusé dans le temps d'être impie Le cardinal est Ottaviano degli Ubaldini ; on ne l'appelait alors que le cardinal Il était accusé d'avoir dit que s'il avait une âme, il l'avait perdue pour les Gibelins.

vant l'ineffable lumière de la femme dont les yeux divins ont la faculté de tout voir [1], tu connaîtras, auprès d'elle, le voyage entier de ta vie. » En parlant ainsi, il tourna à gauche. Nous cessâmes de côtoyer la muraille, et nous prîmes un sentier, pour descendre vers une vallée qui exhalait une odeur dégoûtante [2].

[1] Dans la compagnie de Béatrix. Effectivement, Cacciaguida, trisaïeul de Dante, doit lui prédire tous les malheurs qui l'attendent (*Paradis*, chant XVII)

[2] Le poète, sorti du sixième cercle, arrive à l'extrémité des bords du septième cercle, et déjà il se plaint de l'odeur dégoutante qui y est répandue.

CHANT XI.

A l'extrémité de cette vallée s'elevaient, en cercle, d'enormes blocs de rocher, et nous arrivâmes devant une grande quantité d'âmes encore plus cruellement tourmentées : à cause de l'horrible fétidité qu'exhalait cet abîme, nous fîmes quelques pas en arrière et nous nous trouvâmes près d'un grand tombeau entr'ouvert, sur lequel on lisait : « *Je garde le pape Anastase que Photin entraîna loin de la voie véritable* [1]. » Mon maître me dit : « Ici nous devons descendre lentement; accoutume-toi d'abord à l'odeur que répand ce lieu empesté, puis avançons avec courage. » « Hé bien! répondis-je, cherche par quels moyens ces instants pourront n'être pas perdus pour nous. » — « Oui, reprit-il, j'avais la même pensée, mon fils : dans cette nouvelle enceinte de roches, se trouvent trois cercles semblables à ceux que tu as vus, mais ils sont plus petits, et se rétrécissent de degrés en degrés; ils sont tous remplis d'ombres maudites [2]. Apprends comment et pourquoi elles sont punies : il te suffira ensuite de les voir.

« L'injustice est le but de toute méchanceté [3] que le ciel poursuit de sa haine : on cherche à atteindre ce but par force

---

[1] On prétendait reconnaître qu'il s'agissait ici du pape Anastase II, élu en 496, qui aurait approuvé les opinions hérétiques de Photin, diacre de Thessalonique. Mais en même temps régnait l'empereur Anastase Ier, élu en 491, et, suivant Poggiali, Biagioli et M. de Romanis, ce fut cet empereur qui adopta la doctrine de Photin. Ce fait eut lieu à Constantinople et non à Rome. Dante a été induit en erreur par la *Chronique* du frère Martin de Pologne, qui a confondu les deux noms. L'erreur est grave. Dante dit franchement la vérité à tout le monde : il faut la lui dire à lui-même.

[2] Ici M. Terrasson, qui a traduit l'*Enfer* en vers, a placé un beau vers inspiré par le texte.

Ecoute, leurs forfaits vont passer devant toi

[3] Une partie de ces définitions se retrouvent dans Montesquieu : c'est Rivarol qui, le premier, a fait cette observation importante.

ou par fraude. La fraude, qui est un vice propre à l'homme, excite davantage le courroux de Dieu; aussi les frauduleux sont-ils plus profondément engloutis que les autres, et assaillis de plus vives douleurs.

« Le premier cercle contient les violents; il est divisé en trois enceintes, parce qu'il y a trois sortes de violences. On fait violence à Dieu, à soi, au prochain, et aux choses qui sont propres à Dieu, à soi, et au prochain, comme tu vas en être convaincu.

« On fait violence à son prochain par des blessures douloureuses, ou par le coup de la mort. On lui fait violence en commettant des vols, en portant la hache et la flamme dans sa propriété; aussi la première enceinte voit tourmenter, par des peines distinctes, les homicides, les brigands et les incendiaires.

« Un homme peut porter sur sa personne une main violente, ou dissiper ses biens; alors c'est dans la seconde enceinte du même cercle qu'est condamné à un repentir inutile, celui qui se prive de la clarté de votre soleil; c'est là qu'est plongé éternellement celui qui, après avoir fréquenté les sociétés dangereuses, a détruit sa fortune, et n'a plus eu que des pleurs à verser sur cette terre où il eût pu couler des jours fortunés.

« On peut faire violence à la Divinité, en niant son existence, en blasphémant dans son cœur, et en méprisant la Nature et ses bienfaits : alors la troisième enceinte, qui est la plus petite, marque de la même empreinte les habitants de Sodome et de Cahors[1], et celui qui, dans ses pensées et dans ses paroles, ose mépriser la Divinité.

« La fraude peut s'employer contre celui qui nous donne sa confiance et contre celui qui nous la refuse. Ce moyen inique détruit le lien d'amour que la Nature a créé pour unir

---

[1]. Ceux qui se sont rendus coupables de sodomie et les usuriers. Du temps de Dante, Cahors renfermait, dit-on, beaucoup d'usuriers. Ce dernier trait est une vengeance contre quelque habitant de Cahors ennemi du poëte, et doit être relatif au vice de l'usure que l'on reprochait à des personnages de la cour d'Avignon.

tous les êtres ; aussi, dans le second cercle, sont engloutis l'hypocrisie, les promesses menteuses, la sorcellerie, les faux, le vol, la simonie, les lâches complaisances pour les débauchés, les fourberies et souillures semblables. Cet autre genre de fraude qui trompe la confiance, détruit non-seulement l'amour que la Nature a mis en nous, mais encore le sentiment que fait naître l'amitié, ce témoignage si touchant d'une tendre intelligence; aussi, c'est dans le plus petit de tous les cercles, là où est relégué *Dité*[1], sur qui pèse l'univers, que quiconque a trahi, est voué à des tourments épouvantables. » Je parlai ainsi. « O maître ! ton explication est claire et me démontre bien ce que sont ces vallées infernales et les races qui les habitent : mais dis-moi, ceux qui sont plongés dans ces marais fangeux, ceux qu'emporte le vent impétueux, ceux qui sont battus d'une pluie éternelle, ceux enfin qui se heurtent avec des injures si féroces, pourquoi ne sont-ils pas punis dans la cité enflammée, s'ils ont excité la colère de Dieu ? et s'ils n'ont pas excité sa colère, pourquoi sont-ils ainsi tourmentés? »
— « Hé quoi, reprit mon maître, ton esprit, contre sa coutume, s'abandonne au délire; quelle autre idée vient t'occuper ? ne te rappelles-tu pas que l'*Éthique*[1], qui a été le sujet de tes études, traite des trois dispositions que réprouve le ciel. l'incontinence, la malice, et la bestialité insensée? ne te rappelles-tu pas que l'incontinence offense moins la Divinité, et ne mérite qu'une plus légère punition ? Réfléchis sur cette sentence : vois quels sont ceux qui sont punis dans les cercles que tu as franchis, et tu comprendras pourquoi on a séparé ces coupables, des autres félons, et pourquoi les premiers sont moins tourmentés par la justice divine. »

« O soleil, m'écriai-je, qui dissipes les ténèbres de mon esprit, et qui donnes du prix à mes doutes, comme à mon savoir, tranche un dernier nœud, et reviens à ce point où tu as dit que l'usure offense la bonté de Dieu! » Mon guide répondit :

1. Voyez la note 2, page 26.
2. Dante suit ici pas à pas les préceptes d'Aristote, ce que le poëte a fait très-souvent dans son ouvrage.

« La philosophie fait connaître ¹ à celui qui l'étudie dans toutes ses parties, que la Nature reçoit son influence de l'intelligence suprême et de sa divine volonté. La physique apprend ensuite que l'Art se conforme, autant qu'il peut, à la Nature, comme le disciple s'étudie à imiter le maître, et qu'ainsi l'Art n'est qu'une émanation de Dieu ² qui a formé la Nature. Si tu te rappelles bien la Genèse, c'est de la Nature et de l'Art que l'homme dut attendre les productions nécessaires à sa vie habituelle, et celles qu'une sage prévoyance ordonne d'amasser. L'usurier prend une autre voie, il méprise en elle-même la Nature, et, dédaignant l'Art qui l'accompagne, il place ailleurs son espérance. Mais suis-moi; maintenant il faut marcher : le signe des poissons ³ s'avance sur l'horizon; le char de Boötès s'approche des cavernes d'où s'échappe le Caurus, et plus loin l'accès de l'abîme paraît devenir plus facile. »

---

1 « Virgile, dit M. Ginguené, prend sa réponse dans la philosophie générale, dans la *Physique* d'Aristote, et dans la *Genèse*. Mettant à part la singularité de cette dernière citation, dans la bouche de celui qui la fait, son explication, un peu obscure, est, dans la première partie, pleine de force et de dignité » (*Hist. litt. d'Italie*, tom II, pag. 70.)

2 Mot à mot, « Notre art est en quelque sorte *petit-fils de Dieu*. » Cela veut dire, « Par une certaine ressemblance et une sorte d'analogie, notre art est *petit-fils*, parce que la nature procède de Dieu, comme sa fille, et que notre art procède comme fils de la nature, en l'imitant. » Voilà l'opinion de Venturi pour expliquer cette sorte de parenté entre Dieu et l'art, parenté que Dante veut à peu près établir ici. Plus nous avançons, plus il devient aisé de se familiariser avec les hardiesses de langage de l'ardent Alighieri. Pour nous, Français, le mot *emanation* est une expression plus adoucie, car enfin, un être moral comme l'art ne doit pas être si facilement appelé le *petit fils de Dieu*. Notre langue, qu'on a nommée la *queuse fière*, répugne à prendre des familiarités que les autres langues se permettent, parce que l'étrangeté excentrique est souvent dans leur nature. Ce n'est pas la seule raison qu'il faille faire valoir. Ce que nous craignons le plus dans notre expression, qui veut toujours de la dignité et de la convenance, c'est le ridicule, et si, dans le texte que nous traduisons, il y a une liberté qui aille toute seule, et que personne, dans la contrée où elle est née, n'arrête au passage, il faut se garder chez nous de ce qui ferait rire, de ce qui devient un proverbe dénigrant.

3. Le poëte est entré dans l'Enfer le soir du vendredi saint en 1300, et il annonce, dans les premiers vers du deuxième chant, que le jour commençait à disparaître. Il a parlé de l'heure de minuit, lorsqu'il a fait dire à Virgile : « Les étoiles qui montaient quand je suis arrivé près de toi, commencent à s'abaisser » (Voyez chant VII, page 50.) Maintenant il décrit l'aurore, en disant que le signe des poissons s'avance sur l'horizon. Alors, le soleil étant dans le signe du bélier, les poissons se levaient avant le soleil; enfin, dans le même moment, la grande ourse s'approche du point d'où s'échappe le Caurus, vent du nord-ouest.

CHANT XII.

Le lieu où nous descendions était si sauvage que tout regard craindrait d'en contempler l'horreur. La pente rapide de ce rocher égalait en âpreté l'effondrement qui détourna les eaux de l'Adige, près de Trente; funeste effet de l'ébranlement d'une cavité souterraine ou d'un tremblement de terre, qui rompit tout chemin entre la plaine et la montagne. Sur la cime du rocher, on voyait ce monstre, l'infamie de l'île de Crète [1], qui fut conçu dans le sein d'une génisse artificielle. Quand il nous aperçut, il se mordit lui-même, comme fait souvent celui que la colère enflamme. « Tu crois peut-être, lui cria le poète, que tu vois ce roi d'Athènes qui te donna la mort sur la terre. Fuis, bête ignoble : celui que je guide ne vient pas endoctriné par les conseils de ta sœur : il vient pour être témoin des souffrances que vous endurez. » Le Minotaure s'agita, semblable au taureau dont le corps fléchit du côté où il a reçu le coup mortel, et qui chancelle sur ses pieds défaillants. Alors mon sage maître me dit précipitamment : « Cours à l'ouverture, descends pendant qu'il est en fureur. » Nous avançâmes donc à travers cet amas de rochers ruinés et de pierres que le poids de mon corps faisait glisser sous mes pieds. Je marchais tout rêveur; Virgile me parla ainsi : « Tu penses peut-être à ce précipice gardé par cet animal furieux dont j'ai vaincu la colère. La dernière fois [2] que je descendis dans cette partie basse de l'Enfer, le rocher ne s'était pas encore écroulé ; mais peu de temps avant la venue de celui qui enleva victorieusement à

[1] Le minotaure, qui fut mis à mort par Thesée, roi d'Athènes

[2] Voyez ce qu a dit Virgile, page 38.

Dité¹ cette glorieuse proie, si ma mémoire est fidèle, l'horrible vallée trembla dans toute sa profondeur. Je crus que l'univers venait de subir ces lois qui rappellent toutes les substances aux mêmes principes, et qui font imaginer que nous pouvons retomber dans le premier chaos : c'est alors que cet antique rocher se brisa et se renversa sur lui-même. Mais, fixe les yeux sur la vallée dont nous approchons : vois cette rivière de sang dans laquelle est condamné à gémir celui qui s'est abandonné à la violence envers les autres. O passion aveugle ! ô colère insensée qui nous subjugues dans cette vie de si courte durée, et qui nous attires de si cruels châtiments dans la vie éternelle !... » Je distinguai alors une fosse énorme, arrondie en demi-cercle, telle que me l'avait dépeinte mon guide. Sur le bord étroit de cette fosse, couraient des centaures armés de flèches, comme ils avaient coutume de l'être sur la terre, quand ils se livraient à l'exercice de la chasse. Ils s'arrêtèrent en nous voyant descendre : trois d'entre eux s'écartèrent de la troupe, nous menaçant de leurs arcs qu'ils avaient préparés à l'avance. Un des trois cria de loin : « A quels tourments venez-vous², vous qui descendez la côte ? dites-le, sans avancer davantage, ou je tire cet arc... » — « Bientôt, reprit mon maître, nous ferons réponse à Chiron³ et non à toi, qui as toujours été, pour ton malheur, trop précipité dans tes désirs. » En même temps Virgile me toucha légèrement, et il ajouta : « Celui-là est Nessus, qui mourut pour la belle Déjanire, et se vengea lui-même après sa mort. Celui qui est au milieu, et dont tu peux remarquer la tête inclinée, est le grand Chiron qui nourrit Achille ; le dernier est Pholus qui s'enflamma d'une si violente colère. Ces centaures, avec plus de mille autres, bordent la

1. *Dité* Il s'agit ici de Lucifer lui-même et non pas de la ville de *Dité* Celui qui enleva la proie à Dité est, comme on peut se le rappeler, J C, qui descendit aux Enfers

2 M Terrasson a fait ici un très-beau vers dans sa traduction :
Ombres, pour quels tourments ici descendez-vous ?

3 Chiron, fils de Saturne et de Phylire, précepteur d'Achille Le centaure qui a parlé le premier aux deux poëtes est Nessus, fils d'Ixion et de la Nue, qu'Hercule blessa avec des flèches empoisonnées Pholus, l'un des centaures qui combattirent les premiers, le jour des noces d'Hippodamie avec Pirithoüs.

fosse et repoussent, à coups de flèches, les âmes plongées dans le sang, qui cherchent à en sortir plus que leur condamnation ne le permet. » Nous nous approchâmes de ces monstres agiles : alors Chiron, prenant un trait, releva sa barbe touffue avec la coche, et dit à ses compagnons : «Vous êtes-vous aperçus que celui qui est derrière l'autre [1] donne le mouvement à ce qu'il touche ? les pieds des morts n'ont pas cette faculté. » Mon guide, qui était déjà arrivé près de Chiron, à la hauteur de sa poitrine, où se réunissent les deux natures, lui répondit : « Oui, il est vivant ; j'ai été chargé seul de le guider dans le noir abîme. C'est la nécessité et non le plaisir qui le conduit ici. Une femme céleste [2] a suspendu ses chants divins, pour me commettre cet office nouveau. Cet être n'est pas un brigand, et moi je n'ai jamais été une âme coupable : toi, au nom de cette vertu qui a dirigé mes pas dans ce chemin ténébreux, donne-nous un des tiens qui nous accompagne, qui nous montre un gué facile, et qui porte celui-ci sur ses épaules : mon compagnon n'est pas un esprit qui vole dans l'air. »

Chiron, se tournant à droite, dit à Nessus : « Toi, guide-les, et fais éloigner les autres centaures qui pourraient se trouver sur leur passage. » Avec cette escorte fidèle, nous nous mettons en marche le long du fleuve de sang bouillonnant où les damnés poussaient d'horribles cris. Plusieurs étaient plongés jusqu'aux cils des paupières. Le centaure nous dit : « Ce sont les tyrans qui répandirent le sang, et s'enrichirent de rapines : ici ils expient leur insatiable cupidité. Là est Alexandre [3], ici

[1]. Dante, qui marche après Virgile
[2] La femme céleste qui a suspendu ses chants, est Beatrix V. chant II, p 7.
[3] Alexandre de Phère, suivant les commentateurs Vellutello, Daniello, Grangier, Moutonnet, Rivarol, Colbert et Biagioli, Alexandre le Grand, suivant Lombardi Mais les raisons sur lesquelles s'appuie ce dernier ne paraissent pas assez fondées La note de Biagioli sur ce passage est une des meilleures de son ouvrage Denis, tyran de Sicile Ezzelino, seigneur de la Marche de Trévise, mort en 1260 Obizzo d'Est, marquis de Ferrare, qui fut étouffé par son propre fils — Celui qui perça, en la présence de Dieu, le cœur que l'on montre sur les bords de la Tamise, est Gui, comte de Montfort, qui assassina à Viterbe, dans une église, Henri, neveu d'Henri III, roi d'Angleterre, et choisit, pour commettre son crime, le moment où, pendant la célébration de la messe, le prêtre élevait l'hostie

le cruel Denis qui frappa la Sicile de tant d'années de douleurs. Cette tête couverte d'une chevelure noire, est celle d'Ezzélino ; l'autre, couverte de cheveux blonds, est celle d'Obizzo d'Est : un fils parricide (c'est bien la vérité) a tranché la vie de ce dernier. » J'avais regardé le poete ; il me dit : « Écoute Nessus, il t'instruira le premier ; je ne puis être maintenant que ton second interprète. » Peu après, le centaure s'arrêta devant une foule d'ombres qui avaient toute la tête hors du fleuve écumeux, et nous montra une âme placée à l'écart, en nous disant : « Celui-ci perça, en la présence de Dieu, le cœur que l'on honore sur les bords de la Tamise. » Je vis d'autres âmes qui tenaient hors du fleuve la tête et la moitié du corps ; il y en eut plusieurs dont je reconnus les traits. Peu à peu le sang diminuait au point qu'il ne couvrait plus que les pieds de quelques ombres, et ce fut alors que nous passâmes le fleuve à gué. Le centaure parla ainsi dans ce moment : « Puisque, de ce côté, tu vois que les eaux diminuent, tu comprends facilement que, de l'autre côté, elles sont plus profondes vers le point où il est ordonné que gémisse la tyrannie. C'est là que la divine justice a plongé Attila[1], fléau sur la terre, Pyrrhus et Sextus[2] ; là, René de Cornéto et René Pazzi, qui commirent tant de brigandages sur les voyageurs, versent des larmes que leur arrache le fleuve bouillant. »

A ces mots, le centaure nous quitta et repassa l'onde sanglante.

1. Attila, le célèbre roi des Huns. Cependant, on ne prend pas tout à fait une si mauvaise idée d'Attila, en lisant un ouvrage que M. Pierre Mansi a publié sous ce titre : *Ambassade de Théodose le Jeune à Attila, roi des Huns, traduite pour la première fois en italien, du grec de l'historien Priscus*; Rome, 1827. Celui-ci était l'un des compagnons de Maximin, ambassadeur de Théodose. Un homme de la suite de l'ambassade était chargé d'assassiner Attila, et ce prince est représenté, dans ce récit, comme un souverain plein d'humanité et de sentiments fort généreux. L'ambassadeur obtint une audience d'Attila, dans les environs de Tokay.

2 Pyrrhus et Sextus. Pyrrhus, fils d'Achille, ou Pyrrhus, roi d'Epire. Sextus Rivarol croit qu'ici il s'agit de Sextus, fils de Pompée, ou de Sextus, fils de Tarquin, ou enfin de Néron, qui, ajoute-t-il, s'appelait Sextus. Rivarol s'est trompé quant à cette dernière conjecture Neron n'a jamais eu d'autres noms que ceux de *Claudius Domitius* Il est plus probable qu'il s'agit du fils de Tarquin, ou de Sextus Pompée, que Lucain appelle *Siculus Pirata* — René de Cornéto infesta longtemps la plage maritime de Rome « René de' Pazzi, dit Grangier, était un voleur et *guetteur* de chemins. »

CHANT XIII.

Nessus n'avait pas encore atteint l'autre bord, quand nous entrâmes dans un bois où l'on ne voyait les traces d'aucun sentier. Les feuilles n'avaient pas la couleur de la verdure ordinaire, mais une sorte de couleur noirâtre. Les rameaux étaient noueux et embarrassés, privés de fruits, souillés d'épines et de substances vénéneuses. Les animaux sauvages qui habitent entre Cornéto et la Cécina [1], n'ont pas de retraites si horribles et si touffues. C'est là que déposent leur nid, ces difformes harpies [2] qui chassèrent des Strophades, les Troyens, en annonçant leurs futures infortunes : on reconnaît ces monstres à leurs ailes étendues, à leur col et à leur visage d'hommes, à leurs pieds armés de serres et à leur ventre énorme couvert de plumes. Perchées sur ces arbres hideux, elles y faisaient entendre des cris plaintifs. Mon bon maître me dit : « Apprends, avant d'entrer, que tu es dans la seconde enceinte : tu la parcourras jusqu'à ce que tu arrives à celle des sables qui te pénétrera d'horreur. Regarde si tu vois des choses qui te fassent prêter foi à mes chants. » J'entendais des cris de toutes parts, et je ne voyais pas d'âmes coupables. Je m'arrêtai tout épouvanté. Je crois *que* mon guide crut *que* je croyais *que* tant de voix étaient celles d'ombres qui étaient cachées pour nous [3] : « Hé bien ! dit-il, si tu

---

[1] Cornéto est une petite ville qui fait partie du diocèse de Montefiascone On a découvert, dans les environs, des tombeaux qui renferment de très-belles peintures du genre étrusque. La Cécina est une rivière qui se jette dans la mer, près de Piombino.

[2] Ce passage est imité du livre III de l'Énéide, et Dante a emprunté une grande partie des images du poëte romain.

[3] Voici le vers italien :
Io credo ch' ei credette ch' io credesse.
Venturi blâme très-vivement ce vers, et dit qu'il est peu digne d'être imité.

romps quelques branches de cette forêt, tu verras ton erreur se dissiper. »

J'avançai la main, et je rompis un rameau d'un grand arbre. Le tronc cria sur-le-champ : « Pourquoi me déchires-tu ? » En même temps un sang noir coula le long de l'écorce, et le tronc recommença ainsi : « Pourquoi me blesses-tu ? n'as-tu aucun sentiment de pitié ? Nous fûmes des hommes, nous sommes aujourd'hui des troncs animés. Ta main devrait encore nous respecter, quand même nos âmes eussent été celles de vils reptiles. » De même qu'un rameau vert présenté à la flamme fait entendre, par le côté opposé, le bruit de l'air qui s'en dégage, de même, de ce tronc sortaient à la fois du sang et des paroles, et, dans un mouvement de crainte, je laissai tomber la branche que j'avais rompue. Mon sage guide dit alors : « O âme justement offensée ! si celui-ci avait pu croire ce qu'il a cependant lu dans mes vers, il n'eût pas porté la main sur tes rameaux ; mais il n'aurait pas cru ce qu'il a vu, si je ne lui avais conseillé de faire ce que maintenant je me reproche à moi-même. Et toi, dis-lui qui tu es : pour te consoler, il parlera de toi dans le monde, où il lui est permis de retourner. » Le tronc répondit : « Tu m'interroges avec de si douces paroles, que je ne puis me taire ; et vous deux, daignez donc permettre que je m'entretienne quelque temps avec vous. Je suis celui qui posséda les deux clefs du cœur de Frédéric [1] : je les tournai si doucement, en ouvrant

---

Lombardi excuse Dante par ce vers de l'Arioste :
Io credea e credo, e creder credo il vero.
C'est ce qu'on appelle en italien un *scherzo* Biagioli est de l'avis de Lombardi. Du reste, Dante prend tous les tons, même parfois le ton moqueur ; de là il rentre souvent dans le *ton indiqué* qui lui est si familier. Quel procès y a-t-il à faire ? Le poète vous a prévenus On peut observer que souvent il assaisonne d'une certaine finesse, légèrement satirique, ce qu'il dit à Virgile lui même Ce qui est certain, c'est que ce vers de Dante, traduit en français, y devient lourd, par la répétition de ce terrible pronom relatif, embarras de notre langue, qu'il faut accumuler ici, en dépit de l'élégance et de la correction nécessaires.

1. Celui qui parle est Pierre Desvignes, chancelier de l'empereur Frédéric II, par qui il fut comblé de bienfaits, mais peu de temps après, Pierre étant soupçonné d'avoir des intelligences coupables avec les ennemis de son maître, celui-ci lui fit crever les yeux. Desvignes dans son désespoir, s'ôta la vie en 1219 On a attribué à Pierre Desvignes

et en fermant, que j'éloignai tous les hommes de ses secrets. Je fus fidèle dans mon glorieux emploi; je lui consacrai ma foi et même mon existence. La vile courtisane [1], ce vice et cette peste ordinaire des cours, qui ne cessa de fixer ses yeux vindicatifs sur le palais de César, enflamma tous les esprits contre moi; et leur colère alluma tellement celle d'Auguste, que des jours de gloire se changèrent bientôt en des jours de deuil. Mon esprit, qui avait toujours été irréprochable, me rendit injuste envers moi-même. Je crus, dans mes dédains, que la mort mettrait fin à mes disgrâces. Au nom des racines récentes de cet arbre, je vous jure que jamais je ne manquai de foi à mon maître, qui était un si vertueux souverain. Si l'un de vous retourne au monde, qu'il daigne donc rendre quelque honneur à ma mémoire, qui souffre encore des coups que lui a portés l'envie. »

Le poëte attendit un moment pour savoir si le tronc parlerait encore, et me dit : « Ne perdons pas de temps; interroge-le, si tu veux entendre de sa bouche quelque autre révélation. » Je répondis au poete : « Demande-lui toi-même ce qui peut m'intéresser. Je ne pourrais lui adresser de nouvelles questions, tant mon cœur est brisé par la pitié. »

Le Mantouan recommença en ces termes : « Que mon compagnon fasse avec empressement ce que tu désires, ombre emprisonnée sous ce tronc! mais dis-nous comment l'âme entre dans ces nœuds; et, s'il est possible, dis-nous également si jamais quelque esprit se dégage d'un semblable corps. » Le tronc souffla fortement, et son souffle produisit ces paroles : « En peu de temps vous aurez entendu ma réponse. Quand une âme féroce sort du corps dont elle se sépare volontairement, Minos la précipite au septième cercle; elle tombe alors

---

un livre qui attaque les fondements de la religion chrétienne; mais beaucoup d'auteurs estimés croient que c'est une conjecture dénuée de probabilité. D'ailleurs ce livre, dont on a tant parlé, ne se trouve nulle part, et l'on assure que l'ouvrage in-8°, sans titres, composé de 46 pages, et qui est donné sous la fausse date de 1598, est une imposture moderne. Cette fraude est attribuée à un écrivain qui fit imprimer ce livre à Vienne (Autriche) en 1783.

1 La vile courtisane est l'envie.

dans la forêt ; là où le sort la jette, elle germe comme une semence ; elle s'élève d'abord en plante, ensuite en arbre. Les harpies se nourrissant de ses feuilles, excitent en elle une douleur aiguë, et provoquent des cris lamentables qui s'échappent par ses blessures. Comme les autres âmes, nous serons appelées pour recueillir nos dépouilles, mais sans obtenir de nous en revêtir une autre fois. Il n'est pas juste que l'homme reprenne ce qu'il s'est ravi à lui-même. Nous en traînerons ici les lambeaux ; et nos corps, exilés dans la forêt ténébreuse, retourneront se suspendre aux rameaux de l'arbre, demeure éternelle de notre âme tourmentée. »

Nous écoutions encore, croyant que le tronc allait continuer de parler, lorsque nous fûmes distraits par un bruit semblable à celui qui attire l'attention du chasseur, quand, au milieu du frémissement de l'air et des feuilles, il entend venir à lui le sanglier et les chiens qui le poursuivent. Nous vîmes, sur la gauche, deux infortunés nus et déchirés, fuyant à travers la forêt dont ils rompaient tous les jeunes branchages Celui qui était devant, criait : « O mort ! accours, accours a mon aide. » L'autre, qui gémissait de ne pas fuir assez vite, criait : « O Lano [1] ! ta course n'était pas si légère au combat de *la Pieve del Toppo*. » Ensuite, sans doute hors d'haleine, et ne pouvant fuir davantage, il se retrancha dans un buisson épais. Derrière eux, la forêt se remplissait de chiennes affamées, et lancées comme des lévriers qu'on a récemment déchaînés : elles s'acharnèrent sur le coupable qui s'était arrêté, le déchirèrent à pleines dents, ainsi que le buisson, et emportèrent dans le bois ses membres palpitants.

Mon guide me prit par la main : il me mena vers le buisson ensanglanté qui avait si mal protégé l'ombre criminelle, et

---

1. Lano, Siennois, ayant dissipé tous ses biens, demanda du service dans une armée que la république de Sienne envoyait près d'Arezzo, au secours des Florentins. Cette armée s'étant engagée dans une embuscade, à la *Pieve del Toppo*, fut presque taillée en pièces Lano, cependant, aurait pu prendre la fuite ; mais craignant de retomber dans la misère qui lui avait fait prendre un parti désespéré, il aima mieux se précipiter à travers les ennemis, où il se fit donner la mort

qui poussait des cris, en faisant entendre ces mots : « Jacques de Saint-André¹, à quoi t'a-t-il servi de me demander un refuge? moi, qu'ai-je de commun avec tes crimes? » Mon maître s'arrêta près du buisson, et lui parla ainsi : « Qui étais-tu, toi, qui, déchiré par tant de blessures, souffles, avec des flots de sang, ces paroles si douloureuses? » Le buisson répondit² : « Ames qui êtes venues voir le ravage cruel de mes rameaux, rassemblez-les au pied de ce tronc malheureux. Je suis né dans cette ville qui rejeta son premier maître³ pour offrir son culte au Précurseur : aussi, ce maître qu'elle a méprisé emploiera-t-il son art terrible à la persécuter. Si un débris de la statue de ce protecteur⁴ ne reposait pas encore sur la rive de l'Arno, les citoyens qui relevèrent cette cité des ruines sous lesquelles Attila l'avait ensevelie, se seraient inutilement livrés à cette glorieuse entreprise. Je suis ici, parce que j'ai fait pour moi-même un gibet de ma propre maison. »

1. Jacques de Saint-André était un noble de Padoue, grand dissipateur. En allant à Venise par la Brenta, il se plaisait à jeter dans le fleuve des pièces d'or et d'argent.

2. On croit que le buisson qui parle ici est Roch de' Mozzi, qui se pendit, pour ne pas survivre à la perte de sa fortune, qu'il avait détruite, ou Lotto degli Agli, qui se pendit aussi dans un accès de désespoir, après avoir entendu prononcer contre lui une sentence injuste. Mozzi et Agli étaient tous deux Florentins.

3. Florence, d'abord dédiée à Mars, se voua ensuite à saint-Jean Baptiste.

4. Quand Florence adorait les faux dieux, elle avait élevé à Mars un temple où était placée sa statue, qui représentait un guerrier à cheval. Les Florentins, devenus chrétiens, avaient enlevé cette statue, et l'avaient portée au haut d'une tour, sur les bords de l'Arno. La tour ayant été renversée par Attila, cette statue était restée dans l'Arno jusqu'en 801, époque où Charlemagne commençait à faire rebâtir Florence. A cette époque de 801, la statue fut retirée de l'Arno et placée à l'endroit appelé aujourd'hui *Ponte Vecchio*. Dante veut dire : Si un débris de la statue de celui qui préside à la guerre ne reposait pas encore sur la rive du fleuve qu'on voit couler à Florence, c'est en vain que ses habitants auraient pensé à relever ses remparts abattus par Attila. C'est le génie militaire des Florentins qui a protégé le rétablissement de leur cité.

CHANT XIV.

L'amour de la patrie m'émut tendrement : je ramassai les feuilles éparses, et je les rendis au buisson dont les plaintes venaient d'altérer la voix. Nous arrivâmes ensuite au point où la seconde enceinte se sépare de la troisième, et où la justice céleste déploie d'autres châtiments terribles. Nous vîmes d'abord une lande privée de toute espèce de plantes : la forêt de douleurs environne cette lande, comme le fleuve de sang entoure la forêt. A peine arrivés sur ce sol aride, semblable à celui que foulèrent les pieds de Caton [1], nous nous arrêtâmes.

O vengeance de Dieu, que tu dois inspirer de terreur à quiconque lira ce que ce spectacle offrit d'épouvantable à mes yeux ! Je vis une foule innombrable d'âmes nues qui versaient des larmes amères, et paraissaient condamnées à des supplices différents. Les unes étaient couchées, renversées sur le dos ; quelques autres étaient péniblement accroupies et ramassées sur elles-mêmes ; d'autres marchaient circulairement sans s'arrêter. Ces dernières étaient plus nombreuses : les damnés, en plus petit nombre, qui ne pouvaient marcher, faisaient entendre des cris plus animés. Sur toute la surface du sol sablonneux, tombaient avec lenteur de larges flammes, ainsi que, par un temps calme, dans les Alpes, tombent doucement des flocons de neige. De même qu'Alexandre [2], dans les déserts brûlants de l'Inde, vit descendre à terre des flammes

---

[1] Le sol que foula Caton lorsque, traversant la Libye, il alla se joindre au roi de Numidie avec les débris de l'armée de Pompée

[2] Ceci n'est raconté ni dans Quinte-Curce, ni dans Justin, mais se trouve dans une lettre supposée d'Alexandre a Aristote (Note de M Ginguené, *Hist. litt*, tome II, page 76)

que des soldats, par ses ordres, foulaient aux pieds sur-le-champ, pour en amortir plus tôt l'effet destructeur, de même la pluie de feu éternel descendait sur les coupables, et, en embrasant le sol, comme le choc de la pierre enflamme l'amorce, redoublait les souffrances des réprouvés. Leurs misérables mains, dans une agitation continuelle, se fatiguaient à repousser et à secouer la pluie de feu qui venait brûler à chaque instant toutes les parties du corps. Je parlai ainsi : « Maître, qui as vaincu jusqu'ici tous les obstacles, excepté ceux que nous ont opposés les redoutables démons[1], à la porte de la ville de *Dité*, apprends-moi quel est ce pécheur superbe qui semble mépriser ces flammes, et qui est étendu ici, les yeux hagards, et plein d'un orgueilleux dédain pour le supplice qu'il endure. » Ce personnage[2], entendant que je parlais de lui à mon guide, s'écria : « Mort, je suis ce que je fus vivant : que Jupiter fatigue le ministre qui fabrique les foudres aiguës dont je fus frappé le jour où je respirai pour la dernière fois ; qu'il harasse successivement la troupe de ces noirs forgerons, habitants de l'Etna ; qu'il appelle l'obéissant Vulcain à son aide, comme au combat de Phlégra[3] ; qu'il me foudroie de toute la vigueur de son bras, une allégresse entière manquera toujours à la vengeance du Dieu. » Alors mon guide adressa la parole à cette ombre, d'un ton si terrible, que je ne l'avais pas encore entendu parler ainsi : « O Capanée, lui dit-il, tu es puni, toi, plus qu'un autre coupable, puisque tu conserves ici ton orgueil. Ta rage est le plus dur supplice auquel on ait pu te condamner. » Ensuite le sage se tourna vers moi, et me dit d'un ton plus doux : « Il fut un des sept rois qui assiégèrent Thèbes[4] ; il méprisa Dieu, et il

---

1. Dante garde quelque rancune à Virgile, et lui rappelle malignement qu'il a fallu un pouvoir supérieur au sien, pour qu'ils pussent ensemble vaincre la résistance des gardiens de la ville de *Dité*.
2 Ce personnage est Capanée, que Stace appelle « *Superûm contemptor et æqui.* » (*Theb*, livre III, vers 602)
3. Le combat de Phlégra, le combat des Géants contre les Dieux, livré dans la vallée de Phlégra, en Thessalie.
4 Les sept rois furent Adraste, Polynice, Tydée, Hippomedon, Amphiaraus, Parthénopée et Capanée.

ose encore le mépriser : mais, comme il vient de l'entendre de ma bouche, ses dépits sont la récompense bien due à ses blasphèmes. Et toi, mon fils, suis-moi dans ce sentier ; évite de porter tes pas sur le sable brûlant ; approche-toi plus près du bois. »

Nous arrivâmes, sans parler, près d'un fleuve dont les flots couleur de sang me remplissent encore de terreur. Tel que le ruisseau qui sort du BULICAME[1] et dont les prostituées d'alentour se partagent les eaux sulfureuses, ce fleuve se répandait à travers le sable couvert de flammes. Le fond et les bords étaient construits en pierres ; aussi je pensai que c'était là qu'il fallait marcher. Mon guide me dit : « Depuis que nous avons franchi la porte dont l'entrée est trop facile à tous les hommes[2], tu n'as rien vu d'aussi remarquable que ce ruisseau qui amortit ici toutes les flammes. » Je priai le Romain de m'expliquer avec détail ce qu'il me faisait désirer si vivement de connaître. Il parla en ces termes : « Au milieu de la mer, est une contrée à moitié détruite, appelée encore l'île de Crète, qui fut gouvernée par un roi[3] sous lequel le monde vécut dans la chasteté. Là est une montagne connue sous le nom d'*Ida* ; elle était baignée de fontaines et couronnée de forêts ; maintenant elle est déserte, comme une chose qui a vieilli. Rhéa y avait placé secrètement le berceau de son fils, et c'était souvent à la faveur de cris prolongés, qu'elle empêchait qu'on n'entendît les vagissements de l'enfant. Dans les flancs de la montagne, on voit un énorme vieillard debout[4], qui tourne

---

[1] La source d'eau dont parle Dante est encore appelée *Bulicame* On la voit a deux milles de Viterbe. Il parait que des prostituées de cette ville avaient alors établi leur demeure près des habitations ou l'on prenait ces bains sulfureux. Dante a pu voir ce lac vers 1300 Montaigne, dans son *Journal de voyage en Italie*, tome II, page 991, le décrit à peu près de même en 1581 Je l'ai vu tel en 1815 et en 1822 Il est à remarquer ici que ces grands tableaux de la nature, les montagnes, les lacs, les vallées, conservent absolument la même physionomie pendant plusieurs siècles

[2] La porte de l'Enfer, parce qu'il est facile aux hommes de faire le mal

[3] Saturne Juvénal a dit. *Credo pudicitiam Saturno rege, moratam in terris.*

[4] « Cette grande image, poétiquement rendue, couvre des allégories que tous les commentateurs, depuis Bocace, ont

les épaules vers Damiette, et fixe ses regards sur Rome ¹ comme sur son miroir : sa tête est formée d'un or épuré, ses bras et sa poitrine sont d'argent, ses flancs de cuivre, le reste du corps se termine en fer affiné ; mais le pied droit est d'argile, et c'est sur ce faible appui que pose la masse entière. Toutes les parties, excepté celle d'or, présentent quelques fentes d'où coulent des larmes qui s'infiltrent dans la montagne. Leur cours se dirige vers cette vallée où elles donnent naissance à l'Achéron, au Styx et au Phlégéthon : enfin, elles tombent encore dans les cercles les plus bas de cet empire, où elles deviennent la source impure du Cocyte. Tu verras plus tard quel est cet autre fleuve. » Je répondis : « Mais si ce fleuve tombe de la terre, comment ne le vois-je qu'ici ? » Mon guide reprit : « Tu sais que ce royaume est d'une forme arrondie. Quoique tu aies pénétré bien avant, tu as toujours marché vers la gauche, pour éviter de tomber dans le plus profond de l'abîme, et tu n'es pas encore arrivé au point placé sous celui où tu as commencé à descendre : ne montre donc pas un visage étonné, s'il est des choses que tu ne puisses pas encore comprendre. » — « Mais, ô maître ! dis-je, où se trouvent le Phlégéthon ² et le Lethé ? tu ne parles pas de ce dernier, et tu dis que l'autre provient de cette pluie. » Virgile répondit : « Toutes tes questions me sont agréables ; mais dans le fleuve bouillonnant tu aurais dû reconnaître le Phlégé-

---

très amplement expliquées, cependant où il vaut peut-être mieux ne voir que ce qui y est, c'est-à-dire une idée un peu gigantesque, mais poétique, du Temps, des quatre âges du monde, et des maux qui ont fait pleurer la race humaine dans chacun de ces âges, excepté dans le premier, à qui les poëtes de tous les autres siècles ont donné le nom d'âge d'or Cette idée des fleuves de l'Enfer nés des larmes de tous les hommes, porte à l'âme une émotion mélancolique où se combinent les deux grands ressorts de la tragédie, la terreur et la pitié » (*Histoire litter. d'Italie*, tome II, pag 77, 78) — On peut ajouter à cette expli-cation, que Dante a pris cette image dans le songe de Nabuchodonosor (*Daniel*, chap 2)

1. Le vieillard tourne les épaules vers Damiette, c'est-à-dire vers l'orient, et le visage vers Rome, c'est-à-dire vers le couchant Cela peut signifier aussi dit Lombardi, que le *Temps* a pour but la bienheureuse éternité, qu'il fixe ses regards sur Rome, c'est-à-dire sur la vraie religion, et qu'il tourne les épaules à Damiette, présumée ici capitale de l'idolâtrie et des sectes diverses des infidèles.

2. Le Phlégéthon, fleuve de l'Enfer des Grecs, roulait des torrents de flam-

thon, ce qui aurait dissipé l'un de tes doutes. Tu verras aussi le Léthé¹, mais loin de cette fosse : c'est là que vont se purifier les âmes qui se sont repenties, et dont Dieu a remis la faute. Maintenant il est temps de quitter le bord du bois. Suis-moi ; ces rives qui amortissent les flammes et leur action ardente, offrent un chemin assez facile. »

mes sulfureuses, coulait en sens contraire du Cocyte, et enfin se perdait dans l'Achéron. C'est un de ceux qui formaient les limites du Tartare Ses eaux étaient funestes et possédaient une vertu magique Cérès en jeta une goutte sur Ascalaphe pour le métamorphoser en chat-huant. Le Léthé était un dieu-fleuve infernal. Ce nom veut dire *oubli*. Son cours est paisible Aussi Lucain le nomme-t-il le dieu silencieux. Les âmes des morts buvaient de ses eaux pour perdre le souvenir des maux de la vie. *Biogr, univ.*, supplément, tom. LIV et LV.

1 Tu le verras dans le Purgatoire.

CHANT XV.

Nous marchions le long de ce fleuve terrible sur ses bords construits en pierres. La vapeur qui s'en élevait garantissait l'eau et ces rives d'une trop forte action de la pluie de flammes. De même que les Flamands, entre Cadsandt[1] et Bruges, craignant l'effort de la tempête, elèvent des digues qui repoussent l'Océan; de même que les Padouans, sur les bords de la Brenta, avant le temps où Chiarentana ressent l'ardente influence du soleil[2], defendent leurs villes et leurs châteaux par des travaux hardis : de même l'architecte sublime de cette enceinte avait fait construire, dans les proportions convenables, par ceux à qui il avait daigné en commettre le soin, les digues sur le bord desquelles nous avancions.

Nous étions éloignés de la forêt que je n'aurais pu revoir du point que j'occupais alors, à moins que je n'eusse regardé en arrière, et nous rencontrâmes une foule d'âmes qui marchaient à nous, en côtoyant le fleuve : elles nous regardaient ainsi qu'on regarde, le soir, les objets peu éclairés, baissant leurs paupières, comme fait un tailleur affaibli par les ans, pour enfiler son aiguille. Je fus reconnu par un de cette famille qui, saisissant le pan de ma robe, s'écria : « Quelle merveille ! » A peine m'eut-il tendu les bras que je fixai les yeux sur ses traits noircis; et, malgré la difformité de son

---

[1] Cadsandt est une île de la Flandre hollandaise, entre la ville de l'Écluse et l'île Zélande le poëte a changé un peu le mot de Cadsandt, il a voulu l'adoucir, et il en a formé le nom de *Guzzante* Bruges était la patrie de Van Pract, conservateur de la Bibliotheque du roi, a qui j'ai dû de très-utiles communications pour mes travaux sur Dante

[2] Chiarentana C'est la partie des Alpes où la Brenta prend sa source Cette ligne de montagnes est souvent couverte de neiges très-épaisses.

visage brûlé par les tourments, je le reconnus à mon tour. Je m'inclinai vers lui, et je dis : « Quoi, vous êtes ici, *Ser Brunetto* [1] ! » Il me répondit : « O mon fils ! permets que Brunetto Latini revienne sur ses pas un moment avec toi, et qu'il abandonne quelque temps les autres âmes. » Je repris ainsi : « Je vous en conjure moi-même, autant que je le puis, parlez avec moi ; voulez-vous que je m'asseye auprès de vous ? Je le ferai, s'il plaît à celui-ci, car je vais avec lui. » — « O mon fils, repartit Brunetto, pour peu qu'une de ces âmes s'arrête un instant, elle est condamnée à rester, cent années, immobile sous cette pluie de flammes. Avance donc, je marcherai près de toi, et je rejoindrai ensuite ma bande, qui, comme moi, pleure éternellement. » Je n'osais quitter le bord, pour m'avancer de front avec lui ; aussi je marchais dans l'attitude soumise du respect. Brunetto continua ainsi : « Quel sort ou quel destin te conduit en ces lieux avant l'heure marquée ? Quel est celui-ci qui te montre le chemin ? » Je répondis : « Là haut, sur cette terre de sérénité, je me suis égaré dans une vallée, avant d'être parvenu au milieu du chemin de la

---

[1]. Brunetto Latini, Florentin, était d'une famille noble, du parti des Guelfes. Ce parti l'envoya vers Alphonse, roi de Castille, en qualité d'ambassadeur, pour demander du secours contre les Gibelins. Au moment où il repassait en France, pour rentrer dans sa patrie, ayant appris que les Gibelins, aidés de Mainfroy, roi de Sicile, s'étaient emparés de Florence, et en avaient chassé les Guelfes, il résolut alors de se fixer quelque temps en France, et se rendit à Paris vers 1260. Saint Louis l'accueillit avec une singulière bienveillance. Brunetto composa dans cette ville le *Tesoro*, ouvrage dont il va être question plus tard (c'est une espèce d'abrégé de la Bible, de Pline le Naturaliste, de Solin, et de quelques auteurs qui ont traité de diverses sciences. Il est divisé en trois parties, et chaque partie en plusieurs livres).

Les circonstances politiques ayant permis à Brunetto de revoir les bords de l'Arno, il retourna en Toscane, et professa la grammaire à Florence. C'est là que, vers 1277, il donna des leçons à Dante encore enfant. C'est aussi à cette époque qu'il composa l'ouvrage intitulé *Tesoretto*, qui a quelque affinité avec la *Divine Comédie*.

Le *Tesoretto* est dédié à saint Louis, en signe de reconnaissance. Jamais ce grand monarque n'a été mieux loué. J'ai donné la preuve de ce fait dans mon *Histoire de Dante*, page 40.

Rivarol a confondu le *Tesoro* avec le *Tesoretto*. — Dante donne ici à entendre que les mœurs de son maître ne furent pas irréprochables. Mais avec quelle décence ce poète sévère, qui se croit obligé d'attaquer la mémoire de son bienfaiteur et de son ami, ne manifeste-t-il pas sa pensée dans tout ce chant ? Par quelles expressions de tendresse et même de vénération ne s'efforce-t-il pas d'adoucir tout ce que son terrible ministère a d'austère et d'inflexible !

vie. Hier matin j'ai cherché à en sortir : celui que vous voyez près de moi m'est apparu, lorsque je faisais tous mes efforts pour retrouver le chemin, et il me ramène dans le monde par cette voie ténébreuse. » Brunetto reprit : « Si tu n'es pas abandonné par l'heureuse influence de ton étoile [1], tu arriveras au port de tes espérances : tel est le sage calcul que j'ai fait là haut, où l'on ne connaît pas les tourments qui ne doivent plus finir. Si je ne fusse pas mort pour l'éternité, moi qui ai vu le ciel si favorable à tes désirs, je t'aurais donné des encouragements. Ce peuple méchant et ingrat, qui est descendu autrefois de Fiésole [2], et qui conserve encore de la dureté et de l'âpreté de ses montagnes, te déclarera une guerre cruelle, parce que tu seras vertueux. Il est juste que la figue savoureuse ne porte pas ses fruits parmi les épines sauvages. Une ancienne tradition dit que ce peuple est aveugle [3] : c'est une race avare, envieuse et superbe. Évite de te salir de leurs impuretés. Ta fortune te réserve tant d'honneur, que les deux partis auront faim de ton retour [4]; mais cette faim appellera toujours en vain la pâture. Que ces bêtes de Fiésole se dévorent entre elles, et ne détruisent pas la plante, si quelqu'une peut croître innocemment au milieu de leur fumier empoisonné, surtout si, dans cette plante, on voit re-

---

1. Brunetto avait de grandes connaissances en astronomie, et s'était aussi livré à l'étude frivole de l'astrologie judiciaire.

2 Le peuple florentin. Les habitants de *Fiesole*, petite ville située sur une montagne très-élevée, près de Florence, d'où la vue s'étend à une distance considérable, passent pour être les fondateurs de cette capitale de la Toscane.

3. Villani et Bocace racontent que les Pisans voulant aller conquérir l'île Majorque, prièrent les Florentins de garder Pise et leurs châteaux. A leur retour, les Pisans victorieux voulurent offrir aux Florentins un témoignage de reconnaissance, et leur donnèrent à choisir dans le butin, ou de deux portes de bronze très-élégamment travaillées, ou de deux colonnes de porphyre. Ces colonnes étaient enveloppées d'étoffes riches, couleur d'écarlate. Les Florentins choisirent les colonnes, mais sans les débarrasser de l'enveloppe trompeuse qui les recouvrait. A leur arrivée à Florence, ils s'aperçurent que les colonnes avaient été à moitié brûlées. Dès ce moment, on appela en Italie les Florentins *orbi*, aveugles, et on appela les Pisans *traditori*, traîtres. Depuis, les Florentins, dans tous les arts, ont bien prouvé que ce sobriquet n'est plus mérité par Florence, par cette heureuse mère de Michel-Ange.

4. *Avranno fame di te.* « Affamés de voir un roi, » a dit Henri IV. L'expression que j'ai employée a un noble droit de bourgeoisie dans notre langue.

vivre l'antique semence de ces Romains qui ne s'éloignèrent pas, quand on éleva ce nid de malice et de perversité¹! » — « Si Dieu exauçait mes prières, dis-je à Brunetto, vous ne seriez pas banni du séjour de la vie ; je garde un touchant souvenir de cette voix chère et paternelle qui m'enseignait comment l'homme s'immortalise (ce souvenir brise mon cœur en ce moment), et il faut que, pendant que je vis encore, on m'entende vanter vos bienfaits. Je me rappellerai ce que vous me dîtes de mes destinées ; et si j'arrive jusqu'à une femme céleste ² qui les connaît, je l'entretiendrai de votre prédiction, et d'une autre que je viens d'entendre. Sachez en même temps que ma conscience ne me fait aucun reproche, et que je suis prêt à supporter tous les coups du sort. Cette prédiction n'est pas nouvelle pour moi : ainsi, que la fortune agite sa roue, et que le villageois remue sa bêche, comme il leur plaira ! »

Virgile alors se tournant à droite, me dit : « Il a bien écouté celui qui prend note. » Je continuai de marcher près de Brunetto ; et je lui demandai qui étaient ses compagnons les plus connus et les plus distingués ; il répondit : « Quelques-uns méritent d'être nommés ; il sera mieux de ne pas parler des autres ; je n'en aurais pas le temps. Tous ont été, ou des clercs, ou des littérateurs renommés, et d'un haut talent³ : ils se rendirent coupables d'un même vice. Priscien et François Accurse⁴ sont au nombre de cette foule infortu-

---

1 Dante prétendait que sa race remontait aux premières familles romaines qui avaient conservé leurs titres au milieu des différentes invasions des Barbares

2 Béatrix Je l'entretiendrai de la prédiction que vous me faites en ce moment, et de celle que j'ai entendue de la bouche de Farinata. Pour cette dernière prédiction, voyez plus haut, page 41

3 Lombardi croit que par le mot clercs, Dante entend parler des étudiants.

4 Priscien, grammairien de Césarée, qui florissait dans le VIᵉ siècle. François Accurse, jurisconsulte florentin mort en 1229
Venturi dit que Dante met ici l'individu pour l'espèce, et que, par ces deux illustres personnages, il entend les grammairiens et les jurisconsultes, qui peuvent abuser de leur autorité, pour rendre la jeunesse victime du vice si odieux que l'on punit dans le septième cercle de l'Enfer.

née, et si tu avais eu le désir de repaître tes yeux d'un si hideux spectacle, tu aurais pu voir celui que le serviteur des serviteurs de Dieu envoya des bords de l'Arno à ceux du Bacchiglione, où il laissa les nerfs qu'il avait *perversément* tendus [1]. Je pourrais te montrer d'autres coupables, mais je ne dois ni te parler, ni te suivre davantage. Je vois déjà s'élever, dans les sables, une nouvelle vapeur. Voilà des âmes au milieu desquelles je ne puis me trouver ; je me borne à te recommander mon *Trésor* [2], je vis encore dans cet ouvrage. » Alors il se retourna, et courut avec la légèreté de ceux qui, dans la campagne à Vérone, se disputent le *Palio* [3] vert, et il paraissait bien le coureur qui gagne et non pas celui qui perd

---

1. André de Mozzi, évêque de Florence, homme depravé, fut transféré à l'évêché de Vicence par Nicolas III, suivant Landino, et par Boniface VIII, suivant Ughelli. On sait que, depuis saint Grégoire le Grand, les papes portent le titre de Serviteur des serviteurs de Dieu : *Servus servorum Dei*.

2. C'est l'ouvrage dont on a parlé plus haut pag. 63. On y lit ce passage, à propos de la surprise que causait alors ce livre, écrit en français par un Florentin : « *Sau nous demande porquoi chis livre est escris en romans, selon le patois de France, puisque nos somes Ytaliens, je diroe que c'est par II raisons. l'une est parce que nos somes en France, l'autre si est parce que françois est plus delitaubles lengages et plus comuns que moult d'autres* » (*Hist. de Dante*, pag. 46.) Voilà un bel hommage rendu à notre langue dès l'an 1260. Elle était prédestinée à la gloire dont elle jouit complètement aujourd'hui.

3. On conserve encore en Italie l'usage de faire des courses dont le prix est une riche pièce d'étoffe. On appelle ces exercices *correre il palio*. Le mot de *palio* signifie manteau, drap, « *sorta di manto-drappo o drappo che si da in premio a chi vince nel corso*, » dit le vocabulaire de la Crusca, article *Palio*

CHANT XVI.

Nous entendions déjà résonner confusément le bruit de l'eau qui se précipite en cascades dans la huitième enceinte; ce bruit était semblable au bourdonnement des abeilles autour de la ruche. Alors trois ombres quittèrent une foule qui passait sous la pluie de feu, et vinrent à nous, en criant : « Arrête, toi qui, à ton vêtement, parais être un des citoyens de notre coupable patrie. » Hélas! que de plaies cicatrisées et récentes offraient leurs corps brûlés par les flammes! le souvenir que j'en ai conservé excite encore ma compassion. Mon guide prêta l'oreille à leurs cris, se tourna vers moi, et me dit : « Suspends ta marche : il faut leur témoigner quelques égards; d'ailleurs si la violence des flammes ne ravageait pas ce lieu, la célérité te conviendrait plus à toi qu'à ces ombres. » Quand elles nous virent arrêtés, elles recommencèrent leurs premiers cris; et, lorsqu'elles furent arrivées près de nous, toutes trois tournèrent en cercle, sans prendre de repos.

Tels les gladiateurs nus et frottés d'huile, avant de commencer le combat, cherchent à découvrir leur avantage et le point par lequel ils commenceront l'attaque : telles les ombres, en tournant, tenaient sans cesse leurs yeux fixés sur moi, quoique le mouvement des pieds contrariât souvent cette attitude. L'une d'elles commença en ces termes : « Cette pluie de flammes et ce séjour ténébreux doivent nous vouer au mépris, et nous, et nos prières : qu'au moins le nom que nous avons laissé sur la terre, te dispose à nous dire qui tu es, toi vivant, qui as obtenu de marcher ici d'un pas assuré. Celui-ci, dont tu vois que je suis les traces, maintenant nu et dépouillé, eut un rang plus élevé que tu ne penses : il fut le petit-fils de la vertueuse Gualdrada[1] ; il s'appela Guido-Guerra, et, dans la vie, il se distingua par sa prudence et sa bravoure. Cet autre, qui foule après moi ce sable enflammé, est Tegghiajo[2] Aldobrandi, dont, là haut, on devrait suivre les sages avis. Et moi qui partage leurs tourments, je fus Jacques Rusticucci[3] : ma cruelle épouse fut la première cause de mes crimes. » Si je n'avais redouté les atteintes du feu, je me serais jeté dans le fleuve, auprès de ces ombres gémissantes, et je crois que mon guide l'eût permis ; mais la crainte de la flamme vengeresse désarma mon courage, et m'empêcha de m'abandonner au désir que j'éprouvais de les serrer dans mes bras. Je parlai ainsi : « Aussitôt que mon maître m'eut dit qu'il venait à nous des ombres telles que vous, votre sort malheureux excita en moi de la compassion, et non du mépris ; longtemps vos souffrances seront gravées dans ma mémoire : la même terre nous a vus naître ; j'ai toujours entendu parler de vous avec affection, et j'ai porté dans mon cœur vos nobles exemples et vos noms honorables. Je traverse ce lieu d'amertume, et je vais au jardin de la béatitude, cueillir les doux fruits qui me sont promis par mon guide sincère ; mais auparavant il faut que je visite le dernier réduit de cet empire. » L'ombre qui avait déjà parlé, répondit : « Puisses-tu parcourir une longue vie ! puisse ta renommée te survivre ! Mais, dis-nous, la courtoisie et la valeur habitent-elles notre ville comme autrefois, ou en sont-elles tout à fait bannies ? Guillaume Borsière[4], depuis peu de temps descendu parmi

---

1. Gualdrada, fille de Bellincion Berti, seigneur florentin, eut du comte Guidon, l'un des chevaliers de la cour d'Othon IV, empereur, trois fils : l'un s'appelait Ruggieri. Celui-ci fut père de Guido-Guerra, dont il est ici question.

2 Tegghiajo Aldobrandi, de la famille des Adimari, avait conseillé aux Florentins guelfes de ne pas livrer bataille à Monte-Aperto, sur les bords de l'Arbia, où ils perdirent une grande partie de leur armée. Voyez la note relative à Farinata, page 41.

3 Noble Florentin. Il eut le malheur d'être uni à une méchante femme. Il ne put continuer de vivre auprès d'elle, l'abandonna, et se livra au vice qui est si cruellement expié dans l'enceinte du sable enflammé.

4 Borsière, Florentin qui fréquentait les cours des princes « L'on raconte de lui, dit Grangier, qu'étant à Gênes, et comme Herminio Grimaldi, homme riche mais avare, lui demandoit ce qu'on pouvoit mettre en *painture* dans une salle d'une sienne maison nouvellement bastie, que l'on n'auroit pas veue cy

L'ENFER, CHANT XVI. 69

nous, et qui pleure plus loin, avec nos compagnons, nous afflige par ses récits douloureux. » Je criai alors, en élevant la tête : « Les nouvelles familles [1], les fortunes subites ont engendré en toi, ô Florence, l'orgueil et tous les excès dont tu gémis chaque jour. » Les trois esprits qui entendirent cette réponse, s'entre-regardaient, comme on se regarde l'un l'autre, quand on entend une vérité qui frappe l'attention. Tous trois répondaient : « Que tu es heureux, si, lorsque tu veux satisfaire aux demandes des autres, tu peux toujours t'exprimer avec tant de liberté et de franchise, sans courir aucun danger ! Écoute notre prière : si tu revois la splendeur des étoiles, après être sorti de ce sombre empire, et si tu peux t'écrier, *je l'ai parcouru* [2], daigne rappeler notre nom sur la terre. » Les âmes alors rompant leur ronde, fuirent comme emportées par des ailes rapides; et, en moins de temps qu'il n'en eût fallu pour dire un *amen*, elles avaient disparu.

Mon maître recommençait à marcher. Je le suivais, et nous avions à peine fait quelques pas, que le bruit des eaux dont nous approchions, nous empêcha de nous entendre.

Semblables à ce fleuve qui tombe de Monviso, à la gauche des Apennins, sur un lit qu'il s'est creusé lui-même, et qui, appelé *Aquacheta*, avant de pénétrer dans la vallée, perd ce nom près de Forli, et s'élance en une seule masse à San Benedetto, où il devrait trouver réunis plus de mille habitants [3], ces eaux rugissantes faisaient retentir une roche inaccessible, d'un fracas assourdissant.

devant, il répond « Je vous dirai une « chose de laquelle vous n'eustes jamais « cognoissance : Peignés la liberalité » (Grangier, *Enfer*, pag. 183, 184.)

[1] *La gente nuova e i subiti guadagni.* C'est par ce même vers qu'Alfieri commence sa satire intitulée : « *La Plebe.* » Il est à remarquer ici, que l'idée du second vers de cette même satire d'Alfieri est empruntée d'un bon mot de Rivarol : « *Che in cocchio fan seder chi dietro stette* » « Il y a des jeux de fortune qui font asseoir dans une voiture celui qui était derrière. »

Au total, l'exclamation de Dante est d'un effet très-noble. Concise, elle respire une forte indignation. Le poëte profère une belle sentence en trois vers.

[2] Le Tasse a transporté cette idée et une partie des expressions de Dante dans le XVe chant, strophe 38, de sa *Jerusalem delivrée.*

[3] C'est un trait de satire. Il y avait là une abbaye qui, si ses biens avaient

Mes reins étaient ceints d'une corde, avec laquelle j'avais espéré pouvoir garrotter la panthère à la peau tachetée [1] ; je me dépouillai de cette ceinture, et après l'avoir repliée sur elle-même, je la donnai à mon guide, qui me l'avait demandée. Il se tourna à droite, et la fit descendre dans le gouffre ténébreux.

Je disais en moi-même, en voyant mon maître suivre de ses yeux la corde qui se déroulait : « Nécessairement, quelque événement nouveau va nous répondre. »

Que les hommes doivent être prudents auprès de ceux qui non-seulement voient leurs actions, mais qui pénètrent encore leurs pensées ! Mon guide me dit : « Au moment même, viendra ce que j'attends et ce que ta pensée voit comme en songe. »

Le mortel doit toujours, autant qu'il peut, refuser de répéter une vérité qui paraît une imposture, il s'expose à se couvrir de confusion, sans être cependant coupable. Mais ici je ne puis me taire, lecteur ; je te le jure par les vers de cette *comédie* [2], moi qui dois désirer qu'ils obtiennent quelque gloire, je vis s'avancer, à travers l'air épais et obscur, un monstre qui aurait porté l'effroi dans les cœurs les plus intrépides : il approchait, semblable au matelot qui, pour arracher l'ancre enfoncée dans un écueil caché sous la mer, allonge ses bras péniblement tendus et se rattrape des pieds [3].

été sagement administrés, eut pu recevoir mille religieux.

[1] Voyez page 2, lig 18, où il est question de la panthère.

[2] Dante a voulu que son poëme fût appelé *Comedie*, c'est-à-dire, selon son système, sujet de poésie qui embrasse tous les genres : le tragique, et, au besoin, le comique.

[3] J'ai tâché de rendre l'action d'un homme qui tend péniblement les bras, et s'aide avec effort de ses pieds pour arracher l'ancre enfoncée dans le sable de la mer.

CHANT XVII.

Mon guide commençait à me parler ainsi : « Voilà le monstre à la queue acérée, qui perce les montagnes, qui rompt les murailles, et qui brise les armes les plus dures, voilà le monstre qui pourrit le monde entier. » En même temps il lui fit signe d'approcher des bords pierreux de l'abîme. Alors cette image dégoûtante de la fraude avança la tête et le torse, en laissant sa queue en arrière. Sa figure était celle d'un homme juste ; la peau de son visage était douce ; le reste de son corps se terminait en serpent. Le monstre était armé de deux griffes velues ; des nœuds tachetés couvraient son dos, sa poitrine et ses flancs : la couleur de ces nœuds surpassait en éclat celle des ouvrages d'Arachné, et des étoffes préparées par les Turcs et les Tartares. De même qu'on voit sur le rivage un esquif à moitié baigné par les flots, là où le castor s'exerce à faire sa guerre accoutumée, le long des bords habités par les Germains gloutons, de même nous voyions la bête cruelle qui s'était abattue sur la rive de pierre dont est entouré le champ de l'arène brûlante. La queue s'agitait dans l'air, en repliant la pointe fourchue qui, comme dans le hideux scorpion, en armait l'extrémité. Mon guide me dit : « Il faut que nous allions vers le point où cette bête maudite est venue se poser. » Nous descendîmes donc à droite, en nous détournant de quelques pas, pour éviter le sable ardent ; et, quand nous fûmes arrivés au but marqué par mon maître, nous aperçûmes une grande quantité d'ombres sur le bord que nous venions d'atteindre. « Afin que tu connaisses exactement ce cercle, me dit mon guide, approche-toi d'elles, et vois quel est leur sort : mais que tes entretiens ne soient pas trop longs. Pendant que tu seras dans leur compagnie, je prierai ce monstre de nous recevoir sur ses fortes épaules. »

Je m'avançai donc sur le bord du septième cercle, où gisaient ces races dévorées par la douleur qui s'élançait de leurs yeux : elles cherchaient, avec le secours de leurs mains, à écarter les flammes ou les vapeurs. C'est ainsi que, dans les chaleurs de l'été, les chiens impatients se défendent, ou du pied ou du museau, contre les puces, les mouches et les taons qui les déchirent. Je regardai plusieurs de ces ombres que le feu tourmente. Je ne reconnus pas leurs traits ; mais j'observai que plusieurs d'elles portaient suspendue au cou une bourse[1] marquée de certaines couleurs, et dont il semblait que leur regard aimait à se repaître. En les considérant attentivement, je distinguai sur la poitrine de la première de ces ombres, une bourse jaune[2], qui laissait apercevoir un lion d'azur. Plus loin, je vis, sur une autre bourse d'une couleur pourprée, une oie plus blanche que le lait. Une âme qui présentait une grosse truie d'azur[3] sur une bourse blanche, me dit : « Que fais-tu donc dans cette fosse? Retire-toi, et, puisque tu es encore vivant, rapporte sur la terre, que Vitaliano[4], qui habite près de mon palais, doit s'asseoir ici à ma gauche : Padoue est ma patrie ; mais ces Florentins qui m'environnent, crient souvent : « Qu'il vienne donc ce Chevalier souverain qui apportera ici une bourse ornée de trois becs[5] ! » En parlant ainsi, l'ombre tordit sa bouche, et elle avança la langue comme un bœuf qui lèche ses naseaux.

Craignant qu'un plus long retard ne déplût au Sage qui m'avait permis de le quitter, j'abandonnai ces âmes maudites.

---

1. Autre satire très maligne. Les coupables ne seront pas nommés, mais les armoiries qui distinguent leurs familles serviront à les faire reconnaître « L'orgueil, dit ingénieusement M. Ginguené, sert donc ici d'enseigne et comme de dénonciateur à l'avarice »

2. La bourse jaune, etc. Dante signale ici les armoiries des Gianfigliazzi L'oie blanche, armoiries des Ubbriacchi, qui portaient de gueules à l'oie blanche.

3. La truie d'azur rappelle les armoiries des Scrovigni de Padoue

4. Vitaliano *del Dente* était un usurier de Padoue, célèbre dans son temps

5 Une bourse ornée de trois becs, et non pas de *trois boucs*, ainsi qu'a dit Rivarol Cet autre usurier est messer Buiamonte, Florentin

Mon guide, qui était déjà placé sur le dos du redoutable animal [1], me cria : « Il faut que tu montres de la force et de l'audace; on ne descend ici que par de semblables escaliers. Monte devant moi, je veillerai à ce que la queue ne puisse te blesser. » En écoutant ces paroles, je devins tel que celui qui, attendant les accès de la fièvre, sent un froid mortel s'insinuer dans ses veines, et demeure tout tremblant à l'aspect même éloigné d'un lieu humide. Mais les menaces que je craignais d'entendre de la bouche de Virgile, pénétrèrent mon âme de cette confusion que les reproches d'un bon maître font éprouver à un serviteur fidèle : je m'assis donc sur cette croupe effroyable. Je voulus dire : « O mon guide, serre-moi dans tes bras; » mais je ne pus articuler ces paroles. Celui qui m'avait déjà secouru si puissamment dans un péril imminent, me soutint d'un bras ferme et vigoureux; et aussitôt que je me fus placé, il dit : « Géryon, tu peux partir ; fais un large circuit pour descendre; pense au nouveau fardeau qui t'est confié. » Géryon recula, comme la barque peu à peu recule, et se dégage des bords, en voguant en arrière; et, quand il se sentit libre, il se retourna, étendit sa queue, ainsi que l'anguille qui fut sous la main, et ramena vers lui l'air déplacé par ses griffes aigues. Lorsque je me vis ainsi suspendu, et que je n'eus plus sous les yeux d'autre objet que le monstre, je fus plus épouvanté que le téméraire Phaéthon, quand, abandonnant les rênes du char céleste, il laissa dans le ciel les traces de destruction que nous y voyons encore; ou plus effrayé que le malheureux Icare, lorsqu'il sentit la cire s'échauffer, ses flancs se déplumer, et que son père lui criait : « Tu prends le mauvais chemin ! » Ma peur fut semblable quand je ne vis plus que l'air, et la bête; elle continuait de descendre lentement, lentement; s'abaissait en

---

[1] De Géryon qui figure ici la fraude. On sait que Géryon, dans la mythologie, était un roi d'Érythie qui avait trois corps, et qui fut vaincu par Hercule Pinelli, dans la planche 38 de la collection qu'il a bien voulu me dédier, a représenté Géryon portant sur sa croupe Dante et Virgile. Cette composition est savamment entendue.

tournant, sans que je m'aperçusse du trajet, autrement que par le vent qui sifflait autour de moi et sur ma tête. A droite, les eaux se précipitaient dans le gouffre avec un fracas horrible. J'osai un moment porter en bas mes regards [1]; mais le précipice me glaça d'effroi. Je vis bientôt de nouveaux feux et j'entendis d'autres plaintes; je me ramassais, en tremblant, sur moi-même : je connus alors que je m'étais rapproché d'un lieu où des tourments plus affreux commençaient à m'environner.

Un faucon qui, après s'être élancé avec légèreté, a long-temps parcouru les plaines de l'air, sans être rappelé et sans avoir vu aucune proie, fatigué de sa course pénible, et bientôt intimidé par le fauconnier sévère qui lui crie : « Comment, tu reviens! » descend en tournoyant, et s'abat, plein de colère et de dépit, loin de son maître; ainsi Géryon nous amena au pied de la roche ruinée, et, après nous avoir déposés à terre, s'éloigna comme la flèche que la corde vient de lancer.

[1] On partage toute la crainte du poëte. Il nous expose sa peur avec une naïveté et une vérité d'expressions qu'il faut aussi remarquer.

CHANT XVIII.

Il est dans l'Enfer un lieu appelé *Malébolge* [1] : le fond et les parois de ce séjour terrible présentent un amas informe de roches d'une couleur sombre comme celle du fer. Au milieu de cette plaine maudite est un puits large et profond, dont, à son lieu, on dira la structure. L'espace qui s'étend entre le puits et le pied de la roche escarpée, est d'une forme arrondie, et séparé en dix vallées distinctes. Ces vallées sont semblables à ces retranchements qui environnent les châteaux, pour en protéger les murailles dans la partie munie de ce genre de défense ; et, comme ces forteresses communiquent à la campagne par des ponts jetés de distance en distance, de même des rochers, suspendus en forme d'arches, offrent une communication non interrompue des vallées avec le puits qui les termine. C'est dans ce lieu que nous nous trouvâmes, après que Géryon nous eut secoués de son échine. Le poete marchait à gauche, et je le suivais : à droite, je vis de nouvelles douleurs, de nouveaux tourments et de nouveaux bourreaux qui remplissaient la première vallée. Au fond étaient placées les ombres nues des pécheurs ; ils se partageaient cette enceinte où ils suivaient des directions opposées. La moitié de ces ombres venait vers le point que nous occupions ; l'autre moitié marchait dans le même sens que nous, mais à plus grands pas.

Comme les pèlerins qui, lorsque l'année du jubilé a réuni un grand nombre d'âmes pieuses à Rome, traversent le pont dans un ordre sagement prescrit ; d'un côté passent ceux qui

[1] *Malebolge*, ou fosses maudites

s'avancent vers le château, et vont visiter le temple de Saint-Pierre; de l'autre, reparaissent ceux qui retournent vers la montagne [1] : de même des démons cornus foulaient, à droite et à gauche, le sol noirâtre, tenant en main des fouets dont ils battaient cruellement les âmes les plus paresseuses. Avec quelle rapidité [2] les premiers coups précipitaient les pas de ces malheureux ! aucun d'eux n'attendait qu'un second ou un troisième coup vînt châtier sa lenteur. Mes yeux rencontrèrent une ombre que je crus reconnaître; je m'attachai à la considérer. Mon guide bienveillant suspendit ses pas, et permit que je m'arrêtasse un instant. Le flagellé crut se cacher, en baissant la vue; mais ce fut en vain, et je lui dis : « Toi, qui baisses rapidement tes yeux vers la terre, tu es *Venedico Caccianimico* [3], si ces traits ne sont pas trompeurs. Quel crime t'a condamné à des sauces si poignantes? » L'ombre répondit : « Je l'avoue avec peine; mais je suis entraîné par le charme et la douceur de ton langage qui me rappelle notre ancienne terre. C'est moi, quoiqu'on l'ait nié, qui livrai la belle Ghisola aux désirs impudiques du Marquis :

[1] J'ai suivi l'interprétation donnée par Lombardi. Il travaillait à Rome, et il a bien compris Dante Les commentateurs à qui *Rome manque* ne sont pas toujours intelligibles Au jubilé de 1300, dont le poëte parle en témoin oculaire, on avait pratiqué le long du pont Saint Ange, une séparation en forme de cloison : d'un côté passaient les pélerins qui allaient à Saint-Pierre; de l'autre, ceux qui revenaient vers *Monte-Giordano*. En 1825, on voyait le même spectacle sur le même pont. Tout ce que dicte l'esprit d'ordre et de prudente police ne varie jamais, et 525 ans n'y apportent aucune différence: moi aussi, témoin oculaire, j'ai admiré en 1825 la fidélité du rapport d'Alighieri

[2] En cet endroit, Rivarol s'est un peu écarté du texte, mais il a vaincu tous ses rivaux, si on lui concède une extension du sens des vers italiens, et il ne reste plus après lui que le mérite de se rapprocher avec plus d'insistance de l'original. C'est ici surtout que Rivarol a singulièrement ennobli Dante, et qu'il a pris sa revanche de quelques défaites essuyées ailleurs dans la lutte contre cet athlète si formidable Rivarol dit : « Cruellement déchirées, elles furent d'une fuite éternelle, se dérobant et se *retrouvant* à jamais sous les coups de ces infatigables bras. » *Se retrouvant à jamais* est une image que n'offre pas le texte. Quelque chose d'aussi heureux (à mon âge, je ne crains pas de le dire) m'est arrivé pour la métamorphose des serpents : on le verra plus tard, mais ces bonnes fortunes sont rares, et à bien prendre, c'est toujours le poëte *inspirateur* qui en a le mérite.

[3] Venedico Caccianimico était un Bolonais qui livra sa propre sœur aux désirs d'Obizzo, marquis d'Est, seigneur de Ferrare, en faisant croire à cette infortunée que ce seigneur l'épouserait, après avoir obtenu ses faveurs

mais je ne suis pas ici le seul Bolonais ; cette région en est si remplie que la Savéna et le Réno [1] n'entendent pas, autant que ces lieux, répéter *Sipa* [2] : pour t'en convaincre, rappelle-toi l'ignoble avarice qui nous est propre. » Il parlait encore, lorsqu'un démon le frappa violemment de son fouet, en disant : « Marche, vil corrupteur, il n'est pas ici de femmes à vendre. » Je me rapprochai de mon guide, et nous arrivâmes sur un rocher qui s'avançait en forme de pont : nous le franchîmes ; et, tournant à droite, nous nous éloignâmes des murailles éternelles de cet abîme. Arrivés au point où ce rocher, suspendu en voûte, laisse passer les coupables sous son arche ténébreuse, mon guide me dit : « Arrête-toi, et tâche de distinguer ceux de ces autres condamnés dont tu n'as pas encore aperçu le visage, parce qu'ils marchaient dans la direction que nous suivions nous-mêmes. » Du haut de cet antique pont, nous regardâmes cette file qui s'avançait vers nous, et que d'autres démons, armés de fouets retentissants, poursuivaient aussi avec fureur. Mon guide, sans que je l'interrogeasse, reprit ainsi : « Considère cette ombre d'une haute stature qui s'approche ; il ne paraît pas que la douleur lui arrache des larmes ; comme cette âme retient toujours sa dignité royale ! C'est Jason qui, par sa prudence et par sa valeur, ravit la toison à Colchos. Il passait à Lemnos, après que des femmes impies eurent égorgé tous les habitants mâles de cette île : là, il séduisit, par des paroles et des actions insidieuses, la jeune Hypsiphyle,[3] qui, auparavant, avait si no-

---

[1] La Savena et le Réno sont deux rivières de l'État de Bologne.

[2] Les Bolonais disent *sipa* au lieu de *sia*, et non pas au lieu de *si*, comme prétendent quelques commentateurs. Ce mot *sipa* répond à notre mot *soit*.

[3] Hypsiphyle est appelée par quelques auteurs Hypsypile. Les femmes de l'île de Lemnos ayant massacré leurs maris et tous les autres hommes, Hypsiphyle, pour sauver son père Thoas, feignit de l'avoir égorgé, et le tint caché à tous les yeux. Jason, en allant à la conquête de la toison d'or, aborda dans cette île, où il épousa Hypsiphyle, à qui les femmes lemniennes avaient déféré la suprême autorité. Bientôt le perfide Jason se remit en mer, en abandonnant la malheureuse princesse, qu'il laissa enceinte. Depuis, Jason trahit encore Médée. Voyez l'article *Medee*, dans la *Biographie univ*, supplément, tome LV, page 41. Voilà pourquoi Dante dit « *L'd anche di Medea si fa vendetta* »

blement trompé ses compagnes; ensuite il l'abandonna, lorsqu'elle portait déjà dans son sein le fruit de son imprudent amour. C'est cette faute que Jason expie dans ces abîmes de tourments ; il porte aussi la peine de sa perfidie avec Médée : il est accompagné de ceux qui ont commis de semblables crimes. Tu sais assez maintenant ce que renferme la première vallée et tu connais la cause du supplice de ceux qu'elle déchire. »

Nous avions traversé le premier pont, et nous approchions de celui de la seconde enceinte, lorsque nous vîmes ceux qui y étaient *nichés*, atteints de nausées violentes, et se frappant cruellement de leurs propres mains. Une vapeur épaisse, qui s'élevait de cette vallée, repoussait à la fois la vue et l'odorat. Ce lieu est si profond, qu'on n'en aperçoit que les parois, même en se plaçant au milieu du pont qui les domine : j'y vis une foule innombrable d'ombres plongées dans un fumier qui me parut le *privé* de l'univers. Je cherchais des yeux quelque coupable qui me fût connu; j'en remarquai un si chargé d'immondices, qu'on ne pouvait distinguer s'il était laïque ou clerc. Il me cria : « Pourquoi es-tu si avide de me voir, plutôt que ces autres si vilainement souillés? » — « Pourquoi? lui répondis-je : c'est que je t'ai vu sur la terre avec une chevelure parfumée. Tu es Alexis Interminelli de Lucques [1] : aussi je te poursuis de l'œil plus que les autres. » Il repartit en se frappant la tête : « Les flatteries qui, là haut, ont empoisonné ma bouche, m'ont plongé dans ce séjour immonde. »

« Porte ta vue plus avant, me dit mon guide, tâche d'atteindre avec les yeux la figure de cette femme échevelée qui se déchire de ses mains fétides, qui tantôt s'accroupit, et tantôt se relève : c'est la courtisane Thaïs [2], qui, lorsque

---

[1] Seigneur d'une famille noble de Lucques, affable, poli, mais le plus méprisable flatteur de son temps Ah! si les flatteurs de notre époque savaient ou et comment Dante a puni leur vice lâche et dégoûtant !

[2] Courtisane mise en scène par Térence dans l'*Eunuque*. Les propres expressions du comique latin sont traduites en italien par Dante. On doit avouer ici qu'il manque son effet, comme Rivarol l'observe judicieuse-

son amant lui dit : « Ai-je de grands mérites auprès de toi ? » répondit : « Oui, tu es merveilleusement digne de mes bonnes grâces. » Retirons-nous maintenant, nous avons assez rassasié nos regards. »

ment Nous sommes accoutumés à rencontrer dans l'Enfer, au milieu des supplices, une foule de personnages historiques, et nous savons tous, avec plus ou moins de détails, quels sont les motifs qui ont déterminé le poëte à placer ainsi ces coupables dans les vallées maudites Nous prenons tout cela au sérieux, et nous applaudissons au poëte, sorte de *Minos absolu et universel*, prononçant ses sentences sur tous les siècles passés. Mais quelle impression peut produire sur nous un personnage imaginaire ? Notre juge impitoyable compromet la gravité de son ministère Il a bien pu introduire dans son poëme les héros de la Fable, et nous avons consenti à pleurer sur le sort de Jason *quel grande*, qui a peut-être quelque chose de vrai dans son histoire, mais Thaïs n'a point passé dans la barque à Caron, le nocher n'a point frappé de sa rame cette courtisane de l'invention de Térence. Un être fantastique ne peut ni nous émouvoir, ni nous maintenir dans cette disposition de terreur et de sensibilité dont le poëte a besoin que ses lecteurs ne sortent jamais Enfin, cela n'arrivera pas souvent à un homme tel que Dante, il a trop connu de monde véritable dans sa vie. Les sujets ne peuvent lui manquer, le crime régnait assez de son temps Résumons-nous, il a eu tort de consulter la liste des acteurs d'une comédie de l'ami des Lælius, des Furius, et de Scipion Émilien ou le second Africain, comédie charmante, dont on prétend que ces grands hommes ont composé quelques vers. Occupons-nous ailleurs du rôle de Thaïs : ce n'est pas dans ce livre de Dante qu'il doit en être question. Je m'en rapporte au sentiment d'un Italien, homme d'esprit, assez dantesque dans son expression, qui disait un jour : « Avec sa *puttana* d'un des avant-derniers vers du chant XVIII de l'Enfer, Dante me refroidit, au lieu de m'effrayer Moi, je croyais que la *Divine Comédie* était un vrai voyage dans les trois royaumes, raconté minutieusement avec la plus scrupuleuse fidélité par un historien véridique. » Laissons faire ! Avec un si grand génie nous reprendrons nos illusions.

CHANT XIX.

O Simon¹, vil magicien! ô lâches qui devenez ses sectateurs impies! vous, dont la rapacité prostitue, pour de l'or, les choses de Dieu qui doivent être épouses de bonté, il faut donc que la trompette vous signale, puisque la troisième fosse est votre prison! Nous avions traversé le pont qui plonge sur l'enceinte suivante. O suprême sagesse, qu'elle est louable, la justice sévère que tu déploies dans le ciel, sur la terre et dans l'empire des crimes! Je vis, sur les bords et sur le sol de la fosse maudite, la pierre livide parsemée de trous arrondis et d'une même largeur; ils me paraissaient égaler en grandeur ceux qui servent de fonts sacrés dans mon noble baptistère de Saint-Jean : je me les rappelle si bien, qu'il y a peu d'années, je brisai le marbre d'une de ces ouvertures, où un enfant se noyait². Que cette révélation détrompe quiconque aurait conservé contre moi des préventions offensantes!

De la bouche de chacun de ces trous sortaient les pieds des pécheurs et leurs jambes jusqu'au point où elles se grossissent; le reste du corps était caché dans l'intérieur de la fosse; les pieds étaient entourés de flammes qui les dévoraient, comme on le voyait à des mouvements convulsifs qui auraient

1 Simon voulut acheter de S. Pierre la puissance de conférer la grâce de l'Esprit Saint, et fut maudit par les apôtres. On a, depuis, appelé simoniaques, ceux qui ont trafiqué des choses sacrées.

2 Dante avait rompu un des fonts baptismaux de Florence, pour retirer un enfant qui s'y noyait. On avait, à ce sujet, dans la ville, accusé le poëte d'irréligion, et il saisit ici avec plaisir une occasion de se disculper. Il déclarait ainsi publiquement, dans ses vers, qu'on lui reprochait à tort une impiété.

brisé les liens les plus artistement tordus. De même que le feu qui s'élève d'une torche allumée, se meut seulement dans la partie la plus élevée, de même les flammes qui environnaient les condamnés, brûlaient l'extrémité de leurs pieds. Je dis à mon maître : « Quel est celui qu'une flamme plus ardente consume, et qui, par l'effet de la douleur, agite ses pieds avec plus de violence? » Mon guide répondit : « Si tu veux m'accompagner plus bas, à l'endroit même où il gémit, tu apprendras de lui, qui il est, et quels furent ses crimes. » — « Ce qui te plaît, repris-je, ne peut que m'être agréable. Tu es le maître, tu sais ce que l'on tait. Tu connais d'ailleurs ma pensée, sans que je doive l'expliquer. » Nous avançâmes donc vers la quatrième enceinte, et nous descendîmes à gauche dans la vallée remplie de ces pécheurs à moitié enterrés. Mon maître ne se détacha pas de mes côtés qu'il ne fût arrivé près du coupable qui, par l'excessive agitation de ses pieds, attestait tant de souffrances « Qui que tu sois, m'écriai-je, toi qui es ainsi renversé, et enfoncé comme un pal, esprit malfaisant, parle, si tu le peux. » J'étais dans l'attitude du religieux chargé d'exhorter le perfide assassin, qui à demi plongé dans la terre, rappelle son consolateur, pour temporiser avec la mort. L'ombre cria : « Es-tu déjà arrivé et encore ainsi debout, Boniface? vraiment es-tu déjà arrivé et encore ainsi debout? Le don de prévision m'aurait-il trompé ! As-tu été sitôt rassasié de ces richesses pour lesquelles tu n'as pas

---

1 L'ombre qui crie ainsi est Nicolas III, de la famille des Orsini, élu pape en 1277. Il est dans cette partie de l'Enfer, parce qu'il enrichit ses neveux et sa famille par toutes sortes de moyens injustes Divers auteurs assurent que ce pape ne méritait pas qu'on le traitât avec tant de rigueur. Quoi qu'il en soit, Nicolas, qui est censé parler en 1300, dit : « Est-ce toi, Boniface, qui viens « ici? Il me semblait qu'aux termes « d'une prophétie qu'on t'avait faite, on « que d'après le don que j'ai, comme « tous les morts, de prévoir l'avenir, « tu ne devais arriver auprès de moi « qu'en 1303 (Boniface mourut en 1303). « As-tu été sitôt rassasié des richesses « pour lesquelles tu en as imposé à « l'auguste épouse, l'Eglise, que tu as « ensuite répudiée, avec laquelle tu as « cessé d'être uni, puisque tu t'es rendu « coupable d'une conduite que la sagesse « de cette épouse réprouve? » Dante se souvenait que Boniface VIII avait craint de favoriser le parti gibelin, pour lequel le poète avait subi l'exil Le poète punit ici, à la date de l'an 1300, une injure qu'il n'avait pas encore reçue.

craint d'en imposer à l'auguste épouse que tu as ensuite répudiée? » Je devins tel que ceux qui ne comprennent pas ce qu'on leur dit, et qui, comme s'ils étaient privés d'oreilles, ne peuvent répondre à leur tour. Alors Virgile me parla ainsi : « Réponds-lui sur-le-champ : « Je ne suis pas celui, non je ne « suis pas celui que tu crois. » J'obéis à mon guide. L'esprit tordit ses pieds avec plus de violence ; puis, avec une voix gémissante, il reprit : « Hé bien! que me veux-tu donc? Si tu as désiré de savoir qui je suis, tellement que tu n'aies pas craint de descendre dans la vallée, apprends que je fus revêtu du manteau éclatant. Je fus un des fils de l'Ourse superbe [1] ; et, pour élever les *Oursins* cupides, j'engloutis à la fois les richesses de la terre dans mes coffres, et mon âme dans les enfers. Au-dessous de ma tête, sont plongés plus profondément, dans les fentes de la pierre, ceux qui ont été simoniaques avant moi. Je serai précipité à mon tour, lorsque viendra celui dont j'ai cru deviner l'arrivée, quand je me suis hâté de t'adresser ma subite question. Mais ces pieds renversés auront été dévorés par les flammes plus de temps que ceux de l'être vénal qui doit me remplacer. Après lui [2], viendra, du couchant, un pasteur sans loi, et plus coupable, qui nous recouvrira tous deux. Ce sera un nouveau Jason, semblable à celui dont parle le livre des Machabées. Le souverain qui gouverne la France protégera la laideur des actions de celui que j'attends, comme le roi auquel obéissait Jason, se plut à le protéger. »

Peut-être me livrai-je ici à une colère folle, mais je répon-

[1] De la famille Orsini.
[2] Après Boniface VIII, qui mourra en 1303, viendra de France Clément V, ancien archevêque de Bordeaux, et qui mourra en 1314. Il ne faut pas oublier que Nicolas III prophétise ainsi en 1300. Clément V est comparé par Dante à Jason, frère d'Osias, qui reçut d'Antiochus la dignité de grand pontife, comme Clément V fut élu pape par l'effet de la protection de Philippe le Bel — Toute la fin de ce chant est écrite d'un style énergique et impétueux. Dix-neuf vers de ce passage sont depuis longtemps mis à l'index dans les éditions introduites en Espagne. Il faut se rappeler en même temps que trois papes, Paul III, Pie IV et Clément XII, ont accepté la dédicace de la *Divine Comédie* Aujourd'hui, pas un vers de Dante n'est supprimé dans les éditions que l'on publie ou que l'on vend à Rome.

dis en ces termes : « Dis-moi, quel trésor N. S. demanda-t-il à saint Pierre, avant de lui confier les clefs de son royaume ? Il ne lui dit rien autre, sinon : « Suis-moi. » Pierre et ses compagnons ne dépouillèrent pas de son or et de son argent le disciple Mathias, quand il fut choisi par le sort pour succéder au Traître[1]. Tu as été justement puni ; garde avec toi les richesses que tu as amassées par de vils moyens, et qui t'encouragèrent à braver la puissance de Charles[2]. Si je n'étais arrêté par le respect que m'inspirent les augustes clefs que tu as tenues sur la terre de félicité, je t'adresserais encore des paroles plus indignées. Votre avarice est un scandale pour l'univers : vous foulez aux pieds le bon, vous élevez le méchant. Pasteurs, vous fûtes révélés à l'Évangéliste[3], quand il vit celle qui est assise sur les eaux se prostituer aux rois ; celle-là même qui naquit avec sept têtes, et qui, dans les dix cornes, trouva la preuve de sa force, tant que la vertu plut à son époux. Vous vous êtes créé des dieux d'or et d'argent[4] Quelle autre différence y a-t-il entre vous et l'idolâtre? Vous adorez cent divinités, tandis qu'il n'en adore qu'une seule. Ah ! Constantin[5], que de maux apporta, non ta conversion,

---

[1] Au traître. Judas
[2] Charles d'Anjou, frère de saint Louis, roi de la Pouille et de la Calabre, sous le nom de Charles Ier Lombardi accuse Volpi et Venturi d'avoir appelé ce prince Charles II. Lombardi s'est trompé Volpi seul a commis cette erreur, et Venturi ne l'a pas commise, au moins dans l'édition de 1791.
[3] Saint Jean, dans une de ses visions, entend l'ange lui dire « Veni, ostendum tibi damnationem meretricis magnæ quæ sedet super aquas multas, cum quâ fornicati sunt reges terræ habentem capita septem et cornua decem (cap. 17) ». Les commentateurs voient dans la femme assise sur les eaux étendues dans l'espace, l'Eglise, dont le culte est répandu chez beaucoup de peuples Les sept têtes sont les sept sacrements ; les dix cornes sont les dix commandements Les complaisances avec les rois sont, pour Dante, des allusions gibelines a la partialité que le pape Clément V montra pour Philippe le Bel, qui l'aurait élevé au pontificat
[4] Il semble qu'il y ait ici une comparaison vicieuse En effet, nous n'adorons qu'un dieu dans notre religion, et l'idolâtre adore une foule de dieux Dante veut apparemment qu'on l'entende ainsi « dans la foule des dieux, l'idolâtre en préfère un qu'il adore plus particulièrement ' Athènes adorait Minerve, Delphes, Apollon, etc. Vous, vous faites un dieu de chaque pièce de cet or et de cet argent que recherche votre avarice, pour vous, chaque sequin est un dieu en vous gorgeant de mille pièces d'or, vous adorez mille divinités »
[5] Voici la note de Lombardi. « Le « poëte entend, suivant la persuasion « où l'on était de son temps, que Constantin le Grand donna Rome au pape « S Sylvestre, appelé, en conséquence,

mais la dot que reçut de toi le premier pontife qui fut riche et puissant ! »

Pendant que je lui chantais de tels reproches, l'ombre, soit qu'elle fût tourmentée par la colère, soit qu'elle le fût par sa conscience, agitait ses pieds dans tous les sens. Je crois que mon guide ne me désapprouvait pas, et qu'il entendit avec plaisir mes paroles véridiques. Il me prit alors avec les deux bras, et remonta par le chemin qu'il avait choisi pour descendre. Il ne cessa de me presser contre son cœur, jusqu'à ce qu'il m'eût ramené sur le pont qui conduit de la quatrième vallée à la cinquième ; et là il me déposa doucement sur le sol, parce qu'il était si dur et si âpre qu'à peine la chèvre aurait pu le gravir. Nous vîmes ensuite une autre région de tortures.

« dans l'une des dernières strophes de « ce chant, *primo ricco patre*, *premier riche pere* Il suppose que cette « dote, cette donation, alluma dans le « cœur du pape et des ecclésiastiques « l'amour des richesses, et engendra « beaucoup d'autres dommages Mais « l'expérience prouve que le pauvre « s'écarte plus facilement de la vertu « que le riche ce serait pis que les ec- « clésiastiques fussent pauvres »

M. l'abbé Fea, dans son ouvrage intitulé : *Nuove osservazioni sopra la Divina Commedia di Dante*, in-8°, Rome, Poggiali, 1830, traite directement de la question relative à cette donation Il la regarde comme controuvée, et place ailleurs, avec plus de vérité, de franchise et de gloire, les droits du saint-siege. On attaque Rome sur ses prétentions, et l'on appuie ces attaques sur celles de Dante. Le poëte a cru véritable une prétention qui n'a pas été soutenue a Rome Il faut combattre Rome, si on en a le desir, en alléguant les griefs véritables, il ne faut pas la chercher sur un terrain où elle n'a pas dû et n'a pas voulu se présenter Il faut l'attaquer en face. c'est un genre de contestation que sa haute sagesse, sa constance, son immutabilité, sa surveillance infatigable, sa polémique noble, n'ont jamais refusé. (*Histoire de Dante*, page 316)

CHANT XX.

Mes vers doivent décrire de nouvelles peines, et commencer le vingtième chant de la première *cantica*, qui traite des tourments de l'enfer. J'etais avide d'observer le nouveau spectacle qui allait m'offrir d'autres douleurs. Il se présenta à mes yeux un grand nombre d'âmes plongées dans un silence entremêlé de pleurs, et s'avançant du pas ralenti de ceux qui chantent les litanies dans notre monde. Lorsque je considérai ces ombres plus attentivement, il me sembla que leur tête n'était plus dans le rapport accoutumé du menton avec le commencement de la poitrine. Leur visage était tourné du côté des épaules : enfin, ces âmes à qui il était interdit de voir l'espace qui s'étendait devant elles, étaient obligées de marcher à reculons ; peut-être les effets de la paralysie ont-ils ainsi *distordu* le corps humain ? mais je ne l'ai jamais vu, et je ne crois pas que ce soit possible. O lecteur, que Dieu t'accorde de tirer quelque fruit de ce récit! mais aussi juge si je pouvais contempler d'un œil sec, notre image si misérablement déformée que, par la fente des épaules, les larmes tombaient des yeux sur les...... [1]. Je pleurais, appuyé sur

---

[1]. Les traducteurs ont entendu ce passage, chacun à leur manière Les uns ont dit : « Les larmes qui coulaient de leurs yeux baignaient leurs talons ; » mais que devient le mot *natiche*? Faut-il dire, en restreignant le sens : « Les larmes que ces malheureux versaient, leur baignaient le dos ? » M. Terrasson s'exprime ainsi : « Hélas! ses pleurs amers tombaient derrière lui » Rivarol avait dit : « Versant à jamais des larmes qui n'arrosent plus leurs poitrines. » Après y avoir bien pensé, j'ai présenté à l'intelligence du lecteur, bien plus qu'à ses regards, le mot fatal mais caractéristique Avec cela, je n'ai pas osé le tracer, même avec l'initiale. Dante, ici, n'a pas voulu être cynique, ni étendre les droits exigeants de son style *comique* Il a voulu appuyer sur l'idée qui s'offrait à lui et qui était la conséquence de son invention, portant

une partie saillante du pont, et mon guide me dit : « Estu aussi de ces insensés......? Ici c'est être pieux que d'être sans pitié ! Est-on plus scélérat que l'homme qui se laisse attendrir par le spectacle de la justice divine ! lève, lève la tête, et vois celui sous lequel la terre s'entr'ouvrit aux yeux des Thébains. Tous s'écriaient : *Où vas-tu t'engloutir, Amphiaraus*[1] ? *Pourquoi abandonnes-tu les combats ?* et il ne cessait de rouler de vallée en vallée, jusque dans l'empire où Minos étend son bras de fer sur les humains. Observe que le dos de ce coupable occupe la place de sa poitrine ; et, parce qu'il a trop voulu voir en avant, il ne voit maintenant que par derrière, et marche à pas rétrogrades.

« Remarque Tirésias[2] qui changea de traits et de formes,

avec soi l'épouvante. Il a établi une opposition, à lui permise, entre le mot *occhi* et le mot *natiche*, qui sont ordinairement si loin de l'affreux voisinage qu'il suppose. On doit se rappeler que le poëte parle en ces termes :

... che il pianto degli occhi
Le natiche bagnava per lo fesso

En disant et en ne disant pas, j'ai conservé l'effet de l'impression inconnue que Dante cherche à produire. Il faut toujours être exact, et en revenir à cette partie de l'homme que ses yeux ne voyent pas, et que là ils peuvent voir. Je sais qu'il y a des mots condamnés à un exil éternel du langage délicat et soutenu, mais il faut, je crois, se laisser quelquefois gouverner par le poëte. Quand notre langue arrive à de pareils mots, et veut agir dans toute la liberté de sa chasteté et de ses répugnances, ne reste-t-elle pas impuissante ? Il me semble qu'il a fallu ceder, et j'en demanderais pardon, si je ne craignais pas qu'on ne considerât mon repentir comme peu sincère. D'ailleurs, Dante ne doit pas s'accoutumer à de pareilles complaisances. Nous ne l'avons pas suivi au deuxième vers de l'avant-dernier tercet du chant XVIII. Nous avons déjà peur du dernier vers du chant XXI. Enfin nous possédons à fond notre Dante, nous avons tant de fois lu son poëme de 18 à 16,000 vers ! On n'y trouve absolument que cinq expressions appelées dans notre langue des saletés, et qui ne sont pas toujours telles en italien. De quatre, il sera fait justice, c'est-à-dire, on ne suivra pas aveuglement le texte. Mais quant à ce qui concerne les vers pour lesquels on a fait la présente note, je persiste à penser que l'idée admirablement poétique, cette fois, excuse la hardiesse, cette fois seulement. Pourquoi faudrait-il qu'une périphrase, presque contre sens, vînt dénaturer un récit où la terreur bannit en quelque sorte les convenances, pour ne plus s'attacher qu'au tableau terrible des châtiments d'un crime ?

1. Amphiaraüs, fils d'Apollon et d'Hypermnestre. La veille du jour où il fut englouti dans la terre avec son char, il était à table au milieu des chefs de l'armée : un aigle fondit sur sa lance, l'enleva, puis la laissa tomber dans un endroit où elle se changea en laurier. Le lendemain, la terre s'entr'ouvrit sous le prince, et il fut abîmé avec ses chevaux. Amphiaraüs passait pour être devin.

2. Tirésias, Thébain, devin fameux, ayant un jour vu deux serpents accouplés sur le mont Cythéron, il tua la femelle, et fut sur-le-champ métamorphosé en femme. Sept ans après, il trouva deux autres serpents accouplés, tua le mâle, et devint homme comme auparavant. — Jupiter et Junon, dis-

et qui devint femme, d'homme qu'il était : il fallut qu'il frappât de sa verge magique les deux serpents accouplés, avant de pouvoir reprendre la force de son sexe. Plus loin, près du ventre de Tirésias, est Arons [1], qui avait fixé sa demeure au milieu des filons du marbre éblouissant de Luni, cultivé par les Carrarais qui habitent plus bas. C'est de ce point qu'il considérait sans obstacle la mer et les étoiles. Cette femme, que tu ne vois pas, dont les tresses déployées couvrent le sein, et que ce supplice condamne à porter ainsi sa chevelure, fut Manto [2], qui visita un grand nombre de contrées, et s'arrêta dans le lieu où je pris naissance. Il me plaît que tu m'écoutes un peu.

« La ville de Bacchus [3] fut réduite en esclavage après la mort du père de Manto; alors cette vierge parcourut longtemps le monde. Là haut, dans la belle Italie, est un lac appelé Bénaco, situé au pied des Alpes tyroliennes qui la séparent de la Germanie; entre Garda, Val Camonica et l'Apennin, les eaux s'écoulent, je crois, vers ce lac, par mille et mille sources fécondes : au milieu est un point où les évêques de Trente, de Vérone et de Brescia [4], auraient le droit, s'ils passaient dans ce lieu, de répandre leurs bénédictions. A l'endroit où la rive est plus basse, est située Peschiéra, belle et forte citadelle, capable de couvrir les possessions des ci-

putant un jour sur les avantages particuliers du caractère de l'homme et de la femme, convinrent de s'en rapporter au jugement de Tirésias, qui décida en faveur de l'homme, mais il ajouta ensuite, pour ne pas trop offenser l'orgueilleuse Junon, que les femmes étaient cependant plus sensibles. Jupiter, par reconnaissance, donna à Tirésias la faculté de lire dans l'avenir; mais Junon, jalouse de cette décision, le punit en le rendant aveugle.

1 Arons, célèbre devin, qui habitait dans la montagne de Luni, près de Carrare Voy. Lucain, Ier liv. de la *Pharsale*.

2 Manto était fille de Tirésias, mère d'Ocnus, qui fonda Mantoue Voyez Énéide, liv X, vers 198 et suiv.

3. La ville de Bacchus est la Thèbes de Béotie.

4. Il est singulier d'entendre Virgile parler des évêques d'Italie. Le poëte, dans sa description, veut dire que la, il y a un endroit où les évêques de Trente, de Brescia et de Vicence, peuvent exercer leur juridiction. Ce doit être le lieu appelé *Prato della fame*, distant de cinq milles de Gargagno. Léandre Alberti dit dans son *Italie* : « Ici, trois évêques peuvent se toucher la main, parce que chacun d'eux est dans son diocèse » Il n'y a pas d'explication à donner pour les passages cités plus haut. Dante est géographe fidèle, sans cesser d'être grand poëte.

toyens de Bergame et de Brescia. Là, le Bénaco se dégorge et devient un fleuve qui serpente à travers de frais pâturages ; il s'appelle alors le Mincio, et non plus Bénaco, jusqu'à Governo, où il se jette dans l'Eridan.

« A peu de distance, il trouve une vallée où il s'étend et forme un marais malsain dans les ardeurs de l'été. La vierge sévère, arrivée en ce lieu, vit cette terre inhospitalière dépourvue d'habitants : c'est la que, pour fuir toute société humaine, elle fixa son séjour avec ceux qui l'avaient suivie, qu'elle exerça son art magique, et qu'elle laissa son corps privé de son âme. Les hommes dispersés dans les environs, alors attirés par la protection qu'assurait ce marais immense, frequentèrent ce lieu : ils bâtirent une ville sur le tombeau de la fille de Tirésias, et sans consulter autrement le sort, ils appelèrent cette ville Mantoue, du nom de celle qui, la première, y avait établi son séjour.

« Cette ville était plus florissante avant que la duplicité de Pinamonte [1] se fût jouée de la crédulité des Casalodi. Je t'ai parlé ainsi, pour que tu pusses opposer la vérité au mensonge, si jamais tu entendais attribuer une autre origine a ma patrie. »

Je répondis : « O maître ! la clarté de tes paroles excite tellement ma confiance, que celles des autres seraient pour moi des charbons éteints. Dis maintenant si, dans cette foule qui s'avance, tu vois des ombres dignes d'être remarquées : mon esprit n'est plus occupé que de ce soin. » Mon guide reprit ainsi : « Celui dont la barbe épaisse retombe sur ses épaules rembrunies, fut augure et se joignit à Calchas, en Aulide, pour couper le premier câble des vaisseaux du port, lorsque la Grèce fut si épuisée d'hommes, qu'à peine les plus jeunes fils des guerriers restèrent dans leurs ber-

---

[1] Albert Casalodi gouvernait Mantoue : Pinamonte de' Bonacorsi lui conseilla d'exiler une foule de nobles, dont il craignait les bonnes intentions Casalodi ayant imprudemment suivi ce conseil, se trouva privé de ses plus hardis défenseurs, et se vit arracher l'autorité par le fourbe Pinamonte.

ceaux : il s'appela Eurypile¹ ; ma haute tragédie² le nomme ainsi dans une de ses parties : tu dois te le rappeler, toi qui la sais tout entière.

« Cet autre, dont les flancs sont si décharnés, fut Michel Scot³, qui connut le jeu des impostures de la magie. Tu vois Guido Bonatti⁴ ; tu vois Asdent⁵, qui se repent trop tard d'avoir abandonné son cuir et son ligneul ; tu vois ces femmes malheureuses qui laissèrent l'aiguille, la navette et le fuseau, pour étudier l'art de deviner, à l'aide des herbes ou des images de cire.

« Mais viens maintenant : déjà l'astre où le peuple croit apercevoir Caïn et ses épines, paraît à l'horizon, et touche la mer sous Séville. Hier, cet astre brillait⁶ de toute sa clarté.

---

1 Voyez Enéide, liv. II, vers 114 et suiv.

2. Virgile appelle l'*Enéide*, sa haute tragédie. Dante indique bien ici qu'il veut que son poëme ne soit appelé que *comédie*, c'est-à-dire, poëme d'un style tempéré et même familier; il veut avoir le droit d'y placer le mot *natiche*. Ce n'est pas Dante, comme quelques personnes le croient, qui a ensuite appelé *divine* sa *comédie*: ce sont les commentateurs et une foule d'admirateurs passionnés de sa nation, qui ont donné ce nom à son immortel ouvrage. Si Dante revenait parmi nous, il verrait que malgré sa modestie, on a décoré sa *comédie* de l'épithète la plus honorable qu'on aurait pu donner au poëme le plus parfait écrit du style, qui pour lui, Dante, aurait été le style *tragique*.

3 Quelques auteurs veulent que ce Michel Scot ait été Espagnol, mais il est probable qu'il s'agit de Michel Scot ou Écossais, devin de l'empereur Frédéric II. Il prédit au prince qu'il mourrait à Florence. En effet, on observa que ce prince mourut à *Fiorenzuola*, qui veut dire petite Florence.

4 Guido Bonatti, devin de la ville de Forli, composa un ouvrage sur l'astrologie, que Daniello dit avoir vu. Le comte Guido de Montefeltro fut une des principales dupes de ce Guido Bonatti.

5 Rivarol dit : « Vois Asdent qui voudrait n'avoir pas déserté ses ateliers. » Mais ici la pompe et l'élégance sont autant de contre-sens. Asdent était un savetier de Parme; il n'est pas question de ses ateliers, il est question seulement de son cuir et de son ligneul. Le ligneul est ce fil enduit de poix dont se servent les cordonniers et les savetiers. (*Dict. de l'Acad.*, 1835, tom II, page 119.) Asdent, ignorant comme un homme de sa profession, se fit devin, et prédit que l'empereur Frédéric II serait obligé de lever le siège de Parme; ce qui arriva. — Après avoir particularisé, le poëte parle de toutes les sorcières et des devineresses en général.

6 Cet astre est la lune, où le peuple croit apercevoir Caïn chargé de fagots d'épines, c'est une manière ancienne d'expliquer les taches de la lune. Séville est à l'occident de l'Italie, d'après les calculs des astronomes qui ont fait un travail raisonné sur ces différents passages. On sait que Dante est censé avoir commencé son voyage mystérieux l'an 1300, dans la nuit du 4 au 5 avril, pendant la pleine lune, quand le soleil était dans le signe du Bélier.

C'est à la fin des notes qui suivent ce chant, que Rivarol donne ses beaux préceptes sur son système de traduction, et quelques détails sur le secret de son travail.

« Tantôt je n'ai rendu que l'intention du poëte et laissé là son expression, tan-

Tu dois te rappeler que, dans la forêt où je te trouvai engagé, sa lumière ne t'a pas nui. »

Mon guide me parlait en ces termes, et nous continuions d'avancer.

tôt j'ai généralisé le mot, et tantôt j'en ai restreint le sens. Ne pouvant offrir une image en face, je l'ai montrée par son profil ou son revers. Enfin, il n'est pas d'artifice dont je ne me sois avisé dans cette traduction, que je regarde comme une forte étude faite d'après un grand poëte C'est ainsi que les jeunes peintres font leurs cartons d'après les maîtres. »

« L'art de traduire, qui ne conduit pas à la gloire, peut conduire un commençant à une souplesse et à une sûreté de dessin que n'aura jamais celui qui peint toujours de fantaisie, et qui ne connaît pas combien il est difficile de marcher fidèlement et avec grâce sur les pas d'un autre. »

CHANT XXI.

Nous nous avancions ainsi, de pont en pont, nous livrant à des entretiens que je ne retrace pas dans cette *comédie*. Quand nous fûmes arrivés à la partie la plus élevée du cinquième pont, nous nous arrêtâmes pour contempler cette nouvelle fosse de *Malébolge*[1], et les tourments de ceux qui versent des pleurs stériles dans cette enceinte plus obscure.

De même que, pendant la saison des frimas[2], dans l'arsenal des Vénitiens, on voit bouillir la poix tenace destinée à radouber les bâtiments endommagés qui ne peuvent être confiés à la mer : ici l'on répare à neuf un navire, là on introduit l'étoupe goudronnée dans les flancs entr'ouverts du vaisseau qui a fait plus d'un voyage; l'un façonne les rames, l'autre arrondit en câbles le chanvre obéissant; ceux-ci dressent la misaine; ceux-là élèvent l'artimon; de la poupe à la proue, les coups de la hache et les cris de la scie retentissent : de même bouillait, non par l'effet de la flamme, mais par l'ordre de la justice divine, un bitume épais qui engluait toute l'étendue de la vallée, d'une liqueur visqueuse. Je n'apercevais en-

---

1 Voyez la note de la page 78.

2 Tout ce morceau a une grande réputation, et renferme beaucoup de beautés poétiques. Rivarol l'a traduit d'une manière pompeuse. J'ai tâché de me pénétrer du feu qui l'avait embrasé lui-même. Je me suis efforcé de jeter dans ma composition quelque harmonie imitative, en réservant pour la fin de la description les mots suivants : « De la poupe à la proue les coups de la hache et les cris de la scie retentissent. » J'ai toujours eu pour but d'obéir religieusement aux excellentes leçons de M. Ginguené, qui recommande cette même harmonie comme un moyen sûr de plaire aux hommes de goût. En traduisant ainsi : « Je n'apercevais encore que ses bouillonnements multipliés et des gonflements rapides, auxquels succédait un affaissement subit, » j'ai cherché l'effet de ces bulles enflées par l'air, et qui, lorsqu'il s'en dégage par un gonflement trop rapide, tout à coup s'affaissent. L'harmonie, chez Dante, est presque à chaque vers. Chez nous, il faut se contenter de ce que permet notre indigence.

core que ses bouillonnements multipliés, et des gonflements rapides, auxquels succédait un affaissement subit. Pendant que j'étais occupé à considérer ce spectacle, mon guide me dit, en m'écartant du lieu où j'étais : « Prends garde, prends garde ! » Alors je me tournai, semblable à celui à qui il tarde de regarder ce qu'il doit fuir, mais qui, sentant son courage succomber à une crainte soudaine, n'ose pas s'arrêter pour reconnaître le danger, et je vis derrière moi un démon noir qui marchait sur le pont. Que sa figure était féroce ! Que ses gestes étaient menaçants ! il avait les ailes étendues, et la marche légère. Ses épaules pointues et élevées portaient un pécheur qu'il tenait suspendu par les pieds, et il cria : « *Malebranche* [1] ! ô mes compagnons de cette vallée ! voilà un des anciens de la ville de sainte Zita [2], engloutissez-le sur-le-champ ; que je retourne vite dans cette contrée qui est bien fournie de tels coupables. Là tout homme est vénal, excepté Bonturo [3] : là, pour de l'argent, d'un *non*, on vous fait un *oui*. » A ces mots, il jeta le réprouvé et disparut plus prompt que le chien déchaîné qui poursuit le voleur.

L'ombre plongea et revint sur la poix, la tête élevée ; mais les démons placés sous le pont, crièrent : « Ici on n'a pas l'assistance de la *Sainte Face* [4] ; ici on nage autrement que dans le Serchio ; et si tu ne veux pas sentir les atteintes de ces griffes, enfonce ta tête dans la poix. » Alors ils déchirèrent le pécheur de plus de cent coups de fourche, en ajoutant : « Ici, tu dois te récréer à couvert ; et si tu trafiques maintenant, tu trafiqueras en cachette ! » C'est ainsi que le

---

[1] *Malebranche* est ici le nom sous lequel Dante désigne tous les diables de cette vallée. Il est composé de deux mots italiens qui signifient *griffes maudites*.

[2] Voilà un des principaux habitants de Lucques, où l'on honore sainte Zita, patronne de cette ville. François Buti croit que Dante indique ici un magistrat lucquois nommé Martin Bottai.

[3] « Vers satirique d'excellent goût, » dit M. Ginguené. Ce Bonturo, de la famille des Dati, était l'homme le plus vénal de la ville de Lucques. « Cette plaisanterie, ajoute Lombardi, ressemble à notre proverbe italien : « Voilà de ces maux qui se guérissent toujours, excepté la première fois. »

[4] Les Lucquois assurent qu'ils possèdent dans leur église de Saint Martin la sainte face de J. C., que fit Nicodème, son disciple. — Le Serchio est le fleuve de l'État de Lucques.

cuisinier ordonne à ses aides armés de crocs, de plonger plus avant les viandes dans la chaudière, afin qu'elles ne remontent pas à la surface. Mon maître me dit : « Pour qu'on ne voie pas que tu es avec moi, cache-toi derrière un rocher qui puisse te protéger, et, quelque offense qu'on me fasse, ne redoute rien ; je connais le terrain : j'ai déjà vu semblable fourberie¹. » Ensuite il traversa le pont ; mais à peine arriva-t-il sur celui de la sixième vallée, qu'il eut besoin de s'armer d'un nouveau courage.

Comme des dogues furieux attaquent le pauvre qui demande, sur-le-champ, quelque secours, là où il s'arrête, les démons sortirent avec impétuosité de l'arche du cinquième pont, et menacèrent mon guide de leurs fourches aiguës. Il leur cria : « Arrêtez, qu'aucun de vous ne soit felon ! Avant de me repousser avec ces fourches, envoyez un des vôtres pour qu'il m'entende ; il saura bientôt s'il peut me *gaffer*². » Tous criaient : « Malacoda³, va lui parler. » Puis ils s'arrêtèrent : un seul s'avança, en disant : « Que veux-tu ? » — « Crois-tu, Malacoda, reprit mon maître, que je serais arrivé ici sans craindre votre fureur, si la divine volonté et un destin bienfaisant ne m'eussent protégé ? laisse-moi poursuivre mon voyage : dans le ciel il est voulu que je serve de guide à un autre, à travers ces sentiers sauvages. » Alors céda l'orgueil du démon ; sa fourche tomba à ses pieds, et il dit à ses compagnons : « Qu'il ne soit pas repoussé ! » En ce moment mon guide me parla ainsi : « O toi qui te tiens caché et tapi dans un enfoncement de ce pont, viens à moi sans rien craindre ! » Je lui obéis sur-le-champ ; mais les démons s'avancèrent tous à la fois, et je tremblais qu'ils ne fussent parjures.

1 J'ai déjà vu semblable fourberie. Voyez ce que Virgile dit, chant ix, page 58.

2 *Gaffer*, accrocher quelque chose avec une *gaffe*, un croc. Voyez Dict. de l'Acad., 1838, tome I, page 815.

3 Malacoda, ou *queue maudite*. Dante donne ici des noms à ses démons. Rivarol a supprimé tous ces noms ; mais le poëte n'a pas prétendu faire un récit épique dans le haut style, il a prétendu raconter sa vision en style *mezzano* ou *moyen*, appelé alors *comique*. Les mots, en traversant les siècles, perdent souvent de leurs acceptions primitives, mais pour juger les grands écrivains, il faut se reporter au temps où ils ont composé leurs ouvrages.

C'est ainsi que ces guerriers sortis de Caprone[1] sur la foi d'un traité, craignirent pour leur vie, au milieu des rangs d'ennemis si acharnés. Je m'approchai très-près de mon guide, sans cesser d'observer les mouvements des démons dont les regards expriment tant la perfidie : ils abaissaient leurs crocs. « Veux-tu, disait un d'eux à son compagnon, veux-tu que je le harponne par la croupe ? » — « Oui, répétaient-ils tous à la fois, frappe-le ! qu'il sente ta fourche ! » Mais le chef qui s'entretenait avec mon guide se tourna, et dit : « Doucement, doucement, Scarmiglione[2]. » Il ajouta, en nous regardant : « Vous autres, vous ne pouvez pas avancer davantage[3], parce que le sixième pont s'est écroulé vers le fond de la vallée ; mais, si vous voulez pénétrer plus avant, marchez sur ce bord qui divise les enceintes. Plus loin vous trouverez un autre pont que vous traverserez. Hier, douze cent soixante-six ans, moins cinq heures[4], s'étaient écoulés depuis que ce chemin a été rompu. J'envoie là plusieurs des miens pour voir si quelque coupable ne s'expose pas à élever

---

[1] Caprone était un château des Pisans, placé sur les bords de l'Arno, et dont les Lucquois s'étaient emparés. Quelque temps après, une armée pisane en fit le siége, et força la garnison lucquoise à capituler. Au moment où cette garnison traversait le camp ennemi pour retourner vers les frontières de Lucques, les soldats pisans l'insultèrent et voulurent la massacrer, mais le comte Guido veilla à ce qu'elle retournât saine et sauve dans sa patrie.

[2] Autre nom de démon, qui signifie à peu près *preneur aux cheveux*.

[3] Beaucoup de commentateurs semblent croire que Malacoda trompe ici les poëtes en leur disant : « Ne suivez pas ce chemin, le pont est rompu, » et en ajoutant : « Il y a plus loin un autre pont. » Il est très-vrai que le pont de la sixième vallée est rompu, et que Dante l'a voulu ainsi : le mensonge du démon consiste à dire : « Plus loin vous trouverez un autre pont, » ce qui ne se trouvera pas vrai.

[4] Ces 1266 ans dont parle Malacoda prouvent bien que Dante date son poëme de l'an 1300. Il veut que ce pont ait été renversé à la suite du tremblement de terre qui accompagna la mort de J. C. Or J. C. mourut à l'âge de trente quatre ans : 34 et 1266 donnent un total de 1300.

Le compte est d'autant plus juste, que le poëte descend aux Enfers le soir même du vendredi saint, jour de la mort de J. C. On a demandé pourquoi le poëte avait eu l'idée de rompre le pont qui conduit à la vallée des hypocrites. « C'est, répond Landino, par allusion à la destruction de la synagogue des Juifs, et à la découverte de la fraude de leurs prêtres. » Lombardi croit que le poëte fait, au contraire, allusion à l'hypocrisie des pharisiens, qui fut la cause immédiate de la mort de J. C. Dante fait dire *hier* au démon qui entretient Virgile, parce que lui, Dante, est censé être arrivé au samedi saint. Il a entrepris son voyage le soir du vendredi saint, et il est en chemin depuis près d'un jour.

sa tête. Marchez avec eux, ils ne vous feront aucun mal Partez, au nombre de dix, Alichino [1], Calcabrina et Cagnazzo ; suivez, Libococco, Draghinazzo, Ciriatto à la défense meurtrière, Graffiacane, Farfarello, Rubicante l'insensé : Barbariccia commandera la troupe. Côtoyez le fleuve de poix : que ceux-ci arrivent sains et saufs à l'autre pont qui est encore debout sur l'abîme. » Je m'écriai alors : « O mon maître ! qu'entends-je ? mais allons-y sans escorte, si tu sais le chemin, pour moi je n'en demande aucune : n'es-tu plus aussi prudent qu'auparavant ? Vois ces démons, comme ils grincent des dents ! leurs yeux nous annoncent d'affreux malheurs. » Le sage me répondit : « Ne redoute rien ; laisse-les grincer des dents à leur aise ; ce n'est pas contre nous qu'ils sont irrités, c'est contre les coupables condamnés à bouillir dans le bitume enflammé. »

Les démons s'avancèrent à gauche ; mais auparavant ils avaient regardé leur chef d'un air d'intelligence, en serrant la langue avec un rire moqueur et d'effroyables grincements, et Barbariccia ouvrait la marche par les sons redoublés d'une trompette insolente et fetide [2].

[1]. On a cherché à reconnaître dans ces diables des noms de personnages du temps ou vivait le poëte, mais il a emporté son secret avec lui.

[2] *Ed egli avea del cul fatto trombetta*

Montonnet traduit ainsi · « Celui-ci leur répond avec une trompette bien étrange. » Rivarol dit « Il leur donnait, pour le départ, un signal immonde. » ·

J'ai conservé le mot *trompette*, j'ai ajouté « insolente et fétide, » pour qu'il ne restât pas de doute. Je ne me résoudrai jamais à dire · « Et lui, du . faisait une trompette » Il faut se souvenir que Dante est un composé de pensées sublimes et d'idées lancées avec une entière liberté, et dont il entend souvent ne rendre compte à personne, ni à son siecle, ni à sa nation, et encore moins à des peuples étrangers

Dans la planche XLIII de Pinelli, pour le chant XXI, l'étude du demon qui jette le damné dans le fleuve visqueux, est inspirée de l'*Hercule* de Canova jetant Lycas à la mer. C'est ce groupe magnifique qu'on voit dans le palais de M le duc Alexandre Torlonia, de Rome, amateur très eclairé des beaux-arts

CHANT XXII.

J'ai vu [1], dans les campagnes d'Arezzo, des cavaliers se mettre en marche, avancer, reculer, pour attirer l'ennemi et engager le combat; j'ai vu des fourrageurs ravager cette contrée; j'ai vu les nobles exercices des tournois et des joutes ; j'ai entendu le roulement des tambours, le son de l'airain religieux, les trompettes retentissantes, les marches guerrières de notre patrie, et des étrangers; j'ai vu enfin les signaux des châteaux [2] : mais ni les mouvements d'une armée nombreuse, ni même ceux d'un vaisseau qui obéit à la lumière des fanaux et des étoiles, ne rappellent un chalumeau aussi extravagant que celui de la troupe infernale.

Nous marchions avec les dix démons : ô société cruelle! mais on doit trouver les saints dans l'église, et les gloutons dans les tavernes [3]. Mes yeux étaient fixés sur la poix bouillante, pour mieux distinguer les supplices qu'on faisait endurer aux coupables qui y étaient *allumés*.

De même que les dauphins, en courbant leur échine, avertissent ainsi les navigateurs de sauver le navire : de même

---

1. Dante tient si fortement à l'image présentée à la fin du chant précédent, qu'il s'empresse de la rappeler et de sembler s'y complaire. Il est vrai qu'il avoue que les démons marchent aux sons d'un *chalumeau* extravagant. Ainsi il est prouvé que le vers *ed egli avea del cul*, etc., n'était pas un *vers a revoir*; c'est un vers vu et bien vu, et qui donne lieu ici, cependant, à un amas de comparaisons du style le plus noble et le plus poétique.

2. M. de Romanis, dans une note excellente, demande si, par hasard, les télégraphes n'étaient pas connus du temps de Dante. Il est probable que d'un château élevé sur une montagne on faisait des signaux de feu pour avertir de quelque évenement les habitants d'un château situé sur une montagne voisine. J'ai vu, en 1807, des signaux de feu faits ainsi du côté de Pescia, en Toscane.

3. Dante s'efforce de persuader que ces démons ont agi comme ils devaient agir, avec le cynisme qui leur est propre.

quelques-uns des pécheurs, pour alléger leur supplice, elevaient leurs épaules à la surface du fleuve, et plus prompts que l'éclair, les replongeaient sous le bitume. Les damnés etaient semblables à ces grenouilles, qui sur le bord d'un marais découvrent leur tête en cachant le reste du corps : mais aussitôt que Barbariccia se montrait, ils se jetaient sous la poix. Je vis un de ces malheureux, et j'en frissonne encore !...... il avait attendu trop longtemps, comme il arrive quelquefois qu'une grenouille se retire plus tard : alors Graffiacane, qui était plus près de lui, l'accrocha par sa chevelure souillée de résine, et l'arracha du fleuve comme une loutre suspendue à l'hameçon. Je savais le nom de tous ces démons, parce que je les avais remarqués, quand on les avait choisis, et parce qu'en marchant, ils s'étaient nommés entre eux. Les maudits criaient tous à la fois : « Rubicante, saisis-le aussi de ta fourche, et déchire sa peau de mille blessures. » Je dis alors à mon maître : « Peux-tu savoir quel est cet infortuné qui est ainsi tombé au pouvoir de ses ennemis ? » Mon guide s'approcha de lui, et lui demanda où il avait pris naissance. Celui-ci répondit : « Je suis né dans le royaume de Navarre[1] ; ma mère, épouse d'un homme corrompu, qui avait su détruire en peu de temps sa santé et son patrimoine, me mit au service d'un seigneur : je fus ensuite admis dans l'intimité du bon roi Thibault. Là, je m'attachai à trafiquer des grâces, et j'expie ce crime dans cette fournaise. »

Le démon Ciriatto, dont la bouche était armée de deux défenses, comme celles d'un sanglier, en faisait sentir les cruelles atteintes au damné, qui ressemblait à la souris tombée sous la griffe des chats cruels ; mais Barbariccia entoura le

---

[1] Celui qui parle est Giampolo, fils d'une noble dame et d'un debauché sans naissance, qui mourut apres avoir dissipé tous ses biens La mère de Giampolo le plaça auprès d'un seigneur de la cour de Thibault, roi de Navarre. Peu de temps après, ce prince prit Giampolo en amitié, et lui accorda toutes sortes de faveurs Mais ce méchant ne cessa de trafiquer des grâces, et de les vendre aux hommes riches, qui les payaient par de somptueux presents

prévaricateur de ses bras, et dit. « Suspendez vos coups, tant que je le tiendrai. » Il ajouta, en se tournant vers mon guide : « Parle-lui, si tu veux apprendre d'autres détails, avant qu'on le déchire. » — « Hé bien! reprit mon maître, en s'adressant à l'ombre, parmi les autres coupables, en connais-tu, sous la poix, qui soient Italiens! » — « A l'instant, répondit l'ombre, je viens d'en quitter un de cette nation, qui était près de moi. Puissé-je être encore enfoncé, à ses côtés! je ne redouterais ni ces griffes ni ces fourches. » — « Nous avons trop longtemps attendu, » cria Libicocco. En même temps il frappa le bras du réprouvé avec son croc, et lui en emporta des lambeaux : Draghinazzo voulut lui saisir la jambe, mais le décurion lança sur eux un regard effroyable. Quand les démons se furent apaisés, mon guide dit au coupable, qui regardait tristement ses blessures : « Quel était celui qui t'accompagnait, quand tu t'es exposé témérairement à tomber entre leurs mains? » Il répondit : « C'est frère Gomita [1], ce pervers de Gallura, ce vase de fraude : il eut sous sa puissance les ennemis de son maître, et il trahit indignement sa cause pour les servir; il en reçut de l'or et les laissa libres, comme il le dit lui-même ; enfin, dans ses autres emplois, il fut coupable de baraterie, non en détail, mais en grand. Cette ombre converse souvent avec don Michel Sanche de Logodoro [2] : leurs langues ne se lassent jamais de parler ensemble de la Sardaigne. Mais regardez ce démon qui grince des dents; je parlerais encore, si je ne le voyais s'apprêter à me déchirer. »

Le grand prévôt dit à Farfarello, qui paraissait se disposer à frapper sa victime : « Retire-toi, vil oiseau de malice. » Le coupable reprit ainsi : « Si vous voulez voir et entendre des

---

[1] Gomita, religieux sarde qui s'était insinué dans les bonnes grâces de Nino Visconti, gouverneur, pour les Pisans, de Gallura en Sardaigne, et qui abusait de la faveur de ce seigneur pour trahir ses intérêts

[2] Ce don Michel Sanche, sénéchal de Logodoro, s'y rendit coupable de rapines, et finit par séduire Adelasia, veuve du souverain de Logodoro. Cette femme fit régner Sanche sur cette partie de la Sardaigne

Lombards, des Toscans, j'en ferai venir ; mais que les *Malebranche*[1] se retirent à l'écart; que mes compagnons n'aient pas à craindre leur fureur. Si vous le permettez, je m'assiérai dans ce lieu même, et, tout seul que je suis, j'en ferai venir un grand nombre, quand je sifflerai comme il est d'usage parmi nous, lorsqu'un des condamnés peut se montrer impunément en dehors du fleuve. »

A ces mots Cagnazzo secoua la tête, et dit : « Voyez l'artifice que celui-ci invente pour se rejeter au fond. » L'ombre, qui avait un génie fécond en ruses, répondit : « Je suis en effet bien malicieux, moi qui expose mes compagnons à de plus grands tourments ! » Alichino se laissa gagner ; et, quoique en opposition avec les autres démons, il dit au Navarrois : « Écoute ; si tu échappes, je ne te suivrai pas seulement au galop, mais je volerai rapidement, sur la surface du lac : allons, laissons-le en liberté ; retirons-nous à quelques pas, et voyons s'il a lui seul plus de pouvoir que nous. »

Lecteur, apprête-toi à voir un nouveau jeu. Chacun des démons se retourna pour se cacher, Cagnazzo le premier, quoiqu'il eût été d'abord le moins crédule. Le Navarrois alors choisit bien son temps, prit son élan, se jeta dans le lac, et put échapper ainsi à leur puissance. La troupe des démons fut indignée : celui qui avait accepté le premier la proposition se mit en mouvement avant les autres, et cria : « Tu es atteint. » Mais ce fut en vain : ses ailes lui refusèrent la même vitesse que la crainte avait donnée au coupable, en le précipitant au fond du lac, et le démon fut arrêté à sa surface. C'est ainsi que le canard, quand il aperçoit le faucon, s'enfonce sous les eaux, et que le faucon remonte dans les airs, fatigué et honteux de n'avoir pu saisir sa proie. Calcabrina, irrité contre Alichino, partit d'un vol rapide, désirant ardemment que son compagnon n'atteignît pas l'ombre coupable, pour avoir l'occasion de le déchirer lui-même.

[1] Voyez la note 1 de la page 92.

Le prévaricateur ayant tout à fait disparu, alors Calcabrina porta ses griffes sur son compagnon, et il lui livra un terrible combat : l'autre ne le refusa pas, et, comme un épervier redoutable, opposait à son ennemi des serres menaçantes. Bientôt le choc impétueux des démons les fit tomber tous deux dans le lac bouillant : la chaleur les sépara au même instant; mais ils ne purent se relever, malgré leurs efforts, tant la poix visqueuse avait englué leurs ailes. Barbariccia, affligé de cette querelle, envoya quatre des siens de l'autre côté de la vallée : armés de leurs crocs, ils descendirent sur le bord, et les présentèrent aux démons emprisonnés qui étaient déjà presque consumés par la poix.

Pour nous, en ce moment, nous laissâmes ces misérables souillés par le bitume enflammé[1].

---

[1]. Dans toute la fin de ce chant, il y a du mouvement et de la vivacité. Le combat des deux démons est décrit en vers très-énergiques, on ne peut pas nier que cet épisode imprévu ne rompe la monotonie du voyage, et qu'on ne voie ensuite avec plus de plaisir les deux poëtes continuer leur marche pénible. Admirons au moins la variété des inventions.

CHANT XXIII.

Nous marchions seuls, l'un devant l'autre, sans escorte et en silence, la tête baissée, comme se suivent les frères mineurs. Cet événement me rappelait la fable où Ésope met en scène le rat et la grenouille : le commencement et la fin de la querelle présentaient avec la fable une exacte similitude, ainsi que se ressemblent *mo* et *issa* [1]. Mais comme une pensée en fait naître une autre, je fus frappé d'une idée qui accrut ma première crainte ; je disais en moi-même : « Ces démons se sont battus à cause de nous ; ils ont été couverts de ridicule et dévorés par la poix ; et si leur colère se joint à leur volonté dépravée, ils nous poursuivront, plus cruels que le chien qui saisit au cou le lièvre tremblant. » La peur me faisait hérisser les cheveux ; je regardai derrière moi, et je dis : « O maître ! si nous ne nous cachons pas sur-le-champ, je redoute les démons furieux des *Malebranche*. Ils nous suivent : il me semble même les entendre. » Le guide répondit : « Si j'étais un cristal doublé de plomb [2], je ne réfléchirais pas ton image aussitôt que je devine ta pensée ; elle est conforme à la mienne, et j'ai composé un seul conseil de ton sentiment et du mien : si cette côte qui s'offre maintenant à notre droite est inclinée et nous permet de descendre dans la sixième vallée, nous braverons aisément ceux qui peuvent nous faire la chasse. » A peine avait-il achevé, que je vis les démons accourir les ailes étendues, et raser la terre pour nous saisir plus promptement.

[1] Mot à mot, le poëte veut dire : *Mo* et *issa* se ressemblent autant que le commencement et la fin de la querelle du rat et de la grenouille. *Mo* et *issa* sont deux mots synonymes qui veulent dire *tout à l'heure*.

[2] Un miroir : dans le fait un miroir est doublé d'un mélange d'étain et de vif-argent ; mais ce genre de miroir, au temps de Virgile, n'était pas connu. Il était du reste, connu au temps de Dante.

Tel qu'une mère [1] éveillée par le pétillement des flammes, se lève, demi-nue, prend son fils, et fuit plus occupée de la conservation de ce fardeau précieux que de la sienne propre, mon guide me prit dans ses bras et descendit légèrement le long du rocher qui séparait les deux vallées. L'eau qui se précipite pour donner le mouvement au moulin n'est pas si rapide, quand elle approche de la roue, que la marche de mon maître, qui me portait sur son cœur, plutôt comme un fils que comme un compagnon. A peine fûmes-nous arrivés au pied de l'enceinte, que les démons parurent sur le rocher que nous venions de quitter; mais il n'y avait plus rien à craindre; la haute providence, qui les avait placés là, pour être ministres de la cinquième vallée, ne leur permettait pas d'en franchir l'étendue.

Nous vîmes bientôt des âmes qui marchaient à pas ralentis, en pleurant et en manifestant une vive douleur. Elles étaient revêtues de chapes garnies de capuchons peu élevés qui tombaient devant leurs yeux, et taillées comme celles que portent les religieux de Cologne [2]. Ces chapes étaient à l'extérieur l'éclat de l'or, mais elles sont en dedans garnies de lames de plomb si épaisses et si lourdes, que les chapes de Frédéric [3], à côté d'elles, auraient semblé une paille légère : ô manteau écrasant, quand on doit en être accablé pour l'éternité !

Nous nous tournâmes à gauche pour mieux entendre les plaintes, et nous nous avançâmes sur la même ligne que les ombres ; ces malheureux traînaient un poids si pesant,

---

[1] « Virgile prend Dante dans ses bras, l'emporte et le sauve: cette action réveille la sensibilité exquise et profonde du poète. Quelque naturelle qu'elle fût en lui, on ne comprend pas comment il pouvait la retrouver au fond de ces abimes. » *Hist litt.*, tom II, pag 38 En effet, la comparaison qu'emploie ici le poète est charmante : il adoucit ses couleurs, il a toute la grâce et l'élégance de Virgile

[2] Il paraît que, du temps de Dante, ils portaient des habits très-amples.

[3] Frédéric II, empereur, avait fait couvrir quelques coupables de chapes de plomb, et il avait ordonné qu'on jetât ces malheureux ainsi vêtus dans un grand vase placé sur des charbons ardents

et qui les contraignait à marcher si lentement, qu'a chaque pas nous en laissions derrière nous un grand nombre. Je dis à mon guide : « Tâchons d'en trouver un dont on connaisse le nom et les actions ; et, tout en allant, porte tes yeux autour de toi. » Un d'eux, qui reconnut le langage toscan, cria derrière moi : « Arrêtez, vous qui courez si vite à travers l'air ténébreux ; et toi peut-être tu sauras de moi ce que tu demandes. » — « Hé bien, reprit mon guide, attends et règle tes pas sur les siens. » Je m'arrêtai, et je vis deux coupables qui montraient dans tous leurs regards un grand désir de s'entretenir avec moi ; mais ils étaient retardés par la voie étroite et courbés sous le fardeau énorme qui allongeait leur marche laborieuse. A peine arrivés, ils me regardèrent de leurs yeux louches, sans se parler ; ensuite ils se dirent : « Celui-ci, au mouvement de sa bouche, paraît être vivant ; et s'ils sont morts [1], par quel privilége sont-ils exempts de gémir sous notre lourde étole ? » ils continuèrent ainsi : « Toscan, qui es parvenu jusque dans le collége douloureux des hypocrites, ne dédaigne pas de dire qui tu es. »

Je répondis : « Je suis né sur les bords fleuris de l'Arno, dans la grande ville [2] ; j'ai ici le corps que je n'ai jamais quitté : mais qui êtes-vous, vous-mêmes dont je vois les joues baignées de larmes ? quelle est donc la douleur qui étincelle dans vos yeux ? » Un d'eux parla en ces termes : « Ces chapes dorées sont d'un plomb si épais que nos corps plient comme les balances crient sous des poids trop lourds : nous sommes natifs de Bologne, et nous fûmes *Frères joyeux* [3] : je m'ap-

---

1. Les ombres croyaient avec raison que les poëtes qu'elles voyaient dans leur vallée, s'ils étaient morts, devaient traîner comme elles des manteaux de plomb.

2. La grande ville est Florence.

3. Des gentilshommes italiens demandèrent à Urbain IV la permission de fonder un ordre sous le nom de *Sainte-Marie*, en promettant de combattre les nations infidèles et ceux qui violeraient les lois de la justice Mais ces nouveaux chevaliers s'étant livrés à la bonne chère et aux plaisirs, et n'ayant pas accompli leurs promesses, le peuple les appela *frères joyeux* En 1266, deux de ces frères, dont l'un s'appelait Loderingo degli Andatò, et l'autre Catalano Malevolti, furent nommés *podestats* de Florence. Cette ville était alors divisée en deux partis, celui des Guelfes et celui des Gibelins, et nommait des magistrats étrangers, parce qu'elle les croyait plus aptes à maintenir la tranquillité dans la

pelai Catalano, celui-là Lodéringo. Ta ville nous donna l'autorité, parce qu'elle a coutume de choisir des hommes étrangers aux partis, et nous répondîmes à ses vœux, comme on le voit encore près de Gardingo. » Je repris à mon tour : « O frères ! vos mauvaises... » Mais je n'achevai pas, parce que je vis un homme crucifié à terre, par trois pals ; aussitôt qu'il m'aperçut, il se tordit sur lui-même en soufflant dans sa barbe, avec de profonds soupirs. Frère Catalano, qui le remarqua, s'écria : « Ce *transpercé*[1] que tu regardes a dit aux Pharisiens qu'il fallait qu'un homme mourût pour le peuple : tu le vois couché nu, en travers sur le chemin ; et tous ceux qu'accablent ces poids énormes doivent, en passant, le fouler lentement sous leurs pieds. Le même supplice est réservé à son beau-père et à ceux du Conseil qui furent une mauvaise semence pour les Juifs. » Je vis alors Virgile s'étonner du supplice qu'endurait celui qui était si ignominieusement étendu en croix[2] dans cet exil éternel. Mon maître dit ensuite au frère : « Vous est-il permis de m'apprendre si, à droite, il est quelque chemin par lequel il nous soit facile d'avancer, sans appeler des anges rebelles à venir nous guider dans ce lamentable empire ? » Le frère répondit : « Plus près d'ici que tu ne l'espérais, s'élève un rocher qui, après avoir pris naissance au pied de la grande enceinte, traverse toutes les vallées de douleurs : il n'est rompu que dans cette partie ; mais vous pouvez passer sur ses ruines qui sont assez praticables. » Mon guide baissa un moment les yeux, et dit : « Comme il nous a trompés[3], le chef de ceux qui enfourchent les dam-

république Lodéringo avait été choisi par le parti gibelin, et Catalano par le parti guelfe Lorsque ces deux *freres* se virent l'autorité entre les mains, ils se vendirent tout à fait aux Guelfes, chassèrent les Gibelins de la ville, et firent brûler leurs palais, qui étaient situés dans le quartier de la ville appelé *Gardingo*, entre autres le palais de Farinata degli Uberti dont on a déjà parlé.

1. Caïphe Voyez saint Jean, ch VI, versets 49 et 50 Le beau père du cruci-fié est Anne, dans la maison duquel on conduisit d'abord J C. après l'avoir arrêté.

2 Lombardi explique ainsi l'étonnement de Virgile : « Il est surpris de rencontrer un crucifié qu'il n'a pas vu la dernière fois qu'il a passé par ce même cercle » Voyez chant IX, pag. 58 Cette explication est naturelle ; le caractère raisonné et méthodique de Dante la rend très-probable.

3. Virgile s'aperçoit bien qu'on lui en

nés! » — « J'ai entendu nombrer à Bologne, reprit le frère, les vices du démon, et on l'accusait, entre autres crimes, d'être faux et père du mensonge. »

Alors le guide, montrant sur son visage quelque altération causée par la colère, s'éloignait à grands pas. Je quittai les pécheurs si cruellement vêtus, et je suivis les traces du guide chéri.

---

a imposé, en lui disant qu'il trouverait un pont sur le chemin indiqué par les démons. On lit dans S. Jean, chap. VIII, v. 44. « Diabolus *mendax est et pater mendacii.* » Dante était nourri des passages les plus remarquables des saintes Écritures. Le *frere* a entendu dire cela à *Bologne* « Trait satirique, dit M. Biagioli, lancé en passant contre les Bolonais » M. Terrasson a confondu, vers la fin de ce chant, le discours de frère Catalano et une observation de Virgile. Il y a là une légère tache a faire disparaître.

CHANT XXIV.

Dans la partie de l'année encore jeune¹, où le soleil, sous le signe du Verseau, commence à réchauffer ses rayons, et où les jours vont reconquérir la longueur de temps que les nuits leur avaient enlevée ; lorsque le givre imite, au milieu de nos champs, dans sa durée incertaine, la couleur de la neige, sa blanche sœur, le villageois qui n'a pas de nourriture à donner à ses bestiaux, se lève, sort, trouve la campagne argentée par la gelée, et, se frappant lui-même, dans son dépit, retourne à sa maison, se livre à des plaintes douloureuses, comme l'infortuné qui ne sait pas ce qu'il faut faire ; puis il renaît bientôt à l'espérance, en voyant la face du monde ranimée en un instant ; enfin, il prend sa houlette, et chasse devant lui, au dehors, ses troupeaux affamés : ainsi je m'affligeai, quand je vis le front du maître se troubler ; mais je connus bientôt qu'un remède salutaire avait promptement guéri un mal passager.

Lorsque nous arrivâmes au pont rompu, mon guide se tourna vers moi, de cet air bienveillant avec lequel il m'avait souri au pied de la montagne. Il réfléchit un moment ; ensuite, après avoir bien considéré le monceau de ruines, il me prit dans ses bras : et, semblable à l'ouvrier qui, de ses mains achevant un ouvrage, en prépare un nouveau dans sa pensée, le poète, en m'élevant sur la cime d'un rocher, en cherchait des yeux un autre aussi favorable, et me disait : « Attache-toi fortement à ce débris, mais auparavant assure-toi de sa solidité. » Ce chemin n'était pas une route à suivre

---

1 Comparaison très-agréable.

pour des hommes couverts de chapes de plomb, puisque Virgile, ombre légère, et moi qu'il soutenait, nous pouvions à peine gravir ces décombres ; et si de ce côté, la voie n'eût été très-courte, je ne sais ce qu'aurait éprouvé mon guide, mais, moi, assurément j'eusse été vaincu par la fatigue. Comme *Malébolge* s'abaisse toujours en pente en se rapprochant du puits, on marche sans cesse, dans des vallées, entre les roches qui s'élèvent et les profondeurs de l'abîme. Nous atteignîmes le bord où se terminent les ruines. J'étais si hors d'haleine en arrivant, que je fus obligé de m'asseoir un moment. « Maintenant, dit mon maître, il faut que tu *déparesses*. Quand on reste couché sur la plume ou sur le duvet, on n'acquiert pas de renommée ; et, sans la renommée, la vie de l'homme laisse une trace semblable à celle de la fumée dans l'air et de l'écume sur l'onde¹. Lève-toi, repousse la fatigue à l'aide de ton esprit, qui triomphera toujours, s'il ne se laisse pas abrutir par la lourdeur du corps. Tu as une plus longue échelle à monter ; il ne suffit pas d'avoir vu cet empire : si tu m'entends, que ta destinée future te serve d'aiguillon » Je me levai alors, en me montrant plus disposé à tout braver, que je ne l'étais en effet, et je répondis : « Va, je suis courageux et entreprenant ! » Nous avançâmes sur le pont qui était étroit, rude, difficile, plus rapide que celui qui précédait Je parlais en marchant pour ne pas paraître pusillanime, lorsqu'une voix, qui partait de la septième vallée, articula des sons entrecoupés. Je ne pus entendre ce qu'elle disait, quoique je fusse sur la partie la plus élevée du pont qui conduit à cette enceinte. L'esprit dont la voix frappait mes oreilles, semblait enflammé de colère. Je m'étais baissé en vain : mes yeux, qui n'étaient que ceux d'un homme vivant, ne pouvaient pénétrer à travers l'obscurité. Je dis à mon maître : « Allons à l'autre bord, et descendons le pont : d'ici j'entends et je ne comprends pas ; je vois et je

---

¹ Pétrarque et le Tasse n'ont pas d'expressions plus délicates.

ne distingue pas » « Pour toute réponse, reprit-il, je t'accorderai ce que tu désires. Il faut obéir en silence à une demande sage et discrète. »

Nous descendîmes le pont du côté où il va joindre la huitième vallée, et je vis son étendue tout entière. J'y aperçus une si grande quantité de serpents de toute espèce, que le souvenir de ce spectacle me glace d'épouvante.

Que la Libye et ses sables, que l'Éthiopie et les bords de la mer Rouge ne vantent plus leurs scorpions, leurs aspics, leurs cérastes, leurs hydres, leurs amphisbènes [1], ni toutes les pestilences qui y sont engendrées. Au milieu de cette confusion innombrable de reptiles, couraient des âmes nues et épouvantées, sans espérer un refuge ni le secours de l'héliotrope [2]. Leurs mains étaient liées avec des serpents, qui, pour mieux les assujettir, enfonçaient leur queue et leur tête dans le flanc des coupables, et semblaient ne plus former qu'un corps avec eux. Tout à coup un de ces serpents piqua au cou un de ces infortunés, qui, en aussi peu de temps que la main figure un *i* ou un *o*, s'enflamma, se consuma et tomba réduit en cendres. Mais à peine fut-il consumé, que les cendres se rapprochèrent d'elles-mêmes sur le sol, et que le coupable redevint subitement ce qu'il était auparavant. C'est ainsi que de sages écrivains nous représentent mourant après cinq siècles, et renaissant de sa cendre, le phénix [3], qui ne s'est

---

[1] Il y a une semblable énumération de serpents dans le *Paradis perdu* de Milton, livre x. Delille n'a pas nommé tous ces serpents dans sa traduction, il dit seulement :
Moins de monstres sont nés du sang de la Gorgone.
Milton avait évidemment sous les yeux ce passage, lorsqu'il a composé cette partie de son livre x. Ce sont presque les mêmes noms de serpents, mais il a pu aussi consulter Lucain, qui fait une semblable énumération de bêtes venimeuses.

[2] Rivarol a oublié de traduire le mot *Eliotropia*. C'est une pierre, une espèce de jaspe, qui, suivant la croyance vulgaire, garantit des poisons. On croyait aussi du temps de Dante, que celui qui portait une de ces pierres devenait invisible. Voyez dans Bocace, la nouvelle de Calandrino.

[3] Cette comparaison est moins heureuse. La renaissance du phénix présente une idée toute différente de celle que Dante vient d'offrir à notre pensée. Tout ce morceau, d'ailleurs, est absolument copié dans Ovide *Metam.* 15, vers 392 et suiv. Avec cela, Dante ne copie pas comme un autre auteur, il faut que son génie se manifeste, et même que ses imitations portent l'empreinte de sa verve impétueuse et hardie.

nourri ni d'herbes ni de plantes, mais de l'amomum et des pleurs de l'encens, et qui termine sa vie sur un lit embaumé de nard et de myrrhe odorante.

Le damné restait debout devant nous, tel que cet homme que l'on a vu succomber aux effets d'une constriction subite qui intercepte le cours des esprits vitaux, ou à la violence des démons dont la fureur l'entraîne [1], et qui s'est relevé ensuite de l'angoisse cruelle qu'il vient d'éprouver, jetant çà et là des regards hébétés, et poussant de profonds soupirs. O sévère justice de Dieu! ta vengeance se signale donc par de tels coups! Mon guide demanda au coupable qui il était. Il répondit: « Il y a peu de temps que je suis tombé, de Toscane, dans cette région d'effroi. Mulet obstiné que je fus, je préférai à la vie des hommes celle des brutes. Je suis Vanni Fucci [2], une bête. Pistoie me fut une digne tanière. » — « Prie-le, dis-je à mon maître, de s'arrêter; demande-lui quelle est la faute qui l'a précipité dans cette vallée : je l'ai vu homme de colère et de sang. » Le pécheur, qui m'entendit, ne s'offensa pas; mais il éleva vers moi son visage couvert de honte, et dit : « Je suis plus affligé de ce que tu me surprends dans cette misère, que je ne l'ai été en perdant la vie. Cependant je ne puis te refuser ce que tu me demandes. J'ai mérité d'être ici, parce que j'ai dérobé les vases sacrés dans l'église, et que j'ai fait soupçonner faussement un autre de ce crime. Pour que tu ne jouisses pas trop de m'avoir vu dans cet état déplorable, si jamais il t'est permis de sortir de ces ténèbres, écoute ma prédiction : Pistoie se purgera des citoyens du parti des Noirs [3];

---

[1] Un épileptique ou un possédé du démon.

[2] Ce Vanni Fucci, ayant volé les vases et les ornements sacrés de l'église Saint Jacques, à Pistoie, les porta dans la maison de Vanni della Nona, qui consentit à ne pas le trahir, et à receler le vol. Depuis, Vanni ayant été arrêté, il déclara que si on voulait aller chez Vanni della Nona, on trouverait les objets dérobés. Les magistrats s'y transportèrent, et firent arrêter ce dernier, qui fut condamné au gibet.

[3] Il y avait à Pistoie une faction de Noirs et une faction de Blancs, nées entre la famille des Panciatichi et celle des Cancellieri. Quelques Florentins s'associèrent à ces querelles. A la suite de divisions violentes, les Noirs et les Blancs s'assassinaient publiquement partout où ils pouvaient se rencontrer. Florence entière ayant pris couleur dans ces deux ligues, Corso Donati fut déclaré chef des Noirs, parti dans lequel il rallia les Guelfes, et Vieri de' Cerchi, chef des Blancs, appela sous ses drapeaux

ensuite Florence changera ses mœurs et son gouvernement : des vallées de la Magra, Mars soulève des vapeurs qui, formant des nuages épais et une tempête tumultueuse, livreront un affreux combat dans les champs de Picène [1], et là il écrasera le parti des Blancs, qui doit être anéanti. Je ne t'ai parlé ainsi, que pour te contrister par une violente douleur [2]. »

le parti gibelin Ce fut à la suite de ces révolutions que Dante fut exilé. Voyez encore la note 2 de la page 24.

1. Lieu où le marquis Marcel Malaspina, commandant l'armée des Noirs, détruisit les Blancs, qui étaient venus l'attaquer.

2. Trait de caractère digne d'un scélérat tel que Vanni Fucci

CHANT XXV.

Le voleur cessa de parler; puis élevant les deux mains, et de chacune d'elles *faisant la figue*[1], il cria : « C'est à toi, Dieu...... c'est toi que je brave ! » Mais alors un serpent (et depuis ce temps cette race m'est chère) s'attachait à son cou, en l'entrelaçant, comme s'il lui avait dit : « Je ne veux pas que tu parles davantage. » Un autre étreignant les bras du coupable, l'enveloppa tellement dans ses anneaux repliés, qu'il ne pouvait exécuter aucun mouvement.

Pistoie, Pistoie, que ne te réduis-tu en cendres toi-même jusque dans tes fondations, puisque tes enfants apprennent chaque jour à devenir plus scélérats!

Dans tous les cercles obscurs de l'Enfer, je n'avais pas vu un esprit si orgueilleux; pas même celui qui tomba sous les murs de Thèbes[2]. Le coupable, ainsi assiégé par les serpents, ne put proférer une autre parole, et prit la fuite. Je vis alors un centaure accourir plein de rage en criant : « Où est-il, où est-il cet obstiné? » Les Maremmes[3] ne sont pas habitées par autant de couleuvres que ce centaure en portait sur sa croupe, jusqu'à l'endroit ou commence la nature humaine. Sur ses épaules était placé un dragon qui, les ailes étendues, vomissait des flammes contre quiconque l'approchait. Mon

---

[1] « *Faire la figue*, dit le Dictionnaire de l'Académie, c'est mépriser quelqu'un, le braver, le défier, se moquer de lui. »

[2] Capanée. Voyez chant XIV, p. 58

[3] Partie de la Toscane voisine de l'État de Piombino, où règne un mauvais air, surtout dans les ardeurs de l'été. ce mauvais air est appelé *aria cattiva* Le grand-duc actuel a ordonné des travaux importants qui ont rendu la salubrité à ce pays La Toscane ne saurait être trop reconnaissante des soins qu'a pris à cet égard son bienfaisant et généreux souverain.

maître me dit « Ce centaure est Cacus¹, qui souvent fit un lac de sang sous les rochers du mont Aventin Cacus est séparé de ses frères, parce qu'il déroba frauduleusement le grand troupeau qui paissait près de sa caverne. il tomba sous la massue d'Hercule, qui mit un terme aux cruautés de ce monstre, et qui, dans sa vengeance, le frappa peut-être de cent coups dont il ne sentit que dix. »

Le maître parlait ainsi : mais le centaure avait disparu. A l'instant trois esprits s'approchèrent de nous; nous ne les vîmes, mon guide et moi, que lorsqu'ils nous crièrent : « Qui êtes-vous? » Cette question nous interrompit, et nous regardâmes ces ombres que je ne connaissais pas. Il arriva qu'une d'elles paraissant suivre son entretien, en nomma une autre, en disant : « Et *Cianfa*², qu'est-il devenu? » Pour faire signe à mon guide de garder le silence, je mis le doigt sur la bouche. Maintenant, ô Lecteur! si tu as quelque répugnance a croire ce que je te dirai, comment en serais-je étonné? je le crois à peine, moi qui l'ai vu de mes yeux. Je considérais les esprits : un serpent, dont trois pieds armaient chaque flanc, s'élance vers l'une des ombres et s'attache tout entier à son corps; il lui serre la poitrine avec les pieds du milieu, saisit ses bras, des pieds de devant, puis, il lui fait une profonde morsure dans les deux joues; ensuite il lui appuie les pieds de derrière sur les cuisses, et lui perce les côtes de sa queue qu'il ramène en replis tortueux sur les reins du damné. Jamais le lierre n'attacha aux branches de l'arbre ses filaments entortillés, aussi étroitement que la bête immonde entrelaça ses membres autour de ceux du coupable. Les substances de

---

1. Virgile dit, en parlant de l'antre de Cacus : « *Ora virûm tristi pendebant pallida tabo,* » vers que Delille a traduit ainsi .
Des tetes au front pale et de sang dégouttantes,
A sa porte homicide étaient toujours pendantes. ·
(*Lneide*, liv VIII)

2 De l'illustre famille des Donati, à laquelle Dante était allié par sa femme, Madonna Gemma On ne sait pas précisément de quel crime Cianfa s'était rendu coupable. on croit qu'il avait été enrichi en administrant infidèlement les deniers publics

l'homme et du serpent commencèrent à s'incorporer, à mêler leurs couleurs, et à se fondre l'une dans l'autre, comme si elles avaient été formées toutes deux d'une cire brûlante : l'homme ne se distinguait plus du serpent, de même que, devant un feu ardent, le papier reçoit une couleur rembrunie, qui n'est pas encore le noir, mais qui n'est plus la blancheur naturelle.

Les deux autres esprits regardaient, et chacun d'eux criait : « O Angelo [1], quel changement nous te voyons subir ! Tu n'es ni une seule substance ni deux substances distinctes. » Déjà les deux têtes n'en formaient plus qu'une ; deux faces s'y confondaient dans une seule où l'on entrevoyait les traces de deux figures ; les bras participaient encore des deux natures : les cuisses, les jambes, le ventre et le torse, devinrent des membres hideux, que le regard des hommes n'a jamais observés. Alors toute forme primitive fut anéantie ; enfin cette image intervertie, qui ne composait aucun être, et qui en figurait deux, marchait devant nous d'un pas lent.

Comme le lézard, se glissant de buissons en buissons, dans les ardeurs de la canicule, traverse un chemin avec la rapidité de l'éclair ; tel paraissait un petit serpent enflammé, livide et noir comme la semence du poivre, qui s'avançait vers les deux autres esprits. Le serpent piqua l'un d'eux à cette partie du corps qui nous transmet nos premiers aliments, ensuite tomba et resta étendu devant le coupable. L'ombre blessée ne se plaignit pas, et regarda le serpent sans rompre le silence : immobile, elle éprouvait des bâillements douloureux comme celui que la fièvre ou le sommeil accable. Le serpent et l'ombre continuèrent de se contempler réciproquement : la plaie de l'une et la bouche de l'autre exhalaient chacune une forte fumée, qui se rencontrait et se réunissait dans l'air.

Que Lucain taise le récit des souffrances de Sabellus et

---

[1] Angelo Brunelleschi, Florentin.

de Nasidius¹, et qu'il écoute ce que je vais décrire ! Qu'Ovide ne nous entretienne pas de Cadmus et d'Aréthuse²! je ne lui porte aucune envie, si, dans ses vers, ce poète change l'un en serpent et l'autre en fontaine. Jamais il ne fit voir deux natures métamorphosées en présence l'une de l'autre, tellement que leurs formes fussent prêtes incontinent à échanger mutuellement leur matière.

Par une funeste intelligence, l'homme et le serpent se répondirent ainsi : le serpent ouvrit sa queue en deux parties acérées; le coupable blessé resserra ses pieds déjà fortement rapprochés l'un de l'autre. Les cuisses et les jambes de celui-ci se réunirent au point qu'elles ne formaient plus qu'une seule masse où l'on n'apercevait aucune jointure. Chez celui-là, la queue prenait la forme des pieds que l'homme voyait disparaître dans sa nature. La peau du premier s'amollissait celle du second se couvrait d'écailles. Je vis les deux bras de l'homme rentrer dans les aisselles, et les deux pieds de devant du reptile, si courts qu'on les apercevait à peine, s'allonger à mesure que se raccourcissaient les bras du coupable. Les pieds de derrière du serpent se tordant ensemble, devinrent cette partie que l'homme doit cacher, et que le damné voyait remplacer par deux pieds ramassés qui venaient d'y naître. La fumée que le serpent et l'homme exhalaient, les couvrant alors d'une couleur nouvelle et donnant à l'un une chevelure qu'elle enlevait à l'autre, le premier se dressa sur ses pieds, le second tomba pour ramper, et ils ne cessaient de fixer l'un sur l'autre leurs horribles regards. Le nouvel homme qui était debout ramena vers les tempes l'excédant de substance qui formait son visage, et de ses joues saillantes on vit sortir des oreilles. Ce qui ne prit pas en arrière un caractère déter-

---

1 Voyez *Pharsale*, liv. ix Sabellus et Nasidius, soldats de l'armée de Caton, qui furent piqués par des serpents en traversant la Libye.

2. Voyez la métamorphose de Cadmus, liv. iii et celle d'Aréthuse, liv. v

Dante, dans un noble orgueil, brave ici Lucain et Ovide, et, comme nous l'entendrons dire plus bas à Rivarol, le grand Toscan a certainement vaincu ces deux anciens poëtes par la vigueur de son coloris et l'énergie de ses images

miné, vint figurer le nez, et donner aux levres la proportion convenable. Le nouveau serpent qui rampait, avançant sa hideuse figure, retira ses oreilles dans sa tête, comme les limaçons replient leurs cornes. La langue de celui-ci, qui lui permettait auparavant d'articuler des sons, se fendit en deux parties; la langue de l'autre entr'ouverte en fourches aiguës, se referma, et la fumée s'évanouit. L'âme devenue serpent prit la fuite dans la vallée en sifflant; l'autre articulant des paroles, et tournant son corps nouveau, cria, en crachant sur son compagnon : « Il faut bien que Buoso [1] rampe autant de temps que moi dans l'abîme »

C'est ainsi que je vis des âmes subir entre elles différentes

---

[1] Buoso degli Abbati, autre noble florentin

« Voilà en effet un tableau, où Dante se montre bien dans cette magnifique horreur sur laquelle le Tasse s'est tant recrié Fatigue de style, fierté de dessin, âpreté d'expressions, tout s'y trouve.

«On croit d'abord que l'imagination du poëte, lassée des supplices de Vanni Fucci et d'Angel, va se reposer, quand tout à coup elle se relève et s'engage dans la double metamorphose du serpent en homme, et de l'homme en serpent, sans user même d'une simple transition. Aussi paraît-il bientôt que Dante a eu le sentiment de sa force par le défi qu'il adresse à Lucain et à Ovide. Non-seulement il est vrai qu'il les a vaincus tous les deux dans cette tirade, mais il me semble qu'il s'est fort approché du Laocoon dans le supplice d'Angel »

C'est en ces termes animés que Rivarol exprime son admiration pour cet épisode de Dante

« Ce morceau, dit Ginguené, Hist. litt, tom II, pag 104, est plein de verve, d'inspiration, de nouveauté C'est peut être un de ceux où l'on peut le plus admirer le talent poétique de Dante, cet art de peindre par les mots, de représenter des objets fantastiques, des êtres ou des faits hors de la nature et de toute possibilité, avec tant de vérité, de naturel et de force, qu'on croit les voir en les lisant, et que les ayant lus une fois, on croit toute sa vie les avoir vus »

Je ne balance pas à mettre ces deux morceaux au dessus de celui du Laocoon, dans Virgile. J'ai lu et relu cette dernière description, et dans l'original et dans la traduction de Delille, et je n'y ai jamais trouvé cet intérêt puissant qui s'empare de l'esprit à la lecture des scènes de terreur peintes par Dante, qu'on peut si justement appeler le Michel-Ange de la poésie.

Virgile offre de terribles images dans son passage de Laocoon, mais ce ne sont que des serpents qui devorent trois infortunés, victimes de la colere céleste. Ici, un coupable et un serpent confondent ensemble leur substance, et cette image hideuse qui figure deux êtres et n'en forme aucun, marche devant nous d'un pas lent. Plus loin, deux coupables, dont l'un a la forme d'un serpent et l'autre a conservé la forme humaine, échangent leur substance. Cette métamorphose, qui glace d'effroi, n'est pas l'effet d'une volonté subite de Dieu successivement, le reptile prend les formes que l'homme perd au même instant, et l'homme s'empresse de se revêtir de celles que le serpent est contraint d'abandonner.

Je me suis attaché à indiquer la source où Dante a souvent puisé mais ici, le poëte est créateur : en ce genre, il n'a pas de modèle parmi tous les grands ecrivains qui l'ont précédé, et il

métamorphoses dans le septième égout de Malébolge. Qu'on m'excuse en faveur de la nouveauté, si ma plume s'est quelque temps égarée [1]. Quoique mes yeux fussent fatigués, et que mon esprit fût troublé, je pus reconnaître Puccio Sciancato [2], le seul des trois esprits venus les premiers, qui n'eût éprouvé aucun changement : l'autre était celui dont la mort, ô Gaville [3], te fit verser des larmes.

à la gloire de n'avoir été surpassé par aucun des poètes qui l'ont suivi.

M. Masse, auteur d'un vrai mérite, a traduit ce passage en beaux vers français.

1. Le texte dit : *Se fior la penna abborra.* Lombardi veut que *fior* signifie ici *un tantino*, « quelque peu. » D'autres commentateurs assurent qu'il faut traduire de cette manière : « Si ma plume abhorre les fleurs. » Dans aucun cas, il ne pouvait se trouver de fleurs pour un pareil sujet. Dans le chant XXXIV, Dante dit : *S' hai fior d' ingegno.* Cela veut dire incontestablement : « Si tu as quelque esprit. » Au chant III du *Purgatoire*, on lit, vers 135 : *La speranza ha* FIOR *del verde.* D'où je conclus que l'explication de Lombardi est la véritable.

2. Puccio Sciancato était un citoyen de Florence moins connu que les autres.

3. Les deux derniers qui subissent la métamorphose sont Cavalcante et Buoso. Messer François Guercio Cavalcante Florentin, qui fut tué près de Gaville, bourg situé dans le val d'Arno. Pour venger la mort de ce citoyen, on fit périr une grande quantité des habitants de ce bourg. C'est celui-là même qui a paru d'abord comme un petit serpent noir, et qui est redevenu homme à la place de Buoso degli Abbati.

Voyez la planche LI dans l'ouvrage de Pinelli. L'homme qui devient serpent laisse dans l'imagination une trace qui ne peut s'effacer que difficilement. J'ai passé trois mois à traduire ce passage, et je l'avais travaillé avec tant de soin, que je n'ai eu presque rien à y corriger.

CHANT XXVI.

Réjouis-toi, ô Florence ; tu es si grande que tes ailes s'étendent sur terre et sur mer, et que ton nom s'est répandu même dans les enfers. J'ai trouvé, parmi les voleurs, cinq de tes concitoyens [1], et quels concitoyens ! j'en ai honte, et tu n'en retires pas un grand honneur. Si les songes du matin sont plus véridiques que ceux de la nuit, tu connaîtras dans peu de temps les maux que te désirent ardemment, non seulement les autres peuples, mais encore les habitants de Prato [2]. Si ces maux t'avaient déjà accablée, tu ne les aurais pas éprouvés trop tôt : qu'ils t'écrasent donc, puisque telle est la volonté du destin ! Ce qui me tourmentera le plus, c'est que je verrai ces malheurs dans un âge plus avancé.

Nous remontâmes et nous suivîmes le même chemin par lequel nous étions descendus. Dans cette route pénible, à travers ces âpres rochers, nous n'osions hasarder nos pas sans les assurer de nos mains. Je pensai alors avec douleur à ce que j'avais vu ; je n'y pense pas encore sans une peine profonde, et je mets un frein à mon esprit, pour qu'il ne s'égare pas loin du chemin de la vertu, et que je ne me ravisse pas à moi-même l'avantage qu'a pu me donner une influence heureuse ou un don du ciel.

De même que, dans le cours de cette saison brûlante, où l'astre qui éclaire le monde développe plus longtemps sa robe éclatante et pourprée, le villageois qui se délasse sur la col-

---

1. Les cinq Florentins sont : Cianfa Donati, Ange Brunelleschi, Buoso degli Abbati, Puccio Sciancato, et François Guercio Cavalcante. Voyez le chant précédent

2. Tu es destinée à souffrir les vexations d'autres peuples, et même celles des habitants de Prato, tes sujets et tes plus proches voisins.

lune, à l'heure où les insectes dévorants remplacent la mouche que le repos invite au silence, voit, autour de ses moissons et de ses vignes, les *lucioles* [1] dans le vallon ; de même, lorsque je me fus approché de la huitième enceinte, et que j'en aperçus le fond, je la vis étinceler de flammes resplendissantes. Tel que celui qui appela deux ours pour le venger [2], qui contempla le char d'Élie que deux chevaux emportaient au ciel, et peu à peu ne distingua plus qu'une flamme légère sous la forme d'un nuage lumineux, tels je vis ces feux brillants s'agiter dans la sombre vallée ; ils renfermaient chacun un pécheur qu'ils rendaient invisible. Je me dressai sur mes pieds au milieu du pont, pour considérer ce spectacle ; et si je ne m'étais appuyé sur un rocher, je serais tombé dans la fosse redoutable. Mon guide, qui remarqua mon attention, me dit : « Ces feux contiennent des esprits ; chacun d'eux est revêtu de cette flamme qui les embrase de toutes parts. » — « O mon maître, répondis-je, après l'avoir entendu, j'en suis plus assuré, mais déjà j'avais compris qu'il en était ainsi, et je voulais te le dire. Apprends-moi quelle est cette flamme qui se partage comme celle du bûcher où l'on plaça Étéocle et son frère [3]. » « Là, me répondit le sage, sont tourmentés Ulysse et Diomède : ils subissent la même vengeance, parce qu'ils se sont livrés à la même colère. Dans cette flamme, ils pleurent l'embûche frauduleuse du cheval de bois qui amena la ruine d'Ilion, dont un descendant fut l'honorable tige des Romains Ces deux ombres y pleurent aussi la ruse employée contre Déidamie [4], qui, dans le tombeau, se plaint encore d'Achille :

---

[1] Suivant quelques commentateurs, Dante veut parler du *vers luisant*, suivant d'autres, le poëte parle de ces mouches lumineuses qui sont si communes en Italie.

[2] Élisée étant poursuivi par une foule d'enfants, les maudit, et tout à coup il sortit d'une forêt voisine deux ours qui dévorèrent quarante-deux de ces malheureux (*Rey* , lib IV, cap 2, v. 23 et 24)

[3] Dante fait allusion à un passage de Stace. *Theb.* 12, v 430 et suiv

... *Tremuere rogi, et novus advena busto*
Pellitur ; exundant diviso vertice flammæ.

[4] Fille de Lycomède, roi de Scyros, de laquelle Achille eut Pyrrhus

elles gémissent encore de l'enlèvement de la statue de Pallas. »
— « S'ils peuvent parler dans ce feu qui les enveloppe, dis-je
alors, je t'en prie, mon maître, je t'en conjure avec mille instances, permets-moi d'attendre que la double flamme soit arrivée
jusqu'ici : tiens, vois comme je me penche vers eux, dans l'empressement de ma curiosité, pour mieux les considérer. » —
« Ta prière, dit mon guide, est digne d'éloges. Je consens à ta
demande; mais garde le silence; laisse-moi parler : je devine
ce que tu désires. Peut-être ces personnages, parce qu'ils furent Grecs [1], dédaigneraient-ils de te répondre. »

Lorsque la flamme fut arrivée, et que mon guide jugeait à propos de l'interroger, j'entendis ce maître chéri s'exprimer ainsi :
« O vous deux qui êtes renfermés dans le même tourbillon de
feu! si j'ai bien mérité de vous pendant ma vie; si j'ai été digne de vos louanges, quand j'ai écrit, dans le monde, mon
poeme d'un style élevé, ne vous alarmez pas, mais que l'un
de vous deux nous dise où il a terminé ses jours ! »

La partie la plus élevée de l'antique flamme s'abaissa avec
un murmure semblable à celui que produit le vent; ensuite,
promenant çà et là sa cime obéissante, comme si elle eût remué la langue, elle jeta des sons en dehors, et prononça ces
paroles : « Quand je parvins à me soustraire à la puissance de
Circé, qui me tint éloigné des hommes pendant plus d'un an,
auprès de ce lieu qu'Énée a cru, depuis, devoir nommer Gaete,
ni les embrassements d'un fils, ni la douleur d'un vieux père,
ni l'amour de mon épouse Pénélope, qui aurait dû assurer
son bonheur, ne purent vaincre en moi le désir de connaître
le monde, ses vices et ses vertus. Je m'abandonnai, dans la
haute mer, sur un vaisseau avec le peu de compagnons qui
s'étaient attachés à mon sort : je vis l'un et l'autre rivage jusqu'à l'Espagne, la Sardaigne, les îles voisines, et la partie du
royaume des Maures que la mer baigne de ses flots. Moi et

---

[1] Ils ne te répondraient pas peut-être à toi, qui es encore un homme obscur, parce qu'ils furent Grecs, parce qu'ils appartiennent à cette nation brave et savante qui s'empara de Troie, et qui excella dans les arts. Tacite dit en parlant des Grecs : « *Sua tantum mirantur* » (Observation de Biagoli.)

mes compagnons nous étions atteints par la vieillesse qui affaiblissait nos forces, lorsque nous arrivâmes à ce détroit où Hercule plaça les deux signaux qui avertissaient l'homme de ne pas pénétrer plus avant. Je laissai Séville à ma droite, comme j'avais laissé Ceuta à ma gauche¹. « O mes compa-
« gnons, dis je alors, qui êtes arrivés dans les mers de l'Occi-
« dent, après avoir bravé tant de dangers, et qui n'avez, comme
« moi, que peu de temps à survivre, ne vous refusez pas, en
« marchant contre le cours du soleil², la noble satisfaction
« de voir l'hémisphère privé d'habitants ; considérez votre di-
« gnité d'homme : vous n'avez pas été appelés à vivre comme
« la brute, mais vous devez acquérir de la gloire et de su-
« blimes connaissances. »

« A cette courte harangue, mes compagnons furent enflammés d'une telle ardeur pour continuer le voyage, qu'à peine aurais-je pu la contenir : nous dirigeâmes la proue vers le couchant, et, nous abandonnant à la folle entreprise, nous poursuivîmes notre route vers la gauche.

« Déjà la nuit voyait se déployer devant elle toutes les étoiles de l'autre hémisphère ; l'astre polaire ne se montrait plus qu'à l'extrémité de l'horizon : nous avions vu cinq fois reparaître l'éclat argenté de la lune, depuis que nous entreprenions ce grand voyage, quand nous aperçûmes une monta-

---

1 Il y a un traducteur qui a traduit *Setta* par Cette. Il fait dire à Ulysse : « Je laissai Séville à ma droite, comme j'avais laissé *Cette* à ma gauche » C'est commettre une grave erreur Ulysse sortant de la Méditerranée par le détroit de Gibraltar, n'avait pas *Cette* à sa gauche, mais bien à sa droite On lit dans le poëte : « Je laissai Séville à ma droite, comme j'avais laissé Ceuta de l'autre côté (à ma gauche) »

2 En marchant contre le cours du soleil « Quoique le soleil tantôt précède, tantôt suive ceux qui voyagent vers l'occident, cependant, le poëte ne faisant pas attention à ces circonstances qui se renouvellent chaque jour pour chaque voyageur, ne considère que le mouvement diurne apparent du soleil, qui se fait d'orient en occident, et c'est à cause de cela qu'il dit « *Diretro al sol* » Il ne peut pas entendre le mouvement apparent propre du soleil d'occident en orient Les expressions « *diretro al sol* » s'y refusent, d'ailleurs, ce mouvement propre apparent d'environ un degré par jour, il n'y a que les astronomes qui l'observent. »

Je dois cette précieuse note à M le chevalier Nicolini, ancien directeur de l'Observatoire de Bologne. Ce savant judicieux est en même temps un littérateur très distingué

gne¹ que la distance rendait encore obscure, et qui etait la plus haute que j'eusse encore observée. Nous nous livrâmes à une joie qui bientôt se changea en douleur. Il s'eleva, de cette terre nouvelle, un tourbillon qui vint frapper la proue du vaisseau ; trois fois la tempête fit tourner le navire, puis elle fracassa la poupe, et, comme il plut à *cet autre*², l'Océan se referma sur nous »

1 Grangier, Venturi, Montonnet, Rivarol et Lombardi, paraissent tous croire que le poëte entend par cette montagne, la montagne du Purgatoire, au haut de laquelle il place le Paradis terrestre Rivarol seul rappelle que, du temps de Dante « il courait deja quelques bruits qu'il existait un autre monde au dela des mers.» M Ginguené traite la question de la manière la plus satisfaisante, et présente des conjectures qu'il serait important d'approfondir

« Ne serait il pas possible, dit le savant auteur de l'*Histoire littéraire*, que Dante eut en quelque connaissance ou quelque idee de la grande catastrophe de l'île Atlantide, qui parait avoir eté placée dans l'ocean qui porte son nom, que cette montagne d'ou s'élève un tourbillon destructeur fut le volcan de Tenériffe, qui, depuis longtemps éteint, domine sur les Canaries, anciens debris de la grande île, et qu'enfin le poëte eut voulu consigner cette tradition dans son ouvrage ?

. . « Cette conjecture s'accorderait peut-être avec ce que les anciens ont dit des iles fortunées ou ils plaçaient le séjour des bienheureux, et avec ce qu'en ont écrit quelques modernes Ne pourrait on pas croire aussi, et peut-être avec plus de vraisemblance, que, quoique l'Amerique ne fut pas encore decouverte, il courait déjà des bruits de l'existence d'un autre monde au dela des mers, et que Dante, attentif à recueillir dans son poëme toutes les connaissances acquises de son temps, ne négligea pas même ce bruit si important par son objet, tout confus qu'il etait encore ?» (*Hist. litt*, tom. II, pag 108 et 109.)

Voici quelques autres réflexions de M Breislack qui appuient l'opinion de M Ginguené «Les passages de Platon sur l'ile des Atlantides qu'on trouve dans son *Timée* et dans son dialogue intitulé *Critias*, sont si connus, que je crois inutile de les rapporter Je laisse aux erudits le soin de traiter la question de la position de cette île si celebre et si énigmatique Je n'examinerai donc pas si elle était la même partie du monde que l'Amerique, comme beaucoup d'auteurs l'ont pensé ou quelque île de la mer Glaciale septentrionale, comme le célèbre Bailly a cherché à le demontrer par des raisonnements éloquents, ou la Suède, comme l'a prétendu le Suédois Rudbeck ; ou, ce qui me parait plus probable, un grand continent entouré de la mer, et situé dans le lieu ou se voient encore aujourd hui les îles du Cap-Vert, Madere, les Canaries et les Açores Je ne m'arrêterai qu'à ce seul passage de Platon, ou il dit positivement que cette grande extension de terrain sur laquelle regnerent plusieurs souverains, et d'ou sortirent souvent de puissantes armées, s'écroula dans le cours d'un jour et d'une nuit, et fut couverte des eaux de la mer » (*Introduzione alla Geologia di Scipione Breislack, Milano* 1811)

Dante n'a pas ignoré plus que nous le passage de Platon dont parle ici Breislack ; et ce grand poëte, qui était en même temps si versé dans les sciences physiques, a bien pu ajouter plus de foi qu'un autre à ces récits, et consigner dans son poëme un fait que les savants de son temps ne regardaient peut-être pas comme improbable.

2 J'ai conservé l'expression dédaigneuse de ce paien « *Altrui*, se rapporte à Dieu, parce que le caractère de celui qui parle le demande ainsi » (Venturi)

CHANT XXVII.

La flamme gardait le silence [1], se redressait et nous quittait, congédiée par mon aimable guide, quand une autre qui la suivait attira mon attention vers la cime dont elle était couronnée, et dont il s'échappait un bruit confus. Semblable au taureau de Sicile [2], qui mugissait par la voix des victimes qu'on y avait renfermées, comme si la douleur eût déchiré ses flancs d'airain, et qui, par un châtiment bien juste, fit entendre pour premier mugissement les cris de l'ouvrier qui avait perfectionné cette invention barbare, cet esprit prononçait des paroles qui, étouffées dès le principe, parce qu'elles ne trouvaient pas d'issue, se convertissaient en un bruit pareil à celui de la flamme. Mais enfin la voix se fraya un chemin, en donnant aux paroles cet éclat qu'elle avait reçu de la bouche de l'ombre qui était près de moi, et nous entendîmes ces mots : « O toi à qui je m'adresse, et qui parlais à l'instant le langage lombard en disant à un autre esprit : « Maintenant, retire-toi, je n'ai plus à t'entrete-« nir — ... » quoique je sois arrivé plus tard, ne refuse pas de me répondre ; tu vois que je consens à parler, et cependant le feu me dévore. Si, pour venir dans ce monde dépourvu de lumière, tu as quitté la douce terre d'Italie où j'ai commis toutes mes fautes, réponds : Les habitants de la Romagne sont-ils en paix ou en guerre ? Moi je suis né dans les montagnes

---

[1] La flamme double qui contenait Ulysse et Diomède. Il n'est pas inutile de faire observer ici la variété des supplices. Le poëte ne se repetera jamais ; le goût le plus sévère préside à la re-daction de cette partie de son ouvrage.
[2] Au taureau d'airain fabriqué par l'Athénien Pérille, pour Phalaris, tyran de Sicile.

placées entre Urbin et celles où le Tibre donne un cours plus libre à ses eaux¹. »

J'écoutais avec attention et la tête baissée, lorsque mon guide me dit, en me touchant légèrement : « Parle, toi ; celui-là est Italien². » Et moi, qui avais déjà une réponse préparée, sans tarder, je commençai ainsi : « O âme qui es ainsi cachée, ta Romagne n'est et ne fut jamais sans guerre dans le cœur de ses tyrans : je n'y ai cependant pas laissé de guerre déclarée. Ravenne est ce qu'elle était il y a beaucoup d'années : l'aigle de Polente³ y commande et couvre encore Cervia de ses ailes. Le lion vert⁴ tient en sa puissance la terre qui soutint *la longue épreuve*, et qui présenta un amas sanglant de cadavres français. Le vieux dogue⁵, et celui de Verrucchio, qui est plus jeune, ces deux monstres qui firent cruellement mourir Montagna, continuent leurs ravages sur leur proie accoutumée. Le lionceau au champ blanc⁶, qui

---

1 Je suis né à Montefeltro. Celui qui parle est Guido de Montefeltro, « homme valeureux en guerre, dit Lombardi, et d'un esprit très-pénétrant pour les temps du poète Ce seigneur, dans sa vieillesse, voulant faire pénitence de ses péchés, prit l'habit de franciscain, mourut dans le saint couvent d'Assise, et fut enterré dans cette basilique patriarcale » (Lombardi, *Inferno*, page 582)
Le même commentateur ajoute, en note, un passage latin de l'histoire du couvent d'Assise, extrait du liv I, tit XLV, et que je vais traduire. « Guido de Montefeltro, comte d'Urbino, et prince... vint dans l'Ordre pieusement et humblement · il effaça ses fautes par ses larmes et ses jeûnes, et (quelque licence poétique que Dante *mordant* se soit permise dans ses chants) il mourut très-religieusement dans la maison sacrée d'Assise, où il fut inhumé. Marianus et Jacques, qui vécurent de son temps, contestent tout ce qu'a raconté le poète. »
2 Parle avec assurance · celui-là est Italien ; ce n'est pas un Grec comme ceux que nous venons de quitter Il

n'admire pas uniquement ce qu'il fait et ce qu'il dit lui-même.
3 La famille des Polenta, qui portait un aigle dans ses armoiries. Cette famille gouvernait encore Cervia, ville éloignée de Ravenne seulement de quatre lieues.
4 Armoiries des Ordelaffi Cette ville avait soutenu un siège glorieux contre une armée envoyée par Martin IV, et composée en partie de Français qui furent mis en déroute La *longue épreuve*, expression énergique comme celle de *grand refus* Voyez la note de la page 12.
5 Malatesta le père, seigneur de Rimini, est ici désigné sous le nom de *vieux dogue, mastin vecchio*, Malatesta le fils est appelé *celui de Verucchio*, parce qu'il possédait le château de ce nom Montagna était un chevalier de Rimini, que les deux Malatesta avaient fait périr
6 Mainardo, ou, suivant d'autres auteurs, Machinardo Pagani, qui portait d'argent à un lionceau passant, gouvernait les villes de Faenza et d'Imola, situées, l'une près du *Lamone*, l'autre sur le *Santerno* Ce Pagani embrassait tantôt le parti des Guelfes et tantôt celui

change de parti à chaque saison, régit les villes du Lamone et du Santerno. La cité qu'arrose le Savio, de même qu'elle est située entre une plaine et une montagne, vit de même tantôt sous la liberté, tantôt sous l'oppression. Et toi, maintenant, qui es-tu? Ne sois pas plus inexorable qu'on ne l'a été avec toi, et que ton nom vive à jamais dans le monde ! »

L'esprit tourmenté agita la cime de sa flamme, murmura quelque temps à sa manière, et fit entendre ces paroles : « Si je croyais adresser ma réponse à un homme qui dût retourner sur la terre [1], cette flamme cesserait de s'agiter : mais, puisque jamais, si ce que l'on dit est véritable, aucun être n'a pu sortir vivant de cet empire, je te réponds sans craindre l'infamie : Je fus d'abord homme de guerre; ensuite je portai le froc, croyant que la ceinture purifierait mes fautes; et certes j'aurais eu raison de le croire, si le grand pontife que je maudis [2] ne m'eût replongé dans mes premiers égarements. Tu vas savoir comment et pourquoi je devins coupable.

« Tant que je fus un assemblage de ces substances que j'avais reçues de ma mère, mes œuvres ne furent pas celles du lion, mais celles du renard : je connus toutes les ruses,

---

des Gibelins. — La cité qu'arrose le Savio, Cesène.

[1] Dante présente toujours les damnés comme persuadés qu'on ne retourne jamais sur la terre : conséquence terrible de l'inscription placée sur la porte de l'Enfer. Ensuite, il prête aux pécheurs une singulière pensée. Il leur fait désirer qu'on parle d'eux avantageusement dans ce monde, et qu'on ignore le supplice qu'ils subissent dans les enceintes maudites. L'orgueil et la honte qu'on peut éprouver ici-bas, accompagnent donc encore les méchants, lorsque Minos a prononcé la sentence formidable?

Comment, impitoyable moraliste, Dante inexorable, à la suite du drapeau emporté en tourbillons, à travers les révolutions de la tourmente, la pluie glacée, le fleuve boueux, au fond des sépulcres vivants et des eaux bouillonnantes, dans les flots de la rivière de sang, sous la prison des troncs déchirés ; enfin, sur l'horrible sol de la pluie enflammée, des chapes de plomb, du bitume ardent, des transmutations en serpents, des arrachements d'entrailles et des ondes du froid éternel que nous verrons plus tard, faut-il encore que les damnés conservent généralement les sentiments les plus vils et les plus douloureux que l'on connaisse sur la terre, les mouvements puérils de la vanité, et l'accablant tourment de la honte? Tu as, il est vrai, affranchi de ce dernier sentiment, quelques ombres privilégiées, telles que Farinata, Capanée, Ulysse, Nembrot, Antée et d'autres, mais pour ne rien diminuer de leur supplice, tu as redoublé en elles l'insolence d'un orgueil qui brave l'irrévocable sentence.

[2] Boniface VIII, que Dante appellera plus bas le prince des nouveaux pharisiens.

toutes les voies couvertes, et l'art de la fraude qui m'a rendu si célèbre dans la contrée. Quand je me vis arrivé à cet âge où chacun devrait baisser la voile et rouler les cordages, ce qui m'était agréable me parut odieux. Je me livrai au repentir; et si j'eusse continué de marcher dans cette route, malheureux que je suis! j'aurais assuré mon salut.

« Le prince des nouveaux pharisiens avait alors déclaré la guerre, non aux Sarrasins ni aux Hébreux, mais aux seigneurs qui habitent près de *Latran* [1]. Chacun de ses ennemis était adorateur du Christ [2]; aucun d'eux n'avait été commerçant dans les terres du Soudan, et n'avait aidé à reconquérir la ville d'Acre. Ce chef ne vit en lui ni son suprême ministère ni les ordres sacrés; il ne vit pas en moi ce cordon qui autrefois ceignait des religieux plus macérés par la pénitence; et comme Constantin [3], dans les montagnes de Soracte, pria Sylvestre de le guérir de la lèpre, ce pontife me conjura de le guérir de sa fièvre orgueilleuse; il me demanda conseil : je me tus, parce que ses paroles me paraissaient dictées par l'ivresse. Il ajouta : « Affranchis-toi de tout soupçon, je t'absous
« d'avance, mais enseigne-moi à faire tomber les remparts
« de Palestrine [4]. Tu sais que je puis ouvrir et fermer le ciel
« avec la puissance de ces deux clefs que mon prédécesseur
« répudia. » Ces arguments spécieux me frappèrent. Je pensai que mon silence serait interprété contre moi, et je répondis :
« O mon père! puisque tu m'absous du crime que je vais com-
« mettre, écoute : promets beaucoup, tiens peu, et tu triom-
« pheras du haut de ton siège glorieux. » A ma mort, Fran-

---

1. Aux seigneurs de la maison Colonna.

2 Tous les ennemis que se choisissait Boniface, dit le poëte, étaient particulièrement des chrétiens; mais non pas de ces lâches chrétiens qui profiterent des croisades pour aller commercer en Asie, de ceux qui s'étaient unis aux Sarrasins pour leur faire reprendre Saint Jean d'Acre; mais des chrétiens de l'Italie, ses propres sujets qu'il aurait dû aimer Le poëte se livre ici à ses pensées de vengeance politique.

3. Les traditions rapportent que Constantin étant malade, il alla trouver saint Sylvestre, qui s'était retiré dans une caverne du mont Soracte, et le pria de lui rendre la santé.

4 Cette ville, alors fortifiée, appartenait aux Colonna, qui y tenaient garnison

çois vint me reclamer; mais un des Chérubins infidèles lui cria : « *Tu ne l'auras pas, ne me fais pas tort, il doit venir « avec mes esclaves. Il a donné un conseil frauduleux; « aussi, depuis ce temps, je l'ai toujours tenu sous ma do- « mination. On ne peut absoudre celui qui ne se repent pas. « Il est impossible de vouloir le péché et de s'en repentir à la « fois : il y a contradiction dans cette proposition.* » — O malheureux que je fus, quand il m'enleva en ajoutant : « *Tu « ne pensais pas que je fusse logicien* ! » Alors il me jeta aux pieds de Minos. Ce juge ceignit huit fois de sa queue, ses flancs inflexibles; et, en la mordant avec rage, il cria : « Celui-ci va au feu qui absorbe les coupables ². » — Voilà pourquoi tu me vois ici gémir sous un si cruel vêtement. »

Quand elle eut parlé ainsi, la flamme s'éloigna; et le mouvement agité de sa cime aiguë exprimait sa douleur.

Nous traversâmes le pont, mon guide et moi, et nous arrivâmes près de la vallée où l'on fait payer l'amende éternelle à ceux qui sèment la discorde et la division parmi leurs semblables.

¹ François d'Assise vint reclamer Guido, parce qu'il s'était fait franciscain, mais un des chérubins infidèles, un démon le disputa à saint François.

² Le texte dit : « *Fuoco furo.* » Cela signifie « le feu qui cache les coupables qu'il tourmente. » Rivarol substitue une autre image. « Qu'il tombe au feu de félonie ! »

CHANT XXVIII.

Qui pourrait, même après un travail opiniâtre, même avec des expressions dégagées des chaînes de la poésie, décrire éloquemment le spectacle de sang et de plaies cruelles qui s'offrit à mes yeux! Qui pourrait avec succès entreprendre cette tâche téméraire, et ne pas redouter l'insuffisance de notre langue et la médiocrité de notre esprit qui ne peut comprendre de si hautes connaissances! En vain on rassemblerait ceux qui furent frappés, en combattant contre les Romains, dans les champs de la Pouille [1], cette contrée jouet de la fortune; en vain on réunirait les héros atteints du fer ennemi pendant la longue guerre où, sur la foi de Livius, historien véridique, il se fit une si ample moisson d'anneaux de chevaliers [2]; en vain on exhumerait les guerriers qui succombèrent sous le bras terrible de Robert Guiscard [3], ces soldats dont l'*ossuaire* remplit, et les vallées de Cepérano [4], où les habitants infidèles manquèrent de courage, et les prairies de Tagliacozzo [5], où le vieux Allard triompha par la ruse; tous ces infortunés, rendus à la vie, étaleraient à la fois leurs membres

---

1. Les premiers combats que les Romains livrerent aux habitants de la Pouille, eurent lieu sous le consulat de C. Petelius et de L. Papirius, l'an de Rome 429. Tite Live parle encore, lib. x, xv, d'une victoire remportée par P. Decius sur deux mille des habitants de cette province.

2. A la bataille de Cannes, gagnée par Annibal dans la seconde guerre punique. Il y périt quatre-vingts sénateurs, deux questeurs, vingt et un tribuns des soldats, plusieurs personnages consulaires, quelques préteurs, quelques ediles, quarante mille fantassins, et deux mille sept cents chevaliers.

3. Frère de Richard, duc de Normandie.

4. Ou Mainfroy, roi de la Pouille, livra un sanglant combat à Charles d'Anjou, frère de saint Louis; combat dans lequel les habitants de la Pouille abandonnèrent Mainfroy.

5. Ce fut à Tagliacozzo que le même Charles d'Anjou battit Conradin, en employant, par le conseil d'Allard, vieux chevalier français, une ruse de guerre qui réussit complètement.

mutilés, qu'ils donneraient une faible idée de cet amas de plaies livides et de spectres sanglants que présente la neuvième vallée. L'image d'une tonne sans fond rappellerait peu fidèlement à la pensée le premier esprit que je rencontrai. Il était fendu depuis le menton jusqu'au fond des entrailles [1]. Ses intestins retombaient sur ses jambes ; on voyait les battements de son cœur, et ce ventricule où la nature prépare les sécrétions fétides. Je le considérais avec attention : alors il me regarda ; et de ses mains s'entr'ouvrant encore la poitrine, il me dit : « Vois comme je suis fendu ! vois comme Mahomet est déchiré ! Devant moi est Aly [2] en pleurs ; il marche, la tête ouverte, depuis le menton jusqu'au front. Tous les autres que tu aperçois ici, ont aussi vécu sur la terre, et pour avoir semé des schismes et le scandale, ils sont ainsi fendus. Là derrière, est un démon qui plonge de nouveau le tranchant de son épée dans les entrailles de tous tant que nous sommes, parce que nos blessures sont refermées quand nous reparaissons devant lui, après avoir parcouru tout le chemin des pleurs. Mais qui es-tu, toi qui restes oisif sur ce pont pour retarder peut-être d'un instant le supplice dû à tes propres accusations ? » Mon maître répondit : « Il n'a pas encore perdu la vie ; aucune faute ne le conduit aux tourments. Il doit connaître les supplices de tous les cercles : moi qui suis mort, je suis chargé de le conduire. La vérité seule est sortie de ma bouche. » A ces mots, une foule d'âmes qui entendirent ces

---

1. Jusqu'au fond des entrailles Le texte dit : « *Rotto dal mento insin dove si trulla* » Suivant un nouveau traducteur, « *fendu du menton jusqu'à l'endroit qui p...* » Il a traduit ainsi ce passage, pour éviter les périphrases Plus bas, on lit dans le texte : « *Tristo sacco che merda fa di quel che si tranguggia* » Là, le même traducteur dit : « *Le triste sac qui change en excrements ce qu'on avale* » Pourquoi, quand on n'a pas reculé devant le mot *trulla*, ne pas oser traduire nettement le quatrième mot de cette dernière citation ? Du reste, je n'en blâme pas cet écrivain Dans nos mœurs, dans nos délicatesses de langage, n'être pas retenu, c'est livrer Dante à la risée Il a pu s'exprimer ainsi de son temps Les Italiens doivent respecter son texte, mais ici la minutieuse fidélité, pour nous, est une saleté qui n'inspire que le dégoût Je me crois cependant tout aussi ami de Dante, que ceux qui craignent quelquefois de lui manquer de respect, car, avec tant de soumission, c'est aux dépens du poëte, qu'on prétend l'honorer.

2 Aly, cousin de Mahomet, l'un des quatre califes, ses successeurs immédiats.

paroles, s'arrêtèrent pour me regarder, et la surprise leur fit un moment oublier leurs souffrances.

« Toi qui dans peu reverras peut-être le soleil, dis donc à frère Dolcino[1] qu'il ramasse des vivres, s'il ne veut pas être entouré dans des montagnes pleines de neige, s'y voir forcé d'abandonner au Novarois une victoire qu'il n'obtiendra pas autrement, et venir bientôt me rejoindre dans l'abîme. » Ainsi me parla Mahomet, après avoir quelque temps suspendu ses pas; puis il continua sa marche douloureuse. Un autre qui avait la bouche fendue, le nez coupé jusques aux yeux, et à qui il ne restait qu'une oreille, s'était arrêté devant moi tout surpris; il ouvrit sa bouche ensanglantée, et dit : « O toi qu'aucune faute n'a condamné à venir ici, et qui as dû voir la terre italienne, à moins qu'une trop grande ressemblance ne m'abuse, souviens-toi de *Pierre de Medicina*[2], si tu retournes jamais dans ces belles plaines qui descendent de Verceil à Marcabò[3], fais savoir aux deux citoyens les plus distingués de Fano, à Messer Guido et à Angiolello[4], que, si notre prédiction, ici, n'est pas vaine, ils seront précipités d'une barque, et noyés près de la Cattolica, par la trahison d'un cruel tyran. Dans l'immensité de la mer qui s'étend entre Chypre et Majorque, Neptune n'a jamais vu commettre un si grand crime par des pirates ou par la race des Grecs. Le traître de Rimini[5], que la perte d'un œil a

---

1. Ermite heretique, qui annonçait que la communauté des femmes était permise aux chrétiens Il soutint quelque temps son indépendance, à la tête de trois mille de ses sectaires, mais en 1308, ayant été bloqué dans les montagnes du Novarois, il fut pris et mis à mort. Mahomet, qui parle en 1300, suppose que frère Dolcino vit encore. Ce tendre intérêt de Mahomet pour Dolcino est assez bizarre, car la communauté des femmes est bien loin d'être la pluralité des femmes, mais c'est une forme nouvelle, que l'auteur emploie apparemment pour varier sa fable.

2 Medicina, bourg près de Bologne.

Pierre est connu pour avoir semé la discorde entre le comte Guido da Polenta et Malatesta de Rimini.

3 De Verceil, où commencent les plaines de la Lombardie, jusqu'à Marcabò, château aujourd'hui en ruine, près duquel le Pô se jette dans la mer

4. Guido del Cassero et Angiolello da Cagnano, nobles de Fano, que Malatesta, qui a été appelé plus haut *Mastino*, fit noyer près de la Cattolica, château situé entre Rimini et Pesaro

5 Le même Malatesta, qui était borgne et qui gouvernait où Curion, qui est près de moi, n'aurait pas voulu porter ses pas, invita à une conférence

rendu difforme, et qui gouverne cette terre malheureuse où tel qui est près de moi n'aurait jamais voulu porter ses pas, invitera ces deux infortunés à une conférence, et donnera un tel ordre, qu'il n'aura pas été nécessaire d'offrir des prières et des vœux pour apaiser les vents furieux de Focara. » — « Si tu veux que je rappelle ta mémoire dans le monde, dis-moi, lui répondis-je, quel est celui à qui la vue de Rimini fut si amère ? » L'ombre alors porta la main à la figure d'un de ses compagnons, et lui ouvrit la bouche, en criant : « Le voilà, mais il ne parle pas. Chassé de Rome [1], il détruisit les hésitations de César, en lui disant que celui qui a tout préparé, doit ne plus retarder son entreprise. » Oh! qu'il me paraissait souffrir, avec sa langue tranchée, ce Curion, qui osa proférer un conseil si hardi! Un autre, qui avait les deux mains coupées, levait ses moignons dans l'air ténébreux, et, présentant sa figure souillée de sang, criait : « Tu te souviendras aussi de Mosca [2]; hélas! c'est moi qui dis : *La chose faite a une tête,* ce qui fut la source des malheurs de la Toscane. » J'ajoutai : « et la cause de la destruction de ta race. »

A ce reproche, l'ombre, accablée sous le poids d'une double douleur, se retira avec des transports de désespoir et de rage. Je continuai de repaître mes regards de cet horrible spectacle : il s'en offrit un surtout à mes yeux que je craindrais de retracer dans ce poëme, sans autre preuve que mon

---

Guido et Angiolello, et donna l'ordre de les jeter à la mer, de manière qu'ils n'auront pas à redouter les vents qui viennent de la haute montagne de Focara, qu'on voit s'élever près du château de la Cattolica. Curion n'aurait pas voulu porter ses pas à Rimini, parce que c'est là qu'il engagea César à marcher sur Rome avec une armée.

1 Curion, exilé de Rome, dissipa les scrupules de César, qui n'était pas encore déterminé à passer le Rubicon

2. Mosca *Lamberti*, suivant Jean Villani (liv. II, chap 38, Florence, 1387), et Paolino Pieri (Chron, an 1215), *degli Uberti*, suivant Landino, Daniello et Vellutello Ce Mosca *Lamberti* ou *degli Uberti*, ayant été appelé à un conseil de la famille des Amidei, qui délibérait sur les moyens de venger une insulte qu'elle avait reçue des Buondelmonti, s'écria : « *Cosa fatta capo ha* » « *Une chose faite a une tête.* » Ce qui veut dire : « Si vous tuez Buondelmonte, il sera bien mort, et ce ne sera plus à faire » Après avoir ainsi parlé, Mosca, avec quelques Amidei, assassina Buondelmonte Cette mort fut la première cause des divisions entre les Guelfes et les Gibelins, comme dit Villani, liv. V, chap 38

témoignage, si je n'étais rassuré par ma conscience, cette compagne fidèle, dont la rectitude rend l'homme fort et vertueux. Je vis un de ces coupables (je crois le voir encore) marcher, avec le triste troupeau, comme tous les autres, mais privé de sa tête. Il la tenait à la main suspendue comme une lanterne dont il semblait s'éclairer. Cette tête nous regardait, et la bouche disait : « Hélas ! » Comment peut-il se trouver deux corps en un seul, et une seule âme en deux corps? L'inventeur de tels supplices sait, lui seul, comment ils peuvent s'accorder avec les lois de la nature [1].

Quand il fut arrivé près du pont, le damné souleva sa tête pour me faire mieux entendre ces paroles lamentables : « Vois ma douleur cruelle, toi qui, pendant ta vie, peux visiter l'empire des morts! as-tu jamais été témoin d'un tourment plus affreux? Apprends, si tu veux parler de moi, que je fus Bertrand de Born [2], qui donnai des conseils funestes au roi Jean. J'armai le fils contre le père : Achitofel [3] n'excita pas, par de plus lâches instigations, Absalon contre David. Parce que je divisai des êtres nés pour vivre tendrement unis, je porte ma tête séparée de son principe, qui reste dans ce tronc informe. C'est ainsi que le talion, mon châtiment, retrace ma conduite criminelle. »

[1]. Cette tête, suspendue comme une lanterne, et ensuite soulevée pour que les paroles sortent mieux articulées, est d'un effet terrible dans la planche de Pinelli.
Dans la planche 61 du même, les hommes fendus font frissonner de terreur.
Rivarol a traduit ainsi ce passage : « Effroyable mystère d'une justice qui prend de telles formes! » Cette phrase semble être échappée au grand Bossuet.

[2] Bertrand de Born, vicomte du château de Hautefort en Gascogne, d'où la noble famille de ce nom prend son titre, était, à la fin du XIIe siècle, un célèbre guerrier, mais d'un caractère inquiet et turbulent. Il conseilla à Jean quatrième fils de Henri II, roi d'Angleterre, de se révolter contre son père. En 1176, Henri II, ayant conquis l'Irlande, l'avait érigée en royaume, et l'avait donnée à Jean, qui fut appelé, à cette occasion, « le roi Jean. » Dante veut dire que le roi Jean se revolta contre son père, par le conseil de Bertrand de Born, qui ainsi arma le fils contre le père.

[3]. Achitofel (voyez les Rois, liv II) n'excita pas plus lâchement Absalon contre David. Achitofel dit à Absalon : « Saisissez les concubines de votre père, afin que lorsque Israël saura que vous avez déshonoré David, les peuples s'attachent plus fortement à votre parti : quand vous vous serez ainsi compromis, toute la nation vous suivra. »

CHANT XXIX.

La foule de ces malheureux, leurs blessures cruelles avaient tellement rempli mes yeux de larmes, que je désirais trouver le loisir de les répandre ; mais Virgile me dit : « Que regardes-tu encore? pourquoi ta vue s'obstine-t-elle à considérer ces ombres mutilées? Tu ne t'es pas laissé abattre par cette compassion dans les autres vallées. Si tu voulais compter ces âmes, pense que cette enceinte a vingt-deux milles de tour ; déjà la lune est sous nos pieds [1] ; le temps qui nous est accordé n'est pas long : tu dois voir bien d'autres tourments que tu ne vois pas encore. » Je répondis : « Si tu avais observé la cause de mon attention, tu m'aurais peut-être permis de rester quelques moments de plus. » Je parlais ainsi en suivant les pas de mon guide qui continuait d'avancer.

J'ajoutai : « Je crois que, dans cette enceinte de terreur où je fixais mes yeux, une ombre de ma famille pleure la faute qui là haut est si cruellement expiée. » — « Que ta pensée, me dit mon maître, ne se porte pas plus longtemps sur cet esprit ; ne songe qu'à me suivre, et qu'il reste où il a mérité d'être puni. Je l'ai vu au pied du pont te montrer au doigt, et te menacer fortement : j'ai entendu qu'on le nommait *Géri del Bello* [2]. Tu étais alors si occupé de celui qui défendit Haute-

---

[1] Le poëte nous a dit chant XX, page 29, que la lune avait brillé de toute sa clarté, la nuit précédente, c'est-à-dire que la nuit d'auparavant, il y avait eu pleine lune ; en disant maintenant : « la lune est sous nos pieds, » il donne à entendre qu'il devait être midi passé, par la raison que, quand deux nuits après la pleine lune, nous voyons la lune sur notre tête, il est certain qu'il est plus de minuit

[2] Geri del Bello fut frere de Messer Cione Alighieri, parent de Dante. Geri, de sa nature querelleur et mechant,

fort ¹, que tu n'as pas regardé de ce côté : ensuite Géri a disparu. » — « O mon guide ! dis-je, la mort violente qu'il a reçue, et qui n'a pas été vengée par un seul des siens dont l'honneur ait élevé l'âme, l'aura rendu dédaigneux pour moi ; il se sera éloigné sans me parler, mais ce noble dédain redouble ma tendresse pour lui. »

Nous parlions ainsi en descendant au pont d'où l'on verrait l'autre vallée tout entière, si un plus grand jour l'éclairait. Arrivés à ce dernier cloître de *Malébolge*, nous pûmes déjà distinguer les reclus qui l'habitaient. Des gémissements si poignants vinrent me frapper, que je fus obligé de couvrir mes oreilles avec mes mains. Là régnaient des contagions comparables à celles que présenteraient, dans le mois consacré à Auguste, les hospices réunis de Valdichiana ², les Maremmes empestées, et les plaines méphitiques de la Sardaigne : il sortait de cet abîme une odeur empoisonnée, semblable à celle qui s'exhale des plaies gangrénées. Nous descendîmes, en marchant à gauche, dans le fond de cette vallée, où la justice infaillible du souverain Maître, accomplissant son terrible ministère, punit les faussaires qu'elle a enregistrés, là même, sur son livre ineffaçable. Je ne crois pas qu'on ait pu éprouver une plus vive douleur à l'aspect du tableau hideux de la maladie qui attaqua le peuple d'Égine ³, quand l'air infecté de miasmes pestilentiels fit périr les animaux jusqu'au dernier insecte, et réduisit ces nations anti-

avait été tué par un Sacchetti Cette mort resta sans vengeance pendant trente ans Mais après ce temps, un fils de ce même Cione tua un Sacchetti sur la porte de sa maison.. Quelles mœurs ! quels temps que ceux où la justice ne punissait pas de pareils crimes, et où il était permis aux citoyens de se venger eux-mêmes !

1. Bertrand de Born défendit Hautefort, qui appartenait au roi Henri, et il y arbora les couleurs du *roi Jean* Voyez plus haut, la note chant XXVIII, page 131

2 La Valdichiana est la portion de la Toscane qui s'étend entre Arezzo, Cortone, Chiusi et Monte Pulciano. Les Maremmes se prolongent de Pise a Sienne

3 Egine, petite île voisine du Péloponèse, fut ravagée sous le règne d'Éaque, fils de Jupiter, par une peste qui en enleva tous les habitants. Ovide nous apprend qu'on repeupla cette île avec des fourmis qui furent changées en hommes, à la prière d'Éaque ce sont ces hommes qu'on appela Myrmidons

ques, suivant le témoignage des poètes, à retrouver dans une fourmilière les moyens de se reproduire.

Je voyais ces esprits languir en tas divers, étendus dans cette vallée obscure ; l'un était couché sur le ventre, celui-la gisait sur les flancs de son compagnon ; un autre rampait péniblement dans la contrée ténébreuse. Nous marchions à pas lents, sans parler, écoutant et regardant ces malheureux qui ne pouvaient se dresser sur leurs pieds. Je vis deux coupables qui se prêtaient un appui mutuel, comme ces vases qu'on place l'un sur l'autre pour réchauffer les aliments.

Ces ombres étaient couvertes de croûtes lépreuses, de la tête aux pieds. Tous ces esprits, plus agiles que le valet qui, pressé par son maître, ou provoqué par le sommeil, promène avec rapidité l'étrille sur les flancs du coursier, enfonçaient leurs ongles aigus dans cette lèpre que d'insupportables démangeaisons leur faisaient gratter avec rage. Mais, ô vain secours ! leur peau encroûtée tombait par lambeaux sous leurs doigts, comme on voit tomber, sous le couteau de celui qui l'apprête, les longues écailles d'un scare[1] ou d'un autre poisson.

Mon guide adressa ces mots à une de ces ombres : « O toi qui t'écorches si cruellement de tes propres mains, dont tu sembles faire des tenailles, dis-moi, compte-t-on quelques Italiens parmi ceux d'entre vous qui sont condamnés à ce supplice ? réponds, et puissent tes ongles supporter ce travail éternel ! » Un esprit répondit en pleurant : « Nous deux que tu vois si difformes, nous sommes Italiens ; mais toi, qui es-tu, toi qui nous as adressé une demande ? » — « Je suis chargé, dit mon guide, de conduire cet être encore vivant, de degré en degré, et de lui faire parcourir tout l'empire infernal. » Les deux esprits cessèrent de s'appuyer l'un sur

---

[1] Le scare est un poisson de mer connu des anciens, et auquel ils attribuaient la faculté de ruminer. Les naturalistes appliquent aujourd'hui ce nom à un genre de poissons qui ont de larges mâchoires semblables à un bec de perroquet.

l'autre, et, dans un état de tremblement convulsif, se tournèrent vers moi, ainsi que plusieurs qui avaient pu entendre les paroles du Sage. Mon maître s'approcha, et me dit ces mots : « Maintenant, entretiens ces esprits en liberté. » Alors, sur son commandement, je m'exprimai en ces termes : « Que votre nom ne s'efface pas dans le monde mortel, mais qu'il voie mille révolutions de l'astre du jour! Qui êtes-vous? quel pays vous a vus naître? Que votre supplice insupportable ne vous détourne pas de me parler avec confiance! » Un d'eux répondit : « Je naquis à Arezzo [1], et Albert de Sienne me fit condamner aux flammes : cependant ce n'est pas l'arrêt des hommes qui m'a conduit ici. Il est vrai que je dis à Albert, mais en riant : « Je saurais prendre mon vol dans les airs. » Ce dernier, qui avait du zèle et peu de lumières, me pria de l'initier dans cette science, et ce fut seulement parce que je n'avais pas formé un nouveau Dédale, qu'il me fit brûler par celui qui le reconnaissait pour son fils : c'est pour m'être livré à l'alchimie, que l'infaillible Minos m'a condamné à rouler dans la dixième vallée. »

Je dis alors au poete : « Fut-il jamais une nation plus vaine que la nation siennoise ? Non, certes, pas même la nation française [2]! » L'autre lépreux, qui m'entendit ainsi

---

[1] L'ombre qui parle est Griffolin, d'Arezzo, grand alchimiste Griffolin ayant dit a Albert, fils de l'evêque de Sienne, qu'il était facile d'apprendre a voler dans les airs, Albert eut la simplicite de le croire; mais Griffolin n'ayant pu, comme il le dit, former d'Albert un nouveau Dédale, fut accusé devant l'evêque, qui le fit condamner au feu.

[2] Beaucoup d'Italiens n'oublient pas de nous rappeler que la réputation de notre vanité était faite du temps de Dante C'est toujours l'entrée à Florence de Charles de Valois, en 1301, qui nous vaut toutes ces injures. Charles de Valois est le prince que dans notre histoire on connait pour avoir été fils de roi, frère de roi, oncle de trois rois, et père du roi, sans avoir été roi. La protection qu'il accorda aux Guelfes, ne fut jamais oubliée par Dante, qui, dans sa rancune, attaque ici tous les Français

Rivarol a traduit *vana* par *frivole*; mais Moutonnet, Colbert et M Ginguené, ont traduit comme mot littéralement, par le mot *vaine*, qui se presente naturellement Volpi dit simplement : « Les Français ici accusés de vanité. » Venturi se divertit : « Oui, certainement, la vaine nation française lui reste en cela bien en arrière » Lombardi est plein de décence et de politesse : « Le poëte fait entendre qu'alors on croyait que la nation française était vaine. » Nous serons vains, tant qu'on voudra, mais en même temps, il est certain qu'il y a beaucoup de nations qui repousseraient avec dépit de sem-

parler, répondit à mes paroles; « Exceptes-en Stricca¹ qui sut faire des dépenses si modérées, et Nicolas qui, dans la ville où l'on a conservé cet usage, inventa *la riche coutume* d'assaisonner les faisans avec des épices. Exceptes-en la folle société dans laquelle Caccia d'Asciano dissipa le revenu de ses bois et de ses vignes, et celle où l'Abbagliato montra son grave esprit de prudence. Veux-tu savoir qui te seconde ainsi contre les Siennois? considère-moi bien, tu reconnaîtras ma figure qui te répondra; je suis l'ombre de Capocchio²; c'est moi qui falsifiai les métaux dans des opérations alchimiques : tu dois te souvenir, si je ne m'abuse, que j'ai toujours été un singe très-adroit. »

blables injures, et qu'il n'est pas de peuple dont on puisse parler plus impunément que du nôtre : heureux quand nous ne sommes pas les premiers à dévoiler imprudemment nos faiblesses! Ici M. Biagioli se montre à la fois favorable à la supposition de Dante, et reconnaissant de l'hospitalité obligeante qu'il a reçue parmi nous, il dit : « Le poëte, comme il saisit toutes les occasions de porter la faux où elle peut trouver prise, la tourne à temps et *a propos* contre la nation française qui, ainsi qu'il paraît, *était telle* au temps de Dante. »

1. Stricca. Ironie semblable à celle que nous avons remarquée au chant XXI, au sujet de Bonturo. Voyez note 3, page 92. Stricca était un Siennois insensé, qui se ruina en folles dépenses Nicolas de Salimbeni inventa la *costuma ricca*, qui était l'art de faire une chère exquise, et d'assaisonner les faisans de la manière la plus délicate. Caccia d'Asciano, autre habitant de Sienne, très riche. Il fit partie d'une société de jeunes gens de cette ville, qui mirent en commun deux cent mille ducats, et les dépensèrent, en vingt mois, à des repas somptueux. Ce Caccia fut un des principaux fous de cette troupe d'étourdis L'Abbagliato, Siennois, de la même société.

2. Capocchio étudia la philosophie naturelle avec Dante, et ensuite il falsifia les métaux (Vellutello).

CHANT XXX.

Quand Junon, jalouse de Sémélé [1], ne craignit pas de persécuter si souvent cette princesse du sang thébain, Atamas devint si insensé que, voyant son épouse s'approcher avec ses deux fils dans ses bras, il cria : « Tendons les filets, que je prenne la lionne et ses lionceaux ! » Aussitôt il avança ses bras cruels, saisit celui de ses enfants qui se nommait Léarque, le fit tourner plusieurs fois dans les airs, et le brisa contre un rocher : alors la mère se précipita dans les eaux avec son autre fils. Quand la fortune voulut abaisser la grandeur des Troyens et leur puissance qui montrait tant d'audace, et que le royaume et le souverain furent anéantis, Hécube [2], languissante, désolée et captive, après avoir vu périr Polyxène, et avoir trouvé, sur le bord de la mer, le corps de son fils Polydore, éprouva d'affreux déchirements, et fit entendre les aboiements forcenés d'une chienne, tant la douleur avait renversé ses esprits. Mais ni les cruautés des Thébains, ni celles que les Troyens, dans l'une et l'autre catastrophe, exercèrent sur des animaux ou sur des hommes, ne peuvent être comparées aux fureurs de deux âmes nues qui couraient en mordant ce qu'elles rencontraient, comme

---

1. Junon, jalouse de Sémélé, princesse du sang thébain, ordonna à Tisiphone d'aveugler l'esprit d'Athamas, roi de Thèbes. Bientôt, il entra dans une telle fureur, que voyant Ino, son épouse, s'approcher avec ses deux enfants, Léarque et Melicerte, il la prit pour une lionne entourée de ses lionceaux, saisit Léarque, le lança avec violence contre un rocher. Alors la malheureuse Ino se jeta à la mer avec son autre fils Melicerte.

2. Hécube, épouse de Priam, mère de Polyxène, emmenée en captivité par les Grecs. *Latravit conata loqui*, dit Ovide, *Met.*, 13, vers 170. « S'efforçant de parler, elle aboya »

fut le pourceau à qui son toit vient d'être ouvert. L'une de ces âmes accourut près de Capocchio, lui asséna sur la nuque des coups violents, le renversa, et, le tirant à elle, lui fit labourer avec son ventre le sol âpre et sauvage. L'habitant d'Arezzo[1], qui en fut tout tremblant de frayeur, me dit : « Ce furieux est Gianni Schicchi[2], dont la rage va accommodant ainsi ce qu'elle rencontre. » Je répondis : « Si cette autre âme ne vient te déchirer de ses affreuses morsures, peux-tu me dire qui elle est, avant qu'elle disparaisse? » Il reprit ainsi : « C'est l'âme antique de cette scélérate Myrrha[3] qui, contre les lois de l'amour honnête, devint amie de son père. Pour commettre son crime, elle emprunta un déguisement, comme cet autre qui est plus loin, dicta, au nom de Buoso Donati, pour posséder la reine du haras, un faux testament auquel il donna les formes légales. »

Après que ces deux furieux, qui avaient arrêté ma vue, eurent continué leur course impétueuse, je me retournai pour considérer les autres coupables; j'en vis un dont le corps, s'il avait été tranché là où l'aine se termine, aurait eu la forme d'un luth. Une hydropisie qui, par l'effet d'une humeur funeste, avait détruit toutes les proportions du visage et des flancs, tenait entr'ouvertes les lèvres de ce damné; il ressemblait à l'homme qui, défiguré par les ravages de l'étisie, rapproche péniblement, dans sa soif dévorante, une lèvre du menton, et l'autre de son nez. L'âme s'écria : « O vous qui êtes exempts de peines dans ce monde misérable, et je ne sais pourquoi, regardez le supplice de maître Adam[4] ! Pendant

---

1. L'habitant d'Arezzo, Capocchio
2 Florentin, habile à contrefaire la voix des autres personnes. On verra plus loin que Buoso Donati étant mort sans faire de testament, Simon Donati promit une des plus belles juments de son haras, à Gianni Schicchi, s'il voulait se mettre dans le lit du défunt, dont on aurait caché le corps, et là, dicter, au nom de Buoso, un testament qui déclarerait Simon son héritier Gianni accepta la proposition, et la supercherie ne fut découverte que longtemps après « C'est le stratagème du légataire universel, » observe très-bien Rivarol

3 Fille de Cinyre, roi de Chypre, qui éprouva un sentiment criminel pour son père Myrrha fut mère d'Adonis Voyez Ovide, *Met.*, 10, vers 298 et suiv

4 Adamo de Brescia, sur la de-

ma vie, j'ai possédé tout ce que j'ai désiré, et maintenant, hélas ! je soupire après une goutte d'eau. Les ruisseaux qui, du Casentin, portent leurs ondes à l'Arno, par des canaux frais et délicieux, me sont toujours présents, et ce n'est pas en vain : leur souvenir me dessèche plus que le mal qui décharne mes traits. La justice sévère qui me punit, m'offre dans le lieu même où j'ai péché, l'image que poursuit mon stérile désir. C'est à Romena que j'ai falsifié la monnaie frappée au coin de Baptiste ; et, là haut, ce crime me fit condamner aux flammes. Au moins, que n'aperçois-je ici les ombres barbares de Guido, d'Alexandre et de leur frère[1] ! je donnerais, pour les voir sur ce sol brûlant, l'eau limpide de *Fonte-Branda*[2]. S'il faut en croire les âmes pleines de rage, qui ont le privilége de parcourir ce cercle empesté, un d'eux[3] est déjà parmi nous. Mais que me fait son supplice, à moi qui ai les membres appesantis ? s'il m'était accordé d'avancer d'un doigt en cent années, je me serais déjà mis en chemin pour chercher ce monstre dans cette vallée[4] qui compte onze milles de long, et n'a pas moins d'un demi-mille de large. C'est à cause d'eux que je suis associé à cette odieuse famille ; ce sont eux qui m'ont ordonné de frapper des florins à trois carats d'alliage. »

Je l'interrompis en lui disant : « Qui sont ces deux abjects couchés à ta droite, et qui fument comme des mains mouillées

---

mande des comtes de Romena, seigneurie située près du Casentin, qui est une des parties les plus délicieuses de l'heureuse Toscane, falsifia les florins d'or frappés avec l'effigie de saint Jean-Baptiste, par la république de Florence. Il fut arrêté et condamné comme faux monnayeur à être brûlé.

1 Comtes de Romena, dont il est question dans la note précédente. Le troisième frère s'appelait Aghinolfo.

2 Fontaine de Sienne. Il ne faut pas confondre cette fontaine avec celle de la grande place, dit Venturi, comme ont fait Daniello et Volpi. Cette fontaine est près d'une porte de la ville, qui s'appelle même *Porte Fonte-Branda*, tandis que la fontaine de la place s'appelle *Fonte-Gaja*.

3 Un de ces trois comtes est déjà parmi nous, s'il faut en croire Gianni Schicchi et Myrrha, qui ont le privilége de parcourir cet abîme.

4. Maître Adam exagère la longueur de la vallée, et la difficulté de trouver le comte de Roména, qui y est déjà descendu. Il veut ainsi prouver que quand même il lui faudrait un nombre infini de siècles pour qu'il parvînt à le rencontrer, il se mettrait en route avec plaisir. La passion de la vengeance ne peut pas être portée plus loin.

pendant l'hiver? » Il répondit : « J'ai trouvé ces ombres ici, quand je suis tombé dans cet abîme ; depuis ce temps elles sont restées immobiles, et je ne crois pas qu'elles puissent se mouvoir jamais. L'une est la perfide qui accusa Joseph [1] ; l'autre, le fourbe Sinon [2], ce Grec de Troie. Une fièvre aiguë leur fait exhaler cette vapeur putréfiée. » Le dernier, indigné de s'entendre appeler d'un nom si infâme, frappa de son poing le ventre durci de l'hydropique, et le fit résonner comme un tambour. Maître Adam répondant par un coup sur la figure de Sinon, et qui ne parut pas moins violent, lui adressa ces mots : « Quoiqu'il me soit pénible de remuer mes membres engourdis, j'ai encore le bras prompt à frapper. » — « Pourquoi, dit le fils de Sisyphe, quand tu marchais aux flammes, ne l'avais-tu pas si dispos? tu l'avais plus libre quand tu battais tes florins. » — « Tu dis ici la vérité, reprit l'hydropique ; mais tu ne la dis pas de même aux Troyens, lorsqu'on te somma de la dévoiler. » — Moi, reprit Sinon, j'ai dit une fausseté, oui, mais toi tu as falsifié la monnaie. Je suis ici pour un seul crime, et toi pour plus de forfaits qu'aucun autre démon. » — « Parjure, souviens-toi du cheval [3], répliqua le coupable au ventre tendu ; que ton supplice soit de savoir que tout le monde connaît ta perfidie. » — « Et toi, dit le Grec, languis avec cette soif qui brûle ta langue, et cet amas d'eau qui, comme une muraille, te dérobe la vue du reste de ton corps. » — « Ta bouche, repartit le monnayeur, ne s'ouvre que pour proférer des paroles criminelles : si j'ai soif, si mon ventre est ainsi gonflé, tu es dévoré de cette fièvre qui te consume, et qui te fait exhaler

---

[1] L'épouse de Putiphar. Mon savant confrère de l'Academie, M. Reynaud, m'a dit que les auteurs orientaux donnent à cette femme le nom de *Zoleika*.

[2] Rivarol a oublié « ce Grec de Troie. » C'est cependant un trait de satire très ingénieux Même cette injure, comme on va le voir, engage une querelle avec maître Adam C'est à ce Sinon, fils de Sisyphe, que le genereux Priam dit : « *Noster eris* » Voyez *Eneide*, liv. II.

[3] Du cheval de bois Sinon dissipa les craintes que les Troyens avaient conçues, en voyant près d'eux cette énorme machine, qui leur fut si funeste.

une vapeur putride ; il ne faudrait pas t'inviter longtemps à lécher ¹ le miroir de Narcisse ². »

J'étais occupé à les entendre, quand mon maître me dit : « Continue donc d'écouter ; pour rien, je te chercherais querelle. » Lorsque mon guide m'eut parlé de ce ton de colère, je me retournai vers lui plein d'une honte dont je n'ai pas perdu le souvenir. Tel que celui qui, voyant dans son sommeil un malheur fondre sur lui, désire que le trouble qui le tourmente ne soit qu'une vaine illusion, et fait des vœux pour n'avoir point à gémir de cette image mensongère, de même, dans ma pensée, je désirais m'excuser ; mais en même temps mon désir secret était entendu sans que je susse quel pouvoir le révélait à mon maître. Il me dit : « Moins de confusion demanderait grâce pour une faute plus grave que la tienne. Point de tristesse ; et si jamais tu rencontres des ombres engagées dans de semblables rixes, n'oublie pas que je suis près de toi ; c'est une action basse de les écouter ³. »

---

1 J'ai conservé le mot *lécher*, quoiqu'il soit un peu ignoble. Je me suis tenu le plus près que j'ai pu de l'âpreté âcre de cette injure.

2. Tirésias avait prédit que Narcisse vivrait tant qu'il ne se verrait pas Sa mort fut une vengeance de l'Amour Narcisse avait méprisé la tendresse d Echo elle était morte de désespoir. Narcisse alors se vit dans l'eau, et comme la nymphe qu'il avait méprisée, il mourut d'un amour qu'il était impossible de faire partager, et fut changé en une fleur qui porte son nom

3 Si l on est tenté de reprocher a Dante la querelle dont on vient de lire le récit, il faut convenir en même temps que le poëte a reconnu combien cette digression était d'un ton qui manquait de noblesse, et il y a de l'adresse a se faire dire par Virgile, le poëte de l'élégance et du bon goût continuel ; par Virgile, qui avait écrit son poëme en style élevé, *tragique*, suivant la définition de Dante « C'est une action basse de s'arrêter pour écouter des rixes aussi indécentes »

CHANT XXXI.

Mon guide venait de m'adresser des reproches qui m'avaient fait rougir de honte ; mais ses dernières paroles apportaient des consolations dans mon âme. Ainsi la lance qu'Achille avait reçue de son père [1], faisait des blessures qu'elle avait le don de guérir.

Nous quittâmes cette triste vallée, en marchant, sans parler, sur le bord qui l'environne : là, le jour n'avait pas tout à fait disparu ; la nuit n'avait pas déployé ses voiles : cependant ma vue s'étendait peu autour de moi. En cet instant retentit un cor dont le son aurait étouffé celui du tonnerre : je dirigeai toute la puissance de mes yeux vers le point d'où partait ce son effroyable. Le bruit du cor de Roland [2] ne fut pas si terrible après la bataille sanglante où Charlemagne perdit le fruit d'une guerre sacrée. J'avançai la tête, et il me sembla voir plusieurs tours élevées.

Je dis à mon maître : « Quelle est cette Terre ? » Il me répondit : « Ton œil veut pénétrer trop avant ; aussi, à travers ces ténèbres épaisses, il en impose à ton imagination abusée. Quand tu seras arrivé, tu verras combien les sens nous trompent à une grande distance : mais marche plus vite. » Il me prit alors par la main, et me dit d'une voix douce : « Avant d'approcher davantage, apprends, afin d'en être moins éton-

---

[1] Achille, lui-même, dit que sa lance avait blessé Téléphe, et l'avait ensuite guéri. « *Opusque meæ bis sensit Telephus hastæ* » Ovid, *Met.*, XII, vers 112.

[2] Les romanciers racontent qu'à la bataille de Roncevaux, lorsqu'un corps de trente mille hommes de l'armée de Charlemagne fut taillé en pièces, par l'effet de la trahison d'un guerrier de son armée, Roland donna du cor d'une manière si terrible, qu'il fut entendu de Charlemagne, qui était éloigné de huit lieues. Dante appelle cette guerre, *une guerre sacrée*, parce qu'elle avait pour but de chasser les Sarrasins de l'Espagne.

né, que ce ne sont pas là des tours, mais des géants qui sont autour du puits infernal, et que tu vois depuis les pieds jusqu'au milieu du corps »

De même que l'œil, quand la vapeur se dissipe, peu à peu distingue ce qu'elle cachait à notre vue ; de même, à mesure que je m'avançai davantage à travers l'air épais et obscur, et que j'approchai de plus près, mon erreur s'évanouit, mais je sentis accroître mon épouvante. Tels que des tours couronnent Montéreggione [1], célèbre par ses murailles arrondies, tels les horribles géants, que Jupiter, du haut du ciel, menace encore lorsqu'il lance le tonnerre, vus jusqu'à mi-corps, semblaient flanquer de tours menaçantes le bord qui environne le dernier abîme. Je distinguais les traits, les épaules, la poitrine, une partie des flancs de l'un d'eux, et ses bras tombant le long des côtes. Lorsque la nature cessa de créer de tels monstres [2], elle mérita sans doute des éloges ; elle enlevait à Mars de terribles instruments de guerre ; elle ne se repent pas, il est vrai, de continuer à créer des éléphants et des baleines ; mais on peut voir, à l'aide de sages réflexions, combien elle est juste et discrète : en effet, là où l'esprit et l'intelligence savent se joindre à la puissance et à la méchanceté, les efforts des hommes ne peuvent opposer aucune résistance.

Le visage de ce géant présentait la longueur et la largeur de la pomme de pin de Saint-Pierre, à Rome [3]. Ses autres

[1] Château qui appartenait à la république de Sienne, et qui était environné de tours.

[2] On a toujours peu remarqué ce passage. Il est cependant très-beau et très-digne d'admiration. Si, en effet, la nature accordait aux animaux de première grandeur un esprit proportionné à leurs forces, Mars trouverait dans les éléphants et dans les baleines de terribles instruments de guerre. On se figure aisément les ravages qu'exercerait contre l'armée la plus brave, une masse d'éléphants doués du génie raisonnant, et de l'intelligence complète qui nous caractérise : on comprend le désordre que jetterait dans les flottes les plus nombreuses, une réunion de cétacés qui sauraient comment on attaque et comment on fait couler un vaisseau. Alors l'empire de la terre et des eaux échapperait aux hommes. Il y a loin de là à cette obéissance passive des éléphants de Pyrrhus et d'Annibal, et aux cris de douleur de la baleine blessée, qui fuit devant le harpon des matelots du Texel ou de Saint Malo.

[3] Il s'agit ici de la pomme de pin de bronze qui était originairement au haut de la *mole Adriana* aujourd'hui châ-

membres étaient dans la proportion d'une face aussi monstrueuse. Le bord qui couvrait la partie inférieure de son corps, en laissait découvrir assez pour que trois habitants de la Frise¹, elevés l'un sur l'autre, se fussent vantés en vain d'atteindre à la chevelure de cet orgueilleux rebelle, puisque l'on comptait plus de trente grands palmes², du point où s'attache le manteau, jusqu'au bord du puits infernal. La bouche formidable, qui ne peut chanter des psaumes plus doux, cria : « RAPHE LMAI AMEC HZA BIALMI³. » — « Ame insensée, lui dit mon guide, cherche un vain amusement dans le son de ce cor; exhale ainsi ta fureur, quand la colère ou une autre passion vient te dominer! Ame perverse, si tu ignores où ce cor est suspendu⁴, cherche le long des

---

leau Saint-Ange. Le pape Symmaque la fit élever en avant de la basilique vaticane. Lors de la réédification de cette basilique, cette pomme de pin fut transportée, de la place Saint-Pierre, près du jardin et du petit palais d'Innocent VIII, a *Belvedere*, et à la fin du XVIIᵉ siècle, placée sur l'abside (l'arc, la voute) de Bramante, où on la voit encore entre deux paons également en bronze. J'emprunte cette note à M. de Romanis. Rivarol dit : « La boule qui termine le dôme de Saint Pierre. » Colbert a traduit « La boule du dôme de Saint-Pierre. » Ils ont eu tort. Dans le temps de Dante, il n'y avait pas de dôme à Saint-Pierre. Cette pomme de pin a onze pieds de hauteur, la boule actuelle qui termine le dôme de Saint-Pierre a sept pieds dix pouces de diamètre. Je l'ai mesurée plusieurs fois : ainsi le visage de Nembrot avait onze pieds de hauteur, 3 mètres 873 millim.

1 Les habitants de la Frise passaient alors, comme aujourd'hui, pour être d'une haute stature.

2 Trente grands palmes ; il ne faut pas dire trente grandes palmes. Il s'agit ici de palmes florentins. Notre aune ancienne valait deux *bras* florentins, le *bras* valait trois palmes, ainsi, trente palmes font dix *bras*, qui font cinq aunes : six mètres.

3 Le poëte confond ici l'entreprise des Géants contre Jupiter, et celle de Nembrot ou Nemrod, fils de Chus, et l'un de ceux qui voulurent bâtir la tour de Babel. Les paroles que prononce Nembrot sont arabes, et signifient, d'après M. Lanci : « Honore ma splendeur dans l'abîme, comme elle a brillé dans le monde. » Le poëte doit avoir pensé en même temps, que personne ne comprendrait ces paroles, car il ajoute plus bas, en parlant du même géant : « Le langage des hommes lui est aussi inconnu que le sien l'est à la terre. » Toujours, il est bien que, grâce à M. Lanci, on ne dise plus que ces paroles n'ont aucun sens, et que Dante les avait insérées là à tort et à travers. Non : ces paroles servent à montrer l'esprit *conséquent* du poëte, qui représente les condamnés comme livrés à un continuel sentiment d'orgueil ou de honte. Ici c'est l'orgueil qui domine, et quel orgueil ! Le géant voit de la *splendeur* dans les ténèbres, car on ne peut pas croire qu'il ait voulu parler ainsi de lui-même avec dérision.

4 Virgile, pour châtier l'orgueil de Nembrot, lui adresse des paroles moqueuses. Il lui indique où est son cor. Nembrot le savait cependant, puisqu'il en a sonné quand « les *poètes*, en quittant la triste vallée, ont marché sans parler sur le bord qui l'environne, » et que ce son effroyable a rappelé le bruit du cor de Roland. C'est dans ce moment-là que Dante voyant les géants

muscles de ton cou, tu trouveras la courroie qui soutient ce fatal instrument : remarque donc qu'il décrit un cercle autour de ton énorme poitrine. » Mon maître me dit ensuite : « Voilà Nembrot, il s'accuse lui-même; c'est depuis qu'il manifesta son arrogante inexpérience, qu'on ne parle plus une seule et même langue dans le monde. Laissons-le, ne perdons pas nos paroles : le langage des hommes lui est aussi inconnu que le sien l'est à toute la terre. »

Nous fîmes un détour à gauche, et, à la portée du trait, nous trouvâmes un géant plus grand et plus redoutable. Je ne saurais dire quelle main invincible a pu garrotter un tel monstre; mais une chaîne qui assujétissait sur sa poitrine son bras gauche, et sur ses reins son bras droit, le tenait lié depuis le cou jusqu'à cette moitié du corps que l'on pouvait apercevoir, et se repliait cinq fois autour de ses flancs. « Ce superbe géant, dit mon guide, voulut éprouver sa puissance contre celle du grand Jupiter, et voilà quelle fut sa récompense : il s'appelle Éphialte [1]; il s'abandonnait aux accès de son audace téméraire, quand les géants intimidèrent les dieux; il ne peut plus mouvoir ces bras qui lui servirent à entasser les montagnes. » — « Je voudrais, repris-je, voir, s'il se peut, Briarée [2], ce géant que l'on dit d'une hauteur si démesurée. » Mon guide répondit : « Tu verras Antée [3] près d'ici; il est libre, et parle intelligiblement : c'est lui qui nous déposera

a travers l'obscurité, les a pris pour les tours d'une ville.

[1] Éphialte et son frère OEthus etaient fils de Neptune et d'Iphimedie. C'etaient des géants qui, chaque annee, croissaient de plusieurs coudées, et prenaient une grosseur proportionnée. Ils n'avaient encore que quinze ans, quand ils voulurent escalader le ciel. Ils se tuèrent l'un l'autre, excités par l'adresse de Diane, qui les anima d'une violente colère.

[2] Dante désire de voir Briarée, à cause de la description de ce monstre qu'on trouve dans Virgile, liv. II, vers 166 et suiv.

Briarée, fils de Titan et de la Terre, s'appelait aussi Egeon. Il est facile de comprendre que Dante, qui a lu si passionnement le poëme de Virgile, soit curieux de voir ce même Briarée. Mais Virgile ne pourra pas satisfaire Dante.

[3] Antée, fils de Neptune et de la Terre, tué par Hercule. Il exerçait ses brigandages dans la Libye. Dante dit que ce géant est libre et parle intelligiblement, parce qu'il ne conspira pas contre les dieux. On ne peut s'empêcher d'admirer l'esprit de logique et cette suite d'excellents raisonnements qui n'abandonnent jamais le poète.

au fond du dernier abîme. L'autre que tu demandes est plus éloigné, mais il est tel qu'Éphialte, et enchaîné comme lui ; il a seulement un aspect plus féroce. » A ces mots Ephialte secoua ses chaînes : jamais un tremblement de terre, qui ébranle une tour énorme, ne fit entendre un bruit aussi terrible. Alors je craignis plus que jamais la mort, et l'effroi allait m'anéantir, si je ne me fusse souvenu que le géant avait les mains garrottées.

Nous continuâmes de marcher, et nous vîmes Antée dont le corps, sans comprendre la tête, dépassait le gouffre de cinq aunes [1]. Mon maître parla ainsi : « O toi qui fis un butin de mille lions [2] dans la vallée fortunée où Scipion se couvrit de gloire et mit en fuite Annibal et les siens [3] ; il paraît qu'on croit que tu aurais donné la victoire aux fils de la terre [4], si tu avais accompagné tes frères à la haute guerre contre les dieux : ne dédaigne pas de t'abaisser et de nous déposer là où le Cocyte est couvert de glaces ! Ne me fais appeler ni Titye ni Tiphée [5]. Celui que je conduis peut rassasier ton âme avide de renommée : abaisse-toi, et ne tords pas ainsi ton visage. Oui, il peut parler de toi dans le monde, celui-ci qui est vivant, et destiné à une longue carrière, si la grâce ne l'appelle pas à elle avant le temps. » Alors le géant étendit sur mon guide ces mains qui pressèrent si rudement Hercule [6]. Le sage Romain me dit, quand il se sentit saisir ainsi : « Fais

---

1 Cinq aunes : six mètres. Voyez une note précédente, page 144, note 2

2 Virgile flatte Antée, dont il a besoin en ce moment, il rappelle au géant, que dans le voisinage du lieu où Scipion vainquit Annibal, c'est-à-dire en Afrique, ce géant avait fait un butin de mille lions (*Pharsale*, liv. IV, vers 604) Mille lions sont ici pour un nombre considérable

3. Scipion rendit nécessaire la fuite d'Annibal et des siens, en les forçant à repasser en Afrique

4. Comme je l'ai déjà dit, Virgile flatte Antée dont il attend un service. Les satisfactions offertes à l'orgueil, et les ménagements pour la honte, sont décidément la monnaie qui circule en enfer : là, on est toujours livré à l'orgueil ou à la honte, ici, l'orgueil triomphe encore Antée oublie qu'il a été vaincu par Hercule, simple demi-dieu, il va rendre le service qu'on lui demande, il est vrai, en tordant le visage d'assez mauvaise grâce.

5 Ni Titye, ni Tiphée, autres géants que Virgile suppose autour du puits.

6 Mais qui cependant ne furent pas victorieuses. Ce n'est plus Virgile qui parle, c'est le poëte qui est rempli de frayeur.

en sorte que je puisse te tenir fortement. » Et il me serra contre lui tellement que nos corps ne formaient qu'un faisceau. Tel que la Garisende[1], si on la considère du côté où sa cime inclinée inspire tant d'effroi, paraît prête à se renverser, quand il passe un nuage au-dessus de ses créneaux, tel me sembla le formidable Antée, quand je le vis abaisser ses bras. J'avoue qu'alors j'aurais préféré toute autre voie; mais il nous porta légèrement au fond de l'abîme qui renferme Lucifer et Judas. A peine nous eut-il déposés, qu'il se releva comme le mât d'un vaisseau.

[1] La Garisende, tour de cent trente pieds de haut, appelée ainsi du nom d'un noble bolonais, qui la fit élever sur la *piazza minore di porta Ravegnana* à Bologne. Cette tour a une inclinaison extérieure de neuf pieds, tandis que l'inclinaison intérieure n'est que d'un seul pied, si l'on s'approche de l'édifice du côté où il penche, et si l'on regarde, par un temps d'orage, les nuages qui passent rapidement en l'air dans un sens opposé, on croit qu'ils vont abattre la tour. Elle est bâtie à côté de celle des *Asinelli*, qui a trois cent soixante seize pieds de hauteur. La Garisende a été appelée pendant quelque temps, suivant quelques écrivains, *la torre dell' Agnello*, aujourd'hui, on la nomme *torre Mozza*. Quelques auteurs assurent que ce surplomb de la Garisende est un effet de la volonté de l'artiste qui l'a élevée, mais les architectes soutiennent au contraire, qu'il est la suite du peu de soin qu'on a mis à bien étayer les fondations. La tour de Pise a un surplomb de treize pieds, aussi est-elle plus effrayante que la Garisende.

CHANT XXXII.

Si je savais composer des vers d'un ton âpre et rauque, comme il conviendrait d'en offrir ici pour décrire le puits sur lequel s'appuient tous les autres cercles, j'exprimerais le suc de ma pensée avec plus de force; mais, puisque ce don m'est refusé, ce n'est pas sans crainte que je me hasarde à retracer ce que j'ai vu. La description du centre de l'univers ne peut être ni un jeu futile, ni l'entreprise d'une langue qui ne sait encore que balbutier. Femmes[1], qui avez aidé Amphion à elever les murailles de Thèbes, accordez-moi votre généreuse assistance, et que mes chants s'élèvent à la hauteur du sujet. O race maudite de coupables, qui habitez ce lieu dont il est si difficile de présenter un tableau fidele, que n'avez-vous été, dans le monde, des brebis et des chèvres!

Quand nous fûmes parvenus dans le puits obscur, plus bas que le sol où reposaient les pieds du géant, je considérai les hauts retranchements de l'abîme, et j'entendis qu'on me disait: « Prends garde à tes pas, évite de fouler aux pieds la tête des misérables accablés qui ont été tes freres. » Je me tournai, et je m'aperçus que je marchais sur un lac glacé qui ressemblait plutôt à un cristal qu'à un fleuve. Le Danube qui traverse l'Autriche, et le Tanaïs qui roule ses eaux sous un ciel encore plus rigoureux, n'entravent pas leur cours d'une enveloppe aussi épaisse. Les monts Tabernick et Piétra Pia-

---

[1] Les Muses La fable raconte qu'Amphion, par les doux sons de sa lyre, fit descendre les pierres du mont Cythéron, pour bâtir Thèbes les pierres, sensibles à cette mélodie, se rangeaient d'elles-mêmes à leur place Dante suppose naturellement qu'Amphion fut alors assisté par les Muses Amphion, celebre prince-poëte de Béotie, était fils de Jupiter et d'Antiope.

na¹ s'écrouleraient sur ce lac, qu'on n'entendrait pas à sa surface le moindre craquement.

De même qu'on voit la grenouille qui coasse, la tête hors des marais, à l'époque de l'année où la villageoise pense à glaner, de même on voyait les ombres livides sous cet hiver éternel, plongées dans la glace jusqu'à cette partie du visage où se signale la honte, et imitant, en faisant craquer leurs dents, le bruit du bec de la cigogne². Elles avaient toutes la tête renversée en avant; le froid qu'elles éprouvaient et la douleur dont elles étaient pénétrées, se manifestaient par ce choc de leurs dents et le gonflement de leurs yeux.

Quand j'eus observé quelque temps ce spectacle, je regardai à mes pieds, et je vis deux ombres qui se serraient si étroitement, que leurs chevelures étaient confondues. « Dites-moi; qui êtes-vous, m'écriai-je, ô vous qui vous étreignez si fort? » Ces ombres élevèrent la tête, mais leurs yeux étaient baignés de larmes qui tombant sur leurs cils, y restèrent tout à coup condensées par la glace : bientôt elle rapprocha encore les deux coupables, en les resserrant ensemble visage contre visage : jamais un lien de fer n'a plus fortement tenu appliqué le bois contre le bois. La fureur des ombres fut telle, qu'elles s'entre-heurtèrent comme deux béliers.

Une autre âme, à qui le froid avait fait tomber les oreilles, et qui inclinait sa face humiliée, me dit : « Pourquoi te mires-tu en nous? veux-tu savoir qui sont ces deux esprits? Ils naquirent, ainsi que leur père Albert, dans la vallée d'où descend le Bisenzio³; ils sont aussi fils de la même mère, et tu parcourras toute l'enceinte de Caïn⁴, avant de trouver une

---

1. Tabernick, montagne de l'Esclavonie. Pietra Piana, montagne de la Toscane, située près de Lucques, dans la partie qu'on appelle la Garfagnana.

2 *Ipsa sibi plaudat crepitante ciconia rostro* ! Ovid, *Met.*, VI, vers 97

3. Ces deux esprits étaient de la famille des Alberti, et nés dans la vallée appelée *Falterona* qu'arrose le Bisenzio, qui va ensuite se jeter dans l'Arno

Après la mort de leur père, ces deux frères s'unirent pour tyranniser tous les pays voisins, ils finirent par concevoir de la jalousie l'un contre l'autre, et dans un accès de fureur, ils s'entre-tuèrent.

4 Dante divise les traîtres plongés dans la glace en quatre classes distinctes, ils sont plus ou moins éloignés du fleuve, et dans des attitudes différentes

ombre qui ait plus mérité qu'eux d'être abreuvée de l'amertume du bouillon de glace. Je n'en excepte pas celui à qui Artus¹ fit dans le flanc une si large blessure, que les rayons du soleil traversèrent son corps, ni Focaccia², ni celui qui, avec sa tête, m'empêche de voir plus avant, et qui fut appelé Sassolo Maschéroni³. Si tu es Toscan, tu dois connaître ce dernier. Pour que tu n'aies pas à m'interroger davantage, apprends que je suis Camiccione de' Pazzi : j'attends Carlino, qui vienne ici montrer un être plus méprisable que moi. »

Je vis beaucoup d'autres visages que le froid avait rendus violets : aussi le souvenir de cet étang me pénétrera-t-il toujours d'horreur.

Je m'avançais ainsi vers le centre où tendent tous les corps graves⁴, et je tremblais de crainte dans ces ténèbres perpetuelles. En marchant parmi ces ombres impies, j'ignore si ce fut un effet de ma volonté, du destin ou du hasard, mais mon pied heurta fortement contre une tête. L'âme cria en pleurant : « Pourquoi m'insultes-tu ? si tu ne viens pas venger la journée de Monte-Aperto⁵, pourquoi me frappes-tu ? » Je dis alors : « O mon maître! attends-moi, que j'éclaircisse un doute auprès de cette ombre ; puis nous avancerons aussi vite que tu voudras. » Mon guide s'étant arrêté, je dis à celui qui

---

Cette partie du Cocyte s'appelle le giron de Caïn. Giron veut dire ici circuit. Elle est la plus éloignée du centre, et comprend les âmes de ceux qui ont trahi ou massacré leurs propres parents : aussi s'appelle-t-elle circuit de Caïn. La seconde division s'appelle Antenore; la troisième, Ptolomée; la quatrième, circuit de Judas. Nous arriverons successivement à ces trois dernières subdivisions, et je donnerai les explications nécessaires.

1 Mordrec, fils d'Artus, s'était mis en embuscade pour tuer son père : celui-ci le prévint par un coup de lance qui le perça de part en part.

2 Focaccia Cancellieri, noble de Pistoie, qui coupa la main d'un de ses cousins, et assassina ensuite le père de cet infortuné.

3. Florentin, qui tua également un de ses oncles — Camiccione de' Pazzi de Valdarno, qui tua, par trahison, Messer Ubertino, son parent, et non pas *un de la famille des Ubertins*, comme dit Rivarol. — Messer Carlino de' Pazzi, du parti des Blancs, livra le château de Piano delle vigne aux Noirs de Florence, qui lui donnèrent une grosse somme d'argent pour prix de sa lâcheté. Il paraît que Carlino devait être vivant quand Dante a fait ces vers. Ce juge sévère indique d'avance aux criminels qui vivent encore, quel est le châtiment qui leur est réservé.

4 Le centre de la terre. Le poëte reparlera de ce centre de gravité, chant XXXIV.

5 Voyez page 161, note 2.

blasphémait encore : « Qui es-tu, toi qui me fais de tels reproches ? » Il reprit : « Mais qui es-tu toi-même, toi qui marches dans le cercle d'Anténor[1] en frappant les visages des autres si rudement, que, quand même tu serais vivant, tu aurais encore frappé trop fort? » Je répondis : « Je suis vivant, et il peut t'être agréable, si tu es avide de quelque renommée, que je place ton nom avec ceux que j'ai déjà recueillis. » — « Moi ! s'écria-t-il, je désire le contraire, et même retire-toi ; ne me donne plus de sujets de plaintes : tu ne sais pas bien flatter sur ce marais. » Je saisis alors le coupable à la nuque, et je dis : « Il faudra bien que tu parles, ou il ne restera pas un cheveu sur cette tête. » — « Hé bien ! reprit-il, arrache mes cheveux, foule ma tête aux pieds, tu ne sauras jamais qui je suis. » L'esprit aboyait en renversant sa tête en avant, et j'avais déjà la main remplie des débris de sa chevelure, quand un autre cria : « Qu'as-tu donc, Bocca[2] ? il ne te suffit pas de grincer des dents, il faut que tes aboiements nous importunent. Quel démon te tourmente ? » — « Maintenant, repris-je, il m'est indifférent que tu parles, traître maudit; à ta honte, je porterai de vraies nouvelles de toi. » — « Va-t'en, répondit-il, raconte ce qu'il te plaira de racon-

[1] Le cercle de ceux qui ont trahi leur patrie. Antenor, prince troyen, trahit, dit-on, sa patrie, en cachant Ulysse dans sa maison. On prétend qu'après le siege de Troie, il alla fonder la ville de Padoue.

[2] Bocca degli Abbati. Il etait Guelfe ; mais ayant été corrompu, à force d'argent, par les Gibelins, il s'approcha, au milieu de la bataille de Monte Aperto (voyez, page 41, note 4, ou il a été question de cette bataille), il s'approcha de Jacques Pazzi, qui tenait le principal étendard, et lui coupa la main. Les Guelfes ne voyant plus cet étendard, se crurent vaincus et prirent la fuite. Voilà pourquoi Bocca dit plus haut (page 150) : « Si tu ne viens pas venger la journée de Monte Aperto, pourquoi me frappes-tu ? » Dante était Gibelin quand il écrivait ce passage, et il a la générosité de rappeler le trait odieux de Bocca. Le poëte renonce même au ton generalement mesuré avec lequel il interroge les esprits. Il veut forcer ce Bocca avec une sorte de violence à lui dire son nom. Mais aussi Bocca repond très courageusement : « Qui es-tu toi même toi qui marches en frappant les visages si rudement ? » Rivarol a très-sagement observé que Bocca a raison d'invoquer le respect dû aux morts. Enfin de cette faute, de cette injustice de Dante, si l'on veut appeler ainsi son action naît une scène très-pathétique, et propre à donner une juste idée de l'horreur que doit inspirer la trahison refléchie de Bocca. Remarquons aussi que chez Bocca, c'est le sentiment de la honte qui l'emporte, au point que le souvenir qu'on pourrait porter de lui sur la terre ne saurait le flatter.

ter: mais si tu sors d'ici, n'oublie pas celui qui vient d'avoir une langue si prompte à me trahir; il pleure en ce lieu l'argent qu'il a reçu des Français; tu pourras dire : J'ai vu Buoso da Duera [1], là où les pécheurs sont dans l'étang glacé. On te demandera peut-être qui tu as vu encore : hé bien, tu as à ta droite Beccheria [2], dont Florence a fait tomber la tête : je crois que plus loin sont plongés Gianni del Soldaniéro, Ganellone et Tribaldello qui, trahissant les siens, livra, pendant leur sommeil, la porte de Faenza. »

Nous quittâmes cette ombre, et nous vîmes deux damnés dans une fosse, où la tête de l'un dominait et couvrait celle de l'autre : comme un homme affamé dévore du pain, le premier dévorait la tête de son compagnon, là où le cerveau s'unit à la nuque; il lui rongeait le crâne, comme autrefois Tidée [3] se plut, par vengeance, à broyer sous sa dent le crâne de Ménalippe. Je m'exprimai en ces termes : « O toi qui montres un acharnement de bête féroce contre celui que tu manges, dis-moi quelle est la cause de ta fureur! Lorsque je saurai qui vous êtes tous deux, quel est son crime et à quel point tu as droit de te livrer à une si terrible représaille, je citerai ton nom dans le monde, si la langue avec laquelle je parle ne se dessèche pas [4] »

1. Buoso da Duera, de Crémone, qui laissa passer sans l'attaquer, l'armée commandée par le général français Guy de Montfort, après avoir reçu de ce général une somme considérable.

2. Beccaria, de Pavie, suivant Venturi, Rivarol et Biagioli, et de Parme, suivant Landino et Moutonnet, fut abbé de Vallombrose. Il résidait à Florence, comme légat du pape. On découvrit qu'il avait conjuré en faveur des Gibelins contre les Guelfes, et on le condamna à perdre la tête sur un échafaud. Cette sentence fut exécutée à Florence même. — Gianni del Soldaniero, Gibelin, trahit sa patrie et favorisa les Guelfes. — Ganellone. Quelques-uns l'appellent Gano de Mayence. Par le conseil de ce perfide, Marsille, roi des Sarrasins, attaqua l'armée de Charlemagne dans un défilé, et gagna la fameuse bataille de Roncevaux. — Tribaldello de' Manfredi, de Faenza, remit, la nuit, une porte de cette ville aux Français qui avaient été appelés en Italie, et qui étaient commandés par messire Jean de Pas.

3. Tidée, fils d'Œnée et d'Althée. Il fut blessé au siège de Thèbes par Ménalippe, qu'il frappa aussi mortellement. Ménalippe étant mort, Tidée se fit apporter sa tête, et la déchira avec les dents.

4. Le poëte parle au comte Ugolin, qui va dans le chant suivant lui raconter sa terrible histoire.

CHANT XXXIII.

Le pécheur détourna sa bouche du féroce repas[1] ; — et, après l'avoir essuyée aux cheveux de la tête qu'il avait rongée par derrière, il commença ainsi : « Tu veux que je renouvelle cette rage désespérée dont le souvenir m'accable avant même que je parle ; mais si mes paroles sont une semence qui porte pour fruit l'infamie du traître que je ronge, tu me verras parler et pleurer à la fois. Je ne sais qui tu es, ni sous quels auspices tu es venu jusqu'ici ; à ton langage, tu me parais Florentin. Apprends que je fus le comte Ugolin ; celui-ci est l'archevêque Ruggiéri : je te dirai pourquoi je lui suis un tel voisin[2]. Il est inutile de répéter que, malgré ma confiance en lui, victime de ses affreux soupçons, je fus saisi et dévoué à la mort[3] : mais ce que tu ne sais pas, c'est combien cette mort fut atroce ; tu vas en entendre le récit, et tu sauras si

---

[1] Il est nécessaire de présenter ici l'histoire abrégée de l'esprit qui parle. Ugolin della Gherardesca se rendit maître de Pise avec l'assistance de Ruggieri degli Ubaldini, archevêque de cette ville, et dépouilla de son autorité Nino de Gallura de' Visconti, qui y commandait avant eux, sous le titre de *giudice*, juge. Cette conduite disposa peu favorablement les Pisans, qui blâmèrent l'action d'Ugolin d'autant plus sévèrement, que Nino était fils d'une de ses propres filles. La mésintelligence ne tarda pas à se manifester entre le comte et l'archevêque ; et celui-ci, pour perdre le rival avec qui il était forcé de partager l'autorité, fit courir le bruit qu'Ugolin trahissait la patrie. Bientôt l'ambitieux archevêque appela dans son parti les trois familles des *Gualandi*, des *Sismondi* et des *Lan-franchi*, et marcha au palais du comte, l'en arracha, et le conduisit avec ses enfants dans une tour qui était sur la place des *Anziani* ou magistrats de la ville. Il ordonna ensuite qu'on jetât dans l'Arno les clefs de la tour, et qu'on laissât Ugolin et ses enfants mourir de faim. Cet événement eut lieu en 1288, quand Dante avait vingt-trois ans. Voy. Jean Villani, liv. VII, chap. 120 et 127.

[2] Il y a quelque chose d'amer dans cette expression que je n'ai pas voulu faire disparaître : « *Or ti dirò perchè 'i son lui vicino.* »

[3] Je fus saisi et dévoué à la mort. Rivarol traduit : « Me fit prendre et mettre à mort » *Mettre à mort* présente l'idée d'un supplice immédiat. J'ai cru que *dévoué à la mort* était plus exact, et plus dans le sens de l'idée du poëte.

ce monstre a mérité ma haine. A travers les soupiraux de la tour, à qui, depuis mon supplice, on a donné le nom de *Tour de la faim* [1], et où tant d'autres seront enfermés après moi, une légère ouverture m'avait déjà, plusieurs fois, fait apercevoir la clarté du jour, lorsque j'eus un songe funeste qui déchira pour moi le voile de l'avenir.

« Ruggiéri me paraissait être mon seigneur et mon maître ; il poursuivait un loup et ses louveteaux vers la montagne qui derobe aux Pisans la vue de l'Etat de Lucques [2]. Il chassait devant lui les Gualandi, les Sismondi et les Lanfranchi [3] précédés eux-mêmes de chiennes maigres, affamées, et dressées par des mains habiles. En peu de temps le loup et ses petits me parurent fatigués, et les chiennes semblaient, de leur dent aiguë, leur fendre le flanc.

« Quand je fus éveillé, avant l'aurore, j'entendis mes fils, qu'on avait emprisonnés avec moi, pleurer, en dormant encore, et demander du pain. Tu es bien cruel, toi, si tu ne gémis du triste sort qui m'était annoncé; et si tu ne verses pas de larmes, de quoi peux-tu donc pleurer?

« Déjà nous étions debout : déjà approchait l'heure où l'on avait coutume d'apporter notre nourriture; chacun de nous etait tourmenté de noirs pressentiments, funeste effet de notre songe. J'entendis clouer les portes de l'horrible tour ; je regardai mes enfants sans parler : je ne pleurais pas, tant je me sentis en-dedans devenir de pierre [4]. Mes fils pleuraient; mon jeune Anselme me dit : « Pourquoi nous regardes-tu ainsi, mon père? qu'as-tu donc? » — « Je ne pleurai pas en-

---

[1] Villani assure, chap. 26, que depuis la mort d'Ugolin, la tour où il finit sa vie fut appelée *Tour de la faim*.

[2] La montagne de Saint-Julien. De Lucques, on apercevrait les tours de Pise, sans la montagne de Saint-Julien, car on ne compte, de cette ville à l'autre, qu'une distance de quatre lieues et demie. C'est une des plus agréables routes qu'on puisse trouver en Italie.

[3] Familles puissantes que l'archevêque avait attirées dans son parti.

[4] « *Si dentro impietrai* » Je ne crois pas que le mot *pétrifié* rende bien le mot *impietrai*. *Pétrifié* a reçu une signification qui n'est plus suffisante pour rappeler la sublime expression de Dante Le bon Grangier a dit « Ainsi dans le cœur, je m'empierre. » Je n'ai pas osé le suivre, mais il me semble qu'*impietrai* mériterait peut-être que nous donnassions un nouveau mot à notre langue.

L'ENFER, CHANT XXXIII.

core, et je ne répondis pas tout ce jour et la nuit qui le suivit, jusqu'au lendemain, lorsqu'un autre soleil vint éclairer le monde. A peine un faible rayon eut-il pénétré dans la prison de douleurs, que je vis sur la figure de mes quatre enfants les mêmes symptômes d'épuisement qui devaient altérer mon visage. De rage, je me mordis les deux mains. Mes fils, pensant que je faisais ainsi pour manger, se levèrent et me dirent : « O mon père ! notre douleur sera moins affreuse, si tu « manges de nous¹ : tu nous as donné ces chairs misérables, « hé bien, tu les reprends !..... »

« Je m'apaisai alors pour ne pas redoubler leur désespoir. Ce jour et le suivant, nous restâmes tous dans un morne silence. Ah ! terre insensible, pourquoi ne t'es-tu pas entr'ouverte ? Nous avions atteint le quatrième jour ; Gaddo vint tomber à mes pieds, en me disant : « *Mon père, est-ce que tu ne viens pas à mon secours²* ? » et il expira. Comme tu me vois en ce moment, je vis les trois autres s'éteindre, un à un, entre le cinquième et le sixième jour. La vue troublée par mon état de faiblesse, je roulai sur eux, presque sans connaissance, et je les appelai encore deux jours après leur mort. Ensuite la faim eut plus de pouvoir que la douleur. »

A peine Ugolin eut-il parlé qu'il reprit le misérable crâne, auquel, en tordant les yeux, il donna, avec la fureur d'un chien, des coups de dent qui pénétrèrent jusqu'à l'os³.

Ah ! Pise, la honte des nations répandues sur ce beau pays où le *si* résonne⁴, puisque tes voisins sont trop lents à te pu-

---

1. M. Ginguené a traduit : « Si tu veux te nourrir de nous » Ce tercet, dit Venturi, paraissait au Tasse exprimé d'un ton si tendre et avec tant de noblesse, qu'il ne se lassait pas de le louer.

2. Ce peu de paroles de Gaddo me semblent un chef-d'œuvre de sensibilité. Tant que Gaddo a conservé sa raison, il a gardé le silence, et n'a rien dit qui pût accuser son père, mais au moment où les forces du malheureux enfant l'abandonnent, sa raison s'égare, et par ce mouvement naturel de tout enfant qui attend de son père protection et secours, Gaddo s'écrie : « Mon père, est-ce que tu nous laisses ainsi mourir de faim ? » Dante est ici le poëte du cœur : jamais on n'a peint les hommes avec plus de talent, ni rendu sa pensée avec plus de simplicité.

3 J'ai tâché d'imiter, par la forme dure de la phrase, l'action même d'Ugolin. Il multiplie les coups de dent comme un chien qui mord avec âpreté.

4 Où le *si* résonne Un savant Ita-

nir, que la Capraia et la Gorgona [1] se détachent de la mer, et que, venant former une digue à l'embouchure de l'Arno, elles fassent refluer ses eaux pour engloutir tous tes habitants! Si le comte Ugolin était accusé d'avoir livré tes châteaux, tu ne devais pas vouer ses enfants à un tel supplice. O nouvelle Thebes, leur âge rendait innocents Uguccion, Brigata [2], et les deux que j'ai déjà nommés!

Nous avançâmes, et nous vîmes d'autres ombres plongées dans le froid éternel, mais dont la tête était renversée en arrière. Les larmes qui avaient inondé d'abord leurs joues ne permettaient pas à d'autres larmes de couler : la douleur trouvant un obstacle dans les yeux fermés par la glace, était forcée de retourner sur elle-même, et redoublait le supplice; enfin, les pleurs cherchant à s'échapper étaient arrêtés sur les cils comme des visières de cristal, et de nouvelles larmes remplissaient toute la cavité de l'œil.

lien m'a dit qu'il avait sur ce passage un sentiment différent de celui de tous les commentateurs : que peut être *il bel paese dove 'l si suona* etait mis là par ironie, et que cette supposition n'etait pas trop etrangère au caractere de Dante Je soumets cette opinion aux litterateurs compétents et exercés dans la connaissance des mystères de notre poëte

1. La Capraia et la Gorgona sont deux petites iles de la Méditerranee peu distantes des bouches de l'Arno.

2 Noms des deux autres infortunes compagnons d'Ugolin Le poëte en a nommé précédemment deux autres, Anselmuccio et Gaddo. Quelques auteurs pretendent qu'Uguccione et Gaddo étaient seuls fils d'Ugolin, et qu'Anselme (car il ne l'appelle ici Anselmuccio que par un sentiment de tendresse) et Brigata étaient ses petits fils, ce qui est tres-probable.

Cet épisode a été traduit en vers latins par Lebeau. M Masse en a donné une excellente traduction en vers français Je regrette de ne pas pouvoir citer la traduction de M Terrasson, qui est aussi en vers français.

Les éloges que je donnerais à cet episode n'ajouteraient rien à sa réputation Je ne veux offrir qu'une seule observation. Au seul nom d'Ugolin, nous nous representons une scène d'effroi et de terreur Peu de personnes se sont attachées à rechercher combien ce morceau peint la vive et touchante sensibilite du poete ; je ne sais pas même si les beautés qui font connaître la générosité de son cœur, ne l'emportent pas sur celles qui l'ont placé au premier rang parmi les coloristes que la vigueur, l'audace et l'energie distinguent éminemment. Ce sont de bien autres titres de gloire que nous examinons ici. Le peu de paroles que les enfants adressent à leur pere annoncent un devouement si sincère, une résignation si chretienne! aucun d'eux n'a reproché au malheureux Ugolin ce qu'il a pu faire d'imprudent et de punissable pour s'attirer un sort si douloureux Leur pere partage leur infortune, ils ne se plaignent pas, et lui offrent leur sang pour prolonger sa vie Mais, encore une fois, les scènes d'épouvante ont apparemment plus d'attrait pour les hommes, et c'est surtout l'imprécation par laquelle se termine l'épisode qui a obtenu le plus de succès

Quoique le froid qui règne dans ce lieu ne fît plus sur ma figure une impression douloureuse, de même qu'il cesse d'offenser une partie de notre corps endurcie par la fatigue, cependant il me parut que je sentais un air refroidi qui frappait mon visage. Je dis à mon maître : « Qui produit donc ce vent ? est-ce qu'ici toutes les vapeurs ne sont pas éteintes ? » Et lui à moi : « Tes yeux te feront promptement la réponse, et tu connaîtras la cause de ce vent. » Alors un des malheureux de la croûte glacée nous cria : « O âmes si coupables que vous avez été précipitées dans le dernier gouffre, arrachez-moi ces voiles endurcis ! que je puisse soulager ma douleur avant que mes larmes *se regèlent* une autre fois ! » Et moi à cet esprit : « Dis qui tu es, je t'accorderai mon secours ; et si ensuite je n'écarte cet obstacle qui te fait gémir, je veux être plongé au fond de cette glace. » L'ombre repartit : « Je suis frère Albéric[1], je suis celui dont le jardin a produit des dattes pour des figues : je reçois ici un digne et juste échange. » — « Mais, repris-je, est-ce que tu es déjà mort ? » L'esprit ajouta : « Je ne puis te dire ce qu'est devenu mon corps dans le monde. Cette *Ptolomée*[2] funeste a ce privilège, que souvent un coupable y roule avant qu'Atropos ait remué les doigts : enfin, pour que tu brises, avec plus de zèle, les glaçons épais qui enchaînent mes larmes, apprends qu'aussitôt qu'une

---

[1] Albéric de Manfredi, l'un des seigneurs de Faenza, dans sa vieillesse ; s'étant fait *cavalier gaudente*, *frère joyeux*, il fut appelé frère Albéric Ayant pris querelle avec plusieurs de ses voisins, il les invita à un festin, sous prétexte de se réconcilier, et à la fin du repas, commanda qu'on apportât les fruits. Il était convenu qu'à ce signal, on se jetterait sur les convives pour les assassiner Alors les fruits du frère Albéric étaient passés en proverbe ; et quand on voulait désigner quelqu'un qui avait commis un assassinat, on disait : *Il a fait servir les fruits du frère Albéric*. Aussi le coupable dit amèrement : « Je reçois ici des dattes pour des figues »

[2] Ptolomee Cette division du Cocyte est appelée *Ptolomée*, du nom de Ptolomée, roi d'Égypte, qui trahit le grand Pompée, ou suivant Lombardi, de celui de Ptolomée, gendre de Simon Macchabée, qui tua, par trahison, son beau-père et deux de ses parents qu'il avait reçus dans sa maison. Il me semble que cette dernière supposition n'est pas fondée Le gendre de Simon Macchabée doit être placé dans la division de Caïn, là où sont plongés les assassins de leurs parents J'aime mieux la supposition relative à Ptolomée, roi d'Égypte, qui manqua, par lâcheté, aux devoirs de l'hospitalité. Telle est aussi l'opinion de Biagioli.

âme est traîtresse comme la mienne, son corps lui est enlevé par un démon qui le gouverne à son gré, pendant tout le temps fixé pour le reste de sa vie. Cette âme tombe alors dans la froide citerne, et peut-être vois-tu encore là-haut le corps de celui qui est glacé près de moi. Tu dois le connaître, si, depuis peu, tu as quitté la terre. C'est Branca d'Oria[1] : il s'est cependant écoulé beaucoup d'années, depuis qu'il a été précipité dans cette enceinte. »

« Je crois que tu me trompes, lui dis-je, Branca d'Oria n'est pas mort, il mange, il boit, il dort, il s'habille comme nous. » L'ombre répondit : « Michel Sanche n'était pas encore tombé dans la fosse de *Malébranche*, où bout une poix tenace, qu'un diable s'empara, sur la terre, du corps de Branca d'Oria et de celui d'un de ses parents complice de sa trahison. Maintenant étends la main, et ouvre-moi les yeux. »

Je me gardai de le satisfaire, et ce fut une action courtoise que d'avoir manqué à ma parole.

Ah! Génois[2], hommes sans mœurs et remplis de vices,

---

[1] Génois, qui tua lâchement don Michel Sanche, pour lui enlever la place de juge a Logodoro, en Sardaigne. Il a été déjà fait mention de ce Sanche dans le chant XXII. Voyez page 98, note 2.

[2] Voilà le tour des Génois. L'habitant de la Romagne est Alberic. Un des vôtres, c'est Branca Doria.

On trouve dans l'*Histoire de Dante*, page 298, quelques détails sur les suites de cette condamnation si terrible prononcée par le poëte « En 1312, Dante arriva dans la ville de Gênes Il fut fêté d'abord par de nombreux étrangers, admirateurs de ses beaux vers, mais Branca Doria se trouvait à Gênes «Alors, « dit M. Arrivabene (*il Secolo di Dante*, « page 115), Branca Doria, ou ce démon « qui animait son corps, et avec Branca, « les gouverneurs de la ville, montrè-« rent à Dante, par esprit de vengeance, « a quel point ils abhorraient l'apôtre de « la vérité » Uguccione della Faggiola interposa l'autorité de sa renommée, mais il paraît que le séjour de Dante à Gênes ne put pas être de longue durée »

Nous n'avons plus que le XXXIV° chant à lire, et la tâche du poëte, pour ce qui concerne l'Enfer, sera terminée. Il reste a voir le supplice de *Dite*, l'ange déchu, et il faut convenir que son châtiment sera aussi imposant et aussi terrible que le comporte son crime ; car il est certain que, dans les doctrines vagues du paganisme voulant venger Jupiter de l'attaque des Géants, et dans les saintes révélations du catholicisme vouant à une honte éternelle l'injure des anges rebelles, on doit déplorer la révolte la plus audacieuse et la plus insensée Quelques critiques ont recherché pourquoi, à la suite des trente-trois premiers chants, Dante n'avait pas fait une sorte de récapitulation rapide des supplices dont il venait d'être témoin On ne lui demandait qu'un tercet de plus, semblable à peu près au vers de Lucrèce, liv. III, que nous allons citer, et que Dante nécessairement avait lu, car c'est dans ce même passage que le Romain dit : « *Unus Homerus sceptra potitus*. » C'est bien la l'*Omero poeta sovrano* du chant IV de l'*Enfer*.

pourquoi n'êtes-vous pas séparés de l'univers? Je trouvai, auprès du plus méchant habitant de la Romagne, un des vôtres qui avait mérité, avant sa mort, de voir son âme plongée dans le Cocyte, tandis que là-haut son corps semble encore jouir de la vie!

Voici le vers de Lucrèce, dont on eût voulu avoir l'équivalent au chant XXXIII :

Verbera, carnifices, robur, pix, lamina, tædæ.

Assurément, on ne peut pas exprimer mieux en six mots, portant avec eux une pensée de terreur, les supplices de cette Rome qu'on nous représente comme si noblement civilisée Et quels crimes donc pouvaient appeler de telles peines ! Certainement, Dante n'a pas cru devoir s'arrêter; il doit continuer un glorieux voyage Répondant à ces Toscans admirateurs de leur poëte, pour qui ils auraient voulu une gloire de plus, je leur dirai qu'il était aisé au chantre de la *Divine Comédie* de rencontrer, dans un auteur qu'il connaissait, cette récapitulation si regrettée. On la trouve dans ce IIIᵉ livre de Lucrèce, là même où nous avons pris le vers cité plus haut. Nous observerons que l'ami de Memmius, après avoir vu les proscriptions de Marius et de Sylla, rapporte tous les crimes, à peu près comme fait Dante, aux violences des partis de son temps. Lucrèce, avec ses idées épicuriennes, ne voyait l'Enfer que dans la vie humaine, et voici comme il soutient sa thèse dont il emprunte les images aux mœurs de sa patrie.

Venons a ce passage tel qu'il est dans la traduction de M. de Pongerville, dont la plume élégante, facile et brillante, compose les vers français avec tant de charme.

Tu doutes de l'enfer, mais sa longue souffrance,
L'homme l'a rassemblée en sa courte existence :
Sous son fatal rocher ce Tantale enchaîné,
Aux superstitions c'est l'homme abandonné,
Qui, dans les maux cruels dont le destin l'accable,
Croit ressentir des dieux la vengeance implacable
De vautours renaissants, ce Tityé entouré
Aux gouffres infernaux n'est donc pas dévoré?
A des maux infinis quel être peut suffire?
Tityé est ce mortel que le crime déchire;
Qui, par des goûts honteux sans cesse captivé,
Fauve d'affreux remords dans son cœur dépravé.

Ce Sisyphe imprudent qu'un fol espoir anime,
De ce mont escarpé veut atteindre la cime,
Vers elle il pousse, élève un énorme rocher
Le fardeau monte, monte, et prêt à la toucher
Retombe, et sous sa masse entraîne sa victime,
La replonge écrasée, au fond du sombre abîme
De l'orgueil téméraire, emblème ingénieux,
Sisyphe est cet avide et fol ambitieux
Qui mendie en rampant la faveur populaire,
Brigue de vains faisceaux, ou l'honneur consulaire,
Et toujours rebuté, la honte sur le front,
Va, dans un antre obscur, dévorer son affront
Insensible au retour de la saison féconde,
Dévorer, sans jouir, les biens dont elle abonde,
Vainement irriter la soif de ses désirs,
Épuiser, chaque jour, la coupe des plaisirs,
En s'abreuvant enfin des plus pures délices,
Dans un cœur fatigué les changer en supplices ;
N'est ce pas le tourment de ces jeunes beautés
Qui, dans cet âge heureux si cher aux voluptés
Dans un vase sans fond, vont d'une main craintive,
Verser incessamment une onde fugitive ?
Si ce profond Tartare et ses feux dévorants
L'hydre les fouets vengeurs, les sulfureux torrents,
Ne sont que les vains fruits d'un pieux artifice,
Jamais le crime heureux n'échappe à son supplice
Le crime, à chaque pas, est suivi par l'effroi,
Il sent peser sur lui le glaive de la loi.
Dût il tromper les yeux du juge redoutable,
Les tourments des enfers sont dans un cœur coupable;
En vain il se confie au secret protecteur,
Le mal conduit au mal et punit son auteur

Ce sont là de fort beaux vers

Dante, profondément catholique, ne pouvait pas se placer à ce point de vue; il eût pu dire, à la rigueur, et avec sa sévérité ordinaire : « L'Enfer auquel je crois dans la vie future, n'est-il pas aussi *en acompte* dans la vie présente?» Mais n'allons pas susciter au poëte des querelles inutiles. Et qui sait si l'on n'aurait pas objecté qu'alors l'action languissait! Un profond écrivain comme Dante connaît cette mesure qu'il faut imposer à l'imagination Laissons-le en paix, et entrons avec lui dans ce puits infernal ou le rebelle est encore enfoncé (*fitto*), comme il était auparavant, puisque c'est dans cette position qu'il tomba du ciel.

Da questa parte cadde gia del cielo.

CHANT XXXIV.

«Les étendards du roi de l'enfer paraissent devant nous [1], me dit mon maître; peux-tu les distinguer?» De même que, lorsqu'un nuage épais obscurcit l'air, ou lorsque la nuit commence à voiler l'horizon, on croit voir un moulin dont les ailes sont agitées par le vent, de même il me sembla que je voyais un édifice éloigné. La rigueur du froid me fit rapprocher de mon guide; je n'avais pas d'autre abri. Déjà, et plein de terreur, je le consigne dans ces vers, j'étais arrivé là où toutes les âmes, entièrement plongées dans la glace, ressemblaient, sous sa transparence, à des fétus recouverts d'un cristal [2]. Les unes sont couchées, d'autres debout; celle-ci ne présente que la tête, celle-là étend les pieds : une autre décrit un arc avec ses pieds et sa tête.

Quand nous fûmes assez avancés, pour qu'il plût à mon maître de me montrer la créature autrefois la plus parfaite de toutes, il se retira de devant moi, et me fit arrêter un moment. « Voilà *Dité* [3], s'écria-t-il; ici il faut que tu redoubles de courage. »

Ne demande pas, lecteur, quelle fut alors mon épouvante :

---

[1] Rien n'est plus bizarre ici que ce vers latin C'est une partie du premier vers de l'hymne que l'Église chante devant l'étendard de J. C., c'est-à-dire la croix. Venturi appelle cette idée du poète « *Brutta profanità e abuso di parole si sacre* » Lombardi répond que Dante veut tourner en ridicule la presomptueuse entreprise de Lucifer, qui osa croire qu'il pouvait chasser Dieu du séjour céleste, et que le poète cherche à faire ressortir l'avilissement où est tombé cet ange rebelle, dont on aperçoit les ailes qui ne serviront plus, et qui est plongé dans le Cocyte jusqu'à la poitrine

[2] *Festuca* veut dire *fétu*, brin de paille ; ce sont des *fétus* et non pas des *fœtus*, qui d'ailleurs ne sont pas transparents sous verre. Si Dante avait voulu parler d'un *fœtus*, il aurait dit *feto*

[3] Lucifer, qui, suivant le *maître des sentences*, Pierre Lombard, était autrefois l'ange le plus beau du ciel

je ne la peindrai pas dans ces chants; mes expressions seraient impuissantes. Je ne mourus pas, et je ne restai pas vivant : si tu as quelque intelligence, pense à ce que je devins dans cet état où j'étais hors de la vie et de la mort.

Du fond du glacier sortait le souverain de la contrée des pleurs; on ne le voyait que jusqu'à la poitrine. J'atteindrais plutôt à la grandeur d'un géant, qu'il ne serait permis à des géants eux-mêmes d'atteindre à la hauteur des bras de *Dité :* que ne devait donc pas être le corps du monstre armé de bras si redoutables?

S'il a été aussi beau qu'il est effroyable aujourd'hui, s'il a osé élever sa tête superbe contre son créateur, c'est a juste titre que ce coupable est la source de toute douleur.

De quelle stupeur fus-je frappé en voyant trois visages à sa tête [1]! Le visage qui se présentait devant moi était d'une couleur de sang; les deux autres qui naissaient également des deux épaules, se réunissaient vers les tempes : la face. qui était tournée vers la droite, paraissait d'un blanc jaunissant; l'autre avait la couleur des habitants de ces bords où le Nil laisse errer ses eaux. Sous chacun de ces visages paraissaient des ailes proportionnées à la taille démesurée d'un oiseau si formidable : je ne vis jamais voile de vaisseau d'une telle grandeur. Ces ailes n'étaient pas revêtues de plumes; elles présentaient la substance de celles de la chauve-souris. De ces ailes qu'il agitait à la fois, le démon produisait trois vents différents. Tout le Cocyte était enchaîné sous les glaces autour de *Dité;* il pleurait de ses six yeux, et ses trois mentons étaient inondés de larmes et d'une bave sanguinolente : dans

[1]. Les commentateurs se sont attachés à deviner ce que signifient les trois visages de couleurs différentes Landino croit que Dante veut désigner par le visage couleur de sang, la colère; par le visage d'un blanc jaunissant, l'avarice, et enfin, par le visage noir, la paresse. Lombardi pense que le poëte veut indiquer les trois parties du monde connues de son temps, et que les trois visages désignent les Européens, les Asiatiques et les Africains Dans ce cas, pourquoi serions-nous couleur de sang, ou rouges ? Tout simplement, Dante ayant inventé les trois visages, leur a peut-être voulu donner trois couleurs différentes, et trois couleurs qui, d'après nos idées, ne sont pas bien attrayantes sur un visage.

chacune de ces bouches, ses dents resserraient un pécheur ; il torturait ainsi trois âmes à la fois. Celle que j'aperçus d'abord souffrait moins des morsures que du déchirement des griffes qui la dépouillaient de sa peau. « L'âme qui est ainsi mordue, est Judas Iscariote [1] ; vois, sa tête est dans la bouche du monstre, et ses jambes s'agitent en dehors. Des deux autres esprits, dont la tête est pendante, celui que la bouche africaine déchire, est Brutus ; observe comme il se tord sans se plaindre. L'autre, qui paraît si remarquable par son embonpoint, est Cassius. Mais la nuit commence [2], il faut partir ; nous avons tout vu. »

Suivant l'ordre de mon guide, je l'embrassai étroitement ; alors il choisit le lieu et l'instant favorables ; et, profitant d'un moment où les ailes étaient déployées, il s'attacha aux côtes velues du monstre [3] : il descendit ensuite de flocons en flocons entre son épaisse toison et les glaçons amoncelés.

Lorsque nous fûmes arrivés à la hauteur des hanches du Démon, mon guide se tourna avec peine et avec effort ; il plaça, en se renversant, sa tête où il avait les pieds, et s'accrocha, comme un homme qui est dans l'action de monter, aux flancs poilus du rebelle : aussi pensai-je que nous retournions une autre fois en enfer. « Tiens-toi bien, me dit le maître, harassé de fatigue, c'est par de tels échelons qu'on s'éloigne de la région des plaintes éternelles. »

Il sortit ensuite par la fente d'un rocher, me fit asseoir sur le bord, puis avec prudence il se plaça près de moi. Je ra-

---

[1] Cette division est celle de Judas. Brutus et Cassius sont placés ici pour avoir assassiné César. Dante les considère comme deux meurtriers et deux scélérats qui s'armèrent contre leur bienfaiteur. L. Florus dit que les conjurés ne pouvant rester spectateurs de la douleur publique, se retirèrent dans la Syrie et dans la Macédoine, provinces dont le gouvernement leur avait été donné par César lui-même. *Rer. rom*, lib IV, c 7.

En plaçant ici Judas, Dante se montre zélé catholique. En jetant dans les deux autres bouches Brutus et Cassius, il se montre *imperial*, c'est-à-dire Gibelin partisan de Henri VII. Voyez *Histoire de Dante*, page 284, où il appelle ce prince « saint triomphateur et maître unique. »

[2] D'après des calculs faits sur ce que Dante dit lui-même au commencement du chant II, et sur ce qu'il dit ensuite dans les chants VII, XI, XX, XXI, XXIX, XXXI et XXXIV, on reconnaît que le poète passe à visiter l'Enfer vingt-quatre heures : une nuit et un jour.

[3] Aux côtes velues de Lucifer (*Dite*).

menai mes yeux sur Lucifer [1], croyant le retrouver comme je l'avais laissé ; mais je le vis, les jambes tournées en en-haut. Que le peuple grossier, qui ne devine pas le point où j'étais passé [2], imagine combien je fus effrayé : « Lève-toi, dit mon maître, la route est longue, le chemin est pénible : nous sommes arrivés à la huitième heure du jour [3]. »

La voie que nous parcourions n'était pas une de ces voies qui conduisent aux palais, mais un sol rocailleux, âpre et ténébreux. « Avant de sortir de cet abîme, dis-je au maître, quand je fus levé, tire-moi de mon erreur. Où est l'étang de glace ? pourquoi Lucifer est-il ainsi renversé ? et comment en si peu de temps le soleil est-il venu remplacer la nuit ? »

Et lui à moi : « Tu crois être encore vers l'autre côté du point où je m'attachai aux *poils* du *serpent* qui occupe la cavité placée au milieu du Monde : en effet, il en était ainsi tant que je descendais : mais quand je me suis tourné, tu as passé le point qui est le centre de gravité. Tu es sous l'hémisphère opposé à celui qui couvre la Terre et ses déserts, et sous lequel mourut l'homme qui naquit et vécut sans péché [4]. Tu as les pieds sur le cercle qui est opposé au cercle de Ju-

1. Dante croyait qu'il devait retrouver Lucifer comme il l'avait laissé, mais Virgile annonçant que ce démon occupe le centre de l'univers, il résulte des lois de la gravitation, que la partie du corps de Lucifer qui était dans les Enfers était vue de la tête jusqu'à la poitrine, et que l'autre partie du même démon qui s'étendait dans l'autre hémisphère devait avoir, aux yeux des poëtes voyageurs, les jambes renversées. « Alors, dit M. Ginguené, se tenant un peu plus fortement aux poils, il (Virgile) tourne avec beaucoup d'efforts sa tête où il avait les pieds et monte au lieu de descendre Il sort enfin par l'ouverture d'un rocher, dépose Dante sur le bord, et y monte avec lui. Les jambes renversées de Satan sortent par ce soupirail ; il est toujours là, debout, à la place où il tomba du ciel Il s'enfonça jusqu'au centre de la terre, et y resta fixe C'est là que cesse d'agir cette force de gravitation qui entraîne tous les corps pesants, et il est assez remarquable qu'à travers la mauvaise physique que supposent les explications qu'il donne ensuite des effets produits sur la forme de la terre, par la chute même de Satan, Dante eut déjà cette idée » *Hist. litt.*, tome II, page 126.

2. Le point où j'étais passé, le centre de la terre. V. page 150, note 4.

3. « *E gia il sole a mezza-terza riede* »
Le jour se divise en Italie en quatre parties égales : *terza, sesta, nona* et *vespro. Mezza-terza* devient la huitième partie du jour. Virgile a dit auparavant, vers 68 : « *Ma la notte risorge ;* » il parlait alors dans un hémisphère différent de celui où il se trouve, et en effet, il devait commencer à faire jour dans le nouvel hémisphère, puisque la nuit s'avançait dans celui que les poëtes venaient de quitter.

4. Jésus Christ

das : ici le soleil nous éclaire, parce qu'il est caché pour ceux qui sont sous nos pieds. Le monstre, dont les poils me furent une échelle, est encore enfoncé là comme il était auparavant; c'est dans cette position qu'il tomba du ciel. La terre qui s'étendait de ce côté que le corps immense du traître occupe aujourd'hui, se fit un voile, de la mer, par épouvante, et fuit vers notre hémisphère : peut-être en fuyant laissa-t-elle ce vide où nous nous trouvons, et alla-t-elle former cette montagne [1], pour éviter le voisinage du téméraire [2]. »

Il est un lieu éloigné de Belzébuth de toute la longueur de sa tombe, et qu'on ne peut voir; mais le bruit d'un ruisseau qui, avec une pente légère, descend par la fente d'un rocher qu'il a creusé dans son cours, me fit connaître que je commençais à m'éloigner des vallées infernales. Mon maître et moi nous entrâmes dans ce chemin secret pour retourner vers le Monde éclairé par le soleil : nous continuâmes de monter sans prendre de repos; mon guide me précédait, et bientôt j'aperçus, à travers une ouverture étroite, une partie des prodiges du ciel : enfin, nous sortîmes, et nous pûmes contempler les étoiles [3].

---

[1] Cette montagne. La montagne du Purgatoire que Dante va parcourir.

[2] Du téméraire : de Satan qui sera appelé Belzébuth à la ligne suivante.

[3] Et nous pûmes contempler les etoiles. « *E quindi uscimmo a riveder le stelle.* » Dante a fini chacune de ses *cantiche* par le mot *stelle*. Il dit dans le dernier vers du Purgatoire : « *Puro e disposto a salir e alle stelle* » Le Paradis finit ainsi : « *L'amor che muove il sole e l'altre stelle* »

Rivarol termine les notes de son XXXIV° chant par cette phrase digne de remarque : « Quoi qu'il en soit de ce poëme, si la traduction qu'on en donne est lue, on ne verra plus deux nations polies s'accuser mutuellement, l'une de charlatanisme, pour avoir trop vanté Dante, et l'autre d'impuissance, pour ne l'avoir jamais traduit. »

Telle est la première partie de la *Divine Comédie* de Dante. « Les Italiens, dit le Prévôt d'Exmes, fixent à cette époque l'origine de la satire en leur langue » (*Castelvetro, poetica,* pag. 132.) Ils se persuadent que les XIX°, XXVI° et XXXIII° chants de l'Enfer sont les plus belles satires qui aient jamais été composées en quelque langue que ce soit » On y trouve, dit Villani, la raillerie piquante d'*Aristophane,* le sel d'*Horace,* la véhemence et le fiel de *Perse* et de *Juvenal* »(*Vies des ecrivains etrangers,* par le Prevôt d'Exmes, pages 105 et 106.)

Avant de terminer les notes sur l'*Enfer*, nous emprunterons à l'*Histoire de Dante,* page 252, quelques réflexions sur ces deux vers du chant XXXIII, page 158 « Je les appelai (mes fils) encore deux jours après leur mort; ensuite, la faim eut plus de pouvoir que la douleur.

E due dì li chiamai, poi che fur morti

Poscia piu che 'l dolor pote il digiuno.

Quelques auteurs veulent faire entendre, ce qui est abominable à supposer, qu'Ugolin mangea ses enfants On veut soutenir que, dans le texte, il ne doit pas y avoir *poscia*, mais *poiche* ; et que ce texte, ainsi arrangé, signifie : J'appelai deux jours mes fils, après qu'ils furent morts, *lorsque* la faim eut plus de pouvoir que la douleur, c est à dire. Je mangeai mes fils » On lit dans l'édition de M. Passigli : « De célèbres et de sages intelligences se sont occupées de la vraie signification de ce vers : *Poscia piu che 'l dolor pote 'l digiuno* Beaucoup de personnes ont interprété ainsi le mot *pote* : « La faim put me faire mourir, » d'autres ont prétendu que Dante avait voulu dire : « La faim m'a fait manger mes fils. » Le premier sens est celui qui a été adopté par tous les anciens et les modernes commentateurs, l'autre est suivi par peu de littérateurs, mais qui sont tous des hommes distingués : il est à propos d'examiner les raisons donnees pour l'interprétation la moins commune, celle qui nous paraît la plus digne de Dante (*celle des enfants mangés*)

« Et, pour cela, qu'on voie la lettre de N Louis Muzzi et la *Lezione accademica* du marquis Thomas Gargallo, qui appelle l'interprétation commune une interprétation *inepte*. Il ne faut pas omettre l'exposition qu'en fait Monti qui a d'abord approuvé l'explication nouvelle, et qui ensuite s'en est repenti Il dit, dans une lettre : « Tout « examine posement, je suis d'avis que « l'interprétation commune est à préfé-« rer. Il est vrai que cette dernière, « selon la glose de tous les commenta-« teurs, ne fait pas honneur à Ugolin, « qui met dans une même balance l'ef-« fet de la douleur et celui de la faim, et « declare que les derniers effets furent « plus puissants que les autres pour le « faire mourir; ce qui certainement « n'imprime pas dans l'esprit cette « haute idée que l'on attend de la dou-« leur désespérée qui l'oppresse. Ce-« pendant, cette idée sera imprimée « dans l'esprit, si on considère cette « douleur, non comme un moyen de le « tuer, mais comme un moyen de le « faire survivre trois jours à ses chers « enfants.

« C'est une vérité incontestable que, « dans les caractères forts, une grande « passion donne des forces surnaturel-« les qui font résister à la dernière dis-« solution de l'existence. » D'après ces « observations tirées du fond vrai de la « physique et de la morale, voici l'in-« terpretation que je donne aux vers en « question *Apres avoir survecu trois* « *jours a mes fils, apres les avoir ap-* « *peles pendant cet espace de temps,* « *me roulant, aveugle, sur leurs ca-* « *davres, finalement la force de la* « *faim fut plus puissante a me donner* « *la mort, que la force de la douleur* « *et de la fureur a me conserver vi-* « *vant.* .

« Par cette interprétation (c'est « toujours M Monti qui parle), la dou-« leur d'Ugolin me paraît avoir acquis « une qualité de grandeur telle, qu'elle « sauva cet infortuné de la tache d être « plutôt mort de faim que de douleur ; « précisement, parce que sa douleur et « son désespoir furent immenses, il put « s'opérer en lui le prodige de rendre « vain pendant trois jours l'effet ter-« rible de la faim »

L'auteur de l'appendice de l'édition de Passigli conclut, malgré Monti, qu Ugolin mangea ses enfants : cette opinion a des partisans en France.

J'ai consulté, sur ce point, plusieurs médecins. Dante avait des connaissances en médecine, non pas parce qu'on l'avait immatriculé sur le registre de l'*Art* des médecins, mais parce qu'il était initié à tous les genres d'études de son temps il n'a pas pu se séparer de ses connaissances, même dans le feu poétique qui l'animait. La situation ou se trouvent des hommes mourant de faim, et prêts à se manger les uns les autres, *comme il arriva apres le naufrage de la Meduse*, n'était pas la situation d Ugolin. Il avait vu ses fils ou ses petits-fils, comme le voudra l'histoire (voyez pag. 156, note 2), plongés dans la prison de la tour, il aimait tendrement ses fils ; il plaignait sans doute plus leur sort que le sien

Là, il y avait des adolescents qui n'étaient pas coupables ; Ugolin a dû se pénétrer vivement de la position affreuse de ces innocents, un d'eux a pu lui dire, mais ce n'est pas prouvé « *Notre douleur sera moins affreuse, si tu manges de nous* » C'est plutôt un trait de sensibilité qui appartient au poëte. Serait-ce cette expression de l'auteur qui aurait engagé dans une fausse voie les partisans de la première supposition de Monti? Avec cela, il ne paraît pas possible qu'Ugolin eût pensé à se nourrir de ses enfants, quelque invitation qu'ils lui aient faite à cet égard. La nature la plus barbare ne se résout pas à se nourrir d'un corps privé de la vie depuis sept jours. Pendant ce temps-là certainement, la nature, qui ne se repose jamais, suivait ses lois. La décomposition avait dû se manifester, et les émanations qui l'accompagnent devaient remplir l'horrible cachot. Nous discutons ici, et nous ne parlons pas pour les *constitutions sottement délicates*.

Excepté dans quelques passages où il a voulu être autrement, exprès, de propos délibéré, sans regrets, Dante est toujours inspiré par un goût sûr, il n'a pas pensé à ce que suppose le marquis Gargallo. J'ai connu ce savant traducteur d'Horace, homme d'un caractère pétulant, enthousiaste, il s'est trompé, et l'épisode est assez beau d'horreur, sans qu'on se croie dans la nécessité d'y ajouter d'abominables suppositions qui soulèvent le cœur et blessent la religion et la morale, que Dante a toujours respectées. Abandonnons avec effroi, et, pour nous servir d'une expression de Platon, dans sa huitième lettre adressée aux Amis de Dion : *Fuyons d'une fuite infinie* un tel sujet de discussion. (*Hist de Dante*, page 233.)

Il n'est pas nécessaire de comparer Dante aux écrivains qui l'ont précédé. Le poëte florentin a toujours obtenu *une place à part*, et excellé à la fois dans plusieurs genres. Il est vrai que la force, l'énergie, l'audace, la concision, et une *autorité souveraine et despotique sur la rime* (pour obtenir la rime riche, il raccourcit et allonge quelquefois les mots à volonté); il est vrai que ces avantages et cette toute-puissance le distinguent éminemment, mais il a su aussi se montrer tendre et compatissant, délicat et généreux; je l'ai déjà dit à propos de l'épisode d'Ugolin. C'est particulièrement sur la sensibilité si touchante du créateur de la poésie italienne que je veux appeler l'attention. C'est à ce don précieux qu'il a dû une partie de sa gloire, et si je suis parvenu à persuader que dans la *cantica* de l'Enfer, Dante, à côté de tant d'inventions sublimes, a déployé tous les trésors de cette sensibilité exquise qui fait les grands poëtes, je puis croire qu'on aimera à le suivre encore avec moi au milieu des supplices du Purgatoire, où les âmes gémissent avec une sorte de délices dans des tourments qui doivent finir. Là, l'espérance est partout, et comme dit M. Ginguené, le style du voyageur « prend
« tout à coup un éclat et une sérénité
« qui annoncent son nouveau sujet. Ses
« métaphores sont toujours empruntées
« d'objets riants. Il prodigue sans ef-
« fort les riches images, les figures
« hardies, et donne à la langue toscane
« un vol qu'elle n'avait point eu jus-
« qu'alors, et qu'elle n'a jamais sur-
« passé depuis. »

LE PURGATOIRE.

LE PURGATOIRE.

CHANT PREMIER.

Porté maintenant sur une barque légère [1], mon esprit laisse derrière lui une mer orageuse, et se dispose à parcourir des ondes plus paisibles. Je chanterai le second royaume [2] où l'esprit humain se purifie, et devient digne de s'élancer au ciel. Poésie lugubre, prends un autre ton! Aidez-moi, Muses sacrées, à qui je me suis dévoué! Calliope, élève et ennoblis mon style! accompagne ma voix de ces accents mélodieux qui firent pressentir aux pies misérables [3] qu'elles n'avaient plus de pardon à espérer.

Au moment où j'étais sorti des enceintes ténébreuses qui avaient tant contristé ma vue et mon esprit, mes regards avaient été charmés par une douce teinte de saphyr oriental qui se confondait avec un air pur et serein, jusqu'à la partie la plus haute de l'atmosphère. Cette belle planète [4], qui con-

---

1. Porté maintenant sur une barque legère. Aucun auteur n'a présenté des réflexions plus justes que celles de M. Ginguené sur ce commencement du poëme du Purgatoire « Si jamais l'inspiration, dit ce savant critique, se fit sentir dans les chants d'un poète, c'est certainement dans les premiers vers que Dante laisse échapper avec une sorte de ravissement, en quittant l'Enfer pour des régions moins affreuses, ou du moins l'espérance accompagne et adoucit les tourments » *Hist. littéraire d'Italie*, t II p 127.

2 Le royaume du Purgatoire : le premier royaume est l'Enfer Le troisième est le Paradis.

3 Les filles de Piérus ayant soutenu qu'elles chantaient mieux que les Muses, furent vaincues et metamorphosees en pies. Le commentateur Volpi dit que Piérus était roi de Pella en Égypte : cela n'est pas exact · Pella est une ville de la Macédoine.

4 La planète de Venus Pour entendre ce que Dante veut exprimer, il faut se rappeler que le soleil était dans le signe du Belier (voyer *Enfer*, chant I,

seille l'amour, faisait sourire l'orient, en effaçant par sa plus vive lumière, celle du signe des poissons dont elle était escortée. Je me tournai à droite pour considérer l'autre pôle ; j'aperçus quatre étoiles [1] qui ne furent jamais observées que par les premiers habitants de la terre : le ciel paraissait se réjouir de leur éclat. O contrée du nord, toi qui ne peux

page 2), et que les Poissons, qui devaient se lever avant le soleil, se voilaient nécessairement des rayons les plus lumineux de Vénus, qu'on devait alors appeler *Diane*, ou *Qui præcœdit le jour*.

[1] Lombardi voit dans ces quatre étoiles, les quatre vertus morales que l'on a coutume d'appeler *Cardinales* : la Prudence, la Justice, la Force et la Tempérance. « Dante nommera ensuite ces étoiles « *Luci sante* » Ce sont les mêmes qui, sous la figure de belles nymphes, formeront une partie du cortège de Béatrix » (Voyez, plus bas, le chant XXXI du Purgatoire.)

Laissons à part, dit à son tour M Ginguené, le sens allégorique des étoiles, et les quatre vertus dont les commentateurs y voient l'emblème Y a-t-il une poésie plus brillante, plus rayonnante, pour ainsi dire, et qui fasse mieux sentir le passage ravissant des ténèbres à la lumière ? (*Hist. lit*, II, page 129)

Ces quatre étoiles, vues par Dante au pôle antarctique, et qu'il admire avec extase en s'écriant : « *O settentrional vedovo sito !* » ont excité vivement l'attention de beaucoup de commentateurs, le poëte ayant voulu parler sans doute des quatre étoiles que nous appelons aujourd'hui la *Croix du sud*. Les uns ont dit que Dante était sorcier, d'autres ont dit qu'il était prophète. Moi-même j'ai partagé l'étonnement général ; mais intimement persuadé qu'il fallait demander ce secret à la science, et non à l'imagination, j'ai consulté d'abord M. le chevalier Ciccolini, ancien directeur de l'Observatoire de Bologne : il m'a répondu que Dante pouvait avoir eu connaissance de la *Croix du sud*, par des relations venues des Indes en Égypte. Cette courte réponse m'a mis sur la voie J'ai été soumettre des premières recherches à cet égard, mais trop insuffisantes, à M de Rossel, contre-amiral, membre de l'Académie des sciences, et je l'ai prié de me dire s'il était possible que vers 1310 ou 1314, époque présumée où écrivait Dante, la science eût découvert la *Croix du sud* dans l'Égypte, que les Génois et les Vénitiens visitaient habituellement pour des relations de commerce, ou plus loin vers le cap Comorin, promontoire de l'Inde, dans la partie la plus avancée de la presqu'île en deçà du Gange. M de Rossel m'a répondu, qu'en faisant des observations au cap Comorin, on était placé à 7 degrés 56 minutes de latitude nord, et que l'on pouvait apercevoir distinctement les étoiles de la *Croix du sud* à plus de 20 degrés d'élévation à leur passage au méridien. Or, Dante connaissait bien le Gange, puisqu'il dit, chant II du Purgatoire : « *E la notte..... uscia di Gange fuor con le bilance* » Voici une première explication raisonnable.

Il y a plus, il existe un globe dressé en Égypte à la date de 1225, l'an de l'hégire 622, par Caïssar ben abou Cassem. On y distingue d'une manière positive la *Croix du sud*. Dante a pu voir ce globe vers 1310 ou 1314, puisqu'il a été dressé en 1225 J en ai eu connaissance par mon confrère, M. Reinaud, à qui je renouvelle ici mes sincères remercîments. Ce globe a été acquis par le cardinal Borgia vers 1784. Il provenait d'un cabinet de Portugal Assemani a illustré ce monument précieux à Padoue en 1790, et jusqu'ici, personne n'avait pensé à s'appuyer sur cette découverte pour expliquer ce que la vision de Dante offrait de singulier C'est qu'apparemment les lecteurs de poëtes ne lisent pas les livres des savants, et que les lecteurs de savants ne lisent pas les écrits des poëtes

contempler ces astres éblouissants, que je te plains dans ton veuvage! J'abaissai les yeux, je me tournai vers la partie du pôle opposé où le char [1] venait de disparaître, et je vis près de moi un vieillard [2] solitaire dont la noble figure inspirait autant de vénération qu'on en doit à un père. Il portait une longue barbe à moitié blanchie; ses cheveux qui offraient également l'empreinte d'un grand âge, tombaient par flocons sur sa poitrine : les rayons des quatre étoiles sacrées réfléchissaient sur sa figure un éclat semblable à celui du soleil.

« Qui êtes-vous, vous qui marchant contre le cours du fleuve aveugle avez fui la prison éternelle, dit le vieillard, en agitant sa barbe vénérable? Qui vous a guidés? Qui a osé porter devant vous un flambeau téméraire pour vous aider à sortir de la profonde nuit dans laquelle est plongée à jamais la vallée de douleurs? Les lois de l'abîme sont-elles ainsi rompues [3]? Le ciel a-t-il tellement changé ses augustes décrets, que, vous autres, âmes condamnées, vous puissiez approcher de mes grottes? » Alors mon guide me prit la main, et par ses signes, ses gestes et ses paroles, m'invitait à saluer le vieillard et à m'agenouiller devant lui. Ensuite Virgile répondit : « Je ne suis point venu ici de moi-même; une femme descendue du ciel [4] m'a prié de prendre celui-ci sous ma protection : puisque tu désires que nous expliquions plus

1. Le char de la grande Ourse.
2. Caton Landino, Vellutello et Daniello, s'efforcent de justifier Dante, qui constitue gardien du Purgatoire un idolâtre et un suicide Venturi leur répond que le poëte n'a voulu qu'imiter Virgile qui dit : « *Secretosque pios, his Dantem jura Catonem.* » Venturi ajoute « En vérité, c'est là un singulier caprice, mais en cela, le poëte suit son habitude. » Lombardi répond assez faiblement Je partage l'opinion de Venturi. Dante a composé son ouvrage, un Virgile à la main Dante était pénétré des beautés du grand poëte il l'avait pris pour guide, et quand un commentaire est simple et naturel, il me semble qu'il faut le préférer à toutes ces recherches qui égarent le lecteur, au lieu de l'éclairer. D'ailleurs, dans son système de composition, Dante peut placer Caton à l'entrée du Purgatoire, puisqu'on verra que le même poëte a mis en Paradis des païens célèbres, tels que Rifée, Stace et Trajan.

3. Le vers italien est sublime :
« *Son le leggi d'abisso così rotte ?* »
Aucun commentateur n'a fait ressortir la beauté de ce vers. Traduit mot à mot dans notre langue, il est absolument aussi beau que dans la langue italienne.

4. Béatrix. Voyez *Enfer*, chant II, page 7, ligne dernière du texte.

clairement qui nous sommes, ma volonté ne peut contrarier la tienne. Mon compagnon n'a vu jamais sa dernière soirée; mais ses déréglements l'avaient tellement rendue prochaine, qu'il ne lui restait plus qu'un très-court espace à parcourir dans la carrière de la vie. Comme je te l'ai dit, je fus envoyé pour le délivrer, et il n'était pas d'autre chemin que celui où je me suis engagé. Je lui ai montré toute la race coupable; maintenant je veux lui faire connaître les esprits qui se purifient sous ta loi[1]. Il serait trop long de te raconter tout notre voyage. Du haut du ciel, une vertu protectrice m'aide à le conduire pour te voir et t'entendre. Daigne agréer son arrivée : il va cherchant la liberté[2], ce bien si précieux, ainsi que le sait celui qui lui sacrifie sa vie. Tu m'entends, toi qui pour ce bien ne trouvas pas la mort si amère à Utique[3] où tu laissas tes dépouilles, qui seront si brillantes au grand jour du jugement. On n'a pas révoqué pour nous les édits éternels. Mon compagnon est vivant : moi, je n'ai pas craint les replis funestes de la queue de Minos; j'habite le cercle où l'on admire les chastes yeux de ta chère Marcia[4] qui semble encore, ô génie sublime! te conjurer de la reprendre

---

[1] Sous ta loi. Dante indique clairement ici qu'il n'a pas placé Caton dans le Purgatoire. Il le représente comme chargé particulièrement d'aiguillonner les ombres, et de les presser de gravir la montagne.

[2] « Caton, dit Grangier, est pris ici pour la liberté qui nous dégage du vice. Par ainsi on ne peut entrer au Purgatoire sans se repentir des fautes passées, et l'on ne peut se repentir d'estre faict esclave du vice, si l'on ne désire la liberté qui est signifiée par Caton » Cependant le poëte veut bien aussi parler de la liberté politique. puisqu'il dit : « Come sa chi per lei vita rifiuta » Le Gibelin, le poëte impérial, devient ici un peu républicain Nous verrons, au surplus, qu'il s'agit surtout de flatter Caton, pour qu'il indique promptement le chemin aux voyageurs, et Caton saura bien répondre à Virgile. « Si cette femme céleste t'anime et t'encourage, comme tu le dis, il est inutile de recourir à ce ton de flatterie : non c'è mestier Lusinga. »

[3] On sait que Marcus Porcius Caton, arrière-petit-fils de Caton le Censeur, pour ne pas tomber entre les mains de César, se tua à Utique, en Afrique, dans la quarante-neuvième année de son âge, l'an 44 avant Jésus-Christ

[4] Dante a dit, Enfer, chant IV, page 17, que Marcia habitait les Limbes. Marcia, épouse de Caton, fut cédée par celui-ci à Hortensius, son ami, qui désirait en avoir des enfants. En effet, Marcia devint mère, et après la mort d'Hortensius, demanda et obtint une seconde fois la main de Caton. Toutes ces paroles, plus ou moins artificieuses, tendent à émouvoir Caton, comme nous l'avons dit.

pour épouse. Au nom de son amour, accorde-nous donc ton appui, laisse-nous pénétrer dans les sept divisions commises à ta garde : j'en rendrai grâces à Marcia, si tu permets que je te rappelle à son souvenir. » — « Marcia, repartit Caton, fut si chère à mes yeux, qu'elle obtint de moi toutes les grâces qu'elle me demanda, tant que je fus sur la terre. Maintenant qu'elle habite au delà du fleuve inexorable, ses prières ne peuvent plus m'émouvoir [1] : j'obéis à la loi qui me fut imposée quand je quittai les Limbes [2]. Mais si une femme céleste t'anime et t'encourage comme tu le dis, il est inutile de recourir a ce ton de flatterie ; il suffit de me parler au nom de la femme qui t'envoie : avance, fais à ton compagnon une ceinture de joncs dépouillés de leurs feuilles [3] ; lave sa figure ; qu'elle ne porte plus aucune trace des vapeurs infernales : il ne conviendrait pas qu'il parût couvert de ces taches impures devant le premier des ministres que tu vas voir, et qui est un des habitants du Paradis [4]. Là-bas, là-bas, dans cet îlot, à l'endroit où se brisent les flots de la mer, naissent des joncs entourés d'un limon épais : il ne peut y croître aucune autre plante ni aucun de ces arbustes ligneux qui ne plient pas sous les efforts de l'eau. Cependant, ne revenez pas de ce côté : le sol qui s'élève vous montrera le point où vous devez gravir la montagne par un sentier moins pénible. »

A ces mots le vieillard disparut. Je me levai sans parler, et je me tournai vers mon guide en fixant sur lui mes regards. Il commença ainsi : « Mon fils, suis mes pas ; la plaine s'abaisse sensiblement de ce côté. »

1. Cette reponse n'est pas très-obligeante pour Marcia, mais Caton ne doit-il pas repondre ainsi dans le lieu ou il est ? et puis on vient de voir que sur la demande de Quintus Hortensius, son ami, Caton s'était séparé d'elle pour la ceder a ce celebre orateur. Ce traité s'accomplit, dit le savant M Walckenaër (*Biogr. universelle*), avec toute la gravité imaginable

2 Dante a déjà dit (*Enfer*, chant IV, page 1.) qu'un être puissant fit sortir des Limbes Adam, Abel et *beaucoup d'autres* Caton a donc été de ce nombre, et le poète suppose que Jesus-Christ triomphant conduisit Caton au Purgatoire, pour y remplir l'office de gardien, et lui defendit de conserver aucun sentiment d'affection terrestre pour les âmes qui n'avaient pas ete du nombre des élus.

3 Symbole de la simplicité et de la patience Voyez saint Pierre, epit 1, 2

4 Un des habitants du Paradis Un ange commis à la garde de la porte du Purgatoire

Déjà l'aube chassait l'heure du matin qui fuyait devant elle, et de loin j'aperçus le mouvement onduleux de la mer. Nous avancions dans la plaine déserte, comme des hommes qui retournent à la bonne voie qu'ils ont perdue, et qui semblent marcher en vain jusqu'à ce qu'ils l'aient retrouvée. Quand nous parvînmes à un point où la rosée combat l'action du soleil à la faveur de l'ombre, mon guide posa doucement ses deux mains sur l'herbette. Alors, aussitôt que j'eus deviné son dessein, reconnaissant et attendri, j'approchai de lui mon visage en pleurs, et il fit disparaître ces taches dont l'Enfer avait souillé mes traits. Nous arrivâmes ensuite sur cette plage abandonnée où l'on ne vit jamais naviguer un homme qui puisse espérer de retourner sur la terre, et là il me fit une ceinture, ainsi que Caton l'avait prescrit : mais, ô merveille ! à peine eut-il pris quelques humbles joncs, que d'autres s'élevèrent à la même place où mon guide venait d'en arracher [1].

[1] Imitation de Virgile, qui dit : « *Primo avulso non deficit alter aureus.* (*Enéid.* liv. VI, vers 143.)

CHANT II.

Le soleil était déjà parvenu à l'horizon de Jérusalem, et la nuit, qui est toujours opposée à cet astre, sortait des eaux du Gange, accompagnée du signe de la balance [1] qui tombe de sa main, quand la nuit est plus longue que le jour. Plus s'approchait le soleil, plus les joues blanches et vermeilles de l'aurore commençaient à se nuancer d'une teinte orangée. Nous étions sur le bord de la mer, semblables à ces voyageurs qui pensant à leur chemin marchent en idée, mais demeurent immobiles; et de même qu'on voit, le matin, à travers les vapeurs épaisses qui s'élèvent de l'Océan, Mars briller, au couchant, d'un rouge pourpré [2], de même je vis s'avancer une lueur (puissé je la contempler une autre fois!) qui sillonnait la mer avec plus de rapidité que l'oiseau le plus léger. J'en détournai un moment les yeux pour interroger mon guide, et je la revis tout à coup plus grande et plus éclatante. A droite et à gauche, se dessinaient je ne sais quelles formes blanches d'où semblaient se détacher peu à peu d'autres formes de même couleur. Mon maître garda le silence jusqu'à ce qu'il se fût assuré que les premières formes blanches étaient des ailes. Lorsqu'il reconnut le nocher [3], Virgile

---

[1]. Le signe de la Balance étant opposé à celui du Belier où se trouvait le soleil, Dante a raison de dire que la nuit était accompagnée du signe de la Balance *qui tombe de sa main*, expression poétique très agréable.

[2]. Le raisonnement de Dante est très juste. Pour expliquer le rouge pourpré de cette planète, il réunit trois circonstances remarquables. Le matin est l'instant du jour où les vapeurs sont le plus épaisses. Le poète suppose ensuite qu'on n'aperçoit la planète qu'à travers les vapeurs épaisses qui naissent de l'océan. puis il place cette planète au couchant, point du ciel où aucun autre éclat n'empêche de la contempler.

[3]. « *Allor che ben conobbe il galeotto* » A propos de cette expression de *galeotto*, Venturi s'écrie. « Il convient

me cria : « Tombe, tombe à genoux, voilà l'ange de Dieu, croise tes mains, tu rencontreras désormais de tels ministres : il dédaigne les rames façonnées par l'industrie des hommes, et ne veut pour voiles que ses ailes, dans ce monde si éloigné de tout être vivant. Vois comme il les tient élevées vers le ciel, agitant l'air de ses plumes éternelles qui ne changent pas, ainsi que change la chevelure des mortels. » L'oiseau céleste parut encore plus brillant quand il se fut approché de nous, et l'œil ne pouvait supporter sa splendeur. L'ange aborda avec sa barque élégante et légère qui effleurait à peine la surface de l'eau. Le nocher divin placé à la poupe annonçait sa béatitude dans ses traits. Plus de cent âmes étaient assises dans cette barque et chantaient à l'unisson le psaume : « *Quand Israël partit d'Égypte*[1]. » A peine eurent-elles achevé ce cantique, que l'ange les bénit. Elles se jetèrent toutes sur la plage, et il s'en retourna avec sa vélocité ordinaire. La foule d'ombres récemment arrivée paraissait ne pas connaître ce lieu et regardait autour d'elle, comme l'homme devant qui se déploie un nouveau spectacle. Déjà le soleil avait de toutes parts lancé le jour avec ses flèches de lumière, et chassé le Capricorne de la moitié du ciel[2], quand cette foule inquiète s'approcha de nous en disant : « Si vous le savez, montrez-nous le chemin qui conduit à la montagne. » Virgile répondit : « Vous croyez peut-être que nous connais-

de dire qu'elle a bien changé de condition et perdu de sa noblesse. Aujourd'hui on n'appellerait pas ainsi une personne honorable. » En effet, aujourd'hui on appelle *galeotto*, un galérien : Lombardi répond très ingénieusement : « Mais ce changement de condition n'a dû avoir lieu que très-tard ; car Varchi, dans sa traduction des *Bienfaits de Sénèque*, là où il dit que souvent on doit la vie *medico et nautæ*, au médecin et au nautonier, traduit ainsi : « *Al medico ed al galeotto* » Que de mots nobles dans l'origine des langues ont ainsi perdu de leur dignité, et sont repoussés par le style soutenu ! Il faut souvent se rappeler cette observation quand on lit les vieux auteurs N'avons-nous pas, en français, et quand nous lisons Montaigne, mille exemples de ces dégénérations malheureusement trop communes ! Aussi, on remarquera que les bons esprits qui sont familiarisés avec les écrivains des premiers temps de la renaissance, n'accusent pas si précipitamment ces vénérables patriarches de la littérature.

1 Dante n'a pas traduit en italien ce commencement du psaume 113, et dit, « *In exitu Israel de Ægypto* »
2 Le Soleil avait chassé le Capricorne, signe du zodiaque très-éloigné du Bélier où se trouvait alors cet astre.

sons ce séjour; mais, comme vous, nous sommes étrangers, nous ne vous avons précédées que d'un instant, et par un sentier si âpre et si rude que nous regarderons comme un jeu de gravir la montagne. » Les âmes qui s'aperçurent à ma respiration que j'étais encore vivant, en furent frappées de stupeur.

De même qu'un messager, chargé de porter la branche d'olivier, entraîne sur ses pas la multitude qui se presse et se renverse pour apprendre des nouvelles, de même toutes les âmes fortunées s'approchèrent de moi, comme si elles eussent oublié de marcher pour devenir belles : j'en vis une qui s'avançait avec tant d'empressement pour m'embrasser, que je courus au-devant d'elle. O ombres vaines, excepté pour la vue ! Trois fois je serrai l'ombre dans mes bras, trois fois mes bras vinrent battre ma poitrine[1]. Je restai stupéfait de surprise : l'âme sourit et se retira. Je la suivis avec un étonnement nouveau, et elle me dit doucement de m'arrêter. Je la reconnus alors, et je la conjurai de suspendre ses pas un moment pour me parler. Elle répondit : « Dégagée de mon corps, je t'aime autant que je t'aimai dans ma vie; aussi, je m'arrête. Mais toi, où vas-tu? » Je parlai ainsi : « Mon cher Casella[2], je fais ce voyage pour retourner ensuite dans le monde qui n'est pas perdu pour moi : et toi, comment as-tu pu tarder tant à venir dans ce séjour d'espérance? » — « On ne m'a fait aucun tort, reprit Casella : le ministre qui nous conduit quand et comment il lui plaît[3], m'a plusieurs fois refusé le

---

[1] Imitation du livre VI de Virgile, vers 700 et suiv. Le Tasse a imité ce passage de l'*Enéide* dans le chant XIV de la *Jérusalem*. Le Tasse a puisé dans la source commune, et n'a pas pensé aux vers de Dante; il a même senti Virgile mieux que le poëte florentin.

[2] Excellent musicien du temps, qui avait été l'ami de Dante, « et avec lequel, dit Grangier, il alloit souvent se resjouir, quand il estoit las d'estudier. »

[3] « Cet ange, dit Casella, ne m'a fait aucun tort : il m'a plusieurs fois refusé le passage, il n'a pas permis que je perdisse la vie, mais à l'époque du jubilé, temps des indulgences, il a accueilli à Rome tous ceux qui ont désiré entrer dans sa barque. Il a jugé dignes d'entrer dans le Purgatoire ceux qui, se confiant dans les secours spirituels offerts par la religion, se sont empressés d'accourir dans cette ville pour assister au jubilé de l'an 1300 » Dante suppose ici que l'ange qui mène les âmes au

passage; sa volonté a pour règle la volonté la plus juste. Depuis trois mois il a accueilli ceux qui ont désiré entrer plus facilement dans sa barque; aussi moi, qui me trouvais sur les bords où l'eau du Tibre va contracter la saveur du sel de la mer, je fus reçu par lui avec bienveillance, non loin de cette embouchure où il retourne, parce que c'est là qu'il rassemble ceux qui ne descendent pas vers l'Achéron. » Je repris en ces termes : « Si une nouvelle loi ne t'a pas fait oublier ton art et ces accents de chants amoureux qui apaisaient toutes mes peines, console mon âme qui, parvenue ici avec son corps, y a rencontré tant de sujets de terreur. » Casella commença ainsi, avec un accent si doux, que le charme de sa voix pénètre encore mon cœur : « *Amour, qui parles à mon esprit*[1]. » Mon maître, toutes les âmes et moi, nous paraissions satisfaits comme si aucune autre pensée n'eût dû occuper notre esprit. Nous marchions lentement, attentifs à ses chants; mais

---

Purgatoire, part toujours d'Ostia, près de Rome considérée ici comme chef-lieu de la chrétienté.

Tout ceci tendrait à faire croire que Casella était mort le soir du 7 avril de l'an 1300, dans le moment même où le poëte est censé faire son voyage mystique. En effet, c'est ce jour-là même que Dante a dû se trouver dans la partie du Purgatoire où il rencontre Casella. Il faut se rappeler ce qui est dit chant XX de l'*Enfer*, page 89, note 6, que le premier évènement raconté par le poëte, c'est-à-dire son *egarement* dans la forêt obscure, *la selva oscura*, arriva dans la nuit du 4 au 5 avril 1300. Le poëte passe toute cette nuit égaré dans la forêt (*Enfer*, chant I, pag. 2, lig. 3). Il emploie le jour suivant, le 5 avril, à fuir les bêtes féroces qui lui barrent le chemin, et vers le soir il entre dans les Limbes (*Enfer*, chant II, page 6). Toute la nuit et le jour qui suit, c'est-à-dire le 6 avril, il l'emploie à visiter les cercles (*Enfer*, chant XX, page 89, et XXXIV, page 162). Au commencement de la nuit, le même jour, il traverse le centre de la terre, et monte par le *cammino ascoso* à l'autre hémisphère, et il emploie à ce voyage toute la nuit et tout le jour suivant, le 7 avril (Dante compte d'abord la nuit, et ensuite le jour, mais il faut se souvenir qu'il a dit : « *Qui e da man, quando di la e sera*). Enfin, au commencement de la nuit, le 7, ou au commencement du jour de l'autre hémisphère, il voit venir le vaisseau qui porte Casella.

J'ai pensé qu'il était convenable de donner ici, plutôt qu'ailleurs, ces explications, parce que le lecteur a déjà entendu toutes celles du poëte. Je les ai dépouillées de leur parure poétique, pour qu'elles fussent mieux comprises, et que l'on se fît une juste idée de la méthode de Dante, et de la circonspection scrupuleuse avec laquelle il raconte son voyage.

1. « *Amor che nella mente mi ragiona* » C'est le commencement d'une *Canzone* de Dante lui-même, l'une des plus belles qu'il ait composées. Il y a un peu de vanité à se faire chanter ainsi une de ses *canzones*; mais c'est Dante déjà vieux, et enhardi par le succès de sa *Comedie*, qui a sans doute ajouté ce passage dans les nombreuses additions qu'il faisait tous les jours à son poëme

voilà que le vieillard vénérable nous cria [1] : « Esprits paresseux! quelle est votre négligence! pourquoi différer ainsi? Courez vous dépouiller de cette écorce qui vous empêche de voir la source de tout bien. » Telles les colombes [2] qui, sans faire entendre leurs roucoulements ordinaires, sont réunies pour becqueter ensemble le froment ou l'ivraie, et bientôt fuient en abandonnant la pâture, si quelque objet excite leur crainte; telles les ombres étrangères, oubliant les chants, coururent vers la côte, comme l'homme qui suit un chemin sans savoir où il doit le conduire : ma fuite et celle de mon guide ne furent pas moins promptes.

1. Caton. « Cette petite scène lyrique au bord de la mer, dit M. Ginguené, a un charme particulier, surtout pour ceux qui ont voué, comme notre poëte, une affection constante à cet art consolateur; mais le sévère Caton vient troubler leur jouissance. Il leur rappelle qu'ils ont autre chose à faire que d'entendre chanter, et qu'ils doivent, avant tout, s'avancer vers la montagne. » *Hist. litt.*, tome II, page 133.

2. Cette comparaison est charmante et d'un ton simple et doux, qu'il faut remarquer dans les vers de Dante plus que dans tout autre poëte.

CHANT III.

Pendant que cette fuite subite dispersait dans la campagne ces ombres qui se dirigeaient vers la montagne où la raison divine devait les punir, je me rapprochai de mon fidèle compagnon. Et comment, sans lui, aurais-je continué mon voyage? Qui m'aurait guidé à travers la montagne? Virgile me paraissait se repentir de m'avoir attiré des reproches. O conscience noble et délicate! comme la plus petite erreur est pour toi une morsure cruelle! Quand mon maître cessa de fuir avec cette précipitation qui enlève à une action toute sa dignité, mon esprit, libre d'inquiétude, se dirigea vers l'objet qu'il désirait, et me fit tourner mes regards vers ce séjour qui s'élève du sein des ondes jusqu'au ciel le plus haut [1]. Le soleil qui répandait derrière moi une lumière rougeâtre, projetait mon ombre devant mes pas, parce que les rayons de l'astre ne pouvaient traverser ma personne. Quand je vis que la terre n'était obscure que devant moi, je me tournai subitement, dans la crainte d'être abandonné [2], et mon consolateur me dit : « Pourquoi cette défiance? ne me crois-tu plus avec toi? Penses-tu que je ne suis plus ton guide? La nuit couvre de son voile [3] la contrée où a été enseveli mon corps qui pouvait former une ombre; Naples le possède après l'avoir enlevé à Brindes : maintenant si je ne forme pas une ombre, ne t'en étonne pas plus que du spectacle des cieux qui n'interceptent

---

[1] Vers la montagne du Purgatoire.
[2] Il ne se souvient point dans ce moment ci de la loi divine, qui ordonne que le corps de Virgile ne puisse pas projeter une ombre

[3] Il veut dire qu'il était alors minuit à Brindes, où avait d'abord été enseveli son corps.

pas leur lumière réciproque [1]. La vertu divine rend bien nos corps, qui sont semblables aux vôtres par les formes, sensibles aux tourments, tels que ceux des flammes et des glaces : mais cette vertu ne nous permet pas de pénétrer ses secrets. Il est insensé celui qui espère que notre raison pourra élever son intelligence jusqu'à l'opération sublime qui tient une seule substance en trois personnes. O mortels ! gardez-vous de chercher avec trop de curiosité la cause des mystères ! S'il vous avait été permis de tout comprendre [2], il eût été inutile que Marie enfantât. Vous avez connu des hommes qui ont désiré sans succès, et qui, au lieu de voir leur curiosité satisfaite, languissent dans une ignorance éternelle. Je parle d'Aristote, de Platon et de beaucoup d'autres. »

Ici mon guide baissa la tête, garda le silence et me parut tout troublé.

Nous arrivâmes au pied de la montagne ; elle était tellement inaccessible, que nos efforts, pour la gravir, auraient été sans succès. Comparé à cette montagne, le chemin le plus désert et le plus affreux entre Lérici et Turbia [3], est un escalier agréable et facile. « Mais, dit mon maître en s'arrêtant [4], qui sait maintenant de quel côté peut monter celui à qui Dieu n'a pas donné des ailes ? » Pendant que mon guide tenait la

---

[1] Le poëte parle le langage de la philosophie de son temps, qui admettait que les cieux étaient des sphères diaphanes et transparentes les unes pour les autres. Il ajoute ensuite que Dieu, après avoir donné aux morts des corps aériens semblables à ceux des hommes qui vivent sur la terre, a voulu, il est vrai, que les corps ne pussent pas projeter une ombre, mais a voulu aussi qu'ils fussent sensibles aux tourments de la chaleur et du froid. Venturi appelle cette idée une *théologie bizarre*. Lombardi répond avec raison que telle était l'antique doctrine des platoniciens, adoptée par beaucoup de Pères de l'Église.

[2] S'il avait été permis à l'homme de comprendre les mystères de toutes les opérations divines, Adam et Ève auraient compris l'énormité de leur faute avant de la commettre, et il aurait été inutile que Marie enfantât J. C., destiné a nous racheter du péché originel.

[3] Deux gros bourgs de l'État de Gênes. Lérici est au couchant de cette ville, Turbia est au levant, près de Monaco. De Lérici à Turbia, on ne voit qu'une suite continuelle de montagnes escarpées. Aujourd'hui on y trouve des chemins excellents, que les Français ont commencés, et que le sage et paternel gouvernement sarde a continués. On y voyage en poste comme dans le reste de l'Italie.

[4]. Singulière plaisanterie de Virgile ! Il veut dire : « Voilà une montagne inaccessible, comment donc peuvent la gravir ceux qui, comme nous, n'ont pas des ailes ? »

tête baissée, en examinant dans sa pensée le chemin qui restait à parcourir, je regardais autour des rochers qui m'environnaient. A gauche j'aperçus une foule d'ombres qui venaient vers nous; mais on remarquait à peine leurs mouvements, parce qu'elles marchaient à pas lents. « Lève les yeux, dis-je à mon maître, voilà des ombres qui nous donneront des conseils, si tu ne peux en recevoir de toi-même. » Alors il me regarda, et d'un air plus tranquille, il répondit : « Allons de leur côté, car elles s'avancent doucement; et toi, doux fils! redouble d'espérance. »

Nous avions déjà fait mille pas, et les ombres étaient encore éloignées de l'espace que pourrait franchir une pierre lancée par un frondeur habile, quand elles se rapprochèrent toutes des rochers escarpés, et s'arrêtèrent comme s'arrête celui qui ne reconnaît pas le chemin qu'il doit suivre. Virgile leur parla ainsi : « Esprits morts dans la grâce de l'Éternel, esprits qui avez l'assurance de connaître la béatitude, au nom de cette paix que vous attendez tous, dites-nous quel est le chemin pour gravir la montagne; car la perte du temps est sentie plus vivement par celui qui en connaît le prix. »

Lorsque les brebis entendent le signal de la sortie du bercail [1], on n'en voit d'abord s'avancer qu'une, deux, trois; et les autres, avec une sorte de timidité soupçonneuse, s'arrêtent en portant à terre leur nez et leurs yeux; ce que fait la première, ses compagnes l'imitent; les plus voisines montent même sur son dos, si elle suspend sa marche, sans que ces bêtes innocentes et paisibles sachent pourquoi elles agissent

---

[1] « Cette comparaison naïve et presque triviale, dit M. Ginguené, tirée des objets champêtres qui paraissent avoir eu, pour notre poète, un charme particulier, est exprimée dans le texte avec une vérité, une élégance et une grâce qui la relèvent sans lui rien faire perdre de sa simplicité : il y donne le dernier trait, en peignant le troupeau d'âmes simples et heureuses, s'avançant avec un air pudique et une démarche honnête » *Hist litt*, II, 154 — Je partage cette opinion de M Ginguené, sans penser que cette comparaison soit *presque triviale* : assurément, Dante avait observé avec attention cette scène pastorale, et tous ceux qui ont remarqué *les façons* que font les brebis pour sortir du bercail, reconnaîtront combien le peintre est exact et fidèle

ainsi : de même je vis se mouvoir, pour arriver à nous, les premières âmes de cette troupe, aux traits modestes et à la démarche grave. Quand elles virent que mon corps formait à droite une ombre sur le rocher [1], elles s'arrêtèrent, et reculant même de quelques pas, elles entraînèrent avec elles celles qui venaient ensuite, et qui les imitèrent sans savoir pourquoi. Mon maître leur dit : « Avant que vous m'adressiez aucune demande, je vous avoue que vous avez en effet sous les yeux un corps humain ; aussi la lumière de l'astre du monde, que ce corps intercepte, ne parvient pas tout entière sur le sol. Ne vous livrez pas à l'étonnement : croyez qu'on ne cherche pas à franchir cet obstacle sans la protection d'une vertu qui émane du ciel. » — « Eh bien ! venez, nous cria cette troupe respectable, en nous faisant signe du dos de la main ; venez vous joindre à nous. » Une d'elles m'adressa ces mots : « Qui que tu sois, en marchant ainsi, regarde, cherche à te souvenir de moi. Ne m'as-tu pas vue sur la terre ? » Je me tournai, et je regardai fixement cet esprit : des cheveux blonds accompagnaient une figure douce et agréable ; une blessure avait partagé en deux un de ses sourcils. Quand je lui eus répondu que je ne l'avais jamais vu, il ajouta : « Tiens, vois, » et il me montra une autre blessure au milieu de sa poitrine. Il reprit en souriant : « Je suis Mainfroy [2], le petit-fils de l'impératrice Constance : aussi, je t'en conjure, quand tu retourneras sur la terre, va près de ma noble fille [3], la mère de ces princes qui sont l'honneur de la Sicile et de l'Aragon ; et si on a cherché à l'abuser, dis-lui la vérité. Quand on eut rompu ma vie de deux coups mortels [4], je me dévouai à Dieu

---

1 Il faut s'accoutumer à cet étonnement des âmes que les poëtes rencontrent. Dante reviendra souvent sur cette surprise, et peut-être trop souvent

2 Mainfroy, roi de la Pouille et de la Sicile, petit-fils de l'impératrice Constance (ce dernier nom sera cité, *Paradis*, chant III).

3 La fille de ce prince s'appelait aussi Constance, comme sa bisaïeule. Dante dit : « La mère de ces princes qui sont l'honneur de la Sicile et de l'Aragon, » parce que cette princesse, épouse de don Pierre, en avait eu deux fils, Frédéric, roi de Sicile, et don Jacques, qui fut roi d'Aragon après son père.

4 Mainfroy, tué à la bataille de Ceperano (Dante en a parlé, *Enfer*, chant

qui pardonne volontiers : mes péchés furent horribles, mais la bonté de Dieu ouvre ses bras généreux à tout ce qui lui demande grâce.

« Si le pasteur de Cosence, qui reçut de Clément l'ordre d'aller à la chasse de mes ossements, avait lu en Dieu combien sa bonté est grande, ils reposeraient encore à la tête du pont près de Bénévent, sous la protection des pierres énormes qui les recouvraient : maintenant la pluie souille ces ossements ; ils sont la proie des vents, hors du royaume. près du cours du Verde, où ce prélat les fit jeter avec la malédiction des torches éteintes. Mais la malédiction de ces pontifes n'est pas telle, que l'amour éternel ne puisse nous rendre ses bienfaits, tant que la mort n'a pas desséché l'espérance[1]. Il est vrai que celui qui meurt contumace envers la sainte Église, quand même il se repentirait à la fin, doit rester en dehors de ce rocher, trente fois autant de temps qu'il en a mis à persister dans sa résistance, à moins que des prières secourables n'abrégent la durée de ses tourments. Vois donc si tu peux me réjouir en révélant à ma tendre Constance[2] que tu m'as vu. et que tu as su de moi la longueur du retard qui nous éloigne du saint royaume ; car les prières de là-haut nous soulagent beaucoup dans ce séjour. »

XXVIII) Mainfroy dit que ses péchés furent horribles. Il est accusé dans l'histoire d'avoir fait mourir son père, Frédéric, son frère Conradin, et, en outre, dit Lombardi, il avait mené *une vie épicurienne.* — Le pasteur de Cosence, c'est-à-dire l'évêque de cette ville, située en Calabre, fut envoyé, par le pape Clément IV, pour faire exhumer le corps de Mainfroy, qui avait encouru, pendant sa vie, les peines de l'Église. Ce prélat ordonna donc que l'on transportât ce corps, qui était enterré près du pont de Bénévent, au delà du cours d'une rivière nommée *Verde*, qui est voisine d'Ascoli. La malédiction des torches éteintes est une cérémonie qui nous est expliquée par Landino. Quand un pontife procédait à une excommunication, il renversait rapidement une lumière pour qu'elle s'éteignît.

1. « *Mentre che la speranza ha fior del verde.* » Pour cette expression *fior*, voyez la note 1 du chant XXV de l'*Enfer*, page 116.

2. Fille de Mainfroy, dont il a été question plus haut. Dante répétera constamment et avec raison, dans tout le cours de ce poème, que les prières de ceux qui habitent le monde soulagent beaucoup les tourments des esprits qui souffrent les peines du Purgatoire.

CHANT IV.

Lorsque se livrant au plaisir, ou succombant à la douleur [1], l'âme se recueille en elle-même, il semble que toutes ses autres facultés soient absorbées : cette situation contrarie l'erreur de ceux qui croient qu'une âme en nous s'allume sur une autre âme. Cependant, quand on voit ou quand on entend une chose qui attache fortement l'esprit, le temps s'écoule sans que l'homme s'en aperçoive ; la faculté qui écoute est autre que celle qui n'est pas affectée : l'une est comme liée, l'autre est libre [2]. Je connus cette vérité par une expérience exacte, en écoutant parler Mainfroy ; je m'étonnai que le soleil eût parcouru cinquante degrés [3], sans que je m'en fusse aperçu. Nous arrivâmes bientôt à un point où les âmes crièrent ensemble : « Voilà l'objet de vos demandes. » Le sentier que l'habitant de la *Villa* [4] cache souvent avec un fagot d'épines,

---

[1] « Dante s'aperçoit, au chemin qu'a fait le soleil, du temps qui s'est écoulé, sans qu'il y ait pris garde, pendant le récit de Mainfroy, cela inspire à un poète philosophe des vers philosophiques d'un style ferme, exact, et, comme celui de Lucrèce, toujours poétique sur la puissance de l'attention, lorsqu'un objet nous attache par le plaisir ou par la peine qu'il nous cause, et sur cette faculté auditive qu'exerce alors notre âme, indépendamment de la faculté de penser et de sentir. » *Hist. litt.*, 156 et suiv.

[2] Lombardi pense que le poëte veut signaler ici les sophistes dont le huitième concile général a dit, can XI : « *Apparet quosdam in tantum impietatis venisse, ut hominem duas animas habere impudenter dogmatizent* » Les Manichéens surtout prétendaient qu'outre l'âme raisonnable, nous avions l'âme sensitive, de laquelle émanaient les actes de l'*appetit concupiscible* Dante réfute ici cette erreur dangereuse

[3] Le soleil parcourt 15 degrés par heure : ainsi, 50 degrés font 3 heures et un tiers Le poëte ne veut pas dire qu'il ait entretenu Mainfroy pendant 3 heures 20 minutes, puisque le jour brillait, quand l'ange arriva, en conduisant Casella et les autres ombres, mais il veut dire qu'en écoutant il ne s'aperçut pas que le temps s'écoulait très vite, et qu'après avoir quitté Mainfroy on devait remarquer que le soleil avait parcouru un peu plus du quart du jour, qui n'a que 12 heures pendant l'équinoxe On a déjà fait observer que le soleil se levait, ce jour-là, dans le signe du Belier.

[4] L'habitant de la *Villa* est ici pour le vigneron qui soigne les vignes d'une *Villa* ou maison de campagne.

lorsque le raisin commence à mûrir, offre un accès beaucoup plus facile et plus large que celui où nous nous engageâmes seuls mon guide et moi, quand la foule des âmes nous eut quittés. On pénètre à San Leo [1], on peut descendre à Noli; on monte avec le secours de ses pieds jusqu'au sommet de Bismantua : mais ici il fallait voler avec les ailes légères du vif désir, sous la conduite de celui qui m'encourageait et m'enseignait le chemin. Nous gravissions le sentier taillé dans le roc, serrés par ses deux étroites parois : l'âpreté du sol nous forçait à nous aider des pieds et des mains. Quand nous fûmes arrivés à la partie supérieure du sentier, je m'écriai : « Hé bien ! mon maître, que ferons-nous ? » Il répondit : « Ne va pas en arrière, continue d'avancer jusqu'à ce que nous trouvions quelque ombre qui sache nous guider. » Le sommet était si orgueilleux, que la vue ne pouvait pas le vaincre, et la côte était plus roide que la ligne qui va de la moitié du quadrant au centre [2]. J'étais déjà harassé de fatigue : « O père chéri ! dis-je alors, tourne-toi, et vois que je vais rester seul,

---

[1]. San Leo, ville du duché d'Urbin, où l'on n'arrivait alors que par des chemins presque inaccessibles. Noli, ville et port entre Final et Savone, où l'on ne peut descendre qu'avec d'extrêmes difficultés. Bismantua, montagne très-élevée, du territoire de Reggio en Lombardie.

[2]. Ici l'image est tirée d'une opération géométrique : je vais le prouver en donnant l'explication littérale. Voici le texte :

« *Lo sommo er' allo che vincea la vista*
E la costa superba più assai
Che da mezzo quadrante a centro lista. »

Il faut détailler le sens du troisième vers : à l'extrémité d'une ligne horizontale, élevez une ligne perpendiculaire égale à celle-là. Prenant pour centre le point où les deux lignes s'unissent, et pour rayon l'une ou l'autre, décrivez un arc qui s'appuie sur leurs extrémités : c'est ce que le poëte appelle *quadrante*, ou la 4e partie du cercle. Actuellement, du centre, tirez une ligne jusqu'au milieu de l'arc : cette ligne est ce que Dante appelle *lista da mezzo quadrante al centro*, ligne de la moitié du quadrant au centre (spécification avouée par tous les géomètres), mais, comme l'inclinaison de cette ligne ne suffit pas pour expliquer la hauteur de la montagne qui est *superba più assai*, tirez donc, du centre à l'arc, une autre ligne qui se rapproche *più assai* de la perpendiculaire, et vous aurez l'inclinaison imaginée par le poëte, c'est à dire une inclinaison qui, étant de plus de 45 degrés, se trouve au delà de la limite du dernier point d'escarpement que l'on puisse gravir, et se rapproche de la ligne de 90 degrés ou de la perpendiculaire. Je dois ces informations si justes à M. de Givry, ingénieur hydrographe de première classe, chevalier de l'ordre du *Cruzeiro* du Brésil (la croix du Sud, voyez ch. I, pag. 170), et savant très distingué. Nous voyons que Dante était un géomètre fort habile.

si tu ne t'arrêtes pas un instant. » — « Mon fils, tâche de te traîner jusqu'ici, » répondit-il, en me montrant au-dessus de nous une plate-forme qui se prolongeait autour du mont. Ces paroles me donnèrent un tel courage, que je fis de nouveaux efforts, et, en rampant péniblement pour suivre mon guide, j'arrivai au point où elle se trouva sous mes pieds. Nous nous assîmes un moment en nous tournant vers le levant, en face du sentier par lequel nous étions montés, car le voyageur aime à ramener ses regards sur le chemin qu'il vient de parcourir. Je baissai d'abord les yeux, ensuite je les élevai vers le soleil, et je m'étonnai de voir ses rayons me frapper à gauche [1]. Le poete remarqua bientôt que je contemplais avec étonnement le char de la lumière placé entre nous et les lieux d'où souffle l'aquilon. Il me dit alors : « Si Castor et Pollux [2] accompagnaient cet astre qui répand son éclat dans les deux hémisphères, tu verrais le zodiaque plus lumineux graviter plus près des ourses, surtout s'il ne sortait pas du chemin qu'il s'est tracé jusqu'ici. Quoi qu'il en soit, en te renfermant attentivement en toi-même, figure-toi que Sion et cette montagne ont le même horizon dans différents hémisphères, et tu comprendras, si ton intelligence n'est pas en défaut, que la route où Phaéton s'égara si imprudemment, se présente à tes yeux sur le mont [3], d'un côté opposé à celui où tu la verrais, sur la montagne de Sion » — « Mon maître, dis-je, je n'ai jamais mieux compris [4] une chose qui me pa-

---

[1] Il s'étonne de ce qu'étant tourné vers le levant, il voit le soleil à sa gauche, parce qu'en Europe, tout homme qui, à cette même heure, et dans la même saison, regarde le levant, a le soleil sur la droite Il faut se rappeler que Dante est sous un autre hémisphère, il a imité indubitablement, en cet endroit, ce passage de Lucrèce, liv III·
Ignotum vobis, Arabes, venistis in orbem,
Umbras mirati nemorum non ire sinistras
[2] Explication astronomique de la position où se trouvaient les deux poëtes, relativement au soleil Il faut encore bien se souvenir qu'ils sont placés sous un autre hemisphere.
[3] Le mont expiatoire
[4] Avec quelle naïveté Dante nous raconte qu'il comprend ce qu'il vient de s'expliquer lui même par la bouche de Virgile! Il y a dans toutes ces demandes faites de si bonne foi, et dans les réponses solennelles du sage de Mantoue, un naturel qui n'appartient sans doute qu'aux auteurs destinés à fonder les premiers succès d'un nouveau langage, et, comme tous les écri-

raissait incompréhensible. Suivant ce que tu dis, je conçois que le cercle que l'on appelle équateur, dans une certaine science¹, et qui est situé entre la partie ou la présence du soleil amène l'été, et celle où son absence cause l'hiver, s'éloigne de cette montagne vers le nord, quand les Hébreux voient ce même cercle vers la partie australe : mais te plaît-il de m'instruire encore? J'apprendrais avec plaisir si nous avons à gravir cette montagne entière dont mes yeux ne peuvent mesurer la hauteur. » Et lui à moi : « Cette montagne semble plus rude quand on commence à la gravir ; mais plus on avance, plus la fatigue diminue. Lorsque le chemin te paraîtra tellement agréable, que la marche sera douce comme le mouvement d'un vaisseau sur la mer, tu auras atteint le terme du voyage : c'est là que tu dois espérer du repos ; je n'ajoute rien de plus ; je suis sûr de t'avoir dit la vérité. » A peine eut-il parlé, qu'une voix près de nous s'écria : « Peut-être seras-tu, auparavant, plus d'une fois dans la nécessité de t'asseoir. » Alors nous nous retournâmes, et nous vîmes à gauche une grande pierre que Virgile et moi n'avions pas aperçue : nous nous en approchâmes, et nous distinguâmes des âmes assises à l'ombre de cette pierre, dans une attitude négligente. Une d'elles, qui semblait fatiguée, assise, comme les autres, embrassait ses genoux, sur lesquels elle appuyait son visage. « O mon doux maître ! dis-je, regarde attentivement celui-ci, qui est si oisif qu'on croirait que la Paresse est sa sœur. » L'âme se tourna vers nous, puis nous considéra sans déranger sa tête placée sur ses genoux², et dit : « Monte,

---

vains, je dirai presque primitifs, Dante possède au plus haut degré ce naturel si touchant et si vrai. Je ne me lasse pas de rendre encore cette justice au grand homme que nous voyons quelquefois si fier et si énergique.

1. Dans la géographie.

2. « Dernier coup de pinceau, observe M. Ginguené, qui achève ce portrait si ressemblant ! » *Hist. litt.*, liv. II, p. 137.

On lit dans Salomon : *Abscondit piger manus suas sub ascellis suas, et laborat si eas ad os convertit.* J'aurais voulu que Dante, si, en effet, il s'est inspiré de ce passage, eût conservé la force du mot *laborat*, qui est ici très-expressif, et d'un ton en quelque sorte satirique, plus en rapport avec le caractère de notre poëte qu'avec celui du fils de David. « Monte, monte, toi qui es si brave ! » C'est bien là une injure qui vient dans l'esprit d'un paresseux

monte, toi qui es si brave. » Je connus alors qui devait être
cet esprit, et la fatigue, quoiqu'elle m'eût ôté la respiration,
ne m'empêcha pas d'aller vers lui. Quand je me fus approché :
« As-tu bien compris, ajouta-t-il, en levant à peine la tête,
pourquoi le soleil conduit son char à gauche? » L'attitude
indolente de cette ombre et la brieveté de ses paroles me firent
sourire, et je commençai ainsi : « Belacqua[1], je ne te plains
plus maintenant; mais dis-moi pourquoi tu es assis en ce lieu?
Attends-tu un guide? Es-tu retombé dans tes anciens accès
de paresse? » Il répondit : « Mon frère, à quoi sert-il d'aller
plus avant? L'ange de Dieu qui est placé à la porte ne me
laisserait pas parvenir jusqu'aux douleurs; parce que j'ai différé d'offrir à Dieu les pieux soupirs, le ciel veut que j'attende ici autant de temps que j'en ai mis à retarder ma pénitence, à moins qu'une prière adressée par un cœur vertueux
ne vienne à mon secours : à quoi sert toute autre prière? elle
n'est pas agréée de Dieu. »

Déjà le poete s'était remis en marche, et me disait : « Suis-
moi; le soleil est au milieu de sa course[2]; de son pied, la
nuit couvre déjà Maroc. »

---

[1] Vellutello avoue qu'il ne sait pas quel était ce Belacqua M de Romanis, dans sa réimpression de Lombardi, nous apprend que ce Belacqua était un excellent maître de guitare, d'ailleurs *tres-paresseux dans les œuvres du monde comme dans les œuvres de l'âme*. M. de Romanis cite cette information d'après un manuscrit de la bibliothèque du mont Cassin

[2] Il veut dire qu'il était midi pour le Purgatoire, minuit pour la ville de Sion, et le commencement du jour pour la Mauritanie Le Soleil parle ainsi à Phaeton, dans les Metamorphoses :

*Dum loquor, hesperio positas in li-
tore metas
Humida nox tetigit*

Nous n'avons pas ici une imitation précise, mais il y a quelque chose de la couleur poétique d'Ovide.

CHANT V.

J'avais quitté ces ombres, et je suivais les pas de mon guide, quand une d'elles, en me montrant du doigt, cria : « Tiens, il paraît que celui qui est derrière l'autre, intercepte à gauche les rayons du soleil : il se meut comme un vivant! » Je me retournai à ces mots, et je vis les esprits attentifs à me regarder moi seul, moi seul, ainsi que l'ombre que projetait mon corps. « Pourquoi t'inquiètes-tu donc? reprit mon maître; pourquoi ralentir tes pas? Que t'importe ce que ces âmes murmurent? Suis-moi, et laisse-les parler : sois la tour inébranlable qui ne laisse pas écrouler sa cime sous la fureur des vents. L'homme qui entasse pensées sur pensées, s'éloigne de son but : l'activité d'une idée abat la force d'une autre » Que pouvais-je répondre, sinon, « Je viens. » En effet je répondis ainsi, en me couvrant de cette honnête rougeur qui accompagne les traits d'un homme digne de pardon. Pendant que nous marchions, des âmes s'avançaient en chantant le *Miserere* verset à verset. Quand elles s'aperçurent que mon corps interceptait les rayons de la lumière, elles firent un *oh* long et rauque. deux d'entre elles, semblables à des hérauts, coururent à nous, et nous dirent : « Informez-nous de votre condition. » Mon maître repartit : « Vous pouvez vous retirer et rapporter à ceux qui vous ont envoyées, que le corps de mon compagnon est formé de chair véritable. S'ils viennent de s'arrêter pour contempler son ombre, comme je le pense, on a répondu à ce qu'ils désirent. Qu'ils lui fassent donc honneur; il pourrait leur être utile [1]. »

[1] Les âmes du Purgatoire demandent d'abord des prières, ensuite, elles éprouvent un grand plaisir à savoir qu'on parlera d'elles dans ce monde

Les deux âmes retournèrent vers leurs compagnes plus rapidement que les vapeurs embrasées, dans le commencement de la nuit, ne sillonnent l'air pur, et que le soleil ne dissipe les nuages d'août. A peine arrivées, elles revinrent à nous avec les autres, aussi vite qu'un escadron qui s'élance à toute bride. « Ces esprits, qui vont nous entourer et t'adresser des demandes, dit le poète, sont en grand nombre; tu peux les entretenir en marchant. » Ils accouraient en criant. « Arrête un peu tes pas, ô âme qui vas pour être joyeuse, sans avoir perdu ces mêmes substances avec lesquelles tu es née. Examine si jamais tu as connu quelqu'un d'entre nous dont tu puisses porter des nouvelles sur la terre. Pourquoi donc continues-tu de marcher? Pourquoi ne t'arrêtes-tu pas? Nous avons tous péri de mort violente; nous fûmes tous pécheurs jusqu'à notre dernier soupir; alors la lumière du ciel nous a éclairés : nous sommes sortis de la vie, dans des sentiments de pardon et de repentir, en paix avec Dieu qui nous fait brûler du désir de le contempler. » Je repris ainsi : « Pourquoi, dans vos traits défigurés, ne reconnais-je aucun visage? Mais, ô esprits nés sous d'heureux auspices! parlez; que puis-je faire pour vous? Je le ferai au nom de cette paix qui m'attache aux pas de ce guide bienfaisant avec lequel je voyage de monde en monde. » Un des esprits parla en ces termes : « Chacun de nous se fie à toi, sans que tu t'engages par un serment, pourvu qu'une funeste influence ne détruise pas ta bonne disposition. Et moi, qui parle avant tous les autres, je te conjure, si jamais tu vois cette contrée située entre la Romagne et le royaume de Charles [1], d'inviter cour-

En donnant à ces ombres cet amour pour la gloire et pour la renommée, le poète ne fait-il pas ces ombres trop semblables aux hommes qui habitent encore la terre?

[1] La Marche d'Ancône, située entre la Romagne et le royaume de Naples, alors gouverné par Charles II, de la maison d'Anjou. Fano est une ville de la Marche d'Ancône. La ville bâtie par Anténor est Padoue. L'ombre qui parle ici est Jacques del Cassero, noble de Fano, il avait souvent attaqué, par des injures, Azzon III d'Este, qui le fit assassiner à Oriago, bourg de Padoue. Del Cassero dit que, lorsqu'il fut attaqué par les assassins envoyés contre lui, s'il se fût enfui du côté de la *Mira*, bourg situé près de la Brenta, il aurait pu sauver sa vie, mais il chercha son salut dans des marais où il fut atteint et frappé de plusieurs coups mortels.

toisement les habitants de Fano à prier pour moi, afin que je sois purifié de mes fautes si graves. Je suis né dans cette ville; mais je reçus, au sein de celle qui fut bâtie par Anténor, les douloureuses blessures d'où coula le sang qui animait ma vie. Là même où je me croyais le plus en sûreté, d'Este, qui me haïssait plus que ne le voulait la justice, fit commettre ce crime. Si, lorsque je fus atteint à Oriaco, j'eusse dirigé ma fuite vers la Mira, j'existerais encore dans le royaume où l'on respire; mais je cherchai un refuge dans le marais où les roseaux et la fange m'embarrassèrent tellement que je tombai, et que bientôt la terre devint un lac de mon sang. » Une autre âme reprit : « Si tu vois s'accomplir le désir qui t'entraîne au haut de cette montagne, daigne, avec une tendre pitié, satisfaire le mien. Je suis Buonconte de Montefeltro [1] : Jeanne et tant d'autres me négligent; aussi tu me vois ici dans cet état d'avilissement. » Et moi à lui : « Quel événement ou quel acte de violence t'arracha de Campaldino, où l'on n'a jamais connu le lieu de ta sépulture? » L'âme reprit : « Au pied du Casentin coule un fleuve qu'on appelle l'Archiano, et qui naît dans l'Apennin, au-dessus de l'Eremo. J'arrivai dans l'endroit où ce fleuve perd son nom J'étais blessé à la bouche, et je fuyais à pied, ensanglantant le sol. Là, je perdis la vue et la parole; je tombai en prononçant le nom de Marie, et il ne resta plus que mon corps. Je vais te dire la vérité, répète-la parmi les vivants : L'ange de Dieu me saisit et le suppôt de l'Enfer criait : *O toi, pour-*

---

[1] Buonconte, fils de Guido de Montefeltro, dont il a été question dans l'*Enfer* (voyez la note du chant XXVII, p. 125) Jeanne était l'épouse de Buonconte Les Guelfes et les Gibelins se trouvaient en présence à Campaldino, plaine du Casentin, province de Toscane, située au bas de la montagne de Poppi, lorsque Guillaume, évêque d'Arezzo, envoya Buonconte pour épier les mouvements des Guelfes, dont l'armée n'était presque composée que de Florentins commandés par Corso Donati Buonconte, à son retour, conseillait à Guillaume de ne pas attaquer l'ennemi; mais l'évêque, trop présomptueux, voulut combattre, et fut tué, dans cette bataille, avec Buonconte, après avoir perdu deux mille Arétins. — L'Archiano prend sa source dans cette partie de l'Apennin L'*Eremo* est un couvent de Camaldules, placé sur une très-haute montagne. J'ai visité ce couvent et ses environs En hiver, on s'y croirait presque sous le climat le plus rude de la Suède

quoi me prives-tu? Tu emportes son âme pour une petite larme qui fait taire mes droits; mais je vais traiter autrement sa dépouille[1]*!* Tu sais comme l'air présente des vapeurs humides qui se résolvent en eau, aussitôt qu'elles atteignent une région plus froide de l'atmosphère. L'esprit infernal, ajoutant à son intelligence cette disposition cruelle qui cherche toujours le mal, déchaîna les vents et souffla des exhalaisons funestes, par le pouvoir que lui donne sa nature. Le soir il couvrit de nuées l'espace qui s'étend entre Pratomagno et le sommet de l'Apennin; il condensa l'air supérieur : les vapeurs se résolurent en eau; la pluie tomba : ce que le sol n'en put absorber se forma en torrents, et, comme il arrive dans les grandes inondations, elle se précipita vers le fleuve principal, sans qu'aucun obstacle pût la contenir. L'Archiano grossi trouva mon corps refroidi, et l'entraîna dans l'Arno, en séparant mes bras que je tenais placés en croix sur mon sein, quand la douleur m'avait fait succomber. Le fleuve me jeta alternativement sur ses deux rives, ensuite m'engloutit sous la proie de sable qu'il avait arrachée aux campagnes[2]. »

Alors un troisième esprit succédant au second, me dit : « Quand tu seras de retour dans le monde, et reposé de tes longues fatigues, souviens-toi de moi; je suis Pia; Sienne m'a vue naître, la Maremme a été témoin de ma mort : il sait comment j'ai perdu la vie, celui qui, en m'épousant, avait passé l'anneau à mon doigt[3] ! »

---

1. Ce passage ressemble un peu à celui où Guido raconte sa vie dans le XXVII⁰ chant de l'*Enfer*. La guerre entre l'ange de Dieu et le suppôt de Satan a quelques rapports avec celle de François d'Assise et du chérubin infidèle. On a rarement occasion d'adresser de pareils reproches à Dante. — *Prato-Magno*, dont il sera parlé plus bas, s'appelle aujourd'hui *Prato-Vecchio* : c'est le point qui sépare le Valdarno du Casentin. Dante invente ici toutes ces suppositions, parce qu'il ne fut pas possible de retrouver sur le champ de bataille, le corps de Buonconte.

2 Ginguené fait, sur ce passage, une bien belle réflexion : « Cette machine poétique de Dante, troublant tout sur la terre et dans les airs, bouleversant les éléments et mettant partout le désordre dans l'œuvre du grand ordonnateur, se trouvait bien déjà dans quelques légendes; mais elle paraît ici pour la première fois, revêtue des couleurs de la poésie. »

3 Pia, noble Siennoise, épouse de Messer Nello della Pietra. Nello, dit Volpi, l'ayant trouvée coupable, la conduisit aux Maremmes : elle succomba, après avoir langui quelque temps, aux atteintes du mauvais air. (Voyez la note sur les Maremmes *Enfer*, chant XXV, page 3)

CHANT VI.

Quand le jeu de la *chance*[1] est terminé, celui qui perd demeure tout chagrin, répète les coups, et s'explique tristement à lui-même comment il a perdu : son heureux adversaire s'avance, accompagné par la foule; l'un marche devant lui, l'autre le suit à pas précipités; un troisième l'aborde de côté pour appeler son attention : le vainqueur ne s'arrête pas; il écoute celui-ci et celui-là; il prend la main d'un autre qui cesse alors d'augmenter le nombre des curieux, et c'est ainsi que, dans son triomphe, il se soustrait aux flots empressés de la multitude : tel je me tournais à droite et à gauche dans cette foule épaisse, et par mes promesses je cherchais à me délivrer de leurs instances. Là, on voyait le citoyen d'Arezzo[2] à qui les bras cruels de Ghin di Tacco donnèrent la mort, et celui qui se noya en courant après ses ennemis[3]. Là, on voyait Frédéric Novello[4] tendre des mains suppliantes. Plus

---

1. Grangier nous apprend que le jeu dont parle ici le poëte s'appelait le *jeu de la chance*, on le jouait avec trois dés. Il y a, dans cette comparaison, beaucoup de traits heureux : on croit voir l'homme qui a perdu, reprenant les dés, répétant le coup et se disant: « Oui voilà pourquoi je n'ai pas gagné, » ensuite, l'heureux adversaire s'avance en vainqueur accompagné par la multitude. Le naturel, le naturel, voilà le caractère distinctif de notre poëte, dans une grande partie des scènes de son drame immortel ! Mais il fallait que le *jeu de la chance* fût une espèce de jeu public : les commentateurs qui nous fournissent tant de détails, en donnent peu de satisfaisants sur ce passage.

2. Messer Benincasa d'Arezzo, savant jurisconsulte, étant vicaire ou lieutenant du podestat à Sienne, avait condamné à mort un frère de Ghin di Tacco et un de ses neveux nommé *Turrito da Turrita*, parce qu'ils avaient volé sur le grand chemin. Ghin di Tacco, frère et oncle des deux suppliciés, et qui exerçait le même métier de voleur, se rendit, quelque temps après, à Rome, où Benincasa remplissait alors les fonctions d'auditeur de Rote, osa entrer dans sa maison, et lui trancha la tête, qu'il emporta dans les Maremmes.

3. Cione de' Tarlati d'Arezzo, en poursuivant les Bostoli, autre famille de cette ville, fut précipité par son cheval dans l'Arno et s'y noya.

4. Fils du comte Guido de Battifolle, qui fut tué par un Bostoli, nommé *Fornaiuolo*.

loin était ce noble de Pise[1] qui fit déployer tant de courage au vertueux Marzucco. Je vis le comte Orso[2], et cette âme qui, comme elle le disait elle-même, fut séparée de son corps par la ruse et la malice et non par ses crimes ; je veux dire Pierre de la Brosse[3] : aussi que la princesse de Brabant ne manque pas de prévoyance, pendant qu'elle est encore sur la terre, si elle ne veut pas faire partie du plus fatal troupeau !

Quand je fus délivré de ces ombres qui m'adressaient de si instantes supplications, pour que, par de ferventes prières, l'on hâtât le moment de leur béatitude, je parlai ainsi : « O ma vive lumière ! il me semble que dans un passage de tes écrits, tu nies que la prière apaise les décrets du ciel[4]. Ces âmes demandent une telle faveur ; leur espérance serait-elle vaine, ou n'ai-je pas bien compris le sens de tes paroles ? »

---

1. Farinata, fils de Messer Marzucco, de' Scoringiani de Pise Marzucco, chevalier et docteur en allant un jour, à cheval, de Semerino à Scarlino, trouva un serpent d'une grandeur épouvantable, et fit vœu d'entrer dans l'ordre des Dominicains, s'il échappait à la poursuite de ce reptile En effet, le serpent lui ayant permis de continuer sa route, Marzucco accomplit son vœu Quelque temps après, Farinata ayant été assassiné, Marzucco assista aux funérailles avec tous les autres religieux, et, pour inviter ses concitoyens et ses parents à la paix et à la concorde, il baisa la main de l'assassin de son fils — Dante veut donc dire que Farinata donna occasion à son père, Marzucco, de montrer une grandeur d'âme peu commune. Manzoni, dans ses *Promessi sposi*, a imité ce trait, et l'attribue à son religieux Cristoforo. En parcourant les sources de la littérature italienne, on voit où beaucoup d'auteurs de ce pays ont puisé.

2 Fils du comte Napoléon de Cerbaia, et qui fut tué par le comte Albert de Mangona, son oncle.

3. Secrétaire et conseiller d'État de Philippe III, fils de saint Louis, roi de France, fut accusé par la reine, princesse de Brabant, de l'avoir insultée. Pierre de la Brosse fut justicié, par suite d'un procès intenté contre lui, et il était innocent. Dante dit ensuite que la princesse de Brabant, qui est encore vivante, doit avoir soin de faire prier pour elle. Voyez la *Biog. univ.*, t VI, à l'article de *la Brosse*

4. Le poëte fait encore à Virgile une singulière querelle, en lui disant « Tu ne t'accordes pas avec ce que tu as avancé dans ton poëme, tu fais dire, par la Sibylle à Palinure (*Énéide* liv VI, v. 376) : *Desine fata Deûm flecti sperare precando*, et ici je vois que, si la princesse de Brabant ou toute autre âme a sur la terre des amis prêts à prier pour elle, ses douleurs en Purgatoire seront allégées. Pourquoi donc as tu dit déjà : « Cessez d'espérer que les dieux soient fléchis par des prières » Virgile répond, en théologien consommé . « J'ai très-bien dit ce que j'ai dit dans mon *Énéide* Alors, la prière ne pouvait obtenir aucun bon effet, parce que tous ceux qui avaient péché, quels qu'ils fussent, allaient en Enfer et qu'il n'y avait pas de Purgatoire. Mais, depuis la venue de J C , l'ordre des destinées est changé · d'ailleurs, il faut que tu attendes, pour être mieux éclairé, les instructions de Béatrix, c'est-à-dire de la théologie. » En même temps, il prédit à Dante qu'il verra Béatrix triomphante en haut de la montagne.

Le sage me répondit : « Ce que j'ai écrit est clair, et leur espérance ne sera pas trompée, si on la juge avec un esprit sain. La profondeur du jugement de Dieu ne se relâche pas de ses droits ; car un feu d'amour et de charité remplit en un instant le devoir que ceux qui sont enchaînés ici auraient dû plus tôt remplir, et là où j'ai avancé cette proposition, la prière ne pouvait obtenir aucun bon effet, parce que celui pour qui on aurait prié, était séparé de Dieu. Ne t'arrête donc pas à ce doute subtil, s'il ne t'est point suggéré par celle qui conduira ton intelligence à la connaissance de la vérité. Je ne sais si tu m'entends ; je parle de Béatrix : tu la verras brillante et fortunée sur la cime de cette montagne. » Je repris ainsi : « O guide bienfaisant ! marchons plus vite ; je ne me fatigue plus autant qu'auparavant : vois d'ailleurs que la montagne jette de l'ombre[1]. » Il repartit : « Nous irons aujourd'hui aussi loin que nous pourrons. Quant à la longueur du chemin, il en est autrement que tu ne penses. Avant que tu sois arrivé au sommet, tu verras revenir cet astre qui, étant placé dans l'autre partie de la côte, t'empêche de rompre ses rayons. Mais remarque ici à part cette âme seule et retirée qui nous regarde ; elle nous enseignera la voie la plus courte. » Nous nous approchâmes. O âme lombarde, comme tu paraissais fière et superbe ! Que de noblesse dans ton regard et de gravité dans ton maintien ! Elle ne parlait pas, mais nous laissait venir en nous regardant, à la manière d'un lion qui se repose[2]. Virgile lui ayant demandé le meilleur chemin,

---

1. Les poëtes côtoyaient la partie orientale de la montagne, comme il a été dit chant IV, p. 187, et le soleil, tournant vers le couchant, la montagne devait commencer à jeter de l'ombre

2 *Solo guardando a guisa di leon, quando si posa.*
Vers plein de noblesse et d'expression, copié littéralement par le Tasse, chant X de sa *Jérusalem*
Tacito si riposa il fier Circasso a guisa di leon quando si posa, guando gli occhi

Je suis persuadé que, dans les manuscrits originaux du Tasse, ce grand poëte avait souligné ou marqué d'une note ce vers emprunté à Dante, pour lequel il professait la plus haute admiration Mais, par désuétude, on aura oublié de consacrer cette sorte d'hommage que le chantre de Godefroy rend à l'auteur de la *Divine Comédie*, et il serait vraiment convenable aujourd'hui que chacun des nouveaux éditeurs du poëme de la *Jérusalem* fît souligner ce vers, qui appartient à Dante seul, et qui a même, chez lui, plus de force que chez

elle ne répondit pas à sa demande, et désira savoir quel était notre pays et quelle avait été notre vie. Mon guide chéri commença ainsi : « Mantoue...... » Alors l'ombre qui se tenait à l'écart, se leva du lieu où elle était assise, en s'écriant: « Habitant de Mantoue, je suis Sordello de la même ville. » Et ils s'embrassèrent l'un l'autre. Ah ! Italie esclave, habitation de douleur, vaisseau sans nocher dans une affreuse tempête, tu n'es plus la maîtresse des peuples, mais un lieu de prostitution¹ ! Au seul nom de sa patrie, comme cette âme généreuse fit promptement fête à son concitoyen ! Et maintenant ceux qui vivent dans tes contrées se font une guerre implacable; ceux qu'une même muraille et les mêmes remparts protégent, se rongent l'un l'autre. Cherche, misérable, autour de tes rives, et vois si dans ton sein une seule de tes provinces jouit de la paix. Qu'importe que Justinien t'ait donné le frein des lois, si la selle est vide? Sans lui, tu aurais moins de honte, nation qui devrais être plus fidèle, et laisser César sur la selle, si tu comprenais la volonté de Dieu. Albert de Germanie, vois comme cette bête est devenue féroce pour

---

le Tasse, car *solo guardando* est plus expressif que *girando gli occhi* « Toute expression, toute action est ici digne d'attention, dit Biagioli, et ce *regarder à la manière du lion* est de toute beauté — On lit dans Solin et dans Pline que le lion ne regarde jamais de côté, et ne veut pas être regardé ainsi : cela tient peut-être à ce que, comme le prétend Aristote, le cou du lion est composé d'un os entier »

Cette ombre qui a tant de noblesse dans le regard et de gravité dans le maintien, est Sordello de Mantoue, poëte du temps auquel on attribue un livre intitulé *le Trésor du trésor*, ouvrage qui traite des hommes célèbres par leurs vertus et leurs talents. (Voyez, dans la *Biog univ.*, l'article SORDELLO, par M. Daunou)

1. Il y a là un mot qu'on ne peut pas traduire, quoiqu'il ait trouvé place dans le *Dictionnaire de l'Académie*: mais les rédacteurs font observer qu'on n'emploie pas ce mot dans la bonne compagnie.

Le mouvement de sensibilité qu'éprouve Sordello, en voyant un de ses compatriotes, fait naître un mouvement de colère chez Dante, qui apostrophe l'Italie dans les termes les plus énergiques et avec l'éloquence la plus vive. Ce morceau est un chef-d'œuvre, une inspiration vraiment poétique : le zèle pour la cause impériale n'a pas de mesure. Dante invoque l'appui d'Albert, fils de Rodolphe, qui monta sur le trône impérial en 1298, et qu'il appelle César. Nulle part le poëte ne s'est montré plus franc et plus déterminé Gibelin « En lisant cette éloquente invective, on est tenté d'appliquer à Dante ce qu'il dit lui-même de Virgile, dans le premier chant de l'*Enfer*, page 3, et de reconnaître dans le Florentin · « *Quella fonte che spande di parlar si largo fiume* » (*Hist litt.*, II, p 142)

17.

n'avoir pas été corrigée par l'éperon, lorsque tu as commencé à lui imposer le joug! Toi qui abandonnes cette bête indocile et sauvage, quand tu devrais enfourcher les arçons, qu'un juste jugement tombe du ciel sur ta race, et qu'il effraye ton successeur! Entraînés par la cupidité, ton père et toi vous avez souffert que le jardin de l'Empire fût abandonné. Viens voir, homme négligent, les Montecchi [1], les Cappelletti, les Monaldi, les Filippeschi, les uns déjà consternés, les autres dans la crainte de l'être. Viens, cruel, et vois l'oppression de ceux qui te sont fidèles : venge leurs injures, et tu sauras comme le séjour de Santaflora est tranquille. Viens voir ta ville de Rome, veuve et délaissée, qui pleure, qui t'appelle nuit et jour, et qui s'écrie : « O mon César, pourquoi n'accours-tu pas dans mon sein ? » Viens voir combien on t'aime, et si tu n'as aucune pitié de nous, apprends de ta renommée à rougir de tes retards. S'il m'est permis de le dire, souverain Jupiter [2] qui reçus la mort pour nous, tes yeux justes se sont-ils tournés ailleurs ? ou prépares-tu, dans la profondeur de tes décrets, quelque grand bien que nous ne puissions pénétrer ? Toutes les terres d'Italie sont pleines de tyrans. Tout vil factieux devient un *Marcello* [3].

O ma Florence ! tu dois être satisfaite de cette digression [4] :

---

1. Les Montecchi et les Cappelletti étaient des seigneurs gibelins de Vérone; les Monaldi et les Filippeschi étaient deux autres familles gibelines d'Orvieto.

2. *O sommo Giove*
Che fosti 'n terra per noi crucifisso !
Les mots de *Jupiter* et de *crucifie* s'accordent bien mal entre eux. J'ai conservé l'expression originale pour faire connaître tout Dante.

3. On ne sait pas si le poëte veut parler d'un *Marcellus* ou d'un *Marcello*. Le nom de Marcellus fut porté à Rome par beaucoup de citoyens très-distingués ; les plus célèbres sont celui qui assiégea Syracuse et celui qui se déclara contre Jules César, et auquel ce grand homme pardonna après sa victoire. Peut-être cependant le poëte ne veut-il parler ici que de Marcello Malaspina, qui l'accueillit avec beaucoup de bienveillance dans ses Etats, et dont il sera question à la fin du chant VIII. Cet éloge aurait été dicté par un sentiment profond de reconnaissance, et un homme sensible comme Dante ne devait jamais oublier les bienfaits dont on l'avait comblé pendant ses malheurs et son exil. Dans ce cas, l'auteur voudrait dire ici : tout vil factieux obtient la réputation d'un *Marcello*, prince si distingué. J'ai adopté ce sens.

4. Trait de satire et de malice détourné, qui frappe les habitants de Florence. Toute la fin de ce chant a de la force et de la précision : c'est le Gibelin exilé, il est vrai, qui a pris la parole, mais il parle en grand poëte.

elle ne te concerne pas, grâces à ton peuple qui s'étudie à être si sage! Beaucoup d'entre vous ont la justice dans le cœur; mais elle est décochée trop tard, parce qu'on craint de ne pas tirer l'arc à propos, et la justice reste sur le bord des lèvres de ton peuple. Plusieurs refusent les charges publiques, mais ton peuple[1], sans réflexion, s'en va, criant : « Je suis courbé... » Réjouis-toi, tu en as sujet; tu es riche, prudente, et en paix. L'effet prouve que je dis la vérité. Athènes et Lacédémone, qui portèrent de si bonnes lois, donnèrent une faible preuve de la sagesse de ces villes, si on les compare à toi, qui crées des institutions si frêles, que ce que tu as filé en octobre n'arrive pas à la mi-novembre! Combien de fois, pour ne parler que de ces temps-ci, tu as changé d'institutions, de monnaies, de magistratures, de mœurs, et renouvelé les membres de ta cité! Si tu as quelque souvenir de tes désastres et quelque sens, tu verras que tu ressembles à cette malade qui ne peut trouver de repos sur sa couche, et qui tâche d'apaiser sa douleur en changeant d'attitude.

[1] Dante répète trois fois *popol tuo*, ton peuple, et c'est avec une intention maligne, qui ne doit pas étonner dans le Florentin mécontent

CHANT VII.

Après plusieurs salutations répétées trois ou quatre fois, Sordello s'arrêta, en disant : « Et vous deux, qui êtes-vous ? » Le sage poete répondit : « Avant que les âmes dignes de monter à Dieu fussent dirigées vers cette montagne, Octave fit ensevelir mes dépouilles[1] : je suis Virgile : je n'ai perdu le ciel que parce que je n'ai pas eu la foi. » Tel que celui dont les yeux sont frappés d'un spectacle subit qui le plonge dans la stupeur, croit en effet le voir et ne pas le voir : « Est-ce une réalité ! s'écrie-t-il : me trompé-je ? » tel Sordello baissa ses regards, se rapprocha de Virgile et embrassa ses genoux. « O gloire des Latins, dit-il, par qui notre langage montra tout ce qu'il pouvait réunir de grâce et d'éloquence ! ô toi, l'honneur eternel du lieu où j'ai pris naissance[2], quel mérite ou quelle faveur te présente à mes yeux ? Si tu me crois digne d'entendre tes paroles, dis-moi, viens-tu de l'enfer ou d'un autre séjour ? » Virgile repartit : « Je suis venu ici à travers tous les cercles du royaume des douleurs. Je marche sous la protection de la vertu du ciel qui m'a mis en mouvement.

« Ce n'est point pour avoir fait, mais pour n'avoir pas fait, que j'ai perdu ce soleil bienfaisant que tu désires, et dont je n'eus connaissance que si tard[3].

« Plus bas, il est un lieu où ne règnent pas les tourments, mais qui est attristé seulement par les ténèbres ; on n'y en-

---

[1] Virgile mourut sous le règne d'Auguste (Octave).
[2] On verra plus loin que Sordello était de Mantoue.
[3] Si tard veut dire ici, sans doute, après ma mort.

tend pas des cris aigus, mais de lamentables soupirs. J'habite ce lieu [1] avec ces pauvres innocents mordus par la mort avant d'avoir été purifiés du péché commun à tous les mortels. Là, je suis avec les esprits qui ne reçurent pas le don des trois vertus saintes [2], et qui, exempts de vices, connurent les autres vertus, et les pratiquèrent toutes. Mais si tu le sais, et si tu le peux, dis-nous, afin de nous faire avancer dans notre voyage, quelle est la véritable entrée du Purgatoire. » Sordello répondit : « Nous n'habitons pas un lieu déterminé que nous ne puissions quitter. J'ai la liberté de parcourir toute cette enceinte, et je vais te guider aussi loin que le jour me le permettra; déjà il commence à baisser; on ne peut pas continuer de marcher pendant la nuit : il sera même prudent de s'arrêter dans un endroit convenable. Des âmes sont ici à l'écart sur notre droite; si tu y consens, je te conduirai vers elles, et tu auras du plaisir à les connaître. » — « Quoi! reprit Virgile, celui qui voudrait monter de nuit en serait donc empêché par quelque obstacle, ou ne monterait pas, parce qu'il n'en aurait pas la force? » Le bon Sordello, avec son doigt, traça une ligne sur la terre, et il ajouta : «Tu n'avancerais pas de la longueur de cette ligne, quand le soleil a quitté l'horizon. Ce ne serait pas que tu eusses à craindre un autre obstacle que les ténèbres, pour continuer de monter; mais l'obscurité, par l'impuissance qu'elle cause, prive la volonté de tout effet. Cependant, malgré ces ténèbres, on pourrait retourner dans la partie inférieure, et perdre ses pas, pendant que le soleil est caché. » Mon maître, encore tout émerveillé, dit alors : « Hé bien, conduis-nous là où tu dis qu'on peut goûter du plaisir à se reposer. » Nous avions à peine fait

---

[1] Les Limbes, où se trouvent aussi les enfants morts sans avoir reçu le baptême. Dans le recueil de planches que M. Pinelli a bien voulu me dédier, on remarque la planche XII du Purgatoire; elle représente une tête de mort dont la bouche laisse échapper, après mille morsures, une foule de petits enfants que la main d'un squelette déchire encore et laisse ensuite retomber à terre.

[2] Les trois vertus théologales. Les autres vertus dont il est question plus bas sont les vertus morales appelées *Cardinales* : la Prudence, la Justice, la Force et la Tempérance.

quelques pas, lorsque je m'aperçus que dans cette partie la montagne offrait une vallée semblable à celles qui se forment au pied des monts de notre hémisphère. L'ombre nous dit : « Nous irons là où la montagne se creuse sur elle-même, et nous y attendrons le jour. » Entre le bord de l'abîme et la partie la plus élevée du chemin, était un sentier oblique qui nous conduisit dans le flanc le plus enfoncé de la cavité. L'or et l'argent raffiné, la pourpre, la céruse, le bois indien le plus brillant, l'émeraude au moment où on la rompt, n'approcheraient pas de l'éclat des fleurs que ce lieu offrit à ma vue. c'est ainsi que le faible est vaincu par le plus fort. La nature n'étalait pas seulement les plus éblouissantes couleurs; elle y exhalait encore un mélange inconnu des odeurs les plus suaves Des âmes qu'on n'apercevait pas, quand on était hors de la vallée, étaient assises dans la prairie, au milieu des fleurs, et chantaient : « *O Reine, je vous salue* [1]. » Sordello nous dit alors : « Le soleil restera maintenant trop peu de temps sur l'horizon : ne me demandez donc pas de vous conduire pour connaître ces esprits; d'ici, vous les distinguerez mieux; vous pourrez remarquer leurs gestes plus facilement que si vous étiez dans leur compagnie Celui qui est assis dans la partie la plus élevée, et qui, annonçant encore dans ses traits qu'il a négligé ses devoirs, ne chante pas avec les autres, est l'empereur Rodolphe [2]. Il pouvait guerir les

---

[1] *Salve Regina!* l'oraison en l'honneur de la Vierge Marie

[2] Nous allons donner les explications qui peuvent concerner tous les personnages introduits dans la fin de ce chant. L'empereur Rodolphe était le père de l'empereur Albert, et il eut un règne de vingt ans. Ayant livré bataille, en 1278, au roi de Bohême, Ottocare, Rodolphe le vainquit, mais ensuite il accorda sa fille au fils du même Ottocare, et lui rendit son royaume Venceslas était fils d'Ottocare. L'histoire représente ces princes à peu près tels que le poëte les depeint ici. — L'ombre remarquable par son nez court et ramassé est Philippe III, roi de France, fils de saint Louis, et que l'on dit avoir été camus. — Cet autre qui a une si noble figure est Henri, roi de Navarre Philippe III mourut à Perpignan, après avoir perdu une bataille navale qui *fletrit les lis*, dit le poëte. — Le personnage qui, en soupirant, appuie son visage sur sa main est le même Henri de Navarre qui était d'une très-noble figure. Sa fille Jeanne avait épousé Philippe le Bel, fils de Philippe III : ils se rappellent sa vie corrompue et grossière, c'est-à-dire la vie de Philippe le Bel. — Celui qui semble si robuste est Pierre III, roi d'Aragon. — Cet autre que dis

blessures qui firent mourir l'Italie ; aussi tarde-t-il à obtenir des prières. L'autre, qui paraît rassurer le premier, gouverna le pays où prend naissance la Moldava, qui porte ses eaux dans l'Elbe, dont les flots se jettent à la mer ; il s'appela Ottocare, et dans sa jeunesse, il sut mieux gouverner que Venceslas son fils qui, quoique avancé en âge, s'adonne à la luxure et à l'oisiveté : et celui-ci, remarquable par son nez court et ramassé, que tu vois s'entretenir si intimement avec cet autre qui a une si noble figure, mourut en fuyant, et en flétrissant les lis. Vois, aussi, comme il se bat la poitrine ! Remarquez maintenant ce personnage qui, en soupirant, appuie son visage sur sa main. Ces deux derniers sont le père et le gendre du roi qui fut le malheur de la France. Ils se rappellent sa vie corrompue et grossière, et de là vient la douleur qui les tourmente. Celui qui semble si robuste, et qui s'accorde en chantant avec cet autre que distingue la

tingue la grandeur de son nez est Charles Ier, roi des Deux-Siciles et comte de Provence — Le jeune prince qui est assis, etc. Landino, Daniello et Vellutello disent que ce jeune prince est Alphonse, troisième fils de Pierre III, mais ils se trompent : ce jeune prince ne peut être que Pierre, quatrième fils de Pierre III, suivant Barthélemy de Néocastro, auteur contemporain. Ce prince n'eut aucun des royaumes de son père, qui échurent à Jacques et à Frédéric, ses frères aînés. Alphonse, nommé plus haut, monta un moment sur le trône d'Aragon ; mais étant mort sans enfants, il le laissa à Jacques, second fils du roi Pierre III.

Celui dont je t'ai fait remarquer le nez aquilin est encore Charles Ier, roi des Deux-Siciles, et Pierre est le même Pierre III déjà plusieurs fois nommé. La Pouille et la Provence faisaient partie des États de Charles Ier. — Constance, femme de Pierre III. Béatrix et Marguerite, filles de Berenger, comte de Provence, épousèrent, l'une, saint Louis, roi de France, et l'autre, son frère, Charles Ier, roi des Deux-Siciles. Dante « parle ainsi, dit Venturi, pour vomir sa bile contre la maison de France, parce que Charles de Valois, prince du sang français, avait aidé le parti guelfe à chasser le poëte de sa patrie, où il ne put retourner » On ne peut pas laver ici Dante de cette tache ; car il n'a été occupé que de ses passions et de ses douleurs — Henri d'Angleterre, fils de Richard « Ce roy d'Angleterre, ajoute Grangier, fut fort homme de bien, simple en sa vye, non de la simplicité qui s'attribue à l'ignorance, mais de celle qui provient d'une pureté et sincérité de cœur » On ne voit pas trop pourquoi ce prince est en Purgatoire. — Guillaume, marquis de Montferrat, fut pris et tué par les habitants d'Alexandrie *della puglia* ; et, parce qu'il s'éleva ensuite une guerre sanglante entre les fils de Guillaume et les Alexandrins, le poète dit, qu'à l'occasion de la mort du prince, Alexandrie et ses guerriers firent pleurer les habitants du Montferrat et du Canavésan. Le Canavésan était une petite province qui dépendait alors d'Alexandrie, suivant Grangier, et du Montferrat, selon le père Lombardi l'autorité de Baudrand appuie le sentiment de Lombardi.

grandeur de son nez, porta la ceinture de toutes les vertus, et elles auraient été *transvasées* sur le trône, s'il eût eu pour successeur le jeune prince qui est assis derrière lui : on n'en peut pas dire autant de ses autres héritiers. Jacques et Frédéric possèdent, il est vrai, les royaumes, mais ils n'ont pas hérité de la meilleure portion de la succession paternelle. Rarement la probité humaine remonte dans les rameaux ; c'est ainsi que l'ordonne Dieu qui dispense cette vertu, pourvu qu'on la lui demande. Mes paroles s'appliquent en même temps à celui dont je t'ai déjà fait remarquer le nez aquilin, aussi bien qu'à Pierre, qui chante avec ce prince. La Pouille et la Provence en gémissent encore de douleur. Le fils dégénère du père autant que Constance s'honore de son mari, plus que ne peuvent le faire Béatrix et Marguerite. Voyez Henri d'Angleterre, ce roi de mœurs si simples, assis ici à l'écart, et qui, de son tronc, a produit de meilleurs rejetons. L'autre qui est en bas parmi eux, et qui, en ce moment, regarde en haut, est le marquis Guillaume. à l'occasion de sa mort, Alexandrie et ses guerriers firent pleurer les habitants du Montferrat et du Canavésan. »

CHANT VIII.

Déjà était arrivée l'heure qui excite de nouveaux regrets chez les navigateurs, et qui les remplit d'une tendre émotion, le jour où ils ont dit adieu à leurs amis ; cette heure mélancolique où le pèlerin qui vient de se mettre en voyage ressent de nouveaux aiguillons d'amour, s'il entend la cloche du soir qui semble pleurer le jour près de mourir [1] : il se fit alors un grand silence, et je vis une des âmes qui se leva, et par un signe de la main, pria les autres de vouloir bien l'écouter. Ensuite, elle éleva les deux mains en tournant ses yeux vers l'orient, comme si elle avait dit à Dieu : « Je ne pense qu'à toi seul. » Elle entonna si dévotement l'hymne : « *Avant la fin du jour* [2], » et d'une voix si douce, que je m'oubliai tout à fait moi-même. Les autres ombres, avec la même piété et la même douceur, chantèrent l'hymne entière, en tenant leurs regards fixés sur les roues célestes. O lecteur! porte ton attention sur la vérité [3] : le voile est si

---

[1] « *Che paja 'l giorno pianger che si muore* »
Ce dernier vers offre un trait d'une sensibilité touchante. La fameuse élégie de Gray, sur un *Cimetière de campagne*, est assez généralement connue en France, pour que l'on ait remarqué, dans l'italien, l'original du vers par lequel l'auteur anglais débute

The curfew tolls the knell of parting day

« La cloche du couvre-feu tinte le glas du jour mourant, » mais l'expression de Dante est d'un charme encore plus heureux

[2] TE LUCIS ANTE, *sì devotamente le uscì di bocca*

Te lucis ante terminum, rerum creator optime, est le commencement de l'hymne de saint Ambroise, que, suivant l'usage de Rome, l'on chante à la fin de complies

[3] On lit dans le neuvième chant de l'*Enfer* (voyez page 36, ligne 27, et page 37, la fin de la note) :

« *O voi ch' avete l'intelletti sani, etc* »

Dante dit ici que le voile qui couvre ses allégories est si léger, que les yeux du lecteur peuvent en pénétrer le sens. Les commentateurs ne font donc pas toujours si mal de chercher le sens allégorique de plusieurs passages. Il ne faudrait pas cependant qu'ils ne voulussent voir que des allégories à chaque vers du poëme

léger, que tes yeux peuvent la pénétrer. Ensuite cette armée vénérable, en silence, dans l'incertitude de l'attente, leva la tête avec un sentiment de crainte et d'humilité. Je vis sortir du ciel et descendre tout à coup deux anges armés d'épées flamboyantes et privées de leur pointe; les vêtements de ces anges, verts comme la feuille dans sa fraîcheur, étaient agités mollement par le mouvement de leurs ailes qui avaient la même couleur. L'un d'eux vint s'abattre près de nous : l'autre descendit sur le bord opposé, et les âmes restaient au milieu de l'espace qui séparait les deux envoyés. On distinguait bien leur tête blonde; mais l'éclat de leur figure ne pouvait être soutenu par les regards, de même que la multiplicité des objets émousse la force du rayon visuel. Sordello nous dit : « Tous deux sortent du sein de Marie pour garder la vallée contre le serpent qui va venir à l'instant[1]. » Moi qui ne savais quel chemin le reptile devait suivre, je me retournai, et glacé par la crainte, je me serrai fortement contre mon maître chéri. Sordello continua en ces termes : « Maintenant marchons dans la vallée parmi les ombres respectables; nous les entretiendrons : il sera également doux pour elles de vous voir. » Nous n'eûmes que quelques pas à faire pour arriver auprès d'elles, et j'en vis une qui me regardait, comme si elle eût cherché à me reconnaître. Déjà, depuis quelque temps, le jour s'obscurcissait, mais non pas tellement que ses yeux et les miens ne nous laissassent voir ce que nous n'avions pu encore observer. L'esprit et moi nous nous avançâmes l'un vers l'autre. O Nino[2]! juge intègre, combien j'eus de plaisir à voir que tu n'étais pas au nombre des coupables! Nous nous accablâmes de tendres saluts. Ensuite il me dit : « Depuis

---

[1] « Le serpent, dit Grangier, est la tentation diabolique, laquelle avec finesse, tasche de nous assaillir et tromper. » Venturi et Lombardi ne font aucun commentaire sur ce passage.

[2] Nino des Visconti de Pise, juge de Gallura en Sardaigne, chef du parti guelfe et neveu du comte Ugolin della Gherardesca. Nino était un homme ferme, juste et intègre; cependant, puisque nous sommes en Purgatoire, il faut qu'il y ait eu quelques nuages sur de telles vertus.

quand es-tu venu au pied de la montagne à travers les ondes
eloignées? » — « Moi, lui répondis-je, j'y suis parvenu, ce
matin, après avoir parcouru l'empire des pleurs. J'ai encore
la vie périssable, quoique un tel voyage me rende plus facile
le chemin de la vie immortelle. » À cette réponse, Nino et
Sordello furent frappés d'étonnement : l'un d'eux se tourna
vers Virgile; l'autre, en s'adressant à une ombre qui était assise, lui cria : « Viens, Conrad [1], viens voir quelle est la faveur que Dieu a permise. » Il ajouta ensuite en me regardant :
« Au nom de la reconnaissance singulière que t'inspire celui
qui cache à nos yeux son premier pourquoi, quand tu seras
au delà des ondes de ce vaste Océan, dis à Jeanne [2], ma fille,
de prier pour moi, à ce divin tribunal où l'on ne répond
qu'aux cœurs innocents. Je ne crois pas que sa mère m'aime
encore [3], puisqu'elle a quitté les voiles blancs; mais elle doit
les regretter dans son malheur actuel : sa conduite fait aisément comprendre quelle durée peut avoir le feu d'amour,
dans le cœur d'une femme [4], si la présence et les caresses de
son époux ne viennent souvent le rallumer. La vipère [5] qui
forme l'écusson des Milanais n'ordonnera pas pour elle d'aussi
belles funérailles que celles qu'elle aurait dues au coq de
Gallura. » Il parlait ainsi, non par haine, mais par l'effet
d'un zèle sage et discret. Mes yeux avides se fixaient sur le
ciel, mais là seulement où les astres ont un cours plus ralenti, comme les parties de la roue qui sont le plus près de

---

1 Il va être question de cette ombre avec plus de détails Voyez page 200, note 4

2 Fille de Nino et épouse de Richard da Cammino, de Trévise. Nino conjure Dante d'inviter Jeanne à prier pour son père au tribunal de Dieu, qui n'exauce que les prières des âmes pures : allusion au passage de saint Jean, IX : « *Deus peccatores non audit.* »

3. Béatrix d'Este, épouse de Nino, après la mort de celui-ci, avait épousé en secondes noces Galéas des Visconti de Milan Les voiles blancs étaient la coiffure des veuves

4. Autre trait de satire fin et délicat. Le poëte aurait parlé plus clairement, s'il eut dit : « Combien peu le feu d'amour dure, etc.; » mais sa pensée n'eût pas été énoncée avec autant de malice et avec ce ton de mystère qu'il sait si bien employer « Sentence vraie, dit M. Biagioli, exprimée *dantesquement* avec une élégance simple. » Il fallait choisir un mot décent pour le mot *tatto*, mais qui cependant rappelât l'idée du poëte

5. Les Visconti de Milan portaient dans leur écusson une vipère qui vomit un enfant Les armoiries de Nino étaient un coq dans un champ d'or

l'essieu. Mon guide me dit : « O mon fils, que regardes-tu ? »
— « Je contemple, lui répondis-je, ces trois flambeaux qui de
ce côté embrasent le pôle dans toute son étendue 1. » — « Les

1. Par ces astres, Lombardi entend les trois vertus théologales, comme, par les quatre étoiles que le poëte a vues le matin (voyez page 170, note 1), il entend les quatre vertus cardinales. « En effet, disent quelques commentateurs, les vertus théologales appartiennent à la vie active, à laquelle se rapporte mieux le jour, et les vertus cardinales, à la vie contemplative, qui se rapporte mieux à la nuit. » J'avais prié M. l'ancien évêque de Saint-Malo, ambassadeur à Rome, homme excellent, distingué par ses vertus, ses talents et l'élégance de ses manières, grand admirateur de Dante, et qui m'a toujours montré une affection généreuse ; je l'avais prié de me communiquer ses observations sur ce passage. Il écrivit en marge de l'exemplaire de la première édition, où je recueillais des corrections pour la seconde : « La foi et l'espérance me semblent appartenir plus à la vie contemplative que la justice et la force : la vérité est que les unes et les autres tiennent aux deux vies. » — Je crois, moi, n'en déplaise à Landino, que l'homme trouve, pendant le jour, l'occasion de pratiquer les vertus cardinales, qui sont, comme on sait, la prudence, la justice, la force et la tempérance, aussi souvent que les vertus théologales, qui sont la foi, l'espérance et la charité. — Il n'y a pas de doute que Dante ne se livre quelquefois à des inspirations mystiques, comme l'a très-bien observé Lombardi. Les quatre étoiles que le poëte a vues avant les trois autres astres qui nous occupent en ce moment (les quatre étoiles de la Croix du sud), se retrouvent dans le xxxie chant du *Purgatoire ;* et, pour qu'il n'y ait pas de malentendu, elles disent elles-mêmes :

« *Noi sem qui ninfe, e nel ciel semo stelle.* »

Mais il n'en est pas moins vrai que le poëte a fondé ces inspirations mystiques sur des faits exacts : il est du devoir de la critique de chercher ces faits matériels et positifs. — Dans une de ses notes, M. Louis Porturelli, commentateur fort distingué de Dante, fortifié du témoignage de M. l'abbé de Cesaris, savant astronome à Milan, croit que, comme le poëte a eu évidemment pour objet de décrire précédemment (*Purgatoire*, chant Ier, page 170) les quatre étoiles de la Croix du sud, il faut entendre ici par *le tre facelle*, les trois *flambeaux*, d'autres étoiles que l'on devait apercevoir après le coucher de la Croix du sud ; et il pense que ces trois étoiles sont *le alfe*, c'est-à-dire les trois étoiles les plus brillantes des constellations de l'Éridan, du Navire et du Poisson austral. D'après ce système, quand la Croix du sud était passée au méridien inférieur, après être descendue sous l'horizon, le poëte voyait : 1° au méridien, au dessus de sa tête, l'*a* (l'alpha), c'est-à-dire la plus grande étoile de l'*Éridan* (*Achernar*) ; 2° à sa droite, l'*a du Poisson austral* (*Famalhaut*), 3° à sa gauche, l'*a du Navire* (*Canopus*) ; et ces trois étoiles de première grandeur formaient ce que le poëte appelle *le tre facelle*. Revenons au globe celeste dressé en Égypte, vers la latitude nord de 28 degrés, l'an de l'hégire 622 (de l'ère chrétienne 1225, 75 ans avant la date du poëme) et qui existe à Rome. (Voyez encore la page 170 note 1.) Or, on remarque distinctement sur ce globe les quatre étoiles qui forment maintenant la Croix du sud, au flanc droit du Centaure, puis, on voit *Famalhaut*, *Achernar* et *Canopus* sur la première ligne de leurs constellations, dont elles semblent des sentinelles avancées, ou plutôt, s'il est permis de parler si poétiquement, elles sont comme trois géants éblouissants à la tête de trois immenses armées de globes lumineux. Ce qui a frappé Dante frapperait tout observateur moins attentif ; M. de Givry, dont j'ai déjà parlé p. 196, note 2, et qui a complété, avec toute la sévérité de la science, la découverte de M. de Cesaris, a remarqué avec moi que tout est juste dans les vers de Dante, et que les *tre facelle* pouvaient être vues à la fois, quand la Croix du sud était passée

quatre étoiles éclatantes [1], reprit-il, que tu as vues ce matin, sont maintenant sous l'hémisphère dans la partie où se trouvaient ces flambeaux. » A peine eut-il parlé, que Sordello le tira à lui en disant : «Vois-tu là notre adversaire?» En même temps, il le lui montra du doigt. Dans la partie de la vallée opposée à la montagne, on apercevait en effet un serpent [2], le même peut-être qui présentait à la première femme le fruit amer. A travers l'herbe et les fleurs, l'animal venimeux s'avançait en rampant, montrant tantôt sa tête, tantôt les écailles de son dos, et se léchant comme une bête qui se lisse. Je ne vis pas et je ne puis pas dire comment les autours *célestiaux* [3] se mirent en mouvement, mais je les vis tous deux s'élancer dans les airs : le serpent prit la fuite, en entendant le murmure des ailes verdoyantes, et les anges retournèrent en même temps à leur place première. L'ombre qui s'était approchée du Juge, sur son invitation [4], n'avait pas cessé de me regarder pendant tout le temps qu'avait duré cet assaut, et elle me parla ainsi : « Que le divin flambeau qui te guide vers le ciel trouve en toi l'aliment nécessaire pour atteindre l'azur de la béatitude! Si tu sais quelques nouvelles vraies de Val-di-Magra ou des contrées voisines, apprends-les-moi. Je fus le maître dans ce pays; on m'appela Conrad Malaspina. Je ne suis pas l'ancien de ce nom, mais un de ses descendants. Je portais aux miens un amour qui se purifie dans

---

au méridien inférieur, que leur éclat, démontré mathématiquement pour un savant, pouvait, pour un poëte, embraser tout le pôle, et qu'ainsi l'enthousiasme de Dante avait pu voir *le pôle embrasé dans toute son étendue*. — Je répète que ce globe est à Rome, c'est le cabinet de la Propagande qui le possède; tous les voyageurs instruits vont le voir. Je ne doute pas que le célèbre baron de Humboldt n'ait été curieux de l'étudier.

1 Les quatre étoiles éclatantes (voyez toujours la note sur la Croix du sud, *Purgatoire*, chant premier, page 170.)

2 Un serpent : c'est le même serpent dont il a été question page 206, note 1.

3. *Astor celestiati*, les autours *célestiaux*. Les deux anges armés d'épées flamboyantes ils ont, quand ils voient l'*adversaire* (le serpent), l'instinct de poursuite qui est propre aux autours. J'ai hasardé le mot *célestiaux* : si ce mot là n'est pas dans notre langue, il mérite d'y entrer.

4 Conrad Malaspina, seigneur de la Lunigiane. — *Val-di-Magra*, petite province des États de ce prince. Il y avait eu, avant lui, un autre Conrad Malaspina.

ce lieu¹. » — « Je n'ai jamais parcouru vos États, répondis-je; mais quel est le lieu de l'Europe où n'en est pas répandue la gloire? La renommée qui honore votre maison, proclame la magnificence de ses nobles seigneurs, même pour quiconque n'a pas visité vos provinces; et je vous jure qu'il est vrai que votre famille ne perd rien de sa réputation de libéralité et de bravoure. Puisse-t-il être aussi vrai que je verrai le jour céleste! Un caractère heureux et une éducation brillante *privilégient* votre famille; et quoique le monde s'éloigne du vrai chemin, seule elle marche dans la bonne voie en méprisant celle où l'on s'égare. » — « Va, me répondit-il, avant que le soleil rentre sept fois dans l'espace où le belier imprime ses quatre pieds², cette opinion courtoise sera gravée dans ton esprit, plus profondément encore que le récit des autres, si la Providence n'interrompt pas le cours des événements arrêtés pour l'avenir. »

1. Grangier croit que Malaspina est dans cette partie du Purgatoire, parce que, s'occupant de l'administration de ses États, il avait différé sa pénitence. Je pense qu'il y a encore ici quelque allusion maligne contre Conrad, et, comme dit Venturi : *Ch' era forse costui un poco disordinato nell' amore de' suoi.* Il était peut être un peu désordonné dans la tendresse de népotisme qu'il portait aux siens.

2. Avant sept ans, un des miens, un prince de la famille des Malaspina, te convaincra de la générosité de cette noble maison. Le tour que prend ici le poëte est ingénieux et d'un très-bon goût, il se fait dire à lui-même ce qui était déjà arrivé, qu'un Malaspina lui donnerait un asile à sa cour — Si Dante a traité avec rigueur, quelquefois avec injustice, les personnes dont il avait à se plaindre, il faut avouer, il faut répéter qu'il a su être reconnaissant, et qu'il a gardé la mémoire des bienfaits dont il avait été l'objet. Son âme fière n'a pas su pardonner à tous ceux qui l'avaient offensé, ou qui avaient été la cause de ses infortunes, mais son cœur généreux n'a oublié aucun de ceux qui lui ont offert un appui contre les coups du sort — On peut remarquer ici que jamais des bienfaits n'ont été plus dignement récompensés, car la moindre expression de la gratitude du grand homme a dispensé l'immortalité historique au plus obscur de ses bienfaiteurs — Si les combinaisons politiques d'alors eussent voulu que Dante eût continué d'appartenir au parti guelfe, suivi d'abord par sa famille, il en serait résulté que Charles de Valois aurait été loué comme un libérateur, et que la France aurait été citée avec enthousiasme dans les souvenirs du poëte cette admiration pour la France dans un écrivain étranger de cette renommée et de cette époque, serait une page honorable et brillante de notre histoire. Il n'en a pas été ainsi : nous avons au contraire excité la haine du partisan des empereurs, mais on ne doit jamais intenter aux poëtes un procès bien sérieux, et puis, sans l'exil, nous n'aurions probablement pas eu le poëme.

CHANT IX.

La concubine de l'antique Tithon [1], sortie des bras de son bon et facile époux, couvrait déjà l'orient d'une splendeur blanchissante, et brillait au milieu des étoiles qui figurent cet animal froid et malfaisant [2], dont la queue blesse les mortels. La nuit avait déjà parcouru deux veilles [3] dans le lieu où nous étions, et la troisième commençait à fuir, lorsque éprouvant quelque fatigue dans ce corps faible que nous devons à Adam [4], et me sentant vaincu par le sommeil, je m'étendis sur l'herbe où nous étions assis tous les cinq [5]. A l'heure du matin où l'hirondelle [6] commence ses tristes *lais*, peut-être en souvenir de ses premières douleurs, à ce moment où notre esprit, plus dégagé des impressions corporelles, moins détourné par les besoins de nos sens, est presque doué des facultés divines dans ses visions, il me sembla voir en songe, dans le ciel, un aigle aux plumes d'or voler les ailes déployées, et prêt à descendre auprès de nous. Il me semblait aussi que j'étais dans le lieu où Ganymède laissa les siens [7],

---

1 Tithon, époux de l'Aurore et père de Memnon, était, suivant la mythologie grecque, un fils de Laomedon. L'Aurore, charmée de la beauté de Tithon, l'enleva sur son char, et obtint pour lui, de Jupiter, l'immortalité; mais elle oublia de demander la jeunesse, et telle devint la décrépitude de Tithon, qu'on fut obligé de l'emmailloter. — Il semble qu'il y ait ici contradiction : d'un côté, l'Aurore se levait; de l'autre, la Nuit avait parcouru deux veilles. Le poëte, dans la première partie de sa phrase, parle sans doute de l'orient de l'autre hémisphère, et, dans la seconde partie, du point où il se trouvait.

2 Le signe du Scorpion.

3 En tout temps, la nuit, chez les anciens, était partagée en quatre veilles qui se nommaient *sera, media nox, galli cantus, mane*, et chaque veille se composait de trois heures.

4 Sans le péché d'Adam, nous n'aurions pas senti le besoin du sommeil.

5 Virgile, Dante, Sordello, Nino et Conrad.

6 Voyez la fable de Progné, que je citerai plus bas, chant XVII.

7 Sur le mont Ida.

quand il fut enlevé jusqu'au céleste banquet. Je pensais en moi-même. « Peut-être est-ce seulement ici que l'aigle saisit sa proie accoutumée, et dédaigne-t-il de se porter ailleurs ? » Il me parut ensuite qu'après avoir tournoyé quelque temps, il s'abattit avec la rapidité d'un éclair, et m'enleva jusqu'à la sphère du feu [1]. Enfin il me sembla que l'aigle et moi nous étions tout en flammes : cet incendie, quoique imaginaire, devint si douloureux, qu'il fallut que mon sommeil se rompît.

Tel Achille réveillé [2] promenait partout ses regards inquiets, ne sachant où il était, quand, l'ayant enlevé au milieu de son sommeil des mains de Chiron, sa mère l'eut porté entre ses bras à Scyros, où les Grecs surent le découvrir; tel je vis fuir le sommeil, et je me troublai comme l'homme dont l'épouvante glace les membres. A mes côtés je ne trouvai que mon guide, mon appui. Le soleil s'était déjà élevé de plus de deux heures; et la vue de la mer m'était dérobée. « Ne crains rien, me dit mon maître, nous sommes dans la bonne voie; ne cherche pas à restreindre, mais à élargir ton courage : tu es arrivé au Purgatoire. Vois le rempart qui l'environne; vois l'entrée là où le rempart est interrompu : peu avant l'aube qui précède le jour, quand ton âme prenait du repos sur les fleurs dont la prairie était émaillée, il vint une femme qui dit : « Je suis Lucie [3], laissez-moi l'enlever pendant « son sommeil; je le protégerai dans son voyage. » Sordello est resté avec les autres ombres vénérables; elle t'enleva, quand le jour fut plus avancé, elle vint ici, et je suivis ses pas. C'est dans ce lieu qu'elle t'a déposé : sans me parler, elle m'a indiqué avec ses yeux célestes cette entrée; ensuite elle et ton sommeil ont disparu. »

1. Les anciens philosophes pensaient qu'une sphère, qu'ils appelaient *la sphère du feu*, était placée au-dessus de la sphère de l'air, immédiatement sous le ciel de la lune.

2. Achille enlevé à Chiron, son maître, par Thetis, et transporté dans le palais de Lycomede, où il fut caché, vétu en femme, auprès de Déidamie, jusqu'à ce qu'Ulysse le découvrit. (Voyez *Enfer*, chant XXVI, p. 118, note 4.)

3 Voyez ce que le poëte a dit de Lucie, *Enfer*, chant II, p. 8, note 1 Lucie, nous le répétons, suivant Lombardi, est *la grâce divine*, et *la grâce illuminante*, suivant Venturi

Comme un homme qui, après avoir douté, se rassure aussitôt que la vérité lui a été démontrée, je me sentis plus animé ; et quand mon guide me vit exempt d'inquiétude, il marcha vers la montagne, et je le suivis.

Lecteur, tu vois comme la matière de mes chants s'ennoblit : ne t'étonne pas si je la soutiens avec plus d'art. Nous nous approchâmes, et quand nous fûmes à ce point où le rempart me paraissait rompu comme une fente qui déchire un mur, je vis une porte, trois degrés de diverses couleurs, et un portier encore silencieux. Je le considérai attentivement, et je distinguai qu'il était assis sur le degré supérieur ; mais sa figure était si lumineuse, qu'elle fit baisser mes yeux.

Il avait à la main une épée nue qui réfléchit sur nous des jets de lumière si brillants, que je ne pouvais la considérer. Il parla ainsi : « Que voulez-vous ? dites-le sans avancer : qui vous a guidés ? Prenez garde de vous repentir d'être venus ici. » Mon maître répondit : « Une femme du ciel, qui connaît les lois de cet empire, nous a dit : « Marchez, voilà la porte. » — « Que cette femme daigne donc protéger vos pas, reprit le bienveillant gardien, avancez et montez ces degrés. » Nous obéîmes. Le premier était d'un marbre blanc si pur et si poli, que j'y retrouvais tous mes traits. Le second degré avait la teinte pourprée et noire d'une pierre calcinée, fendue dans tous les sens ; le troisième me parut formé d'un porphyre rouge comme le sang qui s'échappe de la veine[1]. L'ange de Dieu assis sur le seuil de la porte qui paraissait de diamant, tenait ses deux pieds sur le troisième degré. Mon guide me fit franchir, sans que j'opposasse aucune résistance, les trois marches redoutables, en me disant : « Prie-le humblement d'ouvrir la porte. » Je me jetai dévotement aux pieds sacrés de l'ange. Je lui demandai, par miséricorde, de m'ouvrir ; mais auparavant je frappai trois fois ma poitrine. Avec

---

[1] Le premier degré, suivant Lombardi, est le symbole de la candeur ou de la sincérité de la *confession*, le second degré est le symbole de l'effet qu'opère en nous la *contrition*, le troisième degré est le symbole de la *satisfaction*.

la pointe de son épée, le gardien traça sept fois la lettre P sur mon front[1], et dit : « Fais-toi purifier de ces taches quand tu seras entré. » Les vêtements de l'ange me parurent avoir la couleur de la cendre ou de la terre desséchée. Il en tira deux clefs, l'une d'argent et l'autre d'or[2]. Il plaça d'abord la première, ensuite la seconde dans la serrure de la porte, et combla mes vœux en ajoutant : « Chaque fois que l'une de ces clefs ne se présente pas bien dans une juste direction, cette porte ne peut s'ouvrir : l'une des clefs est plus précieuse, mais l'autre exige beaucoup d'art et d'intelligence, parce que c'est elle qui fait détendre le ressort. Je les tiens de Pierre, qui me dit de commettre une erreur plutôt pour ouvrir la porte, que pour la tenir fermée[3], pourvu que les coupables se prosternent à mes pieds. » Alors il la poussa en dedans, et ajouta : « Entrez; mais je vous avertis bien que celui-là qui regarde en arrière doit sortir à l'instant. » Et les battants de la porte de ce royaume sacré, qui sont d'un métal épais et sonore, roulèrent sur leurs gonds retentissants. Les barrières du Capitole, quand on en chassa Métellus pour y ravir le Trésor[4], ne firent pas entendre un aussi strident fracas.

J'écoutai attentivement alors le premier bruit qui frappa mes oreilles, et il me sembla entendre des voix douces accompagner ce chant : « *Nous te louons, ô Dieu*[5] ! » Cette im-

---

1. Les sept *P* que l'ange trace sur le front de Dante sont un symbole des sept péchés capitaux. Les autres gardiens des divisions du Purgatoire effaceront un de ces *P* à mesure que le poète sortira de ces différentes divisions.

2. *Claves*, dit un commentateur de saint Mathieu, cap 16, *sunt discernendi scientia et potentia quâ dignos recipere, indignos excludere debet a regno cœlorum* « Les clefs sont la science de discerner, et la puissance par laquelle elle doit recevoir les dignes dans le royaume des cieux, ou en exclure les indignes. »

3. On lit dans saint Chrysostome : « Si Dieu est bienveillant, pourquoi le prêtre serait il austère? Là où le père de famille est généreux, le dispensateur ne doit pas être tenace. »

4. Lucain, dans le troisième livre de *la Pharsale*, en rapportant que César ordonna de dépouiller le trésor public, malgré la résistance de Métellus, s'exprime ainsi :

Tum rupes tarpeja sonat, magnoque reclusas
Testatur stridore fores.

Vers 168 et suivants

5 *Te Deum laudamus*, hymne com-

pression me faisait ressentir ce qu'on éprouve quand on entend chanter avec l'accompagnement des orgues : l'instrument exécute un verset, et la voix en exécute un autre.

posée, dit-on, par saint Ambroise Mgr Cottret, dans la *Biog. univ.*, dit que cette hymne si justement admirée, est d'un auteur plus récent dont le nom ne nous a pas été conservé. « Toute cette première division de la seconde partie du poëme, observe M. Ginguené, est, comme on voit, fertile en descriptions et en scènes dramatiques. Les descriptions y sont surtout d'une richesse qu'une sèche analyse peut à peine laisser entrevoir. Les cieux, les astres, les mers, les campagnes, les fleuves, tout est peint des couleurs les plus fraîches et les plus vives. Les objets surnaturels ne coûtent pas plus au poëte que ceux dont il prend le modèle dans la nature. Ses anges ont quelque chose de céleste. Chaque fois qu'il en introduit de nouveaux, il varie leurs habits, leurs attitudes et leurs formes. Le premier qui passe des âmes dans une barque a des grandes ailes blanches déployées, et un vêtement qui les égale en blancheur; il ne se sert ni de rames, ni de voiles, ni d'aucun autre moyen humain. Ses ailes suffisent pour le conduire; il les tient dressées vers le ciel, et frappe l'air de ses plumes éternelles, qui ne changent et ne tombent jamais. Plus l'oiseau divin approche, plus son éclat augmente et l'œil humain ne peut plus enfin le soutenir.

« Les deux anges qui descendent avec des glaives enflammés pour chasser le serpent, sont vêtus d'une robe verte comme la feuille fraîche éclose. Le vent de leurs ailes, qui sont de la même couleur, l'agite et la fait voltiger après eux dans les airs. On distingue de loin leur blonde chevelure, mais l'œil se trouble en regardant leur face et ne peut en discerner les traits. Enfin, le dernier qu'on a vu garder l'entrée du Purgatoire porte une épée qui lance des étincelles que le regard ne peut contempler, et ses habits sont au contraire d'une couleur obscure qui ressemble à la craie ou à la terre desséchée, soit pour faire entendre à ceux qui vont expier leurs fautes que l'homme n'est que poussière, soit pour signifier, comme le veulent quelques commentateurs, que les ministres de la religion doivent se rappeler sans cesse ces mots de l'Ecclésiastique *Quid superbit terra et cinis?* » *Hist. lit.*, II, p. 147 et suiv.

CHANT X.

Après avoir passé cette porte que le vice qui détourne du bon chemin laisse ouvrir si peu souvent, j'entendis, au bruit qu'elle fit en tombant, qu'elle venait de se refermer. Comment ma faute aurait-elle été excusable, si j'avais regardé en arrière?

Nous montions à travers le sentier tortueux, nous balançant des deux côtés, comme l'onde de la mer qui fuit et qui revient. « Il faut ici un peu d'intelligence, » dit mon maître, en s'approchant de temps en temps des flancs de la montagne; et nous avancions si lentement, que la lune, qui décroissait alors, avait cessé de paraître, avant que nous eussions pu gravir la roche escarpée. Quand nous eûmes terminé cette course et atteint un point de la montagne où elle se jette en arrière, je sentis mes forces s'affaiblir : mon maître et moi, incertains de notre route, nous restâmes sur une plate-forme plus solitaire que la voie d'un désert. Sur le sol de cet abîme on n'aurait mesuré que trois fois le corps d'un homme, et le chemin, à droite et à gauche, ne me paraissait offrir qu'une même largeur, partout où mon œil pouvait pénétrer. Nous n'avions pas encore commencé à nous avancer dans ce cercle, lorsque je reconnus que le flanc intérieur qui, de toutes parts, semblait inaccessible, était d'un marbre blanc orné de bas-reliefs d'un travail si précieux, que non-seulement la science de Polyclète [1], mais la nature elle-même se serait avouée vaincue.

L'ange venu sur la terre avec la nouvelle de la réconcilia-

---

[1]. Polyclete, célèbre sculpteur de Sicyone, ville du Peloponèse.

tion si longtemps désirée, qui rouvrit le chemin du ciel[1], était sculpté devant nous dans une attitude suave d'une telle vérité, qu'on ne l'aurait pas pris pour une image silencieuse. On aurait juré qu'il disait : « Je vous salue, » parce que plus loin on avait représenté celle qui nous fit participer au céleste amour, dans une contenance si humble et si modeste, qu'elle semblait dire, « *Voici la servante du Seigneur,* » aussi fidèlement que le cachet forme sur la cire l'empreinte d'une figure.

« Ne considère pas un objet seulement, » dit mon maître qui était près de moi du côté où bat le cœur des hommes[2]. Je portai ailleurs mes regards, et je vis, dans la partie où mon guide me conduisait, une autre scène sculptée sur le rocher. Je devançai promptement Virgile pour mieux la considérer. On remarquait d'abord sur le roc le char attelé de bœufs dans lequel était traînée l'arche sainte qui inspire tant de crainte à quiconque veut remplir un office que Dieu n'a pas ordonné. Sur le devant, on distinguait une foule divisée en sept chœurs, si naturellement retracée que deux de mes sens se contredisaient : la vue croyait voir chanter cette foule, et l'ouïe ne l'entendait pas. De même à l'aspect de la fumée de l'encens, mon odorat et mes yeux se livraient encore un semblable combat. L'humble psalmiste[3] précédait la maison sacrée en dansant, et il paraissait en ce moment même, plus et moins qu'un roi. En face, sur la terrasse d'un grand palais, Michol regardait ce spectacle d'un air triste et dédaigneux. Je quittai le point où j'étais arrêté, pour voir de plus

---

[1]. L'archange Gabriel disant à Marie : *Ave*, et la Vierge répondant : *Ecce ancilla Domini.* Luc. I.

[2]. Je vais rapporter textuellement la note de Venturi, répétée par Lombardi : « Virgile m'avait à gauche, du côté du cœur, selon la vulgaire mais fausse opinion, la vérité étant que le cœur est au milieu du thorax, avec la pointe seulement retournée à gauche. »

[3]. Voyez l'explication de ce qui concerne ici David et Michol, *Reg.*, II, 6. La crainte de qui veut remplir un office que Dieu n'a pas donné, est la crainte qu'aurait dû éprouver Oza, qui mourut pour avoir voulu soutenir l'arche, qu'il voyait chanceler. Tout ici est fidèlement historique, et dépeint en excellents vers. C'est un autre exemple d'humilité que le poëte retrace dans le cercle où l'orgueil est puni.

près un autre fait historique qui, derrière cette princesse, me laissait apercevoir sa couleur éblouissante. Là était représentée la gloire brillante du prince romain. Grégoire [1], frappé de la vertu de cet empereur, obtint, en le sauvant, une haute victoire : je parle de l'empereur Trajan [2]. Une veuve désolée et en larmes tenait la bride du cheval de ce monarque qui était environné d'un grand nombre de soldats, et autour duquel flottaient, éclatants d'or, les étendards ornés des aigles de Rome. L'infortunée, au milieu de ce bruit, semblait s'écrier : « O mon maître ! venge la mort de mon fils : elle m'a plongée dans ce désespoir. » L'empereur paraissait lui dire : « Attendez que je revienne. » La veuve répondait avec un nouvel accent de douleur : « Mais, ô mon prince, si tu ne reviens pas ? » — « Alors, disait l'empereur, mon successeur prendra soin de ta vengeance. » — « Et à quoi, répondait encore la veuve, te servira la justice d'un autre, si je recours en vain à la tienne ? » — « Rassure-toi, reprenait enfin ce prince, il faut que j'accomplisse mon devoir avant de passer outre ; la justice le veut, et la pitié arrête mes pas. »

Celui qui n'a jamais vu une chose nouvelle [3] est l'auteur de ces paroles visibles ; paroles neuves pour nous qui n'en connaissons pas de telles sur la terre. Tandis que je me plaisais à considérer ces scènes d'humilité, si précieuses quand on pense au divin ouvrier qui les a produites, le poète disait tout bas : « Voilà beaucoup d'ombres, mais elles s'avancent lentement ; elles nous enseigneront le chemin des degrés supé-

---

[1] Voici le commentaire de Grangier : « Pour entendre cecy, il faut sçavoir que Gregoire le Grand, pape, un jour lisant la vie de Trajan, se meit, pour les singulieres vertus qui furent en ce brave empereur, a déplorer sa condition, veu qu'ayant esté païen, il ne pouvoit estre sauvé. Lors entrant en une eglise, il pria Dieu si devotement pour l'ame de Trajan, que soudain il eut revelation comme Dieu auroit exaucé ses prieres, et que Trajan estoit delivré des peines de l'Enfer ; mais il lui fut enjoint de ne plus prier pour aucun infidele ou païen. » Baronius et Bellarmin regardent ce fait comme fabuleux.

2. Quelques auteurs pensent que cet evenement doit être rapporté au regne d'Adrien. A quelque prince qu'il appartienne, il n'en est pas moins raconté ici avec une grâce et un talent inimitables.

3. Celui qui n'a jamais vu une chose nouvelle, Dieu

rieurs. » Mes yeux, avides de nouveauté, ne tardèrent pas à se tourner vers mon maître. Lecteur, je ne veux pas, toutefois, que tu te livres au découragement, lorsque tu entendras comment Dieu ordonne qu'on répare ses fautes. Ne pense pas au martyre en lui-même ; pense à la félicité qui le suit ; pense que cette peine ne peut durer au delà de la grande sentence. Je commençai ainsi : « O mon maître, les objets que je vois s'avancer vers nous ne me semblent pas des personnes. Je ne sais ce qu'ils peuvent être, tant ma vue est incertaine. » — « La condition terrible de leur tourment, répondit-il, les fait courber tellement jusqu'à terre, que moi-même j'ai eu peine d'abord à deviner ce qu'ils étaient ; mais regarde fixement, et tâche de *détortiller*, avec tes yeux, ceux qui s'avancent sous ce poids énorme. Tu peux voir déjà comment chacun d'eux est tourmenté. » O chrétiens superbes, faibles et misérables ! séduits par une vue égarée, vous avez confiance dans des pas qui vous éloignent de la vraie route : ne vous apercevez-vous point que nous sommes des vermisseaux nés pour former ce papillon angélique[1] qui, sans défense, vole à la

---

[1] «Image emblématique de l'âme humaine, et dont le texte est souvent cité, mais qui, dans ma traduction, ne conserve peut-être pas le même éclat et la même grâce.» *Hist. lit.*, II, 180. Au bas de la planche de la statue de Psyché debout, tenant d'une main un papillon qu'elle pose sur l'autre main, planche que Canova a fait graver à Rome par Consorti, le célèbre sculpteur a ordonné d'écrire ces vers :

« *Non v' accorgete voi che noi siam vermi*
Nati a formar l' angelica farfalla »

Ce n'est pas la seule fois que Canova s'inspira de Dante. Il voulait laisser un portrait de Béatrix, telle qu'il la concevait, de cette Béatrix amante du poète, et que nous verrons, à la fin du *Purgatoire*, et dans les chants du *Paradis*, jouer un rôle si éclatant. Cette fois, Canova se défia de lui-même il craignit de ne pas exprimer assez éloquemment tout ce que nous devions admirer en Béatrix. Pour atteindre, comme il le dit alors, la perfection qu'il pouvait désirer, il représenta Béatrix sous les traits de madame Récamier, qui habitait Rome en ce moment. En effet, il rencontrait cette perfection dans un seul modèle, puisqu'il ne pouvait trouver réuni, dans la même physionomie, plus de grâce, de délicatesse, d'esprit et de beauté Depuis, madame la duchesse de Sagan, fille de la princesse de Courlande, ayant eu l'idée vraiment délicieuse de commander à Agricola, excellent peintre romain, des tableaux qui devaient représenter en regard Dante et Béatrix, Pétrarque et Laure, le Tasse et Éléonore, Agricola ne put mieux faire que de peindre sa Béatrix d'après celle de Canova, son bienfaiteur, et aujourd'hui toutes les gravures, tous les bustes destinés à retracer, en Italie, les traits de Béatrix, offrent le même type, qui en définitive est le portrait fort ressemblant de madame Récamier Il n'y a, je crois, à Paris que

justice divine? Pourquoi votre esprit se dresse-t-il comme l'orgueil du coq? Vous n'êtes alors que des insectes défectueux, des vers qui n'accomplissent pas leurs destinées.

De même qu'on voit des figures taillées pour soutenir un toit ou un entablement, toucher péniblement de leurs genoux à leur poitrine (position douloureuse qui excite en celui qui les regarde une peine réelle pour un mal qui n'est pas véritable), de même je vis ces ombres, quand je les considérai attentivement, dans une attitude de gêne et d'efforts : il est vrai qu'elles étaient plus ou moins courbées, selon que le poids qui écrasait leur corps était plus ou moins lourd; mais celle de ces âmes qui montrait le plus de patience, paraissait dire en pleurant : « J'en suis accablée. »

trois ou quatre gravures du tableau d'Agricola représentant Dante et Béatrix. Cette planche a été gravée très-finement par Marchetti

CHANT XI.

« O notre Père qui es dans les cieux [1], non parce que les cieux peuvent te contenir, mais par une suite de ton amour pour les premiers effets de ta puissance, que toute créature loue ton nom et ton pouvoir, comme on doit rendre grâce à ta sapience ! Que la paix de ton royaume vienne vers nos âmes ! avec tous nos efforts nous ne pouvons aller vers elle, si elle ne vient pas à nous. De même que les anges te font un sacrifice de leur volonté, en chantant *Hosanna!* puissent les hommes t'immoler aussi leurs passions ! Donne-nous aujourd'hui la manne quotidienne sans laquelle celui qui s'efforce le plus d'avancer dans cet âpre désert, ne peut faire que des pas rétrogrades ; et comme nous pardonnons à chacun le mal que nous avons souffert, et toi aussi, bienfaisant, pardonne, sans regarder ce que nous avons mérité. Ne permets pas que l'antique ennemi livre combat à notre vertu qui reste abattue au premier choc, mais délivre-nous des atteintes qui nous poussent au mal. O Seigneur chéri, nous ne faisons pas cette dernière prière pour nous-mêmes, qui n'en sentons pas le besoin, mais pour ceux qui sont demeurés derrière nous ! »

C'est ainsi que sollicitaient d'heureux augures pour elles et pour nous, ces ombres qui, destinées à se purifier des brouillards du monde, marchaient le long du premier cercle en le suivant inégalement, accablées sous un poids semblable à celui dont nous croyons quelquefois être accablés dans un

---

[1] Les âmes orgueilleuses récitent l'Oraison dominicale tout entière, elle n'est pas ici dans toute sa simplicité, quelques pensées sont plus étendues, mais on y trouve des images poétiques très belles, et des traits qui annoncent l'homme sensible et le poëte créateur.

songe. Si, sur la montagne, on prie si ardemment pour nous, que ne doivent pas dire et faire sur la terre ceux qui ont la volonté attachée à une bonne racine? Il faut donc aider les ombres à laver promptement les taches qu'elles ont apportées du monde, afin que bientôt plus légères et plus pures, elles puissent s'elever vers les globes étincelants.

Mon guide parla ainsi : « Que la justice et la piété vous soulagent bientôt, pour que vous puissiez agiter vos ailes selon votre ardent désir! Montrez-nous par quelle voie on franchit plus tôt la montagne, et s'il y a plus d'un chemin, enseignez-nous le plus facile. Celui-ci que je guide sent, malgré son courage, ses pas alourdis par la chair d'Adam dont il est encore revêtu. » Nous ne sûmes pas laquelle des ombres répondit à celui que je suivais, mais nous entendîmes ces paroles : « Venez avec nous à main droite, et vous trouverez un chemin où peut s'engager une personne vivante. Si je n'étais pas empêché par cette pierre qui dompte mon front orgueilleux et me fait ainsi courber la tête[1], je tâcherais, pour exciter sa compassion en ma faveur, de savoir si je connais celui qui t'accompagne et que tu ne nommes pas. Je fus Italien; un célèbre Toscan, Guillaume Aldobrandeschi[2], fut mon père. Je ne sais si jamais vous avez entendu ce nom : la noblesse de mon sang, les éclatantes actions de mes ancêtres me rendirent arrogant; ne pensant plus à notre mère commune, je méprisai tellement tous les hommes, que je me

---

[1] L'enceinte du Purgatoire est composée de sept cercles placés l'un sur l'autre, autour de la montagne. Dans chacun des cercles, on se purifie d'un des péchés capitaux. C'est l'orgueil qui est puni dans le premier cercle

[2] L'ombre qui parle est Humbert des comtes de Santa Fiora, fils de Guillaume Aldobrandeschi, riche seigneur de Sienne Humbert se montra si arrogant, que les Siennois le firent tuer à Campagnatico, dans les Maremmes.

On a publié, il y a trois ans, en Italie, un livre intitulé : *Notizie degli Aldobrandeschi*, in-8°, Siena, presso Onorato Porri, 1842 C'est l'extrait d'un grand ouvrage du commandeur Daniel Berlinghieri, historien d'un haut mérite, que nous avons tous connu à Paris, et qui assistait souvent à nos séances de l'Académie des inscriptions, où nous pouvions apprécier sa rare politesse, son goût, et ses vastes connaissances dans tous les genres d'histoire etrangere et nationale L'éditeur de ces *Notizie* ne s'est pas nommé, mais ce doit être un homme religieux, et ami du beau dans les lettres et dans les sciences.

vis arracher la vie, comme ne peuvent l'oublier les Siennois et les habitants de Campagnatico. Je suis Humbert; l'orgueil n'a pas seulement causé ma ruine, il a entraîné dans le malheur tous mes parents. C'est donc à cause de mon orgueil que je porte ce fardeau, jusqu'à ce que j'aie satisfait à la justice de Dieu : je fais parmi les morts ce que je n'ai pas fait chez les vivants. » En l'écoutant, je baissai les yeux. Alors une des ombres, non pas celle qui parlait, tourna sa tête sous le poids qui l'écrasait, me vit, me reconnut, et m'appela en fixant les yeux sur moi qui marchais avec elles la face inclinée. « Mais, lui dis-je, n'es-tu pas Oderigi[1], l'honneur de Gubbio, l'honneur de cet art qu'on appelle, à Paris, enluminure ? » — « Frère, répondit-il, on trouve plus riantes les feuilles que colorie Franco Bolognèse[2]. La gloire est actuel-

---

[1]. Oderigi, né à Gubbio, dans le duché d'Urbin, célèbre peintre en miniature. « L'honneur, dit le poëte, de cet art qu'on appelle à Paris *enluminure* ». Dante était venu à Paris, et il avait remarqué que cet art y était plus florissant qu'en Italie. Ce témoignage d'un auteur qui, d'ailleurs, ne nous aimait ni nous, ni nos princes, doit être recueilli avec soin. Beaucoup de manuscrits ornés de miniatures que nous possédons dans la bibliothèque royale, et dont M. Paulin Paris, mon confrère, nous a fait connaître l'importance par des écrits savants, justement estimés, beaucoup de manuscrits ont été faits probablement à Paris, et non pas en Italie, comme plusieurs autres écrivains l'assurent. Ce n'est pas ici la première fois que Dante nous rappelle qu'il a vu Paris : tout injuste qu'il est pour les Français, il paraît tenir à honneur d'être venu en France.

[2]. Peintre appelé Bolognèse, parce qu'il était né à Bologne. Il eut plus de réputation qu'Oderigi.

Cimabue, l'un des restaurateurs de la peinture à Florence, né en 1240, mort en 1300. Giotto, élève de Cimabué, né en 1276, mort en 1336. Le poëte n'a pas remarqué qu'il était censé écrire en 1300, et que, donnant à Giotto tant de célébrité vers cette époque, il ne lui avait laissé que vingt-six ans pour acquérir tout son talent. Ce morceau a dû être pensé et écrit au moins en 1318. Venturi croit que le poëte, qui dit :

« *Credette Cimabue nella pintura*
Tener lo campo; ed ora ha Giotto il
grido,
Sì che la fama di colui è oscura. »

fait ici allusion à ces vers de l'épitaphe de Cimabue, qui est placée dans l'église cathédrale de Florence :

Credidit ut Cimabos picturæ castra
tenere,
Certè sic tenuit : nunc tenet astra
poli.

Je croirais plutôt que ces vers ont été faits sur ceux de Dante. — Je possède une collection de tableaux primitifs, gravés sous la direction d'un de nos meilleurs éditeurs, M. Challamel, et où l'on peut prendre une idée du mérite de Cimabué et de Giotto.

A propos de Cimabué, nous ferons une réflexion qui peut paraître ici bien placée. Dans plusieurs occasions, Dante parle de Charles de France, frère de saint Louis, en termes très-peu convenables. On a cependant extrait de l'histoire florentine le fait suivant :

« Cimabue obtint, pendant sa vie, les hommages de ses contemporains. L

lement à lui seul... et à moi, en partie. Je n'aurais pas été si courtois pendant ma vie, à cause du grand désir que j'avais d'exceller dans l'art qui fut la passion de mon cœur. Je paye en ce moment l'amende que je dois pour un semblable orgueil, et je ne serais pas même en ce séjour, si quand je pouvais encore pécher, je ne me fusse tourné vers Dieu. O vaine gloire des avantages humains! plante fragile! comme, à peine élevée, elle commence à se dessécher, si elle n'es pas fortifiée par une longue suite d'années! Cimabué crut, dans la peinture, être devenu maître du champ; maintenant Giotto a obtenu le cri de la célébrité, et la renommée de celui-là est obscurcie. C'est ainsi qu'un autre Guido [1] a enlevé au premier de ce nom la gloire d'avoir ennobli la langue, et peut-être est-il né un troisième qui détrônera celui-ci. La réputation n'est qu'un souffle de vent qui s'agite d'un côté ou d'un autre, et change de nom en changeant de direction. Avant qu'il se soit écoulé mille années, espace de temps qui, comparé à l'éternité, passe plus rapidement qu'un froncement de sourcil comparé au mouvement de rotation le plus lent dans le ciel, si tu ne te dépouilles que d'une chair vieillie, toi, auras-tu une réputation différente de celle qui t'aurait été réservée, si tu fusses mort en balbutiant les pre-

---

memorable visite que lui fit Charles de France, comte d'Anjou, frère de saint Louis et roi de Naples, sous le nom de Charles Ier, ne servit pas peu à augmenter la gloire de ce maître, en même temps qu'elle prouva que partout les Français honorent les arts et les artistes. Depuis cette visite, le faubourg où logeait Cimabue conserve, à Florence, le nom de Borgo Allegri, parce que le roi Charles se fit accompagner, comme dans un jour de fête, de ses gardes, de ses courtisans, et d'une nombreuse suite de pages et d'écuyers » (*Peintres primitifs*, grand in-4°, Paris, Challamel, 1843, pages 2 et 3.)

Voilà Dante mécontent de Charles, partisan des bannis de Florence, et qui a mal parlé du roi Charles, mais si Cimabue, à son tour, eût laissé des écrits, comme le peintre Vasari, quelle glorieuse mention n'y eut-il pas faite de la bienveillance et de l'urbanité du même prince? Chacun raconte les faits suivant sa passion. Pour ceux qui se sont succédé depuis la fondation de Rome jusqu'à la dernière guerre Punique, nous ne pouvons consulter que des historiens romains, ou qui ont écrit sous l'influence de Rome, que serait-ce si le temps nous avait conservé seulement une simple chronique carthaginoise?

[1] L'un des Guido dont il est ici question est Guido Guinicelli, de Bologne, poëte distingué; l'autre est Guido, fils de Cavalcante Cavalcanti, dont on a parlé, *Enfer*, chant X p. 40. Ce dernier Guido devint plus célèbre que le premier.

miers mots de l'enfance? Celui qui marche si lentement, devant toi, fut célèbre dans toute la Toscane ; maintenant à peine murmure-t-on son nom à Sienne. Il gouvernait cependant cette ville à l'époque où fut détruite la rage de Florence qui, dans ce temps, était aussi orgueilleuse qu'elle est aujourd'hui vile et prostituée. Votre renommée a le sort de l'herbe qui naît et se flétrit : celui qui la fait croître, sait aussi la décolorer [1]. »

Je répondis : « Les vérités que tu me dis insinuent dans mon cœur une sage humilité : tu abaisses l'orgueil dont j'étais gonflé. Mais qui est celui dont tu parlais à l'instant? » — « C'est, reprit-il, Provenzano Salvani [2]. Il est ici, parce que dans sa présomption il soumit Sienne à son caprice. Il a marché et il marche toujours sans repos depuis qu'il est mort. Tel est le payement imposé en satisfaction de sa faute à celui qui a mérité ce châtiment sur la terre. » Je repris ainsi : « Mais si un esprit, qui attend les derniers moments de son existence pour se repentir, demeure en bas de la montagne et ne parvient pas jusqu'en ce lieu, pendant autant de temps qu'il en a mis à différer sa pénitence, à moins

---

[1]. « Quelle comparaison juste et mélancolique ! Quel beau langage et quels vers ! Homère lui-même n'est pas au-dessus de notre poëte, lorsqu'il compare les générations à des feuilles qui jonchent la terre en automne » *Hist. litt.*, II, p 153.

[2] Le seigneur avait une grande influence dans le gouvernement de Sienne, à l'époque « *où fut détruite la rage de Florence*, » ou les Florentins perdirent, contre les Siennois, la bataille de Monte-Aperto. — Le même Provenzano ayant appris qu'un de ses amis, qu'on n'a nommé dans l'ouvrage d'aucun commentateur, avait été fait prisonnier par Charles 1er, roi des Deux Siciles, qui demandait pour la rançon 10,000 florins d'or, alla se mettre à genoux, au milieu de la place de Sienne, en priant les Siennois de jeter de l'argent sur un tapis qu'il avait fait apporter devant lui. Le poëte ajoute que Provenzano demandait cette aumône en tremblant de tous ses membres, ce trait a été lancé ici pour faire ressortir les mots suivants « Je n'en dirai pas davantage, je sais bien que mes réponses sont obscures, mais, dans peu de temps, tes concitoyens te feront mieux comprendre mes paroles » Dans peu (le poëte parle en 1300), les Florentins t'exileront, te condamneront à être brûlé, si tu reparais à Florence; et tu sauras que l'on tremble de tous ses membres, et que l'on est dans un état d'agitation bien douloureux, quand il faut aller demander aux autres quelques secours pour subsister — Lorsqu'il écrivait ces vers, le poëte était réduit à l'état misérable qu'il dépeint si bien ici On s'explique alors clairement la rigueur, les violences de ses opinions quand il parle des princes français, protecteurs des Guelfes ses implacables ennemis

qu'une prière salutaire ne le puisse protéger, dis-moi, comment cet esprit a-t-il obtenu de parvenir jusque dans ce cercle? » — « C'est, reprit l'ombre, parce qu'un jour, pendant le moment le plus glorieux de sa vie, il s'agenouilla volontairement sur la place de Sienne, en déposant toute honte, et se soumit au point de demander, en tremblant de tous ses membres, des secours pour arracher aux horreurs de la captivité son ami qui languissait dans les prisons de Charles. Je n'en dirai pas davantage : je sais bien que mes réponses sont obscures, mais dans peu de temps tes concitoyens te feront mieux comprendre mes paroles. C'est cette action qui fit obtenir à Provenzano de ne pas attendre à la porte du Purgatoire [1]. »

[1] Il s'agit de cette porte que n'ont pas encore franchie Mainfroy, Belacqua et d'autres, de cette porte que l'ange a ouverte avec les clefs d'or et d'argent (Voyez chant IX, p. 214.)

CHANT XII.

Tant que le permit mon aimable maître, nous marchâmes sur la même ligne, l'âme chargée d'un poids énorme et moi, comme deux bœufs assujettis au même joug[1]; mais quand Virgile me dit : « Laisse cette ombre et avance, il faut que chacun ici pousse sa barque le mieux qu'il pourra avec la voile et les rames, » je me redressai, comme il convient de le faire pour marcher, quoique mes pensées restassent abattues et consternées. Je m'étais mis en mouvement; je suivais avec plaisir les traces de mon guide, et lorsque nous eûmes fait quelque chemin, d'un pied plus léger, « Porte tes yeux en bas, me dit-il; il sera bon que, pour alléger la fatigue du voyage, tu considères le lit de tes pas. » De même que les tombeaux offrent des inscriptions où l'on peut lire ce qu'étaient dans leur vie ceux qui y furent déposés (inscriptions qui n'impriment l'aiguillon du souvenir que chez les hommes reconnaissants), de même la route était couverte de figures sculptées avec goût. On voyait d'un côté celui qui, créé plus noble qu'aucune autre créature[2], fut précipité du ciel au milieu des éclats du tonnerre; de l'autre on voyait Briarée atteint d'un trait lancé par des mains divines, étendu sur la terre que les glaces de cette mort accablent de douleur. On

---

1. Oderigi et Dante marchaient la tête baissée; Oderigi courbé sous le poids énorme qui l'accablait, et le poëte dans une attitude inclinée, pour mieux entendre les paroles d'Oderigi.

2. Satan, qui était le plus noble des anges Briarée ou Egéon, fils de Titan et de la Terre : il avait cent bras et cinquante têtes. Thymbrée, surnom d'Apollon; Nembrot, l'un de ceux qui cherchèrent à élever la tour de Babel dans la plaine de Sennaar. Niobé, fille de Tantale et femme d'Amphion. Le poëte la représente ici entourée de ses sept et sept enfants, *sette e sette* (hompré assure cependant que la Terre, irritée, ne fit tuer, par Apollon et par Diane, que sept fils et cinq des filles de Niobé

voyait Thymbrée, Pallas et Mars armés, autour de leur père, et contemplant les membres épars des géants écrasés. On voyait Nembrot au pied de sa tour insensée, hors de lui, et regardant, plein de dépit, les nations qui l'accompagnaient dans la contrée de Sennaar. O Niobé, quelle douleur altérait ton visage, lorsque je t'aperçus sur ce funeste chemin, entourée de tes *sept et sept* enfants frappés du trépas ! O Saul, tu languissais sans vie, percé de ta propre épée, sur le mont Gelboe [1] que ne fécondèrent plus ni les rosées ni les pluies ! O folle Arachne, je te voyais déjà à moitié araignée, triste et

---

1. Le mont Gelboë, que ne fécondèrent plus ni les rosées, ni les pluies, allusion à la malédiction lancée contre cette montagne par David. « *Montes Gelboe, neque ros, neque pluvia veniant super vos* » *Reg.*, lib II, cap 1, v 21

— Arachné, très habile brodeuse, osa un jour défier Minerve à qui broderait mieux une tapisserie La déesse, offensée d'une telle témérité, rompit le métier et les fuseaux de cette orgueilleuse, et la métamorphosa en araignée. » (*Dict de Chompre*) — Roboam, fils de Salomon, contre lequel onze tribus se révoltèrent — Alcméon, fils d'Amphiaraüs Ce dernier s'étant caché pour ne pas aller à la guerre de Thèbes, fut trahi par sa femme, Eriphyle, qui reçut, pour prix de sa trahison, une parure d'un grand prix. Alcméon, furieux et voulant venger son père, tua sa propre mère Eriphyle, et lui fit payer de son sang sa parure funeste. — Sennacherib, roi des Assyriens, assassiné dans un temple, par deux de ses fils, tandis qu'il sacrifiait aux idoles — Tomyris, reine de Scythie. Cyrus, roi de Perse, tué dans une bataille contre les Scythes (voyez Justin, lib. I, cap 8). — Troie en ruines et en cendres; Ilion. Le poëte a distingué Troie d'Ilion : Troie est la province, Ilion est la capitale — Après avoir donné quelques notes explicatives pour tous ces tableaux, Venturi s'écrie : « *Brutto miscuglio di sacro e di profano, di verità rivelate e di favole!* » — « Mais, répond Lombardi, ces fables *honnêtes*, comme sont celles-ci, que Dante met, dans ce chant et dans les suivants, sous les yeux des âmes qui se purifient, ne sont en réalité que des enseignements pratiques d'une même morale. C'est pour cela que Platon (*de Rep.*, lib. II, voulait que les mères et les gouvernantes racontassent de telles fables aux enfants. d'ailleurs, quelques-unes de ces fables sont rapportées dans les saintes Ecritures. Dante ne fait donc pas un *miscuglio* des fables et des faits des Ecritures saintes, mais il en compose deux séries distinctes Les faits de l'Ecriture sont placés à la droite du chemin · La série des fables est placée de l'autre côté Enfin, parmi d'autres considérations, deux surtout durent engager le poëte à admettre et les faits de l'Ecriture et les récits de la fable. D'abord, il peut désirer confondre davantage ceux qui connurent l'Ecriture sainte, en leur montrant les divines maximes confessées même par les Gentils, ensuite il crut pouvoir rappeler aux Gentils qui passaient dans ce cercle, tels que Stace, Trajan, Rifée, etc, les aiguillons qui les excitèrent eux-mêmes à suivre la vertu et à fuir le vice. » On peut ajouter que le poëte paraît avoir voulu distribuer ainsi ses tableaux ; et, comme je l'ai déjà dit ailleurs, qu'il n'a pas seulement imaginé, dans les temps où il écrivait, qu'on pût lui adresser la moindre critique à cet égard. Les règles que nous adoptons, dans l'invention et dans la composition de nos ouvrages ne sont pas celles que l'on suivait du temps de Dante. souvenons-nous de la date de 1310 à 1318, date très-probable de cette *cantica*.

gémissant sur les débris de la toile qui fit ton malheur! O Roboam, tes traits ici n'ont rien de menaçant, mais rempli d'effroi tu t'enfuis sur un char avant d'être chassé par la fureur populaire! Le sol montrait encore comment Alcméon fit payer à sa mère son orgueilleuse parure, et plus loin comment les fils de Sennachérib se précipitèrent sur lui dans le temple, et l'y massacrèrent sans pitié. On distinguait la scène cruelle de Tomyris qui disait à Cyrus : « Tu as eu soif de sang, et je t'emplis de sang. » Plus loin, les Assyriens fuyaient honteusement, après la mort d'Holopherne, et l'on reconnaissait encore les preuves du meurtre. On voyait Troie en ruines et en cendres. O Ilion, comme celui qui avait figuré tes remparts te montrait désolé et avili! Il fut un dessinateur exact et un coloriste habile, celui qui traça les ombres et les poses de ces scènes que le génie le plus profond n'aurait pu considérer sans un sentiment d'admiration. Les morts paraissaient morts, les vivants paraissaient vivants. L'homme qui fut témoin de ces événements, ne les connut pas mieux que je ne les vis en foulant, incliné, ce sol rempli de leçons terribles O fils d'Eve, enorgueillissez-vous, marchez avec une contenance altière; ne baissez pas votre tête, vous verriez de trop près vos excès.

Nous avions déjà parcouru plus de chemin, et le soleil était plus avancé dans son cours, que ne le pouvait concevoir l'imagination ainsi occupée, quand celui qui me précédait, continuellement attentif à ce qu'il fallait faire, me dit : « Lève les yeux, ces objets ne doivent plus retarder ta marche; vois un ange qui s'apprête à venir vers nous : la sixième servante a terminé son office du jour[1]. Que tes traits et tes actions offrent l'empreinte d'une tendre vénération! Qu'il daigne nous envoyer plus haut! Pense que ce jour-ci ne se retrou-

---

[1] La sixième heure Dans la même *cantica*, chant XXII, vers 112, Dante dira encore
« *E gia la quattro ancelle eran del giorno Rimase addietro* »
« Les heures sont les chambrières du jour » (Grangier) Sans poésie, cela veut dire qu'il était minuit passé.

vera jamais. » J'approuvais le conseil qui m'était donné de ne pas perdre de temps; aussi compris-je facilement les admonitions de mon maître.

La céleste créature vêtue de blanc venait vers nous en scintillant comme l'étoile du matin; elle ouvrit ses bras, étendit ses ailes, et dit : « Venez, il y a ici des degrés, et l'on monte facilement : peu d'élus sont appelés à m'entendre. O mortels destinés à voler vers le ciel, pourquoi le moindre vent vous fait-il tomber? » L'ange nous mena dans un point où la roche était coupée; il me frappa le front de ses ailes, et me promit un heureux voyage¹.

De même que pour parvenir au mont où est placée une église² qui domine cette ville si bien gouvernée, dans le voisinage de Rubaconte, la pente, à main droite, est rendue plus accessible par des escaliers construits dans un temps où

---

1 Il efface une des lettres P tracées sur le front du poëte, qui va entrer dans le second cercle, où l'on se purifie du péché d'envie. On a vu que, dans le premier cercle, on se purifie du péché d'orgueil.

2 L'église de San Miniato, qui domine Florence, dans le voisinage du pont sur l'Arno, appelé Rubaconte, du nom de messer Rubaconte de Mandello, Milanais, podestat de Florence, qui le fit construire en 1237, dans un temps ou on ne falsifiait pas les registres et les mesures publiques. Deux familles de Florence avaient été accusées, à l'époque où vivait Dante : l'une, d'avoir falsifié les registres où l'on tenait note des revenus de la ville, l'autre, d'avoir diminué la capacité des mesures publiques.—Tout ce que le peintre décrit ici existe encore de notre temps; et, si on lit ce passage, en montant à San Miniato, on reconnaît la justesse de la description. J'ai le bonheur d'écrire cette note devant un petit tableau de la plus gracieuse dimension, peint à l'huile, au milieu d'une lettre que j'ai reçue au mois d'août 1839, de mademoiselle Sarasin de Belmont; cette composition représente l'église de San Miniato, telle qu'elle est aujourd'hui : sa tour, un petit kiosque à gauche, et les murailles crénelées de Florence. C'est bien *la chiesa che soggioga* la ville ; on peut dire encore « *Si rompe del montar l'ardita foga per le scalee*, » car c'est la même difficulté pour la montée. En même temps, il faut bien avouer que ce lieu n'est plus aussi épouvantable qu'il pouvait l'être au temps du poëte. Mademoiselle de Belmont était appelée, à Rome, l'intrépide paysagiste; elle allait étudier dans les bois avec un courage que les peintres Kaisermann et Boguet admiraient et louaient à l'envi. Quelquefois, cette intrépidité eût pu être dangereuse à cause des loups; mais le gouvernement romain, étonné aussi de cet infatigable amour de l'art, envoyait secrètement des gardes qui exploraient les forêts, afin que les études de la courageuse Française ne fussent jamais inquiétées. Jamais mademoiselle Sarasin de Belmont n'a su tous ces détails d'hospitalité généreuse et prévoyante, pratiquée par ordre du pape Léon XII : il n'en est que plus juste de les faire connaître, pour qu'un sincère hommage de gratitude soit rendu à ce pontife si grand, si noble dans toutes ses pensées d'affection pour la France.

l'on ne falsifiait pas les registres et les mesures publiques, de même ici la pente qui conduisait à l'autre cercle devenait plus douce; seulement le chemin plus étroit serrait le voyageur à droite et à gauche. En marchant dans ce sentier, nous entendîmes des voix chanter, « *Heureux les pauvres d'esprit*[1], » avec un charme que l'expression ne peut atteindre.

Ah! combien ces sentiers sont différents de ceux de l'Enfer! Ici, l'on entre parmi les chants, et là parmi les cris lamentables. Nous franchissions ces escaliers sacrés, et il me semblait que je montais plus légèrement que je n'avais marché auparavant sur le terrain uni; aussi je m'écriai : « O maître, de quel poids m'a-t-on délivré! Il me semble qu'en marchant je n'éprouve aucune fatigue. » Celui-ci répondit : « Un des P qui sont sur ton front est déjà effacé[2] : quand les autres auront tout à fait disparu, tes pieds seront si légers, que tu ne sentiras aucune lassitude, et que tu auras du plaisir à continuer le voyage. » Alors je devins semblable à ceux qui, portant à leur tête un signe qu'ils ne connaissent pas, mais dont on leur fait bientôt soupçonner la présence, y placent la main, cherchent, trouvent, et acquièrent une certitude que la vue ne pouvait obtenir : aussi en étendant les doigts de la main droite, je trouvai encore six des lettres que l'ange gardien des clefs avait imprimées sur mon front.

Mon guide alors me regardait en souriant.

---

1. « Comme, ici, devant l'orgueil puni, il fait chanter la louange évangélique de la pauvreté d'esprit, c'est-à-dire de l'humilité, de même, dans chaque cercle des péchés capitaux, il fera chanter la louange de la vertu contraire à chaque vice ; il est probable aussi que les voix qui chantent ainsi sont celles des anges. » (Lombardi.)

2. L'on n'avait encore effacé qu'un seul P.
Lombardi donne cette explication :
« Dante montre par là que l'orgueil, ou le mépris de la divine loi (source de tout péché, selon l'Ecclésiastique), forme la plus grande laideur du péché. ainsi, le poëte veut faire entendre que les six derniers P sont à moitié effacés par l'extinction totale du premier P, c'est-à-dire du péché de l'orgueil. » On a vu, chant IX, page 214, note 1, que l'ange assis sur le seuil de la porte du Purgatoire a tracé, avec la pointe de son épée, sept P sur le front du poëte.

CHANT XIII.

Nous étions arrivés au sommet du sentier qui conduit au second cercle de la montagne où l'on se purifie des péchés là, un autre cercle l'entoure comme plus bas; seulement il est d'une circonférence moins grande. On n'y voit ni reliefs ni sculptures au trait; les bords et la voie sont unis, et la pierre offre une couleur livide[1]. Mon maître disait : « Si nous attendons quelqu'un ici pour demander notre chemin, je crains que nous ne tardions trop à nous décider sur la route qu'il faut suivre. » Alors il regarda fixement le soleil en se tournant à droite, et en ajoutant : « O douce lumière que je prends pour guide en entrant dans cette nouvelle enceinte, tu nous conduis sans nous égarer, tu réchauffes le monde, tu lui dispenses l'éclat de ta splendeur : tes rayons doivent me maintenir dans le sentier véritable, si quelque raison n'y met obstacle. »

Nous avions parcouru l'espace d'un mille avec une grande légèreté, tant notre volonté avait de force. Nous entendîmes, sans les voir, voler vers nous quelques-uns de ces esprits qui sont appelés au banquet de charité et d'amour. La première voix qui passa en volant dit, « *Ils n'ont pas de vin*[2], » et elle

---

1. La couleur du teint des envieux.
2 « Une des peines des ombres qui sont dans ce cercle est de n'entendre retentir dans l'air, autour d'elles, que des chants et des paroles de charité, sentiment si discordant avec le péché qu'elles expient » *Hist. litt.* II, p 138.
« Ils n'ont point de vin, » paroles de la Vierge, qui annonce ainsi à son fils, aux noces de Cana, que les convives allaient manquer de vin. « — Je suis Oreste, » allusion à l'amitié de Pylade pour Oreste. Pylade, fils du roi de Phocide, Strophius, et d'Anaxibie, sœur ou tante des Atrides, devint, de bonne heure, l'intime ami d'Oreste, qui, réfugié à la cour phocéenne, était élevé avec lui, et il le suivit dans tous les voyages auxquels les dieux l'obligèrent. Les tragiques grecs ont développé, dans Pylade, le caractère de l'amitié au point d'en faire le type du plus no-

répéta ces paroles, après s'être éloignée. On l'entendait encore, quand une autre voix survint et passa promptement en criant : « *Je suis Oreste.* » — « O mon père, dis-je, quelles sont ces voix ? » Comme je parlais ainsi, une troisième dit : « *Aimez ceux qui vous ont fait du mal.* » Mon bon maître reprit : « Ce cercle retient les coupables qui ont commis le péché d'envie. La charité agite les cordes du fouet qui les châtie. Le frein qui les gourmande retentit d'un son tout contraire. Tu l'entendras, je crois, avant d'arriver au degré où ce crime se pardonne. Mais porte ici tes yeux, et tu verras des âmes assises devant nous le long du rocher. » J'obéis, et j'aperçus en effet des ombres couvertes de manteaux de la même couleur que la pierre. A peine fûmes-nous un peu plus avancés, que j'entendis crier : « Marie, prie pour nous; Michel, Pierre, et tous les Saints, priez pour nous. » Je ne crois pas qu'il y ait sur la terre un homme assez dur pour n'être pas ému de compassion au spectacle qui s'offrit à mes yeux. Quand je fus arrivé près de ces âmes, dont tous les mouvements ne m'étaient plus dérobés, mes yeux se baignèrent de larmes. Ces ombres me paraissaient couvertes d'un vil cilice; chacune d'elles appuyait sa tête sur les épaules de

---

ble héroïsme, du plus pur dévouement. Pylade, en Tauride, veut mourir pour son ami, et résiste aux prières réitérées d'Oreste, qui le conjure de partir. Il y a peu de temps que l'on a découvert cette explication nouvelle : plusieurs commentateurs se disputent la priorité. Quel que soit le nom de celui qui a donné, le premier, ce sens à ce passage, il faut applaudir de bonne foi. Ici, on retrouve le ton mystérieux de Dante : « ce *Je suis Oreste* » est magnifique d'invention, de concision; c'est, sans contredit, un des traits les plus sublimes de cette *cantica* : « *I' sono Oreste !* » c'est là toute la vie de Pylade. On ne veut tuer qu'Oreste; Pylade s'écrie, soutient qu'il est Oreste, et il sait bien, Pylade, que si on le croit, Oreste sera sauvé. On m'a dit souvent que c'est M. Giorgi qui a donné cette interprétation dans une séance d'Académie, à Rome, mais il y a des lecteurs assidus de Dante qui contestent cette gloire, et veulent que M. Giorgi n'ait parlé ainsi qu'après M. Léonard Casella, fils d'un des plus habiles architectes de Rome, et que nous avons vu dernièrement à Paris professer la langue italienne a l'Athénée.

1 Le poëte, plus loin, expliquera clairement son idée. Les âmes entendent des paroles qui font naître des sentiments de charité; ensuite, elles entendent d'autres paroles retraçant le crime de ceux qui ont été envieux sur la terre. Le son tout contraire est un avertissement de charité opposé aux viles bassesses de l'envie. Le poëte appelle à propos la charité le frein, la bride de l'envie. — *Marie, prie pour nous*, etc. (*Litanies des saints.*)

l'ombre voisine, et toutes se soutenaient contre le rocher : tels les aveugles[1] qui demandent du pain sont placés à la porte des maisons de pardon, en appuyant la tête l'un sur l'autre. Pour exciter la compassion, je vais m'expliquer autrement que par des paroles : je veux offrir au sens de la vue qui comprend plus facilement, ces infortunés tels qu'ils étaient devant moi.

De même que les aveugles sont privés de la lumière du soleil, de même ces ombres sont privées de la lumière du ciel. Toutes ont les yeux cousus avec un fil de fer semblable à celui qui ferme les yeux de l'épervier sauvage, pour qu'il demeure tranquille[2]. Il me semblait que c'était commettre un outrage de voir ainsi sans être vu; aussi me tournai-je vers mon sage conseiller. Il devinait ce que je voulais lui apprendre sans parler; il n'attendit pas ma demande et me dit : « Parle, mais que tes paroles soient brèves et sensées. » Virgile était placé du côté où l'on peut tomber dans l'abîme, parce qu'aucune barrière n'en garantit; de l'autre côté se trouvaient les ombres à qui l'horrible couture de leurs yeux faisait souffrir d'affreuses douleurs, et dont les traits étaient baignés de larmes. Je me tournai vers ces âmes, et je dis : « O vous ombres, qui êtes assurées de voir un jour la lumière du ciel à laquelle votre désir aspire avec tant d'ardeur, que la grâce purifie les impuretés de votre conscience, et que le fleuve de vos pensées coule avec la pureté du cristal; dites-

---

1. On voit encore ce spectacle à la porte de beaucoup d'églises d'Italie. Les *maisons de pardon* sont les églises.

2. Autrefois, il était d'usage de coudre avec du fil ou de la soie les yeux des éperviers et des faucons que l'on voulait dresser pour la chasse. En France, où l'art de la fauconnerie a été longtemps en renom, et où Dante a pu prendre cette comparaison, l'on imagina, plus tard, de substituer à cette couture si douloureuse une coiffe de cuir, dite *chaperon*, dans laquelle on emprisonnait seulement les yeux de l'oiseau, avant de le lancer, ou lorsqu'on était mécontent de lui. — Les âmes que Dante rencontre ne pouvaient pas fuir leur terrible chaperon : la douleur qu'elles éprouvaient devait être bien cuisante. Mais comme on remarque toujours que Dante peint la nature! Il a vu des éperviers et des faucons aussi cruellement tourmentés avant l'invention de la coiffe de cuir. Il trouve, dans le souvenir des anciens chevaliers, d'abord une image vive, pittoresque et touchante; ensuite, une comparaison vraie et animée, et il les transporte dans cette vaste et riche encyclopédie où il décrit, une à une, toutes les connaissances de son temps.

moi, et vous me charmerez, y a-t-il parmi vous un Italien ? si je le connais, peut-être pourrai-je lui être favorable. » — « O mon frère, chacune de nous habite une seule et véritable cité¹ : tu veux dire sans doute une âme qui ait accompli son pèlerinage en Italie. » Telles furent les paroles que j'entendis prononcer plus loin ; aussi je fis quelques pas en avant. Entre autres je vis une ombre qui avait l'air d'attendre une réponse. Si l'on me demande comment je m'en aperçus, je dirai qu'elle tenait la tête élevée comme un aveugle à qui l'on parle². « Esprit, dis-je, qui te purifies ici pour devenir digne du ciel, si c'est toi qui m'as répondu, donne-moi à connaître ton nom ou le lieu de ta naissance. » L'ombre reprit : « Je fus Siennoise ; j'expie avec ces coupables ma vie criminelle, en pleurant celui que je désire si vivement. Je ne pus pas être sage, quoiqu'on m'appelât *Sapia*³, et je me réjouis plus du malheur des autres que de mon propre bonheur. Pour que tu ne croies pas que je t'en impose, écoute combien je fus insensée. Lorsque je penchais déjà vers le déclin de mes jours, mes concitoyens étaient près de *Colle*, en présence de leurs ennemis, et je priai Dieu de leur envoyer ce qu'il voulait lui-même. Ils furent battus et jetés dans les pas amers de la

---

¹ Tu parles avec nous comme tu parlerais avec des hommes qui feraient leur pèlerinage sur la terre. Mais nous, nous ne connaissons plus d'autre vraie cité, d'autre patrie que le ciel : tu devrais nous demander plutôt si quelqu'un de nous n'a pas été pèlerin en Italie.

² On ne peut pas mieux observer la nature. En effet, considérons bien l'attitude d'un aveugle à qui nous parlons, il élève la tête pour attendre notre reponse.

3. « *Savia non fui, avvegna che Sapia Fossi chiamata* »

Venturi s'écrie : « *Concettino miserabile e non da poeta di tanto senno*, » il continue ainsi : « S'il y a quelqu'un d'un goût gâté à qui de semblables *concettini*, considérés en eux-mêmes, ne paraissent pas aussi misérables qu'à moi, qu'il se satisfasse à son gré ; qu'il les lèche, et qu'ils lui fassent grand bien, etc. » On s'attend que Lombardi, le terrible adversaire de Venturi, va lui répondre : « J'appellerai plutôt misérable et importun le propos de Venturi, parce que le rapport qui existe entre le nom propre et les mœurs est et sera toujours remarqué, sans crime, par tout homme qui parle ou écrit, surtout quand il le fait en peu de mots, et en passant, comme fait ici Dante » — Sapia, quoi qu'il en soit, était une noble siennoise que ses concitoyens avaient envoyée en exil à *Colle* là, les Siennois ayant été mis en déroute par les Florentins, elle en manifesta une satisfaction très-indiscrète et très-criminelle.

fuite; et en apprenant leur déroute, j'en conçus une telle joie, qu'élevant vers Dieu ma face téméraire, je criai : Maintenant je ne te redoute plus. J'imitai le merle qui se fie au premier beau temps[1]. Sur la fin de ma vie, je voulus me mettre en paix avec Dieu, et je n'aurais pas obtenu même une place dans ce séjour, si Pierre Pettinagno[2], qui se dévoua tendrement en ma faveur, n'eût intercédé pour mes fautes dans ses saintes oraisons. Mais toi, qui es-tu, toi qui vas demandant ce que nous sommes, et qui, à ce que je crois, as les yeux ouverts et parles en respirant? » Je répondis : « Mes yeux seront cousus aussi dans ce lieu[3], mais pour peu de temps, car j'ai peu commis le péché de l'envie. Mon âme est plus tourmentée du supplice du premier cercle, et il me semble déjà que je suis écrasé du poids des amertumes de là-bas. » — « Mais, reprit l'ombre, qui t'a conduit parmi nous, toi qui espères retourner parmi les hommes? » — « C'est, dis-je, celui qui m'accompagne et qui se tait. Moi, je suis vivant : mais apprends-moi, ô esprit élu! si tu veux que je porte aussi pour toi mes pas sur la terre. » — « Ta venue est un événement si miraculeux, repartit l'âme, qu'elle prouve combien Dieu te chérit; aide-moi donc de tes prières. Je te demande encore, au nom de ce que tu désires le plus au monde, que si jamais tu foules le territoire de la Toscane, tu prennes soin de ma mémoire auprès de mes proches. Tu les trouveras au milieu de cette nation vaine[4] qui espère tant

---

1. « *Come fa il merlo per poca boraccia.* » Comparaison très-juste. Un poëte a dit dans un autre sens : «L'imprudent amandier.» — Il n'y a pas un seul de nous qui, à la fin de l'hiver, ne commette la faute de l'animal au plumage noir et au bec jaune.

2. Ermite florentin qui pria pour Sapia. Sans les prières de cet ermite, elle serait encore dans la vallée qui précède le Purgatoire, avec Manfroy, Conrad, etc.

3. Aveu touchant de la part d'un homme tel que Dante. J'ai pris de faire remarquer au lecteur tous ces mouvements de sensibilité, de vrai retour sur soi-même et d'honorable franchise. Il est dommage qu'il n'y ait pas un cercle pour les esprits satiriques. Notre poëte s'y serait encore rendu justice; mais peut-être aussi l'ange commis à la garde de ce cercle n'aurait-il pas voulu laisser passer outre le coupable.

4. Encore une allusion satirique très-piquante. Les Siennois avaient acquis, à grands frais, le port de Talamone, sur la Méditerranée : ils se croyaient déjà tous d'habiles hommes de mer. *Les mâts des Vénitiens, des Pisans, des Génois, empêchaient les Siennois de dormir*

de la possession de Talamone, et qui y perdra plus de temps et de vœux qu'à trouver la Diana : mais les *amiraux* y perdront bien davantage. »

Leurs principaux seigneurs, devenus *amiraux* en imagination, voyaient le pavillon siennois parcourir les bords de l'Afrique et même entrer dans le Bosphore, mais cette nation vaine, qui espère tant de la possession de Talamone, y perdra plus de temps et de vœux qu'à trouver *la Diana*. La Diana était une rivière qui coulait, disait-on, près la ville de Sienne. Les habitants avaient entrepris de prodigieuses excavations pour la découvrir, mais toujours inutilement. Ils ne connaissaient pas les puits artésiens, invention admirable, entre autres avantages, pour procurer de l'eau aux villes assiégées qui viendraient à en manquer. « Si on veut savoir, ajoute à ce sujet Venturi, pourquoi les Siennois appelaient cette rivière *la Diana*, il faut que ce soit quelque antiquaire de Sienne qui aille repêcher sa généalogie. »

CHANT XIV.

« Qui est celui qui fait le tour de notre montagne, avant que la mort l'ait dégagé des liens terrestres, et qui ouvre et ferme les yeux à volonté ? » — « Je ne sais pas qui il est; mais il n'est pas seul : prie-le de s'approcher; et accueille-le d'une manière si gracieuse, qu'il consente à te parler. » C'est ainsi que des esprits appuyés l'un sur l'autre discouraient ensemble à ma droite; ensuite ils levèrent la tête pour m'interroger. L'un d'eux s'exprima ainsi : « O âme qui es renfermée dans un corps, et qui vas droit au ciel, par charité console-nous, et apprends-moi d'où tu viens, et qui tu es. Nous sommes émerveillés de l'insigne faveur que tu reçois et qui n'exista jamais. » Je répondis : « Au milieu de la Toscane coule un petit fleuve qui naît dans la montagne de Faltérona[1], et qu'un cours de la longueur de cent milles ne peut rassasier. C'est près de ce fleuve que j'ai reçu mon enveloppe mortelle. Vous dire qui je suis, serait parler en vain; la renommée n'a pas encore beaucoup fait retentir mon nom. » L'ombre qui m'avait interrogé la première, reprit : « Mais si je te comprends bien, tu veux parler de l'Arno. » Et l'autre repartit : « Pourquoi a-t-il caché le nom de ce fleuve? On n'en use ainsi qu'en rappelant des choses qui font horreur. » — « Je ne sais, dit ensuite sa compagne, mais le nom de la vallée où coule ce fleuve est bien digne de sortir de la mé-

---

[1] Montagne de l'Apennin, dans l'État de Florence, près de la Romagne : la montagne dont a été détaché le Péloro est l'Apennin. Péloro, promontoire de la Sicile. Le poëte adopte l'idée de ceux qui pensaient qu'autrefois la Sicile formait une partie du continent de l'Italie, que l'île de Chypre appartenait à la Syrie, l'île de Negrepont à la terre ferme de la Béotie, etc., etc.

moire des hommes ; car dès sa source, là où la montagne
dont a été détaché Péloro déverse des eaux si abondantes,
jusqu'au point où ce fleuve vient réparer la perte de celles
que, sur la mer, le soleil réduit en vapeurs qui doivent à leur
tour former de nouveau les rivières, les habitants de ses
bords fuient la vertu comme un serpent ennemi, ou par l'effet d'une situation désavantageuse, ou par l'empire d'une
funeste habitude. Ceux qui rampent dans cette vallée perverse
ont tellement changé leur caractère, qu'il semble que Circé [1]
les repaisse de mets souillés par ses maléfices. D'abord ce
fleuve creuse son lit maigre à travers les toits de pourceaux
hideux [2] plus faits pour dévorer des glands que pour se
nourrir des aliments des hommes. En continuant sa route, il
trouve des *roquets criards*, plus hargneux que ne le comporte leur force ; aussi, dans son dédain, il leur tourne le
museau, et poursuit son cours. Plus elle s'agrandit, plus
cette fosse maudite et ingrate rencontre des chiens qui se
font loups. Apres être descendue à travers des gorges profondes, elle trouve des renards si frauduleux qu'aucune ruse
ne peut les tromper. Je ne cesserai pas de parler, quoique
d'autres puissent m'entendre, et il sera utile à celui qui se
dit d'un pays voisin de l'Arno de connaître ce qu'un esprit
prophétique me fait annoncer. Je vois ton fils [3] qui chasse ces

1. Circé, fille du Jour et de la Nuit. Apres avoir empoisonné son mari, le roi des Sarmates, elle alla faire sa demeure dans l'île d'Ǣœa Y ayant reçu Ulysse, pour le retenir, elle changea ses compagnons en loups, en ours, avec une certaine liqueur qu'elle leur fit boire.

2. Les habitants du Casentin Landino pense que le poëte a particulierement en vue les comtes Guidi, « hommes, dit ce commentateur, *molto lussuriosi* » —Les *roquets criards* sont les habitants d'Arezzo, « enragés et superbes dit Venturi, quoique pauvres et impuissants »

Aussi, dans son dédain, le fleuve leur tourne le museau Comme Dante joue ici avec sa verve ! Il transporte au fleuve une image qui semblait n'appartenir qu'aux *roquets criards*. — La fosse maudite et ingrate est toujours l'Arno, qui coule entre de hautes montagnes — Les chiens qui se font loups sont les Florentins : « Ils sont appelés ainsi par le poëte, à cause de leur gourmandise et de leur avarice » (Daniello)

Les renards frauduleux sont les Pisans, parce que, dit encore Daniello ils sont malicieux et frauduleux — Il faut d'abord blâmer ici le Gibelin qui s'abandonne à un mouvement de colere et de depit passionne ; mais il faut ensuite admirer le poëte chaud et le coloriste vigoureux qui trace un tableau aussi énergique.

3. L'ombre qui parle est messer Guido del Duca de Brettinoro, elle a-

loups sur la rive du fleuve cruel, et qui les met en fuite. Il vend leur chair toute vivante¹, ensuite il les tue comme de vieilles bêtes; il arrache ainsi à beaucoup d'entre eux la vie, et à lui, l'honneur. Il sort, teint de sang, de la triste forêt, et il la laisse telle que d'ici à mille ans elle ne pourra reverdir. »

Comme la figure de celui à qui l'on prédit des malheurs prochains exprime bientôt le trouble, de quelque côté qu'il soupçonne le danger, de même le visage de l'autre âme qui écoutait se plongea dans l'affliction, après qu'elle eut entendu ces paroles. Les prophéties de l'une et la tristesse de l'autre me firent désirer de connaître leur nom, et je les priai instamment de me le dire. L'esprit qui m'avait entretenu le premier parla ainsi : « Tu veux que je t'accorde ce que tu ne veux pas m'accorder toi-même. Mais puisque Dieu permet que sa grâce brille en toi, je ne serai pas avare d'une réponse. Apprends que je suis Guido del Duca : mon sang fut tellement brûlé par l'envie², que si j'eusse su qu'un homme avait eu lieu de se réjouir, on m'eût vu devenir pâle et livide. Voilà le fruit du grain coupable que j'ai semé. O hommes ! pourquoi vous attachez-vous à des biens qui nécessitent un *empêchement de bonne intelligence*³ ? Celui-ci est Riniéri, l'honneur et la gloire de la maison de Calboli, où personne ne s'est fait héritier de ses vertus. Entre le Pô et la montagne, la mer et le Réno, ses descendants sont non-

dresse à messer Riniéri de Calboli, de Forli. Par « ton fils qui chasse les loups, » del Duca entend Fulcieri de Calboli, petit-fils de Riniéri, qui fut podestat de Florence en 1302, et qui ayant été gagné, à prix d'argent, par le parti Noir, fit enfermer et tuer les principaux personnages du parti Blanc.

1 Le poëte veut dire que Fulcieri fit, à l'égard des Florentins du parti Blanc, comme on fait à l'égard des vieux bœufs qui ne sont plus propres au travail : on les vend, encore vivants, à des marchands qui les engraissent, et qui ensuite les assomment. La triste forêt est Florence, qui est tellement ravagée, qu'elle ne pourra plus sortir de ses ruines avant un grand nombre d'années.

2 On ne dit pas quels furent les procédés pleins d'envie pour lesquels Guido del Duca mérita d'être placé dans ce cercle.

3 « *Perché poni 'l cuore Là'v' e mestier di consorto divieto ?* »

Le poëte donnera lui même l'explication de ce passage dans le chant suivant, vers 45, p 345

seulement dépourvus de tout ce qui est utile pour bien penser et bien vouloir, mais dans l'intérieur même, ils n'offrent qu'un amas de rejetons vénéneux qu'on ne pourrait extirper qu'avec effort. Où sont le bon Licio¹ et Arrigo Manardi, Pierre Traversaro et Guido de Carpigna? O habitants de la Romagne redevenus sauvages, quand un forgeron planté à Bologne commence à pousser de profondes racines, au rang des premiers seigneurs; quand un Bernardin di Fosco devient, à Faenza, d'une faible graminée un arbre superbe! Ne t'étonne pas que je verse des larmes, ô Toscan, quand je rappelle Guido da Prata, Ugolin d'Azzo, qui vécut avec nous, Frédéric Tignoso et les siens, la famille Traversara, les Anastagi : ces deux races ont perdu leur antique valeur. Je pleure quand je pense à nos dames et à nos chevaliers qui s'illustraient par de nobles fatigues et de si bienfaisants loisirs ². L'amour et la courtoisie remplissaient leurs cœurs de vertus, là où il n'y a plus que des âmes si dépravées. O Brettinoro ³,

---

1. Messer Licio de Valbona, homme sage, prudent et plein de qualités estimables, « La fille duquel, dit Grangier, se laissa aller à la volonté de Richard, jeune gentilhomme, mais Licio, père de la jeune fille, fit si bien que Richard fut contraint de l'épouser, comme raconte Bocace » Arrigo Manardi, suivant quelques uns, de Faenza; selon d'autres, de Brettinoro, « homme prudent, magnanime et libéral » (Vellutello.) — Pierre Traversaro, seigneur de Ravenne, qui eut, dit-on l'honneur de marier l'une de ses filles avec Étienne, roi de Hongrie — Guido de Carpigna, « fut noble homme de Montefeltro, libéral sur tous autres. » (Grangier.) — Un forgeron s'élève, à Bologne, au rang des premiers seigneurs Le poëte indique ici Lambertaccio, qui, de forgeron, devint un des premiers seigneurs de cette ville. — Bernardin di Fosco, de Faenza, « homme valeureux et de petite naissance. » (Volpi) — Guido de Prata, bourg entre Ravenne et Faenza, « seigneur très-généreux » (Volpi) — Ugolin d'Azzo, des Ubaldini, Frederic Tignoso, de Rimini; la famille Traversara, les Anastagi, nobles maisons de Ravenne.

2 « *Le donne, e i cavalier, gli affanni e gli agi* »

De ce vers, dit Venturi, sont nés ceux de l'Arioste :

« *Le donne, i cavalier, l'arme, gli amori,*
Le cortesie, l'audaci imprese io canto »
(Orlando furioso, cant. 1.)

3 Guido del Duca apostrophe la ville où il est né Je vais laisser parler Grangier « Brettinoro est vn fort chasteau au milieu de la Romagne, sis à une montagne dessus Forly, et il veut dire. O chasteau! que ne te ruines-tu, puisque ta famille est perie! Il y auoit autrefois plusieurs seigneurs d'une telle libéralité, que souuent desbat estoit parmy eux, quand des estrangiers arriuoyent, pour ce qu'vn chascun les vouloit loger en sa maison Pour ce du consentement de tous, fut dresse vne colonne en la place, autour de laquelle furent mis autant d'anneaux qu'il y auoit de peres de famille, et chascun

que n'accompagnes-tu dans leur fuite ta propre famille, et tant de personnages honnêtes qui n'ont pas consenti à être coupables? Bagnacavallo mérite des éloges pour ne plus produire d'autres enfants. Il faut reprocher à Castrocaro de donner le jour à des comtes aussi corrompus. Conio est encore plus criminel. Quand leur démon aura disparu, les Pagani pourront se reproduire, mais non pas tellement que leur réputation soit sans tache. O Ugolin de Fantoli, ton nom n'a rien à redouter, puisqu'on n'attend aucun rejeton qui puisse le déshonorer! Mais poursuis ta route, ô Toscan; la décadence de notre pays m'a plongé dans une si vive douleur, que j'aime mieux maintenant pleurer que parler. »

Nous savions que ces âmes chéries nous entendaient marcher; aussi, même en se taisant, elles nous assuraient que nous ne pouvions nous égarer. Mais dès que nous fûmes seuls après avoir continué d'avancer, une voix, imitant le bruit d'un éclair qui fend la nue, vint nous frapper en disant : « Quiconque me trouvera, doit me tuer [1] ; » et elle prit la fuite avec la vélocité de la foudre qui éclate, si la nuée vient à se rompre.

A peine ce bruit eut-il cessé, que nous en entendîmes un autre qui retentit avec tant de fracas, qu'on l'eût pris pour

---

auoit le sien; et, lorsque venoit vn estrangier, il hoit son cheual à l'un de ces anneaux, et soudain, celui de qui estoit l'anneau, menoit l'estrangier en sa maison, et le traitoit magnifiquement. » — Bagnacavallo et Castrocaro sont des châteaux de Romagne qui étaient gouvernés par des comtes particuliers. — Conio, autre château aujourd'hui détruit. — Les Pagani, famille d'Imola. Un d'eux, à cause de sa méchanceté et de son astuce, avait été surnommé *il Diavolo*. — Ugolin de Fantoli, de Faenza, « homme noble et vertueux » (Vellutello).

1. Ce sont les paroles que prononça Caïn, après avoir tué son frère, contre lequel il ressentit un si féroce sentiment d'envie :

« *Omnis qui invenerit me, occidet me.* (Genèse, IV, v. 14.)

Quand les voix qui passent au-dessus de Dante citent des exemples de bienfaisance et d'amitié, comme ceux-ci. « *Ils n'ont pas de vin.—Je suis Oreste,* » alors, dit le poëte, la charité agite les cordes du fouet qui les châtie, mais, quand les voix font entendre des paroles semblables à celles de Caïn : « *Quiconque me trouvera, doit me tuer,* » alors le frein qui gourmande les mêmes envieux retentit d'un son tout contraire; c'est-à-dire, au lieu de ces exemples de charité, ils entendent les reproches cruels que le plus coupable des envieux s'est faits sur la terre.

une suite de coups de tonnerre. La voix criait : « Je suis Aglaure, qui suis devenue rocher [1]. » Alors je reculai pour me serrer contre le poete.

Déjà l'air était calme, et Virgile me dit : « Voilà le dur *caveçon* qui devrait contenir l'homme dans le devoir : mais vous, vous dévorez l'appât et tirez à vous l'hameçon que présente l'antique ennemi [2], et le frein et les sages leçons vous sont peu profitables. Le ciel vous appelle et tourne autour de vous en vous montrant ses beautés éternelles [3], mais votre œil ne regarde que la terre ; aussi êtes-vous châtiés par celui à qui rien n'est caché. »

---

[1] « Aglaure, fille de Cecrops. Elle promit a Mercure de favoriser sa passion pour Hersé, autre fille de Cecrops, moyennant une recompense, mais Pallas, indignée, versa une telle jalousie, contre Herse, dans le sein d'Aglaure, qu'elle mit tout en œuvre pour les brouiller. » (*Dict de la Fable de Chompre.*)

[2] Le démon qui vous tend des piéges.

[3] Petrarque a imité ce passage, part. I, canzon. 39.

« *Or ti solleva a più beata speme*
Mirando il ciel che ti si volve intorno »

CHANT XV.

Le soleil avait à parcourir[1] encore autant d'espace qu'il lui en reste à franchir, entre la fin de la troisième heure et le commencement du jour, dans la sphère qui, comme l'enfant folâtre, est dans un mouvement continuel[2]; Vesper éclairait les cercles du Purgatoire, et il était minuit sur la terre : les rayons nous frappaient la figure, parce que nous avions tourné toute la montagne, et que nous avancions vers le couchant. Je vis alors un éclat surnaturel qui éblouit mes yeux, et n'en connaissant pas la cause, je me sentis glacé de stupeur. Je levai mes mains au-dessus de mes yeux, pour les garantir, par cet abri, de cette lumière excessive

Ainsi que le rayon du soleil[3], réfléchi par l'eau ou par un miroir, remonte dans la partie opposée de la même manière qu'il est descendu, en suivant des lois contraires à celles auxquelles obéit la pierre qui tombe, comme le démontrent

---

[1] Le soleil devait rester encore trois heures sur l'horizon.

[2] Venturi pense que le poëte emploie ici une *miserable similitude*. Le commentateur Rosa Morando, l'un des écrivains qui ont parlé de Dante avec le plus d'enthousiasme, répond ainsi à Venturi : « Mais pourquoi trouve-t-il ici une *miserable similitude?* Ce n'est seulement, selon moi, qu'à cause de la trop considerable différence *de grandeur* qui existe entre l'enfant et la sphère du soleil. Mais Plutarque, dans ses *Reflexions sur le genie et sur la vie d'Homere*, fait observer que ce divin poëte quelquefois tire ses comparaisons des plus petits objets, eu egard à la nature des choses comparees et à la grandeur de leurs corps, et il apporte en exemple les comparaisons tirées des guêpes, des mouches et des abeilles »

Il est dans la nature de l'enfant de se mouvoir continuellement, et, ainsi que dit Horace (*Poetiq.*, vers 160) :

Mutatur in horas.

[3] J'ai offert le sens de Dante avec toute sa précision, sans trop d'obscurité. L'art et l'expérience signifient ici la science de la catoptrique (partie de l'optique qui explique les effets de la réflexion de la lumière). Par la pierre qui tombe, le poëte entend la ligne perpendiculaire.

LE PURGATOIRE, CHANT XV.

l'art et l'expérience, de même une lumière réfléchie, et telle que ma vue en était éblouie, vint me frapper de son éclat. Je dis : « O mon doux père, quelle est cette splendeur que je ne puis soutenir, et qui semble venir vers nous ? » Il répondit : « Ne t'étonne pas si tu ne peux supporter la vue de l'auguste famille du Ciel; c'est un envoyé qui vient nous inviter à monter au céleste séjour. Bientôt tu considereras sans peine un spectacle de cette nature, et tu auras autant de plaisir qu'il te sera permis d'en éprouver. » Quand nous fûmes arrivés aux pieds de l'ange béni, il nous dit d'une voix suave : « Entrez dans ce sentier qui est moins âpre que les autres. » Nous montions, et nous entendîmes chanter derrière nous : *Heureux les miséricordieux*[1] ! et, *Jouis, ô toi qui es vainqueur !*

Mon maître et moi nous marchions seuls, et, tout en marchant, j'eus l'idée de tirer quelque fruit de cet entretien. Je m'adressai donc à lui et demandai ce qu'avait voulu dire l'esprit de la Romagne[2] en parlant d'*empêchement de bonne intelligence*. Virgile répondit : « Il connaît maintenant le danger de son vice le plus odieux. Qu'on ne s'étonne donc pas s'il signale ce vice, pour que vous ayez moins à le pleurer. Parce que votre cœur s'attache à une telle sorte de biens que,

---

1 Ces paroles sont prononcées par des anges. C'est ainsi que des ministres du ciel ont aussi chanté : « *Heureux les pauvres d'esprit !* » Voyez chant XII, page 231 Quant à ces paroles que Dante rapporte ainsi :

« E beati misericordes fue
« Cantato retro, »

elles sont les propres paroles de J. C. (S Mathieu, chap v) — *Jouis, ô toi qui es vainqueur !* autres paroles tirées du même chapitre

2 L'esprit de la Romagne, messer Guido del Duca le poëte veut parler ici des biens terrestres, des biens que dispense la fortune Voici son raisonnement tel qu'il le développe plus bas : Le cœur des hommes s'attache aux biens terrestres et périssables ; ces biens sont désirés par tous les hommes, et ils veulent les posséder exclusivement, ils aiment donc un avantage tel, qu'il n'est pas possible de voir une bonne intelligence régner entre ceux qui le poursuivent c'est ce qui excite l'envie Si les hommes n'aimaient que le bien céleste, il n'y aurait pas entre eux *empêchement de bonne intelligence* ; car, plus on est à aimer le bien du ciel, plus on jouit, plus on connaît la charité, moins on connaît l'envie.

Cette distinction, présentée ici par Dante dans le style scolastique, n'a rien de très-poétique ; mais son raisonnement se suit, et, avec un peu d'attention, on le comprend aisément.

21.

plus on est d'hommes à les partager, moins on possède; l'envie excite en vous une flamme dévorante. Si l'amour du séjour des bienheureux occupait vos désirs, vous n'auriez pas de telles douleurs; car dans l'Empyrée, plus on est de créatures à jouir du même bien, plus on possède, et plus une brûlante charité embrase ses fortunés habitants. » Je parlai ainsi : « Mais je suis plus affamé d'explications que si j'avais continué de garder le silence, et un doute plus fort me tourmente. Comment peut-il arriver qu'un bien divisé rende plus riches ceux qui le possèdent en grand nombre, que ceux qui, en petit nombre, seraient appelés à le partager? » Mon guide reprit : « Comme tu n'es absorbé que par les choses terrestres, ma doctrine, qui est la véritable, t'enveloppe de ténèbres.

« Ce bien infini et ineffable qui est là-haut est entraîné vers la charité, comme un rayon vient plus facilement frapper un corps lucide. La lumière glorifiante se communique autant qu'elle trouve d'ardeur, et plus la charité s'étend, plus l'éternelle vivacité de cette lumière embrase les âmes de ses feux divins. Plus, là-haut, il y a d'âmes qui se rencontrent, plus il y a lieu à bien aimer, plus on aime, et comme des miroirs on se renvoie respectivement son amour.

« Si mes raisons ne te rassasient pas, tu verras Béatrix [1]; ce sera elle qui dissipera pleinement en toi ce doute et tous les autres : cependant, avance pour obtenir promptement la guérison des cinq plaies [2] que la douleur seule peut guérir; déjà deux se sont refermées. » J'allais remercier mon guide, lorsque je me vis arrivé à l'autre cercle, et je gardai le silence, dans

---

[1] Dante nous accoutume a l'idée de Béatrix, qui paraîtra elle même dans le dernier chant de cette cantica.

[2] Les anges ont déjà effacé deux P du front du poète, voyez pag. 230, not. 1, et page 245 ; seulement, à cette dernière page, le poète ne l'a pas dit précisément; mais la lettre est censée avoir été effacée, quand on est sorti d'un cercle pour entrer dans un autre. Dante est donc déjà purifié du péché de l'orgueil, puni dans le premier cercle, et du péché de l'envie, puni dans le second. Il n'a plus à parcourir que cinq autres cercles: ceux de la colère, de la paresse, de l'avarice, de la gourmandise et de la luxure. Je répète ici tous ces détails, pour qu'on n'ait pas de recherches pénibles à faire et pour que l'on puisse continuer, sans fatigue, la lecture du poème, et se trouver bien pénétré du plan de l'auteur.

l'espoir de contempler un spectacle nouveau : là, il me sembla que j'eus subitement une vision extatique. J'aperçus d'abord dans un temple un grand nombre de personnes. Une femme, sur le seuil de la porte, disait, avec l'accent d'une tendre mere : « Mon fils, pourquoi en as-tu donc ainsi agi avec nous ? ton père et moi, tout en pleurs, nous te cherchions[1]. » Et comme ici elle se tut, alors tout disparut à mes yeux. Je vis une autre femme dont les yeux étaient baignés de ces larmes que la douleur arrache quand nous éprouvons un grand dépit. Elle disait : « Si tu es le seigneur de cette ville pour laquelle les dieux soutinrent une si grande querelle, et d'où toutes les sciences jaillissent comme autant d'étincelles, venge-toi, ô Pisistrate[2], de ces mains coupables qui ont osé tenir notre fille embrassée. » Ce noble offensé, la douceur et la modération peintes sur le visage, répondait : « Que ferons-nous à celui qui nous désire du mal, si nous condamnons celui qui nous aime ? »

Je vis ensuite une foule nombreuse enflammée de colère, qui perçait un jeune homme à coups de flèches, en criant : « Mort ! mort[3] ! » Je le voyais succomber à son supplice et tomber à terre ; mais de ses yeux se faisant toujours comme des portes vers le ciel, au milieu de cette horrible guerre, avec cet accent de tendresse qui obtient la compassion, il priait le souverain maître de pardonner aux persécuteurs.

---

1. Propres paroles de la Vierge, quand elle retrouva son fils dans le temple, au milieu des docteurs. — Nous sommes dans le troisième cercle où l'on se purifie de la colère. Dante a voulu opposer à ce vice des exemples de douceur et de résignation. Ici, il faut observer qu'il varie ses inventions ; ces exemples ne sont pas sculptés sur le revers du rocher, ni tracés sur le sol. Le poëte a une vision extatique dans laquelle ces objets se présentent à son imagination. Cette idée est d'autant plus ingénieuse qu'il va nous dire que le cercle de la colère est rempli d'une fumée épaisse qui ne laisse apercevoir qu'avec beaucoup de peine les ombres par lesquelles il est habité.

2. La femme de Pisistrate conjurait son époux de venger l'injure faite à leur fille, qu'un jeune Athénien avait osé embrasser en public (Voyez Valère Maxime, liv. V, chap. I)

3 S Étienne, actes des Apôtres, VII Biagioli dit fort judicieusement qu'il croit que le Dominiquin, en disposant sa *Communion de S. Jérôme*, s'est inspiré de ces deux vers :

« *E lui redea chinarsi per la morte Che l' aggravava gia, inver la terra* »

Quand mon âme revint aux objets véritables qui sont hors d'elle, je reconnus que mes péchés de colère étaient réels [1]. Mon guide, pour qui je devais ressembler à un homme qui cherche à se réveiller d'un sommeil profond, me dit : « Qu'as-tu donc? Ne peux-tu plus te soutenir? Tu as marché plus d'une demi-lieue en fermant les yeux, et les jambes embarrassées, comme un homme que l'ivresse ou le sommeil accable. » — « O mon tendre père, répondis-je, si tu daignes m'écouter, je te dirai ce qui m'apparut, quand mes jambes semblaient plier sous le poids de mon corps. » Il reprit : « Cent masques recouvriraient ta figure, que je n'en connaîtrais pas moins tes plus minutieuses pensées. Ce que tu as vu s'est manifesté, pour que tu ne pusses pas te dispenser d'ouvrir ton cœur à ces eaux qui coulent de la fontaine éternelle d'amour et de charité : et moi je ne t'ai pas demandé ce que tu ressentais, comme aurait fait celui qui ne voit qu'avec l'œil, à qui tout est caché [2] quand le corps gît inanimé. Je t'ai parlé pour rendre à tes pieds quelques facultés : il faut ainsi exciter les esprits paresseux à bien employer le temps où ils sont éveillés, et à braver le besoin du sommeil, au moment où il convient de veiller encore. »

Nous marchions aux approches de la nuit en regardant les objets autant que le permettaient nos yeux offusqués par l'éclat des rayons du soleil, dont le flambeau s'éteignait devant nous. Alors nous vîmes s'approcher une fumée noire comme la nuit, là où aucun lieu n'en pouvait garantir : elle obscurcit notre vue et la pureté de l'air.

---

1. Il s'est déjà accusé de s'être rendu coupable du péché d'orgueil et du péché d'envie (voyez chant XII, pag. 229, lign 29, et chant XIII, pag 236, lig 12); il s'accuse ici du péché de colère.

2 Celui à qui il n'est permis de voir qu'avec les yeux du corps, qui n'ont plus de facultés quand il est privé de la vie.

CHANT XVI.

Le noir abîme de l'enfer et les nuages d'une nuit privée d'étoiles sous la partie du ciel qui en offre le moins, ne m'avaient pas présenté un voile aussi épais que la fumée qui nous couvrit, et n'avaient pas aussi cruellement offensé notre vue comme déchirée par un drap grossier. Il ne m'était pas possible de tenir les yeux ouverts. Mon guide sage et fidèle s'approcha de moi, et m'offrit son épaule pour appui, afin que je marchasse comme l'aveugle que l'on conduit pour qu'il ne s'egare pas, et qu'il ne heurte point en chemin un objet contre lequel il risque de se blesser ou de perdre la vie. Je marchais à travers l'air obscurci et amer, en écoutant mon guide, qui me disait : « Prends garde de te séparer de moi. » J'entendais des voix, et il me semblait que chacune d'elles demandait paix et miséricorde à l'agneau de Dieu qui efface les péchés. Elles commençaient toujours par ces mots : « *Agneau de Dieu*[1]. » Elles chantaient toutes à l'unisson les mêmes paroles avec les accents les plus tendres. « O maître, dis-je, ce sont des esprits que j'entends ? » Il me répondit : « Tu as raison, et ils se purifient du péché de colère. » Une voix dit alors : « Qui es-tu, toi qui fends ainsi notre fumée, et qui parles de nous comme si tu partageais encore le temps en calendes[2] ? » Mon maître ajouta : « Réponds et demande-leur si, par ce côté, on gravit la montagne. » Je continuai

---

[1]. « *Ecce agnus Dei.* » Joan., I, 29.
[2] Les Latins divisaient le temps en calendes, nones et ides, c'est-à-dire comme si tu vivais encore dans le temps, et non comme nous, dans l'éternité. On trouve la concordance du calendrier romain et de celui de l'ère chrétienne dans l'histoire du pape Pie VII, page 443.

ainsi : « O créature qui te purifies pour retourner plus belle vers ton créateur, tu apprendras des merveilles, si tu t'approches de moi. » Elle reprit : « Je te suivrai autant qu'il me sera permis, et si la fumée nous empêche de nous voir, le son nous rapprochera l'un de l'autre. » Alors je commençai en ces termes : « Je vais dans un séjour plus fortuné, avec cette enveloppe que la mort détruit, et je suis arrivé ici en traversant l'empire des pleurs. Si Dieu m'a tellement reçu dans sa grâce qu'il me permette, contre tout usage établi par ses lois, de voir sa sainte cour, ne me cache pas qui tu as été avant la mort. Dis-moi encore si je suis le chemin de la béatitude ; qu'enfin tes paroles me servent de guide. » L'esprit répondit : « Je fus Lombard ; on m'appela Marc[1] : j'eus des succès dans l'étude des affaires publiques. J'aimai cette sévère probité que tout le monde abandonne aujourd'hui. Tu es dans le chemin qui conduit au haut de la montagne. » Il ajouta ensuite : « Je te conjure de prier pour moi, quand tu seras là-haut. » Je répliquai : « Je me lie par la foi du serment, et te promets de faire ce que tu demandes. Mais je m'embarrasse dans un doute, si je ne m'explique pas sur-le-champ. Mon doute était simple ; ce que tu m'as dit le rend plus fort, lorsque je réunis ensemble tes confidences et celles que j'ai entendues plus bas. Le monde a donc abandonné la vertu, ainsi que tu me le dis ; il n'engendre que malice : mais donne-m'en une raison si claire, que je la comprenne, et que je la fasse comprendre aux autres. Les uns placent la cause de ce mal dans le ciel, les autres la placent sur la terre. » L'âme poussa d'abord un profond soupir de douleur, puis me dit : « Mon frère, le monde est aveugle, et tu démontres bien que tu en arrives. Vous qui habitez encore la terre, vous attribuez toutes les causes au ciel, comme s'il ordonnait tout

---

[1]. Marc, noble vénitien, ami de Dante. Grangier dit que ce Marc était de la famille des Lombardi ; mais il paraît que, par les mots : « *Lombardo fui e fui chiamato Marco,* » il faut entendre qu'il était originaire de Lombardie. Le poète s'est déjà servi de la même expression, *Enfer*, chant XXVII, page 122.

nécessairement. S'il en était ainsi, le libre arbitre serait détruit en vous [1], et il ne serait pas juste de récompenser le bien et de punir le mal.

« Le ciel donne le mouvement à vos impulsions; je ne dis pas à toutes : mais supposons que je le dise, vous avez la lumière de la raison pour distinguer le bien et le mal. Vous avez de plus le libre vouloir : si on l'emploie dans les premiers combats que livrent les influences célestes, il n'est pas détruit; si on a recours à l'appui de la sagesse, il est vainqueur. Quoique libres, vous êtes soumis à une force supérieure et à une nature plus élevée. Cette autre puissance crée enfin l'esprit que l'influence des astres ne domine pas. Si le monde actuel est coupable, la cause en est en vous; c'est en vous qu'il faut la chercher, et pour toi je vais trahir ce secret.

« L'âme sort de la main de celui qui se plaît en elle [2], avant qu'elle existe, SIMPLETTE et naïvement ignorante comme un enfant qui se joue au milieu des pleurs et des ris : séparée de son créateur bienfaisant, elle retourne volontiers et par inclination à l'objet qui fait sa félicité; elle s'attache d'abord à des biens périssables qui la trompent; elle les suit avec ardeur, si un frein ou un guide ne dirige ailleurs son amour. Il fallut des lois pour modérer le feu des passions [3]; il fallut élire des rois qui sussent discerner, au moins, la

---

[1] On lit dans Tertullien (*Contra Marcionem*, lib. II) : *Nec boni, nec mali merces pensaretur ei qui aut bonus, aut malus necessitate fuisset inventus, non voluntate.* « On ne donnerait ni la récompense du bien, ni le châtiment du mal à celui qui aurait été trouvé bon ou mauvais par l'effet de la nécessité et non de sa volonté. »

[2] Cette peinture naïve de l'âme est souvent citée par les Italiens, elle a, dans leur langue, une grâce qu'il est bien difficile, pour ne pas dire impossible, de transporter dans la nôtre.

« Quant à la suite du discours de Marc, c'est encore le Gibelin, observe M. Ginguené, qui parle autant que le poëte » *Hist. litt.*, II, p. 188.

[3] Il faut des lois qui retiennent les passions des hommes. Dans son ouvrage appelé le *Convito*, le poëte annonce qu'il croit que la vie humaine doit être divisée en deux villes : la ville du *bien vivre* et la ville du *mal vivre*. Il appelle la première la vraie ville, *vera cittade* : quant à la Tour, *la torre*, c'est, suivant Lombardi, les principaux devoirs de la société; et, selon Biagioli, les choses les plus nécessaires à la vie humaine. Il me semble qu'il y a ici une allégorie qu'on peut entendre de plusieurs manières : l'explication de Lombardi paraît très-satisfaisante.

Tour, de la ville véritable : les lois existent; mais, qui se présente pour les mettre en pratique? personne. Le pasteur qui précède le troupeau peut ruminer, mais il n'a pas les ongles fendus [1]. Les brebis qui voient le berger se nourrir de l'herbe dont elles sont avides, s'en repaissent, et ne demandent aucune autre pâture. Tu vois donc qu'une mauvaise direction est ce qui rend le monde coupable, et que ce n'est pas la nature qui est corrompue chez les hommes.

« Rome, qui jeta la lumière dans l'univers, avait deux soleils destinés à éclairer le chemin qui conduit au monde et à Dieu. L'un des deux astres a obscurci l'autre : le glaive est dans la même main que le bâton pastoral. Tous deux doivent nécessairement peu s'accorder entre eux. Réunis, le premier ne craint pas le second. Si tu ne me crois pas, pense à l'épi : on connaît toutes les herbes à leur semence.

« Dans la contrée qu'arrosent le Pô et l'Adige [2], on admirait des prodiges de valeur et de courtoisie, avant les querelles suscitées à Frédéric [3]. Or, quiconque par un mouvement de honte fuirait la société des hommes honnêtes, pourrait traverser ce pays sans crainte d'en rencontrer. Il y a bien encore trois vieillards par qui l'ancien âge réprimande le nou-

[1] Cette idée est empruntée du Lévitique, chap. XI. Lombardi, au sujet de ce passage, dit que le poëte réprimande les pasteurs de son temps qui étaient trop attachés aux biens temporels. Suivant Biagioli, Dante veut faire entendre ici que les pasteurs savent bien prêcher le mépris des richesses (la rumination est la sagesse), mais qu'ils ne doivent pas avoir la main ouverte pour les dispenser (les ongles fendus sont la libéralité et les largesses). Les vers qui suivent rendent cette explication très-probable. Les brebis (les nations) qui voient le berger rechercher les richesses, les recherchent à leur tour, en suivant ce mauvais exemple. Nous avons ici Dante avec tous ses mystères ; plus loin, il s'explique assez clairement : les deux soleils sont le pape et l'empereur, le pontife et le roi.

Réunis, le premier ne craint pas le second. Les deux soleils réunis, dit Lombardi, une puissance ne se fait pas redouter de l'autre ; et, par ce motif, chacune de ces puissances cesse d'opérer sûrement. Pense à l'épi. L'auteur prend ici l'épi pour la semence elle-même, en faisant allusion à ces paroles de J. C. (Mathieu, VII, v. 20) : Ex fructibus eorum cognoscetis eos. — Au total, Dante veut ici que le pape n'ait que le pouvoir spirituel : une pareille erreur a dominé la vie de Napoléon, et il s'en est bien repenti dans son exil. Si le pape n'avait pas une autorité temporelle, un souverain pourrait occuper Rome, avilir l'autorité du pontife, et, pour un temps, porter des coups furieux à notre sainte religion.

[2] La Marche de Trévise, la Lombardie et la Romagne.

[3] L'empereur Frédéric, fils de Henri V.

veau ¹ ; mais il leur tarde que Dieu les appelle à une meilleure vie Ces vieillards sont Conrad da Palazzo, le bon Ghérardo, et Guido da Castel, que l'on nomme mieux en français Lombard le Simple. Dis donc aujourd'hui que l'Eglise de Rome, pour avoir confondu les deux pouvoirs, tombe dans la fange et se salit elle-même ainsi que la mule qui la porte ². »

Je répondis : « O Marc, mon ami, tu as parlé raisonnablement ; je comprends maintenant pourquoi les enfants de Lévi furent exclus de l'héritage ³. Mais quel est ce Ghérardo que tu dis être demeuré comme un échantillon des anciennes mœurs et un reproche vivant pour ce siècle sauvage ? » L'esprit repartit : « Tu me trompes, ou tu veux savoir si je le connais bien : comment en me parlant ainsi la langue toscane, n'as-tu aucune idée du bon Ghérardo ? Je ne lui connais pas d'autre surnom, à moins que je ne l'appelle le père de Gaja ⁴. Maintenant, que Dieu soit avec vous, je ne puis pas vous accompagner davantage. Vois l'aube qui lance ses rayons blanchissants a travers la fumée. L'ange est ici ; je dois vous quitter avant qu'il paraisse. »

Il parla en ces termes, et ne voulut plus m'écouter.

---

1 L'auteur veut parler de Conrad da Palazzo, noble de Brescia, de Ghérardo da Camimino, de Trévise, et de Guido da Castel, noble de Reggio, en Lombardie

2 Le poète parle ici le langage de dépit et de colère, dont il ne peut se défendre quand il se livre à ses passions et à sa douleur de se voir exilé de Florence par un parti que les papes avaient appuyé de leur pouvoir.

3 Voyez Bellarmin, *de Membr eccl*, cap XXVI La tribu de Lévi n eut point part à l'héritage de la terre de Chanaan, que Dieu partagea entre les douze autres tribus Cette tribu fut distribuée dans quarante-huit villes pour y vaquer a l'exercice de l'office sacerdotal.

4 «C'estoit une dame, fille de Gherard, de la plus rare et excellente beauté de son temps, neantmoings vn grand miroir de chasteté. » (Grangier)

CHANT XVII.

O lecteur, si jamais, dans les Alpes, tu as été surpris par un brouillard à travers lequel on ne pût pas distinguer les objets, plus que les taupes ne peuvent les reconnaître à travers la peau qui recouvre leurs yeux [1], rappelle-toi comment le rayon du soleil pénètre peu à peu les humides et noires vapeurs, quand elles commencent à se dissiper, et tu auras une faible idée de l'aspect que m'offrit cet astre qui allait disparaître. C'est ainsi que, continuant de marcher sur la même ligne que mon fidèle guide, je sortis de cette fumée épaisse et retrouvai le soleil qui avait déjà disparu pour la partie inférieure de la montagne. O puissance de l'imagination [2],

---

1 Les anciens pensaient qu'une pellicule recouvrait la peau de la taupe (voyez Aristote, *Hist. anim.*, lib I, p. 9). On croit aujourd'hui que les taupes ne peuvent pas voir à cause d'un vice qu'elles ont dans la cornée, qui est la première tunique de l'œil. Mais la nature a bien dédommagé ces animaux, à qui elle a accordé, dit-on encore, une ouïe très-fine.

2. O puissance de l'imagination. « Dante revoit le beau spectacle du soleil à son couchant; son imagination en est si fortement émue qu'il tombe dans une rêverie profonde. Il s'étonne lui-même de la force de cette imagination impérieuse qui le poursuit. « O imagination, s'écrie-t-il, toi qui enlèves souvent l'homme à lui-même, au point qu'il n'entend pas mille trompettes qui sonnent autour de lui, qu'est ce donc qui t'excite? qui fait naître en toi des objets que les sens ne te présentent pas? » La réponse qu'il fait à cette question n'est pas fort claire. « Ce qui t'excite, dit-il, est une lumière qui se forme dans le ciel, ou d'elle même, ou par une volonté qui la conduit ici-bas. » Alors on se payait, dans l'école, de ces mots que l'on croyait entendre, et l'on avait fait de ces sortes de solutions une science où Dante était très versé. Mais il n'y a lumière céleste qui puisse expliquer l'incohérence des objets que réunit cette espèce de vision. Ce sont purement des rêves, et les rêves d'un esprit malade. » *Hist. litt.*, II, 160.

Je ne puis pas être ici du sentiment de M. Ginguené : il a raison quand il blâme ce style de l'école, *cette lumière qui se forme dans le ciel, ou d'elle-même ou par une volonté qui la conduit ici bas* : tout ce langage métaphysique n'a aucun sens pour nous, mais il n'y a pas, selon moi, tant d'*incohérence* dans les objets que réunit la vision de Dante, et M. Ginguené avoue lui-même, *Hist. litt.*, II, p. 162 (note), que « ce mélange que fait Dante du sacré avec le profane, dans ses cita-

toi qui nous dépouilles de l'usage des sens, tellement, que souvent nous ne nous apercevons pas qu'on fait retentir autour de nous le bruit de mille trompettes, quelle force te représente l'objet que tu contemples, quand les sens ne t'en offrent pas l'image! tu es l'effet d'une lumière qui se forme dans le ciel, ou naturellement, ou par la volonté de la divine Providence, dont nous recevons cette faculté.

Je vis devant moi la femme que son impiété cruelle fit métamorphoser en cet oiseau qui se plaît le plus à faire entendre ses chants [1]. Alors mon esprit fut tellement renfermé dans ce spectacle, qu'aucun objet ne put l'en distraire.

Ensuite s'offrit à mon imagination détachée des sens, le supplice de cet homme fier et dédaigneux [2] qui mourut sur

tions historiques, est si fréquent qu'il en faut conclure que ce n'était pas en lui un effet des caprices de l'imagination, mais un système » Je trouve donc qu'après avoir accordé ce point, il n'y a plus lieu de reprocher à Dante ce mélange indiscret comme un écart de son esprit, et je ne sais pas jusqu'à quel point on ne l'excuserait pas dans sa *Divine Comédie*, où jamais ce mélange ne produit un effet très-désagréable, littéralement parlant. Quant aux visions successives que le poëte va décrire, je pense que, comme il ne pouvait plus nous offrir des exemples d'humilité tracés sur des bas-reliefs, ainsi que dans le chant X; des exemples d'orgueil dessinés sur le sol, ainsi que dans le chant XII; comme il ne voulait pas en ce moment faire passer au-dessus de sa tête des voix qui rappelassent divers exemples de charité et d'envie, ainsi que dans les chants XIII et XIV, il a eu une idée très-heureuse et très-poétique, en supposant une vision qui nous offre des exemples de violence et de colère. Le vrai poëte varie ses tons, et ce genre de mérite, qui semble appartenir davantage à un siècle comme le nôtre, à un siècle où beaucoup de modèles rendent l'art difficile, est pourtant un mérite qu'on ne peut refuser à Dante. Toutes ces réflexions me confirment dans l'idée que j'ai toujours eue que le Dante a travaillé son poème

pendant plus de quinze ans, et lui a donné le degré de perfection qu'il pouvait recevoir de tant de révisions si multipliées

Je m'éloigne ici à regret de l'opinion de M Ginguené; mais je ne tarderai pas sans doute à le citer de nouveau, en approuvant, à mon ordinaire, plusieurs de ses observations.

1. « Philomèle, fille de Pandion, roi d'Athènes, fut attirée dans les pièges de Térée, qui ensuite lui coupa la langue. Philomèle, enfermée, peignit sur une toile tout ce que Térée lui avait fait souffrir, et l'envoya à Progné, sa sœur, femme de Térée. Progné vint, à la tête d'une troupe de femmes, le jour de la fête des Orgies, délivrer Philomèle de sa prison, puis elle fit à Térée un festin de son propre fils Ytis. Après que Térée eut bien mangé, elle lui apporta encore la tête : ce prince, s'étant mis en devoir de poursuivre sa femme et de la tuer, fut métamorphosé en épervier, Progné, en hirondelle, Philomèle, en rossignol, et Ytis, en faisan » *Dict. de la Fable*
— Suivant Strabon, ce fut Progné qui fut changée en rossignol. Dante a probablement suivi cette autorité, car c'est bien de Progné qu'il veut parler.

2 Le supplice d'Aman — Lavinie, fille du roi Latinus, elle dit à sa mère, Amata, que sa mort en précéderait une autre, celle de Turnus. *Énéide*, liv XII, vers 601 et suiv

la croix : près de lui on voyait Assuérus, Esther son épouse, et le juste Mardochée, dont les paroles et les actions furent si magnanimes. Quand cette image se fut dissipée, comme la bulle légère qui est privée de l'eau, son aliment, j'aperçus dans ma vision une jeune fille qui versait un torrent de larmes en disant : « O reine, pourquoi, dans ta colère, t'es-tu donné la mort? Tu t'es détruite pour ne pas perdre Lavinie ; cependant, tu m'as perdue. Je pleure, ô ma mère, la mort qui doit en précéder une autre. »

De même que lorsqu'une lueur subite frappe les paupières fermées, le sommeil se brise, et glisse, et serpente avant de s'éteindre[1], de même le spectacle que je me figurais, se rompit, et se débattant s'évanouit, aussitôt que je fus frappé par l'éclat d'une lumière surnaturelle. Je me retournais pour voir où je me trouvais, quand une voix, qui fit cesser en moi toute pensée, me dit : « On monte par ici. » J'eus un si vif désir de voir celui qui parlait, que, si je ne l'eusse rencontré des yeux, ce désir n'aurait pas cessé de me tourmenter : mais ici mes facultés manquèrent de puissance, de même que les yeux ne peuvent soutenir les rayons du soleil qui blesse notre vue, et qui se voile de son propre éclat. Mon maître parla ainsi : « Ce ministre est un esprit divin ; sans que nous lui ayons adressé aucune prière, il nous indique le chemin qui conduit en haut, et il se dérobe lui-même sous ses propres rayons. Il agit avec nous, comme tout homme agit avec lui-même[2]. Quiconque, voyant le besoin, attendrait une prière, se disposerait malignement à refuser tout secours. Marchons pour répondre à cette invitation glorieuse, tâchons de monter avant que la nuit arrive ; nous ne pourrions plus continuer notre chemin qu'avec le retour de la lumière. »

---

1. Biagioli a fait une excellente note sur cette description d'un sommeil qui se rompt. Alfieri avait critiqué ce passage. Biagioli lui répond d'une manière fort ingénieuse.

2. Il nous montre cet amour que tout homme se montre à lui-même. L'homme n'attend pas de lui-même une prière, il prévient ses propres désirs.

Alors je suivis mon maître, et nous arrivâmes aux degrés. Aussitôt que je fus sur la première marche, j'entendis comme un mouvement d'ailes qui rafraîchit ma figure [1]; on disait en même temps : « *Heureux les pacifiques exempts de colère criminelle.* » Déjà l'on n'apercevait plus dans l'air que ces derniers rayons qui sont immédiatement suivis des ténèbres, et les étoiles se développaient de toutes parts. Je disais en moi-même : O mon courage, pourquoi commences-tu à t'abattre? Je sentais mes genoux défaillir et demander grâce.

Nous avions atteint le point où se terminent les degrés, et nous étions arrêtés comme la nef amarrée sur la plage. Je tâchai d'écouter si je n'entendais pas quelque bruit dans ce nouveau séjour; ensuite je me retournai vers mon maître et je dis : « O mon père bienfaisant, quelle est la faute que l'on purifie dans ce cercle? Si nos pieds se reposent, que ton entretien ne prenne pas de trêve! » Mon maître répondit : « Ici on punit la paresse qui a négligé ses devoirs; ici l'on châtie le rameur qui a été trop lent. Si tu veux me mieux comprendre, écoute-moi, tu retireras quelque avantage de notre retard Ni créateur, ni créature [2], tu le sais, ô mon fils,

---

[1] L'ange, en frappant légèrement avec ses ailes la figure de Dante, efface une autre lettre *P*; c'est celle du péché de colère, le troisième péché capital
L'ange dit en même temps « Heureux les pacifiques, etc. » *Beati pacifici, quoniam filii Dei vocabuntur.* Paroles de J C., dans S Matthieu

[2] Les deux poëtes sont dans le cercle de la paresse « Ici Dante se fait donner par son maître une longue explication métaphysique sur l'amour, passion de la nature, toujours bonne en soi, et sur l'amour, passion de notre volonté, qui, selon qu'elle est bien ou mal dirigée, fait naître en nous des affections haineuses ou des affections aimantes Les affections haineuses sont expiées dans les trois premiers cercles (les cercles de l'orgueil, de l'envie et de la colère) que nous avons parcourus. La négligence à poursuivre les effets des affections aimantes l'est dans le quatrième où nous sommes (le cercle de la paresse), et ces affections, poussées à l'excès, deviennent des vices qui sont punis dans les trois cercles supérieurs qui nous restent à parcourir (les cercles de l'avarice, de la gourmandise et de la luxure) » *Hist litt*, II, pag. 110 et suiv

Cette explication claire et précise de tout le plan de Dante ne laisse rien à désirer. On voit qu'il présente ses idées avec une méthode et une suite de raisonnements qui s'attachent les uns aux autres. Il faut bien se résoudre à critiquer, dans ce long discours, un amas de termes de l'école qui nous paraissent aujourd'hui, et qui sont en effet désagréables et fastidieux, mais, dans ce passage, si l'érudit nous fatigue, le logicien est irréprochable et le poète ne dort pas toujours Voilà deux beaux

n'ont existé sans amour. Cet amour est ou un amour naturel, ou un amour qui naît de leur choix. L'amour naturel est toujours exempt d'erreur ; mais l'autre peut errer en choisissant un objet indigne, ou en aimant trop un bien périssable, ou en n'aimant pas assez un bien infini : tant que cet amour est sagement dirigé vers les biens principaux, et garde une juste mesure dans son affection pour les biens inférieurs, il n'en peut naître alors aucun plaisir coupable ; mais aussi quand la créature s'attache avec moins de zèle aux biens célestes, ou avec trop de passion à ceux qui méritent moins d'estime, alors elle agit contre son propre créateur. Tu dois comprendre qu'en vous l'amour est la source ou de vertus, ou d'opérations qui méritent châtiment. L'amour incline toujours au bien de celui en qui il réside, parce que tout être répugne à se haïr ; et comme aucun être créé ne peut subsister par lui-même, et indépendant de l'existence qu'il a reçue du créateur, de même il ne peut aussi parvenir à haïr ce créateur : il en résulte, si cette division est juste, que le mal qu'on aime est celui de son prochain, et cet amour naît, dans votre limon, de trois manières.

« L'un espère de l'élévation, parce que son voisin est abattu, et seulement pour cela il désire le voir déchu de sa grandeur. Celui-ci craint de perdre et de voir son rival acquérir la considération, la faveur, l'honneur et la réputation, et il lui souhaite toutes sortes de maux. Un autre se livre aux tourments de la colère pour une injure, il appelle avec fureur la vengeance, et ne veut que la ruine de l'offenseur. Ces trois sortes de mauvais amour se punissent dans les cercles que tu as parcourus.

« Je vais te parler de l'autre amour qui court vers la félicité sans aucune mesure. Chacun désire confusément un bien

---

vers, et de graves sentences exprimées avec concision :

« Che 'l mal che s' ama è del prossimo, ed esso

« Amor nasce in tre modi in vostro limo »

qui fait l'objet constant de ses vœux, et chacun s'efforce d'atteindre à ce but. Si vous n'êtes poussés à connaître ce bien, ou à l'acquérir après l'avoir connu, que par un amour attiédi, vous en êtes punis dans ce cercle après un juste repentir.

« Il est un autre bien qui ne rend pas l'homme heureux. Il n'est pas la vraie félicité; il n'est pas l'essence du bonheur, la source de toute grâce, la récompense de toute vertu. L'amour qui poursuit trop ce bien étranger à Dieu est puni dans les trois cercles supérieurs. Mais je ne te dirai pas comment sont réparties les trois familles de coupables, afin que tu en cherches l'explication toi-même. »

CHANT XVIII.

Mon savant maître avait terminé ce raisonnement; il cherchait à lire dans mes yeux si j'avais compris ses explications. Moi, qu'une nouvelle soif tourmentait, je disais en moi-même, tout en me taisant, peut-être est-il blessé de ce que je lui adresse trop de demandes. Mais ce père tendre, qui devinait le désir timide que je n'osais avouer, me donna la hardiesse de parler, en me prévenant avec bonté; aussi lui répondis-je : « O maître, mon entendement s'éclaircit dans les rayons de ta lumière! Je discerne évidemment ce que tu m'as expliqué : cependant, je t'en conjure, cher aimable père, définis-moi cet amour à qui tu attribues les actions estimables et celles qui ne le sont pas. » — « Élève vers moi, dit le sage [1], les facultés de ton intelligence, et vois jusqu'où peut aller l'erreur de ces aveugles qui se font guides [2]. Le cœur qui est créé pour aimer vite, se dirige vers tout ce qui lui plaît, aussitôt qu'il a senti l'attrait du plaisir; votre faculté imaginative vous retrace l'objet réel, et en même temps en développe tellement le charme, que l'esprit est captivé, et se porte tout entier vers cet objet. Ce sentiment est un amour, une nouvelle nature que le plaisir détermine en vous. Ensuite, de même que le feu s'élève en en-haut, par sa forme qui tend à monter dans la portion de matière avec laquelle il s'agglomère le plus facilement, de même l'esprit conçoit un désir qui est un continuel mouvement spirituel, et il ne s'arrête plus qu'il n'ait joui de la chose aimée. Tu comprends quelle

---

[1] Virgile reprend son explication qu'il avait interrompue, il montre qu'il connaît à fond la doctrine de Platon sur l'amour.

[2] « L'error de' ciechi che si fanno duci »
S Matthieu, XV, vers 14, avait dit encore mieux. Cœci sunt et duces cœcorum

est l'erreur de ceux qui affirment que tout amour est en soi une chose louable. Peut-être sa substance pourra toujours être bonne, mais toutes les empreintes n'en sont pas exactes¹, quoique la cire soit d'une qualité propre à les mouler fidèlement. »

Je répondis : « Ces paroles et mon esprit qui les recueillait avec attention, m'ont expliqué suffisamment ce qu'est l'amour ; mais je n'en suis que plus embarrassé dans mes doutes ; car si l'amour nous est offert par des objets extérieurs, et que l'esprit y accède sur-le-champ, il n'a aucun mérite à se diriger bien ou mal. » Virgile reprit : « Je puis te dire tout ce que notre raison comprend a cet égard ; mais pour être mieux éclairci, tu entendras, dans une région supérieure, Béatrix² qui est une lumière de foi. Toute forme substantielle qui est distincte de la matière, et qui lui est seulement unie, renferme en soi une vertu particulière. On ne la distingue qu'au milieu de ses opérations ; elle ne se démontre que par ses effets, comme une plante vivante est reconnue à la verdure de ses feuilles. L'homme ne sait d'où provient la source de ses premières connaissances, et celle des premières passions qui sont en lui, de même que l'abeille n'a pas étudié l'art de composer le miel ; et cette première volonté, naturelle, ne mérite ni blâme ni récompense.

« Mais pour régler cette première volonté innocente, vous avez reçu la raison qui vous conseille et qui vous dirige en gardant la porte de vos pensées. Cette raison régulatrice est la source de vos mérites, selon qu'elle admet ou repousse les amours coupables ou les amours vertueux. Les sages, qui par de profondes méditations, sont parvenus à découvrir la

---

¹ Quoique cet amour, dans son principe, soit vertueux, s'il ne cherche pas un objet digne de lui, il deviendra une affection peu honorable, et les empreintes de cet amour ne seront pas bien tracées, quoique la cire qu'on aura employée ait été propre à les rendre exactes et fidèles

² Il y a une sorte d'adresse et d habileté à mettre souvent en scène, et d'avance, cette Béatrix qui jouera un si grand rôle dans les derniers chants de ce poëme, et dans tous les chants du Paradis

nature des choses, ont connu cette liberté innée; aussi l'ont-ils expliquée au monde, dans des livres de philosophie morale. Ainsi, supposons que tout amour qui s'élève en nous s'y allume de nécessité, vous n'en avez pas moins la puissance de le réprimer. Béatrix appelle cette noble vertu le libre arbitre. Souviens-toi de mes préceptes, si elle vient à t'en parler. »

La lune [1], qui alors se levait très-tard sur l'horizon, éclipsait la splendeur des étoiles, et paraissait suspendue comme un seau enflammé. Elle parcourait dans le ciel cette partie que le soleil éclaire lorsque l'habitant de Rome le voit descendre entre la Sardaigne et la Corse. L'ombre bienfaisante, qui honore plus Piétola [2] qu'aucune autre ville du Mantouan, avait pleinement déchargé mon esprit du poids qui l'accablait; et moi, après avoir reçu des explications si promptes et si précises, je ressemblais à un homme que le sommeil vient de saisir : mais cette *somnolence* fut interrompue par le bruit que firent des âmes qui s'avançaient derrière nous.

De même que l'Ismène et l'Asope [3] virent une foule immense de Thébains parcourir leurs rivages en courant sans ordre et avec impétuosité dans les fêtes de Bacchus, de même je vis s'avancer d'un pas incertain une foule innombrable de ces âmes qu'une volonté sage et un juste amour animaient dans ce cercle. Elles furent bientôt arrivées auprès de nous, tant cette foule immense courait avec ardeur. Deux qui les précédaient criaient en versant des larmes : « *Marie courut en toute hâte à la montagne* [4], *César laissa Marseille et*

---

[1] Dante est dans la cinquième nuit de son voyage mystérieux : la lune doit alors se lever cinq heures après le coucher du soleil, un peu avant minuit. Le poëte dit que la lune lui paraissait ressembler à un seau de cuivre qui serait rougi par le feu. Cette comparaison est tirée des seaux dont on se sert encore à Rome.

[2] Piétola, petit bourg près de Mantoue, où est né Virgile : les anciens l'appelaient *Andes*.

[3] L'Ismène, fleuve de la Béotie qui reçut ce nom d'Ismenus, fils de Pélasgus. Asope, fils de l'Océan et de Thétis, fut changé en fleuve par Jupiter, à qui il voulut faire la guerre, parce que ce dieu avait abusé d'Egine, sa fille. C'est aussi le nom d'un fleuve d'Achaïe, ainsi appelé d'un autre Asope, fils de Neptune.

[4] Exemple de célérité. Marie courut en toute hâte visiter S. Élisabeth ou s'enfuit en Égypte avec Joseph — César, comme il le dit lui-même dans ses

courut en Espagne pour assiéger Lérida » Celles qui suivaient criaient à leur tour : « *Vite, vite, ne perdons pas de temps par l'effet d'un amour lent et paresseux. Que notre sollicitude à bien faire nous permette de voir reverdir la grâce !* »

« Ô vous, en qui une ferveur ardente expie maintenant votre négligence passée, et la lenteur tiède que vous avez mise à faire bien, celui-ci qui est vivant, et ma voix ne vous en impose pas, veut continuer d'aller en en-haut, quand le soleil aura ramené son char lumineux ! Dites-nous où sont les degrés qui conduisent au cercle supérieur. »

Telles furent les paroles que leur adressa mon guide. Un des esprits répondit : « Viens derrière nous, tu trouveras la route. Nous avons tant de désir de nous mettre en mouvement, que nous ne pouvons nous arrêter. Excuse-nous, si tu peux regarder comme une impolitesse ce que nous commande la suprême justice. Je fus abbé de Saint-Zénon à Vérone[1], sous l'empire du bon Barberousse, dont Milan dans la douleur s'entretient encore. Tel qui a déjà un pied dans la fosse pleurera pour ce monastère, et gémira d'y avoir eu de la puissance. C'est dans ce lieu que cet ambitieux a mis pour pasteur véritable son propre fils, né d'un commerce illégitime, difforme de corps et encore plus difforme d'esprit. » Je ne sais pas si l'ombre continua de parler ou garda le silence : elle fut bientôt hors de notre vue; mais j'entendis les paroles que je viens de retracer, et je m'étudiai à les retenir.

Celui qui ne m'avait jamais refusé une main secourable

Commentaires, partit de Rome et courut à Marseille, qui s'était déclarée contre lui; mais bientôt, laissant devant cette ville Brutus avec une partie de l'armée, il vola en Espagne, où il battit Afranius, Petreius et un fils de Pompée, et prit *Herda*, aujourd'hui Lerida. Ces exemples de célérité sont des reproches continuels pour les âmes des paresseux qui habitent ce cercle

1 L'ombre qui répond à Virgile s'appelle dom Gérard second. Il dit Je fus chef de l'abbaye de Saint-Zénon à Vérone sous l'empire du *bon* Barberousse, terme d'ironie. Barberousse avait ordonné de raser la ville de Milan, en 1162. Tel qui a déjà un pied dans la fosse, Albert de la Scala, seigneur de Vérone, força les paisibles religieux de ce monastère à recevoir pour chef son fils naturel, qui était méchant et difforme

parla ainsi. « Tourne-toi ; écoute ces deux voix qui mordent la Paresse en racontant les tristes effets de ce vice[1]. Elles disaient derrière la foule des âmes : « *La nation pour laquelle l'Éternel entr'ouvrit la mer, s'éteignit avant que le Jourdain eût vu les héritiers que Dieu avait désignés*[2]. *Ce peuple, qui ne continua pas de partager les périls du fils d'Anchise, se dévoua volontairement à une vie sans gloire.* »

Quand ces ombres furent tellement éloignées de nous, qu'il ne fut plus permis de les apercevoir, une nouvelle pensée entra dans mon âme : cette pensée en fit naître une foule d'autres qui étaient différentes de la première, et je m'absorbai tellement dans ces réflexions vagues, que mes yeux se fermèrent, et que je changeai ces pensées en sommeil.

---

[1] Dante se sert ici d'un moyen qu'il a déjà employé. Cela lui arrive rarement ; mais en poésie, comme en musique, ne peut-on pas présenter quelquefois les mêmes *motifs* avec de légers changements ? Paisiello doit une partie de sa gloire à ce système.

[2] Les Israélites moururent avant d'arriver au Jourdain, parce que Dieu voulut punir leur paresse et leur lâcheté : il ne conserva que Josué et Caleb. — Les Troyens qui restèrent en Sicile se condamnèrent à une vie sans illustration, et n'eurent pas l'honneur d'accompagner Enée, dont les descendants, sous le nom de Romains, devaient acquérir tant de gloire en Italie et dans l'univers connu.

CHANT XIX.

A l'heure où la chaleur, qui la veille a desséché les fleuves, vaincue par la fraîcheur de la terre ou par celle de Saturne, ne peut tempérer le froid de la lune [1], à l'heure où les sectateurs de la géomancie [2] voient la disposition d'étoiles qu'ils regardent comme la plus heureuse, s'élever à l'Orient, avant l'aube, dans cette partie du ciel que doivent bientôt éclairer les rayons du soleil, m'apparut en songe une femme bègue, à l'œil louche, boiteuse, manchote, et d'un teint hâve [3]. Je la considérais, et de même que l'astre du monde rend de l'activité aux membres engourdis par les glaces de la nuit, de même mon regard déliait la langue de cette femme, en peu de temps redressait sa taille, et colorait sa figure pâlie, de

---

[1] Peu de temps avant l'aube.

[2] Du temps de Dante, les sectateurs de la géomancie (art de deviner par des points que l'on marque au hasard sur la terre ou sur du papier, dont on forme des lignes, et dont on observe encore le nombre et la situation, pour en tirer de certaines conséquences) appelaient *maggior fortuna* ou *fortuna major* cette disposition de points qui est semblable à l'ordre dans lequel on voit les étoiles composant la fin du signe du Verseau et le commencement du signe des Poissons. Le poète donc, au lieu de dire que le soleil était dans le signe du Bélier, et que tout le Verseau et une partie des Poissons s'étaient élevés à l'horizon, dit que l'heure où les géomanciens voient leur *maggior fortuna* était arrivée pour le lieu dans lequel il se trouvait alors.

[3] Grangier se trompe ici en parlant des deux femmes qui apparaissent à Dante. Grangier croit que la seconde femme sainte et *magistrale* fit battre la première par Virgile. Le Mantouan ne bat pas la femme bègue, à l'œil louche, etc. La femme sainte la saisit, entr'ouvre sa robe, etc.
Lombardi pense que la première femme est le mensonge, *la mensogna*, et la seconde femme, *la verité* « Emblème énergique, dit M Ginguené, mais peut-être un peu crument exprimé, des trois vices expiés dans les trois cercles supérieurs » *Hist. litt*, II, 163 — Ce regard du poète qui délie la langue de la sirène, qui relève sa taille et colore sa figure pâlie, est l'image de ce plaisir entraînant que nous éprouvons quelquefois insensiblement à excuser et à satisfaire nos passions les plus criminelles. — Ici Venturi se montre satisfait, et regrette que ce beau morceau de poésie n'ait pas été plus étendu par le poète

ces teintes que demande l'amour. Aussitôt qu'elle eut recouvré la facilité de parler, elle chanta avec tant de grâce que je ne pouvais cesser de l'écouter. « Je suis, chantait-elle, je suis la douce sirène qui détourne les navigateurs au milieu des mers, tant ils prennent de plaisir à m'entendre. Je fis perdre à Ulysse, par mes doux accents, le chemin véritable, et celui qui s'arrête auprès de moi me fuit rarement, tant est puissante la force de mes enchantements. »

La sirène n'avait pas cessé de parler, qu'il parut tout à coup près de moi une femme sainte dont la présence couvrit la première de confusion, et qui dit fièrement : « O Virgile, Virgile, quelle est cette femme? » Et Virgile ne regardait que la femme sainte. Celle-ci saisissant la première, dont elle entr'ouvrit la robe, me montra son sein qui exhalait une puanteur si horrible que je me réveillai tout à coup. Je portai mes yeux autour de moi, et le bon Virgile me disait : « Je t'ai déjà appelé trois fois, lève-toi et viens; cherchons l'entrée par laquelle nous pourrons pénétrer plus haut. » Je me levai. Le jour éclairait tous les cercles de la montagne, et nous laissions derrière nous le soleil. En suivant Virgile, je m'avançais comme un homme qui est absorbé dans de graves pensées, et qui se courbe comme la moitié de l'arche d'un pont. J'entendis alors ces mots : « Venez, c'est ici que l'on passe. » Ils furent prononcés par une voix douce et suave, telle qu'on n'en entend pas dans ce monde mortel.

Celui qui avait parlé ainsi, en étendant ses ailes [1] dont la blancheur ne le cédait pas à celle du cygne, nous dirigea à travers les deux flancs de la montagne escarpée. Il agita ses plumes sacrées autour de mon front en disant : « *Que ceux qui pleurent* [2] *sont heureux, et qu'ils trouveront de consolation pour leurs âmes généreuses!* »

A peine eûmes-nous quitté l'ange, que mon guide com-

---

[1] L'ange qui vient de parler a effacé, en même temps, une lettre P du front du poëte, parce qu'il est tout à fait sorti du cercle de la paresse. Voilà quatre P effacés. ceux de l'orgueil, de l'envie, de la colère et de la paresse il n'en reste plus que trois

[2] Voyez S. Matthieu, V

mença à me dire : « Hé bien ! que regardes-tu à terre ? » Je répondis : « Une nouvelle vision, que je viens d'avoir, a laissé dans mon esprit tant de doutes qu'ils me poursuivent, et que je ne puis cesser d'en être tourmenté. » « Tu as vu, reprit le sage, tu as vu cette sorcière aussi ancienne que le monde, qui seule fait verser tant de pleurs au-dessus de nous. Tu as vu comment l'homme peut parvenir à se détacher d'elle ; que cela te suffise : maintenant marche plus vite ; tourne-toi vers ce *rappel* que te fait le roi éternel qui met en mouvement les sphères célestes. » J'obéis ainsi que le faucon [1] qui, après avoir regardé si ses pieds sont affranchis de leurs liens, se dresse au cri du chasseur, et se montre impatient de voler, par l'effet du désir de la pâture, et sans m'arrêter je franchis tous les degrés qui, à travers la roche lamentable, conduisaient au cercle suivant.

A peine arrivé dans le cinquième cercle [2], je vis des âmes couchées à terre et toutes renversées, qui répandaient des larmes. J'entendais ces ombres s'écrier, avec des soupirs si profonds, que je pouvais à peine comprendre leurs paroles : « Mon âme s'est attachée au sol. » Le poète leur parla ainsi : « O elus de Dieu, dont la justice et l'espérance adoucissent les tourments, indiquez-nous les degrés les plus élevés ! » Une âme répondit peu après : « Ombres, si vous venez ici pour être exemptes d'y rester étendues, et si vous voulez connaître votre chemin, marchez toujours à droite. » A ces mots je vis que mon sort était ignoré de l'âme qui avait répondu [3]. Je tournai donc mes yeux vers ceux de mon maître, et, par un signe amical, il

---

1. Nouvelle image tirée de l'art de la fauconnerie. Grangier et d'autres commentateurs pensent qu'il faut entendre ainsi ce passage : « Le faucon qui est lancé dans les airs est appelé à son repas ordinaire. » Mais alors, comment l'oiseau regarde-t-il d'abord ses pieds ? *a piè si mira;* il n'a pas besoin de s'assurer de sa liberté, s'il est dans les airs. Si, au contraire, il est encore *sur le poing*, il regarde ses pieds, pour voir s'ils sont détachés, puis il se dresse, puis il part, animé; car il est sûr de la pâture à son retour.

2. Le cercle où est puni l'avarice. Le poète a mis dans ses vers : « *Adhæsit pavimento anima mea.* » Ce sont les propres paroles du psaume 118, qui expriment l'attachement que les ombres eurent pour les richesses terrestres.

3. D'après ce que je vis, l'âme ignorait que je ne fusse pas un esprit, et que je me trouvais près d'elle avec ma chair et mon corps mortel.

me fit comprendre qu'il approuvait le désir qui était gravé dans mes traits. Quand je me trouvai ainsi libre, je m'approchai de l'esprit qui par ses paroles m'avait laissé pénétrer son ignorance, et je dis : « O toi dont les pleurs mûrissent la satisfaction sans laquelle on ne peut retourner auprès de Dieu, suspends un moment ton expiation douloureuse ! dis-moi qui tu es, et pourquoi vous avez tous le dos tourné en en-haut; dis en même temps si tu veux quelque service de moi, dans ce monde dont je suis sorti encore vivant. » Et lui à moi : « Tu sauras pourquoi le ciel a ordonné que nos épaules fussent retournées ainsi, mais d'abord apprends que je fus successeur de Pierre [1]. Un fleuve limpide s'abîme entre Sestri et Chiavari, et ma famille tire son nom de celui de ce fleuve. J'ai éprouvé pendant un mois et quelques jours combien pèse le manteau pontifical, pour celui qui ne veut pas le traîner dans la fange. Tous les autres vêtements ne pèsent pas plus qu'une plume légère. Hélas ! ma conversion fut tardive; mais quand je fus nommé pasteur romain, je sus combien la vie était trompeuse; je vis que là le cœur ne pouvait être en repos, et qu'on ne devait pas s'élever plus haut dans la vie périssable; aussi je sentis un vif désir d'obtenir la vie immortelle. Je fus une âme abandonnée de Dieu : mon avarice ne connut pas de bornes; maintenant tu m'en vois puni. Ce que l'avarice exige de nous sur la terre, on le retrouve ici dans le supplice des âmes qui se convertissent, et la montagne n'a pas de peine plus amère. Comme notre œil ne s'éleva pas en haut, ainsi la justice céleste le fixe sur le sol en le vouant aux choses terrestres; enfin, comme l'avarice a détourné notre amour de tout vrai bien qui nous pût être utile, de même la justice divine nous retient ici liés par les pieds et par les

---

1. Apprends que je fus pape. Le poëte fait parler cette ombre en latin : « *Scias quod ego fui successor Petri.* » — Un fleuve, le Lavagno, s'abîme entre Sestri et Chiavari, ville de l'État de Gênes. C'est le pape Adrien V qui intervient ici, il était de la famille des Fieschi, et ses parents portèrent le titre de comtes de Lavagno. Adrien V ne régna qu'un mois et neuf jours.

mains, et nous demeurerons ainsi immobiles et étendus, tant qu'il plaira au juste souverain. »

Je m'étais agenouillé, et je voulais parler; mais à peine eus-je commencé, que l'esprit s'apercevant seulement au bruit de ma voix de cet acte de soumission, ajouta : « Quelle raison veut que tu te baisses ainsi? » Je répondis : « Ma conscience m'impose naturellement un tel respect pour votre dignité. » Mais l'âme reprit en ces termes : « Relève-toi; ô frère, ne te trompe pas à ce point! Toi, les autres et moi, nous servons la même puissance; si tu te souviens de ce passage de l'Évangile où il est dit « *Et ils ne sont pas époux* [1], » tu sauras pourquoi je raisonne ainsi. Retire-toi, je ne veux pas que tu t'arrêtes davantage; ta présence m'empêche de verser les larmes avec lesquelles je *mûris* la satisfaction que je dois, comme tu l'as dit. J'ai sur la terre une nièce qui se nomme Alagia [2]. Cette femme est bonne par elle-même; puisse Dieu permettre que le mauvais exemple ne la rende pas criminelle! Elle seule m'est restée là-bas. »

[1] *Neque nubent.* Paroles de J. C. aux Saducéens, pour détruire l'erreur où ils étaient quand ils croyaient que, dans l'autre vie, il y avait des mariages (Marc, XII, v 25). Le poëte, supposant que, sur la terre, le souverain pontife est l'époux de l'Église, puisqu'il va jusqu'à dire, en parlant de Martin IV (*Purgatoire*, chant XXIV, v 22) :
« *Ebbe la santa chiesa in le sue braccia,* »
étend tacitement à la situation d'Adrien V les paroles de J. C. aux Saducéens, et veut faire comprendre que l'union du pape et de l'Église est rompue dans l'autre vie.

[2]. Nièce du pape Adrien V, épouse de Marcel Malaspina. Le poëte met adroitement l'éloge de cette princesse dans la bouche de son oncle Grangier dit deux fois, dans ses *Commentaires*, qu'il est question ici d'Adrien IV, il se trompe encore, il est question d'Adrien V, de la famille des *Fieschi*, de Gênes, comtes de Lavagno, ainsi que nous l'avons dit.

CHANT XX.

Un désir plus prononcé surmonte toujours un désir moins pressant; aussi, pour plaire à cet esprit, malgré moi je me retirai, sans avoir trempé l'éponge jusqu'au fond. Je me mis en mouvement, et mon guide reprit sa marche dans l'espace laissé libre le long des roches pour cette grande quantité d'âmes, en s'avançant comme on marche dans une voie resserrée par des créneaux; car ces infortunés qui versent goutte à goutte tant de larmes pour expier le mal dont le monde est infesté, occupaient toute l'autre partie du chemin.

Puisses-tu être maudite, louve antique¹, dont la faim insatiable te fait engloutir plus de proies que n'en dévore aucune autre bête! O ciel, aux influences duquel on attribue les révolutions de la terre, quand viendra celui qui détruira cette bête homicide? Nous nous avancions lentement, et je regardais attentivement les ombres que j'entendais pleurer et se plaindre. On cria par hasard devant moi, avec les accents de douleur d'une femme qui est dans le travail de l'enfantement: « *O douce Marie*²! » On ajouta: « Tu fus si pauvre, comme on l'a vu, quand tu déposas dans l'étable ton fardeau sacré! » J'entendis ensuite ces paroles: « Bon Fabricius, tu aimas

---

1 Il apostrophe l'avarice et l'appelle *louve*. C'est la même louve qu'il a désignée, *Enfer*, chant Ier, page 2.

2. Marie est invoquée ici, parce qu'elle fut pauvre.—Fabricius, général des Romains, qui refusa l'argent que Pyrrhus lui offrit pour le corrompre —Nicolas, ce saint évêque de Mira et non pas de Bari, comme assure Volpi (on dit en effet saint Nicolas de Bari, mais c'est parce que sa dépouille mortelle fut transportée dans cette ville) Ce respectable pontife apprenant qu'un citoyen misérable allait livrer à la prostitution ses trois filles qu'il ne pouvait marier, faute de dot, fit jeter la nuit, par la fenêtre, dans la maison du malheureux père tant d'argent, qu'il fut en état de les établir toutes trois honorablement (*Voyez* Jean Diacre)

mieux la vertu avec la pauvreté, que de grandes richesses avec le vice ! »

Ces paroles m'avaient charmé tellement, que je m'écartai pour connaître l'âme qui les avait prononcées. Elle parlait encore de la libéralité de Nicolas, qui assura une dot à des vierges, pour conduire leur jeunesse à l'honneur. Je dis alors : « O âme qui parles si sagement, apprends-moi qui tu as été, et pourquoi tu es seule à renouveler de semblables louanges! Tes paroles auront une récompense, si je retourne pour achever la courte carrière de cette vie qui vole à son terme. » L'esprit répondit : « Je te parlerai, non pas que j'attende quelque récompense de là-bas, mais parce qu'une si éclatante faveur de Dieu brille en toi avant ta mort.

« Je fus la racine de cette plante coupable [1] qui, par son

---

1. L'âme qui paraît ici est Hugues Capet, « non pas, observe très-bien Ginguené avec presque tous les commentateurs, le premier roi de la race capétienne, mais son père, Hugues le Grand, duc de France et comte de Paris, qui fut avant son fils nommé *Cappatus*, Capet, pour des raisons sur lesquelles nos historiens ne s'accordent pas » Je fus la racine de cette plante coupable, etc. La haine du poète va se déchaîner ici sans aucune mesure. On a vu plus haut, *Purg*, chant VII, page 203, note, que les Florentins durent à l'appui d'un prince français, Charles de Valois, les moyens d'exiler sans retour le parti Gibelin, auquel le poète appartenait alors, quoique issu de parents Guelfes.—Si Douai, Gand, Lille et Bruges, soumis en ce moment à Philippe le Bel, avaient assez de force, ils braveraient sa puissance. — Les Français perdirent la Flandre en mars 1302, mais le poète qui veut toujours écrire en 1300, représente ces événements militaires comme une prédiction, ou plutôt comme un souhait de sa colère
C'est de moi que sont nés les Philippe et les Louis — La plupart des rois qui succéderont au premier souverain de la race capétienne s'appelèrent Philippe ou Louis — *Figliuol fui d'un beccaio di Parigi*. Je rapporterai ici l'opinion de Grangier, auteur français, qui devient autorité dans cette circonstance, au moins pour une partie des faits.
« Qui veut prendre ces paroles à la lettre, elles sont ridicules ; car Hugues Capet eut pour père Hugues le Grand, comte de Paris, qui fut fils de Robert, duc d'Acquitaine. Ce Hugues le Grand estoit un prince qui aymoit fort la punition des meschans, et souvent faisoit faire justice de ceux qui meritoyent la mort. » Ainsi, suivant Grangier, le *figliuol fui* signifie, fils de Hugues le Grand, *comte et justicier de Paris*
Grangier se trompe quand il dit que l'ombre qui parle est Hugues, fils de Hugues le Grand : c'est Hugues le Grand lui-même.
Il est certain que le poète s'est livré à un mouvement de passion très-injuste et très-condamnable, si l'on prend ce vers à la lettre On peut juger ici dans quel embarras dut se trouver Grangier, qui avait obtenu la permission de dédier sa traduction de la *Divina Comédie* au roi Henri IV, mais le brave et naïf aumônier aima mieux se dénoncer lui-même au roi, et il lui parle ainsi dans l'épitre qui précède son ouvrage : « Or, en ce noble poëme, il (Dante) se descouvre un poëte excellent, un philosophe profond, un théologien judicieux, touchant avec un langage plus

ombre funeste, nuit à toute la terre chrétienne, tellement, qu'elle porte rarement de bons fruits. Si Douai, Gand, Lille et Bruges étaient armés d'un plus grand pouvoir, il en serait

nerveux que mignard, toutefois obscurément, quasi toutes les plus belles matieres comprises aux sciences susdites. La façon de laquelle il vse en cette ditte comedie est comme satyrique, attaquant toutes conditions de personnes grandes ou petites, possible autant, ou plus incentieusement que justement, veu qu'il estoit en un temps des factions et partialites suscitées par les Guelfes et Ghibelins en Italie, qui transportent souvent les jugements humains ; outre que ceux qui furent à son parti contraire, le traiterent si mal que, privé de tous ses biens et exilé de sa douce patrie, il fut réduit a une si grande colere que comme poëte il s'en revanche avec permission fabuleuse, tirant ceux que bon luy semble aux Enfers, au Purgatoire et au Ciel, et les faict parler ainsi qu'il veut, sans esgard souvent d'une opinion plus saine et veritable, à quoy doit-on prendre plaisir, comme à des choses inuentées par un poëte auquel il est permis de tout dire, et il me semble que les picques et acraques qu'il donne seront d'autant plus favorablement reçues puisqu'il n'espargne pas même la ville de Florence sa douce patrie, laquelle il condamne à tout propos. A cette dance marchent apres furieusement que tous les autres, les papes, les cardinaux et plusieurs autres prélats de l'Eglise qu'il faict trouuer en Enfer et au Purgatoire, et plus que trop souvent, il se plaint d'eux, les accusant d'ambition, d auarice, de gourmandise, d'ignorance....

« Et je m'etonne fort qu'en cette sienne licence ménippée ou mélisienne il ne couche vos prédécesseurs, comme il feint trouuer en Purgatoire Hugues Capet, et entre autres choses le faict ainsi parler en descouurant un peu trop son ame partiale et ingrate ... Mais telles choses sont dites par metafores et pour l'amour de Philippe le Bel et les autres qui furent cause de fomenter les guerres civiles en Italie, s'accordant avec les papes durant le schisme de l'Eglise. Mais les licences d'un poëte ne sont

préjudiciables aux choses que les histores nous monstrent, et il merite pardon aux injures et colères que comme partial il débonde en la consolation de ses miseres »

Grangier finit par dire au roi qu'il a abusé de sa patience pour *toutes ces licentieuses attaques*, afin que ceux qui sont *accoutumés a reprendre ou ils prétendent pouuoir mordre*, ne pussent pas l'accuser d'avoir negligé de supprimer ces passages « Mais cecy, ajoute-t-il, ne se pouuoit faire sans gâter du tout l'ordre et l'économie d'vn si bel œuure, si ancien, si vénérable, qu parmy le siège romain ou les hommes sont tant chatouilleux, quand l'on remarque quelque chose des abus ou vices de ceux qui tiennent les premiers lieux de l'Eglise, a emporté si grand credit, que nonobstant l'inquisition assez sevère de Rome et d'Italie pour censurer les liures, quoique Dante ne reprenne pas danantage ou si souuent tous les autres princes, comme il faict les papes, les cardinaux et les prelats de l'Eglise, et autant aigrement que jamais homme aye fait, si est ce que l'on n'a rien retranché du present poëme, et telles humeurs satyriques ou libertés se sont supportées de siècle en siècle pour le merite d'un si grand poëte et pour la naiueté de laquelle il use sans encourir beaucoup de blasme, si l'on considere de près à quelle occasion il se plaint de beaucoup de choses qui se passent au monde »

GRANGIER, *Epître dedicatoire.*

C'est encore le cas de se souvenir de la loi qui condamnait Dante Alighieri a être brûlé vif, s'il tombait entre les mains des Florentins : et il attribuait cette cruauté au parti que Charles de Valois, descendant de Hugues le Grand, avait appuyé de ses armes (Voyez *Hist. de Dante*, Paris, 1841, page 125, les propres expressions de la sentence terrible portée contre Dante le 17 janvier 1302. Tiraboschi rapporte une sentence aggravante prononcée plus tard.)

Quand les rois de la seconde race, qui

tiré une vengeance; et je la demande au juge dont les volontés sont irrévocables. On m'appela Hugues Capet; c'est de moi que sont nés les Philippe et les Louis qui gouvernent

avaient régné à peu près trois siècles, furent tous éteints, excepté un prince qui ne régnait pas, et qui était allié à Louis V, dernier souverain de la race Carlovingienne (on croit que le poëte veut désigner ici Charles, duc de Lorraine, oncle de Louis V), et quand il fut nécessaire qu'un grand homme (cependant voilà Dante qui rend justice à Hugues le Grand), célèbre par ses talents militaires et par son courage, succédât à une race dont les derniers princes dégénérés n'avaient plus montré assez de fermeté pour faire respecter la France, alors je vis dans mes mains le gouvernail de l'État qui m'était offert par les principaux seigneurs, et une autorité si étendue (c'est-à-dire, l'autorité acquise par la réputation dont m'avaient environné mes succès guerriers et politiques), que mon fils fut couronné roi.

Toute cette partie du discours de Hugues n'est qu'honorable pour les siens; mais la malignité va reprendre le dessus. — Tant que la grande dot apportée à mon sang par la Provence ne lui ôta pas la honte : Lombardi veut qu'ici par Provence on entende non-seulement la province de ce nom, mais tout le Languedoc, et il pense que ce poëte fait allusion à l'invasion de Philippe II, qui attaqua le comte de Toulouse, invasion à la suite de laquelle un frère de saint Louis épousa la fille de ce comte, et reçut en dot tous ses États. Le reste de la phrase a ce ton insultant que l'on a déjà remarqué plus haut. Charles vint en Italie : Charles, duc d'Anjou, frère de saint Louis, roi de Sicile et de la Pouille, qui vainquit Conradin, fils de Frédéric II. Villani déclare, lib IX, cap 218, que ce prince fit empoisonner saint Thomas d'Aquin, au moment où il se rendait au concile de Lyon. Rejeta Thomas dans le ciel, veut dire, renvoya au ciel l'âme de Thomas qui en était descendue. On lit dans l'Ecclésiaste : *Revertatur pulvis in terram suam, et spiritus redeat ad Deum qui dedit illum*, cap 12, v. 7. Il y a une grande amertume d'expression dans la triple répétition de ce mot *ammenda*.

Un autre Charles : c'est Charles de Valois, frère de Philippe le Bel, qui alla en Italie en 1301. Hugues voit dans l'avenir le départ de cet autre Charles, parce que le poëte écrit en 1300. C'est ce prince qui fut la cause des malheurs de Dante. L'autre, qui est déjà sorti, est Charles II, fils de Charles Ier, roi de Sicile et de la Pouille, venu de France en 1282. Il fut fait prisonnier par Ruggieri Doria, amiral du roi Pierre d'Aragon, et ensuite maria sa fille Béatrix avec Azzon VI d'Este, moyennant une grosse somme d'argent.

Il y a encore une autre explication à donner. J'ai puisé dans Villani une information très-importante qui m'a fait abandonner l'idée que Dante avait voulu faire allusion au supplice de beaucoup de justiciés.

Villani dans sa chronique, lib IV, cap 5, dit que Robert, duc d'Aquitaine, père de Hugues le Grand, dont le fils fut Hugues duc d'Orléans, depuis roi de France en 987, était un prince puissant, riche possesseur de bestiaux. En effet, c'est en partie sur les richesses de l'agriculture que se fondait alors toute la puissance des grands princes. Cette circonstance m'a paru expliquer enfin convenablement l'expression figurée de Dante. Hugues Capet ne parle pas ici dans le cercle de l'orgueil. Là, l'injure supposée eût été plus à sa place, il parle dans le cercle de l'avarice. Qui contestera au poëte le droit qu'il avait d'introduire *ses esprits* dans tel cercle, ou dans tel autre? S'il eût voulu mortifier son interlocuteur, il l'aurait jeté parmi les orgueilleux, dans le cercle de l'avarice, l'injure n'a rien de logique; il faut donc croire qu'il n'y a pas injure. D'ailleurs il a été souvent prouvé, et dernièrement encore par M. le marquis de Fortia d'Urban que les trois races de nos rois ne formaient qu'une seule et même race qui avait une origine commune, et l'on savait très-bien cela dans le temps du poëte.

Au surplus, on connaît l'anecdote de François Ier. On dit qu'un jour un cour-

depuis peu la France : je fus fils d'un boucher de Paris. Quand les anciens rois furent tous éteints, excepté un prince qui était vêtu de l'habit religieux, mes mains dirigeaient le gouvernail de l'État, avec une autorité si étendue, et l'appui de tant d'amis, autour de moi, que la tête de mon fils reçut la couronne vacante ; et c'est de cette famille que sont provenus ceux que l'huile sainte a consacrés. Tant que la grande dot apportée par la Provence à mon sang ne lui ôta pas la honte, il valait peu ; mais il ne faisait pas de mal : là il commença à se livrer aux rapines, à la violence, au mensonge; et ensuite, par expiation, il se saisit du Ponthieu, de la Normandie et de la Gascogne. Charles vint en Italie, et encore par expiation, il fit une victime de Conradin ; puis, toujours par expiation, il rejeta Thomas dans le ciel. Je lis dans l'avenir qu'avant peu on enverra hors de France un autre Charles, pour mieux le faire connaître lui et les siens. Il en sort sans armes, et seulement muni de la lance avec laquelle combattit Judas. Il frappe Florence qu'il, déchire de ses coups : il n'en rapportera pas pour lui des domaines, mais de la honte et des remords d'autant plus accablants, qu'il attachera moins d'importance à ce crime. L'autre, qui est déjà sorti, je le vois prisonnier sur sa flotte, vendre sa fille et en faire l'objet d'un contrat, comme font les corsaires pour les autres es-

tisan pour animer le roi contre des Italiens qui venaient se fixer à Paris, lui récita le vers de Dante, et que dans le premier moment ce prince d'un caractère vif fut irrité, et s'écria : « Le Toscan en a menti par la gorge ; » mais bientôt mieux instruit, il rit lui-même de sa vivacité, et n'en continua pas moins la protection qu'il avait résolu d'accorder aux arts et aux sciences qui nous venaient alors par l'Italie.

Henri IV ne se crut pas offensé quand on lui lut ce passage souvent mal interprété, et il permit à Grangier de lui dédier sa traduction complète de la *Divine Comédie*. Il est vrai que le plaidoyer de l'aumônier est singulièrement spirituel, quoiqu'il n'ait peut-être pas rencontré le vrai sens du vers.

De nos jours, Louis XVIII, qui entendait très bien et parlait l'italien, a fait remettre une gratification de six mille francs à M. Biagioli qui a publié à Paris, en 1819, une édition très-remarquable de la *Divine Comédie*, avec un nouveau commentaire.

On ne saurait donc trop admirer et trop répandre la noble et imposante opinion de François Ier, de Henri IV et de Louis XVIII, de ces trois glorieux personnages, d'une si grande importance et si naturellement intéressés dans cette question. Tous les trois n'ont, en définitive, poursuivi d'aucune rancune, ce vers où il ne faut voir probablement qu'une manière brusque et *dantesque* d'exprimer un fait historique tout à fait indifférent.

claves. O avarice! que peux-tu produire de plus coupable, puisque tu as réduit mon sang à ne pas respecter mes propres enfants? Mais pour que le mal arrivé et le mal futur soient encore surpassés, je vois les lis entrer dans Anagni, et le Christ prisonnier dans la personne de son vicaire [1]; je le vois une autre fois moqué; je vois renouveler la scène du vinaigre et du fiel, et je vois qu'il meurt entre deux larrons vivants; je vois un nouveau Pilate que ce supplice ne rassasie pas : il porte dans le Temple [2] ses désirs cupides. O mon souverain maître! quand serai-je assez heureux pour être témoin de la vengeance, qui, cachée dans tes vues secrètes, satisfait ta juste colère?

« Ce que je rapportais de l'unique épouse de l'Esprit-Saint t'a fait tourner tes regards sur moi pour savoir ce que je voulais dire. Telles sont nos prières tant que dure le jour; mais

---

1 *Veggio . . . .*
E nel vicario suo Cristo esser catto
Veggiolo un' altra volta esser deriso,
Veggio rinnovellar l'aceto e 'l fele

Il s'agit ici de Boniface VIII qui fut fait prisonnier dans Anagni par Nogaret et Étienne Colonna, commandants de l'armée de Philippe le Bel, qui est le nouveau Pilate. Boniface étant mort quelque temps après cet affront, les deux larrons vivants sont Nogaret et Colonna qui lui survécurent. Ces trois vers furent affichés à Rome en 1800 à la porte de quelques églises le jour même de l'enlèvement du pape Pie VII. Il était impossible de trouver une plus frappante allusion à l'événement qui affligeait cette ville.

Arrachés par des hommes que soldait le pouvoir d'alors, ils furent portés à une autorité de police qui les comprit très-bien mais qui ne jugea pas à propos d'en rendre compte.

Plusieurs personnes n'apprirent l'enlèvement du Pape que par cette notification nationale d'un ton si énergique, les ravisseurs ne furent pas moins habilement dénoncés hors de Rome. Craignant des indiscrétions le long de la route, le général chargé d'escorter le pontife avait défendu, sous peine de mort, aux postillons qui conduisaient la voiture au relais de la prochaine poste, la Storta, de proférer une seule parole. Mais un de ces postillons qui devina sur-le-champ la cause d'un tel ordre, ne voulant pas garder un si important secret, s'approcha de l'un de ses camarades qui devaient conduire la voiture, de la Storta à Baccano, et s'appuyant l'avant-bras sur la poitrine, fit avec la main le geste de la bénédiction pontificale. Tous les postillons, sur la route, en Toscane et dans le pays de Gênes, se répétèrent le même signe, et partout où le général amenait sa victime, il se montrait fort étonné de voir que l'on avait pénétré son secret.

Revenons aux vers de Dante. Ils sont admirablement beaux, et Hugues le Grand appelle lui-même la vengeance du ciel sur une telle violence.

2. M. Poggiali croit que le poète fait ici allusion à la destruction de l'ordre des chevaliers du Temple, ordonnée par Philippe le Bel en 1307 (Voyez Fleury, *Histoire ecclésiastique*, année 1307.) Cette explication paraît très-satisfaisante. Hugues le Grand peut parler en 1300 de ces événements, parce qu'en ce moment il prédit l'avenir.

quand la nuit arrive, nous ne rappelons que des exemples contraires ; alors nous nous entretenons de Pygmalion [1], que sa passion avide pour l'or rendit traître, voleur et parricide ; nous retraçons la misère de l'avare Midas, qui vit exaucer sa folle demande dont rit la postérité. Chacun se souvient d'Acham, qui deroba les dépouilles de l'ennemi, et qui semble encore être poursuivi par la colère de Josué. Nous accusons Saphira et son époux, nous applaudissons à celui qui foula Héliodore sous les pieds de son coursier. Dans toute la montagne on voue à l'infamie Polymnestor meurtrier de Polydore ; enfin on nous dit : « *Crassus, apprends-nous, puisque tu le sais, quelle est la saveur de l'or.* » Quelquefois nous parlons, l'un à voix haute, l'autre à voix basse, suivant l'impression qui nous porte à citer des exemples plus ou moins terribles Cependant je ne suis pas seul à rappeler ici les bons exemples dont on s'entretient pendant le jour ; mais quand tu as passé, aucun autre n'élevait la voix. »

Nous avions quitté cet esprit, et nous tâchions d'avancer aussi vite que nous pouvions, quand je sentis trembler la montagne comme si quelque masse se fût écroulée. Je fus glacé de terreur, ainsi que l'homme que l'on conduit à la mort. Certes, Délos n'était pas agitée de tremblements aussi épouvantables avant que Latone y eût préparé sa couche [2]

---

1. Personne n'ignore l'histoire de Pygmalion, fils de Belus, qui tua par trahison Sichée, son oncle, et mari de Didon, et l'histoire de Midas, roi de Lydie, qui avait obtenu de Bacchus que tout ce qu'il toucherait se changerait en or — Acham, qui fut lapidé, parce qu'il avait détourné à son profit une partie du butin de Jéricho. — Saphira et Ananias qui, venant faire vœu de pauvreté, avaient retenu une partie de leur argent, et tombèrent morts aux premiers reproches de saint Pierre — Héliodore envoyé par Séleucus, roi de Syrie, pour enlever les trésors de Jérusalem, fut foulé aux pieds d'un cheval monté par un homme armé, qui apparut tout à coup devant lui. — Polymnestor, roi de Thrace, avait été conjuré par Priam de garder son fils Polydore et une partie des richesses de Troie ; mais Polymnestor tua Polydore pour s'emparer de ces richesses. — Marcus Crassus, qui fut battu par les Parthes, et devint la victime de son avarice et de sa cupidité

2 L'île de Délos était agitée par des tremblements de terre continuels, qui cessèrent quand Latone vint y enfanter Apollon et Diane le poète dit « les deux yeux du ciel » Ceci nous rappelle une expression de la chancellerie de la Porte ottomane, qui nommait la Valachie et la Moldavie les deux yeux de la Turquie sur l'Europe.

pour enfanter les deux yeux du ciel. Alors on entendit un cri tel que mon maître se tourna vers moi, en disant : « Ne crains rien tant que je suis ton guide. » Tous chantaient « *Gloire à Dieu dans le ciel*[1], » autant que je pus le distinguer à la voix de ceux qui chantaient le plus près de moi.

Nous restâmes immobiles et en suspens comme les bergers la première fois qu'ils entendirent cet hymne, et bientôt le tremblement cessa de nous effrayer par ses oscillations.

Nous continuâmes notre voyage sacré, en regardant les ombres qui étaient étendues à terre, retournées sur le dos pour pleurer suivant l'ordre au ciel.

Si ma mémoire ne m'abuse pas, jamais je ne désirai si vivement de connaître la cause ignorée d'un événement[2]. Je n'osais pas interroger mon guide qui marchait plus vite, et par moi-même je ne pouvais rien comprendre; aussi continuai-je d'avancer, timide et pensif.

---

[1] *Gloria in excelsis*, commencement de l'hymne des anges pour la naissance de Jésus-Christ.

[2] Il désire évidemment de connaître la cause du tremblement de terre qu'il a entendu. Il ne connaîtra cette cause que dans le chant suivant, et il nous l'expliquera.

CHANT XXI.

Cette soif naturelle [1], qui n'est apaisée que par l'eau salutaire avec laquelle la femme de Samarie demanda la grâce divine, me tourmentait et m'excitait à fouler le sol sans retard à travers la voie couverte de ces âmes ; et je suivais mon guide tout en compatissant à la juste vengeance qu'elles éprouvaient. Mais de même que, suivant la parole de Luc [2], Jésus sorti de la fosse sépulcrale, apparut à deux voyageurs, voilà qu'il survint une ombre qui marchait derrière nous, en regardant à terre la foule d'âmes qui y étaient couchées. Nous ne nous en étions pas d'abord aperçus ; mais elle parla la première : « O mes frères, dit-elle, que Dieu vous donne la paix ! » Nous nous retournâmes sur-le-champ, et Virgile fit un geste de respect, et répondit : « Que la Cour divine qui me relègue dans un exil éternel, te tienne aussi en paix dans l'assemblée céleste ! » — « Comment, dit l'esprit, continuez-vous de marcher si vite, si vous êtes des ombres que Dieu n'admet pas dans son empire ? Qui vous a conduits si avant sur les degrés par lesquels on peut y parvenir ? » Mon maître reprit : « Si tu regardes les signes que porte celui-ci [3] et que l'ange trace sur le front, tu conviendras qu'il a droit de vivre avec les bienheureux. Mais comme celle qui travaille la nuit et le jour [4] n'a pas cessé de filer toute la quenouille qui lui est offerte par Clotho, l'âme de mon compagnon, qui est sœur

---

[1] Cette soif naturelle est, suivant les commentateurs théologiens, le désir d'apprendre les secrets de Dieu. Jésus-Christ avait dit à la Samaritaine : « *Qui biberit ex aqua quam ego dabo ei, non sitiet in æternum.* » Celui qui boira de l'eau que je lui donnerai, n'aura pas soif dans l'éternité.

[2] Luc, chap. 24.

[3] Les lettres placées sur le front de Dante.

[4] La Parque Lachésis.

de la tienne et de la mienne, en venant ici ne pouvait y arriver seule, parce qu'elle ne jouit pas des mêmes avantages que nous ; aussi j'ai été tiré des amples gouffres de l'enfer pour le guider, et je le guiderai tant que mes facultés me le permettront. Dis-moi, si tu le sais, pourquoi la montagne a tremblé jusque dans ses fondements baignés par la mer, et pourquoi les âmes ont répondu à ce tremblement par un cri universel. »

Virgile, en faisant cette demande, rencontra justement mon désir ; et ma soif pleine d'espérance commençait à devenir moins avide. L'esprit parla en ces termes : « La montagne sainte n'entend pas ce bruit sans l'ordre de la Divinité, et il n'est pas contraire à ses lois : ce lieu est exempt des altérations physiques qu'on peut craindre des éléments ; la cause de ce bruit ne peut provenir que de ce que le ciel a reçu en soi de la montagne ; car il ne tombe en ce lieu de la pluie, de la grêle, de la neige et du brouillard qu'au delà des trois degrés de la porte ; ici l'on ne voit ni nuées épaisses, ni vapeurs enflammées, ni éclairs, ni les vives couleurs de la fille de Thaumas[1], qui, pour vous, paraît à la fois dans plusieurs points du ciel : le vent ne s'élève aussi qu'au delà des trois degrés dont je t'ai parlé, là où est placé l'ange vicaire de Pierre[2]. La partie inférieure peut éprouver des tremblements plus ou moins prolongés ; mais ici où tu te trouves, il n'y en a jamais eu qui aient été occasionnés par des translations d'air souterrain. La montagne ne tremble[3] que quand une âme se sentant purifiée s'élève ou se met en mouvement pour monter plus haut, et un cri semblable à celui que tu as entendu, accompagne chaque fois ce tremblement.

---

[1] Thaumas, fils de la Terre et père d'Iris.

[2] A la porte du Purgatoire, où est l'ange à qui saint Pierre a confié les clefs. Voyez chant IX, page 213.

[3] La montagne tremble toutes les fois qu'une âme s'élève au ciel, après avoir accompli le temps de sa pénitence, et non pas, comme dit Landino, chaque fois qu'une âme passe d'un cercle dans un autre. Le cri qu'a entendu le poëte est le chant de *gloria in excelsis*, qui accompagne chaque tremblement de la montagne (Voyez chant XX, page 277.) C'est pour l'ombre qui parle en ce moment, que la montagne a tremblé.

« La volonté seule donne un indice certain de la purification. Cette volonté toute libre pousse l'âme à changer de séjour, et lui suffit pour obtenir cette faveur. D'abord l'âme est bien animée par ce désir, mais une inclination divine combat, dans le supplice, ce désir trop prompt, comme la céleste justice faisait combattre le péché par le remords. Moi qui suis resté étendu, et exposé à ces douleurs, pendant cinq siècles, je n'ai senti qu'à cet instant même une volonté efficace d'atteindre à un empire plus heureux. Tu as entendu un tremblement de terre, et les pieux esprits ont glorifié le Seigneur, pour qu'il les admît bientôt au sein de ses voluptés célestes. »

L'ombre cessa de parler. Comme on a d'autant plus de plaisir à se désaltérer, qu'on ressent davantage la soif, je ne saurais exprimer toute la satisfaction que me donna cette explication. Mon sage guide prit alors la parole et dit : « Je vois quel est le filet qui vous enveloppe ici, et comment on le déroule, et pourquoi la montagne a éprouvé une secousse dont les autres se sont réjouis. Maintenant fais-moi connaître qui tu es, et pourquoi tu es resté ici pendant tant de siècles. »

L'ombre prit ainsi la parole : « Dans le temps où le bienfaisant Titus [1], avec l'aide du roi des rois, vengea la blessure dont sortit le sang vendu par Judas, je portais sur la terre ce titre qui dure et qui honore le plus. Je me voyais assez célèbre, mais je n'étais pas éclairé par la Foi. Mes accents furent si

---

1. Lorsque Titus assiégea, prit Jérusalem et vengea la mort de Jésus-Christ trahi par Judas Je portai sur la terre ce titre qui dure et honore le plus, le titre de poëte.
Mes accents furent si doux, que de Toulouse on me fit venir à Rome Juvenal, dans la satire septième, fait l'éloge de Stace Quant à la supposition qui veut que Stace soit né à Toulouse, nous devons croire que Dante s'est trompé en cet endroit Il y a eu deux Stace, dit M Portirelli : le poëte Statius Papinius de Naples, et Statius Surculus ou Ursolus de Toulouse, qui enseignait la grammaire Le premier est celui dont il est ici question, puisqu'il parle de la Thebaïde et de l'Achilléide comme de ses ouvrages Il est donc étonnant que Dante donne Toulouse pour patrie à celui qui est de Naples, mais il faut savoir qu'une pareille erreur a été commise par Placide Lactance, qui, à la fin de ses commentaires sur les deux poëmes cités ci-dessus, confond les deux Stace.— Lombardi a trouvé la véritable raison qui excuse Dante La vaste érudition du poëte est en défaut, parce que les Selve de Stace, seul ouvrage où il nous apprenne qu'il est Napolitain, furent longtemps inconnues (voyez Lilio Giraldi, de Lat poet., dialog 4), et ne furent découvertes que plus de cent ans après la mort de Dante

doux, que, de Toulouse, Rome m'attira dans son sein, où mon front fut orné de myrte. Les peuples m'appellent encore là du nom de Stace. Je chantai Thèbes et le grand Achille [1]; mais je tombai sur le chemin, avec le second fardeau. Mon ardeur s'embrasa de cette divine flamme où tant d'hommes illustres ont puisé leur génie. Je parle de l'Énéide [2] qui fut ma mère et ma tendre nourrice en poésie. Je n'osai jamais faire un pas sans son appui, et j'achèterais d'une année de plus dans cet exil [3], le bonheur d'avoir vécu dans le même temps que le chantre d'Énée. »

A ces mots le sage Romain me regarda d'un air qui semblait me recommander le silence. Mais la puissance qui s'appelle volonté ne peut pas tout : le rire et les pleurs suivent de si près la passion à laquelle on est livré! Ils se manifestent davantage dans ceux qui ont un cœur franc et sincère. Je souris comme l'homme qui indique une chose sans parler; alors l'ombre se tut et me regarda dans les yeux, que l'on dit être le miroir de la pensée. Elle dit : « Puisses-tu achever heureusement ta glorieuse entreprise! Mais pourquoi ta bouche a-t-elle laissé échapper un léger sourire? » Je me sentis, en ce moment, dans une pénible perplexité. L'un me recommandait le silence, l'autre me conjurait de parler. Alors je soupirai, et ma pensée fut devinée.

---

[1] Dans les poèmes de la *Thébaïde* et de l'*Achilléide*, mais je n'achevai pas ce dernier poème. Stace avait achevé la *Thébaïde*; il mourut avant d'avoir achevé le second poème « Ici, dit Venturi, François da Buti reprend Dante, et soutient contre lui que l'*Achilléide* de Stace est un ouvrage perfectionné et achevé, mais je crois que Buti dormait profondément, et qu'il était dans le plus fort de son somme, quand il rêvait ainsi. »

[2] Suivant Vellutello, Dante fait parler ainsi Stace, pour rappeler ces vers de la *Thébaïde*
Thebaï...
Vive, precor, nec tu divinam Æneida tenta,
Sed longe sequere, et vestigia semper adora.

[3] Venturi dit que ce n'est pas une petite imbécillité pour une ombre qui s'est purifiée pendant cinq cents ans, de vouloir proposer de différer d'un an son entrée en Paradis et de souffrir encore les peines du Purgatoire, pour la vaine satisfaction de s'être trouvée contemporaine de Virgile Lombardi répond que Dante suppose les âmes encore sujettes aux passions et aux erreurs, et qu'elles doivent être ainsi, jusqu'à ce qu'elles soient excitées au repentir et lavées dans le fleuve du Léthé. Voyez chant XXXI du *Purgatoire*

« Dis, reprit mon maître, et n'aie aucune crainte ; dis-lui ce qu'il demande avec tant d'instance » Je parlai ainsi : « Antique esprit, peut-être que tu t'émerveilles de mon sourire ? Mais je veux que tu éprouves un bien plus grand étonnement. Celui qui me guide vers les régions bienheureuses est ce même Virgile qui anima ton courage à chanter les hommes et les dieux. Si tu as attribué mon sourire à d'autres motifs, détrompe-toi ; les paroles que tu as dites sur lui en sont la véritable cause. »

Déjà Stace se baissait pour embrasser les genoux de mon maître, mais celui-ci lui adressa ces mots : « Frere, n'agis pas ainsi ; tu es une ombre, et tu ne vois qu'une ombre devant toi. » Stace, en se retournant, répondit : « Tu peux juger aisément de la tendre affection que je te porte, puisque j'oublie notre vanité, en traitant une ombre comme un corps réel et solide. »

CHANT XXII.

Nous avions déjà laissé derrière nous l'ange qui nous avait montré le chemin du sixième cercle, en effaçant une lettre de mon front [1], et les esprits célestes, dont les désirs se tournent vers la divine justice, avaient chanté « *Heureux ceux qui ont soif* [2], » sans terminer le verset. Devenu plus léger qu'à l'entrée des autres degrés, je marchais sans fatigue à la suite des deux ombres [3]. Virgile alors parla ainsi [4] : « Un amour allumé par la vertu en a toujours produit un autre, si sa flamme est bien connue. Depuis que j'ai vu descendre parmi nous, dans les Limbes, Juvénal [5] qui te chérissait tendrement, ma bienveillance pour ta personne fut telle qu'on n'en a pas éprouvé une semblable pour une personne qu'on n'a jamais vue : aussi en faisant la route avec toi, je trouverai ce chemin bien plus court : mais parle; comme ami, excuse ma franchise, et comme ami, réponds à ma demande. Comment l'avarice a-t-elle pu habiter dans un esprit aussi raisonnable et qui a cherché à s'instruire autant que le tien ? » Cette question fit un peu sourire Stace, ensuite il répondit : « Toutes tes paroles sont pour moi des gages de ta tendre amitié. Souvent apparaissent des choses dont on doute, parce que les causes secrètes sont inconnues. Peut-être crois-tu, parce que tu m'as rencontré dans le cercle des avares, que

---

[1] Il sort du cinquième cercle qui est celui de l'avarice, et l'ange gardien du sixième cercle efface un des *P* sur le front du poëte.

[2] *Beati qui sitiunt et esuriunt justitiam*, Matthieu V, verset 6 « Heureux ceux qui ont soif et faim de la justice. »

[3] De Virgile et de Stace (ce dernier ne quittera plus le poëte, jusqu'à la fin du voyage en Purgatoire.

[4] En s'adressant à Stace

[5] Il parle exprès de Juvénal parce que ce poëte a loué la *Thébaïde* (pag 280, note).

moi-même j'ai été avare dans l'autre vie. Apprends donc que je fus au contraire trop éloigné de l'avarice[1], et que la passion qui m'a tourmenté a été punie pendant un grand nombre de révolutions lunaires. Moi aussi je porterais les fardeaux énormes en tournant autour du cercle de douleurs[2], si je n'avais pas dirigé ma conduite vers ces préceptes que toi, qui es à moitié dans le séjour des tourments, tu donnas aux mortels, quand tu dis : « *O faim insatiable de l'or, à quels excès ne portes-tu pas les cœurs des hommes!* » Alors je pensai que les mains pouvaient ne pas user des richesses avec sobriété, et je me repentis de cette faute comme de toutes les autres. Combien d'hommes viendront, au dernier jugement, privés de leur chevelure[3], parce qu'ils auront ignoré, après avoir vécu en prodigues, et en se souillant de ce péché, qu'un heureux repentir dans la vie ou au moment de la mort, le fait oublier à Dieu. Apprends que le vice qui est opposé à quelque péché se purifie ici avec ce même péché. Si donc je me trouve au milieu de ceux qui pleurent leur avarice, j'y ai été jeté pour me purifier du péché contraire. »

Alors le chantre des vers bucoliques parla en ces termes : « Quand tu as décrit, sous les généreuses inspirations de Clio[4], les cruels combats de ces princes qui furent un double

---

[1] On ne saurait trop admirer en général le travail profond et réfléchi de Dante. On a vu jusqu'ici où et comment il punit les cinq premiers péchés capitaux. On aurait pu lui demander ensuite où et comment sont purifiés les vices opposés à ces péchés, tels que la bassesse, la lâcheté, la prodigalité, etc. Il répond que ces vices sont punis dans le même cercle que le péché qui leur est opposé : ce n'est pas que chaque péché capital ait un vice qui lui soit directement contraire, mais à la rigueur on pouvait chicaner le poète, et ici il s'est sagement tiré d'affaire. En enfer, il a fait punir aussi les avares et les prodigues dans le même cercle. D'ailleurs, il avait besoin d'introduire Stace et de le faire voyager avec Virgile, pour ménager la scène de sensibilité que l'on va trouver chant XXX. Quand Virgile disparaît tout à coup, alors Dante n'est pas abandonné, puisque Stace reste avec lui jusqu'à la fin du XXXIII chant du *Purgatoire*.

[2] Je serais dans l'enfer, où sont punis les prodigues condamnés à tourner avec des poids énormes sur le corps, en luttant contre les avares, si je n'avais pas pris pour guides les préceptes que tu donnas quand tu dis « *Quid non mortalia pectora cogis auri sacra fames!* » *Enéide*, III, vers 56.

[3] Voyez *Enfer*, chant VII, page 28, note 2.

[4] On lit dans Stace, *Thebaïde*, I, 4 *Quam prius heroum Clio dabis?* — Les princes qui furent un double objet de tristesse pour Jocaste, Étéocle et Polynice (Voyez onzième livre de la *Thebaïde*).

sujet de tristesse pour Jocaste, il paraît que la foi, sans laquelle aucune vertu ne suffit, ne t'avait pas encore mis au rang des fidèles. S'il en est ainsi, quel flambeau, ou quel soleil a tellement dissipé les ténèbres qui t'environnaient, que tu aies pu diriger tes voiles vers la barque du pêcheur? » Stace répondit : « Toi, d'abord, tu m'as enseigné le chemin qui conduit aux sources sacrées du Parnasse, ensuite tu m'as éclairé auprès de Dieu ; tu as ressemblé à celui qui, marchant de nuit, porte derrière lui une lumière qui ne l'éclaire pas, mais qui montre la bonne voie aux autres, lorsque tu as dit :

« *Le siècle se renouvelle* [1], *la justice revient sur la terre avec les premiers temps de la vie, et une autre race descend du ciel.* » Par toi je fus poete ; par toi je fus chrétien mais afin que tu comprennes mieux cette image, je donnerai un coup de pinceau plus marqué. Déjà le monde était rempli de la vraie croyance semée par les messagers du royaume éternel, et tes révélations répétées plus haut se rapportaient à ce qu'annonçaient de nouveaux saints envoyés pour prêcher

---

[1] Traduction presque littérale de ces vers de l'*Eglogue* IV, qui sont plus beaux dans l'original que dans la copie :

« *Ultima Cumaei venit jam carminis ætas,*
« *Magnus ab integro sæclorum nascitur ordo*
« *Jam redit et Virgo, redeunt Saturnia regna,*
« *Jam nova progenies cælo demittitur alto.* »

On a beaucoup critiqué cette partie de la réponse de Stace à Virgile, mais Dante n'a pas inventé cette idée « Virgile, suivant le témoignage de Servius, son ancien et célèbre commentateur, avait attribué cette prophétie à la naissance du fils d'Asinius Pollion, cependant quelques auteurs chrétiens y avaient aussi reconnu l'incarnation de Jesus Christ. » (Voyez Nat Alexandre, *Hist eccles sæcul.*, I, diss 1)

Saint Augustin vit aussi l'incarnation, quand il dit (*contra Judæos*). *Nonne quando poeta ille facundissimus inter sua carmina* JAM NOVA PROGENIES *dicebat, Christi testimonium perhibebat?* Pour faire parler ainsi Stace, il a suffi que Dante lut le passage de saint Augustin

Afin de faciliter l'intelligence d'une partie de ce discours, je citerai une note de M. Ginguené qui expliquera suffisamment tout ce que le poëte veut raconter du sort que Stace a éprouvé après sa mort.

« Depuis l'an 96 de notre ère, époque de la mort de Stace, jusqu'à l'an 1300 ou Dante a placé celle de sa vision, il s'était écoulé douze siècles et quatre ans. Stace a dit plus haut, chant XXI, qu'il a passé cinq siècles et plus dans le cercle des avares : il en avait passé plus de quatre dans celui des paresseux, ce ne sont en tout qu'à peu près mille ans, passés dans ces deux cercles Les deux autres siècles s'étaient écoulés selon le Père Lombardi, dans les lieux qui précèdent les cercles du Purgatoire.» (*Hist litt*, II, note de la p 170.)

la parole divine. Je m'accoutumai à les visiter; ils me parurent si irréprochables, que quand Domitien les persécuta, mes pleurs accompagnèrent leur supplice. Tant que je demeurai sur la terre, je les secourus; enfin leurs mœurs droites et pures me firent mépriser les autres sectes. Je reçus donc le baptême avant de conduire dans mes vers les Grecs aux fleuves de Thèbes. Mais, par crainte, je fus chrétien honteux, et je professai longtemps le paganisme : à cause de cette tiédeur, le quatrième cercle m'a vu tourner pendant plus de quatre siècles. Toi donc, qui as soulevé le voile sous lequel etait cachée la vérité de la foi, puisqu'en montant ainsi nous avons le temps de nous entretenir, dis-moi, si tu le sais, où est Térence [1], notre ancien Latin, où sont Cécilius, Plaute

[1] Térence, le poëte comique de ce nom Cécilius, poëte comique, dit Grangier, « dont les comédies sont perdues.» Varron est celui dont Quintilien parle ainsi : « *Quam multa, imo pene omnia tradidit Varro* » (*Inst orat*, lib. XII.) Perse, le poëte satirique Ce Grec, a qui les Muses prodiguèrent leurs soins les plus touchants, Homère. La montagne où résident nos tendres nourrices, le Parnasse. Euripide, le poëte tragique Anacréon, l'illustre chantre de Teos Simonide, un des poëtes lyriques les plus célèbres de la Grèce Agathon, ancien poëte grec, dont Aristote mentionne une fable dans sa Poëtique Cette fable est intitulée *l'Anthos*, ou la fleur Antigone, fille d'Œdipe, roi de Thèbes Déiphile, fille d'Adraste, roi des Argiens Argia, autre fille d'Adraste, et épouse de Polynice Ismène, sœur d'Antigone. Le poëte dit qu'Ismène est encore aussi affligée qu'elle le fut sur la terre, parce qu'ayant été promise en mariage à Cirrée, elle eut la douleur, avant ses noces, de le voir tuer par Tydée Celle qui indiqua la fontaine Langia est Hypsipyle, fille de Thoas, roi de Lemnos. Elle fut chassée de cette île, pour avoir sauvé son père à l'insu des Lemniennes, qui avaient juré de massacrer leurs maris, et de tuer les autres hommes. Hypsipyle tomba entre les mains de pirates qui la vendirent à Lycurgue, roi de Némée. Ce prince la traita fort humainement, et lui donna le soin de nourrir et d'élever son fils Archémore. « Mais un jour qu'elle était hors de la ville avec son nourrisson, elle rencontra Adraste et les siens qui cherchaient de l'eau pour se désaltérer, et qui la prièrent de leur indiquer une fontaine L'imprudente princesse, ayant posé le jeune prince sur une plante d'ache, trouva, quand elle revint, que l'enfant avait été mordu par un serpent. Ce fut en mémoire de cet accident que furent institués les jeux Néméens, qui se célébraient de trois en en trois ans. Les vainqueurs se mettaient en deuil, et se couronnaient d'ache. » (*Dict de la Fable*)

La fille de Tirésias Venturi croit ici que le poëte s'est trompé, et qu'il met dans les limbes Manto, qu'il a déja placée dans l'Enfer *Voyez* chant XX. Lombardi pense que le poëte veut désigner ici par la fille de Tirésias, non pas Manto, mais Daphné connue aussi sous le nom d'Artemis ou sibylle Delphique, qui rendait à Delphes des oracles en vers si harmonieux, qu'Homère en a inséré plusieurs dans ses poëmes Diodore de Sicile parle de cette Daphné liv. IV, chap. 6 Les académiciens de la Crusca ont été les premiers à disculper le poëte, relativement à cette erreur supposée Thétis, la mère d'Achille

et Varron? Sont-ils condamnés, et dans quel cercle se trouvent-ils? » Mon maître répondit : « Ceux dont tu me parles, Perse, beaucoup d'autres et moi, nous habitons, dans le premier cercle de la prison ténébreuse, le même séjour que ce Grec à qui les Muses prodiguèrent leur lait le plus pur Souvent nous parlons ensemble de la montagne où résident nos tendres nourrices. Nous voyons près de nous Euripide, Anacréon, Simonide, Agathon, et beaucoup d'autres Grecs dont le front fut orné de lauriers. Là on rencontre aussi des âmes que tu as chantées : Antigone, Déiphile, Argia, et Ismène encore autant affligée qu'elle le fut sur la terre. On voit celle qui indiqua la fontaine Langia : on voit la fille de Tirésias, Thétis, Déidamie avec ses sœurs. »

Les poetes arrivés au haut des degrés, et cessant de monter, demeuraient en silence, regardant autour d'eux. Déjà les quatre premières servantes du jour[1] étaient restées en arrière ; la cinquième se tenait au timon du char pour le diriger vers l'ardent méridien : alors mon maître dit : « Je crois qu'il faut marcher à droite pour tourner la montagne, comme nous avons fait jusqu'ici » Nous continuâmes donc d'avancer ainsi qu'auparavant, et nous entrâmes dans le chemin avec moins d'hésitation, quand l'autre âme vertueuse y eut consenti. Les poetes marchaient en avant : je suivais leurs traces et j'écoutais des discours qui m'apprenaient les règles de leur science poétique ; mais ces entretiens pleins de charmes furent interrompus par la vue d'un arbre que nous trouvâmes au milieu du chemin, et dont les fruits répandaient une odeur suave et agréable

Le sapin diminue en s'elevant de branche en branche ; cet arbre au contraire s'amoindrissait à mesure qu'il se rapprochait du sol : c'etait, je crois, pour que personne n'y pût monter. Du côté où etait intercepté le chemin que nous suivions, il tombait du rocher une onde claire qui baignait les

---

Déidamie, fille de Lycomède, roi de Scyros

[1] La première, la seconde, la troisième et la quatrième heure

feuilles de l'arbre mystérieux. Les deux poetes s'en étant approchés, une voix qui sortit des feuilles cria¹ : « *Vous ne toucherez pas à cette nourriture.* » Elle dit ensuite : « *Marie, qui intercède maintenant pour vous, ne pensait pas à satisfaire un sentiment de gourmandise, mais voulait que les noces fussent honorables et complètes. Les anciennes Romaines se contentèrent d'eau pour boisson. Daniel méprisa les repas recherchés, et il acquit la science. Le premier siecle eut l'éclat de l'or : la faim donnait de la saveur aux glands ; la soif donnait à chaque ruisseau le goût du nectar. Des rayons de miel sauvage et des sauterelles furent les seuls mets dont se nourrit Baptiste dans le désert ; c'est pourquoi il est environné de gloire, et aussi grand que le montre l'Évangile.* »

---

1 Cette voix est chargée de rappeler des exemples de sobriété. Marie voulait que les noces fussent complètes, que les noces de Cana fussent célébrées convenablement, et dit à son fils : *Vinum non habent.* Mais elle ne demanda du vin que pour que les époux, assure Lombardi *non ne avessero disonore*. Les anciennes Romaines se contentèrent d'eau pour boisson. *Vini usus olim Romanis fœminis ignotus fuit, ne scilicet in aliquod dedecus prolaberentur* (Valer Maxim., lib II, cap 1). Daniel méprisa les repas recherchés, il dédaigna les mets exquis de la table de Nabuchodonosor. Des rayons de miel sauvage et des sauterelles furent les seuls mets dont se nourrit Baptiste dans le désert. (*Joannes locustas et mel sylvestre edebat.* Marc I, V, 6.)

CHANT XXIII.

Pendant que je portais mes yeux sur les feuilles verdoyantes de cet arbre, comme a coutume de faire l'homme frivole qui perd son temps à suivre un oiseau, le sage qui était pour moi plus qu'un père [1], disait : « Mon fils, viens maintenant; le temps qui nous est accordé peut s'employer plus utilement. » Je tournai alors mes regards et mes pas vers les deux poetes, qui, par leurs entretiens, charmaient si bien les fatigues de la route, et voilà que j'entendis à la fois pleurer et chanter « *Seigneur, tu ouvriras ma bouche* [2]. » Ces pleurs et ces chants excitèrent en moi le plaisir et la douleur. Je m'écriai : « O tendre père ! qu'entends-je ? » — « Ce sont peut-être, répondit-il, des ombres qui vont acquitter la dette de la divine justice. »

De même que des pèlerins marchant tout pensifs vers le but de leur voyage, s'ils sont rencontrés en chemin par des gens qu'ils ne connaissent pas, les regardent sans s'arrêter, de même une foule d'âmes pieuses et silencieuses qui marchaient après nous, nous regardaient en nous depassant. Elles avaient les yeux caves et enfoncés, la figure hâve; et elles étaient si maigres que leur peau traluisait leurs os. Je ne crois pas qu'Érésichthon [3] ait été si decharné quand il fut

---

1 Virgile
2. Verset 17 du psaume 30. « *Domine, labia mea aperies, et os meum annuntiabit laudem tuam.* »
3 Eresichthon, ou Lrisichthon, l'un des principaux habitants de la Thessalie, fils de Triopius Cérès, pour le punir d'avoir abattu une forêt qui lui était consacrée, lui envoya une faim si horrible, qu'il consuma tout son bien sans pouvoir la satisfaire. Réduit à la dernière misere, il vendit sa propre fille, nommée Metra. Mais Neptune qui avait aimé cette fille, lui ayant accordé le pouvoir de se changer en ce qu'elle voudrait, elle échappa à son maître sous la forme d'un pêcheur. Rendue à sa figure naturelle, son père la vendit successivement à plusieurs maitres. L'argent reçu, elle n'était pas plutôt livrée à ceux qui l'avaient ache-

déchire par les angoisses d'une faim insatiable. Je disais, pensant en moi-même : Voilà comme devait être cette nation qui perdit Jérusalem, lorsque Marie dévora son propre fils¹.

Les yeux de ces ombres paraissaient des chatons privés de leurs pierres. Quiconque pense reconnaître dans la figure des hommes la lettre M entre deux lettres O², aurait facilement reconnu la première. Quel est celui qui, ne sachant pas comment un tel effet peut s'obtenir, croirait que l'odeur d'un fruit³ et celle d'une eau excitant un ardent désir, pussent tourmenter si cruellement ces âmes! Déjà, ne comprenant pas la cause de leur maigreur, et de la sécheresse de leur peau qui se dissolvait en écailles, je ne concevais pas ce qui pouvait causer ce supplice; voilà qu'une ombre porta sur moi ses yeux caves, me regarda fixement, et cria ensuite d'une voix forte : « Quelle faveur m'est donc accordée? » Je n'aurais pas reconnu cette ombre à son visage : ce fut sa voix qui me rappela des traits défigurés. Ce souvenir retraçant à mon esprit sa figure déformée, et je retrouvai Forèse⁴. Il me disait :
« Ne fais pas attention à cette croûte desséchée ni à la mai-

---

tee, qu'elle se dérobait à eux, en se changeant lors de chaque vente en bœuf, en cerf, en oiseau, ou en taureau. Malgré cette ressource pour avoir de l'argent, elle ne put jamais rassasier son père, qui mourut enfin misérablement en dévorant ses propres membres.

1. Marie, fille d'un juif nommé Eléazar, eut la barbarie de tuer son propre fils et de le manger, pendant que Jérusalem était assiégée par Titus Josephe, *De bello judaico* lib. VII, cap. 15.

2. « Quelques physionomistes pensent que dans notre figure on trouve un chiffre qui se compose de la lettre M ayant entre ses jambes deux o, de manière qu'il semble qu'on puisse lire le mot *omo* dans cette disposition [o|o]. Les deux o sont les yeux, et la lettre M se forme du nez, des sourcils et des joues jusqu'aux oreilles. Le poète entend donc que ces physionomistes auraient facilement reconnu la lettre M sur les figures de ces ombres si maigres. » (M. Portirelli) « Voilà de ces choses, dit Volpi, que la poésie doit avoir en horreur, parce qu'elles ne sont susceptibles d'aucun ornement » Ensuite il renvoie à ce précepte d'Horace « *Et quæ desperat tractata nitescere posse relinquit* » (*Art poetic*, v 149) « Cette comparaison, reprend à son tour Venturi, est ridicule, et le père d'Aquin a dédaigné de la traduire Qu'on observe cependant une fois pour toutes que ce sont là de petits défauts de peu de conséquence, et que des défauts semblables ne doivent diminuer en rien le cas que l'on fait des grands poètes. »

3 Il est question de l'arbre dont le poète parle, chant XXII, page 287.

4. Forese, frère de Corso Donati et de Piccarda, belle Florentine, dont il est question dans le *Paradis*, chant III Ce Forese, dit Jacques de la Lana, avait été *molto corrotto nel vizio della gola*.

greur qui enlaidissent si horriblement mes traits; mais dis-moi la vérité sur ce qui te regarde : Quelles sont ces deux âmes qui t'accompagnent? Ne refuse pas de me satisfaire. » Je lui répondis : « Ton visage, ô toi que j'ai pleuré comme mort, ne m'inspire pas moins de douleur, maintenant que je le vois si tordu! Enfin, au nom du Dieu qui vous *effeuille* ainsi, ne me demande rien, j'ai un autre désir à contenter. »
— « Par l'ordre divin, reprit Forèse, cette plante et cette eau ont une vertu secrète dont la puissance me fait maigrir ainsi. Toutes ces ombres qui, pour avoir aimé sans mesure les plaisirs de la table, chantent ici en pleurant, doivent reconquérir leur pureté au milieu du supplice de la faim et de la soif : leur désir de manger et de boire est excité par l'odeur qu'exhalent les fruits et l'eau qui entretient leur fraîcheur. Tu nous vois tourner sur ce sol rocailleux, et ce n'est pas pour une seule fois que nous subissons cette peine cruelle; je dis une peine, j'aurais dû dire une consolation : nous sommes conduits sans cesse à cet arbre par la même volonté qui porta le Christ à dire *Eli*[1], quand pour nous sauver il se laissa déchirer le flanc. » Je repris : « Forèse, depuis le jour où tu as changé de monde pour obtenir une meilleure vie, il ne s'est pas écoulé cinq années. Comment es-tu venu en ce lieu, si tu as été privé, par la maladie, de la facilité de pécher davantage avant l'heure de cette douleur sage qui nous remarie à Dieu? Je croyais te trouver encore là-bas, où l'on reste autant de temps que l'on en met à différer son repentir. »
— « C'est ma tendre Nella[2], reprit-il, qui, par ses prières ferventes, m'a conduit à goûter sitôt la douce absinthe des douleurs. Ses oraisons pieuses, ses profonds soupirs m'ont enlevé de cette côte où l'on attend, et m'ont fait échapper aux autres cercles. Ma veuve, que j'aimai si passionné-

---

[1] *Eli lamma sabachtani* : « Dieu, pourquoi m'as-tu abandonné? » Paroles de Jésus Christ sur la croix.

[2] Nella, épouse de Forèse. Ce nom était sans doute le diminutif de quelque autre nom tel que « *Annella, Giovannella* » Lombardi. La planche 21 du Purgatoire de Pinelli représente Nella en prières, dans une attitude de tendresse très savamment exprimée.

ment, est d'autant plus chère à Dieu, qu'elle est seule à bien
opérer. La Barbagia de la Sardaigne[1] a des femmes plus pu-
diques que la Barbagia où j'ai laissé mon épouse. O frère!
que veux-tu que je te dise? Je lis dans l'avenir, et ce que je
prévois n'est pas éloigné; on défendra dans la chaire aux
Florentines dehontées d'aller ainsi montrant leur poitrine et
leurs mamelles. Y eut-il jamais des femmes barbares ou sar-
rasines que l'on ait forcées à la pudeur par des monitoires ou
des châtiments? Mais si ces misérables savaient ce que le
ciel leur prépare bientôt, elles ouvriraient déjà la bouche
pour hurler; enfin, si ma faculté de prévoir l'avenir ne m'a-
buse pas, elles deviendront tristes avant que l'enfant, dont
la nourrice apaise les cris par une chanson, ait vu son menton
couvert d'un duvet léger. Allons, frère, ne me cache plus ta
condition, tu vois que non-seulement moi, mais toutes ces
âmes regardent attentivement l'ombre que projette ton corps. »

Je dis alors à Forese : « Si tu te rappelles quelle est la vie
que nous avons menée ensemble, le souvenir t'en sera bien
amer. Celui qui me précède est venu m'arracher à cette vie per-
nicieuse l'autre jour, quand la sœur de cet astre était dans
tout son éclat; » et en parlant ainsi, je montrai le soleil. « Mon
guide, à travers la nuit ténébreuse habitée par les véritables
morts, m'a conduit encore revêtu de cette chair qui accompagne mon âme. Ses secours m'ont amené ici au milieu des
détours de la montagne dont les supplices vous remettent
dans la vraie voie, vous que le monde a détournés de la vertu.
Il m'a promis de me servir de guide jusqu'à l'endroit où je

1. La Barbagia, dit Portirelli, est une montagne de la Sardaigne, sur laquelle habite un peuple lascif, *tal che le donne si prestano a fare il piacere di chiunque ne le ricerca.* — Par la Barbagia, où il a laissé sa femme, Forese entend la ville de Florence. « Le poëte place ici une satire violente contre les mœurs des Florentines de son temps. Peut-être cette réprimande est-elle un peu trop dure; elle ne vient pourtant pas d'un cénobite ou d'un ennemi du sexe à qui elle peut déplaire. L'âme sensible de Dante est aussi connue que son génie, et les femmes auraient beaucoup à gagner, si elles trouvaient souvent, parmi les hommes, de pareils ennemis, mais plus on est capable de les aimer, plus on les respecte et plus on aime aussi qu'elles se respectent elles-mêmes » (*Hist. litter.*, II, 172.)

trouverai Béatrix¹. Là, je devrai le quitter. Ce guide est Virgile, ajoutai-je en le montrant du doigt; cet autre est l'esprit pour lequel on a senti trembler dans ses fondements toute la montagne, signal qui lui permet de se séparer d'elle². »

1. L'auteur ne néglige, on le voit toujours, aucune occasion d'amener l'intervention de Béatrix.

2. On a vu, page 279, que c'est pour Stace que la montagne a tremblé. — Nous n'avons pas trouvé d'anges dans ce cercle, parce que les entretiens avec Forese ont été très-longs. Mais nous en rencontrerons un à la fin du chant suivant.

Dans la *Vita di Dante*, par M. le comte César Balbo, Turin, 1839, on lit, tome II, page 500, ce passage remarquable sur les anges de Dante :

« En lisant le *Purgatoire*, on remarque ces figures d'anges nombreuses et merveilleusement variées qui y sont introduites, elles ont déjà été observées et louées par M. Ginguené, mais peut-être pas assez. Chacun sait que cette croyance aux anges est une des plus agréables et des plus poétiques de notre foi, une de celles qui démontrent le plus comment la Beauté accompagne la Vérité. Aucun poëte chrétien jusqu'ici, sans excepter Byron et Moore, n'a tiré de cette croyance autant de poésie que Dante. Quiconque voudrait pleinement l'entendre et le goûter, aurait à chercher dans les œuvres d'Alighieri, et spécialement dans la *Vita nuova* et dans le *Convito*, le complément de ses pensées relativement à ces célestes créatures. Si l'on excepte les poésies des saintes Écritures, Dante a été le poëte le plus éloigné de la matérialité, le plus absorbé dans les contemplations spirituelles. »

25.

CHANT XXIV.

Les paroles n'arrêtaient pas la marche, et la marche n'arrêtait pas les paroles; nous avancions rapidement comme un vaisseau poussé par un vent favorable : les ombres, qu'on aurait crues deux fois mortes [1], étonnées de ce que je vivais encore, montraient dans leurs yeux enfoncés toute l'admiration qu'elles éprouvaient. Je continuai de parler et je dis : « Cette ombre, à cause de nous, va en avant peut-être plus lentement qu'elle ne le ferait, seule; mais dis-moi, si tu le sais, ajoutai-je, où est Piccarda [2]? Dis-moi, dans cette foule d'esprits qui me regardent, dois-je en remarquer qui soient dignes d'être reconnus ? » — « Ma sœur, reprit Forèse, modèle de grâce et de bonté (je ne sais lequel de ces deux avantages brilla le plus en elle), triomphe couronnée au milieu du ciel. » Il parla d'abord ainsi, ensuite il ajouta : « Ici rien ne défend de nommer les esprits, puisque nos traits sont si cruellement effacés par la faim. Celui-ci, et il nous l'indiqua du doigt, est Buonagiunta [3], Buonagiunta de Lucques; cet autre, plus défiguré encore que ses compagnons, fut un des époux de la sainte Église. Il naquit à Tours [4], et il expie par le jeûne, les anguilles de Bolséna, qu'il faisait cuire dans la *vernaccia* [5]. »

1. Tant elles étaient maigres et décharnées.

2. Piccarda, sœur de Forèse. (Voyez *Paradis*, chant III.)

3. Buonagiunta degli Orbisani, Lucquois, bon poète de son temps. (Daniello.)

4. « Martin IV, de Tours, qui ordonnait, disait-on, qu'on fît mourir les anguilles de Bolsena, pour les apprêter ensuite avec diverses épiceries. » (Landino) M. Ginguené dit que Bolséna est une petite ville de la Toscane, il s'est trompé : Bolséna est une petite ville de l'État romain, près de Montefiascone. Il est vrai qu'elle était autrefois une des douze villes étrusques.

5. La vernaccia est un vin qui se re-

Forèse m'en nomma un grand nombre un à un; tous paraissaient satisfaits d'être ainsi nommés, et aucun d'eux n'en montrait de dépit. Je vis usant ses dents à vide, Ubaldino dalla Pila [1], et Boniface qui nourrit tant de monde du produit de son rochet. Je vis *messer Marchese* qui eut le temps de boire à Forlì, avec une soif moins brûlante, et qui cependant ne put l'apaiser jamais. Je regardais celui de Lucques [2] comme fait un homme qui en préfère un autre, et il paraissait m'avoir connu dans le monde. Il marmottait je ne sais quoi sur une certaine Gentucca [3], là où la divine justice le châtie si rigoureusement. « O âme, dis-je, qui sembles désirer de parler avec moi, permets que j'entende tes paroles : satisfais ton désir et le mien en t'exprimant plus intelligiblement. » Il commença ainsi : « Il est né une femme qui ne porte pas encore de voile, et qui te rendra agréable le séjour de ma ville, quoique chacun lui reproche cette faute. Pars avec cette prédiction : la vérité t'apprendra si tu t'es trompé en m'entendant murmurer quelques mots. Mais, dis-moi, ne vois-je pas en toi l'auteur de ces vers nouveaux : « *Femmes qui avez l'intelligence de l'amour* [4] ? » Je répondis : « J'écris quand l'amour m'inspire, et ainsi je recueille ce qu'il dicte à mon cœur. » — « Frère, reprit-il, je vois maintenant l'obstacle

---

colte dans les plus hautes montagnes de Sienne. (Manuscrit dédié à la famille d'Este, copié par Zorzi Zanchani, feuillet 267, verso.)

1 Un des plus célèbres gourmands de son temps — Boniface d'Imola, Benvenuto assure que Boniface était Français, *quia Gallici sunt omnes amici gulae et vini*. Landino est de l'avis de Benvenuto. Venturi veut que ce Boniface ait appartenu à la famille des Fieschi de Gênes. Vellutello, Daniello, Grangier, Volpi, Jacques della Lana et Ginguené disent qu'il était archevêque de Ravenne. Grangier ajoute que ce prélat était Français et homme de bonne chère — *Messer Marchese*, le marquis de Rigogliosi, noble de Forlì, grand buveur.

2 Celui de Lucques, Buonagiunta

3 Il veut parler de Gentucca, belle et agréable personne à qui il rendit des soins pendant son séjour à Lucques. Il n'alla peut-être à Lucques qu'en 1306 ou 1308, mais comme son voyage dans le Purgatoire date de 1300, il se fait prédire ce qui est arrivé en effet. Probablement en 1300, Gentucca était encore dans l'adolescence, aussi le poëte dit : « Une femme qui ne porte pas encore de voile. Il n'y avait que les femmes mariées et les veuves qui portassent des voiles »

4 *Donne che avete l'intelletto d'amore*. C'est le premier vers d'une canzone composée par Dante en l'honneur de Béatrix, et insérée dans la *Vita nuova* (Voyez *Histoire de Dante*, page 89 et suiv.)

qui a retenu le Notaire [1], Guitton et moi, et les a éloignés de l'excellence de style que je reconnais en toi. Je vois clairement que vos plumes maintenant écrivent en écoutant celui qui dicte si bien [2], et qu'il n'en fut pas ainsi des nôtres. Quiconque veut composer sans cette inspiration voit bientôt la différence de l'un à l'autre style. » A ces mots Buonagiunta paraissant satisfait, garda le silence.

De même que les oiseaux [3] qui vont passer la saison de l'hiver sur les bords du Nil, volent d'abord en lignes arrondies, ensuite s'étendent en files prolongées, de même toutes les âmes qui étaient présentes, légères, soit par l'effet de leur maigreur, soit par celui d'une forte volonté, détournèrent la figure et hâtèrent leur marche. Ainsi que l'homme fatigué d'avance, qui laisse aller ses compagnons, et continue lentement sa route jusqu'à ce qu'il ait repris haleine, Forèse laissa passer le saint troupeau, et marcha derrière lui avec moi, en disant : « Quand te reverrai-je ? » — « Je ne sais, répondis-je, combien de temps je vivrai, mais je ne mourrai pas assez tôt pour qu'auparavant je ne sois pas arrivé en idée sur la rive, car le lieu où je dois vivre [4] se détruit de jour en jour et paraît menacé d'une ruine prochaine. » — « Va, reprit-il, je vois celui qui en est la cause [5], entraîné, attaché à la queue d'une bête indomptée, vers la vallée où l'on ne purifie pas ses fautes : à chaque instant l'animal précipite ses pas et déchire le corps qu'il traîne en lambeaux. » Forèse ajouta en

---

[1] Le notaire Jacques da Lentino, poëte de ces temps là, appelé communément le Notaire, parce qu'il exerçait cette profession — Guitton, frère de Guitton d'Arezzo (Voyez ce que Ginguené dit de ces deux auteurs, Hist. litt., t I, p 403 et 418)

[2] Celui qui dicte si bien est l'*Amour*

[3] Le poëte emploiera presque la même comparaison, *Paradis*, chant XVIII, vers 73 et suiv.

[4] Florence Il faut convenir que les sorties contre Florence reviennent trop souvent se présenter à l'esprit du poëte.

L'homme toujours malheureux est donc toujours passionné !

[5] Messer Corso Donati, chef des Guelfes et des Noirs de Florence. Il se rendit si puissant à Florence, après en avoir fait chasser les Blancs, qu'il devint suspect au peuple Poursuivi par des soldats catalans qu'il avait pu gagner, il tomba de cheval, son pied s'engagea dans l'étrier. Corso, traîné quelque temps sur la terre, fut massacré par les soldats. (*Hist. litt.*, II, note de la page 274)

regardant le ciel : « Ces sphères ne seront pas encore longtemps en mouvement, avant que tu entendes facilement ce que mes paroles ne peuvent pas expliquer davantage. Adieu, le temps est précieux dans ce royaume; j'en perds trop à marcher ainsi lentement et en ta compagnie. »

De même que, souvent, un cavalier sort des rangs au galop, pour avoir l'honneur de combattre le premier, de même l'esprit nous quitta avec précipitation, et je restai sur le chemin avec les deux sages [1] qui furent, dans le monde, de si honorables chefs de la poésie : mais quand il se fut éloigné de nous, mes yeux le suivirent comme mon esprit suivait ses paroles. Je vis alors les fruits brillants et appétissants d'un autre arbre placé non loin du précédent que la tortuosité de la montagne nous empêchait de voir en même temps. J'aperçus sous cet arbre des âmes qui élevaient leurs mains : elles criaient comme des enfants qui prient encore, quand celui qui est prié ne répond pas, tout en leur montrant cependant l'objet de leur désir qu'on irrite encore en tenant haut ce qui leur est refusé. Cette foule partit comme abusée par sa fausse espérance, et nous arrivâmes au pied de ce grand arbre qui se denie à tant de larmes et à tant de prières.

Une voix, je ne sais laquelle, sortie des branches, cria : « *Passez plus avant, sans approcher. Plus haut est un arbre dont Ève mordit le fruit* [2], *et dont cette plante est un rejeton.* » Virgile, Stace et moi, en nous serrant contre la montagne, nous passâmes outre. « *Souvenez-vous,* disait encore la même voix, *de ces téméraires* [3] *maudits, formés dans les nuages, et qui dans leur ignoble ivresse osèrent,*

---

1 Les deux sages, Virgile et Stace.

2 Plus haut, sur la cime de la montagne où se trouve le Paradis terrestre, est l'arbre où Adam cueillit la pomme qu'il donna à sa femme. Cet arbre est un rejeton de l'arbre du fruit défendu.

3. Les Centaures, peuple d'une contrée de la Thessalie, fils d'Ixion et de la Nue : ils cherchèrent à enlever l'épouse de Pirithous, et Thésée les combattit. — Les Hébreux, qui s'agenouillèrent — Gédéon voulant conduire dix mille hommes contre les Madianites, Dieu lui ordonna de choisir ceux qui, buvant dans la fontaine *Arad*, ne se seraient pas agenouillés, mais qui auraient bu de l'eau dans leurs mains, en se courbant seulement *Alber molli, mous au boire.* Voilà deux expressions que l'italien a reçues du latin, et qui donnent souvent à cette première langue la concision de Tacite.

avec leurs doubles poitrines, combattre contre Thésée. Souvenez-vous des Hébreux qui s'agenouillèrent mollement pour boire, de ces lâches que Gédéon ne voulut pas choisir pour compagnons de gloire, quand il descendit de ses collines et attaqua les Madianites. »

Ainsi rapprochés d'un des côtés du chemin, nous passâmes en entendant le récit de différents péchés de gourmandise qui engendrent souvent des gains misérables. Après avoir regagné la route libre, nous marchâmes plus de mille pas, en contemplant les âmes sans leur parler. Une voix cria tout à coup : «Où allez-vous, tous les trois, seuls, en réfléchissant ainsi?» Je me secouai comme font les bêtes effrayées et paresseuses; je levai la tête pour savoir qui avait parlé, et jamais dans la fournaise on ne vit des cristaux et des métaux d'un éclat aussi brillant que celui d'un esprit qui disait. « Si cela vous est agréable, montez ici, c'est par là qu'il faut tourner; c'est ici que passe celui qui va chercher la paix. »

Son aspect avait ébloui mes yeux; aussi me tournai-je du côté de mes maîtres, comme un homme qui obéit ponctuellement à l'ordre qu'il reçoit; et de même qu'au mois de mai[1], le fils d'Éole et de l'Aurore qui annonce la verdure, répand une odeur suave tout imprégnée des émanations de l'herbe et des fleurs, de même un vent léger frappa mon front, et je sentis le doux frottement[2] de la plume qui exhalait une odeur d'ambroisie. J'entendis en même temps ces paroles : *« Heureux ceux que la grâce éclaire au point que l'amour de la table n'excite pas en eux trop de désirs, et qu'ils se contentent de satisfaire une faim raisonnable. »*

---

[1] Je n'ai pas eu beaucoup de pages à parcourir pour montrer Dante gracieux, après l'avoir montré terrible et sublime. Il y a dans les vers que nous rencontrons maintenant une fraîcheur délicieuse. Landino a remarqué très-ingénieusement que le morceau est en partie imité de Virgile. (*Énéide*, livre premier.)

[2] Le doux frottement que Dante sent est celui de l'aile de l'ange gardien de ce cercle. Il efface un autre P du front de notre poëte, parce qu'il sort du cercle de la gourmandise.

CHANT XXV.

Déjà était arrivée l'heure où il ne fallait pas un estropié pour monter, l'heure où le soleil avait laissé le cercle méridional au Taureau, et où la nuit l'avait abandonné au Scorpion [1]; aussi, imitant l'homme qui veut arriver promptement et qui ne s'arrête pas, quelque spectacle qu'il ait sous les yeux, nous entrâmes dans l'étroite voie qui sépare ceux qui montent. Tel que le petit de la cigogne, qui soulève ses ailes, excité par le désir de voler, et les abaisse parce qu'il n'ose pas quitter le nid, tel avec une volonté ferme et interrompue, j'arrivais jusqu'à produire le mouvement de celui qui se dispose à parler. Quelque précipitée que fût notre marche, mon guide ne laissa pas de me dire : « Tire donc l'arc que tu as bandé jusqu'au fer, et lance tes paroles. » Alors rassuré j'ouvris la bouche, et je commençai ainsi : « Comment, là où il n'est pas nécessaire de prendre de la nourriture, peut-on devenir si maigre? » — « Si tu te rappelais, dit mon guide, comment Méléagre [2] se consumait à mesure que brûlait le tison fatal, cela ne te paraîtrait pas si âpre à comprendre. si tu te rappelais par quel art le miroir suit tous les mouvements de votre image, tu trouverais flexible ce qui te semble si dur. Mais pour que ton désir soit satisfait, écoute Stace; je le conjure de guérir les plaies de ton esprit [3]. » Stace parla

---

1. Déjà, en termes plus clairs, il était deux heures après midi, et il ne fallait pas être perclus pour gravir l'âpre montagne.

2. Il veut dire : de même que Méléagre se consumait à mesure que se consumait le tison fatal, de même la divine puissance pouvait ordonner que les ombres connussent la faim, là où il n'était pas besoin de nourriture.

3. Je le conjure de t'expliquer avec détail ce que tu ne comprends pas

d'abord ainsi à Virgile : « Si je développe à ses yeux, en ta présence, ce que l'on voit dans ces lieux éternels, n'attribue qu'à mon obéissance l'explication que je vais donner. » Ensuite il continua en ces termes : « Mon fils, si ton esprit écoute et garde mes paroles, tu vas savoir la cause de ce que tu demandes. La portion la plus pure du sang[1] que les veines n'absorbent pas et qui demeure comme le superflu de la table, prend dans le cœur une vertu qui la rend propre à former les membres humains. Après une autre préparation, ce sang épuré descend dans cette partie qu'il convient plus de taire que de nommer, et se joint au sang d'un autre dans un vase naturel. Là les deux substances se réunissent ; l'une prête à subir l'impression, l'autre prête à agir par l'effet de la perfection du cœur d'où elle provient. Ce sang générateur commence son opération en se coagulant, et met en action ce qu'il est destiné à féconder. La vertu active de ce sang, devenue âme végétative comme une plante, avec cette différence que l'opération de celle-ci est incomplète, et que celle de l'autre est parfaite, agit tellement, que déjà elle a reçu le mouvement et le sentiment, comme la plante marine, et qu'ensuite elle organise les puissances de l'homme dont elle est le germe.

[1] « Dante occupé de ce qu'il vient de voir, voudrait apprendre comment des âmes qui n'ont aucun besoin de se nourrir, peuvent éprouver la maigreur et la faim. Stace, invité par Virgile, entreprend de le lui expliquer. Sa théorie sur la partie du sang destinée à la reproduction de l'homme, sur cette reproduction, sur la formation de l'âme végétative et de l'âme sensitive dans l'enfant, avant sa naissance, sur leur développement, lorsqu'il est né, sur ce que devient cette âme après la mort, emportant avec elle, dans l'air qui l'environne une empreinte et comme une image du corps qu'elle animait sur la terre : tout cela n'est ni d'une bonne physique, ni d'une métaphysique saine ; mais dans ce morceau de plus de soixante vers, on peut, comme dans plusieurs morceaux de Lucrèce, admirer la force de l'expression, la poesie de style, et l'art de rendre avec clarté, en beaux vers, les détails les plus difficiles d'une mauvaise philosophie et d'une physique pleine d'erreurs. » (*Hist. litter.*, II, 176 et suiv.) Biagioli dit au sujet de ce passage « Le poëte s'était proposé pour tableau l'univers : toutes les sciences, les arts, les vertus, les crimes avaient à y comparaitre. Quiconque enfin considèrera le style qu'on y apprend, si vif, si pénétrant, si élégant, aura une obligation proportionnée aux facultés de concevoir que lui auront données la nature et l'étude. »

« Mon fils, cette vertu, provenue du cœur du père où la nature a mis la semence de ces âmes, s'étend et se développe ; mais tu ne vois pas comment l'âme sensitive peut produire l'homme. Ce point a trompé un plus sage que toi [1]. Dans sa doctrine, il a séparé de l'âme la faculté de comprendre, parce qu'il n'a pas vu que son intelligence, pour comprendre, employât aucun organe corporel. Donne ton attention à la vérité que je te fais connaître, et apprends qu'aussitôt que l'embryon a reçu les organes du cerveau, le principal moteur se complaît à le regarder, s'applaudit de son art, et inspire à ce fœtus un esprit nouveau rempli d'une vertu propre à unir à sa substance l'âme sensitive, et à former une âme unique qui vit, qui sent et qui réfléchit sur ses propres actions.

« Pour être moins étonné de ce discours, considère que la chaleur du soleil, jointe à l'humeur qui coule de la vigne, produit le vin [2]. Quand Lachésis a épuisé sa quenouille [3], l'âme se dégage de sa chair, et emporte avec elle ses facultés divines et ses facultés humaines. Les premières, telles que la mémoire, l'intelligence et la volonté, sont dans leur action plus efficaces qu'auparavant ; les autres puissances sont comme restées muettes. Sans s'arrêter, chacune des âmes, par une impulsion intérieure, se dirige vers l'un des rivages marqués par les décrets de Dieu, et c'est là qu'elles apprennent le chemin qu'elles doivent suivre. Aussitôt qu'elle y est arrivée, la vertu *informative* répand à l'entour son activité, comme elle la répandait quand elle avait un corps ; et de même que l'air, lorsqu'il est pluvieux, est orné de diverses couleurs par la présence du soleil qui s'y réfléchit, de même l'air ambiant prend la forme que l'âme qui s'y est arrêtée a

---

1. Averroës, commentateur d'Aristote.

2 « Ceci a passé pour une opinion nouvelle due à Galilée, et Dante avait eu cette opinion bien avant Galilée. Dans la grande guerre des découvertes, on voit encore une sorte de guerre civile parmi les Florentins. Cette fois, pour nous, une telle guerre est noble, et conduit *l'Athènes d'Italie* à une immense gloire » (*Hist de Dante*, p 368)

3 Clotho tient la quenouille, Lachésis file, Atropos coupe le fil

la vertu de lui imprimer. Semblable à la flamme qui suit le feu dans tous ses mouvements, le nouvel esprit garde la forme qui lui est prescrite : c'est de ce corps aérien qu'il reçoit la faculté de l'apparence, et qu'il est appelé ombre; ensuite ses organes se forment, jusqu'à celui de la vue; dès lors nous parlons, nous rions, nous versons des larmes, nous poussons les soupirs que tu peux avoir entendus dans la montagne; notre corps prend le sentiment de nos désirs et de nos autres passions : telle est la cause de ce que tu vois. »

Nous étions arrivés au dernier cercle, et nous avions tourné à droite. Un autre spectacle s'était offert à mes yeux : là le bord de la montagne vomit des flammes que repousse un vent qui s'élève dans une autre direction; aussi il fallait marcher un à un dans la partie voisine de l'abîme, parce que d'un côté je craignais d'être atteint par les flammes, et que de l'autre je craignais de me précipiter dans le cercle précedent.

Mon guide disait : « Dans ce lieu il ne faut pas s'avancer imprudemment, car il est bien facile de se tromper. » Alors j'entendis chanter au sein de si âpres *ardeurs* : « *Dieu d'une haute clémence*[1]; » ce qui me donnait un violent désir de me retourner. Je vis des âmes marcher à travers ces feux dévorants : j'avais le soin, de temps en temps, de diriger mes pas de manière que je pusse considérer les esprits, pendant que je regardais mon chemin. Après avoir chanté la dernière strophe de l'hymne, les esprits crièrent, d'une voix forte : « *Je ne connais pas d'homme*[2]; » ensuite ils recommen-

---

[1] Commencement de l'hymne que l'on chante aux matines du samedi. Dans les anciens bréviaires, dit Lombardi, on lit : « *Summæ Deus clementiæ,* » mais actuellement on lit : *Summæ parens clementiæ.* » Dante le fait chanter aux âmes qui se purifient du péché de luxure, parce que dans cet hymne on demande à Dieu le don de la pureté, *luxu remoto pessimo.* On a vu plus haut que le poète est entré dans le septième et dernier cercle.

[2] Le poète continuant de faire chanter aux âmes des exemples de la vertu contraire au vice puni dans chaque cercle, leur fait chanter ici les paroles chastes prononcées par la Vierge, quand elle entendit l'archange Gabriel lui dire : « *Ecce concipies.* » Elle répondit : « *Quomodo fiet istud, quoniam virum non cognosco?* » (Luc 1.)

cèrent l'hymne à voix basse. A peine fut-il fini, qu'ils crièrent encore : « *Diane resta dans les bois, et elle en chassa Hélicé, qui avait senti les atteintes de Vénus* [1]. »

Ils reprirent leurs accords; puis ils chantèrent des exemples de chasteté d'épouses et d'époux qui avaient accompli les devoirs imposés par la vertu et par les saintes lois du mariage.

Telle est, je crois, l'unique peine de ces esprits, pendant tout le temps que le feu les brûle : c'est par de tels soins et de telles expiations que là-haut leur plaie peut être cicatrisée.

---

[1] « *Brutto mescuglio al solito,* » s'écrie encore Venturi — Helice ou Calisto, fille de Lycaon et nymphe de Diane. Jupiter ayant pris la figure de Diane surprit cette nymphe, et Diane la chassa de sa compagnie. (*Dict de la Fable*)

CHANT XXVI.

Pendant que nous avancions ainsi l'un après l'autre, mon bon maître me disait souvent : « Prends garde, je t'en avertis encore [1]. » J'avais a droite le soleil, qui, embrasant tout l'Occident, changeait sa couleur bleu-celeste en un blanc pâle Mon ombre semblait donner à la flamme une couleur plus foncée, et je vis les âmes faire attention, tout en marchant, a cet indice merveilleux pour elles. En parlant de moi, elles commencèrent à se dire : « Celui-ci ne paraît pas avoir un corps aérien [2]. » Elles s'en assurèrent en s'approchant, avec l'attention de ne pas sortir du feu où elles devaient être brûlees. Un des esprits parla ainsi : « O toi, qui marches derrière tes deux compagnons, non pas pour arriver plus tard, mais peut-être pour leur montrer de la déférence, réponds, de grâce, à moi qui brûle dans la soif et dans le feu. Ta réponse n'est pas seulement nécessaire pour moi, mais encore pour ceux-ci qui l'attendent plus ardemment que l'habitant des Indes ou l'Éthiopien ne désire l'eau rafraîchie. Dis-moi, comment arrive-t-il que tu fasses un obstacle au soleil, comme si tu n'étais pas encore tombé dans les filets de la mort ? » Un d'eux me parlait ainsi. Je lui aurais répondu sur-le-champ, si un autre spectacle ne m'eût frappé : je fus étonné de voir une seconde foule d'âmes qui venait à la rencontre de la première, à travers le chemin enflammé. Je re-

---

[1] Les poëtes avaient d'un côté la flamme où étaient purifiées les âmes, et de l'autre le précipice par lequel ils seraient tombés dans le cercle précédent.

[2] Voyez ce que le poëte a dit des ombres. *Purgatoire*, chant XXV, page 302.
« C'est de ce corps aérien qu'il reçoit la faculté de l apparence. »

marquai alors que chacune de ces ombres s'avança plus vite, qu'elles s'embrassèrent mutuellement, et repartirent satisfaites de cette courte fête; de même au milieu de leurs bataillons noirs [1], les fourmis se flairent l'une l'autre, peut-être pour s'épier ou s'enlever leur proie. Après s'être bornées à cet accueil amical, avant de se mettre en route, les âmes se fatiguèrent à crier davantage.

Celles qui arrivaient criaient : « *Sodome et Gomorrhe* [2], » et les autres répondaient ainsi : « *Pasiphaé emprunta la peau d'une génisse pour exciter la luxure du taureau* [3]. » Ensuite, semblables aux grues qui dirigent leur vol, les unes vers les monts Rifées [4] couverts de glace, les autres vers les sables de la Libye brûlés par le soleil, ces ombres partirent de deux côtés différents, en reprenant leurs premiers chants et en répétant les cris qu'il leur est ordonné de répéter.

Celles qui m'avaient parlé d'abord s'approchèrent de moi en montrant dans leurs traits le desir de m'entendre. J'avais remarqué deux fois ce désir, et je leur dis : « O âmes assurées de jouir un jour de l'état de béatitude, mes membres ne sont pas restés sur la terre; je n'y suis mort ni jeune ni vieux; mais ils sont ici avec moi-même, avec leur sang et leurs jointures [5]. Je vais au ciel, pour n'être plus dans les ténèbres de l'ignorance : il y a au-dessus de nous une femme [6] qui me fait accorder cette faveur; voilà pourquoi vous voyez parmi vous mon corps mortel. Mais si votre plus ardente volonté est bientôt satisfaite, et vous porte au ciel le plus spacieux et le

---

[1] Quelle comparaison charmante ! N'avez-vous pas vu cette curiosité inquiete, en vous arrêtant près d'une fourmilière ? La *schiera bruna* est le *nigrum campis agmen* de Virgile.

[2] Sodome et Gomorrhe, villes de la Palestine, et dont le crime fut puni par la colère celeste

[3] Voyez *l'Enfer*, chant XII, page 40, ou il est question de la génisse artificielle On comprend bien que la première foule criait *Sodome*, etc , et que la seconde foule criait *Pasiphae*, etc » Quelques commentateurs ajoutent des explications positives que je passe sous silence.

[4] Montagnes de la Russie septentrionale.

[5] Il donne ces explications pour faire bien comprendre qu'il n'a pas un corps aérien.

[6] Beatrix Le ciel le plus spacieux et le plus rempli d'amour est l'Empyrée.

plus rempli d'amour, dites-moi, pour moi-même et pour l'instruction des autres, qui vous êtes, et quelle est cette foule qui marche maintenant derrière vous. »

Ces ombres se troublèrent comme le montagnard stupide qui regarde tout en silence, lorsque, après n'avoir habité que les rochers et les bois, il *s'enville*[1]; mais quand elles eurent perdu cette stupeur qui ne frappe pas longtemps les cœurs généreux : « Combien tu es heureux, reprit l'ombre qui m'avait interrogé la première, combien tu es heureux que la connaissance de notre supplice te donne une expérience salutaire pour mieux vivre ! Ces ombres qui marchent dans une direction contraire à la nôtre commirent le crime que César s'entendit reprocher[2], lorsqu'au milieu de son triomphe on le saluait du nom de *Reine*. Elles s'éloignent de nous en criant *Sodome*, en se faisant ainsi des reproches à elles-mêmes, et par cette confession elles augmentent la rigueur de leur brûlure. Notre péché fut hermaphrodite. Parce que nous ne suivîmes pas les lois humaines, parce que nous nous livrâmes à nos désirs luxurieux comme de viles bêtes, pour montrer notre opprobre, nous proférons sans cesse le nom de la femme qui, sous des ais façonnés dans la forme d'une génisse, fut souillée comme un animal de la même nature. Tu connais nos actions, tu sais de quoi nous fûmes coupables; si tu veux connaître notre nom, le temps ne me permet pas de te le dire, et je ne le pourrais. Je t'empêcherai cependant de regretter d'ignorer le mien : je suis Guido Guinicelli[3], et

---

[1] Le texte dit *s'inurba*. J'ai essayé d'inventer un mot aussi vif que concis. Un Italien scrupuleux et *danteggiateur* inexorable m'a proposé *s'enurbe* : j'ai assez osé en disant *s'enville*. Je ne sais pas pourquoi *s'enviller* n'aurait pas quelque chose de *Sevinesque*.

[2] Suétone dit dans la vie de César, chap. 47 : « *Octavius etiam quidam valetudine mentis liberius dicax, conventu maximo, cum Pompeium regem salutasset, ipsum (Cæsarem) reginam salutavit* ». .*Gallico denique triumpho milites ejus inter cætera carmina, qualia currum prosequentes joculariter canunt, etiam vulgatissimum istud pronuntiaverunt, etc* Il n'est pas nécessaire de donner ici d'autres détails.

[3] Il a été question de ce même Guido dans le chant XI du *Purgatoire*. (Voyez page 224, note 1.) Il était Bolonais, et l'un des plus célèbres poëtes de son temps Il avait apparemment mérité d'habiter ce cercle. Plus bas, Dante appelle ce Guido son père, c'est-à-dire son père en poésie.

déjà je me purifie, parce que je me suis repenti avant d'être arrivé à la fin de ma carrière. »

Lorsque j'entendis le nom de mon père et celui de beaucoup d'autres plus savants que moi qui ont produit des vers d'amour si doux et si gracieux, j'eus, mais avec moins de succès, la même joie que ressentirent deux tendres fils, lorsqu'ils retrouvèrent leur mère poursuivie par la vengeance de Lycurgue¹. Sans entendre et sans parler, je regardais tout pensif mon maître Guido, mais je n'osais pas m'approcher à cause des flammes.

Quand je l'eus bien considéré, je m'engageai par un serment qui inspire la confiance à lui être utile en tout ce qu'il voudrait de moi. Il me dit : « Cette marque de tendresse que tu me donnes est telle que le fleuve du Léthé ne pourrait jamais me la faire oublier ou en affaiblir le souvenir. Mais si dans tes serments tu as respecté la vérité, dis-moi pourquoi ta voix et tes regards me démontrent tant d'amitié. » Je répondis : « Vos douces paroles, tant que vivra le langage que nous parlons aujourd'hui, rendront bien précieux les caractères qui les ont tracées². » — « O frère, reprit Guido, celui-ci que je t'indique, et il me montrait du doigt une autre âme³, fut encore un meilleur poëte dans sa patrie; en vers d'amour et en proses de romans, il surpassa tous ses rivaux : et toi, laisse dire aux sots que le poete du Limousin l'a vaincu⁴ : ils écoutent le bruit que font les autres, plus que la vérité : et ils adoptent une opinion erronée avant que les juges éclairés et les hommes raisonnables aient eux-mêmes prononcé. Beaucoup d'anciens ont parlé ainsi de Guitton⁵,

---

1. Thoas et Euménius allant à la recherche d'Hypsypile leur mère, la retrouvèrent au moment où Lycurgue, roi de Néméè, allait la faire mourir ; elle avait laissé mordre par un serpent Opheite ou Archemore, fils de Lycurgue, et dont on lui avait confié la garde.

2 Les manuscrits sur lesquels on a copié ces vers seront bien précieux.

3 Une autre âme, Arnaut, Provençal (Voyez plus bas la note qui le concerne)

4. Ce poëte est, selon Venturi et Lombardi, Gérault de Berneil, et selon Grangier, Gérault de Bertueil (Voyez plus bas la note où je cite Raynouard, qui l'appelle Giraud de Borneil)

5 Il a été parlé de lui, chant XXII du *Purgatoire*, page 298, note 1

en lui accordant de la réputation, de cris en cris; cependant la vérité a triomphé, et la nouvelle opinion est confirmée par un plus grand nombre de juges. Mais toi, si tu jouis d'une telle faveur que tu puisses parvenir au fortuné collège gouverné par le Christ, fais dire pour moi, de la prière de *Notre Père*[1], ce qui est nécessaire pour nous dans ce monde où nous ne pouvons plus pécher. » A ces mots, peut-être pour laisser la place à celui qui était près de lui, il disparut dans le feu, comme le poisson s'enfonce dans l'eau. Je m'adressai à l'esprit que Guido m'avait montré du doigt[2], et je lui dis que je désirais obtenir la faveur de savoir son nom. Cet esprit commença à répondre gracieusement en ces termes : « *Votre courtoise demande me plaît tant*[3], que je ne puis

---

[1] Fais dire pour moi la prière de *Notre Père qui êtes aux cieux*, excepté les deux dernières oraisons, *et ne nos inducas in tentationem, sed libera nos a malo*, qui ne sont pas utiles aux âmes du Purgatoire, parce qu'elles ne peuvent plus succomber à la tentation, ni craindre les embûches du malin esprit *Malo*, suivant beaucoup de commentateurs, signifie le *malin esprit*. On a vu que le *Pater* est paraphrasé tout au long au commencement du chant XI (Voyez page 222.)

[2] A Daniel Arnaut Ce poëte répond en vers provençaux

[3] *Votre courtoise demande me plaît tant*

« Dante, assure Lombardi, en se laissant interrompre par Guido, qui vient de faire l'éloge d'Arnaut, donne à entendre que les poëtes italiens s'étaient perfectionnés en imitant les poëtes provençaux »Cet aveu, plein de bonne foi, mérite d'être loué Ginguené a donc bien raison de dire « ceci indique clairement l'influence qu'avaient eue les troubadours sur la poésie italienne, dans les premiers temps, et l'admiration que Dante conservait pour eux à une époque où c'était bien de lui (Dante) qu'on pouvait dire qu'il les avait surpassés tous Il les aurait égalés dans leur propre langue · aussi met-il dans la bouche d'Arnaut une réponse en huit vers provençaux. » (*Hist. litter*, II, page 178 et suiv.)

Venturi observe qu Arnaut parle ici « *in lingua giannizzera, parte provenzale e parte catalana, accozzando insieme il perfido francese, col pessimo spagnuolo.* » Quoi qu'en dise Venturi, un Français doit lire ces vers avec plaisir dans le poëme, et vraiment on ne sait pas pourquoi Dante n'y a pas inséré quelques vers français de ce temps-là. Une semblable fantaisie pouvait lui passer par la tête (Voyez *Enfer*, chant XV, p 66, not 2, ce que Brunetto, maître de Dante, dit dans son *Tresor* de la langue française d'alors : « *François est plus délectables lengages et plus communs que moult d'autres.* »

Raynouard, de l'Académie française, haute et puissante et inattaquable autorité en ce qui concerne la langue provençale, a composé une importante explication de ce passage, il l'a intitulée : « Rétablissement du texte de la *Divine Comédie*, 26ᵉ chant du Purgatoire, où le troubadour Arnaut Daniel s'exprime en vers provençaux. »

Raynouard y place une notice excellente sur Giraud de Borneil qui jouissait alors d'une immense réputation, et il remarque avec insistance que Dante a su combattre cette opinion générale pour accorder la préférence à Arnaut Daniel.

ni ne veux me cacher a vous : je suis *Arnaut qui pleure et vais chantant ; je vois avec chagrin ma folie passée ; mais je vois avec transport le bonheur que j'espère a l'avenir. Maintenant je vous supplie, par cette vertu qui vous guide au sommet, sans que vous éprouviez le tourment du froid ni celui du chaud, qu'il vous souvienne de soulager ma douleur.»*

Ensuite il se perdit dans le feu qui purifie les âmes.

Les personnes qui voudront connaitre des détails plus circonstanciés que je n'ai pu donner ici, trouveront ce travail si intéressant dans un des numéros du *Journal des Savants*, mois de février 1830.

Comme j'ai traduit le discours d'Arnaut sur le texte recomposé par Raynouard, je crois devoir donner ce même texte que beaucoup d'éditeurs nouveaux ont adopté déjà en Italie, et qui paraît celui qu'il faut préférer pour toutes les futures éditions de Dante. On permettra aux Français qui subissent respectueusement la loi péninsulaire dans tout ce qui concerne les variantes de la *Divine Comédie*, on permettra aux Français de défendre ici la restitution donnée par l'un de leurs compatriotes, le plus versé dans la connaissance d'une telle question. Dante a dû écrire ainsi ces vers :

Tan m'obellis vostre cortes deman
Ch' ieu non me puesc ni m voil a vos cubrire
Ieu sui Arnauts che plor e vai cantan
Consiros vei la passada follor
E vei jauzen lo jor qu'esper denan
Aras vos prec, per aquella valor
Que us guida al som sens freich e sens calina
Sovegna vos atemprar ma dolor.

CHANT XXVII.

Le soleil lançait ses premiers rayons [1] là où son créateur répandit le sang qui nous racheta de nos fautes, à l'heure où l'Ebre roule ses eaux sous la Balance, et où le Gange vomit ses flots enflammés par le midi; et pour nous le jour finissait, quand l'ange de Dieu [2] nous apparut plein de joie; il était hors de la flamme, et chantait d'une voix plus éclatante que celle des mortels : « *Heureux ceux qui ont un cœur pur* [3]! » Ensuite il dit, quand nous fûmes près de lui : « Ames saintes, on ne passe pas outre, si auparavant le feu ne vous mord; entrez dans les flammes; ne soyez pas sourds à la voix que vous allez entendre plus loin. » Ces paroles me glacèrent de terreur, et je devins froid comme celui qui va être déposé dans la terre. Je levai mes deux mains en signe d'étonnement, regardant ces flammes, et me rappelant vivement

---

1. Le soleil allait éclairer Jérusalem, et comme Jérusalem est l'antipode du lieu où se trouvait le poëte, il veut dire que la nuit allait commencer à étendre son voile sur le Purgatoire. A cette même heure, l'Èbre, fleuve de l'Espagne, roule ses ondes enflammées sous le signe de la Balance, et le Gange, fleuve des Indes, vomit ses flots ardents, parce qu'il est midi dans cette partie de la terre. Cette autre citation du Gange prouve ce que j'ai dit à propos de la croix du sud. (*Purgatoire*, chant I, page 170, note 1.)

2. L'ange commis à la garde de ce cercle. Dante a traversé tous les cercles, sans éprouver aucune résistance, mais il paraît qu'il avait mérité une purification particulière, et assez solennelle, dans le cercle de la luxure. L'ange lui ordonne à lui-même de traverser les flammes. Cependant il n'a pas porté les fardeaux dans le premier cercle; il n'a pas été revêtu du manteau fatal dans la prison des envieux; il n'a pas été obligé de s'arrêter au milieu de la fumée épaisse et amère qui obscurcit le cercle de la colère, ni de courir avec ardeur dans le cercle de la paresse, enfin il n'a pas été renversé à terre dans le cercle de l'avarice, ni forcé de tourner sur le sol rocailleux du cercle de la gourmandise, mais l'amant passionné de Béatrix, de Gentucca, et peut-être de beaucoup d'autres, se condamne ici lui-même, et il y a dans cet épisode une bonne foi maligne qui mérite d'être remarquée.

3. *Beati mundo corde, quia ipsi Deum videbunt* (Saint Matthieu.)

les corps humains que j'avais vus condamnés au supplice du feu[1]. Mes bons guides se tournèrent vers moi, et Virgile me dit : « Mon fils, ici l'on peut souffrir un tourment et non pas la mort. Souviens-toi, souviens-toi : si je sus garantir ta vie sur les épaules de Géryon[2], que ne ferai-je pas maintenant que je suis près de Dieu ! Tiens pour certain que si tu étais mille années dans ces flammes, tu ne sentirais pas brûler un de tes cheveux ; et si tu crois que je te trompe, assure-t'en toi-même en approchant de ce feu un pan de ton vêtement. Dépose désormais, dépose toute crainte ; tourne par ici, et continue ta route avec sécurité. » Mais je me tenais immobile, malgré ce que me prescrivait ma conscience. Quand Virgile vit que j'étais ainsi arrêté avec une sorte d'obstination, il se troubla un peu, et dit : « Mon fils, entre Béatrix et toi, il n'est que cette muraille[3]. »

De même qu'au nom de Thisbé, Pyrame, prêt à mourir[4], ouvrit les yeux, et la regarda sous le mûrier, qui depuis produisit des fruits noirs, de même ma dureté étant vaincue, je me tournai vers mon sage maître, en entendant ce nom qui

---

[1]. Il devait aussi se rappeler les expressions terribles de la sentence lancée contre lui « *Igne comburatur sic quod moriatur.* » Cette sentence est citée par Tiraboschi, et porte la date du 10 mars 1301, ce qui veut dire aujourd'hui 10 mars 1302, parce qu'alors, pour les Florentins, l'année commençait le 25 mars (Voyez *Hist. de Dante*, p. 125, et plus haut *Purgatoire*, chant XX, pag. 272, note.)

[2] Voyez *Enfer*, chant XVII, page 75.

[3] Une telle réflexion devait précipiter dans les flammes un homme comme notre poète, cependant il balance encore, puisque Virgile ajoute : « *Come! volemci star di qua?* » Alors Dante se décide, mais il trouva la chaleur de la flamme si âpre et si forte, que pour se rafraîchir, il se serait jeté dans une chaudière de verre bouillant. Virgile continue de l'encourager, lui parle de Béatrix, et lui dit : « Il me semble déjà voir ses yeux » Ginguené observe qu'il y a un grand charme dans ce souvenir puissant et irrésistible d'une passion si ancienne et si pure. « En s'échappant pour la dernière fois ajoute ce critique judicieux et spirituel, en s'échappant de ce séjour où le sentiment de l'espérance est toujours flétri par le spectacle des peines, le poëte désormais, tout entier à l'espérance, parait s'élancer dans un cercle tout nouveau d'idées, de sentiments et d'images entouré, par la force de son imagination créatrice, d'objets riants et mystérieux, il donne à son style, pour les peindre, la teinte même de ces objets. Sa marche, son repos ses moindres gestes sont fidèlement retracés, il puise ses comparaisons, comme ses images, dans les tableaux les plus simples et les plus doux de la vie champêtre » (*Hist. litt.*, II, 180.)

[4]. Voyez la fable des deux jeunes Babyloniens, Pyrame et Thisbé (Ovide, *Met.*, liv. IV.) Le mûrier, qui produisait des fruits blancs, produisit ensuite des fruits d'une couleur vermeille

domine toujours dans mon cœur; alors il remua la tête, et dit : « Hé bien! voulons-nous donc demeurer ici? » Ensuite il me sourit comme on fait à un enfant qu'a vaincu l'offre d'un fruit. Mon guide me précéda pour entrer dans le feu, en priant Stace, qui avait toujours marché avant moi, de me suivre à son tour. Quand je fus au milieu de ces flammes, je me serais jeté, pour me rafraîchir, dans une chaudière de verre bouillant, tant la chaleur était démesurée. Pour me donner du courage, mon père chéri me parlait de Béatrix en marchant, et me disait : « Il me semble déjà voir ses yeux! » Nous étions guidés par une voix qui chantait; en la suivant, nous sortîmes des flammes, et nous arrivâmes là où l'on montait encore. Il partit d'une lumière voisine, que je ne pus regarder fixement, une voix qui dit : « *Accourez, les bénis de mon père*[1]. » La même voix continua ainsi : « Le soleil va disparaître; le soir approche; ne vous arrêtez pas; regardez bien votre chemin avant que l'occident soit plongé dans les ténèbres » Le sentier montait droit devant nous; mon ombre, formée par le soleil qui baissait, précédait mon corps. A peine avions-nous franchi quelques marches, que mes guides et moi nous vîmes, à la hauteur de l'ombre, que le soleil disparaissait. Avant que l'horizon se fût revêtu des mêmes couleurs dans toutes ses immenses parties, et que la nuit eût également distribué partout ses ténèbres, nous nous fîmes chacun un lit d'un degré; mais c'était moins le plaisir de nous arrêter que l'âpreté de la montagne qui nous ôtait la faculté de continuer le chemin.

Telles que les chèvres qui, avant d'avoir pris leur pâture, se sont hasardées, avec témérité, sur la cime des montagnes, et ensuite, pendant la chaleur du jour, ruminent silencieusement à l'ombre, gardées par le pasteur appuyé sur la houlette avec laquelle il doit les protéger; tel que le berger qui veille la nuit autour de son troupeau pour que les bêtes fe-

---

[1] Paroles de Jésus-Christ dans saint Matthieu, chapitre XXV.

roces ne viennent pas le disperser : tels nous étions tous trois entourés de toutes parts par la montagne, moi comme la chèvre, et mes guides comme les bergers[1]. On ne pouvait que difficilement voir le ciel ; mais, dans le petit nombre d'étoiles que j'apercevais, je remarquais qu'elles étaient plus claires et plus grandes qu'à l'ordinaire.

Pendant que j'étais occupé à les regarder et à ruminer en moi-même, je fus surpris par le sommeil, par ce sommeil messager, qui souvent rapporte les événements avant qu'ils arrivent.

A l'heure, je crois, où Cythérée[2], qui paraît toujours brûler d'un feu d'amour, commençait à s'élever sur l'horizon de la montagne, il me parut que je voyais en songe une femme jeune et belle qui cueillait des fleurs dans un pré, et qui disait en chantant : « Quiconque demande mon nom, saura que je suis Lia[3], et que je tresse une guirlande de mes belles mains. Ici je me pare pour me plaire à moi-même, quand je me réfléchirai dans le miroir divin ; mais ma sœur Rachel ne quitte jamais le sien et le contemple tout le jour ; elle prend plaisir à y considérer ses yeux célestes, comme moi je m'étudie à m'orner de mes mains : il lui plaît de contempler, à moi d'agir. »

Déjà l'aube qui est agréable aux pèlerins, d'autant plus qu'ils se rapprochent de leur patrie, dissipait les ténèbres et mon sommeil : je me levai en voyant les maîtres respectables déjà debout. Virgile me dit : « Ce doux fruit[4] que les mortels recherchent avec tant d'avidité, doit aujourd'hui apaiser ta faim. » Jamais généreuses *étrennes* ne firent plus de plaisir que ces mots. Mon désir d'arriver s'augmentait d'un tel dé-

---

[1] Quel charme dans cette naïveté ! Moi comme la chèvre, et mes guides comme les bergers ! Ginguené a eu raison de louer les comparaisons qui abondent dans ce passage (Voyez plus haut pag 311 note 3)

[2] Au lever de l'aurore

[3] Lia, fille de Laban, première femme du patriarche Jacob — Rachel, autre fille de Laban et seconde femme de Jacob, prise ici pour la vie contemplative

[4] Les biens célestes

sir, qu'à chaque pas je sentais s'accroître les ailes nécessaires à mon vol.

Quand nous eûmes parcouru l'escalier sacré, et que nous eûmes atteint la partie la plus élevée, Virgile fixa sur moi ses regards, et me dit : « Mon fils, tu as vu le feu éternel[1] et les flammes qui n'ont qu'un temps, et tu es arrivé à un point où, par moi seul, je ne discerne plus rien. Je t'ai conduit ici avec toutes les ressources de mon esprit et de ma science. Prends pour guide maintenant ta volonté, qui ne peut plus te tromper : tu es sorti des voies difficiles et ténébreuses. Vois le soleil qui éclaire ton front, vois l'herbette, les fleurs et les arbrisseaux que cette terre produit d'elle-même : en attendant que ces beaux yeux, qui, par leurs larmes, m'ont envoyé vers toi, viennent pleins de joie dans ce séjour, tu peux t'asseoir ou marcher parmi ces fleurs. N'attends plus que je te parle ou que je t'instruise. Ton libre arbitre est droit et sain ; tu ne pourrais que faillir en ne le suivant pas pour règle : aussi je te couronne roi et te *mitre* père spirituel de tes propres pensées[2]. »

---

[1] Rien de plus touchant et de plus tendre que ce discours de Virgile c'est une espèce de récapitulation très-abrégée du voyage en enfer et dans les cercles du Purgatoire.

Jacques de La Lana prétend que dans les derniers vers, au lieu de « *perch'io te sopra te corono et mitrio,* » il faut lire : « *Perch'io te sopra* ME *corono e mitrio.* » Et il l'explique ainsi : « Tu re- « cevras, à cause de cette *Comédie*, plus « d'honneur que moi, car je n'atteins « pas, par ma science, aussi haut que « tu t'élèveras. » Le même commentateur ajoute : « Il en faut conclure que « Dante se fait poëte plus excellent que « Virgile » Mais cette explication n'est pas supportable. Dans plus de quarante éditions que j'ai consultées, et particulièrement dans toutes les éditions d'après Lombardi, et dans l'édition d'Udine et tant d'autres, il y a *te sopra te*, Dante n'a pas à se reprocher une fatuité telle que celle qu'on suppose ici. Il était homme, quoi qu'on en dise, de trop bon goût pour mettre une pareille impertinence dans la bouche de Virgile

Tout ce discours du sage de Mantoue a cela de charmant qu'il nous prépare à la disparition de l'aimable guide, qui en effet n'a plus rien à faire, comme païen, dans les régions où Dante va s'élever.

[2] Je sais bien que le mot *mitre* seul est français, mais comme Dante a dit *mitrio*, je hasarde cette liberté dont le poëte seul sera responsable, et je l'ai mise d'ailleurs sous la protection des expressions les plus nobles de notre langue. Car y a-t-il rien de plus brillant que les mots *couronne* et *mitre* ! Ici, pour ce dernier mot je ne demande excuse à personne, et je suis, certainement, tout à fait en règle avec la page 214 du *Dictionnaire de l'Académie*, tome second.

CHANT XXVIII.

Désirant chercher de toutes parts la forêt divine qui est ornée de plantes si belles et d'ombrages si frais, et dont la verdure tempérait l'éclat du jour naissant, je m'avançai lentement, lentement, sans attendre davantage, en marchant, à travers la campagne, sur un sol qui exhalait des odeurs délicieuses.

Un vent léger, qui n'était soumis à aucune altération, me frappait le front comme un doux zéphyr, et agitait les feuilles du côté où se forme la première ombre sur la montagne sacrée[1] : mais elles n'étaient pas tellement agitées que les oiseaux qui habitaient la cime des arbres, cessassent leurs doux concerts. Pleins de joie ils accueillaient la naissance de l'aurore par des chants, au milieu des feuilles qui semblaient répondre à cette mélodie. Tel est le bruit qui se répand, de rameau en rameau, à travers la forêt de pins de Chiassi[2], quand Éole met en liberté le *Sirocco*.

Mes pas, quoique ralentis, m'avaient déjà conduit dans l'antique forêt; mais je ne pouvais reconnaître comment j'avais pu y entrer. Je vis le chemin interrompu par un ruisseau qui, coulant à gauche, rafraîchissait mollement l'herbe de ses rives. Toutes les eaux de la terre, les plus pures, paraîtraient troubles à côté de celle-ci, où tout se réfléchissait à l'instant, quoiqu'elle coulât rembrunie, rembrunie, sous une ombre perpétuelle qui n'y laissait pénétrer ni le soleil ni

---

1. Du côté de l'Occident.
2. Située sur le bord de l'Adriatique, près de Ravenne —*Sirocco*, vent humide du sud-est. Il regne fréquemment à Rome. Un célèbre médecin de cette ville disait « La *tramontana* (le vent du nord) *sara buona, il sirocco e l'amico* »

la lune. Je m'arrêtai, et mes yeux s'avancèrent au delà du fleuve pour y considérer la grande variété des arbres verdoyants. Là, de même qu'il apparaît souvent à l'esprit un spectacle qui absorbe toute l'attention, il m'apparut une femme solitaire qui chantait en cueillant les fleurs dont le chemin était orné. Je parlai ainsi : « O toi, vierge si belle, qui t'embrases à des rayons d'amour, si je dois en croire les traits qui peignent ton cœur, daigne approcher sur le bord de ce ruisseau, pour que je puisse comprendre ce que tu chantes: Tu me rappelles Proserpine [1] dans le temps où sa mère la perdit, et où elle-même perdit le printemps de la terre. »

Ainsi que se tourne la danseuse légère, qui effleure le sol avec grâce, en paraissant ne faire aucun mouvement, et glissant à peine un pied devant l'autre, la jeune femme se tourna vers moi à travers les fleurs resplendissantes des couleurs de l'or et de la rose, semblable à une vierge qui abaisse ses yeux modestes : puis elle m'accorda ma demande, en s'approchant tellement que j'entendis distinctement ses douces paroles.

Aussitôt qu'elle fut arrivée sur le bord où l'eau baigne les fleurs, elle me fit le don de lever ses yeux. Je ne crois pas qu'il ait brillé une aussi vive lumière sous les sourcils de Vénus, que blessa par mégarde son fils qui n'a pas l'habitude de blesser sans malice [2]. La vierge me souriait, de la rive droite du fleuve, et continuait de cueillir les fleurs que la terre produit sans semence. Il ne nous séparait que de trois pas; mais l'Hellespont où passa Xercès [3], dont l'exemple devrait servir de frein à tous les orgueils humains, n'excita

---

[1] Voyez les *Metamorphoses d'Ovide*, liv. V. On lit dans la partie mythologique de la *Biographie universelle*, que Proserpine, fille de Jupiter et de Cérès, cueillant des narcisses accompagnée de Vénus, de Junon, de Minerve, des nymphes et des silènes, quand elle fut enlevée par Pluton, alors suivant que veut dire Dante, Cérès perdit sa fille, et Proserpine emportée aux enfers perdit le printemps, la saison pendant laquelle Pluton l'avait trouvée cueillant des fleurs.

[2] Voyez les *Metamorphoses d'Ovide*, liv X, vers 128.

[3] Xerces avait fait disposer un pont de bateaux sur l'Hellespont. Leandre habitait Abydos sur la côte d'Asie, et Hero qu'il aimait, habitait Sestos sur les côtes d'Europe

pas plus le dépit de Léandre qui se jetait à la mer entre Sestos et Abydos, que ce fleuve qui alors ne s'ouvrit pas devant moi. Elle nous parla en ces termes : « Vous êtes ici étrangers [1], et vous croyez peut-être que je ris de vous, parce que je souris dans ce lieu choisi pour être le nid de l'humaine nature; mais le psaume où il est dit : « *Vous m'avez réjoui* [2], » doit lever le voile qui cachait la vérité à votre entendement. Toi qui es devant, et qui m'as priée de parler, dis, veux-tu quelque autre explication de moi? Je suis venue pour répondre à tes questions; qu'il te suffise de le savoir. »

Je parlai ainsi : « Cette eau et le bruit que j'entends dans la forêt combattent en moi une foi toute contraire que l'on m'a communiquée [3]. » La vierge reprit : « Je te dirai quelle est la cause de ton étonnement, et je dissiperai les ténèbres qui obscurcissent ta raison.

« La souveraine béatitude, qui ne se complaît qu'en elle-même, créa l'homme innocent et porté au bien, et lui donna ce lieu pour arrhes de la paix éternelle. A cause de sa faute, l'homme demeura ici peu de temps [4]; à cause de sa faute, il changea en plaintes et en gémissements une joie honnête et des plaisirs purs : afin que les désordres que nécessitent, plus bas, les exhalaisons de l'eau et de la terre, qui sont produites par la chaleur du soleil, ne vinssent pas troubler l'homme dans ce séjour, ce mont fut ainsi élevé vers le ciel, et il est exempt de ces révolutions de l'atmosphère, depuis l'espace qui s'étend ici jusqu'à la porte qui le ferme. Or, comme, dans

---

1 Dante ne nous parle plus des deux poëtes, mais ils le suivaient, et la vierge voit trois personnages s'avancer vers elle.

2. Dans le psaume 91, v 6, on lit : « *Delectasti me, Domine, in facturá tuá et in operibus manuum tuarum exaltabo* » La belle vierge veut dire : « Le texte de ce psaume donne à entendre pourquoi ici on s'arrête et pourquoi on y goûte des joies ineffables »

3 Stace a dit au poëte que depuis la porte du Purgatoire, jusqu'au haut de la montagne, l'air n'éprouve aucune altération des pluies, des vents, etc Voyez chant XXI, page 279

4 Le lieu dans lequel se trouve le poëte est le Paradis terrestre, où l'homme resta peu de temps Il ne fallut que sept heures, de l'aube jusqu'à midi, pour qu'Ève fût tentée, devînt gourmande, fît cueillir la pomme par Adam la mangeât, et se vît chassée du Paradis

ce circuit immense, l'air, s'il peut parcourir le tour du cercle à cette hauteur qui n'est sujette à aucune altération, est mis en mouvement avec le premier mobile¹, un tel mouvement en imprime un à la forêt, parce qu'elle est touffue. La plante frappée cause le vent qui, en tournant, produit lui-même une secousse. L'autre terre², suivant qu'elle est digne, ou par elle-même, ou par le ciel dont elle obtient les influences, conçoit et produit des fruits de diverse nature. Après avoir entendu cette explication, on ne serait pas étonné de trouver des plantes sans en avoir auparavant connu la semence. Tu dois savoir que la plaine sacrée où tu te trouves est remplie de toutes sortes d'arbustes couverts de fruits qu'on ne recueille point sur la terre. L'eau que tu vois ne provient pas d'une source entretenue par des vapeurs retombées du ciel, comme les eaux d'un fleuve qui perd et recouvre ses ondes; mais elle sort d'une fontaine invariable et éternelle qui retrouve dans la volonté de Dieu tous les flots qu'elle verse par ses deux canaux. De ce côté elle descend avec une vertu qui ôte la mémoire du péché; de l'autre elle donne le souvenir de chaque bienfait; d'un côté elle s'appelle Léthé³, et de l'autre Eunoé. Ces fleuves ne produisent leur effet que quand on a bu de tous les deux. Leurs eaux ont une saveur qui surpasse celle des autres, et quoique tu doives être assez satisfait pour que je ne t'entretienne pas

---

1 Il est difficile ici de suivre le raisonnement de la belle vierge qui parle avec Dante, et que tous les commentateurs assurent être la comtesse Mathilde, qui enrichit l'Eglise de Rome de tant de bienfaits. Le poète appellera clairement cette femme Mathilde, plus loin, chant XXXIII, vers 119. elle veut dire, « il est vrai, comme l'a prétendu Stace, que l'air dans cette partie de la montagne n'est pas agité par les vents, etc ; mais il éprouve une sorte d'agitation, parce qu'il est entraîné dans le tourbillon du premier mobile qui gravite d'Orient en Occident avec tous les autres cieux placés au dessous. L'air entraîné avec le premier mobile en reçoit le mouvement que tu entends dans la forêt » Pourquoi des idées aussi douces, aussi suaves que celles qui sont répandues dans ce chant avec une fraîcheur de style, vraiment admirable, sont-elles gâtées par des taches aussi multipliées, et des définitions physiques si obscures?

2. L'autre terre, la terre que les hommes habitent

3 Lethe, mot dérivé du grec, Λήθη, qui veut dire *oubli*. Eunoé, également dérivé du grec, Εὔνοια, et qui veut dire, suivant Lombardi, *Buona mente*, et bon entendement, suivant Grangier.

LE PURGATOIRE, CHANT XXVIII.   319

davantage, je t'accorderai, par une grâce particulière, un *corollaire*¹ ; et je ne pense pas que mes paroles te soient moins précieuses, parce que je t'aurai parlé plus que je ne t'ai promis. Les poetes qui ont décrit autrefois l'âge d'or et son état heureux, ont peut-être placé ce lieu sur le Parnasse. Mais c'est ici que les premiers hommes vécurent dans l'innocence ² ; ici ils trouvaient un printemps continuel ³ et les fruits les plus exquis. Cette eau enfin est le nectar tant célébré. »

Alors je me tournai vers mes poetes chéris ⁴, et je vis qu'ils avaient souri à ces dernières explications ; ensuite je fixai mes yeux sur la femme belle.

1 « Corollaire, proprement, signifie un « chapeau composé de toutes sortes de « fleurs qui soit comme une couronne, « mais par métaphore se prend pour une « conclusion qui embrasse toutes les « choses susdites. » (Grangier.)
2 Adam et Ève habitèrent ce lieu.
3 Il fait allusion à ce passage d'Ovide :
« *Ver erat æternum,* » et à cet autre passage : «*Jam flumina nectaris ibant* »
4 Il nous rappelle que Virgile et Stace sont encore auprès de lui. Comme ils n'ont pas parlé depuis longtemps, on pouvait croire qu'ils l'avaient quitté. Il fixe ensuite les yeux sur la femme belle, sur la Vierge qui cueillait des fleurs.

CHANT XXIX.

La Vierge finit par chanter, avec l'accent d'une femme enflammée d'amour, ces saintes paroles : « *Heureux ceux dont les péchés sont remis* [1]. » Et telle que ces nymphes qui s'échappent dans les forêts, les unes pour voir, les autres pour fuir le soleil, elle s'avança contre le cours du fleuve en côtoyant ses bords; et j'imitais, en la suivant d'un petit pas, sa marche ralentie. Nous eûmes à peine, nous deux, achevé cent pas, que les deux rives du fleuve tournèrent, et que je pus continuer de marcher au levant. Nous nous avançâmes encore peu de temps, et la Vierge se tourna tout à fait vers moi et me dit : « Frère, regarde et écoute. » Une lueur subite traversa la forêt dans toutes ses parties, et je crus que c'était un éclair; mais comme un éclair s'évanouit aussitôt qu'il a paru, et que cette splendeur continuait de briller, je disais en moi-même : « Quel est ce spectacle? » Une mélodie douce récréait l'air lumineux : un juste zèle me fit alors blâmer la hardiesse d'Ève [2]. Là où le ciel et la terre obéissaient à Dieu, cette femme seule, qui venait à peine d'être formée, ne put souffrir aucun voile [3] : si elle s'était soumise pieusement à son devoir, j'aurais senti plus tôt et plus longtemps les ineffables voluptés de ce séjour. Tandis que je m'avançais, tout interdit, parmi tant de premices du plaisir éternel, et que j'avais le désir de goûter des joies nouvelles, tout l'air me parut s'enflammer devant moi sous la verdeur des rameaux, et je compris que le doux son que j'avais entendu était un

---

1. Paroles du psaume 31.
2. Parce qu'elle nous a fait perdre un séjour aussi enchanté
3 Aucun voile d'ignorance Ève a voulu trop savoir, et elle a fait commettre le même péché a son époux

chant mélodieux. O Vierges saintes [1] ! si jamais, pour obtenir vos faveurs, j'ai supporté la faim, le froid et les veilles, une nécessité veut que j'implore ici votre secours. Il faut que la fontaine d'Hélicon m'abreuve de ses eaux inspiratrices, et qu'Uranie et ses sœurs accourent à mon aide, pour que je puisse dignement préparer et mettre en vers des choses fortes à penser. La longue distance me fit croire ensuite que j'apercevais sept arbres d'or ; mais quand je fus si près que cet objet sur lequel mes sens me trompaient fut pour moi facile à distinguer, la vertu qui prépare à la raison l'aliment de ses observations [2] m'apprit que je voyais des candélabres, et que les voix chantaient *Hosanna* [3]. Le bel ordre de ces candélabres leur donnait un éclat plus brillant que celui de la lune, lorsqu'elle paraît à minuit dans son plein, et par un temps calme. Rempli d'admiration, je me retournai vers le bon Virgile [4], et je vis que ses yeux n'annonçaient pas moins d'étonnement que les miens. Je reportai mes regards sur les hauts candélabres qui s'avançaient avec plus de lenteur que les jeunes épouses [5]. La Vierge me cria : « Pourquoi te complais-tu seulement à regarder ces vives lumières, et ne considères-tu pas ce qui les suit ? » Alors je vis des personnages vêtus de blanc suivre ces candélabres comme leurs guides. Jamais la blancheur de leurs vêtements n'a pu être imitée sur la terre. L'eau réfléchissait ce doux éclat, et comme un

---

1 Il ne faut pas chicaner le poète sur cette intervention des divinités profanes : on doit y être accoutumé Il invoque les Muses — L'Hélicon, sommet du Parnasse où naît la fontaine de Pégase, dédiée aux Muses — Uranie, qui préside aux choses célestes.

2 La vertu estimative, dit Lombardi L'intelligence, suivant Venturi.

3 « Mot hébreu qui signifie sauve, ou vivifie, ou foy nous saulves, ou notre salut. Nom attribué à Jésus Christ « *Osanna fili Dei, osanna in excelsis* » (Grangier)

4 Il y a ici un art prodigieux Virgile *a pris congé*, mais il n'a pas encore quitté Dante, et le poëte ne paraît pas soupçonner que Virgile l'abandonnera sitôt

5 « Les nouvelles épouses, dit Grangier, ont de coutume, pour garder quelque modestie et gravité, de cheminer lentement » — « Les nouvelles épouses, reprend Venturi, vont lentement, pour ne rien déranger à leur toilette et à la grande quantité d'ornements qu'elles portent, et qu'elles ne sont pas habituées à porter »
Ce tableau de Dante rappelle la noble et touchante composition des noces Aldobrandines.

miroir, si je la regardais, elle réfléchissait aussi à gauche les traits de ma personne. Quand, de mon côté, je fus arrivé à un point où le fleuve seulement me séparait de ce cortége, je m'arrêtai pour mieux considérer ce spectacle; je vis alors des flammes se détacher des candélabres, et s'approcher comme des pinceaux qui laissaient derrière eux l'air empreint de leurs vives couleurs, et le chargeaient de sept lignes offrant les teintes de l'iris et celles de la ceinture dont est ornée la nymphe de Délos [1]. Ces lignes colorées s'étendaient au delà de ma vue, et autant qu'il me semblait, le premier candélabre était éloigné de dix pas du suivant. Sous ce beau ciel que je viens de décrire, marchaient, deux à deux, vingt-quatre vieillards couronnés de lis; tous, ils chantaient : « *Sois bénie entre les filles d'Adam* [2] ! Que tes beautés soient bénies éternellement ! » Après que tous ces personnages élus eurent traversé la prairie qui était devant moi, couverte de fleurs et de frais gazons, je vis, comme on voit dans le ciel les étoiles succéder aux étoiles, quatre animaux s'avancer couronnés de feuilles verdoyantes; ils avaient chacun six ailes dont les plumes étaient remplies d'yeux, comme seraient ceux d'Argus, s'ils étaient vivants. Lecteur, je ne dépense plus mes vers à décrire la forme de ces animaux mystérieux; la nécessité me force ici à être précis, mais lis Ézéchiel [3] qui les dépeint tels qu'il les vit venir des froides régions, au milieu des vents, des nuages et des flammes: ils étaient tels qu'il les a décrits dans sa prophétie, à l'exception des plumes, pour lesquelles je suis d'accord avec Jean, qui s'éloigne du rapport d'Ézéchiel. Entre les quatre animaux, on voyait un char triomphal porté sur deux roues, et traîné par un griffon : ses ailes étendues au delà de la vue, s'élevaient au-dessus de la ligne de feu du milieu, et les trois et trois autres [4], sans les rompre. Dans une portion du corps de

---

[1] La nymphe de Délos, la lune.
[2] Paroles de l'archange Gabriel à la Vierge Marie.
[3] Voyez Ezechiel, cap. I.
[4] Il y avait sept candélabres dont se détachaient sept lignes de feu, les ailes

ce griffon qui avait la forme de l'aigle, les membres étaient d'or; dans l'autre, ils étaient blancs mêlés de pourpre. Non-seulement Rome ne rejouit pas l'Africain ni même Auguste[1] dans un char si brillant; mais celui même du Soleil n'aurait pas répandu tant d'éclat, celui du Soleil que l'ignorance laissa foudroyer par la justice secrète de Jupiter, qui accorda cette grâce aux prières de la Terre suppliante. Du côté de la roue droite, on voyait danser en rond trois femmes : l'une était si rouge, qu'on l'aurait à peine distinguée dans le feu; l'autre semblait avoir des chairs d'émeraude; la troisième avait la blancheur de la neige fraîchement tombée : elles étaient guidées tantôt par la femme blanche, tantôt par la femme rouge, et pendant que chantait cette dernière, les autres continuaient de danser en rond avec plus ou moins de vélocité. A la gauche du char, on voyait danser quatre autres femmes habillées de pourpre : elles suivaient une d'elles qui avait trois yeux à la tête. Après ce spectacle, je vis deux vieillards différemment vêtus, et tous deux dans une attitude vénérable et tranquille. L'un paraissait avoir l'habit des disciples de ce grand Hippocrate dont la nature fit présent aux êtres animés qui lui sont le plus chers. L'autre montrait un soin différent en tenant une épée brillante et aiguë qui m'effraya, quoique je fusse de l'autre côté du fleuve. Je vis ensuite quatre personnages d'une humble contenance, et derrière eux, j'aperçus un vieillard seul qui dormait, mais avec une figure vive et spirituelle : les sept derniers avaient les mêmes vêtements que les vingt-quatre premiers; mais des couronnes de lis n'ornaient pas leurs têtes. Ils portaient des tresses de roses et d'autres fleurs vermeilles, tellement que celui qui n'aurait pas été à une grande distance, aurait juré que le sommet de leur tête était envi-

---

du griffon, qui traînait le char triomphal, s'étendaient au-dessus de la ligne de feu du milieu et des trois et trois autres, c'est-à-dire des six autres qui étaient à droite et à gauche.

[1]. On voit bien qu'il s'agit de Scipion l'Africain et de César-Auguste. Ce dernier triompha trois jours de suite

ronne de flammes. Quand le char fut vis à vis de moi[1], on entendit un coup de tonnerre : les saints personnages parurent interdits et s'arrêtèrent avec les candélabres et tout le cortége.

1. Il convient de donner ici une explication générale de toute cette allégorie. Ce char et tout le cortége qui l'accompagne sont des inventions imitées d'Ezechiel et de l'Apocalypse : le char est l'Église, les sept candélabres sont les sept grâces de l'Esprit-Saint, c'est à-dire la sagesse, l'intelligence, le conseil, la force, la science, la piété, la crainte de Dieu. Les personnes vêtues de blanc qui suivent les candélabres sont les patriarches et tous ceux qui crurent en Jésus-Christ devant venir. Les flammes qui, comme des pinceaux, laissent l'air empreint de leurs vives couleurs et le chargent de sept lignes offrant la teinte de l'Iris, sont les sept sacrements de l'Église. Par les vingt quatre vieillards, le poëte entend les vingt-quatre livres de l'Ancien Testament. Ces vieillards sont couronnés de lis, symbole de la foi. Par les quatre animaux couronnés de fleurs verdoyantes, il entend ensuite les quatre Évangélistes, saint Matthieu, saint Marc, saint Luc et saint Jean. Le griffon moitié lion et moitié aigle est Jésus-Christ, qui possède les deux natures. Les deux roues du char sont l'Ancien et le Nouveau Testament. Les trois femmes qui dansent en rond du côté de la roue droite sont les trois vertus théologales, la foi, l'espérance et la charité. La femme rouge est la charité ou l'ardent amour de Dieu. La femme qui semble avoir des chairs d'émeraude est l'espérance. La femme blanche comme la neige fraîchement tombée, est la foi. Du côté de la roue gauche, qui représente l'Ancien Testament, dansent quatre autres femmes vêtues de pourpre, la tempérance, la force, la justice et la prudence. C'est la prudence qui a trois yeux à la tête. Des deux vieillards qui suivent, l'un qui a l'habit des disciples d'Hippocrate, est saint Luc, qui a écrit les actes des apôtres (il était en effet médecin, voyez saint Paul); l'autre, qui tient une épée brillante et aiguë, est saint Paul. Les quatre personnages d'une humble contenance sont : les apôtres Jacques, Pierre, Jean, et Jude, frère de Jacques. Le vieillard seul qui dort, et dont on distingue la figure vive et spirituelle, est saint Jean, auteur de l'Apocalypse. Il y a des vers d'une grande beauté dans toute cette description. J'ai entendu Sgricci, l'improvisateur célèbre, la réciter avec beaucoup de charme.

CHANT XXX.

Quand ce bruit eut suspendu la marche de ce Septentrion du premier ciel [1], qui ne connaît ni levant, ni couchant, ni aucune autre tache que celle du péché, et qui là instruisait chacun de son devoir, comme notre Septentrion instruit le nautonier qui veut venir au port, les saints personnages placés entre le griffon et les candélabres se tournèrent vers leur char, où ils voient leur paix éternelle; et l'un d'entre eux, comme s'il fût à cet effet envoyé du ciel, chanta trois fois à voix haute : « Épouse, viens du Liban [2]. » Les autres chantèrent les mêmes paroles après lui. De même que les bienheureux, au jour du dernier jugement, se lèveront de leur tombeau, en exerçant à des chants d'*alléluia* [3] leur voix nouvellement recouvrée, ainsi au signal de ce vénérable vieillard, cent ministres et messagers de la vie éternelle [4] se

---

[1] Nous appelons septentrion les sept étoiles de la grande Ourse, il appelle septentrion du premier ciel, les sept candélabres dont il a été parlé plus haut

[2] Un des vingt-quatre personnages, représentant le 19ᵉ livre de l'Ancien Testament, le cantique des cantiques (Voyez *Cant*, cap IV.)

[3] Ce passage donne lieu à beaucoup d'interprétations. Au lieu de *la rivestita voce alleluiando*, Biagioli, avec la Crusca, lit . *la rivestita carne alleluiando* Il critique d'une manière extraordinaire M de Romanis qui dit, *la voce alleluiando* Il dit que M le chanoine Dionigi ayant aussi adopté cette version, Ugo Foscolo (le célèbre auteur des Lettres de Jacopo Ortis) dans une note de l'un de ses autres ouvrages, a *lavé la tête* à ce chanoine. J'avoue que j'ai été étonné de voir traiter de la sorte et à propos d'une question en soi assez indifférente, M. de Romanis qui est un homme très-distingué par son honorable caractère et par ses connaissances singulièrement variées Des manuscrits de Paris portent *alleluiando* Le grand Monti avait adopté cette variante, et je me suis rangé à cet avis. La belle édition in 16 de la *Divine Comédie*, publiée par MM. Didot, en un seul volume, 1844, porte aussi *alleluiando*. c'est cette édition-là, si correcte et si pure, qu'il faut suivre, afin de bien se rendre compte des motifs que j'ai eus pour préférer tel ou tel sens dans le présent travail

[4] Des anges chantaient « Bienheureux, toi qui arrives. » Paroles des Juifs, lorsqu'ils virent Jésus-Christ entrer à Jérusalem, monté sur une ânesse. Les anges ajoutèrent « Jetons des lis à pleines mains. » (Imitation d'un passage de l'*Énéide*, chant VI, vers 878.)

levèrent de dessus le char divin ; ils disaient tous : « *Bienheureux, toi qui arrives !* » et ils jetèrent des fleurs autour d'eux, en s'écriant. « *Jetez des lis à pleines mains.* »

J'ai vu, au commencement du jour, tout l'horizon affranchi de nuages, et la partie de l'orient nuancée d'une teinte de rose, au milieu de laquelle naissait le soleil dont on pouvait supporter l'éclat tempéré par les vapeurs du matin ; de même, à travers un nuage de fleurs que jetaient ces mains angéliques, et qui retombaient de toutes parts, je vis une femme [1] qui avait les épaules couvertes d'un manteau vert : elle était vêtue d'une draperie de la couleur d'une flamme ardente ; un voile blanc et une couronne de feuilles d'olivier ornaient encore sa tête. Mon esprit, quoiqu'il y eût longtemps qu'il fût saisi de stupeur en sa présence, sans bien discerner à l'aide de mes yeux, qui pouvait être devant moi, sentit par la vertu cachée qui sortit de cette femme, la grande puissance d'un antique amour. Aussitôt que ma vue eut été frappée par cette vertu souveraine qui m'avait blessé avant que je fusse sorti de l'enfance [2], je me tournai à gauche, avec ce respect qu'éprouve l'enfant qui court à sa mère quand il a peur ou quand il est affligé, pour dire à Virgile : « Je n'ai pas une goutte de sang qui ne soit agitée : je reconnais les traits de mon ancienne flamme [3]. » Mais Virgile avait disparu,

---

[1] Cette femme est Béatrix. La couronne de feuilles d'olivier, est le symbole de la sagesse ; le manteau vert, la draperie de la couleur d'une flamme ardente et le voile blanc, sont les symboles de l'espérance, de la charité et de la foi.

[2] Il aima Béatrix, quand il avait à peine neuf ans.

[3] « *Agnosco veteris vestigia flammæ.* » Il y a ici deux mouvements de sensibilité bien touchants. Il reconnaît sa tendre et belle Béatrix, et se retourne vers Virgile pour lui dire qu'il voit enfin cette femme céleste dont son guide lui a tant parlé ; mais Virgile, ce doux père, ce compagnon si bienveillant, si attentif, ce Virgile à qui l'on avait confié le voyageur, vient tout à coup de disparaître, et l'aspect du Paradis terrestre que perdit notre ancienne mère, ne peut empêcher le poète attendri de verser des torrents de larmes.

Venturi plaisante à ce sujet. Il appelle Béatrix, *una civettina*, une petite coquette, et s'écrie : « Faiblesse honteuse d'un homme d'un si grand sens ! » Heureusement il finit par ajouter : « Mais, qu'il en soit ce qu'on voudra, je ne me connais point à tous ces délires d'amour. » Je le crois aisément. Ce passage est encore un de ceux qui m'ont le plus frappé. Dante y montre la sensibilité la plus noble, et l'on ne peut s'empêcher de partager ses tendres regrets, quand on se sépare en même temps que lui, de

Virgile ce doux père, ce Virgile à qui *Elle* avait confié mon salut; et l'aspect du séjour que perdit notre antique mère ne put empêcher mes yeux, secs jusqu'alors, de verser un torrent de larmes.

« O Dante! parce que Virgile a disparu, ne verse pas, non, ne verse pas de larmes, tu dois pleurer pour une autre blessure. » Ainsi me parla la femme céleste. Je vis, lorsque je me retournai au bruit de mon nom [1] que je dois répéter ici, qu'elle était à la partie gauche du char, comme un amiral qui va voir de la poupe ou de la proue comment manœuvrent les commandants des autres vaisseaux, et qui les encourage à bien faire : c'était la même femme qui m'avait apparu de l'autre côté du fleuve, voilée, sous le nuage de fleurs jetées par les anges; elle fixait ses yeux sur moi, quoique le voile entouré de feuilles consacrées à Minerve, et qui descendait de sa tête, ne laissât pas apercevoir ses traits. Bientôt, avec le même air altier, elle commença ainsi, telle que celui qui, en parlant, réserve, pour la fin de son discours, les invectives les plus fortes : « Regarde-moi bien, suis-je bien, oui, suis-je bien Béatrix? Comment as-tu donc daigné gravir la montagne? ne savais-tu pas qu'ici l'homme est heureux? » A ces mots, mes yeux se baissèrent sur l'onde pure; mais y reconnaissant ma confusion, je les reportai sur l'herbe, tant la honte avait abattu mon visage. Béatrix me parut insultante [2], comme une mère paraît l'être pour son fils, quand

---

ce bon et éloquent Virgile avec qui l'on n'a pas cessé de voyager, depuis qu'on s'est égaré, dès le commencement du poëme, dans la forêt *âpre, touffue et sauvage* (Voy. premier chant de *l'Enfer*, page 4.) On peut aussi remarquer que Virgile ne disparaît qu'au moment où Béatrix intervient. Il y avait là une sorte de convenance qui demandait que Virgile fût sacrifié en cet instant. Béatrix ne devait pas être négligée, et Virgile ne pouvant plus être le premier en scène, il était naturel que Dante le fît disparaître.

[1] Il ne serait pas bienséant que je parlasse ainsi de mon nom, si Béatrix ne l'avait prononcé elle-même, et en historien fidèle, je ne dois rien cacher. Si par hasard le nom de l'auteur de ce poëme se fût perdu, ce nom se serait retrouvé ici.

[2] Comparaison prise encore dans la nature un enfant à qui l'on refuse ce qu'il demande, croit que sa mère est injuste et qu'elle insulte à sa faiblesse.

il trouve une saveur amère aux reproches d'une tendresse acerbe. La femme sainte cessa de parler, et les anges chantèrent aussitôt : « *Seigneur, j'ai espéré en toi*[1]. » Mais ils ne passèrent pas la strophe où il est dit : « *Tu as placé mes pieds.* »

De même que la neige qui couvre les montagnes ombragées de l'Italie, se congèle, endurcie par les aquilons que vomit l'Esclavonie, et ensuite après s'être amollie au premier souffle du vent venu de la terre qui n'a pas d'ombre contre le soleil, se fond comme la cire est fondue par le feu ; de même je ne pus verser des larmes et pousser des soupirs avant que les êtres dont les âmes sont en harmonie avec les chants des sphères éternelles, eussent fait entendre leur douce mélodie : mais quand leurs voix suaves eurent compati à ma douleur, plus que si elles avaient dit, « Femme, pourquoi le maltraites-tu ainsi ? » la glace qui enchaînait mon cœur se fondit en un torrent de pleurs et de gémissements dont furent inondés mes yeux et ma bouche. Cependant Béatrix, immobile sur la partie droite[2] du char, adressa ces paroles aux saintes substances[3] « Vous veillez dans la divine

---

[1] Commencement du huitième psaume : « *In te, Domine, speravi, non confundar in æternum* » La strophe ou il est dit : « *Tu as placé mes pieds, etc.* » Ils ne passèrent pas la strophe où il est dit : « *Nec conclusisti me in manibus inimici, statuisti in loco spatioso pedes meos.* »

[2] L'édition d'Udine porte *Detta*, au lieu de *Destra*. Le père Lombardi appuie l'opinion qui veut défendre *Detta* Biagioli la combat, fortifié du témoignage de la Crusca. J'ai suivi l'opinion de mes confrères de Florence.

[3] Les saintes substances, les anges qui sont dans le char — Sur le seuil de mon second âge, etc. Quand Béatrix, encore jeune, changea la vie mortelle contre la vie éternelle. — Le bien qui ne tient aucune promesse : le bien que nous poursuivons sur la terre — Celui qui l'a conduit ici Virgile — Quelques larmes de repentir Si l'on a vu le poète traverser toutes les vallées de l'Enfer sans en partager les peines, monter les sentiers escarpés du Purgatoire sans être arreté dans les cercles, et n'éprouver quelque douleur que dans le cercle de la luxure, il faut convenir qu'ici on lui fait expier ses fautes avec quelque amertume, mais c'est sa Béatrix qui lui adresse des reproches : ces reproches sont remplis d'amour : on pourrait dire cependant que la femme divine y conserve quelquefois le langage de dépit et d'irritation des femmes mortelles — A propos de ces traits d'une ancienne flamme, je rapporterai quelques details des premières amours de Dante et de Béatrix que je puise dans Boccace, et dans l'excellent commentaire historique de M Ferdinand Arrivabene. Vers le printemps de 1274, Dante, âgé de neuf ans, et Béatrix, âgée de huit ans, se rencontrèrent au milieu d'une fête d'enfants La fille de Foulques avait des

lumière; le cours des siècles ne vous est dérobé ni par le sommeil, ni par l'ignorance; aussi j'expliquerai mieux ma réponse, non pas pour vous mais pour celui-là qui pleure de l'autre côté du fleuve, afin que sa douleur soit mesurée sur sa faute. Ce coupable, non-seulement par l'influence des sphères qui donne une impulsion à chaque chose naissante, selon que dominent les étoiles bienfaisantes ou maléfiques, mais par l'abondance des grâces divines, qui, en descendant sur nous, élèvent des vapeurs qu'on ne peut suivre des yeux, fut, dans son jeune âge, tellement disposé par des vertus reçues de Dieu et des cieux, que toute bonne habitude aurait produit en lui de merveilleux effets : mais le terrain mal semé

grâces singulières dans ses mouvements; elle se distinguait par des paroles graves et sérieuses Alighieri ressentit sur-le-champ une vive passion. Avec le temps, l'amour ne fit qu'augmenter, Dante n'avait de plaisir, de repos et de consolation qu'en voyant *Bice* Il prit bientôt l'habitude d'abandonner toute occupation pour aller là où il croyait la trouver Il dit lui-même: « Quelquefois l'amour m'assaillait si fortement, qu'il ne restait en moi d'autre signe de vie qu'une pensée qui me parlait de ma *Donna.* » Un jour, habillée d'un vêtement blanc, elle passait dans une rue où elle rencontra Dante qu'elle regarda, et qu'elle salua Alors, il éprouva un si délicieux bonheur de ce doux salut, que, comme enivré, il alla, à l'écart, penser à sa béatitude Une fois, dans une église, il se trouva placé de manière à pouvoir contempler Béatrix, une autre dame qui les séparait, prenant pour elle les regards enflammés du jeune Toscan, y répondit par de gracieuses *prévenances* Il adressa des vers à cette même dame afin de mieux cacher ses sentiments pour Béatrix Cependant il osa composer une épître en l'honneur des soixante plus belles femmes de Florence, il plaça le nom de Béatrix au nombre neuf, et ainsi il faillit laisser échapper son secret, pour en redevenir le maître, il chanta dans d'autres vers le départ de cette dame aux *prévenances*, qui avait quitté la ville. Béatrix rencontrant une seconde fois Dante ne lui adressa plus ce doux salut qui avait été *sa béatitude* Il se décida à découvrir toute sa passion, de peur que Béatrix ne méconnût cette tendresse, ou ne fût en colère, et des vers plus éloquents lui expliquèrent, à elle seule, ces longs tourments du poëte. Une femme plus clairvoyante que les autres devina enfin le grand secret, et dit à Alighieri : « Mais à quelle fin aimes-tu donc cette Béatrix, puisque tu ne peux supporter sa présence? dis nous-le, car le but de cet amour doit être bien nouveau » Il répondit que l'ivresse de tous ses désirs consistait dans le doux salut, et que quand ce doux salut était refusé, elle consistait dans les paroles qui honoraient l'objet de son admiration Cependant la beauté, la grâce, la magnificence de la taille de Béatrix étaient telles, qu'elle ne pouvait plus traverser les rues, qu'on ne courût au-devant d'elle on l'entourait dans les promenades Le poëte dit à ce sujet. « Quand elle était passée, si on ne la suivait pas, on s'écriait « Ce n'est pas là une femme, c'est un des plus beaux anges du ciel »

Cette merveille, hélas! devait bientôt disparaître Béatrix mourut le 9 juin 1290 âgée de vingt-quatre ans. Voilà certainement des faits qui expliquent pourquoi, dans le passage où nous nous sommes arrêtés, le poëte rappelle avec tant de feu, *la grande puissance d'un antique amour*

28.

et mal cultivé, devient d'autant plus sauvage, qu'il a plus de force et de séve. Je soutins ce coupable quelque temps par mes regards, en lui montrant mon visage enfantin ; je le conduisis dans la véritable route ; mais quand je fus sur le seuil de mon second âge, et que je changeai de vie, le parjure me quitta et se livra à d'autres. Lorsque j'eus déposé ma dépouille mortelle pour devenir plus belle et plus puissante, je lui parus moins chère et moins agréable : il tourna ses pas vers le faux chemin, en suivant les trompeuses images du bien qui ne tient aucune promesse. En vain j'obtins de Dieu pour lui de saintes inspirations par lesquelles je le rappelai pendant ses songes et pendant ses veilles, il en tint peu de compte ; il tomba si bas, que, pour assurer son salut, tous les efforts étaient vains, si je ne lui faisais connaître les races condamnées ; aussi je visitai la porte de leur empire, et mes prières et mes pleurs furent portées à celui qui l'a conduit ici. Ce coupable enfin violerait les hauts décrets de Dieu, s'il passait le Léthé et s'il goûtait de ces mets avant d'avoir, en expiation de ses fautes, versé quelques larmes de repentir. »

CHANT XXXI.

« O toi qui es au delà du fleuve sacré, me dit Béatrix sans s'arrêter, en m'adressant par la pointe, ses paroles dont le taillant m'avait paru si âcre, réponds, réponds, ai-je dit la vérité? Il faut que ton aveu confirme de telles accusations. » J'étais si confondu, que ma voix s'agita pour répondre et fut étouffée avant d'articuler un son. Béatrix attendit quelque temps, ensuite elle ajouta : « Que penses-tu? Réponds-moi, tes tristes souvenirs n'ont pas encore été lavés par les eaux saintes. » La peur et la confusion réunies m'arrachèrent un *oui* prononcé si faiblement[1], que Béatrix put apercevoir plutôt le mouvement de mes lèvres qu'elle ne put entendre ce mot. De même qu'une arbalète mal tendue fait rompre la corde et l'arc, et ne lance qu'une flèche mal assurée, de même je fus accablé sous le poids de ma honte; je versai un torrent de larmes, et ma voix ne put que péniblement se frayer un chemin. Alors Béatrix me parla ainsi : « Au milieu des nobles désirs qui te portaient à aimer le seul souverain désirable, quels ravins inabordables, quelles chaînes ont arrêté ta marche? Pourquoi as-tu sitôt perdu l'espérance d'aller en avant? Quels charmes, quels attraits se montrèrent sur le front des autres objets, pour que tu dusses ainsi te promener devant eux? » Après un soupir amer, mes lèvres à peine donnèrent passage à la voix qui répondit, en pleurant : « Les objets présents et leurs faux plaisirs ont détourné mes pas, depuis que votre visage s'est caché. » Béatrix reprit ainsi : « Quand tu tairais, quand tu nierais ta faute que tu avoues, elle n'en serait pas moins connue : un tel juge la sait! Mais lorsque l'aveu

[1] Ce *oui* veut dire ici que Béatrix a dit la vérité (Voyez ligne 4).

du péché tombe de la propre bouche du pecheur, l'epee de la divine justice est émoussée dans notre céleste cour [1]. Cependant pour que ton erreur te cause moins de honte, et pour qu'une autre fois, en entendant les sirènes, tu conserves plus de courage, cesse de verser des pleurs et écoute. Tu apprendras que mon corps enveloppé dans le linceul, devait te diriger vers un penchant tout contraire. L'art et la nature ne t'ont jamais offert autant de plaisir que les belles formes où je fus renfermée, et qui ne sont plus que poussière [2] ; et si le comble des délices te fut enlevé à ma mort, quel autre objet mortel pouvait donc exciter tes désirs? Aux premiers coups dont te frappèrent les faux biens de la terre, tu devais lever tes regards vers le ciel, en me suivant, moi, qui n'etais plus telle que j'avais été. Tu ne devais être détourné de cette contemplation sublime pour recevoir des coups plus rudes, par aucune *fillette*, ou par aucune autre vanité de si courte durée. Un oiseau jeune ne connaît bien que la seconde ou la troisième fois les embûches ; mais c'est en vain qu'on tend les filets ou qu'on lance la flèche pour les vieux oiseaux. »

Je ressemblais aux enfants qui, les yeux à terre, en silence, couverts de honte, et reconnaissant leur faute, en conçoivent du repentir. Béatrix reprit : « Puisque mes paroles ont excité ta douleur, elève ta barbe, et en me considérant tu sentiras redoubler ta peine. » Les coups du vent du nord, ou ceux du vent qui souffle des contrées gouvernées par Iarbe, arrachent le hêtre robuste des entrailles de la terre plus facilement que je ne levai les yeux sur Béatrix à son commandement; et lorsqu'elle parla de ma barbe, au lieu de parler de mes yeux, je sentis l'amertume de ce langage. Quand je levai la tête, je remarquai que les sublimes créatures cessaient de jeter des

---

1. Mot à mot « Dans notre cour, la meule se retourne contre le fil »

2 Peut-on trouver, dans des vers plus harmonieux, un tableau plus délicieux, et de plus graves leçons de morale? — Par aucune *fillette*, il s'agit de Gentucca, que Dante appelle *pargoletta*, petite *fillette* Je n'ai pas reculé devant ce mot commun qui d'ailleurs est ici un terme de mépris — Le vent des contrées gouvernées par Iarbe, l'Auster, vent d'Afrique.

fleurs. Mes yeux, peu assurés encore, virent cependant Béatrix tournée vers la bête sacrée qui ne forme qu'une seule personne en deux natures. Malgré son voile et la distance où le fleuve bordé de fleurs laissait cette femme divine, sa beauté me paraissait encore vaincre ces premiers charmes qui l'avaient rendue la plus belle sur la terre. L'ortie du repentir me piqua tellement, que je conçus de la haine pour tout ce qui avait pu me distraire de Béatrix. Je fus pénétré d'un tel mouvement de reconnaissance que je tombai évanoui, et celle qui m'avait adressé tant de reproches, sait ce que je devins. Lorsque mon cœur rendit l'activité à mes sentiments extérieurs, je vis auprès de moi la femme que j'avais d'abord aperçue seule [1], elle me disait de m'appuyer sur elle : alors elle me traîna dans le fleuve où je fus plongé jusqu'à la bouche, et elle se retira sur l'eau avec la rapidité d'un léger esquif. Quand je fus près de la rive bienheureuse, j'entendis chanter d'un ton si doux, « Tu me purifieras [2], » que je ne puis ni décrire ce chant ni me le rappeler. La femme ouvrit les bras, me saisit la tête et me submergea si profondément que je dus être abreuvé de cette eau : elle m'en retira ensuite, et elle m'offrit ainsi baigné, aux quatre belles danseuses qui m'entourèrent de leurs bras. Alors elles commencèrent à chan-

---

1. Mathilde. Il ne l'appellera de ce nom que vers la fin du chant XXXIII

2. Paroles du 50e psaume —La femme celeste, Mathilde Les quatre belles danseuses sont les quatre vertus cardinales Voyez chant XXIX, page 527, lign 8 ; et page 524, lig. 9 de la note, deuxieme col — Ici, nous sommes des nymphes, dans le ciel, nous sommes des étoiles. Lombardi et les autres commentateurs pensent qu'elles veulent dire : « Dans ce bois, nous sommes les nymphes qui l'habitent; dans le ciel, nous sommes les quatre étoiles brillantes que tu as vues, avant d'entrer au Purgatoire, vers le pôle antarctique » Voyez Purg., chant I, p 170; et chant VIII, p 209. Le poëte revient avec bonheur à ses quatre étoiles (la croix du sud): « Il feint que ces dames sont nymphes au Paradis terrestre, et estoiles au ciel establies pour chambrieres a Beatrix » (Grangier, notes) — Les trois femmes qui sont de l'autre côté du char, les femmes qui dansaient le long de la roue droite, les trois vertus theologales (Voyez la note sur les trois etoiles, Purg, chant VIII, pag 208) Plus bas, l'auteur parlera encore de ces trois mêmes femmes qui s'avancerent en dansant — La seconde beauté de Beatrix est la beauté divine qu'elle a acquise depuis qu'elle est montée au ciel — Il appelle ensuite Beatrix du nom que l'on donne, dans les saintes Ecritures, à la divine Sapience, Candor lucis æternæ Sap VII, 26 Le poëte, à la fin de ce chant a suivi l'idée d'Ovide qui appelle le Parnasse Arx umbrosa (Metam , I)

ter : « Ici nous sommes des nymphes; dans le ciel nous sommes des étoiles. Avant que Béatrix descendît au monde, nous fûmes désignées pour être ses servantes : nous te conduirons à elle; mais pour que tu puisses supporter la lumière éblouissante qui est dans ses regards, les trois femmes qui sont de l'autre côté du char, et qui ont la vue plus pénétrante, fortifieront tes yeux. » Ensuite elles me conduisirent vers le flanc du Griffon, où je vis Béatrix qui avait le visage tourné vers nous. Elles dirent : « Contemple-la de toutes tes facultés visuelles, puisque nous t'avons placé devant ces émeraudes sur lesquelles l'amour a aiguisé ses flèches pour te frapper. » Mille désirs plus brûlants que la flamme attachèrent ma vue sur ces yeux resplendissants qui regardaient fixement le Griffon. De même que le soleil répercute ses rayons dans le miroir, de même la bête à deux natures envoyait ses rayons dans les yeux de Béatrix, tantôt sous une forme et tantôt sous une autre. Pense, ô lecteur, à mon étonnement, quand je voyais la bête immobile, et que son image, réfléchie dans son idole, offrait des natures différentes. Pendant que mon âme pleine de stupeur et de joie goûtait avidement de ce mets divin, dont on est de plus en plus insatiable, les trois autres femmes qui s'annonçaient pour être d'un rang plus illustre, s'avancèrent en dansant, et en disant (c'etait leur *canzone*) : « Tourne, Béatrix, tourne tes yeux saints vers ce fidèle ami qui a fait tant de pas pour te contempler; accorde-nous la grâce de lui dévoiler ta bouche, afin qu'il distingue cette seconde beauté que tu caches. » O splendeur d'une lumière éternelle! quel est celui qui ayant pâli à l'ombre du Parnasse, ou qui s'étant abreuvé à sa fontaine, ne serait pas découragé en essayant de te reproduire telle que tu me parus dans l'air libre, là où le ciel t'environne de son harmonie!

CHANT XXXII.

Mes yeux immobiles étaient si attentifs à satisfaire la soif de dix ans[1], que mes autres sens étaient restés sans action, et ils se fixaient, *murés*, sur cet objet avec une telle avidité, qu'aucun autre ne pouvait les occuper, tant ce sourire divin avait su les attirer dans son ancien filet. Je fus forcé par les femmes sacrées de me tourner à gauche, parce que je les entendis me dire : « Tu regardes trop fixement, » et cette disposition incommode qui se trouve dans les yeux frappés par l'éclat du soleil, me priva quelque temps de la faculté de voir ; mais quand les miens se furent arrêtés sur un éclat moins vif (je parle ainsi, parce qu'il était moindre relativement à celui dont je me détournai par force), je vis que la glorieuse armée[2] avait tourné à droite, ayant les sept flammes et le soleil au visage. Comme un bataillon se fait un abri de ses boucliers et tourne graduellement avec ses enseignes, avant que l'évolution puisse être terminée, de même la milice du céleste royaume qui précédait le char triomphal, défila une seconde fois dans le même ordre, avant que le timon du char fût retourné. Les femmes sacrées reprirent leur place près des roues, et le Griffon mit en mouvement le char béni, sans avoir agité ses ailes. La belle vierge qui m'avait fait passer le fleuve, Stace et moi, nous suivîmes tous trois la roue qui décrivit le plus petit cercle. Nous marchions au bruit des chants

---

[1] Le désir de revoir Béatrix qui l'avait tourmenté pendant dix ans. La fille de Foulques Portinari était morte en 1290, et Dante date son poème de l'an 1300.

[2] La glorieuse armée, le cortège qui suivait les candélabres.

angéliques, dans cette antique forêt privée de ses habitants par la faute de Celle qui crut au serpent, et nous étions à peine avancés de trois portées de trait, quand Béatrix descendit J'entendis tout le cortége murmurer le nom d'Adam, et il entoura un arbre dépouillé de fleurs et de verdure dans tous ses rameaux : sa hauteur qui va toujours en s'élevant, aurait été admirée, même dans les bois des habitants de l'Inde. On cria autour de l'arbre indestructible. « Sois béni, ô Griffon, toi qui ne déchires pas de ton bec cet arbre d'une douce saveur, depuis que le corps humain, illicitement nourri de ses fruits, fut dévoué aux tourments! » — « C'est ainsi, répondit l'animal a deux natures, que se conserve la semence de toute justice. » Alors s'étant tourné vers le char qu'il avait tiré, le Griffon le rangea le long de l'arbre dépouillé de feuilles, et l'assujettit avec une de ses branches. Comme nos plantes, lorsque l'astre de l'univers paraît accompagné de l'éclat qui brille autour du céleste Poisson, se couvrent de mille bourgeons, et reprennent leur couleur primitive, avant que le soleil guide ses coursiers sous une autre étoile, l'arbre qui était auparavant si dépouillé se couvrit subitement de fleurs dont la couleur était moins éclatante que celle de la rose, et plus vive que celle de la violette[1]. Je n'ai jamais entendu l'hymne que le cortége chantait alors autour de l'arbre : cet hymne ne se chante pas sur la terre, et je ne l'entendis pas tout entier. Si je pouvais retracer comment ces yeux impitoyables[2] à qui leur vigilance coûta si cher, succombèrent au sommeil pendant le récit des aventures de Syrinx, semblable à un peintre qui saisit un modele, je décrirais comment je m'endormis ; mais qui voudra décrire comment on s'endort! je vais représenter le moment où je me réveillai. Et je dis qu'un vif éclat perça le voile du som-

---

[1] Allusion a ces mots de saint Bernard : « *Inspice lateris aperturam, quia nec illa caret rosâ, quamvis ipsa subrubea sit, propter mixturam aquæ.* » Lib 1, de Pass Dom., cap 41 « Observe l'ouverture du côté, parce qu'elle a la couleur de la rose, quoiqu'elle soit rougeâtre, à cause du mélange de l'eau »

[2] Les yeux d'Argus, commis par Junon a la garde d'Io — Syrinx, la nymphe qui fuyait le dieu Pan

meil, et j'entendis ces mots : « Lève-toi, que fais-tu ? » Je me trouvai alors tel que devinrent Pierre, Jean et Jacques, lorsque après avoir été conduits sur la montagne, et avoir été renversés à la vue des fleurs divines [1] de l'arbre dont le fruit est la nourriture la plus délicieuse des anges et la noce éternelle du ciel, ils se relevèrent à la parole de celui qui sut rompre un sommeil bien plus redoutable, et lorsque se voyant quittés par Moïse et Élie, ils remarquèrent que la couleur de la robe de leur maître avait changé. J'aperçus près de moi la femme sacrée qui, auparavant, avait été la conductrice de mes pas le long du fleuve; dans mon effroi, je m'écriai : « Où est Béatrix ? » La femme répondit : « Vois, regarde, elle est assise sous les feuilles nouvelles de l'arbre. Vois la compagnie qui l'environne. Les autres remontent avec le Griffon vers le ciel d'où ils viennent de descendre, en chantant des hymnes plus doux et plus mystérieux que ceux que tu as entendus. » Je ne sais si elle continua de parler davantage, parce que j'avais déjà contemplé celle qui m'avait distrait de toute autre attention. Elle était assise sur la terre de vérité [2], comme si on lui eût confié la garde du char que j'avais vu attacher à l'arbre par la bête *biforme*. Autour d'elle étaient rangées en cercle les sept nymphes, tenant chacune en main un des sept luminaires que ne peuvent éteindre ni l'Aquilon ni l'Auster Beatrix me dit : « Dans l'autre monde tu ne seras pas longtemps un étranger; tu seras éternellement avec moi citoyen de cette Rome dont le Christ est Romain [3]. Cependant, pour l'utilité de ceux qui vivent dans l'erreur, fixe tes yeux sur le char, et reporte là-bas ce que tu auras vu. » Et moi, qui étais

---

1. A la vue de Jésus-Christ — Qui sut rompre un sommeil bien plus redoutable, etc. Entre autres miracles, celui de la résurrection de Lazare, Joan. II. — Que la couleur de la robe de leur maître avait changé. Voyez dans saint Matthieu le récit de la transfiguration de Jésus-Christ

2 Sur la terre de vérité ; sur la terre du Paradis terrestre, qu'il appelle *la terre de vérité*. — Les sept nymphes sont les trois vertus théologales, et les quatre vertus cardinales dont on a parlé.

3 Cette Rome dont le Christ est Romain. Lombardi commente ainsi ce passage . « Citoyen de cette ville dont le Christ est citoyen, c'est-à-dire du Paradis : cette Rome céleste veut donc dire le Paradis »

obéissant à ses moindres commandements, je jetai mon esprit et mes regards où elle voulut. Quand les nuages ont le plus de densité, la foudre ne tombe pas avec plus de rapidité que l'oiseau de Jupiter ne descendit le long de l'arbre, en rompant ses branches, et en dispersant ses fleurs nouvelles. Il heurta de toute sa force le char qui plia, comme un vaisseau en danger incline tous ses mâts, tantôt à droite, tantôt à gauche. Je vis ensuite un renard privé longtemps d'une bonne pâture s'approcher du char triomphal; mais ma Béatrix lui reprochant ses ravages abominables, le fit fuir aussi rapidement que le lui permirent sa faiblesse et sa maigreur; ensuite l'aigle, du même point d'où elle était descendue d'abord, entra dans le char qu'elle remplit de ses plumes; et il sortit du ciel une voix semblable à celle que laisse échapper un cœur ulcéré, et qui s'écria : « O ma barque, comme tu es mal chargée! » Il me parut ensuite que la terre s'entr'ouvrait entre les deux roues, et j'en vis sortir un dragon qui frappa le char de sa queue; et comme la guêpe qui retire son aiguillon, il retira sa queue funeste, arracha une partie du fond du char, et s'en alla content, content! Ce qui resta du fond du char, comme la terre négligée se couvre de mousse, se recouvrit des plumes de l'aigle, offertes peut-être avec une intention chaste et bienveillante : les roues et le timon en furent remplis en moins de temps qu'il n'en faut pour que la bouche ouverte exhale un soupir. L'édifice sacré, ainsi transformé, laissa voir trois têtes sur son timon, et une autre à chacun des coins. Les premières étaient armées de cornes comme les bœufs; les quatre autres n'en portaient qu'une seule sur le front : jamais on ne vit sur terre un semblable monstre. J'aperçus ensuite une prostituée à moitié nue, qui, comme un rocher sur une haute montagne, s'assit avec assurance sur le char, en promenant autour d'elle ses regards : je vis encore près d'elle un géant qui semblait veiller à sa garde : ils se donnaient tous deux des baisers; mais comme cette prostituée tourna vers moi ses regards libertins et avides, son féroce gardien la flagella de la tête aux pieds;

puis dans sa jalousie et dans sa colère, il détacha le char devenu monstrueux, et l'entraîna dans la forêt, qui me déroba la vue de la prostituée et de la bête nouvelle.

1. Il faut encore ici offrir des explications très-détaillées. Le char est l'Église L'oiseau de Jupiter est l'aigle de l'empire, il attaque le char. Le renard est l'hérésie introduite par l'empereur Anastase. Voyez *Enfer*, chant XI, vers 8, et la rectification relative au pape Anastase. Lombardi remarque que le poëte a raison de présenter l'hérésie sous la forme d'un renard : on lit dans saint Augustin : *Vulpes insidiosos maximeque hereticos fraudulentes significant.*

Béatrix, qui est la théologie, met en fuite le renard ou l'hérésie L'aigle entre dans le char qu'elle remplit de ses plumes. Allusion aux biens temporels donnés par les empereurs à l'Église Une voix s'écrie : « O ma barque, comme tu es mal chargée ! » parce que la barque de Pierre ne doit être chargée que d'âmes qui cherchent les biens célestes. Le dragon qui sort de la terre que l'on voit s'entr'ouvrir entre les deux roues du char, vient de l'Enfer, et frappe le char de sa queue. Ce dragon, selon quelques commentateurs, est Mahomet, mais cette supposition n'a aucun sens. Suivant Lombardi, ce dragon est le serpent qui tenta nos premiers pères : cette idée est plus raisonnable Le dragon arrache une partie du fond du char, déchire l'Église par de nouvelles hérésies Ce qui reste du fond du char se couvre des plumes de l'aigle, accepte les bienfaits des empereurs.

Nous devons nous occuper d'un des endroits les plus difficiles à comprendre dans tout ce poëme. « Le char sacré laissa voir trois têtes sur son timon, et une autre à chaque coin Les premières étaient armées de cornes comme les bœufs, les quatre autres n'en portaient qu'une seule sur le front »

Daniello, par les sept têtes, entend les sept cardinaux, qui, dans l'Église primitive, elisaient le pape : trois évêques sur le timon, *bicornuti* à cause de la forme de la mitre; et quatre cardinaux non évêques aux angles, qui n'avaient qu'une seule corne « Mais, répond très-sagement lombardi, quand il n'y avait que sept cardinaux, ils n'etaient tous que diacres, et ce n'etait pas à eux qu'appartenait le droit d'élire le pape » Grangier, Jacques della Lana, Vellutello, Venturi, et M. Portirelli, pensent que ces sept têtes sont les sept péchés capitaux, qui infesterent l'Église dans les temps de schisme Les trois premiers péchés offensant Dieu et le prochain ont deux cornes ; ce sont l'orgueil, l'envie et la colère Les quatre derniers n'offensant directement que le prochain, n'ont qu'une corne ; ce sont la paresse, l'avarice, la gourmandise et la luxure Landino et Lombardi voient au contraire dans ces emblèmes les sept sacrements et les dix commandements de Dieu. Un passage du même poëte semble appuyer fortement cette opinion Voyez *Enfer* chant XIX, page 85, ligne 13.

La prostituée à moitié nue et le géant sont des symboles sur lesquels tous les commentateurs ne s'accordent pas. Suivant Grangier, et quelques autres, le poëte a en vue, d'abord, un pape du temps, ensuite Philippe le Bel Il est tres-difficile d'assigner ici les véritables raisons qui ont déterminé le poëte à employer ce style allégorique Un homme hardi comme Dante, un homme qui avait osé tout dire, pouvait s'expliquer plus clairement. La réflexion par laquelle M Ginguené termine son analyse de ce chant du Purgatoire est très-sage, et me paraît devoir servir de règle à tout homme de goût · « Tous ces details, que de longs commentaires expliquent, mais qu'ils n'éclaircissent pas toujours, n'ajouteraient rien à l'idée que nous avons voulu nous faire de la machine entière et des principales beautés du poëme » *Hist litt*, II, pag 194

Il faut convenir, avec Lombardi, que dans tout ce morceau, il y a des expressions qui ne seraient admises aujourd'hui dans aucune sorte de poëme. Mais il est prouvé que le cours des siècles voit varier l'*honnêteté des mots*, et que ceux qui sont licencieux, à l'époque où nous vivons, ont pu être d'un ton très réserve, dans les temps du poëte Nos premiers auteurs, jusqu'à Molière, nous apprennent tous les jours que cette observation ne peut pas être facilement combattue Ce n'est pas d'ailleurs que je veuille, comme tant de personnes le font de nos jours, conclure absolument de tout ceci, que les temps ou les expressions sont le plus libres, sont ceux où il y a le plus de sagesse dans la société. Dante, dans ses tableaux, nous peint le libertinage et la honte de ses contemporains, et je ne crois pas qu'il faille toujours si généralement faire marcher de front les mœurs et le langage, ni juger si sévèrement ce que sont les nations par ce qu'elles disent Il y a pour les langues, comme pour nos corps, un état d'enfance, de jeunesse, de virilité et de décrépitude, qui ne suit pas toujours si intimement la marche des mœurs. Sous Montaigne, pour ne prendre un exemple que parmi nous, le style était naïf, naturel, simple ; et cependant ce style était celui d'un peuple que des guerres civiles divisaient, et que des querelles de religion portaient souvent de part et d'autre aux excès les plus révoltants ; et de nos jours, où l'expression veut être si pure, si délicate, si chaste, il faut convenir que, sans être, sous le rapport des mœurs, des modèles dignes d'être offerts à nos enfants, pour les affermir dans l'amour de l'honnêteté et de la vertu, nous ne sommes cependant pas aussi corrompus que semblerait l'indiquer la circonspection de notre langage. Il est donc permis d'inférer de ces réflexions, qu'un peuple peut être arrivé à un égal degré de corruption dans les mœurs, et quand il balbutie les premiers essais d'une langue naissante, et quand il parle avec assurance un langage parvenu au plus haut point de perfection qu'il puisse atteindre En parlant ici de la circonspection de notre langage actuel, je n'entends parler que de celui de la *bonne compagnie*, et non pas des *excentricités* de quelques auteurs, et de ces *fureurs de style* inouïes et délétères qui n'auront peut-être pas cours encore pendant deux années. Le *bien* disparaît souvent, mais le *mal* aussi, quelquefois, n'a qu'un temps

CHANT XXXIII.

Les sept femmes parlèrent alternativement tantôt trois, tantôt quatre et chantèrent : « Dieu ! les nations sont venues ¹. » Elles accompagnaient leur douce harmonie de quelques larmes ; et Béatrix, pieuse et affligée, les écoutait avec un tel abattement qu'on n'observa qu'un peu plus de douleur sur le visage de Marie au pied de la croix : mais quand les femmes eurent cessé de chanter, elle se leva, et animée comme la flamme, elle dit : « Sœurs chéries, encore un peu de temps et vous ne me verrez plus ; encore un peu de temps et vous me verrez ². » Ensuite, en ne faisant qu'un signe, elle plaça devant elle les sept femmes, et après elle, moi, la vierge et le sage qui ne nous avait pas quittés³. Nous avancions dans cet ordre ; et je crois qu'elle n'avait pas fait dix pas, lorsque ses yeux vinrent frapper mes yeux, et elle me dit, d'un son de voix doux : « Marche près de moi pour que tu puisses m'écouter plus facilement si je viens à te parler. » Quand je me fus rapproché d'elle comme je le devais, elle ajouta : « Mon frère, pourquoi, venant ainsi avec moi, ne te hasardes-tu pas à m'interroger ? » Tel que ceux qui, pénétrés de respect en parlant à leur supérieur, ne peuvent articuler que des paroles entre les dents, je commençai ainsi d'un son de voix entrecoupée : « Sainte femme, vous connaissez les désirs de mon âme et ce qui peut les satisfaire. » — « Je veux, répondit-elle, que tu te dépouilles de toute honte et de toute crainte, et que tu ne parles pas comme un homme qui rêve ; écoute : le fond du char que le serpent a percé de

---

¹ Citation du psaume 78.
² Par une bizarrerie dont il a donné souvent des exemples, le poète s'est servi d'expressions latines. — Paroles de J. C., *Joan*, XVI.
³ Stace.

sa queue, a existé, mais n'existe plus [1] : celui qui est la cause de sa ruine doit croire que la vengeance de Dieu ne craint pas les soupes [2]. Elle ne sera pas toujours sans héritier de sa gloire l'aigle qui a laissé ses plumes dans le char, qui en a fait d'abord un être monstrueux, et ensuite la proie de ses ennemis. Je vois d'avance, et je le prédis comme un événement prochain, qu'il naîtra des étoiles propices et qu'elles amèneront une époque dont aucune résistance ne pourra arrêter l'influence éternelle, et où le nombre cinq cents, dix et cinq, envoyé de Dieu, détruira la prostituée et le géant qui s'est rendu coupable avec elle. Peut-être ne comprends-tu pas ma prédiction, parce que, semblable à celle de Thémis et du Sphinx, elle est couverte d'un voile impénétrable pour toi ; mais bientôt les faits seront d'autres naïades qui expliqueront cette énigme obscure [3], sans crainte pour leurs troupeaux et leurs

---

1. L'évangéliste dit, dans l'*Apocalypse* : *Bestia quam vidisti fuit et non est*. Dans la suite de ce morceau, le poëte continue d'apostropher avec violence les personnages qu'il a indiqués plus haut. Les commentateurs qui pensent que la prostituée est l'autorité qui, pendant les factions, régnait à Rome, et que le géant est le roi Philippe le Bel, ajoutent l'explication suivante pour faire comprendre ce que l'auteur entend par ces mots : « Le nombre cinq cent dix et cinq, envoyé de Dieu, détruira la prostituée et le géant, etc. » Dante imite ici le style prophétique de saint Jean, dans l'*Apocalypse*, ch. 13, où il dit, en parlant de l'antechrist, que son nombre est six cent soixante-six : les interpretes tirent divers noms de ces nombres réunis. Or, Dante entend que pour cinq cents il faut écrire la lettre *D* ; pour cinq, la lettre *U* ; pour dix, la lettre *X* : ces trois lettres rassemblées forment le mot *DUX*, général. Ainsi, il viendra un général envoyé de Dieu, qui détruira la prostituée et le géant. Suivant quelques commentateurs, cet envoyé est l'empereur Henri VII, suivant d'autres Can le Grand, suivant des observations nouvelles, Uguccione della Faggiola, qui devait commander et qui commanda en effet la ligue gibeline, dont le poëte suivait le parti. La prédiction du poëte ne s'accomplit pas. Il survint de meilleures autorités à Rome, et Philippe le Bel éprouva dans son royaume des embarras qui l'y retinrent sans doute malgré lui.

2. Qui ne craint pas *les soupes*. Dans ce temps-là, il y avait à Florence une superstition insensée : le peuple se persuadait qu'un assassin qui, dans le terme de neuf jours, parvenait à manger une *soupe* sur le tombeau de l'assassiné, ne pouvait plus être tué par personne en vengeance de ce crime. Le vers italien est très-beau.
« *Che vendetta di Dio non teme suppe.* »
Le poëte fait bien connaître la puissance de la sottise du peuple et la frappe en même temps de ridicule.

3. Ovide dit, dans ses Métamorphoses, VII, vers 170 et suiv. :
« *Carmina Naiades non intellecta priorum
Solvunt ingeniis.* »
Les Naïades s'étaient arrogé le droit de deviner les oracles de Thémis. Cette déesse envoya un féroce sanglier qui ravagea les environs de Thebes. Tout le monde connaît l'énigme du Sphinx : « Quel est l'animal qui marche d'abord

moissons. Souviens-toi de mes paroles; reporte-les, telles que je te les confie, à ceux qui jouissent de cette vie qui est un *courir* vers la mort; et quand tu les écriras, n'oublie pas de dire dans quel état est l'arbre que tu as vu attaquer deux fois. Quiconque détruit ses fleurs ou rompt son écorce, offense Dieu par un blasphème de fait; car Dieu l'a créé saint pour son seul usage. La première âme [1] qui a mordu le fruit, a dû attendre, dans la peine et dans le désir, pendant plus de cinq mille ans, le Sauveur, qui, par sa mort, a satisfait pour ce qu'un autre avait mordu. Tu es privé de sens, si tu ne comprends pas que c'est par une cause mystérieuse que cet arbre est si élevé et si étendu vers la cime. Si de vaines pensées n'eussent produit sur ton esprit l'effet des eaux de l'Elsa, si de frivoles plaisirs ne l'eussent taché, comme le sang de Pyrame souilla le fruit du mûrier, à la seule vue de l'arbre et à l'aide de tant de circonstances, tu aurais connu la justice de Dieu, qui vous a défendu d'en cueillir les fruits. Mais puisque ton intelligence est devenue toute de pierre et que tu es sali par le péché, au point que l'éclat de mes révélations t'éblouit, je veux, par le motif qui fait rapporter aux pèlerins un bourdon ceint de palmes bénites, que tu conserves mes paroles, sinon écrites, au moins profondément gravées dans ta mémoire. » Je répondis : « Vos paroles sont fortement arrêtées dans mon souvenir, comme l'empreinte est fidèlement conservée par la cire; mais pourquoi ces paroles, qui me sont si chères, s'élancent-elles au delà de mon intelligence? plus je fais d'efforts pour les comprendre, plus elles s'y dérobent. »
— « C'est, reprit Béatrix, afin que tu connaisses l'école que tu as suivie [2], que tu puisses apprécier combien peu elle s'ac-

avec quatre pieds, puis avec deux, puis avec trois? OEdipe devina que cet animal était l'homme.

1 La première âme, Adam. — Les eaux de l'Elsa, fleuve de la Toscane, qui a la propriété de couvrir d'un tartre très-épais tout ce qu'on y jette

2. Les opinions des savants de la terre — Leur doctrine s'éloigne de celle de Dieu, autant que la terre est distante du premier mobile, qui, étant élevé au-dessus des autres cieux, doit graviter avec plus de rapidité.

corde avec mes préceptes, et qu'enfin tu voies que votre doctrine s'éloigne de celle de Dieu, autant que la terre est distante du ciel qui se meut le plus rapidement. » Et moi à elle : « Je ne me souviens pas de m'être jamais écarté de vos sentiments, et ma conscience ne me reproche rien. » — « C'est parce que tu ne peux pas t'en souvenir, reprit-elle en souriant ; rappelle-toi que tu as bu des eaux du Léthé ; et de même que la fumée annonce la présence du feu, de même on peut conclure de cet oubli, que tu es coupable de t'être livré à d'autres désirs. Mes paroles désormais seront aussi claires qu'il sera nécessaire de les rendre pour ta vue grossière. » Le soleil plus brillant, et marchant plus lentement, parcourait le cercle du méridien, qui n'est pas le même pour toutes les régions, quand les sept femmes, là où finissait l'ombre de la forêt, semblable à celle que les Alpes répandent sous leurs feuilles vertes et sous leurs rameaux touffus souvent frappés par le vent du nord, s'arrêtèrent comme s'arrête une escorte, si elle trouve sous ses pas un spectacle nouveau : il me sembla que devant elles l'Euphrate et le Tigre [1] coulaient d'une fontaine, et que ces fleuves amis paraissaient se quitter paresseux et à regret. Je parlai ainsi : « O lumière, ô gloire de la nation humaine ! quelle est cette eau qui part de la même source, et suit des cours différents ? » On me répondit : « Interroge Mathilde. » La belle vierge reprit comme celui qui se disculpe d'une faute : « Je l'ai déjà instruit sur ce point et sur d'autres, et je suis sûre que l'eau du Léthé ne lui a pas fait oublier mes leçons. » — « Peut-être, dit Beatrix, un plus grand soin a-t-il occupé sa mémoire, et l'a-t-il distrait au point qu'il a mal écouté tes paroles : mais conduis-le vers l'Eunoë que tu vois

---

[1] La Genèse nous apprend qu'il y a dans le Paradis terrestre un fleuve qui se divise en quatre branches : la première s'appelle le Phison ; la seconde, le Géhon, la troisième, le Tigre, la quatrième, l'Euphrate. Quelques interprètes sacrés prétendent que le Géhon et le Phison sont des sous-divisions du Tigre et de l'Euphrate. « *Et fluvius egrediebatur de loco voluptatis ad irrigandum Paradisum, qui inde dividitur in quatuor capita.* » Et il sortait de ce lieu de volupté, pour arroser le Paradis, un fleuve qui ensuite se divisait en quatre branches, etc. *Genèse* chap. 2, verset 10.

couler ici, et, comme tu as coutume de le faire, rends la vie à sa vertu évanouie. » Telle que la personne polie qui, sans résister, adopte sur-le-champ la volonté d'autrui, aussitôt qu'un signe la lui a manifestée, la femme sacrée se mit en marche, quand je fus près d'elle, et dit à Stace, avec les grâces d'une femme, « Viens avec lui. » Si je pouvais m'étendre davantage, ô lecteur, je chanterais en partie la douce boisson dont je ne pus me rassasier; mais puisque toutes les parties de cette seconde *Cantica* sont remplies, le frein de la méthode que je me suis prescrite ne me permet pas d'aller plus avant

Rafraîchi comme les jeunes plantes nouvellement couvertes de feuilles, je sortis de l'onde sainte, purifié et disposé à monter aux étoiles [1].

1. « Purifié et disposé à monter aux *étoiles* » Les trois poëmes (voy. *Enfer*, page 164, note 5), l'*Enfer*, le *Purgatoire* et le *Paradis* se terminent par ce mot *stelle*. Ici, il veut dire Paradis.

A la fin de ses notes, M. Portirelli ajoute diverses réflexions sur le plan que Dante s'est tracé pour cette longue allégorie qui occupe les six derniers chants de cette *Cantica*. Il fait voir que le poëte, en la semant de traits satiriques, lui a donné un degré d'intérêt plus marqué, a su l'animer de traits plus brillants, et qu'autrement elle eût été plus critiquée; car, telle qu'elle est encore, il y a des esprits sévères qui la trouvent trop étendue.

Actuellement, j'espère que le lecteur ne s'arrêtera pas à l'entrée du Paradis. Là, c'est un spectacle tout nouveau : ce ne sont plus des images éternelles d'effroi, ou des tableaux de souffrances qui sont encore terribles, quoiqu'elles ne doivent avoir qu'un temps. Les inspirations du poëte sont plus douces. Il n'y a et il ne doit exister que des délices d'amour, de pardon, de clémence. cependant, le fougueux coloriste et le Gibelin offensé se montrent encore quelquefois; la rancune et l'indignation du mécontent percent à travers les récits charitables des splendeurs célestes. Quelques narrations trop passionnées peuvent n'être pas à leur place : la béatitude peut être un peu compromise; mais ce qui ne disparait jamais, c'est le poëte abondant, le savant universel, et le créateur immortel d'une des plus belles littératures de l'Europe.

FIN DU POEME DU PURGATOIRE.

LE PARADIS.

LE PARADIS.

CHANT PREMIER.

La gloire de celui qui met tout en mouvement [1] pénètre dans l'univers, et brille plus dans une partie, et moins dans une autre. J'ai parcouru le ciel qui reçoit le plus de sa lumière [2], et j'ai vu des choses que ne sait et ne peut redire le mortel qui descend de là-haut. L'intelligence s'approchant en liberté de l'objet de ses désirs [3], s'élève tant, que la mémoire ne peut plus revenir en arrière : cependant les merveilles du saint royaume, dont j'ai pu faire un trésor dans mon esprit, vont être la matière de mes chants.

Bienfaisant Apollon, pour ces derniers travaux, abreuve-moi, à longs traits, de ta valeur, comme le demande le laurier qui t'est cher! Jusqu'ici je n'ai franchi qu'une des cimes du Parnasse [4]; aujourd'hui je dois franchir les deux cimes à la fois, pour remplir dignement ma dernière tâche. Entre dans

[1] Par la gloire de celui qui met tout en mouvement, Dante entend la gloire de Dieu Boèce avait déjà dit, *de Cons philosoph*, lib III :

O qui perpetua mundum ratione gubernas,
Terrarum cœlique sator, qui tempus ab ævo
Ire jubes, stabilisque manens, das cuncta moveri

Dante s'empare de tout ce qu'il y a de plus beau et de plus riche dans les trésors de l'antiquité.

[2] Le ciel est ici pour l'Empyrée qui doit le plus participer à la lumière divine, parce qu'il est le séjour où les bienheureux ne cessent de jouir de la présence de Dieu Quand le poëte expose ensuite qu'il a vu des choses qu'il ne peut redire, il imite les expressions de saint Paul, qui, étant descendu du troisième ciel, raconte de lui-même : « *Quoniam raptus est in Paradisum et audivit arcana verba quæ non licet homini loqui.* » II Cor., cap. 12. « Parce qu'il fut enlevé jusqu'au Paradis, où il entendit des mots arcaniques qu'il n'est pas permis à l'homme de prononcer. »

[3] L'objet de ses désirs : Dieu, que l'on désire contempler

[4] Voici le commentaire de Vellutello sur ce passage « Le mont Parnasse se compose de deux cimes jumelles : l'une s'appelle Hélicon; l'autre, Cythéron elles sont dédiées à Apollon et à Bac-

mon sein, inspire-moi les accents qui t'avaient donné la victoire, quand tu tiras les membres de Marsyas de leur fourreau sanglant. O divine puissance¹! permets que je retrace l'image de l'empire bienheureux, telle qu'elle est restée dans ma mémoire! alors je m'avancerai vers ton arbre favori ², et je me couronnerai de ses feuilles, dont la sublimité du sujet et ta protection m'auront rendu digne.

Mon Père, on cueille rarement le laurier, pour triompher comme César ou comme poete ³ (ô faute! ô honte des volontés humaines!) Le désir de quiconque veut s'orner du feuillage du Pénée, doit répandre des flots de joie autour de la divinité de Delphes.

Une faible étincelle allume une grande flamme ⁴; peut-être, après moi, des prières plus éloquentes obtiendront-elles des réponses plus favorables de Cyrrha ⁵.

La lumiere du monde ⁶ s'eleve sur les mortels par des is-

chus, tous deux dieux des poëtes, qui sont couronnés de laurier à cause d'Apollon, et de lierre à cause de Bacchus » Mais pourquoi Dante invoquerait-il ici Bacchus, qui, s'il est le dieu des poëtes, comme le pretend Vellutello, ne peut être que celui des poëtes qui s'enivrent? Le P. Venturi croit que, par ces deux cimes, Dante a voulu personnifier la philosophie et la théologie. Cette explication n'est pas assez naturelle. Je pense, avec le P. Lombardi, que, par la première cime, l'auteur entend les muses qu'il a déjà invoquées, et par la seconde cime, Apollon, qu'il invoque dans le moment même. — Marsyas, le satyre vaincu dans le combat de la flûte, et, après sa defaite, écorché vivant par Apollon

1 O divine puissance! ô puissance d'Apollon! Il faut ici remarquer la bizarrerie du poëte, qui conjure Apollon de l'aider à retracer l'image de l'empire bienheureux du Paradis des chrétiens.

2 Le laurier

3. Daniello cite, au sujet de ce passage, Stace, qui a dit:

« *Cui geminæ florent vatumque ducumque
Certatim laurus*, »

et Pétrarque, qui a dit depuis: « *Arbor vittoriosa e trionfale, onor d'imperatori et di poeti* » — Le Penée, fleuve, père de Daphné, qui fut changé en laurier

4 Delille s'est rencontré avec Dante dans ce passage du poëme *de la Pitié*, chant III

Ainsi, dans un moment
Naquit d'une étincelle un grand embrasement

5 Cyrrha, ville située au pied du mont Parnasse, est ici pour Apollon, a qui elle était dediée

6. Le soleil se lève, suivant les saisons, à différents points de l'horizon, mais quand il parait au point où quatre cercles se réunissent a trois croix, c'est-a-dire lorsqu'il entre dans la ligne du Belier, au mois de mars, et qu'on voit, sur la sphere armillaire, l'horizon, le zodiaque, le cercle équinoxial et le colure des équinoxes s'entrelacer, et former comme trois croix, alors il dispense sa vertu avec une influence plus heureuse, parce que le printemps commence.

sues diverses ; mais, quand elle sort par l'issue où quatre cercles se réunissent à trois croix, elle ordonne et dispense sa vertu dans l'univers avec une influence plus heureuse ; elle façonne et dispose mieux à sa manière la cire mondaine. Par une de ces portes commençait le jour ; de l'autre côté régnait une nuit profonde. Toute une partie de l'hémisphère était déjà blanchie par l'aurore, et l'autre était plongée dans les ténèbres, quand je vis Béatrix tournée à gauche ¹, contempler attentivement le soleil. Jamais l'aigle n'osa le regarder fixement avec tant d'assurance. Comme un second rayon retourne, par la répercussion, au point lumineux d'où il est parti ², ainsi qu'un pèlerin qui veut revenir, de même l'action de Béatrix infusée dans mes yeux, frappa ma pensée, et me disposa, contre l'habitude des hommes, à fixer aussi mes regards sur le soleil. Là, Dieu accorde des facultés que nous n'avons pas sur la terre, où tout est proportionné à nos faibles moyens. Mais, cependant, je ne pus longtemps soutenir l'éclat de cet astre : je le vis lancer des étincelles semblables à un fer rougi qu'on retire du feu, et il me parut qu'un autre jour se joignait subitement au premier jour, comme si l'être, qui en a la puissance, avait orné le ciel d'un second soleil ³.

Béatrix continuait d'avoir les yeux attachés sur le char

1. Elle se tourne à gauche pour voir le soleil, parce qu'elle est sur un hémisphère opposé au nôtre. Quant à nous, si nous regardons sur notre hémisphère le soleil levant, nous le voyons à droite.

2. Il n'est pas aisé de comprendre ce passage, on peut l'expliquer ainsi : De même qu'un rayon qui est parti du soleil, et que la terre réfléchit, retourne en en haut, parce qu'il a été répercuté par la terre, et en cela ressemble à un pèlerin qui vient d'achever le voyage qu'il avait entrepris, de même l'action de Béatrix, qui regardait le soleil, fut répercutée dans les yeux de Dante par son imagination, et il sentit le besoin de regarder fixement le soleil, contre l'usage des hommes.

On a quelque peine à rattacher en-semble les deux points de la comparaison. L'idée du *peregrin che tornar vuole* est prise dans les mœurs du temps. J'ai entendu dire à beaucoup d'Italiens que ce vers était remarquable par sa concision et sa grâce.

3. Venturi prétend que ce qui paraissait être un soleil dans un autre soleil était la lune, vue de plus près. Vellutello et le P. Lombardi pensent que cette première lumière qui frappa les yeux du poëte était la concavité de la sphère du feu qui est interposée entre la terre et la lune. Le poëte croit que cette sphère du feu existe réellement, puisqu'il dit, vers 115 du même chant, en parlant des natures qui reçurent leur influence du ciel « *L'une porte la feu vers la lune* »

éternel [1]. J'en détournai les miens, pour les reposer sur elle, et en la considérant, je sentis en moi-même que je devenais tel que Glaucus [2], quand il goûta cette herbe qui lui fit partager la divinité des dieux marins. Qui pourrait exprimer, par des paroles, cette faculté de *transhumaner* [3] ! Que cet exemple encourage celui à qui la grâce permettra de connaître, par l'expérience, une si haute félicité !

Amour [4], qui gouvernes le ciel, tu le sais, si je n'étais pas alors tel que tu m'avais nouvellement créé, toi qui me fortifiais de tes rayons ! Quand j'admirai, ô noble objet de désirs éternels, cette révolution des cieux que tu diriges, cette harmonie que tu guides et que tu tempères, il me sembla que la flamme du soleil allumait un immense espace du ciel [5] : jamais pluies et fleuves ne formèrent un lac aussi étendu. Tant de splendeur, et la nouveauté du spectacle, excitèrent en moi une avidité pénétrante d'en connaître la cause.

Béatrix lisait en moi, comme moi-même. Avant que je la

---

1 Le char éternel, le soleil.

2 Glaucus, fils de Polybe, pêcheur de l'île d'Eubée. Un jour, ayant posé sa pêche sur le gazon, pour essuyer ses filets, quelques poissons mangèrent d'une herbe qui leur fit reprendre de la force, et ils se jetèrent dans la mer. Glaucus, étonné, goûta de la même herbe, et se jeta aussi dans la mer, où il devint dieu marin.

« *Di maris exceptum socio dignantur honore.* »
Ovid., *Met.*, lib VIII, vers 931.

3 Cette expression, *Trasumanar*, est très belle et très-majestueuse. J'ai osé faire présent d'un mot à notre langue.

4 Amour, etc. Après une invocation à Apollon, Dante en adresse une à Dieu. Il sera inutile de remarquer dorénavant que le sacré et le profane sont encore ici mêlés à chaque ligne, et que Dante ne paraît pas même avoir soupçonné qu'on pût un jour le critiquer à ce sujet. J'adressais, à cet égard, quelques observations à un savant italien qui me répondit : « Aujourd'hui encore, nous disons : *N. S. e morto il venerdi*, » ce qui signifie : « N. S. est mort le vendredi, » c'est-à-dire le jour consacré à Vénus. Il y a Rome l'église des dominicains, *sopra Minervam*. Une des grandes paroisses du *Corso*, dans cette capitale du monde chrétien, est l'église *San Lorenzo in Lucina*. Il y a de bien autres alliances des noms qui pourraient ne pas se trouver ensemble. Du reste, Rome doit au respect qu'elle a montré pour ces dénominations, la conservation d'une foule de monuments et d'informations utiles dans les arts, dans les lettres, et qui facilitent les souvenirs historiques. Ce fut la primitive Église elle-même qui donna une preuve constante de ce respect qu'on a vu, jusqu'à nous, se fortifier, d'âge en âge, sans scandale et sans danger pour la foi.

5 Dante voyait la sphère du feu. Venturi s'obstine à croire que le poète parle de la lune : mais il en parlera plus bas. L'opinion de Vellutello et de Lombardi est préférable à celle de Venturi. Voyez plus haut, page 351, note 3.

priasse de satisfaire mon esprit tout ému, elle ouvrit la bouche, et me dit : « Toi-même, tu te livres à l'erreur, avec tes fausses idées ; tu ne vois pas ce que tu verrais, si tu les avais éloignées. Tu n'es plus sur la terre comme tu crois ; la foudre, formée dans la région où elle est née, n'a pas été lancée aussi rapidement que tu as été porté, toi, dans cette région. »

Mon premier doute ayant cédé à ce peu de paroles accompagnées d'un gracieux sourire [1], je fus bientôt embarrassé dans les rets d'un doute nouveau. « Je me suis reposé de ma grande admiration, dis-je à Béatrix ; maintenant je cherche à comprendre comment je m'élève au-dessus de ces corps si légers [2]. » Elle soupira pieusement, porta ses yeux sur moi avec cet air d'une mère tendre qui plaint le délire de son fils, et parla ainsi : « Toutes les choses ont un ordre entre elles, et cet ordre fait que l'univers ressemble à Dieu. Ici, les hautes créatures voient la marche de l'effort éternel [3], qui est le but où tendent toutes les règles établies.

« Dans cet ordre, les natures s'inclinent par différentes voies. Elles s'éloignent plus ou moins du point où elles commencent ; de là elles s'étendent, vers divers ports, dans la grande mer de l'Être, avec un instinct particulier qui ne quitte jamais chacune d'elles.

---

[1] Béatrix ne parle presque jamais sans sourire, cependant il arrivera une fois qu'elle ne sourira plus. Est-ce pour faire naître de cette opposition un effet imprévu que Dante a tant multiplié les sourires de Béatrix ? Il ne faut pas croire un si grand homme capable d'un tel artifice. Cependant, il faut se souvenir de sa douleur un jour que, sur la terre, la fille de Foulques ne lui adressa pas de *salut*. Voyez *Purg*, chant XXX, page 349, note. D'ailleurs, Dante représente toujours Béatrix comme un soleil qui l'éclaire dans sa marche, et dans le poëme de Carthon nous lisons :

Roi du monde et du jour, guerrier aux cheveux d'or,

Quand les vents font rouler, au milieu des éclairs,

Le char retentissant qui porte le tonnerre
Tu parais, tu souris, tu consoles la terre
Ossian, trad. de M Baour-Lormian.

En parlant de la lune, le barde s'exprime encore ainsi :

Fille aimable du Ciel,
Que fais-tu loin de nous, quand l'aube blanchissante
Efface à nos yeux attristés
Ton sourire charmant et tes molles clartés ?

Dante aura trouvé cette image dans d'autres auteurs anciens.

[2] L'air et le feu. Nouvelle preuve en faveur de l'opinion de Vellutello et de Lombardi. Le poëte ne comprend pas comment son corps, matériel et pesant, peut s'élever au-dessus de l'air et du feu

[3] L'effort éternel, Dieu

« L'une porte le feu vers la lune [1], l'autre est un moteur qui agit sur le cœur des humains ; celle-ci resserre et rassemble la terre en elle-même ; celle-là bande l'arc qui lance la flèche non-seulement sur les créatures qui n'ont pas d'intelligence, mais encore sur celles qui ont le don de la raison et de l'amour. La Providence, qui l'ordonne ainsi, fait sans cesse briller sa lumière dans le ciel au-dessous duquel est le mobile qui a le plus de rapidité [2]. C'est là que nous porte en ce moment cette même vertu de l'arc qui, en suivant des lois qu'on ne voit jamais s'interrompre, dirige sur un BUT de joie céleste, tout ce qu'il décoche.

« Il est vrai que les choses terrestres et matérielles sont quelquefois sourdes à la voix de cette puissance : alors la créature qui a la faculté de ne pas toujours obéir, abandonne la juste direction ; elle est entraînée loin du vrai chemin par l'attrait d'un faux plaisir, comme la foudre est précipitée vers la terre par le choc d'un nuage.

« Tu ne dois pas plus être étonné d'avoir été élevé si haut, que tu ne le serais de voir un fleuve descendre d'une montagne ; et ce serait un prodige, si, n'éprouvant aucun obstacle, tu t'étais arrêté plus bas, comme il y aurait lieu d'être surpris, si la flamme restait attachée à la terre. »

Béatrix se tut, et reporta ses yeux vers le ciel

---

[1] Par la première nature que décrit Dante, il entend celle qui porte le feu sous la concavité du ciel sublunaire, par la seconde, il entend celle qui dirige les inclinations des hommes ; par la troisième, il entend celle qui détermine les lois de la gravité. Ici, son expression a du rapport avec ce passage d'Ovide :

*Densior his tellus, elementaque grandia traxit
Et pressa est gravitate sui...*
(Métam., liv. 1, s. 2.)

Enfin par la quatrième, Dante entend la nature qui donne la vie aux animaux et aux plantes.

[2] Ce ciel est l'Empyrée, au-dessous duquel est le premier mobile. Dante parle ici de l'Empyrée, dont il ne sera d'ailleurs question que dans les derniers chants. Avant de se faire une idée précise de la marche de Dante dans cette Cantica, il faut comprimer toutes ses impatiences, s'avancer vers le but que l'auteur veut atteindre, et de là revenir sur ses pas, pour ne juger qu'après avoir entendu toute la défense du poète.

CHANT II.

O vous, qui, montés sur une frêle barque, suivez la marche de mon vaisseau, désireux d'écouter mes chants, retournez revoir vos rivages, ne vous avancez pas en pleine mer, de peur de vous égarer si vous perdiez mes traces ! On n'a jamais parcouru les ondes où je m'engage aujourd'hui. Minerve enfle mes voiles, Apollon me conduit, et les neuf Muses me signalent les Ourses [1]. Mais vous, en petit nombre, qui, de bonne heure, avez levé la tête vers le pain des Anges [2], nourriture dont on vit ici, sans pouvoir s'en rassasier, hasardez-vous dans le haut océan, et suivez le sillon que trace mon vaisseau sur l'onde, qui reprend d'elle-même son niveau. Les héros qui passèrent à Colchos [3], quand ils virent Jason devenu laboureur, ne furent pas émerveillés autant que vous devez l'être.

Le désir continuel et créé avec nous de voir le royaume dont Dieu est la forme [4], nous emportait avec cette vélocité que vous voyez au ciel lui-même. Beatrix avait les yeux fixés en haut; je regardais en elle, et peut-être, en aussi peu de temps qu'un trait est placé, se détache de la noix et vole, je me vis arrivé dans un lieu où je fus frappé d'un spectacle admi-

---

[1] La grande et la petite Ourse que l'on voit au nord dans le ciel.

[2] Le pain des Anges, la contemplation de Dieu.

[3] Les Argonautes, quand ils virent que Jason domptait les taureaux qui jetaient la flamme par le naseau, et qu'il les forçait ensuite à labourer la terre, où il semait des dents du dragon dont il avait été vainqueur, ne furent pas émerveillés autant que vous allez l'être.

[4] Le royaume de la céleste béatitude. Métaphore prise de l'opération d'un sculpteur qui coule ses premiers plâtres dans un moule. Dieu, selon Dante, est la forme où est coulé le ciel empyrée.

rable. Celle-ci, à qui aucune de mes pensées ne pouvait être cachée, se tournant vers moi, aussi gracieuse que belle, « Élève, me dit-elle, ton âme reconnaissante jusqu'à Dieu, qui nous a transportés dans la première étoile [1]. »

Il me paraissait qu'elle était recouverte d'un nuage lucide, épais, solide et poli, semblable à un diamant qu'aurait frappé le soleil. La perle éternelle nous reçut, comme l'eau reçoit un rayon de lumière qui ne trouble pas sa surface. On s'étonnera que je n'aie pas éprouvé ce contact qu'éprouve un corps qui choque un autre corps, et l'on en désirera plus vivement connaître cette essence où l'on voit comment notre nature s'unit à Dieu. Là, ce que nous croyons par la foi, sans démonstration, nous sera révélé d'une manière aussi parfaite, que la vérité première connue de tous les hommes [2]. « O mon divin guide, répondis-je, aussi reconnaissant que je puis l'être, je rends grâce à CELUI qui, du monde mortel, m'a transporté dans ce séjour! mais, dites-moi maintenant quelles sont les taches de ce corps, qui là-bas font inventer des fables sur Caïn [3]. » Béatrix sourit, et parla ainsi : « La flèche aiguë de l'étonnement ne doit pas te frapper, si l'homme, chez qui la clef des sens ne peut ouvrir, est exposé à se tromper : lorsque les sens conduisent seuls la raison, elle n'a que de courtes ailes. Mais toi, dis-moi, de toi-même, que penses-tu ? » Je répondis : « La différence que j'aperçois ici me semble devoir être attribuée à des corps clairs et obscurs. » — « Non, répliqua-t-elle, tu verras combien ton sentiment est faux, si tu écoutes l'argument que je lui opposerai. La huitième sphere [4] a plusieurs étoiles de splendeur et de grandeur différentes. Si des corps

---

1 La première étoile, la lune, qu'il appelle plus bas *la perle éternelle*

2 La connaissance de Dieu

3 Du temps de Dante, le peuple croyait que les taches qu'on voit dans la lune n'étaient autre chose que Caïn, chargé d'un fagot d'épines Le poëte a déjà rappelé la même superstition dans le XXe chant de l'*Enfer*, page 89, note 6.

4. Le ciel des étoiles fixes. Dante se livre à des explications conformes à la physique de son temps Quelques unes de ces explications sont judicieuses; d'autres, plus obscures, ne peuvent pas satisfaire nos physiciens actuels. En général, Dante s'éloigne ici un peu trop de son sujet ; mais il ne tardera pas à redevenir poète, et poète sublime.

clairs ou obscurs étaient la cause de ce que tu as remarqué, alors il n'y aurait qu'une seule et même vertu distribuée dans toutes ces étoiles. Or, des vertus diverses sont le fruit de principes créateurs; et, selon toi, tous ces principes se réduiraient à un seul. Si des corps clairs produisaient ces taches brunes dont tu demandes la cause, alors, ou la planète de la lune serait privée de sa matière en quelques points de son extension, ou, devenue semblable au corps de l'animal, qui offre d'abord la partie grasse, et ensuite les chairs, elle changerait ainsi de couleur dans quelque portion de son étendue. D'ailleurs, si des corps clairs étaient la cause de ces taches, on en aurait la preuve à chaque éclipse de soleil, parce que la lumière passerait à travers la lune, comme à travers tous les corps diaphanes, ce qui n'arrive pas. Il faut réfuter l'autre argument, et si je parviens à le détruire, tu conviendras que ton opinion n'aura pas été juste. Si la lumière ne traverse pas la lune, c'est qu'il y a un point où un corps dense ne la laisse plus passer, et alors le rayon revient sur lui-même, comme la couleur revient par un verre auquel adhère le plomb caché[1]. Tu diras que le rayon paraît ici plus obscur qu'en d'autres parties, parce qu'il est réfléchi à une plus grande profondeur; mais l'expérience, qui vous est si utile dans vos arts, peut te délivrer de cette *instance*[2]. Prends trois miroirs, places-en deux à une même distance; mets au milieu le troisième, que tu tiendras plus éloigné, fixe la vue entre les deux premiers, tourné directement vers eux; fais apporter derrière toi un flambeau, dont la lumière, repercutée par les trois miroirs, puisse revenir à toi; tu reconnaîtras, alors, que le miroir le plus éloigné brille d'une lumière moins étendue, mais aussi vive que celle des miroirs qui sont plus près de toi. Maintenant, ainsi que des lieux que couvre la neige, sont privés de sa couleur et de sa froidure, à la première influence de la cha-

---

[1] Voyez *Enfer*, chant XXIII p. 101, note 2

[2] Dans le langage de l'école, on appelle *instance* la réplique qui est faite contre la réponse donnée à l'objection.

leur, de même ton esprit, dégagé de sa fausse pensée, recevra un tel éclat, qu'il scintillera de la plus vive lumière.

« Dans le ciel de la divine paix [1] se meut un corps qui en sa vertu renferme tout son être : le ciel qui suit répartit cet être entre diverses essences, qu'il distingue et qu'il contient. Les cieux inférieurs combinent différemment leurs distinctions particulières, et les dirigent vers le but qui leur est marqué. Ces organes du monde, ainsi que tu le vois, descendent, de degré en degré, devenant successivement des effets et des causes. Observe bien comme je vais droit à la vérité que tu désires ; tu sauras ensuite toi-même ne pas perdre le gué. Il convient que tu doives aux moteurs bienheureux la connaissance du mouvement et de la vertu des sphères, comme on doit au forgeron la connaissance de l'art du marteau.

« Le huitième ciel, que tant de feux rendent si beau, prend l'image que lui imprime la haute intelligence qui décide son mouvement. L'âme, dans votre poussière, se répand en différents membres et en diverses puissances [2] : c'est ainsi que cette

---

1 Dans l'Empyrée Dante compte dix sphères : la Lune, Mercure, Vénus, le Soleil, Mars, Jupiter, Saturne, la huitième sphère où sont les étoiles fixes, le premier Mobile, enfin l'Empyrée Il faut admettre, avec cet auteur, de tels principes si l'on veut parvenir à le bien entendre.—Se meut un corps, le premier Mobile. Le ciel qui suit, la huitième sphère.—Les cieux inférieurs sont ceux de Saturne, de Jupiter, de Mars, du Soleil, de Vénus, de Mercure et de la Lune.

2. L'âme, dans votre poussière, se répand en différents membres et en diverses puissances. Milton fait dire à Adam, liv. X : « Il serait de l'équité et de la justice de me rendre à ma poussière, moi qui suis prêt à tout resigner, moi qui ne désire que de rendre ce que j'ai reçu.» Le poëte anglais a voulu aussi expliquer les taches de la lune Il s'exprime ainsi dans son V° livre :

. . . . Of elements,
The grosser feeds the purer, earth the sea,
Earth and the sea feed air the air those fires
Ethereal, and as lowest first the moon,

Whence in her visage round those spots unpurg'd
Vapors, not yet into her substance turn'd
Nor doth the moon no nourishment exhale
From her moist continent to higher orbs
The sun, that light imparts to all, receives
From all his alimental recompense
In humid exhalations, and at even
Sups with the Ocean . .

Voici la traduction littérale de ce passage :

« Des elements, le plus grossier nourrit le plus pur la terre nourrit la mer, la terre et la mer nourrissent l'air, l'air, ces feux ethérés, et d'abord la lune comme placee le plus bas de la, dans son visage arrondi, ces taches, vapeurs non purgées, non encore changees en sa substance. La lune ne manque pas non plus d'exhaler, de son moite continent, de la nourriture aux globes plus elevés Le soleil, qui communique à tous la lumière, reçoit de tous sa recompense alimentaire en exhalaisons humides et le soir soupe avec l'Ocean » (Discours de Raphaël à Adam, liv V, vers 415 et suiv)

Si les Anglais reprochent à Dante

intelligence suprême développe sa bonté multipliée envers les étoiles, en se tournant sur son unité. Chaque vertu forme une ligne particulière avec le corps précieux qui lui fait opérer ses effets, comme la vie, en vous, se lie à votre âme. Cette vertu mêlée à chaque étoile, par la nature joyeuse dont elle dérive, brille comme la joie dans un œil satisfait. De cette vertu, et non de corps denses ou clairs, provient ce qui te paraît différent entre une lumière et une autre nature de lumière. Cette vertu est le principe formel qui, d'accord avec sa puissance, produit ces corps remarquables par leur clarté et leur densité. »

d'avoir employé le mot *soupes* (*Purg.*, chant XXXIII, p 542, not 2), voilà Milton qui dit, plus de trois siècles après « Le soleil *soupe* le soir avec l'Océan » Il ne faut pas critiquer légèrement les grands génies d'une autre langue, sans avoir avoir bien lu les grands génies de la sienne.

Dans le livre VIII, Milton parle encore des taches de la lune, et dit :

. . . . Her spots thou seest
As clouds, and clouds may rain, and rain produce
Fruits in her soften'd soil, for some to eat
Alloted there. . . . . . .

« Tu vois ces taches comme des nuages, ces nuages peuvent être de la pluie, et cette pluie produire des fruits dans son sol amolli, pour la nourriture de ceux qui l'ont en partage » Liv VIII, vers 148 et suiv

Les deux poëtes ont suivi une marche toute différente. L'explication donnée par Dante, quoique obscure, montre un esprit exercé à l'étude de la plus haute métaphysique, et se rattache en même temps à la théologie. L'explication générale de Milton est purement physique : chez lui, celle du huitième livre a quelque chose de plus satisfaisant que celle du cinquième.

Dans ce besoin impérieux de parler de la lune et de ses taches, ne peut-on pas reconnaître que Milton était rempli du poëme de Dante, et que le poëte anglais cherchait à lutter contre le poëte florentin ?

CHANT III.

Ce soleil qui me brûla d'abord d'un si violent amour¹ m'avait découvert, par ses explications, le doux aspect de hautes vérités, et, voulant me confesser vaincu et persuadé, je levai la tête, pour lui parler ; mais il s'offrit à moi un spectacle qui m'occupa tout entier, et je ne pensai plus à ce que j'allais avouer. Si nous regardons à travers des cristaux nets et transparents, si nous considérons une source nitide et tranquille, dont il soit facile d'apercevoir le fond, les images reviennent à nos yeux, affaiblies comme l'éclat d'une perle qui orne un front éblouissant de blancheur ; telles je vis des figures qui paraissaient prêtes à parler. Je tombai alors dans l'erreur contraire à celle qui alluma l'amour entre l'homme et une fontaine². Aussitôt que je les eus remarquées, pensant qu'elles étaient réfléchies par un corps lucide, je tournai les yeux, pour savoir de qui je rencontrais l'image ; mais ne voyant rien, je les ramenai sur mon guide fidèle, qui souriait, et dont les regards étincelaient d'une splendeur sacrée.

« Ne t'étonne pas, dit Béatrix, de me voir sourire de ton

---

¹ Béatrix, cette femme qui, sur la terre, alluma dans mon cœur une si vive passion, ou, s'il entend parler de la théologie, comme le soutiennent tant de commentateurs, cette science à laquelle je m'étais livré sur la terre avec tant d'enthousiasme. Je me rappelle ici que Talleyrand, la dernière fois qu'il parla dans l'Institut, ramena plusieurs fois son discours sur les charmes, l'attrait irrésistible des études théologiques ; il alla jusqu'à dire que si, dans sa longue carrière, il avait eu occasion de développer la justesse de son esprit, c'était aux premières leçons de théologie reçues au séminaire de Saint-Sulpice, qu'il devait cet avantage.

² Narcisse regardait comme une figure différente ce qui n'était que sa propre figure. Dante croyant que les figures des bienheureux qu'il apercevait n'étaient que l'image de quelques âmes placées derrière lui, tandis que ces figures étaient de véritables substances placées devant ses yeux.

jugement puéril : tu n'as pas encore appuyé le pied sur la vérité, et comme il t'arrive souvent, tu as trébuché.

« Les figures que tu aperçois sont de vraies substances, reléguées ici pour n'avoir gardé leurs vœux qu'imparfaitement. Parle avec elles, écoute-les, et apprends que la lumière véritable [1] qui les éclaire ne les laisse jamais s'égarer. » Et moi je m'adressai à l'ombre qui semblait la plus disposée à converser, et, du ton d'un homme que trop de précipitation embarrasse, je parlai en ces termes : « O toi, splendeur si heureusement née, qui dois aux rayons de la vie éternelle une douceur qu'on ne sait pas comprendre, quand on ne l'a pas sentie, daigne m'être gracieuse et me dire ton nom et le sort de tes compagnes. » Et elle, empressée et avec les yeux riants :

« Notre charité ne ferme jamais la porte à une volonté raisonnable. Elle est conforme à celle de Dieu, qui veut que toute sa cour lui ressemble. Dans le monde, je fus sœur religieuse. Si tu m'examines bien, je ne te serai pas inconnue, quoique devenue plus belle : tu reconnaîtras que je suis Piccarda [2]. J'ai été placée ici avec ces autres bienheureux, dont je partage la félicité dans la sphère la plus tardive [3]. Nos affections, enflammées seulement d'une charité et d'un amour qu'elles doivent à l'Esprit-Saint, sont joyeuses du séjour que Dieu leur a destiné, et ce sort, qui paraît si peu favorable, nous est réservé à cause de notre négligence, et parce que nous avons manqué en partie à nos vœux [4]. »

Je dis à Piccarda : « Sur vos figures admirables brille je ne sais quoi de divin, qui les change au premier abord. Ma me-

[1] Dieu A mesure qu'on avancera dans la lecture de cette partie du poëme, on entendra plus facilement ces diverses périphrases.

[2] Florentine, sœur de Forèse et de Messer Corso, de l'illustre famille des Donati. Il a déjà été parlé de Forèse au chant XXIII du *Purgatoire*, page 291 C'est à tort que plusieurs commentateurs ont dit que Piccarda était sœur de François d'Accorso, célèbre jurisconsulte Cette Florentine avait fait ses vœux dans un couvent, mais Messer Corso la fit sortir par force de son monastère pour la rendre à la vie séculière.

[3] La lune Dante suit le système de Ptolémée, et suppose que la lune, qui est voisine de la terre, est la sphère qui opère sa révolution autour de notre globe avec le plus de lenteur.

[4] Comme Dante est ici théologien austère !

moire ne m'a pas servi promptement, mais ce que tu m'annonces vient m'aider, et il m'est plus aisé de te reconnaître. Réponds, toi et les ombres qui jouissent d'un tel bonheur, désirez-vous un lieu plus haut, pour mieux contempler Dieu, et posséder encore plus son amour ? » D'abord elle sourit, ainsi que ses compagnes ; ensuite, aussi joyeuse que dans le premier feu de l'amour divin, elle répondit : « Frère, une vertu de charité guide notre volonté ; elle ne lui laisse désirer que ce que nous avons, et ne nous donne aucune autre soif Si nous voulions être plus élevées, nos désirs ne seraient plus en harmonie avec Dieu qui nous voit ici ; de tels désirs ne sont pas admis dans les sphères célestes. Remarque bien leur nature : il faut parmi nous vivre dans l'esprit de charité. La forme de l'être bienheureux demande que nous nous soumettions à la puissance divine, et toutes nos volontés ici n'en font qu'une. Dans ce royaume, nous sommes rangées de degré en degré ; ce qui plaît au roi qui nous gouverne, plaît à tout le royaume : sa volonté est notre paix ; elle est cette mer où se rend tout ce que sa grandeur a créé, et tout ce que fait la nature. » Je vis bientôt clairement que tout lieu dans le ciel était Paradis, quoique la grâce du bien suprême y laissât différemment pleuvoir ses faveurs.

On refuse le mets dont on est rassasié ; on demande une seconde fois de celui qui plaît encore : ainsi mes gestes et mes paroles firent comprendre à Celle-ci que j'étais satisfait de sa réponse, mais que je voulais apprendre quelle fut la toile qu'elle n'avait pas achevé de tisser. Elle daigna me dire : « Une vie sainte, un mérite éminent ENCIELLENT plus haut que nous, une femme qui, sur votre terre [1], a prescrit ce vêtement et ce voile qu'on adopte pour règle quand on a juré de ne plus veiller et de ne plus dormir, jusqu'à la mort, qu'auprès

---

[1]. Sainte Claire, sœur de saint François et fondatrice des Franciscaines, ordre dans lequel Piccarda avait fait ses vœux. J'ai osé hasarder le mot *enciel-lent* pour me rapprocher d'*inciela*, expression délicieuse restée dans la langue italienne.

de l'époux qui forme et accepte tous les vœux dictés par sa charité. Encore jeune, j'ai fui le monde pour suivre cette femme, je me suis enfermée sous son habit, et j'ai promis d'observer ses statuts ; mais des hommes, plus accoutumés au mal qu'au bien, m'ont enlevée de ma douce clôture ; et quelle fut ensuite ma vie ? Dieu seul le sait. Cette autre splendeur qui se montre à ma droite, et qui brille de toute la lumière de notre sphère, a été, comme moi, une religieuse, et on lui a ôté de la tête l'ombre du voile sacré ; mais quand elle fut rendue au monde contre tout bon usage, et contre sa volonté, elle ne quitta jamais le voile dans son cœur. Tu vois en elle la grande Constance[1] qui, du second orgueil de Souabe, engendra le troisième, et la dernière puissance de cette race. » Piccarda cessa de parler, et commença à chanter : *Je vous salue, Marie.* En chantant elle disparut, comme un corps grave qui tombe dans une eau profonde. Mes yeux la suivirent quelque temps, et après l'avoir perdue, se tournant vers le signe d'un désir plus louable, ils se dirigèrent sur Béatrix. Celle-ci jeta de tels éclairs, que ma vue ne put les supporter, et cela me fit retarder une demande.

---

[1] Cette princesse, fille de Roger, roi de la Pouille et de la Sicile, était religieuse à Palerme, mais on lui avait fait quitter son couvent pour la marier à Henri VI (et non pas Henri V, comme l'ont dit Venturi et Lombardi), empereur et fils de Frédéric Barberousse, de la maison de Souabe. Elle mit au monde Frédéric, qui fut le troisième et le dernier empereur de cette famille.

Muratori, dans ses *Annales*, tom X, page 188, prétend que Constance conspira contre son mari et le fit empoisonner le 28 septembre 1197. Comment Dante, qui écrivait en 1300, suivant ce qu'il fait entendre lui-même, et qui, dans le fait, a dû écrire sa troisième *Cantica* après 1314, a-t-il ignoré un tel fait, et a-t-il placé cette femme dans son *Paradis*? Dante se serait-il trompé ?

CHANT IV.

Tel qu'un homme placé entre deux mets [1] qui excitent également l'appétit, et libre de choisir celui qui lui plaira, mourra souvent de faim avant d'avoir porté un de ces mets sous la dent; tel qu'on voit un agneau, entre deux féroces loups en arrêt, ne savoir lequel des deux il doit le plus redouter; tel qu'on voit un chien incertain entre deux daines, de même, je gardais le silence entre deux doutes qui me tourmentaient, et je ne puis me blâmer ni m'en louer, parce qu'un tel état devenait nécessaire; je me taisais, mais mon désir était peint sur ma figure, et elle interrogeait plus vivement que je n'aurais pu le faire avec des paroles. Beatrix agit comme Daniel [2], lorsqu'il apaisa la colère qui avait rendu Nabuchodonosor injuste et méchant : « Je vois bien, me dit-elle, que tu es occupé de désirs différents, et qu'une inquiétude fatigante t'oppresse et t'agite; tu argumentes ainsi : Si la bonne volonté dure toujours, par quelle raison la violence des autres me fait-elle perdre le fruit de mes mérites? Ton autre doute vient de ce que tu crois, suivant la sentence de Platon [3], que les âmes

---

1. Biagioli lit dans le texte *duo brame, duo dame*; Lombardi et la Bartoliniana lisent *due brame, due dame*. J'ai suivi cette dernière version. Un critique m'a reproché un jour d'avoir traduit *un cane, intra due dame*, par un chien entre deux biches, m'assurant qu'il fallait dire : « Un chien entre deux dames » Dante, qui riait peu, aurait eu de la peine à garder sa gravité, en entendant un pareil reproche. Je dois être persuadé qu'on a voulu faire une plaisanterie. Aujourd'hui, je crois qu'on peut employer le mot *daine*, puisqu'il est dans le *Dictionnaire* de l'Académie.

2. Nabuchodonosor, roi d'Assyrie, avait eu un songe dont il ne se souvenait plus Il fit assembler tous les devins de la Chaldée, et leur ordonna de l'expliquer. Ceux-ci n'ayant pu le faire, il les condamna tous à mort. Mais Daniel expliqua le songe du roi, et il obtint qu'on révoquât la sentence portée contre ces derniers. (*Dan.*, chap. 2.)

3. Voyez le *Timée* de Platon et ce que saint Augustin, en parlant des opinions de ce philosophe, rapporte, à cet égard, dans le livre XIII de la *Cité de Dieu*, chap. 19.

retournent vers les étoiles. Voilà les questions qui te tiennent en suspens : je traiterai d'abord celle qui paraît avoir le plus de fiel [1]. Celui des Séraphins qui participe le plus à la lumière de Dieu, Moïse, Samuel, Jean, celui que tu voudras [2], je ne dis pas Marie, n'ont pas, dans un autre ciel, des places différentes de celles des esprits qui t'ont apparu, et ne doivent pas y demeurer plus ou moins d'années. Tous embellissent le premier ciel, et leur douce vie n'a de différence que dans le bonheur de participer plus ou moins à l'esprit éternel. Ces ombres se sont montrées ici, non parce que cette sphère leur est spécialement réservée, mais pour te faire voir quelle est celle de toutes les sphères du ciel, qui est la moins élevée. Il faut parler ainsi à votre esprit : il ne comprend que ce que l'on soumet à ses sens ; c'est pourquoi l'Écriture condescend à vos facultés, en entendant toute autre chose, quand elle donne à Dieu des pieds et des mains. C'est ainsi que la sainte Église représente aussi avec une figure humaine, Gabriel, Michel, et l'ange qui guérit Tobie [3]. Ce qu'on voit ici n'a aucun rapport avec ce que Timée pense des âmes [4]. Timée sent comme il parle. Il dit que chaque âme retourne à son étoile ; il croit que l'âme en est provenue, quand la nature lui a donné la forme d'un corps. Peut-être Timée exprime-t-il mal son opinion, et ne faut-il pas la combattre avec dérision. S'il entend que les bonnes ou les mauvaises influences retournent aux étoiles comme à leur principe, son arc touche le but en quelques vérités. Cette opinion mal interprétée a troublé presque tout le monde qui a couru adorer Jupiter, Mars et Mercure [5].

---

1. La seconde question relative à l'opinion de Platon.

2. Ou saint Jean Baptiste, ou saint Jean l'Évangéliste.

3. L'archange Gabriel se présenta sous la figure d'un pèlerin devant le fils du vieux Tobie, et lui enseigna comment celui-ci, qui était devenu aveugle, pourrait recouvrer la vue. Voyez *Tobie*, chap. 5 et 9.

4. Timée est ici pour Platon. Le dialogue dans lequel Platon traite cette matière est intitulé *Timée*. Timée était un philosophe né à Locres en Italie.

5. [Qui a couru se livrer aux erreurs de l'idolâtrie. Dante explique bien ici qu'il ne donne aux planètes le nom de ces dieux que pour se conformer à l'usage universel reçu avant même qu'on

« L'autre doute ¹ qui t'agite présente moins de venin, et sa malignité ne pourrait t'éloigner de moi. Que notre justice paraisse injuste aux yeux des mortels, c'est un argument que la foi peut hasarder, et ce n'est pas une coupable hérésie. Votre entendement pénètre jusqu'à cette vérité ; aussi je vais te satisfaire comme tu désires.

« S'il n'y a de véritable violence, que lorsque la victime qui souffre n'accorde rien à celui qui veut la contraindre, ces âmes ne peuvent apporter aucune excuse. On ne peut éteindre une volonté qui résiste ; elle est comme le feu, qui revient toujours à sa tendance naturelle, quoique mille fois on lui oppose des obstacles. Si la volonté se plie, ou peu, ou beaucoup, alors il semble qu'on cède à la violence. Ces ombres ont agi ainsi ², puisqu'elles pouvaient retourner à leur sainte demeure. Suppose leur volonté entière, comme celle de Laurent sur le gril ³, ou celle de Mucius ⁴, si sévère pour sa propre main, cette volonté les aurait ramenées, au premier moment de liberté, dans le chemin dont elles avaient été détournées ; mais un caractère aussi énergique est trop rare. Cette explication, si tu l'as bien saisie, doit détruire l'argument qui t'aurait encore plusieurs fois embarrassé.

« Un autre doute vient à la traverse dans ton esprit, et tu n'en pourrais sortir seul sans une grande fatigue. Je t'ai appris qu'une âme bienheureuse ne pouvait mentir, parce qu'elle était sans cesse auprès de la source de la vérité. Constance a conservé l'affection du voile ⁵, suivant ce que t'a dit Piccarda : il semble donc qu'il y ait entre elle et moi quelque contra-

---

suivit le système de Ptolémée, usage reçu encore aujourd'hui en ce qui concerne les planètes.

1. Cet autre doute. Par quelle raison, si la bonne volonté règne toujours, la violence des autres me fait-elle perdre le fruit de mes mérites ?

2. Ont cédé plus ou moins à la violence.

3 Saint Laurent, martyrisé en 288.

4 Mucius Scævola. Martial dit :

Urere quam potuit contempto Mutius igne
Hanc spectare manum Porsena non potuit.

La chronologie demandait que la citation du courage de Scævola précédât celle de la patience de saint Laurent.

5 la même Constance dont il a été question à la fin du chant précédent, page 365, note 1.

diction. Frère, il arrive souvent que pour fuir un danger, on fait, contre son gré, ce qu'il ne convient pas de faire, comme Alcméon [1] qui, sur la prière de son père, tua sa propre mère, et se montra coupable d'impiété pour ne pas méconnaître la piété. A cet égard, je veux que tu observes que la volonté, si elle se prête à la force, ne permet plus d'excuser les offenses. La volonté, quand elle est absolue, ne consent pas au mal; elle y consent, en tant qu'elle craint que, par des résistances, elle ne se prépare plus d'affliction. Quand Piccarda s'exprime comme elle l'a fait, elle entend parler de la volonté absolue [2], et moi j'entends parler de l'autre volonté. Toutes deux nous disons vrai. »

Tels furent les flots du fleuve sacré, qui jaillirent de la source d'où émane toute vérité; et ainsi mes doutes furent éclaircis.

« O amante du premier amant [3]! ô divinité, m'écriai-je, dont l'éloquence m'inonde et me remplit du plus ardent enthousiasme, mon affection n'est pas si profonde qu'elle puisse te rendre grâce pour grâce! Que celui qui voit et qui peut, réponde pour moi! Je vois bien que notre entendement n'est jamais satisfait, s'il n'est éclairé de la vérité, hors de laquelle ne s'étend aucune autre vérité : lorsqu'il l'a découverte, et qu'il peut l'atteindre, il s'y retranche, comme la bête sauvage dans son antre; sinon chacun de nos désirs serait inutile. Mais ensuite le doute naît au pied de la vérité, comme une espèce de rejeton, et naturellement ils s'élèvent tous deux, en entrelaçant leurs rameaux.

---

[1] Alcméon, fils d'Amphiaraüs et d'Ériphyle. Polynice ayant découvert, par l'indiscrétion d'Ériphyle, le lieu où se trouvait caché Amphiaraüs, son époux, qui ne voulait pas aller à la guerre de Thèbes, Amphiaraüs ordonna à son fils Alcméon de tuer sa mère. Alcméon osa commettre ce crime pour ne pas désobéir à son père. Les trois vers de Dante sont plus beaux que ceux d'Ovide sur le même sujet :

. . . *Ultusque parente parentem Natus, erit facto pius et sceleratus eodem*

(*Met*, liv IX, s. 11)

Le mot *spietato* surtout, qui est aujourd'hui une expression usée dans les operas italiens, était une belle création du temps de Dante Voyez, sur Amphiaraüs, *Enfer*, chant XIV, pag 38, note 4. même *Cantica*, chant XX, p 88, not. 2.

[2] Tout ce passage est discuté comme sur les bancs de l'école.

[3] De Dieu.

« Vos réponses m'invitent et m'encouragent à vous demander avec respect, ô femme bienheureuse ! l'explication d'une autre vérité qui n'est pas encore bien éclaircie pour moi. Je veux savoir si l'homme qui a rompu ses vœux, peut vous satisfaire par de bonnes actions qui fassent incliner votre balance. » Béatrix jeta sur moi des regards pleins d'étincelles d'amour et de divinité. Ma vertu vaincue lui céda, et je restai confondu, en baissant humblement les yeux [1].

---

[1]. Le morceau qui termine cet alinéa offrait de grandes difficultés. En France, on ne me trouvera peut-être pas assez clair : les Italiens seront plus indulgents. On me répondra que ce n'est pas pour eux que j'ai entrepris une tâche aussi difficile que celle d'une traduction de Dante. Je me bornerai à rapporter un mot assez singulier d'une dame de Florence qui, ayant appris que je traduisais Dante, me dit un jour : « Vous êtes bien hardi de traduire notre poëte ! Savez-vous que nous ne l'entendons pas toujours ? Ainsi, quelquefois, prenez garde qu'on ne vous comprenne. »

CHANT V.

« Si les éclairs qui s'échappent de mes regards t'éblouissent plus dans le ciel [1], au milieu du saint amour de Dieu, qu'ils ne t'éblouissaient sur la terre; si j'abaisse la puissance de tes yeux, ne t'étonne pas; cet effet provient de ce que ma vue est plus parfaite : elle apprend bien, et ne meut plus le pied que dans ce qu'elle a bien appris. Je remarque cependant que l'éternelle lumière dont la seule vue embrase d'amour, brille maintenant dans ton intelligence. Si quelque chose l'égare, ce n'est qu'un vestige mal connu de cette même lumière. Tu désires savoir si par des actions estimables on peut faire absoudre une âme qui a manqué à ses vœux. » Béatrix me dit ces paroles par lesquelles je commence ce chant, et sans s'interrompre, elle continua en ces termes les saintes explications : « Le plus grand don que Dieu ait accordé, en vous créant, le don qu'il apprécie le plus, et qui est le plus conforme à sa bienfaisance, est la liberté de la volonté Ce bienfait a été accordé seulement à toutes les créatures intelligentes. Si tu admets ce point, tu sentiras la haute valeur d'un vœu, quand il a été formé par ton consentement et le consentement de Dieu. Quand un pacte est arrêté entre Dieu et l'homme, celui-ci, par cet acte, se fait victime de ce trésor [2], qui est tel que je le dis : donc, que peut-on rendre en échange? Si tu crois qu'il t'est permis de racheter par une œuvre

---

[1] Ici, le poëte fait encore allusion à l'amour qu'il a éprouvé sur la terre pour sa Beatrix, ou, si on le veut, à l'étude de la théologie, à laquelle il s'était livré depuis longtemps, et dont l'attrait irrésistible a toujours plus ou moins dominé son esprit.

[2] Ce trésor est la liberté de la volonté. Voyez même page, ligne 16

sainte le don auquel tu as renoncé, tu ressembles à celui qui voudrait faire un bon usage d'un bien mal acquis[1]. Te voilà désormais convaincu du point principal : cependant la sainte Église donne à cet égard des dispenses qui paraissent en contradiction avec ce que je viens de te révéler. Il faut encore rester quelque temps à table : tu as pris une nourriture lourde qu'il convient de précipiter par quelque secours. Ouvre ton esprit à ce que je te dévoile, et renferme-le dans ta mémoire : il n'y a pas de science quand on entend sans retenir. Deux choses distinctes forment l'essence d'un vœu : la première est l'objet du sacrifice, la seconde est le pacte en lui-même. On n'est jamais relevé de ce pacte, si l'on n'y est pas fidèle, et c'est à ce sujet que, plus haut, je t'ai parlé d'une manière si précise. Les Hébreux, comme tu dois le savoir, furent toujours obligés d'offrir les sacrifices qu'ils avaient promis [2]; seulement ils changèrent quelquefois l'objet de ces mêmes sacrifices. Ce qui constitue l'essence d'un vœu que tu connais sous le nom de *matière* du vœu, peut être tel qu'on n'ait pas failli en l'échangeant contre une autre *matière;* mais il ne faut pas qu'on transporte ainsi la charge sur une autre épaule, de sa propre autorité, et sans le commandement de la clef blanche et de la clef jaune[3] : regarde tout changement comme insensé, si la chose qu'on abandonne n'est pas contenue dans celle que l'on prend, comme quatre est contenu dans six. De plus, on ne peut remplacer par un moindre avantage, la chose qui, avec sa valeur particulière, emporte la balance. Que les mortels ne

---

[1] Venturi dit : « Il n'est pas permis de voler les autres pour faire des aumônes, pour élever des autels et pour fonder des hôpitaux sur la porte desquels on pourrait mettre cette inscription :

Fondo questo spedal persona pia
Ma i poveri da starci fece pria.

« Une personne pieuse a fondé cet hôpital, mais, auparavant, elle a fait les pauvres qui y seront reçus. »

[2] Venturi croit qu'il est ici question des deux colombes ou des deux tourterelles que les femmes juives venaient offrir, dans le temple, quand elles relevaient de couches. (Voyez *Levit*., chap. 12).

Lombardi pense qu'il s'agit des sacrifices en général qu'on promettait à Dieu. (*Levit*., chapitre dernier.)

[3] Le poète a dit dans le *Purgatoire*, chant IX, page 314, note 2, que l'Église avait deux clefs, une d'or et une d'argent. Pour varier, le poète dit ici la clef blanche et la clef jaune.

se fassent pas un jeu de leurs promesses. Soyez fideles, mais jamais inconsidérés, comme Jephté dans sa première générosité¹ : à qui cependant convenait-il plus de dire, J'ai mal fait, et en accomplissant ma promesse, je ferai plus mal? Il ne fut pas moins insensé, le grand chef des Grecs² que ne fléchirent pas les larmes répandues sur le beau visage d'Iphigénie, et qui fit pleurer sur le sort de cette princesse, les fous et les sages qui entendirent parler d'un vœu si barbare.

« Chrétiens, apportez plus de gravité dans vos actions. Ne soyez pas comme une plume qui s'agite à tous les vents; ne croyez pas que toute eau puisse vous purifier. Vous avez pour guides, l'Ancien, le Nouveau Testament, et le Pasteur de l'Eglise; qu'ils suffisent pour votre salut : si une passion coupable vous crie autre chose, soyez des hommes et non des animaux sans raison. Que l'Hébreu qui est parmi vous, ne rie pas de vos déréglements; ne faites pas comme l'agneau qui laisse le lait de sa mère, qui folâtre et joue imprudemment avec lui-même. »

Béatrix parla ainsi comme je l'écris; ensuite elle se retourna toute désireuse, vers l'endroit où la lumière du monde est la plus vive³ : son silence, son changement d'attitude, firent taire mon esprit curieux qui allait lui soumettre d'autres questions.

Aussi vite qu'une flèche frappe le but avant que la corde soit en repos, nous courûmes au second royaume⁴. Je vis

---

1. Jephté avait fait vœu, s'il revenait vainqueur des Ammonites, de consacrer à Dieu, en holocauste, la première personne de sa maison qui viendrait à sa rencontre. Ce fut sa fille qui, la première, vint au-devant du général victorieux Jephté, accablé par la douleur, déchira ses vêtements, mais se crut obligé de sacrifier sa fille Tertullien, saint Ambroise, Procope et saint Thomas prétendent que Jephté aurait dû changer son vœu Dante, dont on surprend partout la profonde érudition, se hâte d'ajouter : A qui cependant convenait il plus de dire . «J'ai mal fait, et, en accomplissant ma promesse, je ferai plus mal?» Cette réflexion touchante a dû lui être inspirée par la lecture des Peres cités plus haut : les mêmes principes se trouvent dans Cicéron (Traité des Lois, II), dont la morale éloquente est souvent fondue dans le vers rapide et précis de notre poète

2 Le grand chef des Grecs, Agamemnon Il suffit ici d avoir lu l'Iphigénie de Racine

3 En en haut, en montant vers l Empyrée

4. Le second royaume veut dire le

Beatrix si belle et si heureuse, quand elle arriva dans la lumière de ce ciel, que la planète elle-même en parut plus resplendissante. Si l'étoile se changea et sourit, que ne dus-je pas devenir, moi qui suis naturellement susceptible de tant de transmutations ! Dans un vivier dont l'onde est pure et tranquille, les poissons s'élancent vers tout ce qu'on leur jette, s'ils croient y trouver quelque pâture ; ainsi une foule de lumières célestes se dirigèrent vers nous, et chacune s'écriait : « Voilà qui accroîtra nos amours [1]. »

Tandis qu'elles approchaient, on voyait leurs ombres pleines de joie dans le sillon rayonnant qu'elles répandaient autour d'elles. Pense, ô lecteur, si ce qui commence ici n'allait pas plus avant, quelle soif pleine d'angoisse tu aurais d'en savoir davantage, et tu comprendras combien, dès qu'elles furent près de moi, je fus tourmenté du désir de connaître la condition de ces splendeurs !

Un de ces esprits pieux me dit : « O toi, né sous d'heureux auspices, à qui la grâce permet de voir les trônes du triomphe éternel [2], avant que tu aies quitté l'armée militante, apprends que nous sommes enflammés de la lumière qui s'étend dans tout le ciel. Veux-tu de nous quelques éclaircissements ? satisfais-toi à ton plaisir »

Béatrix ajouta : « Dis, dis, et crois-les comme on doit croire des esprits divins. »

Alors je parlai ainsi : « Je vois que tu séjournes près du trône de la première lumière. Elle sort étincelante de ta bouche et de tes yeux : mais je ne sais pas deviner qui tu peux être, âme bienheureuse, ni pourquoi tu habites dans la sphère

---

ciel de Mercure. Ce n'est pas le Purgatoire, autre royaume dont il est question page 169, note 2.

1 Voilà qui accroîtra nos amours : « *Ecco chi crescerà li nostri amori* » Vers charmant et d'une pureté délicieuse ! Dante n'inspire pas toujours la terreur et l'épouvante.

Ce passage, comme celui que j'ai remarqué plus haut, page 171, note 5, traduit mot à mot dans notre langue, est absolument aussi beau que dans la langue italienne. Ce sont là deux bonnes fortunes de traducteurs, mais auxquels ils ne doivent pas s'accoutumer avec Dante Alighieri

2 Le Paradis. On va insensiblement apprendre la langue nouvelle du poëte, et l'explication de toutes ces périphrases demeurera superflue.

qui se cache aux regards des mortels, sous les rayons d'une autre [1]. »

J'adressai ces mots directement à la lumière qui m'avait parlé la première. Elle se montra en même temps plus brillante qu'elle n'avait encore été. Bientôt, comme le soleil qui se cache lui-même par son trop vif éclat, quand il a dissipé les vapeurs épaisses qui tempéraient sa chaleur, la figure sainte, pénétrée d'une joie nouvelle, se concentra dans ses propres rayons, et ainsi recluse, recluse [2], me répondit comme on le verra au chant suivant.

---

1. Dante veut dire que la planète de Mercure étant très-voisine du soleil, est souvent plus cachée par la lumière de cet astre que toute autre planète.

2. Je n'ai pas pu mieux rendre le *chiusa chiusa* de l'original. Les Italiens trouvent cette répétition très-agréable, comme elle l'est en effet. J'ai répété deux fois le même mot, comme dans l'original : on a vu que Dante emploie souvent cette manière d'appeler l'attention, il dit *quatto quatto*, *Enfer*, chant XXI, page 94, *bruna bruna*, *Purgatoire*, chant XXVIII, page 318. C'est une manière de superlatif que les Italiens modernes ont imitée depuis. Dans le *Saül* d'Alfieri, il y a cette main *lunga lunga* qui produit un effet terrible.

CHANT VI.

Depuis que Constantin [1] avait tourné l'aigle contre le cours du ciel qu'elle avait suivi auparavant sur la flotte de cet ancien héros, qui s'empara de Lavinie [2], il s'était écoulé cent et cent ans et plus [3], pendant lesquels l'oiseau de Dieu avait régné à l'extrémité de l'Europe [4], dans le voisinage des montagnes, d'où il était parti [5] ; de là il avait gouverné le Monde, sous l'ombre de ses ailes sacrées, et l'autorité transmise d'une main dans une autre, était parvenue dans la mienne.

« Je fus César, et je suis Justinien. Par la volonté de Dieu qui est le premier amour, je retranchai des lois ce qu'elles offraient d'inutile et d'obscur. Avant de me dévouer à cet ouvrage, je croyais qu'il n'y avait qu'une seule nature dans le Christ [6], et je vivais satisfait d'une telle croyance ; mais le bienheureux Agapet, souverain pontife, me redressa par ses paroles à la foi véritable. J'écoutai sa voix, et je sens que son opinion était raisonnable, comme tu sens toi-même que toute

---

1 Constantin avait transporté le siège de l'empire de Rome à Byzance, du couchant au levant, et ainsi il avait fait tourner l'aigle contre le cours du ciel, qui se meut d'orient en occident.

2. Énée était venu de Troie, pays oriental, en Italie, pays occidental.

3 Ici Dante s'est trompé, il ne s'exprime pas avec son exactitude ordinaire ; il dit *Cento e cent' anni e piu*, plus de deux cents ans. Cependant, de la dédicace de Constantinople, qui fut faite en 330, jusqu'à l'avénement de Justinien au trône impérial, il ne s'écoula que 197 ans, parce que Justinien ne resta seul maître du trône qu'après la mort de Justin, en 527, mais il ne faut pas être si rigoureux avec ce poëte, qui d'ailleurs est un prodige d'érudition pour le siecle où il écrivait. Dante n'a cependant pas fait une faute contre la chronologie, si l'on admet qu'il entend parler de l'époque précise à laquelle Constantin passa à Byzance. Il est certain que cet empereur y fit son entrée en 324, mais la dédicace de la ville n'eut lieu qu'en 330.

4. A Constantinople.

5 De Troie.

6. Justinien avoue ici qu'il avait été partisan des opinions d'Eutychès, hérésiarque du Ve siècle.

contradiction a une partie fausse et une partie vraie [1]. Aussitôt que j'eus commencé à marcher de concert avec l'Église, je me livrai tout entier à ce haut travail que Dieu m'avait inspiré. Je laissai le soin de mes armées à mon Bélisaire : la main du ciel le suivit visiblement, et je compris que je devais me reposer sur lui. Je viens de répondre à ta première question ; mais le sujet me force à t'en dire davantage, et je veux que tu connaisses la force des raisons de ceux qui se disent les défenseurs du signe sacré [2], et de ceux qui le combattent. Vois quelle est la vertu qui a rendu ce signe si vénérable. A la mort de Pallas [3], l'aigle commença à régner. Tu sais qu'elle séjourna dans la ville d'Albe [4] pendant plus de trois siècles, jusqu'au moment où pour elle les trois combattirent contre trois. Tu sais où elle habita, depuis l'affront aux Sabines jusqu'à la douleur de Lucrèce, sous sept rois qui soumirent les nations voisines. Tu sais qu'elle anima les valeureux citoyens de Rome quand ils marchèrent contre Brennus, contre Pyrrhus, contre tant d'autres princes et leurs alliés. Torquatus [5], Quintius, qui reçut un surnom de sa chevelure mal soignée, les Décius et la famille Fabia lui durent cette renommée que je me rappelle avec délices. Elle écrasa l'orgueil de ces Arabes qui suivirent Annibal à travers les Alpes incultes d'où, toi, Pô, tu t'écoules. Scipion et Pompée, encore jeunes, obtinrent le triomphe, sous ce même signe qui parut acerbe à la colline au pied de laquelle tu as pris naissance [6].

[1] Dante retombe souvent dans le style des discussions de l'école. Voici la note d'un de ses commentateurs sur ce passage : « Le poëte veut dire que, dans toutes les contradictions, il y a une partie fausse et une partie vraie Par exemple Dieu est juste, Dieu n'est pas juste, c'est une contradiction, mais la première proposition est vraie, l'autre est fausse. » De pareilles comparaisons semblent déplacées en poésie

[2] Les Gibelins partisans des empereurs Dante parle ici des hommes de son propre parti — Et ceux qui le combattent, les Guelfes, partisans des papes.

[3] Pallas, fils d'Évandre.

[4] Albe compta quatorze rois depuis la fondation de Rome

[5] Manlius Torquatus. Quintius, qui reçut un surnom de sa chevelure mal soignée, Cincinnatus Dante est ici en contradiction avec les auteurs qui prétendent que Quintius était au contraire appelé *Cincinnatus*, parce que ses cheveux étaient frisés et bouclés. Pétrarque dit, après Dante :

« *E Cincinnato dall' inculta chioma* »

[6] La colline de Fiesole, qu'il devrait plutôt appeler une montagne, parce

« Puis, lorsque le ciel voulut faire connaître à la terre la félicité dont il jouit lui-même, l'aigle fut confiée à Jules[1] par la volonté de Rome : c'est alors que l'Isère, la Saône, les vallées du Rhône et la Seine, ont vu ce signe s'avancer depuis le Var jusqu'au Rhin. La langue et la plume n'auraient pu suivre la rapidité de son vol, quand il sortit de Ravenne, et sauta le Rubicon. Il se dirigea bientôt vers l'Espagne, puis vers Durazzo, frappa Pharsale, et fit sentir le poids de ses coups au Nil brûlant. Revoyant Antandre, le Simoïs, et le lieu où repose Hector, contrées d'où il était parti, il devint fatal à Ptolémée. De là il s'élança foudroyant sur Juba, et tout à coup se retourna vers votre occident, où il entendait la trompette du parti de Pompée[2]. Brutus et Cassius aboient dans l'enfer, au souvenir de ce que fit l'aigle, sous celui qui ensuite s'en empara de force, et fit pleurer Modène et Pérouse. On entend gémir encore la triste Cléopâtre, qui, pour fuir ses atteintes, reçut de l'aspic une mort subite et cruelle. Sous cet autre, l'aigle étendit sa domination jusqu'à la mer Rouge; sous cet autre, elle procura au monde une si douce paix, que le temple de Janus fut fermé. Toutes ces victoires du signe dont je parle, remportées d'abord, et celles qu'il devait encore remporter dans le royaume mortel qui lui est soumis, deviennent en apparence faibles et obscures si l'on considère avec un œil éclairé et une affection pure, ce que fut ce signe dans les mains du troisième César. La vive justice qui m'anime lui accordait, à celui que je signale, la faveur de venger une injure personnelle à Dieu même[3]. Mais ici redouble d'admiration. Avec Titus l'aigle courut tirer vengeance de la

---

qu'elle est très-élevée. Elle domine Florence, qui, vue de cette hauteur, offre un admirable coup d'œil C'est là que l'armée de Catilina fut taillée en pièces par celle de Petreius, lieutenant d'Antoine

1 Jules César.

2 Il n'a fallu que quinze vers à Dante pour décrire toutes les victoires de Jules César. On peut remarquer ces quinze vers comme un des plus beaux morceaux de cette *Cantica* et de la poésie moderne. Ils sont d'un toscan si pur qu'on les comprend avec la plus grande facilité.

3. Tibère pouvait venger la mort de Jésus-Christ.

vengeance de l'antique faute [1]. Enfin, lorsque la dent lombarde mordit la sainte Église, Charlemagne lui accorda du secours [2], et triompha sous les auspices de l'aigle. Tu peux juger maintenant ceux que je viens d'accuser plus haut, et tu connaîtras quelles sont leurs erreurs, cause de tous vos maux. L'un oppose les lis d'or au signe légitime; l'autre s'en proclame inconsidérément le défenseur. C'est une rude tâche de savoir qui des deux s'abuse davantage. Que les Gibelins continuent leurs menées sous un autre étendard! Il connaît mal ce signe, celui qui l'arbore avec des prétentions injustes! Que ce nouveau Charles [3] et ses Guelfes ne s'efforcent pas de l'abattre; qu'ils craignent plutôt des serres qui ont déchiré la peau d'un lion plus redoutable! Souvent les fils ont pleuré la faute de leurs pères Qu'on ne croie pas enfin que Dieu change d'armes en faveur des lis.

« Cette petite étoile [4] est ornée d'esprits sublimes qui ont recherché avidement l'honneur et la gloire. Lorsque les désirs ont eu pour but cette gloire mortelle, il convient que les rayons du véritable amour jettent une clarté moins vive. Nos *gages* sont mesurés sur notre mérite. Nous ne voyons ces rayons ni plus petits ni plus grands. Enfin, cette admirable justice de Dieu excite tellement notre affection, que nous ne pouvons plus retomber dans aucune méchanceté. Différentes voix produisent de doux accords; ainsi différents degrés produisent une douce harmonie au sein de ces sphères.

« C'est aussi dans cette perle que brille la lumière de Ro-

---

1. la faute d'Adam.
2. Venturi dit ici que, lorsque le royaume des Lombards fut détruit par Charlemagne, en 774, ce prince n'était pas empereur d'Occident, et n'avait pu triompher sous les auspices de l'aigle. Le P. Lombardi répond au P. Venturi qu'en effet Charlemagne n'avait pas encore été couronné empereur, mais qu'il avait pu triompher sous les auspices de l'aigle Il ajoute, à l'appui de cette opinion, un passage de la *Chronique* de Sigebert concernant des privilèges donnés par le pape Adrien au même Charlemagne, et puis, pour Dante, Gibelin et d'une humeur si impériale, il fallait bien que l'aigle se trouvât quelque part à la fin du viiie siècle Il était naturel de placer ce signe auprès du premier des guerriers qui ont directement, et avec un droit incontestable, placé ce signe dans leurs armoiries

3 Charles II, roi de la Pouille
4 La planète de Mercure

mée [1], qui entreprit une tâche si belle et si mal agréée. Mais les habitants de la Provence qui ont conjuré contre lui, n'ont pas eu lieu de rire. On n'est pas dans la bonne voie, quand on pense que la belle conduite des autres nuit à nos intérêts Raymond Bérenger avait quatre filles. Toutes quatre furent reines, et une telle illustration fut due à Romée, personne humble et étrangère. De faux rapports engagèrent Bérenger à demander les comptes de ce juste, qui lui rendit sept et cinq pour dix, et se retira pauvre et chargé d'années. Si le monde savait le courage qu'il montra en mendiant sa vie, morceau à morceau, le monde qui le loue déjà beaucoup, le louerait bien davantage. »

---

1. Il s'agit ici de Romée de Villeneuve, baron de Vence, qui ramena l'ordre dans les finances de Raymond Berenger, comte de Provence. Raymond avait quatre filles ; Romée résolut de les faire monter toutes quatre sur un trône. la première fut donnée à saint Louis, roi de France, en 1234, la seconde, a Édouard, roi d'Angleterre ; la troisième, a Richard, frère d'Édouard, qui fut élu roi des Romains, et la quatrième, a Charles Ier, roi de Naples et de Sicile, frère de saint Louis. Les Provençaux envirent la gloire de Romée, le calomnièrent, et son prince eut la faiblesse de l'exiler : ensuite il voulut le rappeler, mais le noble ministre ne voulut pas revenir a la cour. Romée de Villeneuve mourut en Provence, l'an 1250 Quoiqu'en ait dit Dante, Romée était seigneur de vingt-deux villes ou bourgs Sa famille et plusieurs autres branches de la maison de Villeneuve, connue sous les noms de Vence, Trans, Bargemont, Tourretes, Beauregard, Flayosc, existent encore en Provence, et y ont toujours tenu un des premiers rangs

Parmi les hommes recommandables qui l ont illustrée, on peut citer Helion de Villeneuve, grand maitre de l'ordre de Saint-Jean de Jerusalem, a Rhodes, et Christophe de Villeneuve-Vaucluse-Bargemont, qui, en 1572, empêcha le massacre des huguenots en Provence. L'amiral Villeneuve était d'une branche de cette maison Elle comptait naguère au nombre de ses membres le comte Christophe de Villeneuve-Bargemont, conseiller d Etat, préfet de Marseille, mort en 1829, auteur de plusieurs ouvrages estimés, entre autres de la *Statistique des Bouches-du-Rhône* Quatre de ses freres existent encore : un d'eux, capitaine de vaisseau, a fait partie de la glorieuse expédition d Alger On connait la belle *Histoire de saint Louis*, de M le marquis de Villeneuve Trans, membre de l'Institut, et les ouvrages remplis de talent et de divers mérites, de M le vicomte Alban de Villeneuve-Bargemont, également membre de l'Institut Ces deux derniers sont freres jumeaux ; leur physionomie, douce et prévenante, offre le même caractere, ils se quittent rarement, sans cela on aurait souvent de la peine a les reconnaître. — Les commentateurs italiens, même les plus modernes, paraissent n avoir connu aucune de ces informations, qui méritent cependant une place dans l'ensemble de leurs recherches.

CHANT VII.

« Sois beni, ô Sauveur [1], Dieu saint des armees, toi qui éclaires de ta lumiere les âmes des fortunés royaumes! » Ainsi chanta, en se retournant, cette substance [2] qui est revêtue d'une double gloire, et en même temps elle et ses compagnes reprirent leur mouvement circulaire, et s'eloignèrent de moi comme des étincelles qui échappent avec vélocité à nos regards. Je doutais, et en moi-même je me disais, Dis-lui, dis-lui; je me disais, Dis-lui donc, à la noble femme qui apaise ta soif avec les douces gouttes de sa voix; mais le respect pour B, et pour ICE [3], qui s'empare de tout moi, me forçait à tenir la tête baissée, comme un homme que le sommeil accable.

Béatrix me laissa peu de temps dans cet embarras, et me *rayonnant* d'un sourire qui aurait rendu heureux un homme au milieu des flammes, elle me dit : « Selon mon jugement, qui est infaillible, tu ne comprends pas comment une juste vengeance a été punie justement; mais j'éclaircirai ce doute. Écoute, mes paroles t'apprendront de sublimes vérités. Pour n'avoir pas voulu souffrir l'utile frein de la vertu, cet homme qui ne reçut pas la naissance [4], en se damnant, damna toute

---

[1] Les trois premiers vers du chant sont en latin, excepté les trois mots hebreux, *osanna*, qui signifie sois béni, *sabaoth*, qui signifie armee, *malahoth*, qui signifie royaume.

[2] Justinien.

[3] Pour *Bice*, diminutif de *Beatrice*. On sait que c'est le nom d'amour qu'il donnait sur la terre a la fille de Foulques. Voyez *Purg*, page 238, dernière ligne de la note 3 Venturi et Alfieri desapprouvent cette manière de dire *Bice*. Biagioli en juge autrement, et je trouve ses raisons fort bonnes : admis vivant au Paradis, le poëte est toujours sous les influences de ses passions terrestres.

[4] Adam, qui fut créé de Dieu immédiatement.

sa race. L'espèce humaine infirme languit, pendant plusieurs siècles, abandonnée à l'erreur, jusqu'à ce qu'il plût au Verbe de Dieu de descendre. Par l'acte seul de l'éternel amour, il unit à la nature divine la nature humaine, qui s'était éloignée de son créateur. Maintenant fais bien attention à ce que je t'explique. Cette nature, unie à celle de son créateur, avait été d'abord pure et sincère, mais par elle-même elle se bannit du Paradis, parce qu'elle s'arracha de la voie de la vérité et de sa vie[1]. Or, la peine que Jésus-Christ souffrit sur la croix, si l'on ne considère que la nature qu'il avait assumée, n'a jamais plus justement mordu; mais aussi, en examinant quelle était la personne revêtue de cette humanité, on voit aisément qu'aucune peine ne fut plus injuste. Du même fait résultèrent deux conséquences différentes : une seule mort plut et à Dieu et aux Juifs[2]; par elle la terre a tremblé et le ciel s'est ouvert. Tu dois donc facilement comprendre qu'une cour juste a vengé une juste vengeance. Mais je vois que ton esprit, de pensée en pensée, est occupé d'un autre doute, qu'il désire que j'éclaircisse. Tu dis, Je comprends bien ce que je viens d'entendre, mais je ne comprends pas pourquoi Dieu a choisi ce moyen pour notre rédemption. Frère, les motifs qui déterminèrent le Créateur à agir ainsi, sont cachés aux yeux de ceux qui ne sont pas embrasés du feu de l'amour divin : cependant, comme on pense longtemps en vain sur un tel sujet, je vais te dire pourquoi Dieu a trouvé ce moyen plus digne.

---

[1] La nature humaine se révolta contre Dieu, de qui il est écrit : « *Ego sum via, veritas et vita.* » (Joan, XIV.)

[2] La mort de Jésus-Christ plut aux Juifs, qui demandaient opiniâtrément son supplice, et à Dieu, devant qui cette mort rachetait les hommes de la première faute. Dante ajoute, suivant le commentaire de Lombardi : « La terre a tremblé par tendresse pour le Fils de son Créateur, le ciel s'est ouvert, puisque la satisfaction donnée par J. C. rouvrait aux hommes le Paradis. » Il y a un peu d'affectation dans tout ce passage. À côté du grand intérêt de la rédemption, les cris des Juifs deviennent un rapprochement peu noble. Le poëte a cherché des oppositions, mais il y a certaines oppositions faciles qu'il faut éviter. Le vers, comme vers, est d'ailleurs un prodige de concision. — Une cour juste a vengé une juste vengeance. Titus a vengé la mort de Jésus-Christ. Par *corte*, M. de Romanis entend *coorte*. Cette supposition est tout à fait nouvelle. Biagioli entend, par *corte*, Dieu, la cour de vérité et de justice à laquelle seule il appartenait de juger et de punir. Je suis resté, sans périphrase, dans l'expression simple du poëte.

« La divine bonté [1] qui méprise toute jalousie, étincelle de sa propre ardeur, lorsqu'elle distribue ses beautés éternelles ; ce qui coule immédiatement de cette divine bonté n'a plus de fin, et son impression une fois marquée, ne peut plus s'altérer. Tout ce que cette bonté produit immédiatement est libre, et n'est pas soumis aux lois qui règlent les choses secondaires. Plus un être est conforme à Dieu, plus il lui plaît. L'ardeur sainte de la charité qui répand ses rayons sur toutes choses, est plus vive dans les objets qui lui sont le plus semblables. L'humaine créature participe à ces avantages ; mais si un de ces avantages lui manque, elle déchoit nécessairement de sa noblesse : il n'y a que le péché seul qui lui ôte sa liberté et l'empêche d'être semblable à son souverain bien, parce qu'alors elle ne se blanchit que peu de son éclat. Elle ne retourne pas à sa dignité première, si, par de justes peines, elle ne cicatrise les blessures qu'a causées le faux plaisir. Votre nature, quand elle pécha tout entière, perdit ses dignités et le Paradis, et elle ne pouvait les recouvrer, si tu y fais bien attention, qu'en passant par un de ces deux gués. Il fallait que Dieu, dans sa courtoisie, remît la faute, ou que l'homme donnât une satisfaction personnelle pour sa folie [2].

« Maintenant fixe les yeux, du moins autant qu'il te sera possible en suivant mes paroles, sur les profondeurs du conseil éternel. L'homme, dans sa situation, ne pouvait jamais donner de satisfaction, parce qu'il ne pouvait pas faire par son humble obéissance autant qu'il avait fait par son indocilité. Cette raison suffit pour te prouver que, par lui-même, il ne pouvait donner cette satisfaction : il fallait donc que Dieu, pour ramener l'homme à la vie éternelle, employât ses propres voies, ou l'une, ou les deux [3]. Tu sais qu'une action

---

[1] On lit dans Boëce (*de Consol philos.*, lib. III) un raisonnement à peu près pareil Ce n'est pas la première fois que Dante a imité Boece.

[2] Il fallait que Dieu eût recours à sa miséricorde ou à sa justice : « *Universæ viæ Domini misericordia et veritas* » Ps. 24

[3] Dieu devait remettre la faute, ou plutôt combiner ensemble l'action de sa miséricorde et de sa justice, ce qu'il a fait, dit Lombardi, en ordonnant le mystère de la rédemption, par lequel *justitia et pax osculatæ sunt*, ps 84 Je suis étonné que ces expressions si douces et si tendres du Psalmiste aient échappé à Dante.

est d'autant plus agréable, qu'elle annonce plus la bienfaisance du cœur qui l'a dictée ; aussi la divine bonté qui s'imprime en toutes les choses créées, se plut à employer tous ses moyens, pour vous relever au ciel. Il n'y a jamais eu, et il n'y aura jamais, depuis le premier des jours jusqu'à la dernière des nuits [1], de la part de Dieu et en faveur de l'homme, aucune manière de procéder si haute et si magnifique. Dieu ne fut-il pas plus grand de se donner lui-même, pour permettre à l'homme de se relever, que s'il avait pardonné volontairement? Tous les autres moyens etaient insuffisants pour la justice, si le fils de Dieu n'eût été humilié jusqu'à l'incarnation.

« Pour mieux te convaincre d'une autre vérité que je t'ai révélée [2], je vais encore mieux m'expliquer, afin que tu voies ce que je vois moi-même. Tu dis encore : Je vois l'air, je vois le feu, l'eau, la terre et tous les objets composés de ces éléments, se corrompre et n'avoir qu'une courte durée: cependant ces choses ont été créées, et si ce que j'ai dit est véritable, elles devraient ne pas pouvoir se corrompre. Je te réponds : Frere, les anges et le pays sincère où tu te trouves, ont été créés par la puissance immédiate de Dieu, dans la totalité de leur être ; mais les éléments que tu as nommés, et les choses qu'ils produisent, sont formés d'une nature inférieure déjà créée elle-même. Leur matière est née d'une substance créée; elle fut créée aussi la vertu *informante* dans ces étoiles qui les environnent. L'âme de toutes les brutes et des plantes tire le mouvement des feux sacrés d'une force soumise à une autre puissance ; mais la suprême bonté créa directement notre âme, et la remplit d'un amour qui ne peut finir. Tu peux aussi en même temps comprendre le mystère de votre résurrection, si tu te rappelles comment fut produit le corps humain, lorsque Dieu créa vos premiers pères [3]. »

1. Depuis le commencement jusqu'à la fin du monde.

2. Il revient à ce qu'il a dit même chant, page 381, ligne 3 Ce qui coule immediatement de cette divine bonté n'a plus de fin, etc.

3 Si tu n'oublies pas que ; lorsque Dieu forma Adam et Ève, il les forma directement de sa main divine et non par le moyen d'aucune autre vertu creee, tu comprendras facilement que notre chair deviendra un jour ce qu'elle a été auparavant, et rentrera dans l etat de pureté qu'elle a perdu.

CHANT VIII.

Les peuples dans une périlleuse croyance avaient coutume de penser que la belle Cypris[1], placée dans le troisième ciel, présidait aux folles amours; aussi les anciennes nations, livrées à ces vieilles erreurs, ne se contentaient pas de lui offrir des sacrifices et des prières; elles honoraient Dioné[2] comme sa mère, Cupidon comme son fils. Elles disaient que ce dernier était venu s'asseoir sur les genoux de Didon[3]; elles appelaient du nom de Vénus l'étoile dont je parle en ce moment, et que le soleil regarde avec délices ou du côté de la nuque, ou du côté des cils[4].

Je ne puis pas dire comment je montai dans cette sphère; mais Béatrix devenant plus belle, je ne doutais pas que je ne fusse arrivé dans cette nouvelle planète[5]. De même qu'on distingue l'étincelle à travers la flamme; de même que dans un concert on reconnaît une voix qui file un son prolongé, et celle qui va et revient, de même je découvris dans cette étoile une foule de lueurs qui se mouvaient en rond plus ou moins vite, en raison, je crois, de leurs mérites éternels. Les vents qui descendent de la nuée, visibles ou non, paraîtraient lents

---

1. Vénus, élevée dans l'île de Chypre.
2. Dioné, nymphe, fille de l'Océan et de Thétis. Elle fut aimée de Jupiter, et il eut d'elle Vénus, surnommée Dionée, du nom de Dioné, sa mère.
3. On lit dans le premier livre de l'*Enéide* que l'Amour s'offrit à Didon sous les traits d'Ascagne, et inspira à cette princesse une passion pour Enée (vers 178).
4. Dante veut dire que le soleil, tantôt précède et tantôt suit l'étoile de Vénus. En effet, l'étoile qui regarde le soleil, tantôt à son levant, tantôt à son couchant, et qui dans la première supposition, s'appelle *Lucifer*, et dans l'autre prend le nom d'*Hesper*, cette étoile est toujours l'étoile de Vénus. Le soleil voit tour à tour la nuque de *Lucifer* et les cils d'*Hesper*. Cette explication a quelque chose d'extraordinaire pour nous. Le vers italien n'en est pas moins charmant:

« *Che il Sol vagheggia or da coppa or da ciglio.* »

5. La planète de Vénus.

et embarrassés à celui qui aurait vu ces substances accourir à nous, et abandonner le mouvement de rotation qu'elles reçoivent des hauts séraphins [1]. Derrière celles qui s'approchèrent le plus de nous, on chantait *Osanna*, avec tant d'harmonie que depuis j'ai toujours désiré entendre une autre fois ce divin concert. Une d'elles s'adressant à moi, me dit : « Nous sommes prêtes à ton plaisir, pour que tu jouisses auprès de nous. Ici, nous participons au même tour, au même mouvement, et à la même soif que les princes célestes, à qui dans le monde tu as dit : « *Vous qui, comprenant la gloire de Dieu, connaissez le mouvement du troisième ciel* [2] ; » nous sommes si remplies d'amour, que, pour te plaire, nous ne regretterons pas de nous être arrêtées un moment. » Je portai sur Béatrix mes regards respectueux, et quand elle les eut rendus contents d'elle et assurés, ils se tournèrent vers l'esprit qui s'était tant promis, et je parlai ainsi, avec la plus vive émotion : « Dis, qui es-tu ? » A ces mots, comme je vis s'animer sa splendeur par la joie nouvelle qui accrut son allégresse ! il répondit après cette sensation subite : « Le monde me vit peu de temps [3] ; si ma carrière avait été plus longue, il y aurait beaucoup de malheurs qui n'arriveraient pas. La joie qui m'environne me cache à tes yeux,

---

1. Qu'elles reçoivent d'une sphère plus élevée, comme, par exemple, est celle où le poète trouvera les séraphins.

2. « *Voi, che intendendo il terzo ciel movete* »
C'est le premier vers de la première *Canzone* du *Convito* de Dante. Ce *Convito* était un commentaire en prose, que le poète s'était proposé d'écrire sur quatorze des vingt *Canzones* morales ou amoureuses qu'il avait composées. Villani dit, liv. IX, chap. 155, que Dante n'acheva pas cet ouvrage, et que, quand il fut surpris par la mort, il n'avait composé que les commentaires des trois premières *Canzones*. Le troisième ciel est le ciel de Vénus.

3. L'esprit qui parle est Charles Martel, couronné roi de Hongrie du vivant de son père, Charles II le Boiteux, roi de Naples et comte de Provence. Robert, second fils de Charles II, lui succéda à l'exclusion du fils de Charles Martel, qui avait droit à la succession. Charles Martel et Dante avaient vécu à Florence dans une sorte d'intimité. Charles dit : « Tu m'as beaucoup aimé, et si je ne fusse pas mort si jeune, tu aurais vu les fruits de mon amitié. » Il faisait bon rencontrer, même pendant un instant de sa vie, ce Dante, ce grand distributeur de renommées. Que de noms il a illustrés et que l'histoire aurait passés sous silence, satisfaite d'ailleurs de ce qu'elle avait à dire de l'homonyme, l'aïeul de Charlemagne ! Voyez *Hist. de Dante*, page 42º.

comme la soie entoure l'animal industrieux qui la produit. Tu m'as beaucoup aimé, et tu avais raison de me chérir. Si je fusse resté plus longtemps sur terre, tu aurais vu autre chose que les feuilles de mon amour. Je devais gouverner le pays situé sur la rive gauche du Rhône[1], à l'endroit où les eaux de ce fleuve sont mêlées à celles de la Sorgue, et cette aile de l'Ausonie où sont placés Bari, Gaëte et Catona, et d'où le Tronto et le Verde se lancent dans la mer. Déjà brillait sur mon front la couronne de cette contrée que baigne le Danube lorsqu'il abandonne les rives de l'Allemagne. La belle Trinacrie, qui, près du golfe soumis plus particulièrement à l'influence de l'Eurus, entre Pachino et Peloro[2], se couvre d'un épais brouillard, non pas à cause du supplice de Tiphée, mais parce que c'est là que commencent à paraître les lits de soufre, la belle Trinacrie aurait reconnu pour ses maîtres mes descendants, nés par moi, de Charles et de Rodolphe[3], si les gouverneurs, abusant de leur autorité, ce qui a toujours irrité les peuples, n'eussent forcé Palerme à crier, Meure, meure[4] Mon frère[5] devait être prudent, et, par égard pour ses sujets,

---

[1] La Provence, où coule la Sorgue, qui prend sa source dans la fontaine de Vaucluse. — Cette aile de l'Ausonie, le royaume de Naples, où sont situés Bari, ville de la Pouille ; Gaete, port de mer entre Civita-Vecchia et Naples, et Catona, île de la Calabre, où l'on prenait des bateaux pour passer en Sicile Dante appelle le royaume de Naples aile de l'Ausonie, parce qu'il est situé à une de ses extrémités Le nom d'Ausonie vient d'Ausone, fils d'Ulysse, et qui donna autrefois ce nom à l'Italie — Le Tronto et le Verde sont deux rivières du même royaume Portirelli assure que le Verde est le même fleuve que le Garighano, et il a raison. Le Tronto se jette dans l'Adriatique, et le Verde ou Garighano, dans la Méditerrance — Cette contrée que baigne le Danube, la Hongrie — L'Eurus, vent de l'est, le vent qui apporte les fleurs

[2] Deux promontoires de la Sicile. — La Trinacrie est la Sicile, ainsi appelée de ses trois promontoires, Pachino, Peloro et Lilybée, qui font face chacun à une partie du monde, et qui donnent à la Sicile une forme triangulaire — Tiphée, l'un des géants qui escaladèrent le ciel, et sur lequel Jupiter jeta l'Etna, suivant Pindare et Ovide. Virgile dit que ce fut sur Encelade que fut jetée cette montagne.

3. Charles Robert, fils de Charles Martel, et Rodolphe, gendre du même Charles Martel, tous deux héritiers légitimes du royaume de Naples

4 Charles Martel veut parler ici de l'insurrection de la Sicile contre les Provençaux, à la suite de laquelle Pierre d'Aragon s'empara de cette île c'est le terrible événement appelé *les Vêpres siciliennes.*

5 Robert, qui avait usurpé les États de Charles Martel, que le fils de ce dernier et Rodolphe, son gendre, auraient dû se partager entre eux.

ne pas autoriser la cupidité sordide de ses Catalans[1]. Il ne faut charger sa barque que de ce qu'elle peut porter. Cet avis serait utile à lui et à tout autre. Pourquoi ce prince avare, né d'un père libéral[2], n'a-t-il pas la sagesse de chercher des ministres moins empressés de remplir leurs coffres? » — « O mon maître! dis-je alors, combien m'est agréable cette haute joie que me causent tes paroles! Sans doute aussi tu vois la même joie en Dieu, qui est le commencement et la fin de tout bien: mais ce qui me réjouit, c'est que tu connais mon bonheur, toi pour qui Dieu reflechit toutes les images. Cependant éclaircis un doute qui me tourmente. Comment d'une bonne semence peut-il naître une semence amère? » Je parlai ainsi à l'esprit, et il me répondit : « Si je puis te montrer une vérité, alors ce que tu me demandes, et qui est derrière toi, se trouvera devant tes yeux. Le bien suprême qui meut et comble de bonheur le royaume que tu parcours, ne prive jamais ces grands corps[3] de sa divine providence. Dieu, qui est parfait, a non-seulement placé toutes les natures dans son esprit, mais il veut toujours qu'elles soient entières et parfaites comme lui. Tout trait que cet arc dirige, atteint le terme marqué, comme la flèche bien lancée arrive à son but. S'il en était autrement, dans ce ciel qui est sous tes yeux, au lieu d'admirer l'ordre qui y règne, tu n'y verrais que des monceaux de ruines; ce qui ne pourrait arriver, que si les intelligences qui meuvent ces étoiles etaient imparfaites, comme le serait le premier moteur, qui ne leur aurait pas donné la perfection. Veux-tu que cette vérité s'éclaircisse encore plus? — Non, dis-je, parce que je crois qu'il est impossible que la nature manque dans ce qui est nécessaire. — Dis-moi, l'homme, sur la terre, n'aurait-il pas une pire condition s'il ne vivait point en

---

[1] Le même prince Robert avait été envoyé en Catalogne, comme otage, par son père Charles II, là il s'était lié avec plusieurs seigneurs catalans qu'il avait ensuite attirés auprès de lui lorsqu'il était monté sur le trône de Naples.

[2] Robert était, comme on l'a dit, fils de Charles II, que le poëte représente ici comme un prince très-généreux.

[3] Ces grands corps, ces sphères.

société? — Oui, et je n'en demande pas la raison. — Cela peut-il être, si l'on ne vit pas d'une manière différente, si l'on n'est pas soumis à différents devoirs ? — Non, si votre maître n'est pas dans l'erreur [1]. » L'esprit suivit ses déductions, puis conclut ainsi : « Donc ces divers effets doivent provenir de diverses causes. L'un naît Solon [2], l'autre Xerxès, un autre Melchisédech, un autre, celui qui, en volant dans les airs, vit périr son fils. La nature des cercles célestes, qui s'imprime comme un cachet sur la cire mortelle, remplit sa fonction, mais sans avoir égard aux lieux où elle agit : d'où il arrive qu'Esaü et Jacob [3], quoique frères, eurent des inclinations différentes. Quirinus [4], né d'un père obscur, passa pour le fils de Mars. Un fils ressemblerait à son père [5], si la providence divine n'en ordonnait autrement. Voilà que ce qui était derrière toi est passé devant; mais afin que tu connaisses combien j'aime à te contenter, je veux te revêtir encore d'un *corollaire*. Une graine tombée sur une mauvaise terre, ne peut germer heureusement; un naturel sur le sol qui ne lui convient pas, ne peut bien se développer.

« Si le monde s'attachait aux occupations que dicte la nature, il serait meilleur : mais vous dévouez de force au ministère de la religion celui qui est né pour ceindre l'épée ; vous faites roi celui qui devrait être orateur : ainsi votre marche s'éloigne de la vraie route. »

1. Aristote. Voyez la *Politique* de ce philosophe.
2. Dante entend ici par Solon tout bon politique et tout grand législateur ; par Xerxes, tout roi puissant, par Melchisédech, tout prêtre propre à exercer dignement le saint ministère ; et par celui qui perdit son fils (Dédale), tout homme ingénieux et capable d'acquérir de grandes connaissances dans les arts
3 Voyez dans l'Ancien Testament ce qui est dit sur la naissance d'Esaü et de Jacob, frères jumeaux
4. Quirinus (surnom de Romulus) naquit d'un père obscur, mais, étant devenu un grand guerrier, on ajouta foi à la révélation de Rhéa Sylvia, sa mère,
qui déclara qu'il était le fils du dieu Mars (*Tite-Live*, liv I, chap. 4)
5. Un fils ressemblerait à son père, si Dieu, de qui nous tenons les qualités et le caractère que nous devons avoir dans l'état de société, ne soumettait pas ces qualités et ce caractère à l'influence des sphères célestes, qui distribuent aux créatures la puissance qu'elles ont reçue. Dante suit le système qu'il a avancé plus haut, même chant, page 388, quand il a dit : Le bien suprême qui meut et comble de bonheur, etc , système qu'il continue de suivre dans tout son ouvrage. Ce discours de Charles Martel offre une série non interrompue de vers fermes, résolus et empreints d'une haute poésie

CHANT IX.

O belle Clémence [1], ton père Charles éclaircit ainsi mes doutes, et me prédit ensuite les tromperies que devait subir sa race. Mais il ajouta : « Sois discret et laisse voler les années. » Je dois donc me borner à dire que vos malheurs exciteront de justes regrets. Bientôt cette sainte lumière [2] retourna vers Dieu qui la remplit, comme vers le souverain bien qui suffit à toutes les créatures. Ames ingrates, que vous vous abusez! Que vous êtes impies, lorsque vous dirigez vos pensées vers la vanité en renonçant à une félicité si parfaite!

Et voilà qu'une autre de ces lumières était venue vers moi : s'étant approchée en étincelant, elle me montra qu'elle avait l'intention de m'être agréable. Je remarquai en même temps que les yeux de Béatrix, qu'elle fixait sur moi, comme auparavant, assuraient à mon désir un doux assentiment. Je lui dis : « Ame bienheureuse, satisfais ma volonté, et prouve-moi que tu peux la contenter sans que je te l'explique. » Alors cette lumière qui de loin proférait ses chants et que je ne connaissais pas encore, commença ainsi, d'un ton qui annonçait de la complaisance : « Dans cette partie de la coupable Italie, située entre Rialto [3] et les sources de la Brenta et de

---

[1] Clemence, fille de Charles Martel et épouse de Louis X, roi de France, elle vivait encore quand Dante écrivait son poème. Voilà un hommage bien naturellement amené en l'honneur d'une reine de France. Cet éloge, tombe en passant, est du meilleur goût.

[2] Charles Martel.

[3] Rialto, pris ici pour Venise. — Cunizza, sœur d'Ezzelin da Romano, seigneur de Padoue et tyran de cette ville, où il commit toutes sortes de crimes. Cunizza naquit, ainsi qu'Ezzelin, sur la colline qui s'élève entre Venise et les sources de la Brenta et de la Piave. Elle dit ensuite qu'elle n'a pas obtenu un plus haut degré de béatitude, parce que, vaincue par l'influence de Vénus, elle a conçu, dans sa vie, de folles amours. Telle est l'explication de Venturi, confirmée par Lombardi.

la Piave, s'élève une petite colline d'où descendit le fléau qui désola cette contrée. Je naquis comme lui sur cette colline. On m'appelait Cunizza, et je brille ici, parce que j'ai été vaincue par l'influence de l'étoile où tu me trouves. Mais mon sort n'a rien de pénible pour moi, et je ne me repens d'aucune de mes actions; ce qui pourra sembler étonnant à votre vulgaire. Cet autre joyau [1] brillant et précieux de notre ciel qui est près de moi, a laissé sur la terre une grande renommée, et avant que sa gloire finisse, ce siècle se multipliera cinq fois. Vois donc si l'homme ne doit pas être vertueux [2], puisque la première vie doit être suivie d'une bien autre vie. On ne pense pas encore ainsi chez les peuples qui habitent entre le Tagliamento et l'Adige [3]; et quoique sévèrement punis, ils n'ont pas de repentir. Mais bientôt les Padouans [4], qui répugnent à remplir leurs devoirs, changeront la couleur des eaux qui baignent Vicence. Celui qui règne là où le Sile et le Cagnan se confondent ensemble, porte la tête haute, et ne voit pas qu'on prépare une toile pour l'y envelopper. Feltre pleurera la déloyauté de son évêque tellement impitoyable, que pour une semblable perfidie on ne sera jamais entré à Malta. Ce prêtre courtois [5] pour appuyer son parti, livrera tant de sang ferrarais, qu'il faudrait un trop immense vase

---

1 Foulques de Marseille, qui, plus tard, va parler à Dante.
2 « *Et dubitamus adhuc virtutem extendere factis* » (*Eneid*, liv VI, vers 806)
3 Deux fleuves de l'ancien État vénitien.
4. Ce que Cunizza prédit ici arriva l'an 1514, le 17 septembre Can grande della Scala, marquis de Vérone et seigneur de Vicence, remporta une mémorable bataille sur Jacques de Carrare, seigneur de Padoue. Celui qui règne là où le Sile et le Cagnan, etc. Richard da Cammino commandait à Trévise, ou se réunissent le Sile et le Cagnan, fleuves de la Marche trévisane. — Feltre pleurera, etc. Feltre, de la Marche trévisane, avait alors pour évêque Alexandre de Plaisance. Ce prélat ayant or-

donné d'arrêter une grande quantité de Ferrarais qui lui demandaient asile, les avait remis à Piso della Tosa, qui gouvernait Ferrare au nom de Robert, roi de la Pouille. Celui-ci avait sur-le-champ fait trancher la tête à plusieurs d'entre eux — Malta est le nom d'une tour où les papes faisaient enfermer les clercs qui s'étaient rendus coupables de quelques délits. Elle était située près du lac de Bolséna. Du temps de Dante, elle s'appelait Malta; aujourd'hui, le lieu où elle était placée s'appelle Marta. — Une *bigoncia*, dit Grangier, est la seizième partie d'un muid de vin.
8 « La bile du poète gibelin s'échauffe de plus en plus, et pour que, comme le crime, l'infamie soit éternelle, il l'imprime en paroles assurées contre tout outrage du temps. » (Note de Biagioli.)

pour le contenir, et qu'il serait promptement fatigué l'homme qui voudrait le peser once à once : mais des mœurs du pays, on doit attendre de tels présents.

« Au-dessus de nous, les êtres que vous appelez trônes, sont des miroirs qui réfléchissent les jugements de Dieu[1]. Ajoute donc foi à toutes mes paroles. » A ces mots l'esprit se tut, et il me sembla qu'il rentra avec les autres ombres dans le cercle où il était auparavant.

L'autre lumière[2] dont on venait de me parler, me parut resplendissante, comme un fin rubis frappé des rayons du soleil. Là-haut, la joie se manifeste par un vif éclat, comme sur la terre, par le sourire ; mais en bas, où toutes les âmes sont plongées dans la tristesse, il n'y a que ténèbres et obscurité. Je dis alors à cet esprit bienheureux : « Dieu voit tout, et toi tu vois tout en Lui ; aussi, comme à lui, tous les désirs doivent t'être connus. Pourquoi donc ta voix, qui réjouit le ciel, semblable à celle des splendeurs pieuses ornées de six ailes[3], ne daigne-t-elle pas satisfaire ma curiosité ? Je n'attendrais pas ta demande, si je pouvais entrer en toi, comme toi-même tu entres en moi. » L'esprit me répondit en ces termes : « Tu connais cette immense vallée où se répandent les flots d'une mer que la terre environne comme une guirlande[4], et qui est bordée de rivages habités par des peuples si différents. Si tu la parcours contre le cours

---

1. Regarde ce que je t'ai dit comme une prophétie, parce qu'au dessus de nous, les anges que, sur la terre, vous appelez trônes, sont autant de miroirs fidèles dans lesquels se réfléchissent les jugements de Dieu. De ces anges, les jugements de Dieu descendent jusqu'à nous dans la troisième sphère. Quand je t'ai parlé, j'étais donc inspirée de Dieu.

2 Foulques de Marseille, que Cunizza appelle plus haut cet autre joyau.

3. Le prophète Isaïe dit, chap. 6, que les séraphins sont ornés de six ailes. Saint Jean, dans son *Apocalypse*, parle aussi de quatre animaux qui avaient chacun six ailes. (*Apocal.*, chap 2, v 8.)

4 La Méditerranée, bordée de rivages habités par des peuples de l'Europe, de l'Afrique et de l'Asie —Elle forme le midi, là où auparavant était l'horizon. Grangier dit : « Car, quand de l'Océan, elle entre dans le détroit de Seville, son horizon se fait jusqu'aux rivages de Syrie, où sa course prend fin ; mais, étant là arrivée, son horizon cesse pareillement, et se fait le cercle méridien, parce que là où l'homme se trouve, il a sur la tête un cercle méridional particulier et le cercle de l'horizon, puis, plus oultre, où il voit naistre et coucher le soleil » Tout ce passage n'en reste pas moins obscur, quoique parfaitement raisonné, sous le rapport astronomique.

du soleil, elle forme le midi là où, auparavant, était l'horizon. Je naquis sur les bords de cette vallée, entre l'Ebre et la Magra¹, à l'endroit où, par un court chemin, le pays de Gênes est séparé de la Toscane. Bugie² et la terre où je pris naissance, et qui vit son port inondé de sang, sont placées à peu près à la même distance de l'orient et de l'occident. Je fus nommé Foulques par cette nation qui connut bien mon nom. J'ai toujours vécu sous l'influence de la planète où tu me rencontres. Tant que l'âge me l'a permis, j'ai brûlé d'un amour plus vif que celui qu'éprouvèrent la fille de Bélus, qui donna tant de soucis à Créuse, en manquant de foi à Sichée ; cette Rhodopée que trahit Démophon ; enfin Alcide lui-même, quand il tint Iole renfermée dans son cœur. Ici, on ne pense pas à se repentir de ses fautes ; elles ne reviennent point dans la mémoire : on jouit de cette vertu qui a ordonné et prévu notre bonheur. Ici, on voit les effets admirables de la Providence, et l'amour qui règne sur la terre s'épure et se change

---

1 L'Èbre, fleuve d'Espagne, se jette dans la mer Méditerranée, au dessous de Tortose, dans la Catalogne. La Magra se jette dans la même mer, près de Lérici, et de Sarzane.

2 Bugie, ville placée sur le rivage d'Afrique, presque vis-à-vis de Marseille. — La terre où je pris naissance, et qui vit son port inondé de sang, Marseille, que Jules César tenta d'assiéger et de prendre de vive force — Finalement, Foulques veut dire : « Je suis né sur le rivage qui s'étend entre l'Èbre, fleuve d'Espagne, et la Magra, fleuve de l'État génois. Bugie, ville d'Afrique, et ma patrie, Marseille, ont en quelque sorte un même occident et un même orient, c'est-à-dire sont presque sous le même méridien, ont à peu près en même temps le jour, comme en même temps la nuit Il n'y a qu'un degré de longitude de différence entre Bugie, ville de l'État d'Alger, et Marseille » — Foulques mourut évêque de Marseille. — J'ai toujours vécu, etc. Foulques fait le même aveu que Cunizza. Foulques, après avoir mené une vie passionnée, se fit prêtre, et, comme nous l'avons dit, devint évêque : il compare ses passions à celles dont nous parle l'antiquité. — La fille de Bélus, Didon, qui, oubliant son premier époux, Sichée, donna des soucis à l'ombre de Créuse, dont Énée était veuf. — Phyllis, fille de Lycurgue et reine de Thrace, est nommée par les poëtes Rhodopée, du nom de la montagne Rhodope, qui est en Thrace. Cette princesse ayant vu Démophon, fils de Thésée, roi d'Athènes, et allant dans l'île de Crète, écouta favorablement ce prince, qui lui promit de l'épouser, quand il reviendrait de Crète, mais Démophon tardant à reparaître, Phyllis se pendit, et fut métamorphosée en amandier — Alcide lui-même, Hercule, aima Iole, fille d'Eurytus, roi d'Étolie. Ce prince l'avait promise à Hercule, et ensuite il refusa de tenir parole. Hercule tua Iphite, frère d'Iole, et emmena cette princesse prisonnière. Il allait l'épouser, lorsque Déjanire, jalouse, lui envoya la tunique de Nessus. Hercule, se sentant près de mourir, ordonna à Hyllus qu'il avait eu de Déjanire, d'épouser Iole.

en amour divin. Je veux continuer de t'éclairer sur ce que tu as désiré savoir dans cette sphère. Tu veux apprendre quelle est cette âme qui étincelle près de moi, comme un rayon du soleil dans une onde pure. Cette âme qui goûte une douce paix, est celle de Raab[1], qui, jointe à notre chœur, y occupe le premier rang. Le triomphe de Jésus-Christ[2] l'a fait monter la première à ce ciel, où finit l'ombre de votre monde[3]. Il était bien convenable que Dieu la laissât dans cette sphère, en signe de la haute victoire que son fils a remportée, lorsqu'il a laissé lier ses deux mains. N'est-ce pas cette femme qui a favorisé les premiers succès de Josué, sur cette terre[4] dont le pape se souvient si peu ? La ville où tu es né[5] est le rejeton de l'impie qui, le premier, se révolta contre son créateur, et par sa détestable envie causa tant de pleurs. Cette ville produit et répand une fleur maudite[6], qui a éloigné de la voie les brebis et les agneaux, et fait un loup du véritable pasteur. C'est pour cette fleur qu'on abandonne l'Évangile et les docteurs immortels, et qu'on ne pense qu'aux décrétales[7], comme on le voit à leurs marges. Telle est l'occupation du pape et des cardinaux, et leurs pensées ne vont plus à Nazareth, là où Gabriel étendit ses ailes. Mais le Vatican[8], et les autres parties saintes de Rome

---

[1] Raab, femme de mauvaise vie de Jéricho, qui cacha dans sa maison des espions de Josué. En reconnaissance de ce service, la maison de Raab fut épargnée quand Josué s'empara de la ville et la livra au pillage (Voyez Josué, chap. 2 et 6.) Saint Paul (*Hébreux*, chap. 2, v. 31) parle de Raab, et dit : « C'est par la foi que cette femme de mauvaise vie, ayant sauvé les espions de Josué, ne fut pas enveloppée dans la ruine des incrédules. »

[2] Quand il revint des limbes avec les âmes qu'il avait délivrées.

[3] Au ciel de Vénus. La fin de l'ombre de la terre arrive jusqu'au ciel de Vénus, suivant ce que dit Ptolémée dans l'*Almageste*. Dante suit aveuglément le système de Ptolémée.

[4] Sur cette terre, la terre sainte. Les papes, quoi qu'en dise Dante, n'ont jamais oublié que forcément les intérêts de la terre sainte.

[5] Florence est fille de Satan. A quels excès le dépit ne peut-il pas entraîner un poëte irrité !

[6] Le florin sur lequel était empreint un lis. On commença à frapper le florin d'or de Florence en 1252.

[7] Les décrétales contiennent les lois ecclésiastiques en cinq livres. Boniface VIII qui était un pape très-savant, y en avait ajouté un sixième. On s'aperçoit de cette étude des décrétales, dit le poëte, aux marges des parchemins sur lesquels elles sont écrites. Ces marges sont usées par le frottement des mains qui les touchent.

[8] Landino pense que Dante veut ici prédire la mort de Boniface VIII, qui

où a péri la milice qui suivait Pierre, seront bientôt délivrés d un tel adultère. »

arriva en 1305 Vellutello prétend que le poëte a l'intention d'indiquer les changements heureux qu'on attendait de l arrivée de l'empereur Henri VII, qui voulait être médiateur entre les différents peuples de l'Italie. Venturi se trompe dans sa note sur ce passage ; il attribue a Vellutello l'opinion de Landino Il paraît aussi pencher à croire que Dante a en vue de préparer les esprits aux révolutions qu'occasionnera la présence de Henri VII. Lombardi rejette toutes ces opinions, il assure que le poëte a dû écrire ce chant en 1314, quoique, en plusieurs endroits du poëme, il s'obstine à déclarer qu'il a composé toute la *Divine Comédie* en 1300

Lombardi rappelle ensuite que Boniface VIII n'est pas le seul pape qui ait déplu à Dante, et que l'empereur Henri VII est mort en 1313. Il pense donc qu'il est question ici de la translation du saint-siége de Rome en France. Elle eut lieu en 1308, sous le pontificat de Clément V, qui s'établit définitivement à Avignon en 1309.

En parlant ainsi des papes français, je dois ajouter qu'ils n'eurent jamais à Avignon le pouvoir que le gouvernement pontifical avait obtenu, et obtint depuis à Rome. A Avignon, une foule de subalternes avides et de toutes nations s'étaient souvent rendus maîtres des affaires

CHANT X.

La première et ineffable valeur[1], en contemplant son fils avec l'amour qui naît de l'une et de l'autre, a fait avec tant d'ordre tout ce que notre intelligence peut comprendre et ce que nos yeux peuvent considérer, que celui qui admire ce spectacle, ne peut en jouir, sans participer à l'excellence du créateur. Lecteur, lève donc les yeux avec moi vers ces hautes sphères, qui tournent près de nous en sens contraire; commence à te plaire dans la science de ce maître, qui aime tant son ouvrage, qu'il y attache continuellement ses regards. Vois d'où part ce cercle oblique[2]. Il porte les planètes, pour satisfaire au monde qui les attend : si leur direction n'avait pas cette obliquité, cette immense vertu serait inutile au ciel, et là-bas toute espèce de puissance serait éteinte. Suppose que ce cercle s'étende en ligne droite plus ou moins loin, l'ordre qui règne dans l'univers serait incomplet. Maintenant, lecteur, si tu veux jouir d'un plaisir qui surpassera ta peine, pense seul, sur ton siége, à ce que je t'offre pour que tu le goûtes; je t'ai servi, prends de toi-même ta nourriture : tous mes soins sont réclamés par cette matière dont je suis fait l'historien.

Le plus grand ministre de la nature[3], qui imprime au monde la vertu du ciel, et qui mesure le temps avec sa

---

1. La première et ineffable valeur, Dieu Dante l'appelle, plus bas, ce maître qui aime tant son ouvrage, qu'il y attache continuellement ses regards.
2. Le zodiaque.
3. Le plus grand ministre de la nature, le Soleil était entré dans le signe du Bélier. Dante a bien rappelé qu'il était question du signe du Bélier, mais il ne l'a dit positivement que dans le premier chant de l'*Enfer*, page 2 — J'avais été transporté dans ce signe, il veut parler du soleil. Suivant le système qu'on suivait alors, le soleil tournait autour de la terre.

lumière, était joint au signe dont j'ai parlé déjà, et sous lequel les heures se présentent plus tôt. J'avais été transporté dans ce signe, et la manière dont on m'avait enlevé, ne m'avait pas été plus connue qu'on ne prévoit la pensée que l'on va concevoir. Béatrix devenait toujours plus resplendissante, et toujours par un mouvement subit hors de la mesure du temps. Pour expliquer l'éclat dont elle brillait, dans le Soleil où nous étions entrés ensemble, éclat qui n'était pas l'effet d'une couleur ordinaire[1], mais d'une lumière tout à coup devenue plus vive et plus divine, en vain j'appellerais l'esprit, l'art et le style, je ne me ferais jamais assez entendre : qu'on se contente donc de me croire, et qu'on se borne à désirer voir de tels prodiges. Lorsqu'à tant de hauteur, notre imagination est si faible, doit-on s'étonner que les sens n'arrivent pas au delà du Soleil? Du même éclat dont rayonnait Béatrix, brillait également la quatrième famille du père souverain[2], qui toujours la rassasie du spectacle de son fils, et de celui de son amour. Béatrix alors parla ainsi : « Remercie, remercie le Soleil des anges, qui par sa grâce t'a élevé à celui-ci que peuvent contempler tes yeux. » Jamais le cœur d'un mortel n'éprouva un sentiment de dévotion et de gratitude semblable à celui que firent naître en moi ces paroles, et ma tendresse se dirigea vers Dieu, au point que Béatrix même fut éclipsée dans l'oubli. Mais cette pensée ne lui fut pas désagréable ; elle en rit, et le feu de ses regards joyeux dirigea vers plusieurs objets mon esprit qui n'était fixé que sur un seul. J'aperçus des lumières[3] plus éclatantes que le Soleil, qui firent de nous un centre, et d'elles-mêmes une couronne. Leurs voix étaient encore plus

[1] Cet éclat ne provenait pas de ce qu'une couleur semblable aux couleurs qui peuvent tomber sous nos sens se présentait au poëte, mais de ce qu'une lumière apparaissait à ses yeux.

[2] La réunion de bienheureux qui se trouve dans la quatrième sphère que Dieu rassasie de la présence de Jésus-Christ et de l'Esprit-Saint. — Le Soleil des anges, Dieu qui t'a élevé à contempler le soleil, visible pour les yeux des mortels.

[3] D'autres substances qui vont s'approcher de Dante.

douces que leur éclat n'était resplendissant. C'est ainsi qu'on voit quelquefois des nuages environner la fille de Latone, et l'entourer d'un cercle de la couleur qui leur est propre. Dans la cour du ciel dont je reviens, sont des joyaux si précieux qu'on ne peut les exporter. Tel était le chant de ces splendeurs. Que celui qui n'obtient pas des ailes pour voler là-haut en attende des nouvelles d'un muet! Ces substances brûlantes tournèrent trois fois autour de nous en chantant, comme les étoiles tournent autour des pôles en repos : il me sembla voir ces femmes dansant en rond, qui suspendent leur danse en silence, pour écouter les nouvelles paroles qu'une autre va chanter. J'entendis un de ces esprits me dire : « Le rayon de la grâce dont s'allume le véritable amour qui s'accroît encore en aimant, brille multiplié en toi de toutes parts, et t'a conduit dans cette sphère qu'on ne quitte jamais sans y revenir[1]. Celui qui refuserait à ta soif le vin de sa fiole, ne serait pas plus en liberté, que l'eau qui ne tomberait pas dans la mer. Tu veux savoir de quelles plantes est fleurie cette guirlande que tu vois autour de la femme brillante qui t'a amené dans le ciel. Je fus un des agneaux du saint troupeau que conduisit Dominique dans la voie *où l'on trouve une nourriture délectable, si l'on renonce aux vanités de la vie*[2]. Celui qui est le plus près, à ma droite, fut Albert de Cologne[3], mon frère et mon maître : moi, je suis Thomas d'Aquin

---

[1] Il veut dire qu'on n'obtient jamais de monter une fois au ciel même dans une vision, sans avoir la certitude d'y revenir après sa mort — La femme brillante, Beatrix.

[2] C'est S. Thomas d'Aquin qui parle. Ce saint, né en 1227, d'une famille illustre, à Aquin, petite ville de la Campanie, s'était fait dominicain en 1243 : il est mort en 1274. S. Thomas fut pour la théologie ce que Descartes a été pour la philosophie dans le XVIIe siècle. On appelle ce religieux Ange de l'école, Docteur angélique, Aigle des théologiens. Le P. Rapin (*Reflex sur la philosoph*, page 245) prétend que Martin Bucer ministre luthérien à Strasbourg disait : « *Tolle Thomam, et ecclesiam Romanam subvertam* »

[3] Albert, le fameux maître de S. Thomas, était appelé Albert de Cologne, non parce qu'il était né dans cette ville, mais parce qu'il y avait vécu un grand nombre d'années et y avait terminé sa vie. Il était né en 1205, à Lawingen, en Souabe. Albert de Cologne, a dit Albert le Grand, professait à Paris, en 1248. Il avait été provincial des dominicains — Gratien était un bénédictin du monastère de Saint-Félix de Bologne, natif de Chiusi, en Toscane. À l'imitation de Bouchard de Worms, d'Ives de Chartres, et de tant d'autres, il avait fait un recueil de canons intitulé : *Concorde*

Si tu veux savoir qui sont les autres, suis mes paroles avec tes yeux ; je te ferai connaître toute la couronne bienheureuse. Ici tu vois sourire Gratien, qui écrivit sur l'un et l'autre droit ; il a ainsi mérité le Paradis. Cet autre, plus éloigné, dont ce chœur est orné, fut Pierre, qui, comme la veuve, offrit son trésor à la sainte Église. La cinquième splendeur[1], qui est la plus belle parmi nous, brûle d'un tel amour, que là-bas le monde entier est avide de connaître son sort. Dedans, est le haut esprit qui contint un si profond savoir, que si le vrai est vrai, *il ne s'en est pas élevé un second*, doué d'autant de sagesse. Plus loin, tu vois cette lumière, qui, sur terre, a le mieux approfondi la nature des anges et le ministère sacré. Dans une lueur moins éclatante, sourit cet avocat des temples chrétiens[2] : Augustin s'est aidé de ses dissertations latines. Si tu avances, avec l'œil de l'esprit, en suivant mes éloges, de splendeur en splendeur, tu dois brûler de la soif de connaître la huitième[3]. Là jouit, en voyant le premier bien, l'âme sainte qui prouve à celui que persuadent ses leçons, combien le monde est trompeur. Le corps dont

des canons discordants — Cet autre plus éloigné, dont ce chœur est orné, est Pierre. Il était né près de Novare, en Lombardie. après avoir étudié à Bologne, il vint en France, recommandé à S. Bernard, qui le combla de bienfaits. Pierre fit de tels progrès dans les sciences principalement dans la théologie, qu'il devint le plus fameux docteur de l'école de Paris. Il est principalement connu sous le nom de *maître des sentences*, à cause de l'ouvrage qu'il a composé sous ce titre, parce que c'est un recueil de passages des Pères dont il concilie les contradictions apparentes. Il fut élu évêque de Paris, mais il ne tint pas ce siège longtemps : il a été enterré à Saint-Marcel de Paris. Dante dit que Pierre, comme la veuve, offrit son trésor à l'Église, parce que Pierre se compare, en parlant de son ouvrage, à la veuve dont il est question dans saint Luc, chap. 21, v. 2.

[1] Salomon. — Plus loin, tu vois cette lumière, etc. S. Denis l'Aréopagite, philosophe d'Athènes, qui embrassa le christianisme, après avoir entendu saint Paul. On lui attribue l'ouvrage *de Cœlesti hierarchiâ*. Venturi dit que saint Denis n'est pas l'auteur de cet ouvrage. Lombardi paraît croire qu'on a eu raison de l'attribuer à ce saint.

2 Dante selon Vellutello, veut parler de S. Ambroise, archevêque de Milan, mais Grangier, Venturi, Lombardi et Portirelli pensent qu'il s'agit de Paul Orosius, auteur de sept livres contre les gentils qui calomniaient la religion chrétienne. Ces livres furent dédiés à saint Augustin. Ce dernier fait mention de Paul Orosius dans son livre *de Ratione animæ*.

3 Boèce, auteur du livre intitulé *de Consolatione philosophiæ*, dont le poëte a emprunté plusieurs idées. Boèce était sénateur à Rome sous Théodoric. Il a été enterré à Pavie, dans l'église de Saint-Pierre, dite *Ciel Aurco*

elle fut chassée, a été déposé dans l'église du Ciel d'Or, tandis qu'elle, après son exil et son martyre, est venue trouver ici une paix profonde. Vois maintenant briller l'esprit ardent d'Isidore¹, de Bède, et de Richard, qui, dans ses contemplations, fut plus qu'un mortel. Celui sur lequel je vois ton œil fixé, est un esprit à qui, dans ses graves méditations, il tarda longtemps de mourir; c'est l'éternelle lumière de Siger², qui, RUE DU FOUARRE, par des syllogismes évidents, excita l'envie de ses contemporains. »

Lorsque au matin sonne l'heure où l'épouse de Dieu³ se lève, pour adresser des prières à l'époux dont elle invoque la tendresse, de même que les deux roues de l'horloge se meuvent et *titillent* un tintement si doux, qu'un esprit saintement disposé se gonfle d'amour, de même je vis les roues glorieuses⁴ se mouvoir et se répondre avec une harmonie et un accord délicieux qui ne peuvent être connus que là où la jouissance est éternelle.

---

1 Saint Isidore, évêque de Séville, en 601. — Bède, prêtre anglais, surnommé le Vénérable, qui mourut en 733. Il est l'auteur de l'*Histoire ecclésiastique des Anglais*, et d'un ouvrage intitulé : *des Six âges du monde*. Richard, chanoine régulier de Saint-Victor. Noël Alexandre en parle avec éloge dans son *Histoire ecclésiastique*, chap. 6, article 15.

2 Siger. Les commentateurs italiens donnent peu de détails sur Siger. M. Victor Leclerc, mon confrère à l'Académie des inscriptions, a réuni des recherches importantes sur ce professeur de la *rue du Fouarre*. M. Leclerc pense que le Siger dont il s'agit ici est Siger de Courtray. Les preuves données à l'appui de cette assertion sont convaincantes : je les ai mentionnées avec détails dans l'*Histoire de Dante*, p 422 ; elles méritent, comme ce qui a été dit par M. Raynouard sur Arnaut Daniel (voy *Purg*., p 509, note 5), d'être transportées dans toutes les prochaines éditions italiennes de la *Divine Comédie*. Depuis, M. Leclerc a lu devant l'Académie un autre travail encore plus étendu sur cette question, et l'on y reconnait la science, l'érudition, la logique, qui ont présidé à la rédaction du premier Mémoire. Ce second Mémoire n'est pas encore publié. C'était la France qui devait recueillir des renseignements aussi complets sur un professeur de l'Université de Paris.

Saint-Foix (*Essais historiques sur Paris* pages 170 et 171) s'exprime ainsi à l'article de la rue du Fouarre, que Dante appelle *vico degli Strami* : « L'Université avait autrefois des écoles des deux côtés de cette rue. Elle prit le nom de la *rue du Fouarre*, vieux mot qui signifie de la paille, de la grande quantité qu'en faisaient apporter les écoliers. Ils n'étaient assis, dans les classes, que sur de la paille. Anciennement, il n'y avait aussi ni bancs, ni chaises dans les églises ; on les jonchait de paille fraîche et d'herbes odoriférantes, surtout à la messe de minuit et aux autres grandes fêtes.

3 L'Église prise pour tous les ministres de la religion.

4 La ronde des substances qui avaient déjà tourné trois fois autour de Béatrix et du poète (Voy *Parad*. p 396 lig 7.)

CHANT XI.

O soin insensé des mortels[1] ! Combien sont défectueux les syllogismes, qui leur font diriger les ailes en en-bas ! L'un courait à l'étude du droit ou à la méditation des aphorismes; l'autre suivait le sacerdoce; celui-ci aimait à employer la force et les sophismes; celui-là dérobait le bien d'autrui, ou spéculait avidement dans son négoce : l'un s'adonnait aux plaisirs charnels, l'autre à une coupable indolence, tandis que, méprisant ces vanités, j'avais été conduit par Béatrix au séjour céleste où les bienheureux me faisaient un accueil si gracieux. Les différents esprits[2] revenus à la place qu'ils occupaient auparavant, s'arrêtèrent, comme la cire reste immobile dans le flambeau, et l'esprit qui m'avait d'abord parlé[3], devenant plus brillant, m'adressa ces mots : « En regardant la lueur éternelle, je m'allume de ses rayons, et j'y lis toutes tes pensées. Tu as un nouveau doute, et tu désires que je te rende plus sensibles les explications qui t'ont déjà été données. Je t'ai parlé plus haut *de la nourriture délectable* et de cet homme après lequel *il ne s'en est pas élevé un second*[4]. Ici

---

[1] Venturi voit ici avec raison une imitation de Lucrèce :

« *O miseras hominum mentes o pectora cæca*
Qualibus in tenebris ? »
(liv. II, vers 14 et suiv.)

[2] Les esprits que Dante a vus dans le chant précédent, et parmi lesquels se trouvent saint Thomas d'Aquin, Albert de Cologne, Pierre Lombard, saint Denis l'Aréopagite, Orosius, Boèce, Isidore, Bède, Richard de Saint Victor et Siger.

[3] Saint Thomas d'Aquin.

[4] Je t'ai parlé plus haut de tout le bonheur que peuvent espérer les agneaux de Dominique, s'ils renoncent aux vanités de la vie, je t'ai parlé ensuite de cet homme en qui Dieu mit une telle sagesse qu'aucune autre ne lui est comparable, c'est-à-dire Salomon. Ici il faut bien distinguer ces propositions. Saint Thomas d'Aquin répondra d'abord à la première proposition qu'il a avancée; il expliquera plus tard pourquoi Salomon eut une sagesse qui ne fut pas égalée. Le poëte vient de faire entendre en quelque sorte qu'il va présenter un panégyrique du fondateur

il faut bien distinguer ces propositions. La Providence, qui gouverne le monde par cette puissance qu'aucun être créé ne peut approfondir, voulut que l'épouse, fidèle à son seigneur, et sûre dans sa marche, ne s'éloignât jamais de celui qui s'unit à elle en versant son sang béni, et en jetant de grands cris : par bonté elle daigna lui accorder deux guides secourables. L'un fut rempli d'une ardeur séraphique [1]; l'autre eut en partage toute la sagesse des chérubins. Je ne parlerai que d'un seul : c'est les célébrer tous les deux en parlant de l'un ou de l'autre; leur saint ouvrage n'eut qu'un même but.

« Entre le Tupino [2] et cette onde qui tombe de la colline où le bienheureux Ubald avait choisi son séjour, au pied d'une haute montagne qui, suivant la direction des vents, envoie à Pérouse, vers la porte du soleil, la chaleur ou le froid, est une côte fertile, à l'opposé de Nocera et de Gualdo si mal situés; sur cette côte, dans la partie où la pente est plus douce, naquit au monde un Soleil semblable à celui où je suis maintenant et que l'on voit quelquefois sortir des eaux du Gange : si l'on veut parler de ce séjour, qu'on ne l'appelle pas *Assise*, mais qu'on le nomme précisément l'*Orient*. Ce

---

des Dominicains il faut dire à saint Thomas d'Aquin que Dieu accorda à l'Église deux guides secourables, François et Dominique. Tout à coup, par une transition rapide, il s'attache seulement à faire l'éloge de François. Ce sera saint Bonaventure, Franciscain, qui fera l'éloge de Dominique dans le chant suivant.

1. Saint François. L'autre eut en partage toute la sagesse des chérubins, saint Dominique.

2. Ici commence l'éloge de saint François. Le Tupino est une petite rivière près d'Assise. L'eau qui tombe de la colline, etc., est l'eau de la Chiasi, qui descend des montagnes où s'était retiré saint Ubald, dans le territoire d'Aggobbio. La porte qui de Perugia conduit à Assise s'appelait *la porte du soleil*. — Nocera, ville, et Gualdo, château, sont situés de l'autre côté de la montagne, et quelquefois exposés à des vents furieux. Le poëte compare saint François au soleil, et veut qu'on appelle l'*Orient* l'endroit où est né ce religieux. Venturi s'écrie : « *Corcetto di tre quattrini* » (Proverbe qui répond à peu près à celui-ci : *Propos de trois sols*.) Il ajoute : « Je ne le cède à personne en estime pour ce poëte incomparable, et je crois l'avoir suffisamment prouvé quand j'ai entrepris l'ennuyeux travail de ce commentaire, cependant, je ne crois pas devoir dissimuler les petites taches de ce *soleil*. Je dirai ainsi, pour ne pas quitter l'allégorie dont se sert le poëte lui-même dans ce passage. »

Lombardi trouve que cette réflexion de Venturi est déplacée, et il dit, plus bas : « Si Dante appelle avec raison saint François *un soleil* (et en effet il l'appelle ainsi avec très grande raison), si saint Bonaventure, dans la Vie du saint patriarche d'Assise, lui applique ces paroles de l'Apocalypse, *vidi alte-*

soleil¹ était au commencement de sa carrière; déjà, il montrait à la terre l'éclat de sa haute vertu. Malgré la répugnance de son père, jeune, il aima cette femme à qui, comme à la mort, les hommes n'ouvrent jamais la porte du plaisir. Il l'épousa devant l'autorité spirituelle, et en présence même de son pere. De jour en jour il l'aima davantage. Cette femme, veuve de son premier époux depuis mille et cent ans et plus, avait vécu jusqu'alors dans la retraite et l'obscurité. En vain elle avait tenu compagnie fidèle à Amiclas ², et n'avait, comme lui, éprouvé aucune crainte, au son de la voix du héros qui faisait trembler l'univers; en vain, pleine d'une patience admirable et d'une noble constance, elle était montée, avec le Christ, sur la croix dont Marie avait embrassé le pied ³. Je ne vais pas continuer un langage trop mystérieux : *François* et la *pauvreté* sont les deux amants que t'indiquent mes paroles diffuses.

« Leur concorde, leurs visages d'allégresse, l'amour, la merveille, leur doux regard devenaient la cause de saintes

---

um angelum ascendentem ab ortu solis, habentem signum Dei vivi, le poëte demande, avec fondement, qu'on n'appelle pas *Assise*, mais l'*Orient*, le le lieu où est né saint François. »

M Porurelli, qui n'a pris parti ni pour Venturi, ni pour Lombardi, borne son commentaire à ces mots « Dante, comparant saint François au soleil, appelle l'*Orient* le lieu où est né ce saint » Il est certain que, pour les personnes qui ont approfondi et attentivement observé le style hardi de Dante, cette comparaison ne doit pas beaucoup étonner.

Saint Thomas dit : « Un soleil semblable à celui où je suis maintenant » Il ne faut pas oublier que le saint est dans le séjour que Dante appelle la planète du soleil. — Dans l'été, le soleil semble sortir des eaux du Gange, c'est-à-dire se lève, relativement à l'Italie, dans la partie des Indes orientales où coule le fleuve du Gange.

¹ Ce soleil, saint François — Malgré la répugnance de son père malgré son père, Bernardone, marchand de laines à Assise. — Cette femme, etc... La pauvreté. Les hommes n'aiment pas plus la pauvreté que la mort. — Voici des détails sur saint François, qu'on trouve dans l'*Abrégé de l'Histoire ecclésiastique*, tome V, page 542 : « François naquit à Assise, en Ombrie, l'an 1182, l'enfant fut nommé Jean au baptême, mais on lui donna ensuite le surnom de François, à cause de la facilité avec laquelle il avait appris la langue française, nécessaire alors aux Italiens pour le commerce. — Cette femme veuve de son premier époux, veuve de Jesus-Christ.

². Amiclas, pêcheur, qui reçut Jules-César et le transporta d'Épire en Italie. (*Pharsale* de Lucain, chant v.)

³ La pauvreté était montée sur la croix avec J C., son époux, tandis que Marie, propre mère de J. C., s'était contentée d'embrasser le pied de la croix

pensées¹. Le vénérable Bernard, frappé de cet exemple, se déchaussa le premier ; il courut à un si doux bonheur, et il se reprocha d'y avoir couru si tard. O richesse inconnue ! ô bien fécond ! Égide se déchausse³, Sylvestre se déchausse à la suite de l'époux, tant l'épouse a de charmes ! Ce père, ce maître s'en va avec cette épouse, et la famille qui se liait le corps avec un humble cordon⁴. Il ne se sentit pas humilié, parce qu'il était fils de Pierre Bernardone, et parce qu'il paraissait vivre dans le mépris. Il manifesta royalement à Innocent⁵ le plan de sa règle si sévère, et il obtint de ce pontife la confirmation de ses statuts. Le nombre de ces pauvres religieux continua de s'augmenter : leur vie fut si admirable que la gloire du ciel seule pourrait la chanter.

« Honorius⁶, inspiré par l'Esprit Saint, orna d'une seconde couronne le front sacré du nouvel Archimandrite.

« Bientôt, dans la soif du martyre, François alla prêcher le Christ et la doctrine de ceux qui le suivirent, en la présence du farouche Soudan. Il ne trouva pas les nations mûres pour

---

1. L'amour mystique emprunte quelquefois tout le langage de l'amour physique.

2 « Bernard, un des principaux citoyens d'Assise, résolut de quitter le monde, et demanda conseil à saint François pour exécuter son dessein : « C'est à Dieu, répondit saint François, « qu'il faut le demander » Ils entrèrent dans l'église de Saint-Nicolas, et, après avoir prié, François ouvrit trois fois le livre de l'Évangile. La première fois, il trouva ces paroles : « Si vous voulez « être parfait, allez et vendez tout ce « que vous avez » La seconde fois « Ne « portez rien en voyage » La troisième fois : « Que celui qui veut venir après « moi renonce à soi-même, qu'il porte « sa croix et me suive » « Voilà, dit le saint homme, ma règle et celle de ceux qui voudront se joindre à moi »

« François envoya Bernard prêcher, avec Pierre, dans la Romagne, et il l'envoya ensuite dans la Marche d'Ancone prêcher avec Gilles » (Abrégé de l'Histoire ecclés , t V, p 846, 847)

3 Egidius, en français, Gilles, le troisième disciple de saint François, qui l'envoya en Afrique, et qui l'appelait notre Héros Sylvestre suivit aussi saint François Sylvestre était déjà prêtre quand il s'attacha à ce saint

4. Venturi observe que le mot capestro, employé par le poëte, veut dire la corde avec laquelle on lie les animaux ou celle avec laquelle on pend les hommes, et il observe que cette expression est peu obligeante. Lombardi répond qu'on lit dans la Vie de saint François, par saint Bonaventure, chap 8, que François appelait son propre corps un âne, et voulant qu'on le traitât comme tel Biagioli appuie l'opinion de Lombardi

5 Au pape Innocent III

6 Honorius III permit aux religieux de Saint-François de recevoir l'ordre de la prêtrise — Du nouvel Archimandrite, mot dérivé du grec, Ἀρχιμανδρίτης, chef de bercail !

la conversion, et afin de ne pas rendre ses travaux inutiles, il revint cueillir les fruits des plantes d'Italie; et là, sur un âpre rocher, entre le Tibre et l'Arno[1], il reçut du Christ ces marques célestes dont il porta l'empreinte pendant deux ans.

« Quand il plut à celui qui l'avait appelé à de si grands biens, de lui accorder la récompense qu'il avait méritée en se faisant si humble, François recommanda son épouse chérie à ses frères, comme à ses héritiers légitimes; il leur ordonna de l'aimer ardemment; et lorsque sa belle âme retourna au ciel, sa patrie, il ne voulut pas d'autre bière que la terre.

« Mais quel fut le digne collègue qui l'aida à gouverner la barque de saint Pierre dans la haute mer? Ce fut notre patriarche[2]. Celui qui est fidèle à la règle de ce dernier, voit bientôt qu'il charge une bonne marchandise; mais ses successeurs sont si avides d'une autre nourriture qu'il est difficile qu'ils échappent aux écueils qui peuvent se rencontrer sous leurs pas; et quand les brebis vivent ainsi sans ordre et vagabondes, elles n'ont plus de lait lorsqu'elles reviennent au bercail. Il en est qui redoutent le péril et se serrent contre le pasteur, mais elles sont en petit nombre; peu de drap suffit pour leur faire des capuchons.

« Maintenant, si mes paroles ne sont pas obscures, si tu m'as écouté avec attention, et si tu te souviens de tout ce que je t'ai dit, tu dois être en partie satisfait, tu sauras dans quel bois j'ai taillé, et celui qui porte la courroie comprendra la justesse de ce raisonnement : *On trouve une nourriture délectable, si l'on renonce aux vanités de la vie*[3]. »

---

[1] Sur la montagne d'Alvernia, en Toscane, où saint François reçut les stigmates. J'ai visité cette montagne : on y montre encore aujourd'hui le rocher où François s'était retiré. Près de là, on jouit d'une vue qui s'étend à plus de trente lieues, et des religieux du couvent qui a été bâti dans ce site pittoresque m'ont assuré que, dans les beaux jours, ils pouvaient apercevoir la mer Méditerranée à leur droite et la mer Adriatique à leur gauche.

[2] Ce fut notre patriarche. Il ne faut pas oublier que c'est un dominicain qui parle : aussi saint Thomas d'Aquin, dit notre patriarche, c'est-à-dire saint Dominique.

[3] Saint Thomas revient à ce qu'il a dit, chant x, p 396, et chant xi p 399.

CHANT XII.

A peine la flamme bienheureuse [1] eut-elle dit ces dernieres paroles, que la meule sacrée commença à se mouvoir; mais elle n'avait pas fini un tour, qu'une autre ronde l'environna en conformant mouvement à mouvement et chant à chant. Leurs voix, dans ces orgues suaves, surpassaient en mélodie celles de nos muses et de nos sirènes, comme la lumière directe surpasse en eclat celle qui est réfléchie. Tel que deux arcs parallèles et de même couleur, qui, se formant dans la nuée transparente, quand Junon l'ordonne à sa messagère, et naissant l'un de l'autre, comme naît d'une autre voix la voix de cette belle que l'amour consuma ainsi que le soleil consume la vapeur, annoncent au monde le pacte que Dieu fit avec Noé [2], pour lui promettre qu'il ne se formerait plus le lac immense, telles circulaient autour de nous les deux guirlandes de ces roses eternelles, la seconde répondant aux agitations de la première. La danse qu'avaient commencée ces âmes pleines d'allégresse, en s'accompagnant de leurs chants et en flamboyant d'un même éclat, ayant cessé

---

1. Saint Thomas d'Aquin, le même qui vient de dire à la fin du chant XI, que le *correggier*, le franciscain qui se ceint d'un cordon, comprendra ce raisonnement. « U' ben s' impingua, etc. » On trouve une nourriture delectable, etc.

2 *Arcum meum ponam in nubibus, etc , et non erunt ultra aquæ diluvii, etc. Genese*, 9 — Le lac immense, l'effet du deluge. — Telles circulaient autour de nous, etc. La comparaison eut eu quelque chose de plus satisfaisant, si les deux guirlandes qui signifient ici les deux rondes n'eussent pas tourné, parce qu'on ne peut pas comparer les lignes de couleurs différentes de l'arc-en-ciel qui restent immobiles, à des rondes qui tournent sur elles-mêmes. Plus bas, le poëte emploiera une comparaison beaucoup plus juste, quand il dira que les danses des âmes pleines d'allegresse cessent dans le même moment, et par l'effet de la même volonte, comme on voit chez les hommes les deux yeux s'accorder a s'ouvrir et a se fermer ensemble

dans le même moment et par l'effet de la même volonté, comme on voit chez les hommes les deux yeux s'accorder à s'ouvrir et à se fermer ensemble, du cœur de l'une des lumières nouvelles sortit une voix [1] vers laquelle je me dirigeai, ainsi que l'aiguille se tourne vers l'Étoile [2], et elle prononça ces mots : « L'amour qui me rend belle, me porte à t'entretenir de l'autre chef [3], à l'occasion duquel on t'a parlé de celui dont je suivais la règle : lorsqu'on fait mention de l'un, il ne faut pas oublier l'autre. Tous deux ont combattu pour la même foi ; la gloire de tous deux doit briller en même temps. La milice du Christ, qu'on ne réarma que par tant de sacrifices, suivait ses étendards, craintive, chancelante et en petit nombre. L'empereur qui règne toujours [4], pourvut aux besoins de ces milices, moins parce qu'elles s'en étaient rendues dignes, que par l'effet de sa grâce, et, comme on te l'a dit, donna pour protecteurs à son épouse, deux champions dont les paroles et les actions rallièrent le peuple égaré. Dans cette partie du monde [5] où se lève le zéphyr qui ramène les feuilles nouvelles dont se revêt l'Europe, non loin du fracas de ces ondes, derrière lesquelles le soleil, dans sa longue fuite, se cache quelquefois à tous les hommes, est placée la fortunée Callaroga [6], sous la protection du grand écu, sur lequel le

1. Sortit une voix : la voix de saint Bonaventure. Ce saint s'appelait Jean Fidenza, et il était né en 1221, à Bagnoreggio, aujourd'hui appelé Bagnorea. Il fut honoré de la pourpre en 1273. L'envoyé de Gregoire X, qui en portait les insignes à ce religieux, le trouva dans son couvent, lavant la vaisselle. On l'appela le *Docteur seraphique* Il mourut en 1275.
2 Comme l'aiguille de la boussole se dirige vers l'étoile polaire
3 Saint Dominique On a vu que saint Thomas, dominicain, a fait l'éloge de saint François Ici saint Bonaventure, franciscain, va faire l'éloge de saint Dominique.
4 L'empereur qui règne toujours Dieu donna pour protecteurs à l'Église, que Dante appelle ici l'épouse de Dieu,

deux champions dont les paroles et les actions rallièrent son peuple égaré Ces deux champions sont saint Dominique et saint François.
5. En Espagne, non loin de l'Ocean
6 Callaroga, ville de la Castille-Vieille, les Espagnols l'appellent aujourd'hui Calahorra Elle porte pour armoiries *de sable* (la couleur noire) *aux deux lions accoles, affrontés, posés en barre*, armés, allumés, tamponnés de *gueules* (couleur rouge), et couronnés d'or. Ainsi la position de ces figures heraldiques est celle-ci. « *Deux lions posés en barre* » Or, *la barre* est une pièce de blason qui part du haut de la partie gauche de l'écu pour aboutir au bas de la partie droite Voila bien les deux lions, et leur position ainsi déterminée, *en barre accoles* et *affrontés*, nous ap-

lion s'abaisse ou domine. C'est là que naquit l'amant passionné de la foi chrétienne, le saint athlète si bon aux siens, si formidable aux ennemis. Quand il fut conçu, Dieu remplit son esprit d'une telle vertu, que sa mère devint prophète [1].

« Après qu'il eut contracté sur les fonts sacrés une sainte alliance avec la foi, alliance dans laquelle ils se dotèrent d'une délivrance réciproque, la femme qui donna pour lui l'assentiment [2], vit en songe le fruit admirable qui devait sortir de lui et de ses héritiers.

« Un ange descendit du ciel, et pour manifester ce qu'était cet enfant, le nomma Dominique, du nom du Seigneur, auquel il appartenait tout entier, et j'en parle en ce moment, comme du jardinier diligent que le Christ élut pour l'aider dans sa vigne. On ne douta pas qu'il ne fût l'envoyé chéri du Christ, quand on vit le don du premier amour qui brillait en cet enfant, quand on vit comment il suivit le premier conseil que donna le Christ [3]. Souvent sa nourrice le trouva éveillé et prosterné à terre ; il semblait dire : *Je suis venu pour cela.* O toi, Felix [4], son père, que tu fus dignement nommé ! O toi, Jeanne, sa mère, que tu méritais bien de porter ce nom, s'il s'interprète comme on le dit! Il ne se passionna pas pour le monde, comme quiconque étudie celui d'Ostie [5] et Thadée; mais il chercha la manne véritable. En peu de temps il acquit une science étendue, et sut cultiver la vigne, qui languit quand le vigneron ne travaille pas. Il ne demanda pas au

---

prend que si l'un *domine*, l'autre *s'abaisse*. — Je dois ces informations utiles à l'aimable bienveillance de M. le comte de Courchamps, et je le remercie encore de la complaisance qu'il a mise à m'aider de ses lumières.

1. Dante fait allusion à la révélation qu'eut la mère de Dominique, qui apprit par un songe qu'elle mettrait au monde un chien blanc et noir, portant un flambeau dans la gueule.

2. La femme qui avait tenu Dominique sur les fonts de baptême, vit en songe ce saint. Il avait sur le front une étoile qui éclairait l'orient, et sur la nuque une autre étoile qui éclairait l'occident.

3. Le conseil de se vouer à la pauvreté.

4. *Felix*, mot latin qui signifie heureux. *Jeanne*, en hébreu, signifie favorisée de la grâce (*Gagneius in Lucæ Evang.*, cap. 1.)

5. Ostiense, cardinal qui a écrit sur les décrétales. On l'appelait, dit-on *Ostiense*, d'Ostie, parce qu'il était évêque d'Ostie, et né dans cette petite ville. — Thadée, grand médecin florentin, qui fut surnommé *plus quam commentator*, plus que commentateur.

Saint-Siége, qui était autrefois plus favorable aux indigents (je ne parle pas ainsi pour le Saint-Siége, mais pour celui qui y est assis et qui dévie [1]), il ne demanda pas qu'on le dispensât de rendre six moyennant deux ou trois; il ne demanda pas l'assurance d'obtenir les premiers bénéfices vacants, ni les dîmes qui appartiennent aux pauvres de Dieu [2]; il ne sollicita que le droit de combattre contre le monde dépravé pour la semence, dont tu vois vingt-quatre plantes autour de toi [3]. Ensuite ce savant et vaillant religieux se mit en mouvement avec la protection apostolique, comme un torrent que des pluies considérables ont formé. Son impétuosité frappa les germes d'hérésie avec d'autant plus de force, qu'on opposa plus de résistance. De cette source naquirent plusieurs ruisseaux qui baignent le jardin catholique, et qui rafraîchissent ses arbustes. Si telle fut l'une des roues du char sur lequel l'Église, en défendant sa gloire, fut obligée de vaincre des ennemis qui avaient été ses enfants, tu dois, en même temps, reconnaître l'excellence de la seconde roue [4], dont Thomas t'a parlé avec tant de courtoisie, avant que je fusse près de toi. Mais la trace des deux roues de ce char est maintenant abandonnée, et la moisissure a remplacé l'arome. La famille qui suivait François avec zèle, paraît aujourd'hui retourner en arrière : à la récolte, on s'apercevra bientôt de la mauvaise moisson, quand l'ivraie se plaindra de n'être pas portée au grenier. Si l'on cherchait feuillet à feuillet dans notre livre, on trouverait peut-être un papier où on lirait « Je n'ai pas dégénéré ; » mais ce religieux ne serait ni de Casal [5] ni d'Aqua-Sparta, où sont nés des hommes qui,

---

1 Un pape du temps autre colère gibeline.

2 « *Non decimas quæ sunt pauperum Dei.* » Venturi dit : « Voilà un vers peu agréable et tout composé de mots latins sans élégance. » Lombardi répond. « Venturi a beau prendre son fouet, quoique ces mots latins ne soient pas de son goût ils sont conformes au style des canonistes qui traitent des dîmes et cela suffit. » Ici Dante est jugé par Venturi comme poëte, et par Lombardi comme théologien

3 Il s'agit des deux couronnes de bienheureux qui entouraient Béatrix et Dante

4 La première roue est saint Dominique, la seconde roue est saint François d'Assise.

5 Ni de Casal dans le Montferrat,

devant les statuts, ont été ou trop relâchés ou trop sévères.

« Quant à moi, je suis l'âme de Bonaventure, de Bagnoregio [1] ; j'ai sacrifié les biens temporels aux biens véritables. Tu vois près de moi Illuminato et Augustin [2], qui furent du nombre des premiers pauvres de l'ordre, et qui, sous le cordon, se firent aimer de Dieu. Voilà Hugues de Saint-Victor, Pierre Comestor, Pierre l'Espagnol, dont l'esprit brille sur terre dans ses douze livres ; le prophète Nathan, le métropolitain Chrysostome, Anselme, Donatus, qui a daigné mettre la main au premier art. Tu vois aussi Raban, et le frère Joachim de Calabre, doué de l'esprit prophétique.

« La courtoisie ardente de Thomas et son éloquence modeste m'ont engagé à te faire cet éloge d'un si grand héros, et ont amené ici les esprits que tu vois en ma compagnie. »

---

ni d'Aqua-Sparta, dans le comté de Todi. Frère Matthieu d'Aqua-Sparta, général de l'ordre, par sa trop grande condescendance, avait laissé introduire des abus dans la règle de Saint-François, et Uberto de Casal avait rendu la règle trop sévère. C'est Lombardi qui, le premier, a donné le vrai sens de ce passage lui-même franciscain, Il n'a pas craint de dire la vérité sur deux anciens chefs de son ordre.

1. Voyez la note sur Bonaventure, page 406, au commencement de ce chant.

2. Illuminato et Augustin furent au nombre des premiers religieux qui suivirent la règle de Saint-François — Hugues de Saint-Victor était d'Ypres en Flandre, et fut prieur de Saint-Victor-lez Paris. On l'a surnommé *la langue de saint Augustin*. Il a laissé un grand nombre d'écrits, des traités de piété et des sermons, un abrégé de géographie tiré des anciens, un abrégé de l'histoire universelle qui finit à l'an 800, et un traité des sacrements. Il mourut en 1142, âgé seulement de 44 ans. Pierre Comestor, né en Lombardie, historien ecclésiastique. Il fut enterré à Paris dans l'église de Saint-Victor. On lisait sur son tombeau : « *Petrus eram, quem petra tegit.* » — Pierre l'Espagnol a écrit douze livres sur la logique. — Le prophète Nathan ; Venturi met en note, *Buon salto* ; il a raison au premier abord. Mais il ne faut pas s'étonner que dans le Paradis on trouve Nathan à côté de Pierre l'Espagnol, parce que le poëte fait du Paradis le point de réunion des personnages qui se sont distingués par leur piété dans tous les siècles. On sait que Nathan, par ordre de Dieu, alla reprocher à David la mort d'Urie, époux de Bethsabée. — Le métropolitain Chrysostome, archevêque et métropolitain de Constantinople. — Anselme, archevêque de Cantorbery. — Donatus, Ælius Donatus, qui fut maître de saint Jérôme, et qui a composé une grammaire — Dante appelle la grammaire *le premier art*. — Raban, abbé de Fulde et archevêque de Mayence, et non pas frère de Bède, comme le disent Landino et Grangier — Joachim de Calabre Noël Alexandre dit que, par ses prédictions, ce religieux de l'ordre de Cîteaux avait acquis la renommée de prophète.

CHANT XIII.

O toi qui veux bien comprendre ce que j'ai vu [1], retiens, ferme comme un roc, retiens en ta mémoire ce que je dis Imagine-toi ces quinze étoiles, qui, en diverses régions, enflamment le ciel d'un éclat tel, qu'il dissipe toute espèce d'obscurité; imagine-toi ce char, que le court espace qui est plus près du pôle, contient nuit et jour, et qui ne quitte jamais notre horizon dans sa course; imagine-toi la bouche de cette corne qu'on voit à l'extrémité de l'axe autour duquel tourne le premier Mobile; imagine-toi que ces étoiles réunies ont formé dans le ciel deux signes semblables à celui que forma la fille de Minos, quand elle sentit les glaces de la mort; que ces signes t'offrent deux rondes en mouvement, confondant leurs rayons, et tournant sur deux plans contrariés, tu auras ainsi en quelque sorte l'idée de la vraie constellation, et de la double ronde [2] qui tournait autour du point

---

[1] O toi qui veux bien comprendre ce que j'ai vu, imagine-toi les quinze étoiles de première grandeur, qui jettent le plus d'éclat dans le ciel, ensuite les sept étoiles de la grande Ourse, et enfin les deux étoiles qui terminent la petite Ourse, en tout vingt-quatre étoiles. Imagine toi que ces étoiles ont formé par leur réunion deux signes semblables à celui que forma la couronne d'Ariane, quand elle fut changée en constellation, et tu auras en quelque sorte l'idée du spectacle qui s'offrit à moi dans cette planète — Ariane, fille de Minos, avait reçu de Bacchus une couronne précieuse d'or et de pierreries, travaillée par Vulcain Cette princesse étant morte, Bacchus mit cette couronne au nombre des constellations (*Métamorphoses*, liv V, f 3)

[2] De la double ronde des vingt-quatre bienheureux dont il a été question au chant XII, page 403 — On a reproché à Dante d'avoir fait danser les âmes des bienheureux. Milton fait danser les étoiles, et dit, liv III, vers 599 et suiv « Ces astres formant leur danse étoilée qui fait le calcul des jours, des mois et des ans, exécutent rapidement leurs divers mouvements autour de ce luminaire qui donne la vie à tout. » Ces danses des bienheureux et des constellations ne paraissent avoir rien de choquant dans les vers de Dante et de Milton Le privilège le moins contesté de la poésie est de tout ennoblir, quand d'ailleurs l'expression est juste et de bon goût

que j'occupais, parce que là-haut, notre imagination n'est pas plus propre à comprendre les prodiges célestes, que là-bas, le cours de la Chiana¹ n'approche du mouvement du ciel le plus rapide. Autour de moi on ne chanta pas Bacchus, ni Pœan², mais trois personnes en une nature divine, et dans une personne la nature divine et la nature humaine réunies. Le chant cessa, les rondes achevèrent la mesure, et ces lumières bienheureuses, en se félicitant de voir un sentiment d'amour succéder à un sentiment de charité, se rapprochèrent de nous. La lumière³ qui m'avait raconté la vie admirable du pauvre de Dieu, rompit le silence, d'accord avec les ombres aimantes, et me dit : « Quand la première moisson est faite, et que le grain est déjà serré, une douce tendresse m'invite à faire l'autre moisson. Tu crois que chez celui à qui l'on ôta une côte⁴, pour former cette belle bouche dont le palais fut si fatal au monde, chez celui qui, percé de la lance, offrit une satisfaction avant et après sa mort, et nous racheta de toute faute, la haute valeur qui les avait créés tous les deux, unissait ce que la nature humaine peut posseder d'intelligence, et tu t'étonnes de ce que je t'ai dit déjà, qu'après l'esprit pieux qui est enfermé dans la cinquième sphère, *il ne s'en est pas élevé un second*.

« Écoute avec attention ma réponse. ce que tu crois et ce que j'ai dit s'accordent avec la vérité, comme un centre est à une distance égale de toutes les parties d'un objet arrondi.

« Les êtres qui ne meurent pas, et ceux qui peuvent mou-

---

¹ Rivière de la Toscane qui coule tres-lentement.

² Pœan, sorte d'hymne en l'honneur d'Apollon, qui, pour cela, était aussi appelé Pœan. On donne encore ce nom aux vers qu'on chantait aux fêtes de Bacchus et de Mars. Io Pœan était un cri de joie que le peuple repétait souvent dans les sacrifices, dans les jeux solennels, et dans un combat, quand on avait l'avantage.

3. Saint Thomas d'Aquin, qui avait raconté la vie admirable de François, rompit le silence pour parler de cet homme après lequel *il ne s'en est pas élevé un second*, Salomon (Voyez *Paradis*, chant x, page 397, note 1.)

4 Adam — Celui qui, percé de la lance, Jésus-Christ.

rir, ne sont qu'une création de l'idée souveraine, source de tout amour[1]. Cette vive lumière, qui procède de son propre éclat, et qui ne peut se séparer ni d'elle-même ni de sa charité, avec laquelle elle ne forme qu'un seul être, répand ses rayons, par l'effet seul de sa bonté, dans neuf sphères qui la réfléchissent, et elle ne cesse pas d'être Une éternellement. Elle descend ensuite de sphère en sphère, jusqu'aux dernières puissances, et ne produit plus que des créatures de peu de durée. Par ces créatures, j'entends les êtres qui proviennent de l'influence du ciel, soit qu'ils aient été engendrés, soit qu'ils aient reçu autrement l'existence. Or, la matière et les causes immédiates qui la produisent ne sont pas partout les mêmes, et participent plus ou moins à la splendeur de l'idée suprême. De là il arrive que la même espèce d'arbres porte des fruits bons et des fruits mauvais, et que vous naissez avec des inclinations différentes. Si la matière était bien disposée à recevoir les influences, si le ciel était toujours dans sa force la plus efficace, ces influences seraient tou-

[1] Les créatures incorruptibles et les créatures corruptibles ne sont qu'une création de Dieu, source de tout amour. — Cette vive lumière, Dieu répand ses rayons, par l'effet seul de sa bonté, dans neuf sphères. Ces sphères, comme il a été dit, chant II, p. 358, not 1, sont, en partant de l'Empyrée qui est le dixième ciel, le premier Mobile, la huitième sphère, Saturne, Jupiter, Mars, le Soleil, Vénus, Mercure et la Lune. La lumière de Dieu descend de sphère en sphère jusqu'aux dernières puissances, qui sont les éléments, puissances affaiblies qui ne produisent que des créatures de peu de durée. Par ces créatures, Dante entend les êtres qui proviennent de l'influence d'un ciel inférieur (avec ce poète il ne faut jamais nier l'influence des sphères), soit qu'ils aient été engendrés, comme les hommes, soit qu'ils aient reçu autrement l'existence, comme les coraux, les cristaux, les champignons, etc. Or, la matière et les causes immédiates qui la produisent ne sont pas partout les mêmes et participent plus ou moins à la splendeur, c'est-à-dire, à la bienfaisance de Dieu. De là il arrive que la même espèce d'arbres porte des fruits bons et des fruits mauvais, et que vous naissez avec des inclinations différentes, suivant que Dieu a répandu une influence plus ou moins heureuse sur les arbres et sur les animaux, etc. Si, au contraire, l'ardente charité (c'est-à-dire, le Saint Esprit) dirige la sagesse (Jesus-Christ) de la vertu (de Dieu) vers l'être qui doit être créé, cet être acquiert alors toute sa perfection. L'explication de ce dernier passage est due à Daniello. Elle a été adoptée par Lombardi. J'ajouterai que Dante, ici, définit la Trinité, comme il l'a fait dans l'inscription de la porte de l'Enfer, page 10.

C'est ainsi que déjà une fois la terre parut digne de toute l'intelligence que peut espérer l'être animal, quand Adam fut créé immédiatement de Dieu, c'est ainsi que la Vierge conçut sans tache, suivant les paroles de l'archange Gabriel à Marie : « *Spiritus sanctus superveniet in te et virtus altissimi obumbrabit tibi* Luc, I

jours heureusement imprimées; mais la nature donne constamment une puissance affaiblie, semblable à un artiste qui sait bien sa profession, mais dont la main tremble. Si, au contraire, l'ardente charité dirige la sagesse de la première vertu vers l'être qui doit être créé, cet être acquiert alors toute sa perfection. C'est ainsi que déjà une fois la terre parut digne de toute l'intelligence que peut espérer l'être animal; c'est ainsi que la Vierge conçut sans tache. J'approuve donc ton opinion. La nature humaine n'a été et ne sera jamais ce qu'elle a été dans ces deux personnes. Si je n'en disais pas davantage, tu t'écrierais : Comment donc cet autre fut-il sans égal[1]? Mais pour bien comprendre ce qui est obscur, pense à ce qu'il était, pense au motif qui le détermina, lorsqu'on lui dit : Demande ce que tu désires. Tu vois clairement qu'il fut roi, qu'il demanda la sagesse afin de bien gouverner. Il ne chercha pas à savoir quel était le nombre des substances qui faisaient mouvoir le ciel[2]; *si le nécessaire et le contingent sont une conclusion nécessaire; si le premier mouvement est, ou n'est pas; si d'un demi-cercle on peut faire un triangle qui n'ait pas d'angle droit.* Si tu retiens ce que j'ai dit, et ce que j'ai ajouté, la force de mon argument vient frapper sur cette royale prudence, qui se plut à n'avoir pas d'égales. Porte ton attention sur ces mots, « *Il ne s'en est pas élevé;* » tu verras que mon sentiment ne regarde que les rois : il y en a un grand nombre, mais les bons

---

1. Comment donc Salomon fut il sans égal? Mais pour bien comprendre, pense a ce qu'il était, pense au motif qui le détermina, lorsqu'on lui dit : « Demande ce que tu désires. » Voyez les paroles de Dieu à Salomon et la reponse du roi. (*Reg*, lib. III, cap. s)

2. Venturi accuse Dante de vouloir montrer des connaissances d'astronomie, de dialectique, de géométrie et de théologie. Lombardi réfute Venturi, et rappelle les éloges précédemment donnés par lui au même poëte. Il me semble que Dante n'a pas mérité les reproches de Venturi, car le poëte ne fait pas ici parade de connaissances superficielles et peu approfondies Pour la première fois, peut être, il tourne plutôt en ridicule quelques-uns des termes barbares de la science de l'école, et les exigences de ces savants qui veulent que tout soit expliqué par la géométrie En définitive, il y a lieu de croire que Dante a voulu dire : « Salomon ne demanda pas à Dieu la connaissance des sciences, l'astronomie, la dialectique, la géométrie, il lui demanda la sagesse, avec laquelle les rois rendent les peuples heureux »

sont rares. Reçois mon explication avec cette distinction, et tu pourras conserver ton opinion sur notre premier père, et sur l'objet de notre tendre amour [1].

« Que cette réponse alourdisse désormais tes pieds, afin que, comme un homme fatigué, tu ne fasses que des mouvements lents devant le *oui* et le *non* que tu ne vois pas. Il est bien bas, même parmi les insensés, celui qui en tout affirme ou nie sans réserve. Souvent l'opinion commune a une fausse direction, et l'amour-propre obscurcit notre entendement. Souvent celui qui vogue à la recherche de la vérité, sans connaître l'art de la trouver, s'éloigne en vain du rivage, et n'y revient pas tel qu'il en est parti [2]. En veux-tu des preuves convaincantes? vois Parménide, Mélissus, Brissus et tant d'autres, qui allaient et ne savaient où ils portaient leurs pas; ainsi que Sabellius, Arius, et les sots dont les écrits furent des épées qu'ils employèrent à mutiler des ouvrages parfaits [3].

« Les hommes ne doivent pas juger avec trop de confiance, comme ceux qui évaluent les moissons avant qu'elles soient mûres. J'ai vu le rosier, à demi mort pendant l'hiver, porter des roses au printemps. J'ai vu un vaisseau léger parcourir rapidement la mer dans son voyage, et périr à l'entrée du port. Que *Monna* Berthe et *Ser* Martin ne croient pas pénétrer dans la connaissance du conseil divin, parce qu'ils auront vu, l'un dérober, l'autre faire des offrandes : celui-là peut se relever, celui-ci peut tomber. »

---

[1] Sur Adam et sur Jésus-Christ.

[2] Parce qu'il est souvent parti sage et qu'il revient avec des erreurs.

[3]. Le philosophe Parménide soutenait que le soleil était composé de chaud et de froid. (Voyez Diog. Laert, *de Vitis philosophorum*, lib IX.) — Mélissus, philosophe de Samos, disait que le mouvement n'était pas, mais paraissait être. (Diog Laert) Brissus, philosophe très-ancien, cité par Aristote, lib I, *Posteriorum analyticorum*, cap. 9 — Sabellius niait la Trinité, et assurait qu'il n'y avait en Dieu qu'une seule personne, qui s'appelait à la fois le Père, le Fils et le Saint-Esprit. — Arius pensait que le Verbe divin n'était ni consubstantiel, ni coéternel avec Dieu. Quant à ce passage, « dont les écrits furent des épées qu'ils employèrent à « mutiler des ouvrages parfaits, » je suis le sentiment de Lombardi Dante a voulu dire que les hérésiarques au lieu de s'attacher à la sainte Écriture, comme des plumes, pour la commenter, s'y attachèrent, comme des épées, pour mutiler le texte, et, par ces mutilations, faire croire qu'elle approuvait des dogmes condamnés par elle

CHANT XIV.

L'eau qu'on a mise dans un vase arrondi¹ se porte du centre à la circonférence, ou de la circonférence au centre, suivant qu'on l'agite du dedans ou du dehors. Ce que je dis là me vint subitement à la pensée, lorsque l'âme glorieuse de Thomas cessa de parler, à cause de la ressemblance que je trouvais entre cet effet physique, et les paroles de Thomas et de Béatrix, qui alors commença en ces termes : « Celui que j'ai conduit ici doit aller à la source d'une autre vérité², et il ne vous fait aucune question, même mentalement : dites-lui donc si cette lumière, dont votre âme est ornée, demeurera éternellement avec vous, telle qu'elle est aujourd'hui; et si elle doit demeurer telle, dites-lui comment elle n'offensera pas vos yeux au jour de la résurrection. » Quelquefois au milieu d'une danse accompagnée de chants, un redoublement d'allégresse fait élever la voix; de même, à cette sainte demande, les cercles sacrés montrèrent une joie nouvelle; leur ronde s'anima, et leurs accents devinrent plus mélodieux. Celui qui se plaint de ce qu'on meurt sur la terre, pour vivre dans le ciel, n'a pas connu l'abondance des dons rafraîchissants de la pluie éternelle. Cet un, et deux, et trois³, qui vit éternellement, et règne toujours dans trois, et deux, et un, qui

---

1 Prenez un vase rempli d'eau, frappez le du dehors, l'eau court du cercle au centre ; frappez-le au dedans, l'eau court du centre au cercle. Pour Dante, les paroles de Thomas venaient de la circonférence au centre, et celles de Béatrix, du centre à la circonférence.

2 Dante desire aller à la source d'une autre verité.

3. Il a fallu traduire ainsi, pour bien rappeler Dante. J'avais mis d'abord tout simplement, la Trinité, mais j'ai mieux aimé reproduire l'expression si originale du maître. — Etait chanté trois fois. Nouvelle définition, nouvel hommage à la Trinité.

n'est soumis à aucune puissance, et qui commande à tout, était trois fois chanté par ces esprits, avec une harmonie qui pourrait récompenser le plus noble mérite. J'entendis en même temps, dans la lumière la plus étincelante du plus petit cercle, une voix modeste [1], peut-être autant que celle de l'ange qui apparut à Marie, répondre en ces termes : « Aussi longtemps que durera la fête du Paradis, notre amour rayonnera dans ce vêtement lumineux. Notre éclat est proportionné à notre charité, notre charité au bonheur de voir le premier bien, et ce bonheur est aussi grand que daigne le permettre la grâce divine. Lorsque nous aurons repris notre corps sanctifié et glorieux, notre personne sera devenue plus parfaite, parce qu'elle sera plus entière; notre lumière s'accroîtra de la félicité que Dieu distribue si généreusement, et qui nous rend capables de le contempler : nous verrons alors s'accroître à la fois le bonheur de cette vision, notre charité, et les rayons de notre gloire qui proviennent de lui. Le charbon se fait encore distinguer dans le feu, quoiqu'il soit tout environné par la flamme; de même l'éclat qui nous entoure ne devra être obscurci qu'en apparence par la chair du corps que nous reprendrons. Tant de splendeur ne pourra nous fatiguer : les organes du corps seront devenus tels, qu'ils supporteront tout ce qui d'ailleurs augmentera leurs délices. » A ces mots, les deux chœurs me parurent si disposés à s'écrier, *Ainsi soit-il*, que je compris bien qu'ils désiraient retrouver le corps qu'ils avaient laissé sur la terre, non pas pour eux-mêmes, mais dans l'espérance de revoir ainsi leurs mères, leurs pères, et ceux qu'ils chérissaient avant d'être embrasés des flammes de l'éternel amour [2]. Et voilà que je

1. Landino croit que cette voix modeste est celle de Pierre Lombard, *maître des sentences*, parce que cet écrivain résout, dans son quatrième livre, le doute qui est présenté ici. Venturi, Lombardi et Portirelli pensent avec plus de raison que cette voix est celle de Salomon. On a vu plus haut que Salomon était dans le *minor cerchio*, c'est-à-dire, dans le cercle qui était plus près de Dante : c'est donc ce prince qui va répondre.

2. Mais dans l'espérance de revoir leurs mères, leurs pères, et ceux qu'ils chérissaient. Du Paradis, le poète revient sur la terre, sa réflexion est tendre, et prouve une sensibilité profonde.

vis naître au delà des splendeurs qui brillaient comme le soleil à l'horizon, une autre lueur d'un éclat pareil; et de même qu'au commencement de la nuit, on voit dans le ciel apparaître confusément des étoiles, il me sembla que je découvrais de nouvelles substances qui formaient une autre couronne, près des deux premiers cercles de bienheureux. O véritables étincelles de l'Esprit-Saint! de leur lumière blanchâtre elles éblouirent tout à coup mes yeux, qui, vaincus, ne purent souffrir cet éclat. Béatrix se montra plus belle et plus riante; mais, parmi tant de prodiges, il faut laisser ceux que n'a pu conserver ma mémoire. Mes yeux reprirent cependant quelque force, et je me vis alors transporté, seul, avec Béatrix, dans un plus haut salut [1]. Je m'en aperçus aisément à l'éclat de cet autre ciel, qui me parut plus enflammé. De toutes les facultés de mon âme, et avec ce sentiment intime qui appartient aux hommes de toutes les nations, j'offris à Dieu un sacrifice de remercîments, tel que pouvait l'exiger cette faveur nouvelle. Mes actions de grâces n'étaient pas achevées, que je sentis qu'elles avaient été agréées. Des lumières d'une couleur de pourpre éblouissante m'apparurent entre deux rayons, et je m'écriai : « Que tu es grand et généreux, ô Elios [2], toi qui les embellis ainsi ! » Semblables à Galaxie [3] qui, ornée de grandes et de petites constellations, répand une ligne de blancheur entre les pôles du monde, sujet de tant de doutes parmi les plus sages, ces rayons parsemés d'étoiles [4] formaient sur la profondeur de la planète

---

1. Le ciel de Mars.
2. « Elios, mot hébreu qui signifie *eccelso*, élevé. C'est un des noms qu'on a donnés à Dieu. » (Lombardi)
M Etienne Quatremère, mon confrère, m'a remis la note ci-jointe : אֵל (*El*), Dieu ; עֶלְיוֹן (*Elion*), le Très-Haut Je la transcris ici avec les caractères hébreux, telle que je l'ai reçue. Ce sentiment confirme celui de Lombardi Je remercie mon confrère de sa complaisance : elle est une digne compagne de sa haute science, qui en fait un des plus illustres hebraïsants de l'Europe.
3. Galaxie, la voie lactée.
4 Ces rayons couverts d'étoiles formaient, sur la planète de Mars, le signe vénérable de la *croix*, et paraissaient diviser cette planète en quatre parties presque égales, c'est-à-dire, les substances qui habitaient Mars étaient dispersées en forme de croix suspendue au milieu de la planète. Dans cette croix brillait Jésus Christ L'idée de la croix a dû ramener naturellement le poète à l'idée du Sauveur.

de Mars, le signe vénérable, et me paraissaient diviser cette planète en quatre parties presque égales. Ici l'expression manque à ma mémoire. Dans cette croix brillait *le Christ*, d'un éclat que je ne puis comparer à aucun autre éclat. Mais celui qui prend sa croix, et suit *le Christ* [1], excusera mon silence, lorsqu'il verra lui-même dans cet arbre étinceler *le Christ*. Aux deux côtés ainsi qu'aux deux extrémités, brillaient des splendeurs scintillantes qui se confondaient les unes avec les autres, de même qu'on voit des atomes [2], lents ou légers, et d'un mouvement irrégulier, s'agiter sur un rayon de lumière qui traverse encore l'ombre que l'art et la science cherchent à nous procurer, pour nous défendre de la chaleur.

Comme une lyre et une harpe exactement d'accord produisent un *tin tin* délicieux, même pour celui qui est étranger à l'étude de la musique, de même les splendeurs qui m'apparaissaient, faisaient entendre une mélodie qui me ravissait en extase, avant que j'eusse pu distinguer les paroles de leurs chants. L'hymne renfermait de sublimes louanges. Comme un homme qui entend confusément des mots d'un discours, je saisis ces paroles : *Ressuscite et sois vainqueur*. J'étais si ravi, que jusques alors rien ne m'avait attaché avec de si doux liens. Peut-être cette expression paraîtrait-elle trop hardie : je semble oublier les yeux étincelants que j'avais contemplés avec tant d'admiration ; mais celui qui voit que les vrais cachets de toute beauté [3] brillent plus à mesure

---

1. Allusion à un passage de saint Matthieu, chap. 16. On remarquera ici que Dante répète trois fois *Cristo*, et ne fait rimer ce mot qu'avec le même mot. Il y a dans cette répétition une intention de respect et de dévotion. Au chant XII, page 407, on voit que *Cristo*, dans le même sens, rime deux fois avec *Cristo*.

2. Cette comparaison est très-juste. Pour avoir une idée précise de ce que veut dire le poète, il suffit d'entr'ouvrir, pendant l'été, le volet d'une fenêtre que frappe le soleil. Le poëte de la nature ne consulte qu'elle, et ne se trompe jamais.

3. Les cieux, qui impriment toute la beauté. Le saint plaisir se rapporte au plaisir de contempler les yeux de Béatrix.

Ce passage est très difficile à comprendre ; le poëte veut dire : Je voyais une croix ; à ses deux côtés et à ses deux extrémités brillaient des splendeurs scintillantes. L'harmonieuse mélodie de leurs chants me ravissait en extase, j'en-

qu'on s'élève, et qui sait que je n'avais pas alors regardé ces yeux, peut excuser en moi ce dont je m'accuse pour me justifier et dire la vérité : ici, le saint plaisir ne peut pas être démontré, parce que plus on monte, plus il devient pur.

tendais confusément un hymne qu'elles chantaient, je saisis cependant ces mots : *Ressuscite, et sois vainqueur*, paroles de l'Ecriture. J'étais si ravi que rien, jusqu'alors, ne m'avait si vivement attaché Ici le poëte, se souvenant des compliments qu'il a faits aux yeux de Béatrix, semble se reprendre : Peut-être, dit il, cette expression paraît-elle empreinte de trop d'enthousiasme On peut croire que j'oublie ces yeux *della mia Donna*, que j'ai tant admirés, mais non excusez-moi, je voyais dans la planète de Mars de nouveaux cieux, de nouveaux cachets qui imprimaient d'autres beautés ; je ne regardais pas alors Béatrix, je m'en accuse, mais d'ailleurs, le saint plaisir de contempler les yeux de Béatrix ne peut être plus clairement démontré, parce qu'à mesure qu'on monte plus haut, ces yeux augmentent aussi d'éclat, et que le plaisir de les voir devient plus fort L'auteur, parfait logicien, met ici d'accord son premier enthousiasme avec sa nouvelle admiration.

CHANT XV.

Une volonté bienfaisante[1], qui se manifeste par une vertueuse charité, comme une passion effrénée se montre par une action inique, imposa silence à cette douce lyre, et les saintes cordes que fait mouvoir la main du ciel, cessèrent de répandre leur harmonie : et comment ces substances auraient elles été sourdes à mes prières, puisqu'elles s'accordaient à se taire à la fois pour écouter mes demandes? Il est juste qu'il ne voie pas de terme à ses souffrances, celui qui, par amour pour les choses périssables, renonce éternellement à cette bienfaisante volonté. Tel qu'une lueur subite, dans les soirées pures et sereines, parcourt les airs, attire nos regards qui ne sentaient pas d'effroi, semble une étoile qui change de place, quoique nous voyions ensuite qu'il ne s'en est perdu aucune vers le point où nous avons remarqué ce météore[2], et disparaît après une courte durée; tel courut tout à coup, de l'extrémité droite jusqu'au pied de la croix, un astre de cette constellation[3] : le Brillant, sans s'écarter de

---

[1] Dante veut dire que la disposition à la charité qui était dans les âmes bienheureuses qu'il nomme indifféremment *splendeurs* ou *lueurs*, les portait à faire silence pour écouter ses demandes.

[2] Le poëte a imité ce passage d'Ovide

Quæ si non cecidit, potuit cecidisse videri.

[3] Je n'ai lu dans aucun commentateur, le rapprochement qu'on peut faire entre la croix dont il est ici question, et celle qu'on a pu voir suspendue à Rome le vendredi saint au milieu de l'église de Saint-Pierre. Cette immense basilique n'était alors éclairée, après l'office du soir, que par une longue croix en illumination, d'un effet admirable On sait à Rome que cette invention est due à Michel-Ange Je ne doute pas qu'il n'ait emprunté cette idée à Dante «l'artiste florentin était *très-partial* pour ce poëte,» dit Lanzi, t I, p. 131, édit de Bassano, 1809 Michel-Ange avait même composé des dessins pour chaque chant d'un manuscrit de Dante qu'il possédait Ce manuscrit ne se trouve plus, au grand regret de ceux qui aiment les

son ruban, franchit toute cette ligne de lumière, et paraissait un corps de feu dans un vase d'albâtre. Ainsi l'ombre du pieux Anchise se fit voir à son fils dans l'Élysée, si nous ajoutons foi au plus grand de nos poetes ¹. L'esprit m'adressa ces paroles : — « O mon sang², ô grâce surabondante de Dieu! à qui aura-t-on jamais, comme à toi, ouvert deux fois la porte du ciel ? » J'écoutai cet esprit avec attention ; ensuite, plein d'étonnement, je regardai Béatrix : ses yeux brillaient d'un sourire si doux, que je crus qu'avec les miens, je touchais le fond de ma grâce et de mon Paradis. L'esprit que je voyais et que j'entendais avec tant de plaisir, ajouta des paroles que je ne compris pas, tant elles étaient sublimes. Ce n'était pas par choix, qu'il se cachait ainsi à moi, c'était par nécessité. L'entendement d'un mortel ne pouvait s'élever sur-le-champ jusqu'à saisir de si hautes conceptions. Cependant, quand l'arc de sa divine ardeur eut lancé le trait, et que ses paroles descendirent au point où pouvait arriver notre intelligence, ses premiers mots furent ceux-ci : « Sois béni, ô toi, qui en trois personnes ne formes qu'une seule essence, et qui combles de tant de faveurs mon heureuse famille ! » Il continua ainsi : « Mon fils, grâce à celle qui t'a donné des ailes pour le vol sublime, tu as mis fin, dans cette sphère où je te parle, à l'agréable et long jeûne que j'ai commencé³, en lisant dans l'immense volume où l'encre et l'écriture sont immuables. Tu as raison de croire que je dois à Dieu le don de deviner ta pensée, comme il est certain que cinq et six

---

arts et la poésie. Qu'il aurait été beau de voir les pensées de Dante dessinées par Michel-Ange ! Quant à cette croix que je mentionne ici, je l'ai encore vue à Rome il y a quelques années elle était suspendue en avant de la confession de Saint Pierre, et haute de plus de vingt-deux pieds romains. On traçait, avec des gardes, un cercle où le pape venait, précédé de tous les cardinaux, faire sa prière. Il est certain que je n'ai jamais vu cette croix sans penser à ce passage du Paradis.

1. Dante cite directement Virgile.
2. Il y a ici trois vers latins, mais ils ont la mesure et la rime des vers italiens.
3. Ceci est une imitation singulièrement poétique de ces vers si attendrissants du 6ᵉ livre de l'*Énéide :*

Venisti tandem, tuaque exspectata parenti,
Vicit iter durum pietas? datur ora tueri,
Nate, tua . . . . .

proviennent de l'unité. Mais tu ne me demandes pas à qui tu parles, et pourquoi, dans cette foule d'esprits joyeux, je suis celui qui te fais l'accueil le plus gracieux. Oui, sans doute, tous les esprits de ces sphères, à quelque degré de gloire qu'ils aient été destinés, lisent l'avenir dans ce miroir, où ta pensée s'offre avant que tu la connaisses toi-même. Cependant, afin de mieux accomplir le mystère de l'amour sacré qui me fait veiller, pour regarder perpétuellement en Dieu, et qui me pénètre de suaves désirs, articule en liberté ta volonté, articule tes demandes ; ma réponse est prête. » A ces mots, je regardai Béatrix : elle me devina avant que je parlasse, et un sourire vint fortifier les ailes de ma volonté. Je commençai ainsi : « Aussitôt que la première égalité vous apparut, l'intelligence et l'amour vous furent donnés en si égale mesure, que deux autres objets ne sont pas plus égaux entre eux : ces dons sont tels en Dieu qui vous allume de sa flamme ; mais chez les mortels, comme vous le savez, ces facultés sont diverses et ne volent pas avec la même vitesse. Moi qui suis mortel, je sens cette inégalité, et mon cœur seul peut vous remercier de votre réception paternelle. Je t'en supplie cependant, ô topaze vivante qui ornes ce joyau précieux [1], fais-moi connaître ton nom ! » L'esprit me répondit : « O rameau de l'arbre dont je fus la racine, toi que je me plaisais à attendre, celui dont tu descends, et qui habita plus de cent années la première côte de la montagne que tu as déjà visitée [2], fut mon fils et ton bisaïeul [3] : par tes bonnes œuvres, tu dois raccourcir le temps de ses souffrances. Florence, dans l'enceinte de ses antiques murailles, où est encore placée l'horloge qui règle la troisième et la neuvième heure, vivait en

---

[1] Le poëte ayant à décrire des *lueurs*, des *splendeurs* qui se meuvent de tous côtés dans le Paradis, leur donne tantôt le nom de topazes, tantôt celui de rubis : dans le deuxième chant du *Paradis*, page 586, il a appelé la lune, *la perle éternelle*.

[2] La première côte de la montagne du Purgatoire

[3] Alighieri C'est Cacciaguida, père d'Alighieri, qui parle Alighieri étant bisaïeul maternel de Dante, Cacciaguida était son trisaïeul. — La troisième heure et la neuvième heure sont les heures des prières et des travaux

paix, au sein de la pudeur et de la sobriété : ses femmes ne connaissaient pas les chaînettes, les colliers, les brodequins, les ceintures et ces parures qu'on regarde avec plus d'attention que celles qui les portent [1]. A la naissance de sa fille, le père ne craignait pas d'être obligé de la marier trop tôt, ou de lui donner une dot trop considérable. Les maisons n'étaient pas désertes. Sardanapale [2] n'était pas encore venu montrer ce qui se peut dans une chambre. *Montemalo* n'était pas encore vaincu par votre *Uccellatojo*, qui, vaincu lorsque l'on monte sur ses hauteurs, le sera aussi pour ses ruines [3].

« J'ai vu Bellincion Berti [4] ne pas dédaigner une simple casaque de cuir, bordée de boutons d'os; j'ai vu sa femme

---

[1] Ovide avait dit : « *Pars minima est ipsa puella sui.* »

[2] Sardanapale n'était pas encore venu montrer les excès auxquels on peut se porter en secret, dans une chambre. Le poëte prend Sardanapale, roi des Assyriens, pour le type de la débauche la plus effrénée.

[3] Le père d'Aquin, qui a fait, comme j'ai dit, une traduction latine de Dante, très-estimée, assure que le poëte a voulu désigner par *Montemalo*, le Mont-Marius, *Monte Mario*, où est actuellement la *villa Millini*, d'où effectivement l'on découvre les somptueux édifices de Rome. Cette explication paraît satisfaisante. D'autres commentateurs soutiennent que *Montemalo* est une montagne entre Rome et Viterbe. Mais à trois lieues de Rome, de ce côté, on ne peut plus rien voir de cette ville ; ce n'est qu'à une plus grande distance qu'on peut encore la découvrir, et de si loin on n'aperçoit pas distinctement les édifices. Quant à l'altération du mot, il est probable que Dante aura mis *Montemalo* pour *Monte Mario*, à cause du vers et de la rime. Ce n'est pas la première fois qu'il force les mots à prendre la forme et la quantité de lettres qui lui conviennent. C'est *Sardanapalo* peut-être qui a été cause de cette licence. — *Uccellatojo*, montagne sur la route de Bologne. On découvre, de cette montagne, le coup d'œil des fabriques de Florence. Le poëte veut dire : Monte Mario (Rome) n'était pas encore vaincu par l'Uccellatojo (Florence), il n'y avait pas encore d'aussi beaux édifices à Florence, qu'à Rome. Depuis, Florence a présenté plus de magnifiques édifices que Rome ; mais autant Florence, en sa grande prospérité, a surpassé Rome, autant Florence aura le dessus dans sa ruine. Car dans peu de temps on verra de l'Uccellatojo plus de ruines dans Florence, que de Monte Mario on ne verra de ruines dans Rome.

[4] Bellincion Berti était de l'illustre famille des Raviguani, et père de la belle Gualdrada, dont il est question dans le XVIe chant de l'*Enfer*, à l'occasion de son petit-fils Guido-Guerra (voyez page 68). Cette jeune Florentine, remarquable par sa beauté, se trouvait un jour dans une fête, en présence de l'empereur Othon IV. L'empereur demanda qui elle était : Bellincion répondit, assez étourdiment du reste, que c'était une personne qu'il était assuré de lui faire embrasser. Gualdrada rougit à ces paroles et dit : « Mon père, ne soyez pas si libéral de ce qui ne regarde que moi : je ne me laisserai embrasser que par celui qui sera mon époux. » L'empereur, charmé de cette réponse, se chargea de la marier, lui fit épouser un seigneur nommé Guidon, et lui donna pour dot tout le Casentin et une partie de la Romagne. Dante, qui loue tant Bellincion, ne connaissait peut-être pas ce fait.

quitter son miroir sans être fardée. J'ai vu un Nerli, un del Vecchio vêtus de peaux sans ornement ; j'ai vu leurs épouses occupées de leur rouet et de leur fuseau. O femmes fortunées ! vous étiez toutes assurées d'obtenir la sépulture dans votre patrie ! on n'abandonnait pas votre couche, pour la France : l'une se livrait au soin de ses fils au berceau, et pour les apaiser, répétait ces mots enfantins qui font le premier bonheur des mères et des pères [1] ; l'autre, tirant la chevelure à sa quenouille, discourait avec sa famille sur les Troyens, Fiésole [2] et Rome. On eût été aussi étonné de voir alors une Cianghella [3], un Lapo Salterello, qu'on le serait aujourd'hui si on revoyait Cincinnatus et Cornélie. Au milieu de ce repos, de cette vie si honorable des citoyens, dans une ville si heureuse, Marie, invoquée à grands cris par ma mère, facilita les travaux de son enfantement : dans votre antique baptistère, je devins chrétien, et je reçus le nom de Cacciaguida. J'eus pour frères Moronto et Elisei. Tu dois le surnom que tu portes à la famille de mon épouse, qui vint de la vallée du Pô [4]. Je suivis ensuite l'empereur Conrad [5], qui m'arma dans sa milice, tant mes services obtinrent ses faveurs. Sous ses ordres je marchai contre la méchanceté de

1. L'idée de ce passage est à peu près celle de ce morceau de Juvénal

Præstabat castas humilis fortuna Latinas
Quondam, nec vitiis contingi parva sinebant
Tecta, labor, somnique breves,
(liv II, sat vi, vers 287 et suiv)

mais l'idée est différemment exprimée. Ces mots enfantins, qui font le premier bonheur des pères et des mères, présentent une scène qui émeut On se figure Dante berçant dans ses bras un de ses fils ; on peut croire que ce grand homme, ce législateur de la poésie italienne, a balbutié avec lui ces paroles à demi formées qui nous charment dans la bouche de nos enfants

2 Fiésole, ville voisine de Florence. Belle leçon de morale ! On élevait les enfants dans la connaissance de l'histoire ancienne et de celle de leur pays

3. Florentine de la famille de la Tosa. Elle avait épousé Lito degli Alidosi d'Imola. Sa conduite était si scandaleuse, qu'aucune femme d'Imola ne voulait la saluer. — Un Lapo Salterello, jurisconsulte qui passait pour être médisant et très-méchant ; il avait été exilé avec Dante — Cornélie, la fille de Scipion l'Africain et la mère des Gracques. – Marie invoquée à grands cris, la Vierge Marie

4. La femme de Cacciaguida se nommait Alighieri, et c'est d'elle que la famille de Dante, qui s'appelait Elisei, prit le nom d'Alighieri Le bisaïeul de Dante, fils de Cacciaguida, avait été le premier à porter ce surnom, avec les armoiries de sa mère

5 L'empereur Conrad III, mort à Bamberg, le 13 février 1152

cette loi que suit ce peuple ¹ qui usurpe, par la faute de votre pasteur, ce qui vous appartient de droit ². Cette nation impie trancha mes jours, me sépara du monde trompeur qui souille tant d'âmes innocentes ; et du martyre, j'arrivai à cette douce paix. »

1. Par ce peuple, le poëte entend les Sarrasins.

2. Nous voyons ici une espèce de provocation à une nouvelle croisade Voici une excellente note de Biagioli ; il parle des vers qui terminent ce chant, depuis le vers 97 jusqu'au dernier : « Ce passage où est décrite la manière de vivre modeste des Florentins, du temps de Cacciaguida, est un des plus beaux morceaux de la *Divine Comédie*, et doit être placé parmi les premières merveilles poétiques du monde : style de vérité et de nature, création de modes nouveaux et de formes inconnues, couleurs vives et pures, art, esprit, savoir, simplicité, innocence : tous ces charmes sont découverts ici par le lecteur attentif, qui n'y trouve pas moins d'utilité que de plaisir

CHANT XVI.

O noblesse du sang [1], avantage de peu de valeur, je ne serai jamais étonné que sur cette terre, où notre esprit est infirme et languissant, tu rendes les hommes vains et superbes, puisque dans le ciel, où nous n'obéissons qu'à la raison, je me suis glorifié de tes avantages! Tu es bien un manteau qui se raccourcit promptement, et si, de jour en jour, on n'y ajoute de l'étoffe, le Temps tourne autour avec ses ciseaux. En recommençant à parler, j'employai le *vous* [2] auquel Rome d'abord s'assujettit, et que sa famille n'a pas conservé. Béatrix qui était un peu éloignée [3], sourit, et me parut celle qui

---

[1] Quels beaux vers! quels admirables sentiments! quelle hauteur d'expression! et puis une conclusion bien *dantesque* On voit le Temps qui, avec ses ciseaux, coupe le manteau.

[2] C'est-à-dire, il n'osait pas tutoyer Cacciaguida, et il employait cette formule, qui fut d'usage à Rome sous Jules-César, et il parlait à la seconde personne du pluriel. Dante emploie *vous* au lieu de *tu*, formule que les Romains ne continuèrent pas de suivre après Jules-César. Les commentateurs croient que Dante s'appuie, dans ce passage, de l'autorité de Lucain. On lit dans *la Pharsale* :

« *Namque omnes voces per quas jam tempore tanto,*
Mentimur dominis, hæc primum repperit ætas »

Lombardi observe que Cicéron, qui parla si souvent devant Jules César, n'a jamais cessé de le tutoyer, et que l'usage d'employer la deuxième personne du pluriel s'est plutôt introduit dans les bas-temps, lorsque les papes se sont servis, dans leurs bulles, de cette expression. *Nous, notre désir, notre benediction.* Alors il est devenu naturel de leur répondre : *Vous, les vôtres,* etc.

[3] Mot à mot : Béatrix, qui était un peu éloignée, parut, en souriant, celle qui toussa, à la première faute de Ginèvre, dont j'ai parlé Presque tous les commentateurs se sont accordés à entendre, par *ridendo*, un sourire, un encouragement de Béatrix ; et ce n'est pas sans raison que Venturi ne sait pas louer cette comparaison · il faut d'abord expliquer le fait dont il s'agit.

Dante rappelle ici indirectement l'épisode de Paul Malatesta et de Françoise de Rimini, qu'il a rapporté au chant V de l'*Enfer*.

Le Gallehaut dont il est question dans ce passage fut l'homme qui favorisa les amours de Ginèvre et de Lancelot, mais Ginèvre avait encore pour confidente une de ses suivantes qui connut le secret de leurs amours, et c'est à l'action de cette confidente que Dante fait allusion Beaucoup de commentateurs trouvent, comme Venturi, quelque inconvenance dans cette réflexion de Dante

toussa, pour encourager la première faute qu'on rapporte de Ginèvre. Alors je commençai ainsi : « Vous êtes mon père, vous me permettez de vous entretenir avec assurance ; vous m'élevez tellement, que je suis plus que moi-même. Mon âme se remplit d'allégresse par tant de canaux, qu'après s'en être rassasiée, elle en est encore une source abondante. Dites-moi donc, ô première tige de ma race, quels sont vos ancêtres, et en quelle année s'est écoulée votre enfance. Parlez-moi du bercail de Saint-Jean¹ ; dites-moi dans quel état de puissance il était alors, et quels étaient les citoyens les plus dignes des hautes magistratures. » Le vent augmente la chaleur du charbon au milieu des flammes ; de même je vis la lueur devenir plus belle, en entendant mes paroles caressantes ; et, sans se servir de notre manière commune de nous exprimer, elle répondit d'un ton de voix doux et suave : « Depuis le jour où l'on a dit *Ave*², jusqu'au moment où ma mère, qui est aujourd'hui Bienheureuse, me mit au monde, cette planète revint cinq cent cinquante et trente fois s'enflammer aux rayons de son Lion. Mes ancêtres et moi, nous naquîmes dans le quartier où finit la Course, le jour de votre Jeu annuel. Que ces détails te suffisent : il est plus modeste de ne pas te dire ce que furent mes pères, et d'où ils vinrent.

« Ceux qui, dans ce temps, pouvaient porter les armes, dans l'enceinte qui se prolonge entre Mars et Baptiste³, ne

---

1. De Florence. — Et sans se servir de notre manière commune, etc. Venturi et Lombardi pensent que le poëte veut dire : Sans se servir du langage ordinaire en usage à Florence, mais en employant des expressions latines, comme les personnes bien élevées.. J'aime autant le commentaire de Vellutello : « Sans employer un langage humain, il me répondit dans une langue angélique et divine. » Il est vrai cependant que les trois premiers vers du premier discours de Cacciaguida ne sont composés que de mots latins.

2 Depuis le moment où la Vierge conçut Jésus Christ jusqu'à la naissance de Cacciaguida, la planète de Mars revint cinq cent quatre-vingts fois au signe du Lion. Mars achève sa révolution périodique en six cent quatre-vingt-six jours, vingt-deux heures, vingt-neuf minutes, à peu près deux ans moins quarante-trois jours. Il résulte de cette observation que Cacciaguida a dû naître en 1090 ou 1091, il a donc pu vivre sous le règne de Conrad III, qui est mort en 1152. Cacciaguida était né dans le quartier de San Piero, à Florence ; il ne dit pas d'où vinrent ses ancêtres. Peut-être est-ce par une orgueilleuse modestie que le poëte veut laisser entendre qu'il descendait de ces Romains qui fondèrent Florence.

3 Depuis le *Ponte Vecchio*, où l'on

formaient que le cinquième de ceux qui y vivent aujourd'hui. Cette population était pure jusqu'au dernier artisan ; mais actuellement elle est mêlée d'habitants de Campi, de Certaldo, et de Figghine [1] : combien il aurait été préférable d'avoir ces peuples pour voisins, et de marquer sa frontière à Galluzzo et à Trespiano, plutôt que de les admettre dans la ville, où ils soutiennent les saletés d'un contadin d'Aguglion, et de celui de Signa, qui a l'œil si aiguisé à trafiquer ! Si la nation qui a le plus dégénéré dans le monde, au lieu d'être une marâtre pour César, eût été ce qu'est une mère tendre pour son fils, tel a été fait citoyen de Florence, et commerce dans cette ville, tel qui aujourd'hui serait relégué à Simifonte, où son père demandait l'aumône : les Comtes se verraient encore à Montemurlo ; les Cerchi, dans la juridiction ecclésiastique d'Acone, et peut-être les Buondelmonti à Valdigrieve. La confusion des personnes a souvent été cause des maux de la ville, comme trop de nourriture détruit la santé. Le taureau aveugle tombe plutôt qu'un agneau également privé de la lumière ; une seule épée tranche mieux que cinq épées en faisceaux. Regarde Luni, Urbisaglia. Souviens-toi de ce que ces villes ont été ; vois ce qu'elles sont aujourd'hui. Considère Chiusi, Sinigaglia. Puisque les villes périssent [2], tu comprendras facilement ce que sont les revers de la fortune dans les familles. Vos choses ont toutes leur mort,

voyait autrefois une statue de Mars, jusqu'au Baptistère, qui est en face de la métropole et consacré à saint Jean

[1] Différents bourgs voisins de Florence Galluzzo et Trespiano sont encore plus près de cette ville. C'est à Trespiano qu'on inhume les morts de Florence Cet etablissement est fait pour exciter l'attention des voyageurs. — « Messer Baldo d'Aguglione et messer Boniface de Signa faisaient, dit Grangier, plusieurs marchandises illicites des grâces, offices et bénéfices. » — Par les intérêts de César, Dante entend ceux de l'empereur — Simifonte, château détruit par les Florentins, en 1202 — Les comtes sont les comtes Guidi qui vendirent, à Florence, le château de Montemurlo, qu'ils ne pouvaient défendre contre les habitants de Pistoie. — Luni, ancienne capitale de la Lunigiane. — Urbisaglia, petit château du diocèse de Macerata : c'était autrefois une grande ville. — Chiusi, petite ville près de Sienne. — Sinigaglia, ville sur l'Adriatique, alors assez puissante Aujourd'hui, elle est plus peuplée qu'elle ne l'était à l'époque où écrivait Dante.

2. Le Tasse a présenté quelques unes des idées de ce passage sous une autre forme (Jerusalem delivree, chant XV, stroph 19 et 20)

comme vous : cette mort se dissimule dans quelques-unes qui paraissent durer davantage, parce que votre vie est courte. L'influence de la lune couvre et découvre incessamment les bords de la mer[1]. La fortune en agit ainsi à Florence. Tu ne dois pas être surpris de ce que je dirai des anciens Florentins, dont le nom est caché dans le brouillard des temps. J'ai vu les familles des Ughi[2], des Catellini, des Filippi, des Greci, des Alberici et des Ormanni, encore illustres, quoique sur leur déclin : j'ai vu, aussi nobles que puissants, les Soldanieri, les Ardinghi, les Bostichi, della Sannella, et dell' Arca. Près de la porte où habitent maintenant des citoyens traîtres et félons, qui seront cause du naufrage de votre barque, étaient les Ravignani[3], dont sont descendus le comte Guido et ceux qui depuis ont pris le surnom du grand Bellincion. Della Pressa savait déjà comment on doit gouverner. Galigaio avait doré, dans sa maison, la poignée et le pommeau de son épée. La colonne du VAIR était déjà célèbre. On distinguait les Sacchetti, les Giuochi, les Sifanti, les Barucci, les Galli, et ceux que le boisseau a fait rougir. Le cep d'où naquirent les Calfucci commençait à s'étendre. On

---

1. En causant le flux et le reflux Le poëte suit l'opinion d'Aristote.

2. Voici les noms des familles florentines les plus distinguées de ce temps : c'est des *Ughi* que les *Montughi* ont pris leur nom ; les *Catellini* étaient venus de Fiesole ; les *Filippi* demeuraient près de la porte Sainte-Marie, les *Greci* quittèrent Florence pour se fixer à Bologne ; les *Alberici* se nommaient *Alberighi* ; le premier des *Ormanni* avait été créé chevalier par Charlemagne, quand ce prince faisait rebâtir Florence, etc., etc. — *Dell' Arca*, autre famille qui descendait de Tano dell' Arca, créé aussi chevalier par Charlemagne.

3. Les *Ravignani* ont eu une branche qui est venue se fixer en France On dit que l'illustre prédicateur, le P de Ravignan, descend de cette branche, devenue française. — La colonne du *vair*, armoiries de la famille des Billi, famille très-ancienne qui porte de *gueules* à la colonne de *vair* On appelle *vair* un des émaux du blason composé de plusieurs petites pièces égales qui sont ordinairement d'argent et d'azur, rangées alternativement et disposées de telle sorte, que la pointe des pièces d'azur est opposée à la pointe des pièces d'argent, et la base à la base. — Ceux que le boisseau a fait rougir sont les *Chiaramonti*, suivant Landino, et les *Tosinghi*, suivant Daniello. Voici la note de Grangier sur ce passage : « L'un desquels ayant eu la charge des bleds publics, et principalement des grains, tenia une douve au stier, et le fit faire plus petit, dont, sa meschanceté découverte, il fut puny de mort, et fut depuis refait le stier de fer, afin qu'il n'interumt aucune corruption en cela » (Grangier, *Paradis*, page 547)

appelait déjà aux chaises curules, les Sizii et les Arrigucci. Oh! dans quel éclat je vis ceux que leur orgueil a fait depuis tomber si bas[1]! Les boules d'or couvraient de fleurs Florence dans toutes ses grandes actions. On admirait les peres de ceux qui, lorsque votre évêché est vacant, s'engraissent sur les bancs du chapitre[2]. Déjà cette famille remplie d'*oultrecuidance*[3], qu'on voit s'acharner, comme un dragon, contre l'homme qui fuit, et s'apaiser, comme un agneau, devant ceux qui lui montrent les dents ou une bourse, commençait à obtenir quelque illustration; mais parce qu'elle était née de petites gens, Ubertin Donato vit avec déplaisir que son beau-père en avait fait leurs parents. De Fiesole, déjà Caponsacco était descendu dans le *marché*. Giuda et Infangato étaient devenus de bons citoyens. Je vais ajouter un fait vrai, mais incroyable. A cette époque, la ville, quoique d'une petite éten-

---

1 Les *Abbati*, suivant Lombardi, les *Uberti*, suivant Benvenuto — Les boules d'or, etc., armoiries des *Lamberti* Les boules d'or ont toujours été regardées comme les armoiries des *Medicis*, mais ce n'est pas des Medicis que le poëte veut parler

2 Ce sont les *Visdomini*, les *Tosinghi*, et les *Cortigiani*, qui provenaient tous de la même souche : « Ils ont été patrons et fondateurs de l'euesché de Florence. Pour ceste cause, ils ont ce priuilege toutefois et quantes que l euesché vacque, qu'ils en sont oeconomies et dispensateurs, et s'assemblent en l'euesché pour la garde dudit lieu, ou ils mangent et dorment jusqu'à ce qu'un euesque nouueau soit creé et mis en sa possession » (Grangier, *Paradis*, page 368.)

3. Cette famille remplie d'*oultrecuidance*, etc. Les *Cavicciuli* et les *Adimari* Un des *Adimari* avait épousé une fille de Bellincion, dont Ubertin Donato avait épousé la fille aînée. Un autre *Adimari*, après l'exil de Dante, obtint une partie de ses biens, qui furent confisqués, et s'opposa ensuite constamment au retour de cet illustre exilé Notre vieux mot *oultrecuidance* me parait exprimer très bien le mot oltracotata.—Les *Caponsacci* étaient venus de Fiesole s'établir à Florence, dans le quartier du Marche-Vieux. — *Giuda Guidi* et *Infangato*, noms de citoyens de ce temps —La maison de *la Pera* avait donné son nom a une porte de la ville qui s'appelait *Porta Peruzza*. Il régnait alors a Florence une telle simplicite de mœurs, qu'on ne trouvait pas extraordinaire qu'une porte de la ville reçut son nom d'une famille particuliere Le poëte veut en même temps faire entendre qu'il n'arriverait pas que, de son temps, on eut une telle condescendance. — Ceux qui portent les armoiries du grand baron, dont la fête se celebre le jour de la fête de Thomas, obtiennent de ce baron (ce baron et nt le célèbre Hugues, marquis de Toscane, vicaire de l'empereur Othon III) des privileges et l'ordre de la Chevalerie Dante veut parler des familles des *Pulci*, des *Nerli*, des *Gangalandi*, des *Giandonati* et des *della Bella*, à qui le marquis de Toscane avait permis de prendre ses propres armoiries Pendant la vie du poëte, un *Giano della Bella* s'étant joint à la cause du peuple, avait ajouté un ornement d'or aux armoiries des *della Bella*

duc, avait une porte à laquelle la maison de la Péra avait donné son nom. Ceux qui sont ornés des armoiries du grand baron, dont la fête se célèbre le jour de celle de Thomas,' obtenaient de ce prince des privilèges et l'ordre de la Chevalerie, et aujourd'hui l'un d'eux, en se joignant à la cause du peuple, a environné ces mêmes armoiries d'un ornement d'or. On connaissait les Gualterotti et les Importuni¹, et le Borgo serait plus tranquille, s'ils n'y avaient pas trouvé des voisins aussi inquiets. On honorait la maison dont est sortie la cause de vos maux et de ce dépit qui a mis fin à la vie heureuse qu'on menait alors ². O Buondelmonte, que tu as été coupable de fuir l'alliance de cette famille! Si Dieu t'avait accordé à l'Ema, la première fois que tu es venu dans la ville, beaucoup de ceux qui pleurent seraient aujourd'hui pleins de joie : mais Florence devait perdre sa paix, et donner une victime à cette pierre isolée qui est restée sur le Pont. Sous ces familles, et sous d'autres, j'ai vu Florence fortunée, et sans aucun motif pour gémir. Sous ces familles, j'ai vu son peuple si juste et si honoré, que jamais l'étendard du lis ³ ne fut alors porté à l'envers, et que les divisions ne l'avaient pas rendu vermeil »

---

1 Les *Gualterotti* et les *Importuni* habitaient le *borgo Santo Apostolo* Landino assure qu'on y envoya les *Bardi*, afin qu'ils reprimassent l'orgueil de ces deux familles

2 On honorait la famille des *Amidei* Buondelmonte des Buondelmonti avait promis de prendre une épouse dans la famille des *Amidei*; mais il manqua de parole, et il en choisit une dans la famille des *Donati* Les *Amidei*, furieux d'une telle injure, assassinèrent Buondelmonte : ce crime fut la cause des premières divisions des Guelfes et des Gibelins — O Buondelmonte! si Dieu t'avait précipité dans l'Ema, dans le fleuve qui se trouve sur le chemin de Montebuono a Florence (Montebuono est le nom d'un château qui appartenait aux Buondelmonti), beaucoup de Florentins qui gémissent dans l'exil seraient aujourd'hui pleins de joie! Mais Florence devait donner une victime à cette pierre isolée qui est restée sur le Pont-Vieux Ce fut à côté de cette pierre qu'on assassina Buondelmonte.

3 Les Florentins avaient sur leur étendard un lis —Quand on gagnait une bataille, il était d'usage de porter les étendards des ennemis à la renverse — D'abord, les Florentins avaient, dans leurs armoiries, le lis blanc, mais ensuite les Guelfes portèrent d'argent au lis de *gueules* (rouge)

CHANT XVII.

Je ressemblais à celui qui pria Climene de lui confirmer ce qu'il avait entendu dire de sa haute origine [1], et dont l'exemple a rendu les pères moins complaisants pour leurs fils. Je parus tel aux yeux de la sainte lumière [2] qui avait changé de place pour me parler, et à ceux de Béatrix. Cette dernière me dit : « Manifeste au dehors l'ardeur de ton desir; qu'elle sorte bien empreinte de ton entendement interieur, non pour nous apprendre ce que nous savons, mais pour t'accoutumer à montrer hardiment la soif que tu veux qu'on satisfasse. » Je parlai donc ainsi : « O chère tige de ma famille, toi qui de si haut, en envisageant le point devant lequel tous les temps sont presents, vois l'avenir (quoiqu'il soit renfermé en lui-même), aussi facilement que l'esprit humain comprend qu'un triangle ne peut avoir deux angles obtus; pendant que j'étais dans la compagnie de Virgile, sur cette montagne où les âmes sont purgées de toutes leurs taches, et dans le royaume des morts, on m'a prédit des événements graves de ma vie future [3]; et, quoique je me sente tel qu'un *tétragone* [4] contre les coups de l'adversité, je desirerais connaître ceux que la fortune me prépare : la fleche prevue arrive plus lentement [5] »

[1] Phaéton, qui dit à Climene « Est-il vrai que je suis le fils d'Apollon? » (Ovid, *Metam*, liv. I, f 20)

[2] De Cacciaguidi.

[3] Ces malheurs lui ont été prédits dans l'*Enfer*, par Farinata degli Uberti, chant X (voy pag. 41) ; dans le *Purg*, par Conrad Malaspina, chant VIII (voy pag 210), et par Oderisi da Gubbio, *Purg*, chant XI (voy pag 220)

[4] Tétragone, qui a quatre angles et quatre côtés, imitation d'une expression énergique d'Aristote (*Ethique*, I)

[5] Ovide avait dit :

« *Nam prævisa minus lædere tela solent* »

Petrarque a imité Ovide et Dante

« *Che piaga antiveduta assai men duole* »

Je confessai, ainsi que l'avait voulu Béatrix, tout mon désir, a cette lumiere qui m'avait parlé d'abord. Sans employer les paroles ambigues [1] dont *s'envisquaient* les nations insensées, avant que l'Agneau de Dieu, qui efface nos péchés, se fût offert en sacrifice, l'esprit de mon père, contenu dans sa vive lumière, me répondit sur-le-champ en termes précis et pleins de tendresse : « Les événements futurs, qui sont étrangers à votre matiere, sont connus de la première puissance. Il n'est cependant pas nécessaire qu'ils arrivent, plus qu'il n'est nécessaire qu'un vaisseau que vous voyez dans un courant, continue de voguer [2]. C'est de cette puissance que me vient la connaissance du sort qui t'est réservé, ainsi qu'un orgue porte aux oreilles une douce harmonie. Tu quitteras Florence, comme Hippolyte, persécuté par la perfidie de son impitoyable belle-mère, sortit d'Athènes [3]. On le veut, et l'on trame déjà l'intrigue, là où tous les jours on trafique du Christ [4]. On attribuera tous les torts au parti le plus faible, suivant l'usage; mais la vengeance du ciel rendra un témoignage éclatant à la vérité. Tu seras obligé d'abandonner ce qui te sera le plus cher [5] : c'est la première flèche que lance l'arc de l'exil. Tu apprendras combien le pain étranger est

[1] Il ne se sert pas de paroles ambigues semblables a celles des oracles du paganisme. (Voyez le 6e liv. de l'*Eneid*, vers 98 et suiv.) — *S'envisquaient*, c'est pour repondre de pres au mot *invescava*.

[2] Je suivrai ici le commentaire de Lombardi. Le poëte s'adresse aux philosophes qui prétendent que si Dieu prévoit toutes les choses qui doivent arriver, son infaillibilite exige alors que les choses prévues arrivent nécessairement. Afin de faire entendre son idée, Dante prend pour objet de comparaison un vaisseau, et dit : Comme la persuasion ou est celui qui voit un vaisseau se mouvoir, parce que ce vaisseau est en effet mis en mouvement, n'emporte avec elle aucune necessite du mouvement reel de ce vaisseau, de même la certitude infaillible avec laquelle Dieu prévoit les choses qui doi vent arriver, n'emporte pas avec elle que ces choses doivent arriver necessairement.

[3] Tout le monde sait l'histoire d'Hippolyte et de Phedre.

[4] Trait de satire contre la cour romaine, qui protegeait les Guelfes.

[5] Dans ce passage, six vers seulement renferment a la fois un mouvement de sensibilite qui est fait pour attendrir sur le sort d'un exilé, et une grande verité qui apprend que le pain des étrangers est toujours amer, et que nulle part, on ne retrouve la patrie qu'on a perdue. Les compagnons d'exil de Dante firent de vaines tentatives pour s'emparer de Florence, ils furent toujours, entre eux, en si mauvaise intelligence, que jamais leurs efforts ne réussirent pas plus que la faim, l'exil, souvent ne sait donner de bons conseils.

amer, et combien il est dur de monter et de descendre l'escalier d'autrui. Ce qui aggravera le plus ton tourment, ce sera la société perfide et désunie des compagnons avec lesquels tu tomberas dans ce gouffre : leur ingratitude, leur folie, leur impiété n'accuseront que toi; mais ce sont eux, plutôt que toi, qui auront à en rougir. Les procédés de leur bestialité prouveront qu'il sera honorable pour toi d'être ton parti à toi même. Ton premier refuge sera la courtoisie de ce grand et noble Lombard [1], qui porte pour armoiries le saint oiseau sur une échelle d'or. Ce sera là ta première demeure. Ses prévenances pour toi seront telles, qu'entre vous deux, pour la demande et la faveur, celle-ci, quoique généralement la seconde, arrivera la première. Dans son palais, tu connaîtras celui qui, né sous l'influence de cette étoile guerrière, fera de si notables prodiges [2]. Le monde ne les prévoit pas, parce que ce héros est encore jeune [3], et que ces sphères n'ont fait leur révolution que neuf fois autour de lui; mais on verra

---

[1] Ce grand et noble Lombard. Boccace, dans sa *Vie de Dante*, a prétendu que ce grand et noble Lombard était Albert, père de *Can Grande della Scala* L'auteur du *Commentaire* attribué à Pietro, fils de Dante, et Landino, ont fort bien dit qu'il s'agissait ici de Barthélemy, fils aîné d'Albert. Vellutello, Daniello, Grangier, Volpi et Venturi, assurent, au contraire, que le poëte a voulu indiquer Alboin, second fils du même Albert L'auteur d'un ouvrage imprimé à Vérone, en 1786, intitulé *Aneddoti*, etc, veut que ce grand Lombard soit Can le Grand, dont Dante parlera plus bas Lombardi combat cette dernière opinion avec avantage; il prouve que le premier prince dont le poëte fait mention n'est pas le même que celui dont il dit ci-après : « *Con lui vedrai*, etc., *le sue magnificenze*, etc Il est évidemment question, dans ce dernier passage, de Can le Grand, à qui Dante dédia la troisième partie de la *Divine Comédie*, c'est-à-dire, le *Paradis*, et à qui ce poëte ne craignit pas de confier l'état de misère où il se trouvait On lit ces mots dans l'épitre dédicatoire adressée au prince par Dante. *Urget enim me rei familiaris angustia*; « Car la disette de biens de la famille me tourmente » Ainsi, le grand Lombard doit être un des princes qu'ont indiqués les commentateurs ci-dessus cités, et non pas Can le Grand, dont il sera parlé plus bas — Ses prévenances pour toi seront telles, qu'entre vous, pour la demande et la faveur, celle-ci, quoique généralement la seconde et plus tardive, arrivera la première. C'est-à-dire, il est d'usage qu'une demande précède une faveur, mais, entre toi et le prince, ses libéralités précéderont tes demandes.

[2] Can le Grand, troisième fils d'Albert de la Scala, père de Barthélemy et d'Alboin, et né sous l'influence de l'étoile de Mars, dans laquelle se trouvaient alors Cacciaguida, Beatrix et Dante

[3] Le héros était encore très jeune : il n'avait que neuf ans Muratori assure que Can le Grand naquit en 1291, et Dante est censé écrire cette révélation en 1300

des traces éclatantes de son mépris pour l'argent et les fatigues, avant que le Gascon trompe le grand Henri¹. Ses magnificences² seront telles que ses ennemis mêmes ne pourront rester muets. Compte sur lui et sur ses services: De combien d'hommes il changera le sort! Il élèvera les pauvres; il abaissera les riches. Tu conserveras dans ta mémoire l'empreinte de ses vertus; mais tu seras discret.... » L'esprit ajouta des détails difficiles à croire pour ceux même qui seront témoins de tant de gloire, et continua ainsi : « O mon fils, voilà les causes de ce qu'on t'a dit; voilà les embûches qu'un court intervalle de temps te cache encore. Tu ne dois pas cependant vouer de la haine à tes concitoyens, parce que tu vivras assez de temps pour voir la punition de leur perfidie³. » Lorsque l'âme sainte, en se taisant, se montra disposée à mettre la trame sur la toile que j'avais présentée ourdie, je lui répondis comme l'homme qui, en doutant, sollicite un conseil d'un autre homme qu'il respecte et qu'il aime : « Je vois bien, ô mon père, que le temps accourt vers moi, pour me porter un de ces coups qui sont d'autant plus douloureux, qu'on leur oppose moins de courage : aussi dois-je m'armer de prévoyance, afin que si le séjour le plus cher m'est enlevé, je ne perde pas en même temps, par la liberté de mes vers, les asiles que l'on pourrait m'offrir⁴. Dans le

---

1 Avant que le pape Clément V, né en Gascogne, trompe le grand Henri VII, prince dont le poëte parle toujours avec la plus haute admiration. Henri VII, fils aîné de Henri, comte de Luxembourg, dont la branche de Montmorency-Luxembourg descend par les femmes, fut élu empereur en 1308, et couronné en 1309, à quarante-six ans. Cet empereur mourut le 25 août 1313, à cinquante et un ans. Un écrivain distingué parle ainsi de ce prince: « Henri emporta dans le tombeau les regrets de toute l'Allemagne, et même d'une portion de l'Italie (du parti des Gibelins). Il avait su allier les vertus chrétiennes avec la prudence du plus habile politique, l'autorité d'un maître, et la valeur d'un conquérant Ses sujets l'aimaient comme un père Son règne fut plus glorieux que celui des trois empereurs qui l'avaient précédé »

2. Ses magnificences seront telles, etc. Les magnificences de Can le Grand.

3. Dante ne vit pas la punition de la perfidie et de l'acharnement de ses ennemis. Il se fait prédire ici un bonheur qu'il n'a pas éprouvé.

4 Le poëte use ici d'une adresse oratoire qu'il est bon de remarquer Il se fait recommander par Cacciaguida de ne rien déguiser de ce que la vision aura offert d'important. Le poëte a obéi scrupuleusement aux conseils de son trisaïeul.

,monde, où tout est amertume sans fin, sur la montagne du sommet de laquelle les yeux de Béatrix m'ont enlevé, ensuite dans le ciel, de lumière en lumière¹, j'ai appris des choses qui seront âcres pour un grand nombre, si j'ose les redire; mais au contraire, si je suis un ami timide de la vérité, je crains de ne plus vivre parmi ceux pour qui le temps actuel sera l'ancien temps². » La lueur où étincelait mon trésor, brilla d'un plus vif éclat, semblable à un miroir d'or exposé au soleil; elle répondit : « Les consciences qui auront des fautes à se reprocher, ou qui rougiront de celles de leurs amis, trouveront tes paroles âpres et désagréables; néanmoins, sans rien altérer, manifeste ta vision tout entière, et laisse se gratter celui qui a la démangeaison³. Si tes révélations ne flattent pas le goût dans le premier moment, elles laisseront une substance fortifiante chez celui qui n'aura pas craint de s'en alimenter. Tes cris seront ces ouragans qui frappent les plus hautes montagnes, et tu ne retireras pas une faible gloire de ton courage. Dans ces sphères, sur le Mont, et dans la vallée de douleur, tu n'as vu que des âmes qui dans le monde furent célèbres, parce que l'esprit de celui qui écoute, néglige, comme peu instructifs, les exemples qui tombent sur des hommes d'une condition vulgaire, et n'ajoute point foi à des arguments qu'on ne tire pas du sort de quelques malheureux illustres. »

---

1 Dans l'Enfer, sur la montagne du Purgatoire, d'où Béatrix l'a enlevé, ensuite dans le ciel, de planète en planète.

2 Expressions très-originales Il craint de ne pas vivre dans la postérité. O noble orgueil des grands génies! comme il leur sied bien de dire : *Exegi monumentum ære perennius*.

3 On trouvera cette phrase bien commune, mais il y a dans le texte « *E lascia per grattar dov' è la rogna* »

Il faut quelquefois se résoudre à rencontrer de tels vers, souvent même au milieu d'un très-beau morceau Toute la fin du chant est, d'ailleurs, d'un style noble, concis, et sagement philosophique l'eut-on exprimer de plus beaux sentiments en vers plus adaptés au sujet, et plus vigoureux ?

CHANT XVIII.

L'esprit de mon aïeul s'était livré en silence à ses réflexions. Je m'abandonnais également aux miennes, en pensant à ce que ces prédictions avaient de doux et d'amer. Mais cette femme qui me conduisait à Dieu, me dit alors : « Change de pensée, souviens-toi que je m'approche de celui qui met fin à toutes les peines[1]. » Je me retournai vers la voix aimante de ma consolatrice, et j'abandonne la tâche d'exprimer tout ce que je vis d'amour dans ses yeux sacrés; non que je me défie de mes paroles, mais parce que ma mémoire, sans un puissant secours, ne peut revenir sur elle-même. Je puis dire seulement que Béatrix, en devinant ainsi mon sentiment, m'affranchit de tout autre désir, parce que le plaisir éternel qui étincelait sur son beau visage, me renvoyait la lumière de Dieu. Bientôt me ramenant à elle par l'éclat d'un sourire, elle me dit : « Tourne-toi encore et écoute : apprends que le paradis n'est pas seulement dans mes yeux[2]. » De même qu'ici-bas, on découvre dans l'expression de nos traits, l'amour que nous inspire la personne qui s'est emparée de notre âme, de même je vis dans les étincelles de la sainte lueur vers qui je me tournai, un désir de parler encore.

Elle m'adressa ces paroles : « Dans cette cinquième division de l'arbre[3], qui vit de sa cime, qui porte toujours des

---

[1] Dieu.
[2] Langage mystique qui se rapproche peut-être trop de celui de la galanterie mondaine, mais on doit y être accoutumé.
[3] Dans cette Sphère (la planète de Mars), cinquième division du Paradis, qui vit de sa cime, de Dieu. — Sont des esprits bienheureux qui, avant qu'ils vinssent au ciel, avaient sur la terre une immense renommée, etc. Il va être question, plus bas, de Rinoard, du duc Godefroy, de Robert Guiscard. Je ne serais pas étonné que ces seuls vers de Dante

« *Spiriti son beati che giu, prima*

fruits et ne perd jamais de feuilles, sont des esprits bienheureux qui, avant qu'ils vinssent au ciel, avaient sur la terre une immense renommée, et dont l'éloge pourrait être le sujet de grands poemes. Remarque, à une des extrémités de la croix, celui que je vais te nommer; il te paraîtra ce feu léger qui sillonne la nue. » En effet, je vis briller cette lumière qui s'agita, avant qu'on m'eût dit que c'était Josué[1], et son action précéda les paroles qui le nommèrent. Au nom du grand Machabée, je vis une autre lueur se tourner sur elle-même : la joie était comme le fouet qui imprime les mouvements de rotation à la toupie. On me montra Charlemagne et Roland; ma vue les suivait avec attention, comme l'œil du chasseur se fixe sur le faucon qu'il a lancé. J'aperçus ensuite sur cette croix, Guillaume, Rinoard, le duc Godefroy, Robert Guiscard : enfin, l'âme qui m'avait entretenu, s'étant mêlée parmi les autres, me montra quel artiste elle était parmi les chanteurs du ciel.

Je me tournai à droite pour lire mon devoir dans les paroles ou dans les gestes de Béatrix : ses yeux étaient si beaux et si brillants que leur éclat surpassait celui des autres splendeurs, et même l'éclat de son dernier sourire. L'homme,

*Che venissero al ciel, fur di gran voce,
Si ch' ogni Musa ne sarebbe opima, »*

eussent donné au Tasse l'idée d'entreprendre sa *Jerusalem delivree* On verra encore, plus bas, que le Tasse avait lu la *Divine Comedie* avec assez d'attention, et que, dans son poëme, il l'a copiee plusieurs fois

1 Successeur de Moise et chef du peuple juif; à sa suite, les Israelites passèrent le Jourdain pour aller faire des conquêtes dans la terre promise — Judas Machabee, fils de Matathias, qui, aide de ses quatre fils, remporta de memorables victoires sur les capitaines d'Antiochus, roi de Macedoine Charlemagne, empereur d'Occident Roland, neveu de Charlemagne, fils du comte de Narbonne seigneur d Orange, et non pas d'Oringa ou d Orvenga, comme dit Vellutello, ni d Ouvergne, comme ,dit Venturi, et comme Lombardi paraît le croire — Rinoard, neveu de Teborgha, femme de Thibaut l'Esclavon, qui fut enlevee par Guillaume, seigneur d'Orange (Venturi et Lombardi font à tort Rinoard parent de Guillaume). — Le duc Godefroy, duc de Lorraine et comte de Boulogne, qui conquit Jérusalem et en devint roi. — Robert Guiscard, duc de Normandie, qui s'empara de la Sicile, et chassa les Sarrasins de la Pouille Il eut pour fils Roger, pere de Constance (Voyez *Paradis*, chant III, page 365) — L'âme qui m'avait entretenu Cacciaguida, trisaieul de Dante.—L'arc de la circonférence s'est augmente. Le poete avait été transporté dans une circonférence plus etendue et plus elevée.

poussé par le désir de bien faire, et faisant mieux de jour en jour, s'aperçoit que sa vertu a pris de l'accroissement ; de même je compris, parce que ce miracle était encore plus étincelant, qu'à la suite d'un mouvement circulaire qui m'avait emporté avec le ciel, l'arc de la circonférence s'était augmenté. Le visage d'une femme qui a un teint éblouissant, après avoir été un moment animé par la pudeur, revient à sa blancheur naturelle ; mes yeux virent tout à coup le même effet, en considérant Béatrix, quand je passai avec elle dans la candeur tempérée de la sixième étoile qui m'avait reçu [1]. J'observai que dans cette sphère dédiée à Jupiter, les étincelles d'amour qui l'habitaient, représentaient les lettres de notre alphabet. Comme les oiseaux partis du bord des rivières pour aller à la pâture, semblent se réjouir, et forment des lignes ou rondes ou allongées, de même ces saintes créatures chantaient en voltigeant, et formaient tantôt un D, tantôt un I, tantôt une L. D'abord elles chantaient ensemble et se mettaient en mouvement ; quand ensuite elles avaient formé un de ces signes, elles s'arrêtaient en silence.

O toi, à qui obéit Pégase [2], toi qui glorifies les esprits, qui leur donnes l'immortalité, ainsi qu'aux villes et aux royaumes, viens m'inspirer, et fais-moi célébrer dignement ces saintes lumières ! que ta puissance se manifeste dans ce peu de vers ! Elles tracèrent cinq fois sept lettres en voyelles et en consonnes. DILIGITE JUSTITIAM furent le premier verbe et le premier nom. Les derniers furent ces mots : QUI JUDICATIS TERRAM [3] ; puis elles restèrent disposées en M,

[1] La planète de Jupiter, qui est le sixième ciel. Les *splendeurs* des bienheureux représentaient des lettres de l'alphabet, par la manière dont elles se groupaient ensemble, comme les *lueurs* qui habitaient la planète de Mars avaient représenté une croix aux yeux de Dante, par la manière dont elles s'étaient groupées. Les oiseaux partis du bord des rivières, les grues ou les oies sauvages.

[2] Il y a longtemps que le poète n'a fait intervenir, dans ses chants, des divinités profanes. Imitation de ce vers de Virgile :

« *Vos, ô Calliope, precor, aspirate canentis* »

[3] Aimez la justice, vous qui jugez la terre. Paroles du premier livre de *la Sagesse*, ouvrage attribué à Salomon Grangier traduit ainsi :

« Justice entretenez qui la terre jugez » Mais il faut absolument laisser

qui était la dernière lettre du cinquième mot; et alors Jupiter paraissait éblouissant d'argent mélangé d'or. Je vis, plus tard, descendre d'autres esprits à l'endroit où était l'extrémité su-

dans la traduction les mots latins, *diligite justitiam qui judicatis terram*, sans cela, on ne sait plus où reprendre l'M qui termine le cinquième mot. Cette M ne peut se retrouver dans aucun mode de traduction française, et il est indispensable de dire que les splendeurs restèrent dispersées en M, dernière lettre du cinquième mot cité par le poète.

Voici la traduction de M. de Colbert : « Ces trois lettres en indiquaient plu-
« sieurs autres qui formaient la sen-
« tence de Salomon *Diligite justitiam*
« *legesque* Aimez la justice et les lois,
« *qui judicatis terram*, vous qui jugez
« la terre Ces lettres, tracées en or,
« décoraient le fond d'argent de la pla-
« nète de Jupiter Au-dessus de la der-
« nière lettre du *second mot*, qui est la
« lettre M, d'autres esprits vinrent se
« placer en chantant les louanges de
« Dieu »

On voit ici quel est le système de traduction de M. de Colbert, il a ajouté, de son autorité, *legesque* (Salomon ne dit pas *legesque*) Le poète avait bien dit que les *lueurs* formaient quelquefois un L, mais il n'a dit que cela, ce n'est que dans une note qu'on a droit d'avancer que cette L peut signifier *leges* M. de Colbert a très-bien fait de répéter, dans sa traduction, les cinq mots latins; mais il a eu tort d'en offrir une explication immédiate, puisque le poète ne l'a pas donnée Cette L doit être tout simplement la troisième lettre du mot *diligite*, et Dante, à mesure que le mot se formait, vit d'abord un D, puis un I, plus un L. M de Colbert s'est trompé aussi en croyant que l'M était la dernière lettre du second mot, du mot *justitiam*. Dante dit expressément : *Nell' M vocabolo quinto* Grangier n'a pas fait cette faute. Ce qui est singulier, c'est que la même faute a été commise par le st prudent P. Lombardi, et que M de Romanis, qui est un observateur si exact, ne s'en est pas aperçu quand il a réimprimé le *Commentaire* de ce religieux, où il est dit : *Il quinto vocabolo e justitiam*, non, le *quinto vocabolo*

est *terram Diligite justitiam qui judicatis terram* (texte net de Salomon) formaient trente cinq lettres Trente-quatre lettres disparurent dans cette manœuvre étincelante que décrit si bien Dante, et les splendeurs restèrent disposées en M, la trente-cinquième lettre de la phrase divine, et la dernière du cinquième mot *terram*

Il y a encore une chose à ajouter, c'est que Biagioli, qui relève si vivement les fautes de Lombardi, ne lui adresse aucun reproche à ce sujet. Biagioli a très bien expliqué ce passage Lombardi est digne d'éloges si l'on observe la manière ingénieuse dont il explique la raison pour laquelle les lueurs commencèrent à se disposer en M c'est que la lettre M est la figure la plus rapprochée des linéaments de l'aigle, dont ces mêmes lueurs, réunies à d'autres, vont bientôt offrir l'image

Il faut admirer le soin avec lequel le poète a présenté, sans se contredire un instant, des faits très-mystérieux Les lueurs semblables aux oiseaux qui formaient, en volant, des lignes rondes ou allongées, offraient d'abord différentes lettres de l'alphabet que le poète reconnaissait très distinctement Ces splendeurs tracèrent ensuite une sentence composée de trente cinq lettres, puis elles prirent la forme de la dernière lettre de cette sentence, de la lettre M Quand cette espèce de première *charpente*, s'il est permis de s'exprimer ainsi, fut disposée, et qu'il était déjà facile d'y reconnaître confusément la figure d'un aigle, d'autres lueurs, accourant vers la partie supérieure où la figure était incomplète, continuèrent de perfectionner la contexture de cette image. Enfin, des milliers d'autres splendeurs s'élevèrent à la fois, comme des étincelles jaillissent de tisons enflammés, et achevèrent de former, sous les yeux du poète, la tête et le cou de l'oiseau sacré On voit aisément que le Gibelin a voulu adresser ici un éclatant hommage à la puissance des empereurs d'Allemagne, protecteurs de son parti

périeure de la lettre M : ils chantaient, je crois, le bien qui les attire de toutes parts. Bientôt, comme autant d'étincelles qui jaillissent de tisons enflammés, et que les insensés ont coutume de regarder comme un augure, plus de mille lueurs s'élevèrent à la fois; et lorsqu'elles se furent posées, plus haut et plus bas, telles que les avait distribuées le soleil qui les allume, je vis distinctement que leur réunion formait la tête et le cou d'un aigle. L'être qui produit de tels tableaux n'a pas de maître, mais il dispose tout lui même, et de lui seul provient cette vertu qui crée les êtres inférieurs. L'autre ligne de bienheureux qui avait paru d'abord satisfaite de figurer des lis au-dessus de l'M, acheva de former le corps de l'aigle.

O douce étoile [1], combien de ces joyaux m'ont démontré que notre justice sur la terre, y est une émanation du ciel que tu embellis ! Je supplie l'esprit qui est l'origine et le premier principe de ton mouvement et de ton influence, de considérer d'où naît le défaut qui obscurcit tes rayons. Je le conjure de s'enflammer une seconde fois d'une colère sainte, en voyant ainsi vendre et acheter dans le Temple, qui a été cimenté du sang des martyrs et témoin de tant de miracles [2]. Et toi, milice du ciel, que je contemple, adore Dieu pour ceux qui, sur la terre, se laissent détourner de ce devoir par un exemple fatal ! Déjà on avait coutume de faire la guerre avec le glaive [3]; aujourd'hui on la déclare, en ôtant ici et là

Ils chantaient, je crois, le bien qui les attire de toutes parts, la gloire de Dieu. — Et que les insensés ont coutume de regarder comme un augure favorable. Lombardi s'écrie, a ce sujet « Il est de fait qu'encore aujourd'hui, quand on voit un grand nombre d'étincelles sortir de tisons enflammés, on dit . «*O tanti zecchini, ô tante dobbie* » Nous disons, nous, que les étincelles qui jaillissent spontanément du feu annoncent des visites. — L'être qui produit de tels tableaux, Dieu

1 O douce étoile! ô sphère de Jupiter, etc Je supplie l'Esprit (Dieu), qui est l'origine et la cause de ton mouvement et de ton influence, de considérer

d'où naît le défaut qui obscurcit tes rayons, le vice qui t'empêche de briller sur la terre.

2 En voyant ainsi des coupables vendre et acheter dans le temple saint. Jésus-Christ dit: *Domus mea, domus orationis vocabitur, vos autem fecistis eam speluncam latronum* (Saint Matthieu, XXII.)

3 A la fin de ce chant, les vers portent un cachet d'ironie amère et d'indignation en quelque sorte étouffée, cachet qui n'appartient qu'à un poëte comme Dante — Toi qui écris, etc. Il s'agit du pape qui régnait en 1300, suivant Velutello, Landino, Grangier, Venturi, il s'agit du Clément V et de la

le pain que le père bienfaisant ne refuse à personne. Mais toi qui n'écris que pour effacer, pense que Pierre et Paul, qui moururent pour la vigne que tu détruis, sont encore vivants. Tu peux bien dire : J'ai tant de dévotion à celui qui voulut vivre solitaire, et qui. pour des danses, fut traîné au martyre, que je ne connais ni Paul, ni le Pêcheur.

cour d'Avignon, suivant Lombardi Clement V a déjà, cependant, eu son coup de boutoir, chant XVII (voy page 434), où Dante l'appelle *le Gascon*.

Quant au commentaire à présenter sur la fin de ce chant, tous les auteurs sont d'accord pour offrir le même On savait déjà faire la guerre les armes à la main, mais, aujourd'hui, on la fait avec des armes de plumes Et toi (le lecteur est maître de choisir sa victime. il sait que Dante se donne, tantôt pour historien, tantôt pour prophète, et qu en définitive, il est toujours un Gibelin passionné), toi qui écris des décrets communicatoires pour ensuite les effacer, quand on t'envoie des trésors, pense que Pierre et Paul sont vivants. Je sais que tu vas me répondre « Moi, je ne connais que saint Jean, qui vécut dans un désert, et à qui on trancha la tête, parce que la fille d'Hérodiade avait dansé devant Hérode, c'est-à-dire, j'ai tant de dévotion aux florins, sur lesquels est empreinte la figure de saint Jean, que je ne connais ni votre Paul, ni votre Pierre le Pêcheur. » Il est certain qu'alors (reportons-nous toujours à l'époque où le *Paradis* fut véritablement composé) la cour d'Avignon tâchait d'obtenir des secours pécuniaires de l Italie · on ne payait plus d'impôts pour le pape, dans l Etat romain, et le Comtat n'offrait pas des ressources suffisantes pour alimenter les dépenses indispensablement nécessaires au saint-siége.

CHANT XIX.

Je voyais devant moi cette belle image, les ailes etendues, glorifier les âmes dont elle se composait : chacune d'elles paraissait un rubis frappé des rayons du soleil, et qui m'en renvoyait l'éclat. Jamais voix n'a proféré, jamais encre n'a écrit, jamais imagination n'a compris ce que je vais rapporter en ce moment : je vis et j'entendis parler cet aigle, et dire *moi* et *mon*, quand dans le fait il devait dire *nous* et *notre* ; il commença ainsi : « Parce que j'ai été juste et pieux[1], on m'a élevé à cette gloire qui surpasse tous les désirs : j'ai laissé sur la terre un souvenir si célèbre, que les méchants eux-mêmes me comblent de louanges ; mais ils n'imitent pas mes vertus. » C'est ainsi que comme plusieurs charbons allumés ne produisent qu'une seule chaleur, cette image composée de mille amours sacrés ne fit entendre qu'une seule voix. Je répondis : « O perpétuelles fleurs de la joie éternelle, qui, par une seule d'entre vous, exhalez vos odeurs célestes, apaisez ce grand jeûne, qui a si longuement excité ma faim sur la terre, où il n'a trouvé aucune nourriture ! Je sais bien que si la justice divine sert de miroir aux autres degrés du ciel, votre sphère ne voit pas ses faveurs couvertes d'un voile Vous savez aussi avec quelle attention je profite des avis que je reçois ; vous savez quel est le doute qui est pour moi un jeûne si ancien. »

Tel qu'un faucon délivré de son chaperon[2], remue la tête,

---

[1] Parce que je me compose d'âmes qui ont été justes et pieuses.
[2] Quoiqu'il le date obstinément de 1300, Dante a constamment revu son poëme de 1301 a 1321 Dans cet intervalle de temps, il a fait de nombreux voyages, il a appris beaucoup de choses. Nous voyons (*Purgatoire*, chant XIII,

s'applaudit avec ses ailes, montre le désir de voler, et se complaît en lui-même; tel, en faisant retentir des chants qui ne sont connus que là-haut, se montra l'aigle qui renfermait tant de saints esprits.

Il m'adressa ces paroles : « Celui qui, tournant son compas¹, arrondit le monde, et y distribua tant de prodiges inconnus à l'intelligence humaine, et tant de choses qu'elle peut comprendre, ne manifesta pas tellement sa vertu, que toute sa puissance ne s'étendît encore au delà de cette création : aussi le premier être qui connut l'orgueil, et qui était pourtant la plus parfaite des créatures, pour n'avoir pas attendu la lumière de Dieu, tomba avant la maturité. De là il arrive que les natures inférieures ne peuvent facilement contenir ce bien infini, qui ne se mesure qu'avec lui-même. Nos facultés ne sont qu'un rayon de l'esprit divin qui remplit toutes choses, et ne doivent, de leur nature, connaître Dieu qu'imparfaitement. La vue des mortels ne pénètre dans la justice éternelle, que comme l'œil peut pénétrer dans les eaux de la mer : du bord, il voit le fond, il ne le voit pas en pleine mer; cependant le fond existe également, mais son éloignement le cache aux yeux. Il n'est de vraie lumière que celle qui vient de ce rayon serein qu'on ne voit jamais se troubler; toute autre n'est que ténèbres, ombre de votre chair ou son poison.

« Je t'ai expliqué, pour répondre à tes fréquentes questions, ce que tu n'entendais pas sur la justice divine. Tu disais : — Un homme est né au rivage de l'Indus, et là personne ne parle du Christ, ne lit les livres sacrés, et n'écrit sur la religion. Toutes les volontés de cet homme sont bonnes,

---

page 234, note 2) que le poëte rappelle qu'il était d'usage, dans son pays, de coudre avec du fil ou de la soie les yeux du faucon que l'on voulait dresser pour la chasse. Ici, il montre qu'il a connaissance du chaperon inventé, en France, à cette époque. Ce tercet est plein de grâce, le faucon est sous nos yeux avec ses joies, ses tours de tête, ses battements d'ailes, son courage, et jusqu'à sa coquetterie. Boccace et l'Arioste ont imité ce passage.

1. Dieu, que, dans l'*Enfer*, chant XV (page 62), le poëte a appelé l'*Architecte sublime* — Le premier être qui connut l'orgueil, Lucifer, l'ange rebelle

quant à la morale, et il ne pèche ni en actions, ni en paroles : il meurt cependant sans connaître la foi et sans baptême : où est cette justice qui le condamne? où est sa faute, s'il ne croit pas? — Mais toi, qui es-tu, pour t'ériger en tribunal¹, et juger à mille milles de distance, avec une vue longue d'un empan²? On pourrait me présenter des raisonnements aussi subtils, si la Sainte Ecriture n'était pas au-dessus de telles propositions. O animaux faits pour vivre sur la terre! ô esprits épais! la première volonté, qui est bonne par soi, ne s'eloigne jamais d'elle-même qui est le souverain bien; tout ce qui est en harmonie avec elle est juste : un bien créé ne la tire pas à lui, c'est elle qui le confond dans l'immensité de ses rayons. »

De même que la cigogne tourne autour du nid, lorsqu'elle a donné la pâture à ses petits, et que celui qui est rassasié regarde sa mère, ainsi l'aigle commença à tourner sur lui-même, et moi, je levai les yeux. L'image bénie battait des ailes, chantait en tournant avec ses esprits sacrés, et disait : « Le jugement éternel est pour vous autres mortels ce que les paroles que je prononce sont pour toi qui ne les comprends pas. » Et les saints embrasements continuaient à jeter des éclairs de l'Esprit-Saint, dans ce signe qui rendit les Romains si redoutables à l'univers³. L'aigle recommença en ces termes : « Ce royaume n'a jamais été ouvert⁴ à celui qui n'a pas cru au *Christ* avant qu'il vînt au monde, ou après qu'on l'eût cloué à la croix. Mais, vois, beaucoup crient, ô *Christ*, ô *Christ*⁵, qui seront plus éloignés de lui que tel qui ne connut

---

1. L'aigle suppose que Dante veut savoir le sort d'un homme né sur le bord de l'Indus, où personne ne lit les livres sacrés et n'écrit sur la religion, et qui meurt nécessairement sans connaître le baptême et la foi. L'oiseau sacré s'interrompt tout à coup, et ce ne sera que plus tard qu'il fera connaître son sentiment sur cette question.

2 L'empan est une sorte de mesure qui se forme de l'intervalle existant entre l'extrémité du pouce et celle du petit doigt, quand ces deux extrémités sont aussi éloignées l'une de l'autre qu'elles peuvent l'être (*Dict de l'Académie*, page 627)

3 Dans le signe de l'aigle qui rendit les Romains si redoutables. (Voyez le commencement du chant vi du *Paradis*, page 374)

4. Ce royaume n'a jamais été ouvert, le royaume du ciel

5. *Non omnis qui dicit Domine, Domine, intrabit in regnum cœlorum.*

pas le *Christ*. L'Éthiopie condamnera de tels chrétiens, lorsque sera venu le jour où on les divisera en deux colléges, l'un destiné éternellement à la richesse, et l'autre à la misère. Que ne pourront pas dire à vos rois, les Persans, lorsqu'ils verront s'ouvrir ce livre où les fautes de ceux-là sont écrites ! Là, on verra surtout dans la vie d'Albert [1], cette action coupable qui fera ravager le royaume de Prague. Là, on verra la douleur que fit éprouver sur les bords de la Seine, en falsifiant la monnaie, celui qui mourra heurté par un pourceau. Là, on verra cet orgueil avide qui deshonore l'Anglais et l'Écossais [2], et ne leur permet pas de se contenter de leurs

(Matth., VII.) Voilà encore *Cristo* qui rime à *Cristo* Voy. *Paradis*, chant XII, vers 71, page 406, et chant XIV, v. 80, page 417. C'est toujours une sorte de salut poétique au nom de N.-S. — L'Éthiopie, etc. *Viri Ninivitæ surgent in judicio, cum generatione istâ et condemnabunt eam* (Matth., XII.) — Les deux colléges sont le Paradis et l'Enfer. — Les rois persans sont ici pour les rois qui ne sont pas chrétiens.

1 L'empereur Albert s'était emparé de la Bohême en 1305. C'est une prédiction. — La douleur que fit éprouver sur la Seine, etc. Suivant tous les commentateurs, il s'agit ici de Philippe le Bel, qui, après la bataille de Courtray, fit battre une monnaie de convention pour payer la solde de l'armée qu'il avait levée contre les Flamands. — Les mêmes commentateurs disent que Philippe le Bel, étant tombé à la chasse, parce que son cheval avait eu peur d'un sanglier, mourut des suites de cette chute. Dante a peut-être encore connu l'accident arrivé au jeune roi Philippe, fils de Louis le Gros, et qui mourut aussi des suites d'une chute, parce que son cheval fut renversé à Paris, vers l'endroit où est la place Royale, par un pourceau effrayé. Il suffit, pour donner raison au poëte, que plusieurs auteurs français aient rapporté le fait comme il le suppose. Dante a préféré la version qu'il a suivie, parce qu'elle lui offrait l'occasion de placer une image hardie et bizarre, sous la forme d'une autre prédiction : *Quel che morrà di colpo di cotenna. Cotenna* ne veut dire ni sanglier, ni pourceau, mais, à proprement parler, la peau, la *couenne* de ces animaux.

2 Édouard Ier, roi d'Angleterre, et Robert, roi d'Écosse, se faisaient alors une guerre sanglante. — La luxure de cet Espagnol, les debauches d'Alphonse, roi d'Espagne. — La vie efféminée de celui de Bohême Venceslas, roi de Bohême, à qui le poète a déjà reproché son libertinage et son oisiveté, dans le septième chant du *Purgatoire*, p. 203. — La bonté du boiteux de Jérusalem, de Charles, roi de la Pouille et de Jérusalem. Il était boiteux. Il est un signe d'*unité*, I. M désigne le nombre *mille*. Sa bonté est marquée par l'*unité*, ses vices sont au nombre de *mille*. — Celui qui garde l'île de Feu est Frédéric, roi de Sicile, fils de Pierre d'Aragon. Dante appelle la Sicile l'île de l'Eu, etc., c'est-à-dire, l'île enflammée par les volcans. — Chacun connaîtra les actions mauvaises de l'oncle et du frère, de Jacques, roi de Majorque et de Minorque, et de Jacques d'Aragon. — Le Portugais Denis, surnommé l'Agricola, roi de Portugal. — Le Norwégien La Norwège n'était pas encore soumise au Danemark, et elle avait son roi particulier. (Voyez Georges Horn, *Orbis imperans*, période première des trois royaumes du Nord, chap. 2.) — Celui de Rascia, qui altère les coins de Venise, etc. Partie de la Dalmatie qui était gouvernée par un duc. Ce duc était accusé d'altérer la monnaie de Venise. La Hongrie ne comptait, depuis quelque temps, qu'une suite de mauvais rois —

confins. Là, on connaîtra la luxure de cet Espagnol, et la vie efféminée de celui de Bohême, qui n'eut jamais de courage, et ne voulut jamais en avoir. La bonté du boiteux de Jerusalem sera marquée d'un I, et le contraire sera marqué d'une M. On signalera l'avarice et la honte de celui qui garde l'île de Feu, où Anchise a fini ses longs jours ; et pour te le faire bien juger, ses fautes seront écrites en abréviations, afin qu'un grand nombre ne tienne qu'un petit espace. Chacun connaîtra les actions mauvaises de l'oncle et du frère qui ont déshonoré une si généreuse nation et deux couronnes. On n'oubliera pas le Portugais, le Norwégien, et celui de Rascia qui altère les coins de Venise. O heureuse Hongrie, si tu ne te laissais plus malmener ! O Navarre, que tu serais heureuse, si tu t'armais de la montagne qui te sert de ceinture ! Chacun doit croire, que pour arrhes de cette vengeance, déjà Nicosie et Famagouste commencent à se lamenter et à maudire leur bête qui ne s'éloigne pas des traces de ces autres animaux. »

La Navarre était alors une sorte de province de la France. Cette idée de s'armer de ses montagnes est un sublime emprunt fait à la mythologie — Nicosie et Famagouste sont deux villes dépendantes du royaume de Chypre, alors soumis à Henri II, de la maison de Lusignan.

Les trente-quatre derniers vers de ce chant sont remarquables par une variété d'expressions et une foule de traits heureux qui annoncent, ce que nous dirons toujours, malgré quelques critiques, l'écrivain souvent élégant et le grand poète.

CHANT XX.

Lorsque l'astre qui éclaire le monde, descend de notre hémisphère, et nous prive du jour, le ciel qui lui devait tout son éclat, en reçoit un nouveau du grand nombre d'étoiles qui ont à leur tour emprunté la lumière du soleil. Cet instant du jour me revint dans la mémoire, quand le signe du monde et de ses conducteurs [1] eut fait entendre les dernières paroles de son bec bénit. Alors ces lueurs innombrables, de plus en plus étincelantes, recommencèrent des chants qui sont tombés de ma fragile mémoire. O doux amour [2], qui te caches sous cette splendeur, comme tu me paraissais brillant dans ces éclairs qui n'étaient remplis que de saintes pensées! Lorsque ces joyaux si précieux, qui ornent la sixième sphère, eurent fini ces chants angéliques, il me sembla entendre le murmure d'une eau claire qui tombe de pierre en pierre, en annonçant l'abondance de sa source; et ainsi que le son prend sa force au manche de la guitare, ainsi que le souffle résonne en sortant des trous de la flûte. de même, tout à coup, ce murmure, sans prolonger le retard, s'échappa du cou de l'aigle comme s'il était entr'ouvert, et il sortit de son bec une voix en forme de paroles, qui proféra ces mots que mon cœur attendait, et que je me hâte de rapporter : « **Tu dois regarder fixement en moi cette partie qui, dans les aigles mortels, voit le soleil et supporte son éclat** [3], parce que, des feux dont

1. Dante se sert de ces expressions, parce qu'il veut que l'aigle impérial d'Allemagne soit le signe (le maître) du monde et de tous les rois qui le gouvernent
2 O doux amour de Dieu!
3 L'œil — Celui qui occupe la place de la pupille, etc L'aigle n'étant composé que de différentes âmes bienheureuses, il y a aussi des âmes qui forment l'œil de l'aigle L'esprit qui occupe la place de la pupille est David, qui chanta l'Esprit-Saint. (Voyez *Reg*, II, cap. 6) — Celui qui consolait la veuve

je me compose, ceux qui brillent dans mon œil ont une portion de lumière plus étincelante que les autres. Celui qui occupe la place de la pupille, chanta l'Esprit-Saint, en transportant l'arche de ville en ville : maintenant il connaît le mérite de ses travaux et reçoit une récompense proportionnée à sa piété. Des cinq esprits qui font un cercle autour de mon œil, celui qui est placé le plus près du bec, consola la veuve qui avait perdu son fils : maintenant il connaît ce qu'il en coûte de ne pas suivre le Christ, parce qu'il compare cette douce vie, et la vie opposée. L'autre, que tu vois dans la partie supérieure de l'œil, retarda le coup de la mort par une vraie pénitence : maintenant il connaît que le jugement éternel ne change jamais [1], quelque effort qu'une digne prière fasse le lendemain du jour présent. Cet autre esprit, avec les lois romaines, et avec moi, dans de bonnes intentions qui portèrent de mauvais fruits, se fit Grec, pour céder la place au Pasteur : maintenant il connaît que le mal qui est résulté de sa bonne opération, ne lui a pas nui auprès de Dieu, quoique ce mal puisse devenir la cause de la destruction du monde. C'est Guillaume [2], que tu vois au-dessous de la som-

etc., est Trajan Dante rapporte lui-même ce fait dans le *Purg*, chant X, p 218 — L'autre que tu vois dans la partie supérieure de l'œil, etc., est Ezéchias. Isaïe annonçant à Ezéchias qu'il n'avait plus que peu d'instants à vivre, ce prince pleura si amèrement, que Dieu lui accorda quinze autres années de vie (*Reg*, IV, 20, et Isaïe, XXXVIII)

1. Dante veut dire que le jugement éternel ne doit changer jamais, quoique une digne prière puisse intervertir l'ordre des destinées Le poète répond ainsi à ceux qui prétendent que nous n'avons plus le libre arbitre, si les divins décrets sont immuables. Dieu, en menaçant Ezéchias dont il s'agit ici, savait qu'il ne devait pas mourir, et il avait prévu que les prières de ce prince apaiseraient la colère céleste.

A propos des six esprits qu'introduit ici le poète, il dit six fois, au commencement de six tercets : *Ora conosce* maintenant il connaît. Je me suis bien gardé d'altérer ce tour de phrase harmonieux répété à dessein, et qui anime singulièrement ce récit — Cet autre esprit avec les lois romaines etc Constantin porta le siège de l'empire à Byzance, pour complaire au pape. Dante suppose à Constantin une intention qu'il n'a jamais eue. Constantin ne s'est fait baptiser que sur la fin de sa vie, en 337 Il est vrai qu'il embrassa le christianisme en 312, mais, à la même époque, quoiqu'il fut déjà catéchumène, il accepta encore la charge de grand prêtre de Jupiter que lui déféra le sénat. Dante saisit toutes les occasions de blâmer Constantin, et lui garde cette rancune jusque dans le traité *de Monarchiâ* (II), où il l'appelle *infirmator imperii sui*

2 Guillaume II, dit le Bon, roi de Sicile; on le regrette dans cette île (la Sicile), où le peuple gémit de l'auto-

mité de l'œil; on le regrette sur cette terre, où l'on pleure sur l'autorité de Frédéric et de Charles qui y sont vivants : maintenant il connaît combien le ciel se passionne pour le roi juste; c'est ce que prouve le vif éclat de sa splendeur. Qui croirait, dans votre monde plein d'erreurs, que le Troyen Rifée [1] est la cinquième de ces lumières saintes ? Maintenant il connaît une grande partie de ce que les hommes ne peuvent voir dans la divine grâce; cependant, pour sa vue, tout n'est pas encore entièrement compréhensible. »

Telle une alouette qui chante en volant dans les airs, et se tait, joyeuse de la dernière harmonie qui l'a satisfaite, telle me parut l'image de cet éternel plaisir [2], au désir duquel chaque chose devient ce qu'elle est. Quoique pour un doute qui me tourmentait, je fusse comme le cristal à travers lequel on

---

rité usurpée par Frédéric d'Aragon, et des guerres suscitées par Charles d'Anjou, dit le Boiteux.

1 Le Troyen Rifée, etc.

« *Cadit et Rhipheus justissimus unus Qui fuit in Teucris et servantissimus æqui* »
(*Énéid.*, liv II, vers 426, 427)

Venturi et le P. d'Aquin se montrent étonnés que Dante ait choisi exprès Rifée pour le placer dans son *Paradis*, ils auraient préféré qu'il y eût placé Énée. Lombardi aime mieux que le choix soit tombé sur Rifée. D'ailleurs, Dante supposera plus bas que Rifée a abandonné le paganisme il eut été absurde de faire la même supposition en parlant d'Énée. On ne sait où Dante a trouvé ses autorités pour parler ainsi de cette conversion de Rifée. Est ce que le théologien qui, dit on, accompagnait toujours le poète, aurait fait ici avec lui quelque capitulation ? Est ce pour regagner l'approbation du canoniste justement sévère que Dante ajoute : « Pour la vue de ce Troyen, tout n'est pas encore entièrement compréhensible dans le ciel ? » Saint Augustin a dit (Serm 38, *de Verb. Domini*) : « *Attingere aliquantulum mente Deum, magna beatitudo est, comprehendere autem omnino impos-* *sibile.*» C'est une grande béatitude pour l'esprit d'atteindre Dieu quelque peu, mais il est tout à fait impossible de le comprendre »

Biagioli dit dans une note : « Venturi décharge ici contre Dante un bombardement si violent, que qui l'entend et ne fuit pas en toute hâte, peut regarder en face dix mille farfadets, cerbères ou dragons » En effet, Venturi appelle cette proposition du poète *un attentat trop hardi* Lombardi, qui écrivait à Rome même, en 1791, répond « que plusieurs païens, outre ceux que les histoires sacrées ont cités, aient abandonné, avec l'aide de Dieu, les erreurs du paganisme et soient sauvés, il n'y a pas *un attentat si hardi* à le dire qu'à le nier » M. de Romanis répète la même réponse dans sa réimpression de Lombardi Rome, 1818 Moi, je me tais sur de pareilles questions, comme M. de Romanis, je rapporte les opinions divergentes des maîtres · avec cela, selon les principes invariables de l'austère théologie, il me semble que Venturi a raison

2 L'aigle. Plus loin, il sera appelé le signe béni Que ces comparaisons tirées des habitudes des oiseaux sont fraîches et douces ! Les Italiens récitent avec enivrement ce tercet : *Qual lodoletta*, etc.

aperçoit aisément la couleur qu'il revêt, je ne pus attendre plus longtemps, et je m'écriai, parce que je vis une foule eblouissante de splendeurs : « Quelles choses vois-je là ? » Le signe bénit, pour ne pas prolonger ma surprise, me répondit sur-le-champ, en jetant sur moi un regard plus animé : « Tu crois ce que je viens de te dire, parce que je te l'ai dit, mais tu ne le comprends pas; ce sont des choses auxquelles tu ajoutes foi, mais qui restent inexpliquées : tu fais comme celui qui apprend le nom d'un objet, mais qui n'en distingue pas la valeur, si on ne la lui fait connaître. Il y a une violence opérée par un saint amour, une vive espérance qui ouvre le royaume des cieux, après avoir vaincu la volonté divine. Cette violence n'agit pas comme celle par laquelle l'homme opprime l'homme¹; elle n'est victorieuse que parce que Dieu consent à être vaincu; et quand il est vaincu, son affectueuse bonté lui donne à son tour la victoire. Tu es surpris de voir parmi les anges le premier et le dernier des esprits qui bordent mon œil². Ils quittèrent leurs corps, non pas comme gentils, mais comme chrétiens, l'un croyant aux pieds qui devaient souffrir, l'autre aux pieds qui avaient souffert. Celui-ci reprit son corps en enfer³, où l'on est endurci dans le

---

1 Cette violence n'agit pas comme celle, etc.

« *Non a guisa che l' uomo all' uom sobranza*
Ma vince lei, perche vuole esser vinta;
E vinta vince con sua benignanza »

Ne dirait-on pas ici que *vince lei, perche vuole esser vinta* signifie : « Elle est victorieuse, parce qu'elle veut être vaincue, » tandis que le vers signifie : « La violence (sous-entendue) est victorieuse, parce que la volonté divine (sous entendue) veut être vaincue? Quelle langue que celle qui se donne si peu de peine pour être comprise ! Et quand il faut traduire de telles hardiesses dans une langue comme la nôtre, faut-il penser à être concis et rapide? Et puis, quel charme d'expression dans cette démonstration logique !

2 Trajan et Rifée. — Les pieds qui devaient souffrir, les pieds de J. C, qui devaient être attachés sur la croix. — Les pieds qui avaient souffert, le supplice dans lequel mourut J. C. crucifié. Dante a déjà dit J. C. qui devait venir, et J. C. venu.

3. Celui-ci reprit son corps en Enfer, etc. Venturi aurait voulu que Dante n'eût pas mis Trajan dans l'Enfer, puisque ce prince doit en être retiré plus tard, ce commentateur observe que le poëte a déjà dit (*Enfer*, chant III, page 10) qu'on lit sur la porte de l'Enfer : « O vous qui entrez, laissez toute espérance ! » Alors il semble à Venturi qu'il eût été mieux de placer Trajan dans un endroit séparé, comme un homme sur lequel la justice de Dieu n'avait pas prononcé. Lombardi répond que l'avis de Venturi est arrivé trop tard, et que d'ailleurs, pour le

mal, et ce fut le fruit de sa vive espérance, de cette vive espérance qui ne cessa de prier Dieu, et parvint à l'apaiser L'âme glorieuse dont je te parle, réunie à son corps pour quelque temps, crut fermement en celui qui pouvait la sauver. Trajan, en croyant, s'enflamma d'un tel amour, qu'après sa seconde mort [1], il obtint de venir à cette fête.

«Celui-là [2], par une grâce ineffable, qui coule d'une source si profonde, que jamais créature ne pourra apercevoir où naissent ses premières eaux, fit consister tout son amour à vivre suivant les règles d'une bonne conscience. Dieu, de grâce en grâce, permit qu'il ouvrît ses yeux au mystère de notre rédemption future. Il y crut; aussi fut-il délivré de la contagion du paganisme, et il reprenait les nations perverses de leurs erreurs. Il eut, au lieu du baptême, plus de mille ans avant qu'il fût institué, l'assistance de ces trois femmes que tu as vues autour de la roue droite. O prédestination !

suivre, Dante n'aurait pas abandonné saint Thomas, qui, en parlant de Trajan et d'autres, écrit : « *De omnibus talibus dici oportet quod non erant in inferno finaliter deputati.* De tous ces tels, il faut dire qu'ils n'étaient pas finalement destinés à l'Enfer. » (*Supplem*., quæst. 71, act. 8, ad. 8, et non pas quæst. 73, comme dit Lombardi.)

Nous remarquerons ici que Venturi et Lombardi considèrent Dante sous un point de vue différent. Venturi a raison, pour ce passage, d'exiger que le poëte se montre conséquent avec lui-même : rien de si beau et de si pathétique que ce vers : «*Lasciate ogni speranza*, etc ; mais il faut ensuite prouver que ce n'est pas en vain qu'on trouve sur la porte de l'Enfer un arrêt aussi redoutable. Lombardi, en général, théologien sévère, quoiqu'il ait été assez tolérant sur l'article de Rifée, s'attache rarement aux beautés poétiques, et s'efforce plus souvent de mettre Dante d'accord avec l'Écriture sainte et les ouvrages des Pères de l'Église.

1. Le poëte suppose que Trajan a repris quelque temps son corps dans l'Enfer, et qu'ensuite son âme en a été séparée. C'est le moment où, pour la seconde fois, l'âme de Trajan quitta son corps, que le poète appelle la seconde mort de cet empereur.

2. Rifée. — L'assistance de ces trois femmes, des trois vertus théologales, la foi, l'espérance et la charité, que Dante a déjà représentées dansant à la droite du char de triomphe dans le Paradis terrestre. (Voyez *Purg.*, chant XXIX, page 523.) Rifée eut l'assistance de ces trois femmes plus de mille ans avant que le baptême fût institué, parce que, de la destruction de Troie jusqu'à la venue de J. C., il s'écoula à peu près 1184 ans. Dante, en paix apparemment avec le théologien qu'il consulte (voyez page 449), maintient ses propositions, ne veut pas démordre de sa doctrine sur Rifée, et tant que Rome, qui admire en général l'orthodoxie d'Alighieri, et ne s'occupe pas de quelques écarts, qu'elle ne veut pas relever dans un poëte ; tant que Rome n'aura pas parlé, nous n'avons, nous, qu'à poursuivre notre humble tâche de traducteur, nous réservant de nous soumettre, comme il convient, à toute décision du saint siège qui interviendrait dans de semblables questions.

combien ton principe est éloigné de celui des insensés qui ne comprennent pas toute la première cause ! Vous, mortels, soyez réservés dans vos jugements ! nous qui voyons Dieu, nous ne connaissons pas encore tous les elus ¹. Nous nous réjouissons cependant de l'imperfection de nos facultés, parce que notre bien n'est dirigé que vers Dieu, et que nous ne voulons que ce qu'il veut. »

Tel fut le breuvage agréable qui me fut présenté par cette image divine, pour satisfaire mes doutes ; et comme un habile joueur de guitare accompagne avec attention un habile chanteur, et rend les accents de sa voix plus melodieux, je me souviens que pendant que l'aigle parlait, les deux lueurs bénies ², semblables aux pupilles des yeux qui savent battre ensemble, s'accordaient à accompagner les paroles par le mouvement de douces étincelles.

---

1 « Dante a imité, dit Venturi, ce passage des prières de l'Eglise : « *Deus cui soli cognitus est numerus electorum in supremâ felicitate locandus* »

2 Trajan et Rifée, qui applaudissaient à ce que disait l'image divine, l'aigle sacré

CHANT XXI.

Mes yeux et mon esprit étaient fixés sur Béatrix, et je ne pensais qu'à la considérer ; elle ne souriait pas [1], et elle dit : « Si je venais à sourire, tu deviendrais tel que Sémélé [2], lorsqu'elle fut réduite en cendres, et si je ne tempérais pas ma beauté, qui s'accroît à mesure que je monte les degrés du palais éternel, elle brillerait tellement, que tes facultés mortelles sembleraient une feuille brûlée par la foudre. Nous sommes arrivés à la septième sphère [3], qui maintenant lance ses rayons sous le signe brûlant du Lion. Considère bien ce que tu vas voir ; fais de tes yeux un miroir où se retrace fidèlement la figure qui va t'apparaître. » Si l'on se souvient du plaisir que j'éprouvais à contempler le visage bienheureux, on comprendra la joie que j'eus de suivre ses ordres, et de m'occuper d'un autre soin, en balançant la privation de ne plus voir mon escorte céleste, par le bonheur de lui obéir Dans ce cristal pur qui tourne autour du Monde, et porte le nom d'un roi bienfaisant, sous le règne duquel toute malice était morte, je vis sur une échelle droite [4] des lignes de couleur d'or, traversées des rayons du soleil, et si éblouissantes,

---

[1] Beatrix ne sourit plus, plus bas, on en saura la raison
[2] Sémélé, dite aussi Thyoné, fille de Cadmus et de Thèbe. Elle fut aimée de Jupiter, dont elle eut Bacchus On dit que Junon, pour la perdre, vint la trouver déguisée en vieille, et qu'elle lui conseilla d'engager son mari à se montrer dans toute sa majesté Sémélé demanda cette grâce à Jupiter, qui la refusa d'abord ; mais enfin vaincu par des importunités, il se fit voir dans toute sa gloire, dont l'éclat brûlant mit le feu à la maison où Sémélé périt dans les flammes

[3] La sphère de Saturne. Les académiciens de la Crusca ont calculé qu'au moment où Dante est censé faire son voyage mystérieux, la planète de Saturne était dans le 8e degré 16 minutes du Lion
[4] Je vis sur une échelle, etc Le poëte dira plus bas, chant XXII : « Le patriarche Jacob vit cette échelle dans toute sa longueur, lorsqu'elle lui apparut chargée d'anges. » Ainsi, l'échelle que voit Dante est la même que celle qu'avait vue Jacob.

que mes yeux ne pouvaient s'y arrêter. Une grande quantité de saintes lueurs descendaient de ses échelons, et je crus que toutes celles qui habitent le ciel y étaient réunies. Ainsi que les corneilles [1], suivant leur coutume naturelle, au commencement du jour, se mettent en mouvement pour réchauffer leur corps engourdi par le froid de la nuit; les unes prennent leur vol pour ne plus reparaître; les autres reviennent au point d'où elles sont parties; d'autres enfin s'agitent en tournoyant, à la place même qu'elles occupent: telles me parurent ces lueurs sacrées, qui se livraient à de semblables mouvements, sans dépasser un échelon déterminé. Une d'elles [2], qui était la plus rapprochée de nous, me parut si éclatante, que je disais en moi-même : Je comprends bien à présent la charité que tu m'annonces; mais Béatrix, à qui il appartient de me permettre de parler ou d'ordonner que je me taise, garde le silence, et, malgré le désir qui me tourmente, j'agis sagement en ne lui adressant pas de demandes. Béatrix voyait en Dieu, qui voit tout, quelle était ma pensée, et elle me dit : « Satisfais ton ardent désir. » Je commençai ainsi : « Ame bienfaisante, qui es recouverte de l'ardente lumière de ta charité, mon peu de mérite ne me rend pas digne d'une réponse; mais, au nom de la femme qui me permet de te parler, dis-moi pourquoi tu t'approches si près de nous; dis-moi aussi pourquoi se tait, dans cette sphère, la douce symphonie qui se fait entendre si délicieusement, plus bas, dans les autres parties du Paradis. » L'âme répondit : « Tu vois et tu entends comme un mortel; ici on ne chante pas, parce que Béatrix n'a pas de sourire. Je ne suis descendue par les degrés de

---

1. Après les grues, le faucon, l'alouette, voici les corneilles, on dit que les Florentins sont passionnés pour les oiseaux. Le poëte se montre bien Florentin. Mais comme les mœurs particulières à chacune de ces espèces d'oiseaux sont bien senties! Comme leurs évolutions sont exactement décrites! Cela n'a pas empêché les comparaisons tirées de la musique et de toutes les sortes de sons harmoniques. Nous avons eu la cloche du soir, le tintement argentin qui appelle les religieuses à matines, la lyre, la harpe, l'orgue. Quel poëte! quelle abondance de pensées! Quelle imagination riche et féconde! Quel observateur des scènes de la société et des innombrables spectacles de la nature!

2. Pierre Damien qui va entretenir le poëte.

l'échelle sainte, que pour te faire honneur, en te parlant et en te montrant l'éclat qui m'enveloppe. Ce n'est pas qu'une charité plus vive soit en moi; car ici quelques âmes brûlent d'un amour pareil au mien, et d'autres brûlent d'un plus grand amour encore, ainsi que tu peux t'en convaincre, en distinguant leur éclat plus ou moins vif; mais la haute charité qui nous a soumises à cette providence, par qui le monde est gouverné, nous destine ici à différents ministères, comme tu peux l'observer. » Je dis alors à cette substance : « Je vois clairement, ô flambeau sacré, comment un libre amour suffit pour exécuter sans servitude les ordres de la Providence; mais je ne puis pas bien entendre pourquoi tu as été choisie particulièrement parmi tes compagnes, pour venir au-devant de moi. » A peine eus-je fini ces paroles, que cette lueur tourna sur elle-même comme une meule rapide; ensuite l'amour qu'elle contenait répondit : « La divine lumière lance sur moi ses rayons, et pénètre par celle qui m'environne[1]. Sa vertu, unie à mes facultés, m'élève tant, que je vois la haute essence de Dieu, dont elle est née. De là vient l'allégresse qui m'anime, et ma connaissance est égale à la clarté de la flamme qui m'embrase. L'âme qui est la plus élevée dans le ciel, le Séraphin qui a l'œil le plus attentif sur les merveilles de Dieu, ne pourrait pas satisfaire à ta demande[2]. Elle s'étend à une telle profondeur dans le statut divin, cette demande, qu'aucune intelligence créée n'y peut répondre; et quand tu retourneras au monde, souviens-toi de ce que je te dis, afin qu'on ne croie pas qu'il soit possible d'aller plus avant. Ici l'esprit brille; sur la terre il n'est qu'ignorance : comprends donc combien une telle pénétration doit vous être impossible, puisque celui même que le ciel favorise[3], ne peut obtenir

---

[1] Et pénètre à travers la lueur qui environne ma substance.

[2] Satisfaire à ta demande, etc. A cette demande du poète : « Pourquoi n'entend-on pas dans cette sphère, la douce symphonie qui se fait entendre plus bas dans les autres parties du *Paradis ?* » demande à laquelle Pierre Damien a déjà répondu mystérieusement: « Ici on ne chante pas, parce que Béatrix n'a pas de sourire »

[3] « Puisque l'âme qui est la plus éle-

d'approfondir un tel mystère. » Ces paroles me firent renoncer à ma question ¹, et je me bornai à demander à l'âme qui elle était. Elle me parla ainsi pour la troisième fois : « Entre les deux mers qui bordent l'Italie ², près de ta patrie, sont des rochers qui voient au-dessous d'eux le tonnerre ; ils forment une grande élévation qui s'appelle Catria. Au pied de cette élévation, est un ermitage destiné au culte ; là, je me dévouai tellement au service de Dieu, que content d'une vie contemplative, je ne me nourrissais, pendant les gelées et les chaleurs, que d'aliments assaisonnés avec de l'huile. Ce cloître fournissait abondamment au ciel des âmes saintes, et maintenant il est si peu fertile, qu'il faut que tôt ou tard on reconnaisse ce fait. Dans ce lieu, je m'appelai Pierre Damien ³. Ne me confonds pas avec un autre Pierre, surnommé Peccator, qui demeurait dans la maison de Marie, située sur le bord de l'Adriatique. J'avais peu de temps à vivre, quand on me donna ce chapeau, que l'on passe de mal en pis ⁴. Céphas et le vase d'élection ⁵ de l'Esprit-Saint marchaient sans chaussures, étaient dans l'indigence, et demandaient leur nourriture dans la première hôtellerie. Les Pasteurs modernes veulent un valet qui écarte la foule devant eux ; un autre qui guide leurs mules (tant ils sont lourds) ; un autre qui les suive, en soutenant leurs vêtements. Souvent encore le pa-

vée dans le ciel, le séraphin qui a l'œil le plus attentif sur les merveilles de Dieu, ne pourrait satisfaire à ta demande »

1 Le poète se tire ici d'embarras fort adroitement, mais Béatrix, dans le chant suivant, lorsque Dante, effrayé d'un cri qu'il entendra, se sera tourné vers elle, lui dira « Puisque ce cri t'a laissé une impression si vive, juge donc de celle que tu aurais éprouvée, si les esprits bienheureux avaient fait entendre leurs chants, et si j'avais souri moi-même »

2 Entre la Méditerranée et l'Adriatique près de la Toscane, dans le duché d'Urbin aux environs de Gubbio et de la Pergola, s'élève Catria où était placée l'abbaye de Santa Croce

3 Dans ce lieu, dans cet ermitage, je m'appelai Pierre Damien Quant à Pierre nommé Peccator, qui demeurait dans la maison de Notre Dame, sur le bord de l'Adriatique, ce fut un autre que moi, Pierre Damien

4 Le chapeau de cardinal Le poète, qui souvent ne respecte pas les papes, se croit permis de ne pas respecter les cardinaux

5 « Jésus Christ dit au prince des apôtres Tu es Simon filius Jona, tu vocaberis Cephas, quod interpretatur Petrus » Cephas veut donc dire Pierre et non pas Caput, comme l'ont dit Landino, Vellutello et Grangier — Le vase d'élection, saint Paul

lefroi d'un prélat est couvert de son immense manteau, c'est ainsi que, sous une seule peau, il y a deux bêtes qui s'avancent [1]. O patience, qui en permets tant!... » A ces mots, je vis une foule de nouvelles lueurs se mouvoir, et descendre de degré en degré. Chaque mouvement les rendait plus belles. Elles s'approchèrent de celle qui m'avait parlé [2], s'arrêtèrent et firent entendre un si grand cri, que je ne sais à quoi le comparer. Je ne distinguai pas ce qu'elles s'étaient dit entre elles, tant ce bruit m'avait saisi.

[1] « *Sì che due bestie van sott' una pelle.* »

« Mot du peuple et du *mercato vecchio*! s'écrie Venturi. Non, répond Lombardi; je dirai plutôt qu'il est assaisonné d'un sel gibelin trop mordant. » Le *marché vieux* est un marché de Florence, où naturellement il se réunit beaucoup de peuple. On y entend des proverbes toscans très-plaisants.

[2] De Pierre Damien Ces âmes sollicitaient, par ce cri, la vengeance dont Béatrix parlera dans le chant suivant. Il faut remarquer, en lisant cet écrivain judicieux, et à quelques passions près toujours maître de lui, comme Dante, qu'il ne laisse rien en arrière, qu'il rend compte de tout, quelquefois, il est vrai, d'un ton mystérieux, et qu'en général son poëme porte les traces d'une revision approfondie et d'un esprit méthodique qui ne s'égare que dans bien peu de circonstances.

Quant aux injures dites aux prélats du temps, dans les derniers vers, les prélats d'aujourd'hui, que n'atteint pas d'ailleurs une pareille accusation, les laissent imprimer, circuler librement, tant est devenu immense l'ascendant du grand poëte, du défenseur de la vraie morale, de celui qui a posé les premiers fondements de la littérature de l'Italie, et l'on peut dire de l'Europe.

CHANT XXII.

Frappé de stupeur, je me tournai vers mon guide, ainsi qu'un enfant qui se réfugie dans le sein de celui en qui il se confie le plus; et Béatrix, comme une mère qui vient au secours de son fils pâle et haletant, en lui adressant des paroles toujours rassurantes, me dit : « Ne sais-tu pas que tu es dans le ciel? Ne sais-tu pas que le ciel n'est que sainteté, et qu'un zèle pur inspire tout ce qu'on y pense? Puisque ce cri t'a laissé une impression si vive, juge donc de celle que tu aurais éprouvée, si les esprits bienheureux avaient fait entendre leurs chants, et si j'avais souri moi-même. Si tu avais compris les prières que renferme ce cri, tu connaîtrais déjà la vengeance dont tu seras témoin avant de mourir. L'épée divine ne frappe ni plus tôt ni plus tard, selon qu'il convient à celui qui sollicite la vengeance, ou à celui qui la craint. Mais, maintenant, tourne-toi vers un autre spectacle, et si tu m'obéis, tu vas voir d'autres esprits non moins illustres. » Je regardai, comme elle me l'ordonnait, et j'aperçus plus de cent petites sphères qui, réunies, s'embellissaient réciproquement par leurs rayons. Je réprimais la pointe du désir; je ne cherchais pas à parler, craignant de trop demander. La plus grande et la plus brillante de ces perles s'approcha de moi, pour contenter ma curiosité. J'entendis qu'elle disait : « Si tu connaissais la charité qui brûle en nous, tu aurais déjà exprimé ton désir. Pour ne pas retarder la fin de ton glorieux voyage, je répondrai à la pensée que tu renfermes en toi. Le mont sur lequel s'élève Cassin[1] était autrefois

---

[1] C'est saint Benoît qui parle. « Cassin, dit Venturi, était un château dans la terre de Labour, près duquel existait un temple dédié à Apollon. Saint Benoît vivait sous Justinien, et mourut en 313 »

fréquenté par une population égarée et perverse. J'y ai, le premier, porté le nom de celui par qui fut amenée sur la terre la vérité qui nous élève si haut ¹. La grâce me favorisa tellement, que j'arrachai les villes voisines au culte impie qui séduisait l'Univers. Ces autres feux ² s'adonnèrent aussi à la vie contemplative, et furent embrasés de cette chaleur qui fait produire de saintes fleurs et des fruits divins. Voici Macaire, voici Romuald; voici d'autres frères qui s'enfermèrent dans des cloîtres, et persévérèrent noblement dans leurs vœux. » Je répondis : « J'ai trouvé, chez tous les esprits qui te ressemblent, ce bon accueil et cette charité que tu me montres en me parlant; ils ont excité ma confiance, comme le soleil agit sur la rose, et l'invite à s'épanouir dans toute sa puissance : cependant, je t'en prie, ô mon père ! si je puis obtenir une telle faveur, manifeste-toi à mes yeux, dégagé de la lumière qui t'environne. » L'âme reprit sur-le-champ : « Mon frère, ton désir s'accomplira dans la plus haute sphère, là où les autres vœux et les miens sont accomplis. Chaque désir y arrive parfait, mûr et entier. Dans cette sphère seule, toute partie est immuable : l'échelle où tu nous vois, et dont la fin échappe à ta vue, nous conduit vers cette sphère immobile qui ne repose pas sur les pôles, qui n'est contenue dans aucuns lieux, et qui les contient tous. Le patriarche Jacob vit cette échelle dans toute sa longueur ³, lorsqu'elle lui apparut si chargée d'anges. Personne à présent ne vient de la terre, pour y monter, et tous les statuts de ma règle sont du papier

---

1. J'y ai porté, le premier, le nom de Jésus-Christ.

2. Ces autres lueurs. Macaire Il y a eu deux saints du nom de Macaire; l'un, contemporain de saint Éphrem, naquit à Alexandrie en 301, et passa soixante ans de sa vie dans un monastère de la montagne de Scété. Il mourut en 391. L'autre mourut en 395. Il était originaire d'Alexandrie, et compta plus de cinq mille moines sous sa direction. Poggiali pense qu'il s'agit ici du premier Macaire. — Romuald, fondateur des Camaldules, naquit à Ravenne en 952, d'une famille ducale de cette ville Il mourut en 1027 J'ai visité la belle maison de son ordre qui est en Toscane Le *sacro eremo* surtout est dans une situation qui rappelle les sites de la Suède et des royaumes du Nord. Il semble qu'on soit à une immense distance de l'Italie, et au bas de la montagne, on retrouve le climat delicieux sous lequel les Toscans passent une vie si heureuse, avec de si bons princes. (Voyez *Purgatoire*, chant v, page 192, note 1)

3. Genèse, 28

perdu. Les murailles qui devaient entourer des abbayes sont des cavernes presque inhabitées [1]; les frocs sont des besaces remplies de mauvaise farine : la pesante usure ne charge pas devant Dieu celui qui s'en rend coupable, autant que le fruit qui rend le cœur des moines si insensé. Ce qui reste à l'Église, appartient à ceux qui demandent au nom de Dieu, et non à des parents, et doit encore moins être salement dépensé. O hommes, vous êtes si faibles, qu'un bon commencement ne dure pas, de la naissance du chêne jusqu'au moment où il porte des glands!

« Pierre commença sans or et sans argent; je commençai, moi, par des oraisons et des jeûnes.

« François debuta par une humilité touchante. Vois le principe de nos fondations; vois ce qu'elles sont aujourd'hui, et dis-moi si le blanc n'est pas devenu noir.

« Vraiment, Dieu, en ordonnant autrefois au Jourdain de retourner en arrière [2], et à la mer de fuir, fit un plus grand miracle que celui qu'il ferait en accordant du secours à son Eglise. » L'esprit se tut et se rapprocha de ses compagnons : ils se réunirent, et, en tournant comme un tourbillon, ils recommencèrent à s'élever. La douce femme me fit signe de les suivre sur cette échelle. La force de son commandement vainquit ma faible nature, et rien ne peut égaler ici-bas où l'on monte et où l'on descend, la rapidité de mon aile. Oh! que ne peut-il m'être donné une autre fois de voir le saint triomphe que je cherche à obtenir en pleurant mes péchés, et en frappant souvent ma poitrine! Lecteur, tu ne saurais mettre ton doigt au feu, et le retirer en aussi peu de temps

---

1. « *Fecisti illum speluncam latronum* » Matth 22 Pierre. Pierre l'apôtre. *argentum et aurum non est mihi*, act 5

2 On lit dans Josué, chap 5, que Dieu suspendit le cours des eaux du Jourdain, pour que l'arche sainte put traverser ce fleuve. — La fuite de la mer est le passage de la mer Rouge, qui s'ouvrit devant les Israelites Tout ce morceau s'interprète ainsi, suivant Lombardi « Si Dieu n'abandonna pas le peuple hebreu, quand, pour le secourir, il fallait de si grands miracles, à combien plus forte raison n'abandonnera t-il pas le peuple chrétien et ses ordres religieux, quand il ne faut que les remettre dans le bon chemin? » — La douce femme est Béatrix, dont l'empire sur Dante n'est que suavité et douceur

qu'il m'en fallut pour arriver dans le signe qui suit celui du Taureau¹. O glorieuses étoiles ! O lumière qui enfantes une grande vertu ! c'est à vous que je dois tout mon génie, quel qu'il soit. Le père de la vie des mortels naissait et disparaissait avec vous, lorsque je respirai, la première fois, l'air toscan ; et quand il m'a été permis d'entrer dans la huitième sphère, j'ai obtenu de voir la région que vous habitez. Mon âme soupire après vous, et vous demande du courage pour l'entreprise forte que je dois achever.

Béatrix me dit alors : « Tu es si près du dernier Salut, que ta vue doit être devenue claire et perçante ; mais, avant que tu t'imprimes en lui, regarde en bas, et mesure l'espace sous tes pieds², afin que ton esprit se présente, aussi purifié qu'il peut l'être, à la foule triomphante qui habite ce ciel arrondi. »

Je parcourus de l'œil les sept sphères³, et je vis la terre telle, que je souris de son peu d'étendue. J'approuve celui qui méprise ce globe ; et l'homme qui pense à d'autres biens est, selon moi, doué d'une vraie prudence. Je vis la fille de Latone⁴ : elle n'offrait pas ces ombres qui m'avaient fait croire

1. Il entre dans la huitième sphère par le signe des Gémeaux. Le poëte dit ensuite : « O glorieuses étoiles, ô étoile des Gémeaux ! ô lumière abondante en vertus, en influences heureuses ! le soleil était dans votre signe, quand je naquis en Toscane, et quand Dieu m'a permis de visiter la huitième sphère, j'y suis entré par le même signe, c'est-à-dire en traversant les Gémeaux » Venturi soupçonne ici Dante d'appartenir à la secte des genethliaques, espèce d'astrologues qui dressent des horoscopes et prétendent tirer de l'état du ciel, au moment de la naissance d'un enfant, des prédictions sur les évenements de sa vie, ou sur son sort dans l'avenir. Lombardi, à son ordinaire, gourmande Venturi : ce qui est certain, c'est que le Toscan exilé saisit vivement cette occasion de parler tendrement de sa patrie, *l'aer tosco*. Que de souvenirs de bonheur, que de dignité et de résignation, il y a dans ces deux mots que n'accompagne aucune épithète à prétention !

2. Le Tasse, dans sa *Jerusalem*, chant XIV, strophes 9, 10 et 11, a paraphrasé ce passage de Dante avec élégance et noblesse. Mais Dante avait pris l'idée principale dans Cicéron, qui dit, Somn. scipion. : « *Jam vero ipsa terra mihi parva visa est, ut me imperii nostri, quo quasi ejus punctum attingimus, pœniteret.* »

3. Dante voyait dans l'ordre suivant les sept sphères qu'il avait parcourues : Saturne, Jupiter, Mars, le Soleil, Vénus, Mercure et la Lune. C'est l'ordre opposé à celui dans lequel il les aurait vues de la terre. N'oublions pas encore ici quel était le système astronomique de Dante.

4. La fille de Latone, la Lune. Il la voit sans les ombres sur lesquelles il a disputé dans le chant second de cette cantique (Voyez page 388.) Ces ombres n'existaient plus pour lui, parce que la lune lui apparaissait naturellement éclairée d'en haut. Le poëte tient à son idée, et veut que *sa dispute subsiste*

Cependant Béatrix, avec ses trois mi-

qu'elle était traversée par des corps clairs et obscurs. Je supportai la vue de ton fils, ô Hypérion! j'observai comment se mouvaient autour de lui, et dans son voisinage, Maïa et Dioné : ensuite je considérai Jupiter, qui tempère la froidure de son père et la chaleur de son fils, et je m'expliquai facilement les variations qu'ils éprouvent.

Les sept sphères m'apparurent dans toute leur grandeur, dans toute leur vélocité, et à la distance respective qui les sépare; enfin, du haut des éternels Gémeaux, je vis ce petit point qui nous rend si orgueilleux, je distinguai ses montagnes et ses mers, et je tournai ensuite les yeux vers les yeux étincelants [1].

rois, l'avait un peu longuement sermonné. (Voyez encore *Paradis*, chant II, page 337.) — Hypérion, père du Soleil, Maïa, mère de Mercure; Dione, mère de Vénus. Maïa et Dione sont prises ici pour Mercure et Venus — Jupiter tempère la froidure de son père et la chaleur de son fils, parce qu'il est placé entre Saturne son père, et Mars son fils.

[1] Les yeux étincelants, les yeux de Béatrix.

CHANT XXIII.

De même que l'oiseau placé entre les feuilles chéries où il a construit son nid, gémissant de ce que la nuit obscurcit la nature, bientôt s'avançant dans la partie la plus découverte du feuillage, et fixant ardemment ses yeux sur l'aube naissante, attend le soleil avec inquiétude, plein du désir de revoir ses petits, et de remplir le soin pénible, mais si doux pour lui, d'aller leur chercher de la pâture; ainsi Béatrix paraissait attentive, et s'était tournée vers cette partie du ciel où le soleil semble avoir un cours moins rapide[1]. Je la contemplais dans cet état de suspension et de curiosité, et je me contentai de ressembler à celui qui désire, et se satisfait en espérant. Mais il s'écoula peu de temps, entre mon attente et mon désir de voir le ciel devenir plus et plus resplendissant. Béatrix me dit : « Voilà les rangs du triomphe du Christ, et le fruit que tu retireras de ton heureux voyage. » Il me semblait que le visage de mon guide était tout enflammé; ses yeux se remplissaient d'une joie ineffable. Tel que, dans les jours où elle répand le plus d'éclat, Phœbé[2] se fait voir parmi les nymphes éternelles[3] qui ornent le ciel dans toutes ses faces, tel un soleil, semblable à celui qui éclaire la terre et qui prête sa vertu aux étoiles, embrasait une infinité de bienheureux. A travers cette lumière, j'apercevais une substance étincelante si belle, que je n'en pouvais soutenir la vue; je m'écriai : O

---

[1] Vers le midi : le soleil, si on le regarde dans son midi, paraît avoir un cours moins rapide que si on le regarde à son levant ou à son couchant.

[2] Phœbé, le poëte l'appelle *Trivia*, parce qu'on l'adorait dans les carrefours (Voyez *Biogr. univ.*, art DIANE, tome LIV.)

[3] Les nymphes éternelles, les étoiles

Beatrix! ô guide cher et fidèle! Elle me répondit : « Ce qui t'éblouit est une vertu qui surpasse toutes les vertus. Tu vois la sapience et la puissance qui ouvrirent, entre le ciel et la terre, la voie qu'on désirait si ardemment¹. » A cette vue, comme le feu de la nue qui tend à se raréfier, et contre sa nature² se précipite sur la terre, mon esprit se faisant encore plus grand qu'il n'était, à l'aspect d'une telle nourriture, se détacha de lui-même, et je ne puis me souvenir de ce qu'il devint. Béatrix me dit encore : « Ouvre les yeux, considère ce que je suis maintenant; tu as vu des choses qui te rendent capable de supporter mon sourire³. » Lorsqu'elle me fit cette offre si agréable, qui ne s'effacera jamais du livre où s'enregistre le passé, j'étais comme un homme qui se souvient d'une vision oubliée, et qui veut en vain la reconduire dans sa mémoire. Pour m'aider, on parlerait toutes les langues sur lesquelles Polymnie et ses sœurs ont épanché leur lait le plus doux; on n'arriverait pas à la millième partie de la vérité, si l'on voulait chanter le saint sourire que le saint aspect rendait encore plus pur; pour bien figurer le paradis, il faut que le poème sacré saute au delà⁴ comme un homme qui trouve le chemin intercepté. Que l'on pense au poids dont je me suis chargé⁵, à la faiblesse de mes épaules mortelles, et qu'on ne

---

1 La sapience, et la puissance de Jésus-Christ, qui racheta les hommes du péché originel. La puissance, c'est Dieu, la sapience, c'est Jésus-Christ. (Voyez l'inscription de la porte de l'Enfer, chant III, page 10.) Dante, d'après la précédente définition, aurait dû mettre la *puissance* avant la *sapience*.

2 Parce que le feu étant léger, doit toujours tendre en en haut.

3 Tu as été porté dans une sphère supérieure à celle où nous nous trouvions ensemble, quand j'ai cessé de sourire. Tu as vu le triomphe de Jésus-Christ, et tu as reçu une puissance nouvelle qui a élevé toutes tes facultés. — Le saint sourire est le sourire de Béatrix; le saint aspect est l'aspect des triomphes de Jésus-Christ.

4 Il faut que le poème sacré saute au dela, etc. Les personnes qui ont lu mes ouvrages, ont dû remarquer la circonspection de mon style. Si j'emploie quelques expressions extraordinaires, comme ce *saut du poème sacré*, il faut bien reconnaître que c'est le poète qui a exigé de moi cette condescendance. Il dit :
« *Convien saltar, il sagrato poema* »

5 Venturi observe que l'excuse du poète ne serait pas admise par Horace, qui dit
Sumite materiam vestris, qui scribitis, æquam,
Viribus, et versate diu quid ferre recusent,
Quid valeant humeri.
Lombardi combat avec raison cette critique trop minutieuse de Venturi.

me blâme pas de trembler devant un tel travail. Ma navigation hardie n'est pas celle d'un nautonier qui voyage sur une petite barque, ou qui redoute la peine. Béatrix continua : « Puisque mon visage a pour toi tant de charmes, pourquoi ne te tournes-tu pas vers ce beau jardin [1] que la présence du Christ couvre de fleurs? C'est là qu'est la rose dans laquelle le Verbe divin se fit homme. Là sont les lis qui par leur odeur suave indiquent le bon chemin » Mon guide cessa de parler, et moi qui étais toujours prêt à suivre ses conseils, je ramenai mes regards au combat de mes débiles paupières. De même que mes yeux couverts d'ombre ont vu une prairie émaillée de fleurs, éclairée par un rayon du soleil qui traverse la nue, de même je vis une foule de lueurs qui empruntaient leur éclat d'une lumière plus vive que je ne pouvais apercevoir. O vertu bienfaisante, qui entoures ainsi ces esprits de ta lumière, tu t'étais élevée plus haut [2], afin que mes yeux, qui n'étaient pas puissants, jouissent de ce spectacle! Pour retrouver la belle fleur [3] que j'invoque matin et soir, je m'attachai à distinguer l'éclat le plus resplendissant. Quand ils se furent fixés sur la beauté de cette étoile, qui là-haut est la plus éblouissante, de même qu'ici-bas elle a tout surpassé en splendeur, il descendit du ciel une lueur formée en cercle [4], qui environna cette étoile comme une couronne, et tourna

---

« Comment, dit Lombardi, blâmera-t-on les poëtes qui s'écrient :

Quis fimera fando
Explicet?
Quis possit verbis æquare dolorem?

Ce mouvement de modestie de Dante est ici une image noble et attachante.

[1] Cette foule de bienheureux — La rose dans laquelle le Verbe divin se fit homme, est la Vierge Marie, que l'Eglise elle-même appelle *la rose mystique* L'idée des lis est prise de *l'Ecclesiastique*, chap 39 *Florete, flores, quasi lilium, et date odorem.* « Fleurissez, fleurs, comme le lis, et répandez votre odeur »

[2] Invocation à J C

J C s'était élevé plus haut pour que le poète pût contempler plus facilement la foule des bienheureux ainsi, l'éclat qui entourait le fils de Dieu n'éblouit pas les yeux du poète.

[3] La Vierge Marie Je m'attachai à distinguer l'éclat le plus resplendissant après celui de J C., qui venait de s'élever plus haut Cette étoile, Marie, est la plus éblouissante dans cette sphère comme sur la terre elle a surpassé tous les saints en mérite, elle est placée immédiatement après J C.

[4] L'archange Gabriel Plus bas, il sera nommé ce brillant saphir. — La joie divine, la Vierge, qui a enfanté J C. *Desiderium collium æternorum.* (Gen, 49)

autour d'elle. La mélodie la plus douce et la plus attendrissante qu'on entende sur la terre, comparée au son de la lyre dont se couronnait ce brillant saphir, ornant le ciel le plus pur, ressemblerait au fracas de la nuée qui se déchire et tonne; cette lueur prononça ces paroles : « Je suis l'amour angélique, je tourne autour de la joie divine qui a porté dans son sein l'objet de nos désirs, et je continuerai de tourner ainsi, ô souveraine du Ciel, tant que tu suivras ton fils, et que tu embelliras la sphère suprême que tu habites. » Ainsi parla cette sainte substance; alors toutes les autres lueurs firent entendre le nom de Marie. Le bord intérieur du royal manteau de toutes les sphères du Monde [1], qui s'échauffe et se vivifie davantage, parce qu'il est plus voisin du souffle de Dieu, était encore si éloigné de moi, que je ne pouvais le distinguer : mes yeux n'eurent donc pas la faculté de suivre la flamme couronnée qui s'éleva vers son fils.

Comme l'enfant, qui, par l'effet de cet amour forcé d'éclater au dehors, tend ses bras à sa mère dont il vient de recevoir le sein, les *Candeurs* suivant dans leur désir l'objet qui les émeut, me manifestèrent leur haute tendresse pour Marie.

Puis elles restèrent à la portée de ma vue, en chantant, *O reine du ciel....* avec des accents si doux, que j'en garderai un souvenir éternel.

Oh, comme est grande l'abondance que présentent les riches reservoirs qui féconderent la terre de si heureuses semences! Ici, jouit et vit du trésor qu'on sut acquérir par les larmes dans l'exil de Babylone, où l'on dédaigna l'or; ici triomphe, ici reçoit la digne récompense de sa victoire, en présence du haut Fils de Dieu et de Marie, et environné des héros de l'ancien et du nouveau Concile, celui qui tient les clefs de la gloire céleste [2].

[1] Le premier mobile ou neuvième ciel, qui est entre l'empyrée et la huitième sphère. — *Regina cœli*, commencement de l'antienne que l'Église chante dans les fêtes de Pâques, en l'honneur de la Vierge.

[2] Saint Pierre jouit du trésor qu'on a acquis dans l'exil de Babylone, où l'on donna les exemples des plus hautes vertus.

CHANT XXIV.

Béatrix prononçait ces paroles : « O société divine[1], élue à la grande cène de l'agneau béni, qui vous nourrit de sa grâce et accomplit toujours votre volonté, puisque, par la permission de Dieu, celui que j'ai conduit ici ramasse avant sa mort ce qui tombe de votre table, pensez à son immense désir, apaisez quelque peu sa soif : vous buvez à la fontaine d'où coule ce qu'il cherche si avidement. » Alors les âmes bienheureuses commencèrent à tourner en rond et resplendirent comme des comètes. Les ressorts d'une horloge se meuvent de manière que l'un paraît rester en repos, et que l'autre semble voler. Ainsi ces *Caroles*[2] en dansant différemment, me montraient par leur plus ou moins de velocité ou de lenteur, la part qu'elles recevaient de la richesse du ciel. D'une de ces rondes, je vis sortir une lumière si brillante, que son éclat surpassait celui de toutes les autres : elle tourna trois fois autour de Béatrix en faisant entendre un chant si divin, que mon imagination ne peut me le redire. Ma plume saute et je n'écris pas. Les paroles et l'imagination n'ont pas de couleurs assez vives pour animer de semblables tableaux. « O sainte sœur, qui montres un si ardent esprit de charité,

---

1. O réunion de bienheureux ! puisque, par la permission de Dieu, celui que j'ai conduit ici ramasse, avant sa mort, ce qui tombe de votre table, etc. Métaphore prise de saint Marc, chap 7 ; et de saint Matthieu, chap 15.

2. Ainsi, ces *caroles* :

« *Così quelle carole differentemente danzando, della sua ricchezza, Mi si facean stimar veloci e lente* »

J'ai employé le mot *caroles* pour *ronde* ou *danse*. Montaigne l'emploie en parlant des astres. (Londres, 1771, t. I, pages 211 et 212.) Quant au mot *differentemente*, coupé en deux, et que Ventori a critiqué, il y a des exemples nombreux d'une semblable licence pour des mots si longs, dans les poètes grecs, latins et italiens. (Voyez l'Arioste, chant XXVIII, strophe 41.) Il coupe ainsi en deux le mot *duettamente*

ta présence me détache de la ronde où je tournais » Ainsi parla le feu sacré en s'adressant à Béatrix. Celle-ci répondit : « O lumière éternelle du grand homme [1], à qui Notre-Seigneur a laissé les clefs qu'il a apportées du haut de cet admirable royaume, interroge celui qui est à mes côtés sur les points aisés ou difficiles de la foi, par laquelle tu es parvenu à marcher sur la mer : tu sais, toi qui portes ta vue là où toute chose est clairement entendue, si celui que je conduis ici, Aime bien [2], Espère bien et Croit bien. Mais puisque ces sphères se sont acquis un grand nombre d'habitants, par la foi véritable, il est bon qu'il ait occasion d'en parler, pour la glorifier à son tour. »

Comme le bachelier s'arme d'arguments [3], sans parler encore, jusqu'à ce que le maître lui ait présenté la question qu'il doit défendre et non pas résoudre, je m'armais aussi de raisons, pendant que Béatrix disait ces paroles, pour être prêt à répondre à un tel interrogateur, et sur une telle Profession.

« Dis-moi, ô pieux chrétien, explique-toi hardiment : Qu'est-ce que la foi ? » Je levai les yeux sur la lumière qui m'avait parlé ainsi ; ensuite je me tournai vers Béatrix, qui me fit promptement signe que je pouvais répandre mes sentiments intimes Je commençai en ces termes . « Que la grâce qui me permet de me confesser au plus haut *primipile* [4], donne de la sagesse à mes expressions ! O mon père, suivant les paroles véridiques de ton frère [5], qui avec toi laissa Rome dans le

---

[1] De saint Pierre, qui marcha sur la mer de Tibériade. (Saint Matthieu, chap 14)

[2] Aime bien, etc Dante va être interrogé successivement sur la foi, l'espérance et la charité.

[3] Comparaison tirée du langage de l'Ecole

[4]. Dante appelle saint Pierre le plus haut primipile «Chez les Romains, celui qui commandait la première centurie du premier manipule (corps de cent hommes) des *triaires*, nommés aussi *pilani*, à cause de leur javelot, *pilum*, etait le plus considérable de tous les centurions de l'armée. Premier capitaine de la légion, il avait place au conseil de guerre avec le consul, il ne recevait l'ordre que du général ou des tribuns. il conduisait l'aigle, l'avait en sa garde, et la défendait dans les combats Quand on décampait, c'était lui qui l'arrachait de terre, et la donnait au porte-enseigne on appelait ce centurion *primipilus prior* » (Furgault, *Nouv recueil hist. d'antiquités*)

[5] Saint Paul prêcha à Rome avec saint Pierre. Voici la définition de la foi, laissée par saint Paul (Heb, II) le poète l'a traduite en italien : « *Ist fides*

meilleur chemin, la foi est une substance de choses à espe-
rer, et un argument de celles qu'on ne peut comprendre. Il
me paraît que c'est ainsi qu'on doit la définir. » J'entendis le
feu sacré répondre : « Ton sentiment est droit, si tu comprends bien pourquoi il la plaça parmi les substances, ensuite
parmi les arguments [1]. » Puis je dis : « Les mystères que je
vois ici sont cachés là bas à notre intelligence ; leur existence
est admise par la croyance seule sur laquelle se fonde une
vive espérance : voilà pourquoi la foi prend le nom de *substance*, et en continuant le syllogisme, sans aucune autre vue,
la foi devient ensuite un argument. » L'esprit enflammé reprit : « Si tout ce que la science enseigne, était ainsi entendu,
on ne rencontrerait pas de sophistes : l'alliage et le poids de
cette monnaie sont très-bien examinés, mais dis-moi, l'as-tu
dans ta bourse ? — Oui, repondis-je, je la possède si lucide et
si bien frappée, que je n'ai aucun doute de la bonté du
coin. » La lueur céleste continua ainsi : « D'où te vient ce
trésor [2] sur lequel toute vertu se fonde ? — L'abondante pluie
de l'Esprit-Saint qui a inondé les velins anciens et nouveaux [3],
est le syllogisme qui m'a convaincu tellement qu'après cet
argument sur la foi, toute autre démonstration me paraît ob-
tuse. — Mais l'ancienne et la nouvelle proposition qui ap-
puyaient ta conclusion, pourquoi les regardes-tu comme la
parole divine ? — J'en ai pour preuves ces opérations pour lesquelles la nature n'a jamais forgé le fer, ni battu l'enclume.
— Dis encore : Qui t'assure que ces opérations ont eu lieu,
comme on veut te le prouver ? Y a-t-il quelqu'un qui te jure
qu'elles sont vraies ? — Quoi ! le monde aurait adopté le christianisme sans voir de miracles ? un seul prouve plus que tous

---

*spei andarum substantia rerum, ar-
gumentum non apparentium* »

[1] Saint Pierre ne peut qu'approuver
la définition donnée par saint Paul, et
il ira plus loin en disant : Si tout ce que
la science enseigne était ainsi compris,
défini aussi bien que le définit Dante, on
ne rencontrerait pas de faux savants

[2] Le trésor de la foi.

[3] Les velins anciens et nouveaux.
Les parchemins où sont transcrits l'Ancien et le Nouveau Testament, qu'il
appelle, plus bas, l'ancienne et la nouvelle proposition.

les autres qui n'en sont pas le centième¹ : ne t'a-t-on pas vu toi-même paraître sur la terre, pauvre et à jeun, lorsque tu as commencé à semer là où depuis il y a eu une vigne fertile, qui est devenue un buisson désert? »

J'eus à peine fini, que la sainte cour chanta avec une melodie céleste : Nous louons un Dieu.

Mais ce *Baron*² qui m'avait interrogé, de rameau en rameau, et m'avait attiré aux dernières feuilles, recommençait ainsi : « La grâce³ qui se complaît à enivrer ton esprit de son

---

1 Un seul prouve plus que tous les autres qui n'en sont pas le centième, etc. Le poëte veut dire T'avoir vu pauvre et à jeun, sans richesses et vivant de tout ce qu'on t'offrait pour ta nourriture, semer la parole de Dieu dans un champ qui produisait de bons fruits, et qui ne porte plus aujourd'hui que des fruits amers; l'avoir vu, dis-je, aussi peu secondé, réussir dans ta noble entreprise, a été un miracle tel que tous les miracles rapportés dans l'Evangile, dans les Actes des apôtres et dans l'histoire ecclesiastique, ne sont pas la centième partie du miracle que tu as fait. Venturi et Lombardi disent avec raison que Dante recourt au fameux dilemme de saint Augustin (*de Civ. Dei*, chap 5).

2 Mais ce baron, *e quel baron*. Il appelle saint Pierre *ce baron*. Le titre de baron était autrefois si éminent en France qu'on le donnait aux saints pour leur marquer son respect « Il fit ses vœux, dit Froissart, devant le benoit corps du saint baron saint Jacques » (*Essais sur Paris* tome V, pages 188 et 189) — De rameau en rameau Dante compare l'action de saint Pierre, qui l'interroge sur tous les points de la foi, à celle d'un homme qui, sur un arbre promenerait en quelque sorte un autre homme, de branche en branche, jusqu'aux dernières feuilles de la cime

3 La grâce, etc.

« *La grazia, che donnea
Con la tua mente, la bocca t' apese
Insino a qui com' aprir si dovea* »

Il s'est élevé, en Italie, une grande contestation sur ce mot *donnea* Veut-il dire *domine* ou *fait l'amour*? Gran gier dit que *donnea* est ici pour *domina* Venturi, au contraire, veut que le mot *donneare* soit pris ici dans ce sens : « La grâce qui, en quelque sorte, fait l'amour avec ton esprit, et se complaît en lui » Il continue en ces termes : « Les academiciens de la Crusca, dans leur *Vocabulaire*, assurent que le mot *donneare* signifie faire l'amour avec les femmes, et trouver du plaisir à s'entretenir avec elles. Ils le prouvent par plusieurs exemples et par ces vers de Dante (*Paradis*, chant XXVII, vers 88)

« *La mente innamorata che donnea
Con la mia donna* »

« Mais, dans le passage dont il est ici question, les mêmes academiciens soutiennent que ce mot veut dire dominer, régner Presque tous les autres commentateurs pensent ainsi Cependant, il ne faut pas chercher à éloigner ce mot de sa vraie signification Qu'aurait donc d'étrange un poëte qui dirait que la grâce était enflammée d'amour, et conversait avec l'âme d'un enfant, comme, par exemple, serait sainte Catherine? Saint Denis, en parlant de Dieu, ne s'exprime-t-il pas en ces termes? « *Aversos et resilientes à se amatorie sequitur* » N'avons-nous pas dans les Ecritures cette expression de la bonté de Dieu pour les hommes? *Deliciæ meæ esse cum filiis hominum* »

Lombardi approuve en son entier ce raisonnement de Venturi, et il ajoute seulement que les academiciens de la Crusca, dans leur nouveau *Vocabulaire* de 1729, se sont prononces pour la même opinion défendue ici par Venturi

amour, t'a ouvert la bouche comme elle devait te l'ouvrir
J'approuve tout ce que tu as dit: mais il faut maintenant
m'expliquer ce que tu crois et pourquoi tu crois. — O saint
pere, répondis-je, ô esprit, toi qui vois ce que tu as cru, tellement que tu as vaincu, au sépulcre, des pieds plus jeunes
que les tiens [1], tu veux que je te manifeste la formule et la
cause de ma croyance. Voici ma réponse : « Je crois en un
seul Dieu éternel, qui met le ciel en mouvement, et qui demeure immobile lui-même, plein d'amour et de charité.

« Je n'ai pas seulement des preuves physiques et métaphysiques de son existence; j'en trouve la vérité qui pleut par
Moïse, par les prophètes, par les psaumes, par l'Évangile, et
par vos ouvrages, ô vous qui écrivîtes, après que l'Esprit-
Saint vous eut donné la vie.

« Je crois en trois personnes éternelles ; je les regarde
comme une essence parfaitement *une*, et comme une telle
Trinité [2], qu'on peut dire de l'essence de chacune de ces
personnes, *elles sont*, et *elle est*.

« Plus d'un texte de l'Évangile empreint encore mon esprit
de cette existence divine dont je te parle.

« Voilà le principe de ma foi, voilà l'étincelle qui se dilate

---

Les Italiens sont peut-etre moins severes que nous sur le choix des images que peuvent offrir leurs poètes. Ne raillons personne, comme on voudrait le faire, pour de pareilles questions. Ne jugeons pas légèrement les passions, les habitudes et le génie littéraire d'un peuple sensible et exalté, et les hardiesses de Dante, qui établit les privilèges de sa langue, et dont les écarts, s'il y en a eu, sont aujourd'hui pleinement justifiés par deux respectables religieux et par l'académie la plus célèbre de la nation. Contentons-nous de ne transporter de semblables images dans notre langue, si prude et si exigeante, qu'avec la plus grande circonspection.

1. Que tu as vaincu, au sépulcre, des pieds plus jeunes que les tiens. Saint Pierre et saint Jean ayant appris de Madeleine qu'on avait enlevé le corps de J. C., sortirent de Jérusalem et coururent vers le sépulcre. Saint Jean, plus jeune, y arriva le premier, mais, voyant le sépulcre ouvert, il n'osa y entrer. Pierre, arrivé plus tard, osa y entrer le premier, et ainsi il obtint de la grâce divine une faveur que n'avait pas obtenue saint Jean (Saint Jean l'Évangéliste, chap. 20).

2. Une telle Trinité, etc. Venturi aurait voulu que Dante, pour compléter sa profession de foi, eût annoncé aussi qu'il croyait au mystère de l'incarnation. Lombardi répond, par un argument tiré du poëme : « Puisque Dante, avant d'entretenir saint Pierre, a vu, de ses propres yeux, l'humanité divine de J. C., dès lors, l'action de la foi, pour ce point, a dû cesser dans le poëte, et être remplacée par une *expérience oculaire*. »

en une flamme plus vive, et qui brille en moi comme une étoile dans le ciel. »

Souvent le maître satisfait d'une heureuse nouvelle que vient de lui apporter son serviteur, l'embrasse en le felicitant, aussitôt qu'il s'est tu; ainsi la lumière apostolique qui m'avait interrogé, quand j'eus cessé de parler, tourna trois fois autour de moi[1], en me bénissant dans ses chants, pour me manifester à quel point cette réponse lui avait été agreable.

1. Venturi veut qu'on dise m'embrassa trois fois. Lombardi fait, a ce sujet, la reflexion suivante : « Excepté dans le chant III, page 361, le poète n'a jamais representé les substances des bienheureux que comme des lueurs, des splendeurs, des lumières, des *candeurs* privées d'un corps. elles ne peuvent donc pas embrasser, mais elles se livrent a ce mouvement circulaire dans lequel on a vu déjà toutes celles qui ont apparu à Dante »

CHANT XXV.

S'il arrive jamais que ce poeme sacré [1], dont le ciel et la terre m'ont fourni les couleurs, et qui m'a réduit à la maigreur [2], pendant de longues années, apaise la colère qui me tient banni de la belle bergerie, où, ennemi des loups qui la desolaient, je dormais ainsi qu'un agneau, ce sera avec une voix plus harmonieuse et une autre toison [3] que je reviendrai, comme poète, prendre la couronne de laurier [4] dans le temple où l'on m'a donné le baptême. C'est dans ce temple que j'ai reçu la foi qui rend les âmes agréables à Dieu, et c'est pour la foi que Pierre a si honorablement tourné autour de mon front [5]. Puis, de cette ronde que le premier vicaire du Christ avait quittée, pour me parler, il sortit une lumière qui s'approcha de nous. Ma conductrice, pleine de joie, me dit : « Regarde, regarde, voilà le *Baron* [6] en l'honneur duquel on visite la Galice. » De même que lorsque le pigeon se place à

---

1. Ce poëme sacré, ce poëme où j'ai traité un sujet sacré. Voilà des vers où l'auteur a déposé la force, l'amertume et la tendresse de ses regrets et de cette vive douleur de se voir si injustement et si cruellement chassé de sa patrie.

2. Et qui m'a reduit à la maigreur. Juvénal a dit :

« *Ut dignus venias hederis et imagine macrâ* »

Dante imite rarement Juvénal ll l'a imité encore, *Paradis*, chant XV, page 425

3. Banni de la belle bergerie, de la ville de Florence. A propos de la bergerie où il était agneau, il ajoute. « Avec une autre toison »

4 Recevoir la couronne de laurier, dans le baptistère de Saint-Jean. Tout ce morceau est très bien senti. Le poète a été heureusement inspiré, en plaçant ces idées de retour et de clemence dans le chant où il va être interrogé sur l'espérance par saint Jacques de Galice. Mais le poëte sera t-il aussi sage, quand il fera, plus bas, sa profession de charité?

5 Il se rappelle les caresses que saint Pierre vient de lui faire, après l'avoir interrogé sur la loi. Puis, de cette ronde que le premier vicaire, etc., saint Pierre, avait quittée, sortit une lumière, saint Jacques

6. Regarde, regarde, voilà le *Baron*, etc Le baron saint Jacques de Galice, mort à Jérusalem et transporté dans la ville de Compostelle, en Espagne.

côte de sa compagne, tous deux se montrent en tournant et en murmurant leur amour réciproque, de même les deux princes glorieux [1] s'accueillirent mutuellement, en louant la grandeur de Dieu, qui est la nourriture du ciel. Après avoir terminé leurs *gratulations*, ils se placèrent devant moi sans parler, et me parurent si pleins de feu, qu'ils éblouissaient ma vue. Béatrix dit alors en riant [2] : « Ame sainte, qui as célébré l'allégresse de notre Basilique, parle de l'esperance dans cette élévation céleste. Tu sais que tu figuras l'espérance [3], autant de fois que Jésus-Christ se fit voir à trois dans tout son éclat. » La lumière [4] m'adressa la parole. « Lève la tête, me dit-elle, prends de l'assurance; ce qui vient ici du monde mortel, doit se mûrir à nos rayons. » Je reçus avec reconnaissance cet encouragement de l'esprit céleste, et j'osai lever mes yeux sur ces montagnes qui sous leur poids firent courber mes regards [5]. La seconde lueur reprit : « Puisque notre Empereur [6], par une faveur particulière, permet qu'avant la mort tu te hasardes ainsi avec ses comtes dans les détours les plus secrets de sa cour, afin que, connaissant la vérité de notre bonheur, tu puisses réconforter en toi et chez d'autres, l'espérance qui là-bas imprime une vive charité,

---

1. Saint Pierre et saint Jacques.

2. Beatrix dit alors en riant, etc Elle parle a saint Jacques : « Ame glorieuse, etc » Dante, ici, est tombé dans une erreur bien excusable, il est vrai L'épitre qu il veut citer n'est pas de saint Jacques de Galice, dit le Majeur, mais de saint Jacques dit le Mineur. Dante aura probablement puisé ses renseignements dans des versions qui ont ete encore, depuis, citees par Jacques Tirin de la Compagnie de Jesus, (Anvers, 1652, 5 vol. in-fol)—Par basilique, Dante entend, au figuré, l Eglise triomphante.

3. Tu sais que tu figuras l'esperance, etc. J C., pour manifester sa divinité par de nouveaux miracles, retint trois fois avec lui trois de ses disciples, Pierre, Jacques et Jean . la premiere fois, quand il guerit le lepreux, la deuxieme fois, quand il guerit la fille du chef de la synagogue, la troisieme fois, a sa transfiguration sur le mont Thabor · chaque fois, Pierre figurait la foi, Jacques, l'esperance, et Jean, la charité.

4 La lumiere, saint Jacques.

5. Sur les apotres Pierre et Jacques « *Levavi oculos meos in montes unde veniet auxilium mihi,* » ps 120 La seconde lueur, saint Jacques

6 Puisque notre Empereur, etc. Milton n'a pas craint d imiter Dante, dans un autre sens et il dit, liv IX, v 61 (*Paradis perdu*) « *Imperatrice de ce beau monde, resplendissante Eve* » et vers 626 du même livre · « *Imperatrice, le chemin est court et facile.* » Dante, dans le XXXIVᵉ chant de l *Enfer*, appelle Lucifer « *Imperator del doloroso regno* »

dis-moi : Qu'est-ce que l'espérance? Dis, comment fleurit-elle dans ton âme? Dis, d'où est-elle venue a toi? »

La femme pieuse qui dirigeait mes ailes à un vol si sublime, répondit avant que j'eusse eu le temps de reprendre la parole : « L'Église militante n'a pas de fils qui soit plus embrasé que lui d'une vive espérance, comme tu peux le lire dans le Soleil qui éclaire tout notre royaume; aussi lui a-t-il été permis de venir d'Égypte à Jésusalem [1], avant le moment marqué pour la fin du combat. Je le laisse maître de répondre aux deux autres points, que tu lui as demandés non pour les savoir, mais afin qu'il pût rapporter combien l'espérance doit te plaire. Cette entreprise ne sera pas difficile. Il n'aura pas d'éloge à faire de lui-même [2] : qu'il réponde donc, et que Dieu l'aide à parler avec succès. »

Comme un écolier qui s'empresse de répondre à ses maîtres, sur le sujet qui lui est déjà connu, pour montrer promptement son savoir, je m'exprimai en ces termes : « L'espérance est une attente certaine de la gloire future, provenant de la grâce de Dieu et de mérites précédents [3]. Plusieurs étoiles [4] m'ont fait connaître cette lumière; mais c'est le chantre de l'immortel Général [5], qui le premier l'a versée dans mon cœur. Il dit dans sa Théodie : « Qu'ils espèrent en toi, ceux « qui ont connu ton nom. » Et qui ne le sait ce nom, s'il a la foi comme moi? Par ton épître, tu m'as comme lui versé le même breuvage [6]. Mon cœur en est si baigné, qu'il empreint,

1 D'Égypte a Jérusalem : « De la terre, vallée de misère et de captivité, au ciel, séjour de la béatitude. » (Grangier, *Paradis*, p. 512.)

2. Il n'aura pas d'éloge a faire de lui-même Le poëte se serait donné des éloges à lui même, s'il eût répondu, comme l'a fait Beatrix « Que l'Église militante n'avait pas de fils plus embrasé que lui d'une vive espérance »

3 Le poëte se sert ici de la définition de l'espérance laissée par Pierre Lombard, le Maître des sentences. (Lib. III, dist 26.)
Dante s'est contenté de traduire la définition écrite en latin, comme plus haut il a traduit les paroles de saint Paul, pour la définition de la foi Milton, liv. IX, lorsque J C prononce la sentence que Dieu a portée, se sert, autant qu'il peut, des paroles de la Genèse, et, *plutôt que d'y rien changer*, suivant l'observation de Louis Racine, *il néglige jusqu'à la cadence des vers*

4. Plusieurs écrivains sacrés. (Daniel, ch. 12)

5 David, chantre des gloires de Dieu « *Sperent in te qui noverunt nomen tuum* » (Ps 9) — Théodie, du mot grec θεοδία, chant en l'honneur de Dieu

6 Dante continue de parler à saint Jacques de Galice, en le supposant lu-

les autres de votre pluie. » Pendant que je parlais ainsi, dans le sein de cet esprit brillait une flamme étincelante. Il dit en même temps : « L'amour qui m'embrase¹ de cette vertu que je n'ai pas abandonnée depuis que je suis sorti de la vie, pour recevoir la palme, veut que je m'entretienne avec toi de cette même vertu qui fait tes délices; et c'est avec plaisir que je t'entendrai me dire ce que l'espérance te promet. » Je répondis : « Les anciennes et les nouvelles Écritures² montrent le point où doivent tendre les âmes que Dieu a chéries, et ce point se fait voir à moi en ce moment même. Isaïe assure que chacune d'elles sera ornée d'un double vêtement, dans le monde qui leur est réservé; et leur monde est cette douce vie. Ton frère nous manifeste encore mieux cette révélation, quand il traite des vêtements blancs qu'on voit au ciel. » A peine ces paroles furent-elles proférées, qu'on entendit chanter au-dessus de nous : « Qu'ils espèrent en toi³! » et toutes les *caroles*⁴ répondirent par les mêmes paroles. Ensuite il m'apparut une lueur si claire, que si le signe du Cancer⁵

---

teur de l'épître attribuée plus généralement à saint Jacques le Mineur

1 L'amour sacré qui m'embrase veut que je te parle de l'espérance.

2 L'Ancien et le Nouveau Testament te montrent le point où doivent tendre les âmes que Dieu a chéries, la gloire du Paradis, selon Venturi. — Un double vêtement Isaïe dit, chap. 61 : « *In terrâ sua duplicia possidebunt;* » et plus bas : « *Exultabit anima mea in Domino, quia induit me vestimentis salutis et indumento justitiæ circumdedit me* » — On lit dans l'*Apocalypse*, ch. 7 : « *Stantes ante thronum in conspectu agni amicti stolis albis.* » C'est à ces vêtements blancs que Dante fait ici allusion.

3 Ces paroles que l'on chante au-dessus de Dante sont les mêmes qu'il a dites à saint Jacques : ce sont les mots *sperent in te* du psaume 9.

4 Toutes les rondes de bienheureux dont il a été question au commencement du chant XXIV. (Voyez pag. 428.)

5. En hiver, pendant tout le mois que le soleil passe dans le Capricorne, signe du zodiaque opposé au Cancer, on voit, au coucher du soleil, le Cancer paraître à l'orient; et, quand le Cancer disparaît, alors le soleil se lève. Ici, pour prouver que cette lueur nouvelle avait un éclat au moins semblable à celui du soleil, le poëte dit : Si le Cancer, pendant l'hiver, avait une telle lumière, c'est-à-dire, une lumière aussi étendue et aussi éclatante que celle du soleil, alors l'hiver présenterait un mois d'un seul jour, ou un mois de jour continuel, parce que le soleil se lèverait d'abord, et que cet astre serait ensuite remplacé par le Cancer, qui jetterait une lumière égale à celle du soleil : le lendemain, le soleil paraîtrait à son tour, le Cancer lui succéderait, et de la toutes ces suppositions admises, un mois d'un seul jour, ou un mois d'un jour continuel.

Volpi critique ce passage, et dit qu'il faut se garder d'imiter ces pensées de Dante qui ont besoin d'une explication si détaillée. Ici, je me vois, à regret, forcé d'abandonner le poëte à la malice de Volpi.

avait une lumière aussi éclatante, l'hiver aurait un mois d'un seul jour. Tel qu'une vierge joyeuse se lève et se présente pour danser, plus pour faire honneur à l'épousée, que pour satisfaire un mouvement personnel de vanité, telle je vis cette lumière [1] s'approcher des deux premières lueurs qui se mouvaient en rond, comme il convenait à leur ardente charité. Elle accorda sa voix avec celle de la lueur, et Béatrix les regardant attentivement, colorée de la pudeur d'une épouse sage et respectueuse, me dit : « Voilà celui qui eut l'honneur de reposer sur le sein de notre *Pélican*[2]; ce fut lui que du haut de la croix Jésus élut au *grand devoir.* » Béatrix se tut, et ne cessa de contempler avec la même attention les esprits célestes. De même que celui qui regardant fixement le soleil, espère qu'il s'éclipsera un moment, mais finit par en être ébloui, de même je considérais cette dernière lueur [3], lorsqu'elle me dit : « Pourquoi t'obstines-tu à vouloir ainsi pénétrer ce qui n'existe pas ici? Sur terre, mon corps n'est que terre : il demeurera tel jusqu'au moment où le nombre des bienheureux sera complet, selon la volonté divine. Il n'y a que les deux lumières [4] qui ont monté devant toi, qui dans le

---

1. Saint Jean s'approcher de saint Pierre et de saint Jacques La comparaison est ici d'une fraîcheur et d'une grâce dont le poëte offre souvent des exemples Cette vierge qui se présente pour danser est une image charmante. On a voulu dire que cette comparaison ressemblait à celle de la danseuse du *Purgatoire*, chant XXVIII. Cependant, qu'on relise l'une et l'autre, on verra que ce sont deux pensées différentes, mais également animées et gracieuses

2 « *Iste est Joannes evangelista qui in cœnâ Domini, supra pectus J C. recubuit, cui Christus in cruce pendens, Matrem suam virgini virgini commendavit* (Joan, 13) Voilà ce Jean évangéliste, qui, dans la cène de N S , reposa sur le sein de J C., et à qui Jésus, suspendu sur la croix, recommanda sa Mère, confiant une vierge à un homme vierge » Je suis surpris que Dante n'ait pas conservé l'image *virginem virgini*; mais il y a ici le *grand uffizio*, le grand devoir : expression admirable, comme celle du *grand refus.* (*Enfer*, chant III, p. 12, lig. 1)
— Le *pélican*, oiseau d'Égypte, qui nourrit ses petits de son sang.

3 Saint Jean devine la pensée de Dante, qui cherche à reconnaître si ce saint est monté au ciel en corps et en âme, parce qu'il est dit dans son évangile, chapitre dernier · «*Exiit ergo sermo inter fratres quod discipulus ille non moritur;* » et qu'il rapporte (Joan , 21) ces propres paroles de J C : « *Sic eum volo manere donec veniam.* » Le saint donne l'explication suivante · « Là-bas, mon corps n'est que terre , mon corps est resté sur terre, comme celui des autres hommes, et il y restera jusqu'au jugement universel, c'est-à-dire, jusqu'au moment où chacun reprendra sa chair et sa figure »

4 Jésus-Christ et Marie, que tu as

cloître bienheureux soient revêtues des deux robes Tu rediras ces explications dans le monde où tu retourneras. » A ces mots, la ronde des trois esprits cessa ses doux mouvements et ses chants, ainsi qu'au signal du sifflet, les rames qui fendaient l'onde cessent d'être agitées, soit que le pilote craigne un écueil, soit qu'il veuille donner du repos à l'équipage. Hélas! que je fus attristé, lorsque m'étant tourné vers Béatrix, je ne pus la voir [1], quoique je fusse près d'elle, et dans l'heureux royaume!

---

vus tout à l'heure monter plus haut (voyez chant XXIII, page 465), sont les seuls qui aient été revêtus des deux robes La première robe est l'âme beatifiée ; la seconde robe est le corps glorifié On lit dans l'Ecclesiastique, chapitre 13, que les elus, après la resurrection, jouiront aussi, tous, des deux glorifications de l'esprit et du corps, dont aujourd'hui jouissent en paradis Jesus-Christ et Marie.

[1] Tant l'éclat que jetait saint Jean avait ébloui les yeux du poète.

Voici comment Biagioli termine ses notes sur ce chant: « Actuellement, je demande à quiconque juge sans passion, et se plait dans le vrai, si aucun autre, même parmi ceux qui appartiennent à la noble école du maitre de la haute poésie (Homère), en décrivant la cour de Vénus ou les jardins des Hespérides, saurait répandre sur un si large sujet autant de beautés que le poète en répand dans un si petit espace. » Je me suis plu à répéter ce jugement de Biagioli, qui est empreint d'un juste enthousiasme

CHANT XXVI.

Pendant que j'étais ainsi privé de voir Béatrix, à cause de l'éclat que jetait le dernier esprit sacré [1] qui m'avait parlé, il sortit de cette vive lumière une voix que j'écoutai attentivement, et qui prononça ces mots : « En attendant que tu retrouves ta vue que j'ai obscurcie, il convient que je te dédommage, et que je m'entretienne avec toi. Commence donc; dis-moi vers quel point se dirige ton âme ? Rassure toi d'abord ; ta vue est éblouie, mais n'est pas morte ; et d'ailleurs la sainte femme qui te conduit vers ces bienheureuses régions, possede dans le regard la même vertu qu'avait la main d'Ananias [2]. » Je répondis : « Qu'à son gré, que tôt ou tard elle apporte un remede à ces yeux, qui furent les portes par lesquelles elle entra avec le feu dont je brûle [3] ! Le Bien, qui a beatifié toute cette cour, est l'Alpha et l'Oméga de ce que l'amour [4] me dicte de facile ou de difficile à exécuter. » L'esprit qui m'avait déjà une fois rassuré sur mon subit éblouissement, m'adressa une autre fois la parole et me dit : « Il faut raffiner à un van plus étroit Tu dois déclarer qui a dirigé ton arc vers un but si sublime. » Je repondis : « C'est par des arguments philosophiques, et par l'autorité qui descend du ciel, que cet amour s'imprime en moi. Le bien, aussitôt qu'on le conçoit, excite d'autant plus la charité, qu'il parti-

---

1 Saint Jean Il sortit de la lumière de ce saint une voix qui parla au poète et qui l'interrogea sur la charité

2 La main d'Ananias rendit la vue à saint Paul. (Act 9)

3 « *Oculi sunt in amore duces.* » (Ovide) *Ut vidi ut perii* (Virgile)

Trovommi amor del tutto disarmato,
Ed aperta la via per gli occhi al core.
(Petrarque, sonnet 3)

4 L'amour; la charité Saint Jean dira ensuite « Qui a dirigé ton arc vers un but si sublime etc, qui a tourné ta charité etc »

cipe plus à la bonté divine ; aussi le cœur de celui qui connaît clairement la vérité de l'excellence de ce bien [1], doit nécessairement aimer l'essence qui surpasse toutes les autres en perfection, puisque, hors de cette même essence, il n'y a qu'un rayon de sa lumière. Cette vérité m'est encore enseignée par celui qui me démontre le premier amour des substances éternelles [2]; je l'apprends encore par les paroles de celui qui est la vérité même, et qui dit à Moïse, en parlant de soi : «Je te ferai voir la première valeur [3]. » Tu me la prouves aussi, toi qui as publié des mystères sacrés avec une voix si éloquente [4]. » L'esprit répliqua : « En suivant pour guide l'intelligence des hommes, et l'autorité qui appuie ces raisonnements, aime donc Dieu avec la plus tendre préférence. Mais dis-moi encore si tu sens que d'autres attraits te portent vers Dieu, et avoue-moi quels sont les aiguillons mordants qui t'excitent à cette tendresse. » Je devinai sur-le-champ la sainte intention de l'aigle du Christ [5], et je prévis bien jusqu'où il voulait amener ma profession de foi. Je continuai en ces termes : « Tous les aiguillons qui peuvent exciter à aimer Dieu, ont aidé ma charité. Ce monde créé pour nous, cette existence qui m'a été donnée, cette mort soufferte pour que je vive, le ciel que tout fidèle comme moi espère obtenir, enfin les lumières de la raison et de la foi, m'ont éloigné de la mer du mauvais amour, et m'ont amené au port de l'amour droit. J'aime donc les plantes [6] que cultive le jardinier éter-

1 La source pure de cette bonté qui tire son essence de Dieu. Quiconque connaît la source de la charité, aime Dieu qui surpasse tout en perfection, parce que, hors de Dieu, il n'y a que des rayons épars et imparfaits de sa lumière.
2 Suivant Grangier, saint Denis l'Aréopagite, qui dans son livre de *Divinis nominibus*, « Traité de la charité que porte Dieu à toutes les substances sempiternelles, ou heureuses créatures, comme sont les anges et les âmes élues » Suivant Venturi, Aristote, qui traite une semblable question; enfin, suivant Lombardi, Platon, qui a écrit dans son Banquet. « *His omnibus perspicuum esse aio amorem Deorum esse antiquissimum, augustissimumque.* » (Voyez le commencement du *Banquet de Platon*)
3 « Moïse dit à Dieu : *Montre-moi ta gloire* Dieu dit *Je te montrerai tout le bien* »(Exode, 33)
4 Toi Jean, qui as parlé dans ton Évangile de la génération du verbe divin
5 Saint Jean, « *Aquila ipse est Joannes sublimium prædicator.* » (Saint Augustin, *Tract in Joan.*, 36.)
6 Le poète entend dire, j'aime donc les plantes que cultive Dieu, le jardi

nel, suivant le mérite qu'il leur a communiqué » Je me tus à ces mots. Alors un doux chant se fit entendre dans le ciel. Ma Dame répeta avec les autres esprits : O saint, ô saint, ô saint [1]. L'homme arraché au sommeil par une vive lumière qui frappe tout à coup ses yeux, de membranes en membranes, abhorre cette splendeur, tant il est ébloui dans son réveil subit, jusqu'à ce que son jugement lui apporte du secours; de même Béatrix, par les rayons qui sortaient de sa vue, et qui brillaient à plus de mille milles, dissipa les ténèbres où m'avait jeté tant d'éclat. Bientôt revenu à moi, tout étonné, je demandai le nom d'une quatrième lumière que j'apercevais avec nous. Ma Dame me dit : « Dans ces rayons, la première âme que la premiere vertu ait créée contemple avec joie son créateur [2]. »

Comme la feuille que la force du vent fait incliner, et qui reprend ensuite la place qu'elle avait auparavant, par l'effet de la puissance qui la tient suspendue, je m'inclinai plein d'admiration à ces mots de Béatrix; mais un désir d'interroger me rendit mon courage. Je commençai ainsi : « O fruit qui naquis dans l'état de maturité, ô antique pere des humains, toi qui vois une fille et une bru dans chaque épouse, je te conjure aussi dévotement que je puis, de me parler! Tu conçois le désir que j'ai de t'entendre. Je ne dis plus rien, pour que tu me répondes plus tôt. » Tel qu'un animal [3], sous une couverture, s'émeut de manière que ses caresses se recon-

mer eternel, et je les aime d'un amour egal au mérite que Dieu leur a donné.

1. *Sanctus, sanctus, sanctus.* (Apoc, chap 4)

2. Adam. Le poëte va l'appeler, fruit qui naquit dans l'etat de maturité, parce que « Adam fut crée, dit Grangier, en l âge de trente ans, et en stature parfaite, et avec l'accomplissement et perfection de tous ses sens »

3. Tel qu'un animal, etc Grangier et Venturi pensent que le poëte parle ici au figuré, et que par le mot *coverto* il entend les premières caresses, d'abord tranquilles, qu'un chien fait a son maître ; Lombardi assure que le poëte n'a pas parlé au figuré, et a voulu dire. Tel qu'un animal couvert d un drap s'agite tellement, qu'il faut que sa tendresse paraisse, parce que la couverture qui le cache suit tous ses mouvements. J'ai adopté cette opinion Quant au chien de Grangier et de Venturi, il est certain qu'un chien sait bien, à l'avance, flairer son maître, et que quand il le sent près de lui, il ne fait pas de caresses tranquilles Il s'est d'abord vivement agité, puis sa joie déborde en accès qu'il ne peut plus contenir

naissent au mouvement de cette couverture qui s'agite, telle la première âme, sous la lumière qui la couvrait, me faisait comprendre qu'elle se plaisait joyeusement à me satisfaire. Elle s'exprima ainsi : « Sans que tu m'aies manifesté ta volonté, je la discerne mieux que tu ne discernes toi-même ce qui te paraît le plus certain, parce que je la vois dans ce miroir [1] que rien n'éclaire, et qui reflèchit toutes choses. Tu veux savoir quand Dieu me plaça au milieu de ce sublime jardin [2], où celle-ci te disposa à franchir de si hauts degrés ; combien de temps ce jardin me fut cher ; quelle fut la cause du grand dedain [3] ; enfin quelle langue je parlai à cette epoque. Mon fils, ce n'est pas pour avoir goûté du fruit [4], mais pour avoir oublié la promesse, que je fus condamné à un tel exil. De l'endroit d'où ta femme chérie a mis en mouvement Virgile [5], je désirai ce séjour où tu me vois, pendant quatre mille trois cent deux révolutions du soleil [6]. Cet astre parcourut neuf cent trente fois les signes qui sont sur sa route, pendant que j'habitai la terre. La langue que je parlais s'éteignit, avant que la race de Nembrod [7] eût entrepris l'ouvrage interminable, parce que les effets rationnels ne sont pas durables [8], et que le plaisir des hommes varie suivant

---

1 Dans ce miroir, Dieu

2 Au milieu du paradis terrestre

3 Grand dedain Magnifique expression pour peindre le mécontentement de Dieu.

4 Je n'ai pas été puni pour avoir mangé de la pomme cette action étant en elle-même innocente, mais elle est devenue un crime, parce qu'on m'avait défendu de manger de ce fruit

5 Des limbes d'où Beatrix a fait partir Virgile qui a guidé le poète en enfer (Voyez le *Poème de l'Enfer*, chant II, page 9) Je suis venu a toi, comme elle a voulu, etc.

6 4302 ans Le soleil parcourut neuf cent trente fois les signes qui sont sur sa route, pendant qu'Adam habita la terre Il s'écoula neuf cent trente ans l'Eglise d'occident et l'Eglise d'orient comptent cinq mille deux cent trente-deux ans suivant le calcul d'Eusèbe, depuis la création du monde jusqu'à la mort de Jésus-Christ Or, en additionnant les quatre mille trois cent deux ans pendant lesquels Adam resta dans les limbes, et les neuf cent trente ans de sa vie, on a un total égal de cinq mille deux cent trente deux ans. Le calcul de Dante est très juste (Voyez la *Genèse*, chap 8, et *Baronius*, Martyr, 25 décembre)

7 La race de Nembrod, petit-fils de Cham, qui entreprit d'élever la tour de Babel

8 Ce que l'homme fait, non par nature, mais par l'impulsion de sa volonté qui est libre, est sujet à changer souvent, parce que cette action de l'homme suit l'influence d'un ciel créé lui-même, et qui n'est doué, comme le poète l'a déjà dit, que d'une puissance affaiblie

l'influence du ciel qui l'a produit. Que l'homme parle, cela est naturel ; mais que ce soit ainsi ou ainsi, la nature vous laisse les maîtres de le faire comme il vous plaît. Avant que je descendisse dans l'infernale angoisse [1], le souverain bien [2], cause de la joie qui m'entoure, s'appelait El, sur la terre. Il s'appela ensuite Eli ; et ce changement a dû exister, parce que

et incomplète Le besoin de parler que l'homme éprouve est un mouvement naturel, indépendant de lui et invariable ; mais l'homme est maître de parler d'une manière ou d'une autre, selon qu'il lui plaît, la nature n'influe en rien sur cette manière d'exprimer la pensée :

*Ma così o così natura lascia,
Pei fare a voi secondo che v'abbella*

V'abbella, disent tous les commentateurs, est une expression provençale dont le poëte s'est déjà servi, chant XXVI du *Purgatoire*. (Voyez le *Discours d'Arnaut*, page 309, huitième ligne de la note.)

1. L'infernale angoisse, l'enfer, où sont les limbes.

2 Le souverain bien, Dieu, cause de la joie qui m'entoure, de la splendeur dont je brille, s'appelait sur terre El Plusieurs commentateurs, au lieu de EL, écrivent VN, entre autres Grangier et Venturi ; mais Daniello, Lombardi et Porturelli écrivent EL. Saint Isidore, dans ses *Etymologies*, se sert de ces propres paroles : « *Primum apud Hebræos Dei nomen EL dicitur, secundum nomen ELOI est* » Ce témoignage appuie donc l'opinion de Dante, quant au premier nom A l'égard du second, que Dante dit ELI, et Isidore ELOI, la différence entre ces deux mots paraît provenir de la manière de les prononcer « Jésus, sur la croix, cria ELI, ELI » (Saint Matthieu, chap 27) « Jesus, sur la croix, cria ELOI, ELOI. » (Saint Marc, chap 18) Ce changement d'EL en ELI ou ELOI devait avoir lieu, parce que les habitudes des hommes sont comme les feuilles des arbres ; les unes tombent, d'autres les remplacent. — Quant à la montagne, etc., le purgatoire au haut duquel est le paradis terrestre, suivant Dante, je n'y demeurai que depuis la première heure jusqu'à celle qui est seconde, quand le soleil, à six heures, passe l'arc du *quadrant*, c'est-à-dire : je n'y demeurai que sept heures Voici la note de Lombardi : « Dante suppose que le jour est divisé en douze heures, et que la sixième est *mezzo giorno*, midi Or, comme dans tout pays on *compute* que le soleil à midi est élevé au-dessus de l'horizon de 90 degrés, qui forment la quatrième partie du cercle, appelée vulgairement *quadrant*, il dit qu'après la sixième heure, le soleil change de *quadra* Au lieu de faire répondre par Adam, qu'il a habité paradis depuis la première heure jusqu'à la septième, il lui fait dire qu'il l'a habité jusqu'à l'heure seconde après la sixième, en tout sept heures. » C'est une ancienne opinion qu'Adam n'est resté que sept heures dans le paradis terrestre. (Voyez Pierre Comestor dans son chap XXIV de l'*Histoire scolastique*)

— J'ai eu raison de manifester quelque doute, lorsque j'ai demandé (note 4 du chant XXV, page 474) si le poëte serait irréprochable, en faisant sa profession de charité Il faut remarquer que dans tout ce chant, où il ne devait être question que de la charité, Dante n'a pas une seule fois parlé du pardon des injures : on pouvait s'attendre que cette fois là seule, il se serait exprimé avec quelques ménagements et quelques retours sur lui-même Il se contente de dire en général : J'aime les plantes que cultive le jardinier éternel, les créatures répandues dans le monde. On eût pris plaisir à voir le poëte, dont les regrets sont si attendrissants au commencement de ce chant où il traite de l'espérance, s'abandonner un instant à un mouvement de sensibilité généreuse avec d'autant plus d'effusion, que, dans le chant XXVII, le même poëte aurait tout aussi bien pu reprendre sa massue, et, caché derrière saint Pierre, porter à ses ennemis de Rome et de Florence les coups les plus terribles

les habitudes des hommes sont comme la feuille sur le rameau ; l'une s'en va et l'autre vient[1]. Quant à la montagne qui s'élève le plus au-dessus de la mer, là où ma vie fut successivement pure et déshonnête, j'y restai depuis la première heure jusqu'à celle qui suit la sixième, quand le soleil dépasse l'arc du *quadrant.* »

[1] Voyez sur ce même point, à peu près, l'explication que m'a remise le respectable M Étienne Quatremère, ce savant si distingué parmi les savants ; explication que j'ai insérée *Paradis*, chant XIV, note 2, page 410.

CHANT XXVII.

Tout le paradis alors chanta, Gloire au Père, au Fils, au Saint-Esprit, avec une telle mélodie, que ce chant m'enivrait : il me semblait voir l'univers entier se réjouir, et mon ivresse entrait dans mes sens par l'ouie et par la vue. O bonheur, ô allégresse ineffable! O vie entière d'amour et de paix! O richesse assurée sans désir! Devant moi, les quatre esprits paraissaient enflammés [1]; et celui qui était venu le premier commença à étinceler davantage, et se montra tel que serait Jupiter, si lui et Mars devenaient oiseaux et changeaient de plumage. La Providence, qui règle les différents devoirs, avait de toutes parts imposé le silence au chœur bienheureux, lorsque j'entendis ces mots : « Si je me *transcolore*, ne t'étonne pas; car à mesure que je parlerai, tu verras se *transcolorer* aussi tous les esprits qui sont près de moi. Celui qui sur la terre usurpe ma place [2], ma place, ma place, vacante devant le Fils de Dieu, a fait du lieu où j'ai souffert le martyre, un cloaque de sang et de débauches, qui réjouit le pervers tombé de là-haut. » Je vis alors le ciel couvert de cette même teinte que produit, le soir et le matin, au levant et au couchant, le soleil caché par des nuages. Béatrix elle-même changea de figure, comme une femme vertueuse qui ne se reproche rien, mais qui a honte en entendant la faute des autres. Une telle éclipse a dû attrister le ciel, lors de la Pas-

---

[1] Saint Pierre, saint Jacques, saint Jean et Adam — Celui qui était venu le premier, saint Pierre, devint tel que serait Jupiter, si Mars et lui étant oiseaux, il échangeait sa couleur blanche contre celle de Mars qui est rouge et enflammée.

[2] Allusion à un pape du temps Saint Pierre dit trois fois *ma place*.

sion de la suprême puissance [1]. Alors la lueur sainte [2] s'écria, d'une voix aussi terrible que sa nouvelle couleur avait été effrayante : « Ce n'est pas pour être achetée à prix d'or, que l'épouse du Christ a été nourrie de mon sang, de celui de Lin et de Clet. C'est pour acquérir cette vie joyeuse, que Sixte, Pie, Calixte et Urbain répandirent aussi tout leur sang après tant de larmes. Notre intention n'a pas été qu'une partie du peuple chrétien s'assît à la droite de nos successeurs, et qu'une autre partie s'assît à la gauche, ni que les clefs qui m'ont été confiées fussent empreintes sur les étendards de ceux qui combattraient les nations baptisées, ni que mon image fût apposée en cachet sur des priviléges vendus et menteurs, dont souvent je rougis étincelant de colère. Dans toutes les pâtures, on voit des loups ravisseurs en habits de berger. O divine justice, pourquoi parais-tu endormie? Des habitants de la Gascogne et de Cahors s'apprêtent à boire de notre sang. O commencement heureux, faut-il que tu tombes

---

1 Quand Jésus-Christ, la suprême puissance, expira sur la croix.

2. Saint Pierre reprend : Ce n'est pas pour être achetée à prix d'argent, que l'Église a vu mon martyre, celui de Lin et de Clet, papes des premiers temps. Sixte et Pie, papes, vivaient sous le règne de l'empereur Adrien. Calixte, sous celui de Caracalla ; Urbain, sous celui d'Alexandre Sévère — Notre intention n'a pas été qu'une partie du peuple chrétien s'assît à la droite de nos successeurs, et qu'une autre partie s'assît à la gauche (saint Matthieu, 23, dit que le jour du jugement dernier, les élus seront à la droite de Jésus Christ, et les réprouvés à sa gauche), ni que les clefs qui m'ont été confiées servissent d'étendards aux Guelfes contre les Gibelins — Là-bas, dans toutes les pâtures, on voit des loups ravisseurs habillés en bergers, des ministres de la religion qui ne veillent pas au soin de leurs troupeaux. O divine justice, pourquoi parais-tu endormie? *Exsurge, quare obdormis, Domine?* » (Ps 43) Des habitants de la Gascogne et de Cahors Clément V, archevêque de Bordeaux, et Jean XXII, né à Cahors Mais la Providence qui protégea Rome par le bras de Scipion, etc. Scipion est ici pour donner l'idée d'un grand général, et se rapporte toujours à l'espoir que concevait Dante de voir Henri VII soumettre l'Italie Lombardi pense que le poète veut parler de Can le Grand. — Et toi, mon fils, qui vas retourner sur la terre, publie ce que saint Pierre t'a révélé.

Tout ce morceau était profondément gravé dans la mémoire de Milton, lorsqu'il composait un célèbre passage de son livre XII, vers 58 et suivants

Voici une note de Lombardi sur la partie de cette invective qui concerne les priviléges vendus et menteurs

« Le prudent lecteur doit être averti que Dante ne fait parler ainsi saint Pierre que relativement à quelques pontifes de son temps, sur la conduite desquels les historiens sont divisés, et qu'en chrétien fidèle, il n'en reconnaît pas moins en eux la suprême dignité qui, comme l'enseigne saint Léon. *Etiam in indigno haerede non deficit* » (S. Leo, Serm. 2)

LE PARADIS, CHANT XXVII.   487

dans une vile fin! Mais la Providence, qui par le bras de Scipion protégea dans Rome la gloire du Monde, vous secourra, je crois, bientôt; et toi, mon fils, que le poids de la dépouille mortelle fera retomber là-bas, ouvre la bouche, et ne cache pas ce que je ne cache pas moi-même. »

De même que l'air se charge de flocons de vapeurs condensées par le froid, lorsque les cornes de la chèvre du ciel sont en contact avec le soleil [1], de même je vis dans la sphère se former comme des flocons de ces vapeurs triomphantes qui s'étaient arrêtées avec nous. Mes regards les suivirent jusqu'au milieu d'elles, et ce ne fut que jusque-là qu'ils purent s'étendre. Béatrix, qui jugea que je ne pouvais plus rien apercevoir, me dit alors : « Baisse ta vue, et remarque comme tu as tourné toi-même. » Je reconnus que depuis le moment où j'avais regardé la terre, pour la première fois, j'avais parcouru tout l'arc d'une moitié du premier climat [2]; je voyais, au delà de Gade [3], ce passage que le téméraire Ulysse tenta de franchir; et en deçà, le rivage sur lequel Europe devint un si doux fardeau. J'aurais encore découvert une plus grande partie de ce point imperceptible; mais le soleil était éloigné de moi de plus de l'espace d'un signe. Mon esprit embrasé de charité, qui brûle du plus tendre amour pour ma Béatrix, s'enflammait plus que jamais du désir de reporter

1 Lorsque le soleil est dans le signe du Capricorne.

2. Il avait fait autant de tours que le signe des Gémeaux dans lequel il était alors. Le signe était passé du méridien à l'horizon : six heures s'étaient écoulées, depuis le moment où il avait regardé la terre pour la première fois (Voyez chant XXII, vers 133, page 462.) Dante, suivant Ptolémée, divisait la terre habitable en sept climats. Ici, le premier climat est vers le tropique du Cancer. Comme le poëte se dit perpendiculairement placé sur l'horizon occidental de notre hémisphère, qui, d'après son système, est le littoral occidental de l'Espagne, il va ajouter qu'il voit au delà de Gade, aujourd'hui Cadix.

3. Je voyais, au delà de Cadix, l'Océan que voulut parcourir Ulysse. Le poëte a déjà parlé de cette entreprise d'Ulysse. (Enfer, chant XXVI, page 210.) Le rivage sur lequel Europe devint un si doux fardeau, le rivage de Phénicie qu'habitait Europe, fille d'Agénor, roi de ce pays, et qui se laissa enlever par Jupiter changé en taureau (Ovide, Métamorphoses, livre II, vers 833.) J'aurais découvert une plus grande partie de la terre, etc., mais alors le soleil était à peu près dans le 22e degré du Bélier, suivant ce que disent les académiciens de la Crusca, et conséquemment éloigné des Gémeaux où se trouvait Dante, de plus d'un signe, de toute la distance du Taureau qui sépare le Bélier et les Gémeaux.

ma vue sur elle Si la nature, dans le corps humain, et l'art, dans ses peintures, produisent des appâts qui attirent nos yeux, pour arriver à notre cœur, tous ces attraits réunis ne seraient rien devant le plaisir divin qui m'enivra de nouveau, lorsque je me retournai vers son visage riant. La vertu que me communiqua son regard, me detacha du signe cher à Léda[1], et m'enleva jusqu'au ciel qui a le plus de vélocité. Les points de cette sphère, plus lucides et plus prompts à se mouvoir, sont si uniformes, que je ne sais pas dans quelle partie me plaça Béatrix. Elle voyait mon inquiétude, et alors, avec un visage si joyeux que Dieu y paraissait empreint, elle commença ainsi : « La nature du monde qui veut qu'au milieu il y ait repos, et que tout le reste soit en mouvement[2], trouve ici son unique principe : ce ciel n'a pas d'autre point où il s'arrête que l'entendement divin qui l'embrase de cet amour dont il reçoit le mouvement, et de cette vertu d'où émanent différentes influences.

« Un cercle de lumière et d'amour entoure ce ciel comme les autres; mais d'ailleurs il n'est compris que de Dieu, qui le contient dans son immensité. Le premier Mobile[3] ne reçoit aucune autre impulsion. Les autres sphères reçoivent la sienne, comme le nombre dix renferme la moitié et la cinquième partie de ce nombre. Actuellement, il peut t'être prouvé que le Temps tient ses racines dans un tel vase, et ses feuilles dans les autres sphères[4].

« O cupidité qui asservis tellement les mortels, qu'aucun

---

[1] Du signe des Gémeaux où il se trouvait encore, et l'éleva rapidement a un autre ciel, au premier mobile On peut remarquer ici l'adresse avec laquelle le poëte varie ses differents changements de situation

[2] C'est ici que tu verras le principe de ce monde circulaire qui imprime une rotation régulière aux spheres inférieures

[3] Le premier mobile ne reçoit aucun mouvement d'aucun autre corps; il est la mesure première de tous les autres mouvements, comme les nombres réunis forment les nombres plus considérables. Discussion scolastique qui ralentit un peu l'action Dante, dans toute sa metaphysique ! Mais poursuivons le poëte, et surtout le poëte satirique, ne tardera pas à se montrer de nouveau.

[4] Dante ici montre plus d'assurance que saint Augustin, qui dit ingénument : « Ce que c'est que le temps, si personne ne me le demande, je le sais, mais si je veux l'expliquer a quelqu'un qui m'interroge sur cette question, je ne sais rien »

n'a la force d'élever ses yeux au delà de cette mer ! La volonté des hommes présente quelquefois des fleurs; mais la pluie continuelle abâtardit les bons fruits. On ne trouve l'innocence et la sincérité que chez les enfants; et ces vertus disparaissent avant que le premier duvet ait couvert les joues. Tel, quand il balbutie encore, veut déjà jeûner, qui, lorsque sa langue est déliée, dévore toute espèce d'aliments, dans tous les temps et dans toutes les occasions. Tel quand il balbutie encore, aime et écoute sa mère, mais désire la voir ensevelie, lorsqu'il a la parole libre. Ainsi le teint de la noble fille de celui qui apporte le matin et laisse le soir, blanc d'abord au premier aspect, devient tout à fait noir [1].

« Et toi, si tu veux voir diminuer ton étonnement, pense que sur terre il n'est plus personne qui gouverne : aussi la famille humaine est hors de la voie. Mais avant que janvier sorte de l'hiver [2], à cause de cette fraction de temps qui est

[1] La nature humaine, fille de l'astre qui apporte le jour, et qui laisse la nuit, de bonne, devient mauvaise

[2]. Avant que janvier cessant d'appartenir à l'hiver, tombe dans le printemps, ce qui peut arriver, parce qu'on a négligé de faire correspondre l'année civile avec l'année solaire

Voici des observations explicatives de ce passage de Dante, que j'extrais de l'ouvrage intitulé : *Considerations sur les quinze premiers papes qui ont porté le nom de Gregoire*, in-8 ; Paris, 1841 Page 170, on lit « L'année est, suivant l'opinion des physiciens, le temps que la terre emploie à faire une revolution entière dans son orbite Pendant ce temps, le soleil nous semble parcourir toute l'écliptique ou les douze signes du zodiaque. Chez les anciens, on n'a pas déterminé d'abord d'une manière précise la mesure de ce temps Les Égyptiens ne l'évaluaient qu'à trois cent soixante-cinq jours. Cependant, comme, tandis que la terre consomme une révolution entière dans son orbite, elle fait, relativement au soleil, trois cent soixante cinq tours et à peu près un quart, sur son axe, ce qui compose l'année de trois cent soixante-cinq jours et environ six heures, on reconnut dans la suite que les équinoxes reculaient tous les quatre ans d'un jour à peu près. Pour remédier à cet inconvénient, on proposa d'employer ces six heures excédantes en faisant tous les quatre ans une année composée d'un jour de plus que les autres, de sorte que cette quatrième année est de trois cent soixante-six jours, et appelée bissextile (chez les Romains, ce jour était placé le sixième jour avant les calendes de mars); et cette année-là, il y avait deux fois le sixième jour avant les calendes de mars. (Voyez le *Calendrier romain* qui se trouve à la fin de l'*Histoire de Pie VIII*, page 443.) Cet arrangement se fit sous le règne de Cesar Originairement, le *Calendrier romain* avait été formé par Romulus, et disposé en meilleur ordre par Numa Pompilius, et il appartenait à un des grands hommes de l'empire de contribuer à perfectionner ce travail Sossigene, célèbre mathématicien d'Alexandrie, développait les avantages de sa réformation, et demandait que le *Calendrier* s'appelât dorénavant *la Correction Julienne* Il en fut ainsi, et *l'année Julienne* commença quarante cinq ans avant la nais-

négligée là-bas, ces cercles supérieurs auront un tel mouvement [1], que cette fortune attendue si impatiemment tournera les poupes là où sont les proues ; la flotte courra dans la sage direction ; enfin le vrai fruit viendra après la fleur. »

sance de N.-S On y fit quelques changements au concile de Nicée, l an 325 Les conciles de Constance en 1414, de Bâle en 1439, et de Latran en 1516. s'occupèrent de cette question Nicolas V, et trente ans après, Sixte IV, donnèrent des soins a cette controverse Sixte IV employa le mathématicien Regiomontanus (Jean Muller) Le concile de Trente remit l affaire au suprême Pontife. Sous Jules-César, on avait approché du but, mais on ne le touchait pas tout a fait, car pour qu'il n'y eut point de mécompte, il eût fallu que le temps employé par la terre à parcourir son orbite, eût été exactement de trois cent soixante-cinq jours et six heures, mais il s'en faut d'environ onze minutes, et cette quantité, quoique très-petite, répétée pendant un grand nombre d'années, devint si considérable, qu'à la fin du XVIe siècle les équinoxes étaient avancés de dix jours. Voici comment ce fait est expliqué : les onze minutes négligées dans la reformation de Jules-César, et non observées par le concile de Nicée, après cent trente-trois ans, formaient un jour de vingt-quatre heures Par quatre siècles, cela formerait trois jours »

Tous ces inconvénients jetaient de la confusion pour la fête de Pâques, laquelle, par ordre du concile de Nicée, doit se célébrer le dimanche qui suit la quatorzième lune tombant dans l'équinoxe de l'hiver, entre le 20 et le 21 mars — Grégoire XIII, par sa bulle *inter gravissimas*, datée de Frascati le 24 février 1582, ordonna qu'à dater du 5 octobre inclusivement de la même année on supprimât dix jours, et qu'ainsi le 6 octobre devint le 15 du même mois, ce qui rétablissait l'ordre pour le temps passé Il fallait aussi pourvoir à ce qui pourrait arriver pour les onze minutes que Jules-César et le concile de Nicée avaient négligées (embarras que Dante connaissait très-parfaitement, et signale ici avec une grande sagacité) A l'égard de ces onze minutes qui reviendraient plus tard causer la variation des équinoxes dont nous avons déjà parlé, le saint-père ordonna que tous les cent ans, à dater de l'an 1700 jusqu'à 2000, on omettrait par siècle une année bissextile Ainsi, l'année 1600 le serait, mais les années 1700, 1800 et 1900, ne le seraient pas, et l'année 2000 le redeviendrait Cette manière sublime de porter des lois pour les siècles à venir convient bien à celui que Jésus Christ a commis au soin d'une Église qui ne doit pas périr

Dante dit :

Ma prima che gennaio tutto sverni,
Per la centesma ch' e laggiu neglietta.

Venturi dit qu'il paraît que, suivant Dante, la variation entre l'année civile et l'année solaire était la centième partie d'un jour Lombardi répond avec un grand sens. Dante appelle cette variation *centesma* non pas mathématiquement et étroitement, mais vulgairement et largement, parce que cette variation est voisine de la *centesma*. Il n'en est pas moins vrai que Dante montre ici avec quel esprit de pénétration il avait étudié, autant qu'il le pouvait alors, la science de l'astronomie

1 Les sphères que tu as parcourues auront un tel mouvement, auront si longtemps accompli leur mouvement de rotation, qu'à la fin la famille humaine rentrera dans le sentier de la vertu — La flotte courra dans la sage direction, l'empereur Henri VII arrivera en Italie, où, selon l'opinion de Lombardi, Can le Grand montera sur le trône impérial, favorisera les armes et les opinions des Gibelins, et rétablira Dante dans la possession de ses biens, en lui rendant le bonheur de revoir les doux rivages de l'Arno

CHANT XXVIII.

Lorsque celle qui guidait mon entendement dans le paradis m'eut ainsi découvert la vérité sur la vie présente des misérables mortels, je me souviens que je regardai ces yeux si beaux où l'amour trouve les liens qui m'enchaînent[1]. Semblable aux hommes, qui voyant dans un miroir la flamme d'une torche, avant d'avoir vu la torche elle-même, ou d'y avoir pensé, cherchent à s'assurer si le cristal ne leur en a pas imposé, et comprennent qu'ils ne se sont pas trompés, et que la flamme et le miroir s'accordent ensemble, comme le chant s'accorde avec les paroles, alors je me retournai, et je fus frappé de la vertu des yeux de Béatrix, qui reflechissaient si bien chaque objet, quand on les considérait attentivement. J'aperçus un point qui jetait une si vive lumière, que la vue éblouie cédait à son tranchant aigu. La plus petite étoile placée près de ce point[2] comme une étoile est près d'une autre étoile, paraîtrait une lune. Autour, à la même distance où est cette couronne de vapeurs qui environnent quelquefois le soleil, un cercle de feu tournait si rapidement, qu'il aurait surpassé en vitesse le ciel le plus prompt à se mouvoir. Ce premier cercle était environné d'un second, celui-ci d'un troisième, celui-là d'un quatrième, cet autre d'un cinquième, et ce dernier d'un sixième cercle. Suivait un septième cercle, que l'arc messager

---

[1] Les yeux de Béatrix toujours les expressions les plus recherchées de l'amour.

[2] A côté de ce point si resplendissant l'étoile la plus petite que nous voyions dans le ciel, nous paraissait, pour la grandeur, telle que nous voyons la lune. Le poëte veut dire que ce point, quoique très-brillant, était d'une petitesse extrême. Venturi voit, dans ce point si petit l'image de la spiritualité, de la simplicité et de l'indivisibilité de Dieu.

de Junon ne pourrait contenir [1]. Il en était ainsi d'un huitième et d'un neuvième, qui se mouvaient moins vite, en raison de la distance où ils étaient du point de l'unité. Tous ces cercles brillaient aussi d'un éclat plus ou moins sincère, suivant qu'ils étaient plus voisins et plus éloignés du point qui en formait le centre. Béatrix, qui me voyait tourmenté d'une vive curiosité, me dit : « De ce point dependent le ciel et toute la nature [2]. Vois ce cercle, qui en est le plus près, et apprends que son mouvement a cette rapidité, à cause de l'amour ineffable qui l'anime. » Et moi à elle : « Si notre monde présentait l'ordre dans lequel je vois ces différents mouvements, j'aurais été pleinement persuadé ; mais, dans

---

1. Plus grand que l'arc-en-ciel.

2. Aristote, parlant de Dieu comme du principe essentiellement nécessaire, dit : « *Ex tali igitur principio dependent cœlum et natura* » (*Metaphys.*, lib XII) — Vois ce cercle, etc. Le cercle des seraphins a un mouvement plus rapide, parce qu'il est plus près de l'amour ineffable de Dieu, qui l'anime — Ce temple admirable des anges, qui n'a pour confins que lumière et amour, satisfait ma curiosité dans cette neuvième sphère, temple des seraphins au-dessus duquel est l'Empyrée, où l'on ne voit que lumière divine et amour sacré. — Comment cette différence existe, etc. Je voudrais savoir comment il arrive que le cercle le plus près du point qui est au centre tourne avec plus de rapidité que les cercles qui suivent, parce que, dans le monde mortel, ce sont les cercles les plus voisins d'un centre qui tournent le plus lentement, et que les cercles les plus éloignés de ce centre tournent avec plus de rapidité pour arriver au même but en même temps que les cercles les plus voisins — Existe entre la copie et le modele, etc Le ciel, qui est le modèle sur lequel la terre a dû être formée : la terre est donc la copie du ciel. — Celui qui entraine avec lui tous les autres, le premier mobile — Correspond au cercle qui a le plus d'amour et d'intelligence, correspond au cercle des séraphins, qui sont les êtres les plus voisins de Dieu, et qui ont le plus d'amour et d'intelligence — Si tu examines bien l'efficacité de ces substances celestes qui te semblent disposées en rond, et non leur apparence, le mouvement qu'elles paraissent avoir, tu verras que chacune de ces substances correspond à chacun des cieux avec lequel elle a des rapports, c'est à dire, le premier cercle, qui est celui des seraphins, correspond à la neuvième sphère, au premier mobile, la sphère où tu es maintenant. Le deuxième cercle, celui des chérubins, correspond à la huitième sphère, ou ciel des étoiles fixes Le troisième cercle, qui est celui des trônes, à la septième sphère, ou planete de Saturne. Le quatrième cercle, qui est celui des dominations, à la sixième sphere, ou planete de Jupiter. Le cinquième cercle, qui est celui des vertus, à la cinquième sphère ou planete de Mars Le sixième cercle, qui est celui des puissances, à la quatrième sphère ou planete du soleil Le septième cercle, qui est celui des principautés, à la troisième sphère ou planete de Venus Le huitième cercle, qui est celui des archanges, à la seconde sphère ou planète de Mercure Enfin, le neuvième cercle, qui est celui des anges, à la première sphère, ou planete de la lune. On voit que Dante met une grande attention à disposer ses hiérarchies célestes, de manière à se trouver toujours d'accord avec les principes qu'il établit

le monde sensible, les sphères qui s'éloignent le plus du centre sont d'autant plus divines. Daigne satisfaire ma curiosité, dans ce temple admirable des anges, qui n'a pour confins que lumière et amour. Je voudrais savoir comment cette différence existe entre la copie et le modèle ; j'en cherche en vain la raison. — Il n'est pas étonnant, dit Béatrix, que tes doigts ne puissent délier un pareil nœud. Il est devenu d'autant plus solide, qu'on n'a pas essayé de le dénouer. Si tu persistes à connaître la raison de ce que tu ignores, recueille toute la subtilité de ton esprit. Les cercles du monde sensible sont grands ou petits, en raison du plus ou moins de vertu qu'ils renferment. La chose la meilleure communique un plus grand bien, et le plus grand corps, en tant qu'il est parfait, exerce l'influence la plus complète. Donc, celui qui entraîne avec lui tous les autres cieux, correspond au cercle qui a le plus d'amour et d'intelligence. Si tu examines bien l'efficacité de ces substances, qui te semblent disposées en rond, et non leur apparence, tu verras que chacune correspond plus ou moins à chacun des cieux avec lequel elle a des rapports. »

De même que l'air devient plus pur et plus serein, quand Borée, par son souffle le plus doux, dissipe les vapeurs qui troublaient l'atmosphère, et fait paraître le ciel entouré de tout son cortége, de même, à cette réponse claire de Béatrix, je vis la vérité, comme on distingue une étoile dans le ciel. A peine cette femme bienheureuse eut-elle fini de parler, que ces cercles jetèrent des étincelles, ainsi qu'on en voit sortir du fer bouillant, battu à un grand feu. Chaque étincelle, dans son embrasement, se multipliait en autres étincelles ; leur nombre surpassait celui que donneraient les cases d'un échiquier [1], si on les comptait, en doublant toujours à

---

[1] « *Piu che 'l doppiar degli scacchi s' immilla.* »

Lombardi rappelle l'anecdote que rapporte Jean Wallis, *de Prog. geom*, cap 13, et que confirme Thomas Hyde, *de Ludis orientalibus.* Sessa Ebn-Da-

hir, Indien, ayant présenté à un roi de Perse le jeu des échecs, qu'il venait d'inventer, ce prince dit à ce savant, « Je vous donnerai pour récompense ce que vous me demanderez » Le savant demanda un grain de blé pour la première case, deux pour la seconde, qua-

chaque case. J'entendis les chœurs chanter *hosanna* autour de ce point immobile¹ qui les a confirmés, et les confirme dans cette grâce qu'ils n'ont jamais perdue. Et *Celle-ci* qui voyait en moi de nouveaux doutes, m'adressa la parole et me dit : « Les premiers cercles t'ont présenté les séraphins et les chérubins. Ils suivent avec vélocité leur attraction, pour ressembler au point suprême, autant qu'ils peuvent, et leur sublimité est proportionnée à leur entendement. Les autres amours qui suivent sont appelés trônes du regard divin ; ils terminent le premier *ternaire*. Tu dois savoir quelle joie ils trouvent dans la vue de la vérité qui est le principe de toute intelligence ; aussi tu comprends que la béatitude consiste plus à jouir de la vue de Dieu², qu'à se livrer au sentiment d'amour qu'il inspire, sentiment qui n'est qu'un effet secondaire de la présence de Dieu. Ce sont les mérites qui procurent cette vue si douce, et c'est la grâce divine et sa volonté bienfaisante³ qui donnent ces mérites : c'est ainsi que tout est distribué de degré en degré. L'autre ternaire⁴ qui germe dans ce printemps sans fin, où il ne redoute pas les nuits sombres pendant lesquelles se lève le Bélier, chante perpétuellement *hosanna*, en formant trois mélodies qui partent des trois chœurs de joie dont il est composé. Dans cette hiérarchie sont

tre pour la troisième, huit pour la quatrième, seize pour la cinquième trente-deux pour la sixième, soixante-quatre pour la septième, cent vingt-huit pour la huitième, deux cent cinquante six pour la neuvième, cinq cent douze pour la dixième, et ainsi de suite, en doublant toujours, jusqu'à la soixante-quatrième. Le roi se mit à rire d'une telle demande, et ordonna que le savant fût payé en blé sur le-champ, mais, quand on eut fait le calcul de ce qu'on lui devait, on trouva que toute la Perse ne contenait pas assez de blé pour le payer. Le poëte veut donc dire : Le nombre des substances qui formaient les différents cercles surpassait celui que donneraient les cases d'un échiquier, si, pour la première, on comptait un, pour la deuxième deux, pour la troisième quatre, etc.

1 Chanter *hosanna* autour de ce point, autour de Dieu
2 Le poëte fait allusion à cette question scolastique : « *In quo consistat beatitudo formalis, an in visione, an in amore ?* » (Voyez Martinez, liv IV, *du Maître des sentences*, dict. 49, q 2)
3. Quelques commentateurs disent : La grâce divine et une bonne volonté particulière a chaque substance qui la rend digne de cette grâce divine.
4 Le poëte suit toujours les dénominations données par saint Denis l'Aréopagite, dans ses ouvrages, *de Cœlesti hierarchiâ*, cap. 7 — Les nuits sombres pendant lesquelles se lève le Bélier les nuits d'automne : alors le Bélier, qui se trouve opposé au soleil, ne paraît que la nuit sur notre hémisphère

les hautes deesses, d'abord les dominations, puis les vertus, ensuite les puissances. Dans les deux premiers chœurs de la troisième hiérarchie, se meuvent les principautés et les archanges : le dernier est consacré aux jeux des anges. Ces ordres reçoivent leur lumière de Dieu, et rendant successivement aux intelligences inférieures l'influence qu'ils ont reçue, tous ils sont attirés, et tous ils attirent vers l'image de Dieu [1]. Denis a contemplé avidement ces chœurs sacrés; il les a distingués et nommés comme moi.

« Puis Grégoire a été d'un autre sentiment; mais quand il a ouvert les yeux dans ce ciel, il a ri lui-même de sa méprise. Ne t'étonne pas cependant [2] qu'un mortel ait, sur la terre, manifesté cette vérité inconnue aux hommes : celui qui avait vu le ciel, la lui avait démontrée, avec d'autres vérités éternelles relatives à ces suprêmes intelligences. »

---

[1] Ce tercet mérite la plus grande attention :

« *Questi ordini di su tutti s'ammirano,*
E di giù vincon sì, che verso Iddio
Tutti tirati sono e tutti tirano. »

On lira avec plaisir cette note de M. de Romanis, qu'il doit à Portirelli. « Joseph Baretti, dans sa *Dissertation anglaise sur la poésie italienne*, rapporte l'opinion de Tagliazucchi, grand mathématicien de Turin, qui a démontré que, dans ce passage, est clairement exprimé le système d'Isaac Newton sur l'attraction. »

Voilà encore Dante l'un des inventeurs d'une des plus importantes lois physiques.

— Denis, Denis l'Aréopagite. — Grégoire, etc. Grégoire le Grand ne décrit pas le ciel comme saint Denis : saint Denis le décrit comme vient de faire Dante. Il le distingue en trois hiérarchies de trois ordres chacune : la première contient les séraphins, les chérubins et les trônes, la seconde, les dominations, les vertus et les puissances, la troisième, les principautés, les archanges et les anges. Grégoire le Grand, dans son *Homélie* XXIV, les décrit autrement : il met les puissances au rang des trônes, et les trônes au rang des principautés, les principautés au rang des puissances, etc., mais, quand il est arrivé au ciel, Grégoire a ri de sa méprise.

[2] Ne t'étonne pas cependant qu'un mortel, saint Denis, ait manifesté aux hommes la disposition des hiérarchies : celui qui avait vu le ciel, saint Paul, pouvait démontrer cette vérité à saint Denis, son élève. Saint Paul, après avoir été ravi au ciel, y avait vu tous les secrets de Dieu.

CHANT XXIX.

Lorsque les deux fils de Latone [1], couverts l'un du Bélier, l'autre du signe de la Balance, se font ensemble une ceinture de l'horizon, pendant autant de temps qu'il s'en écoule, du point où le zénith les tient en équilibre, jusqu'au point où l'un et l'autre, changeant d'hémisphère, se dégagent de cette ceinture, Béatrix, en considérant avec un visage qu'embellissait un sourire, le point qui m'avait tant frappé, garda le silence. Ensuite elle parla ainsi : « Sans te demander ce qui te tourmente, je vais te dire ce que tu veux savoir : je l'ai lu dans celui qui est le centre de tous les lieux et de tous les temps. L'amour éternel créa neuf amours sacrés [2], non pour augmenter sa perfection (elle ne pouvait s'accroître davantage), mais afin de pouvoir dire, en étincelant, « Je subsiste. » Il était auparavant renfermé dans son éternité, au delà des temps, incompréhensible, comme il lui a plu : cependant jusques alors, il n'était pas demeuré dans l'inertie, et ce que Dieu dit *sur les eaux* [3], n'avait eu lieu ni avant, ni après. La forme et la matière jointes ensemble et dans leur état de pureté, obtinrent une disposition parfaite. Comme trois flèches partent à la fois d'un arc *tricorde* [4], comme un rayon du

---

1. Béatrix garda le silence pendant autant de temps que le soleil et la lune, ou Apollon et Phœbé, enfants jumeaux de Latone, restent en présence, sous le Bélier et la Balance, lorsque l'un de ces astres est au levant, et que l'autre est au couchant, c'est à dire, Béatrix garda le silence peu de temps, en considérant le point qui l'avait tant frappée, la gloire de Dieu.

2. Ce sont les neuf ordres de substances célestes qui furent créés de Dieu : nous avons donné assez d'explications à cet égard, chant XXVIII, page 405.

3. « *Spiritus Domini ferebatur super aquas* » (Gen , 1.) Ces eaux, dit Grangier, sont prises là pour les créatures. Au total, le poëte veut faire entendre que la création ayant été opérée *hors du temps*, ne peut se dire opérée ni avant, ni après : par suite de ce qu'il ajoutera plus bas, on comprendra que son sentiment est que la création fut instantanée.

4. *Tricorde* J'ai hasardé ce mot. On emploie d'ailleurs cette expression dans quelques ouvrages anciens, où l'on parle d'arcs à trois cordes.

soleil brille à la fois dans un verre, dans un cristal, et dans un morceau d'ambre, ainsi cet effet triforme [1], en sortant des mains de son créateur, lança ses rayons à la fois dans tout son être. Avec les créatures fut créé l'ordre qu'elles devaient garder : celles qui avaient les formes pures, obtinrent le haut lieu, dans le monde. La simple matière fut placée plus bas ; au milieu, une partie des formes pures et la matière s'unirent d'un tel lien que jamais elles ne se délient. Jérôme [2] a écrit que les anges ont été créés longtemps avant la formation de l'autre monde ; mais la vérité que je te fais connaître, a été publiée plusieurs fois par les écrivains de l'Esprit-Saint [3], et tu t'en convaincras, si tu guettes avec attention. La raison seule t'apprend que les moteurs universels [4] n'ont pu exister si longtemps sans leur perfection : tu sais donc où, quand, et comment ces amours sacrés ont été créés. Voilà trois *ardeurs* de ton désir qui sont apaisées. En moins de temps que dans un compte on n'arriverait à vingt [5], une partie des anges se révolta et porta le trouble dans vos éléments. L'autre partie, fidèle, commença à se livrer avec allégresse à ce mouvement continuel [6] : tu vois que jamais elle ne s'en écarte. La cause de la chute des premiers [7] fut cet *enorgueillir* maudit de celui

---

[1] Les anges, la forme et la matière. Tout ce passage est hérissé d'une métaphysique si élevée, qu'il est très-difficile à comprendre. Il faut une profonde tension d'esprit pour suivre le fil des pensées du poëte.

[2] Saint Jérôme a effectivement été de ce sentiment relativement aux anges. Les Pères grecs, Origène, Basile et d'autres, ont pensé de même ; mais saint Thomas les a réfutés. (Part I, qu. 61, art. 3.)

[3] « *Qui vivit in æternum creavit omnia simul.* Celui qui vit dans l'éternité a tout créé en même temps » (*Ecclésiastique*, chap. 18.)

[4] Les anges. Par les anges, le poète entend ici les substances réunies des trois différentes hiérarchies.

[5] Voilà peut-être le morceau où Milton a puisé le plan général de son poëme. Je n'entends pas faire un reproche à Milton, mais il est important de rechercher jusqu'à la moindre trace des idées qui déterminent les grands hommes dans leurs sublimes entreprises. Dante a tant pris aux autres, qu'on peut bien lui avoir pris à lui-même — En tombant du ciel, les anges rebelles entr'ouvrirent la terre pour entrer dans l'Enfer, où la vengeance divine les avait relégués, et ils mirent le trouble dans les éléments.

[6] Ce mouvement de rotation continuelle auquel se livraient les substances célestes.

[7] La cause de la chute des anges fut l'orgueil de Lucifer, que tu as vu opprimé sous tous les poids rassemblés de l'univers. Dante rappelle ici la fin de la première partie du poëme. J'ai conservé, le plus que j'ai pu, ces belles expressions : « *Il maladetto superbir* »

que tu as vu gémir sous tous les poids de l'univers. Ceux qui sont ici, plus modestes, reconnurent l'effet de la bonté qui les avait élevés à de si hautes compréhensions. La lumière de la grâce et leurs mérites les exaltèrent davantage, et ils jouissent d'une volonté ferme et entière. Je veux aussi que tu croies que c'est leur mérite et leur véritable affection qui les ont rendus dignes de cette grâce. Maintenant, si tu as bien compris mes explications, tu peux contempler librement ces hiérarchies divines. Comme dans vos écoles, on lit que la nature angélique est telle, qu'elle a, ainsi que nous, l'entendement, la mémoire et la volonté, j'ajouterai quelques mots, pour que tu saches qu'avec cette définition peu exacte, on présente une interprétation équivoque. Ces substances, dès qu'elles commencèrent à se réjouir de la vue de Dieu, ne cessèrent de fixer leurs regards sur celui devant lequel rien n'est caché. Cette contemplation n'est jamais interrompue, et, pour tout se remémorer, n'a besoin d'aucun effort. Là-bas, on rêve en ne dormant pas, les uns croyant, les autres ne croyant pas dire la vérité. Dans les premiers il y a plus de faute et plus de honte. Raisonnant de cette manière, vous n'êtes pas dans le vrai chemin, en philosophant, tant vous transportent l'amour de l'apparence et une opinion à vous : encore tolère-t-on ici cette conduite[1] avec moins de dédain que celle des hommes qui rejettent la sainte Écriture, ou qui

---

[1] Encore tolère-t-on ici cette conduite avec plus d'indulgence que la faute des hommes qui rejettent la sainte Écriture, ou qui osent la mal expliquer.

Montesquieu, dans ses *Lettres persanes*, offre des idées qui rappellent ce passage quand il dit : « Ces auteurs n'ont pas cherché dans l'Écriture ce qu'il faut croire, mais ce qu'ils croient eux-mêmes. Ils ne l'ont pas regardée comme un livre où étaient contenus les dogmes qu'ils devaient recevoir, mais comme un ouvrage qui pourrait donner de l'autorité à leurs propres idées. C'est pour cela qu'ils en ont corrompu tous les sens et qu'ils ont donné la torture à tous les passages. C'est un pays où les hommes de toutes les sectes font des descentes, et vont comme au pillage ; c'est un champ de bataille où les nations ennemies qui se rencontrent livrent bien des combats, où l'on s'attaque, où l'on escarmouche de bien des manières. » (*Lettre* 128.)

Montesquieu a eu connaissance de la traduction de Dante par Colbert d'Estouteville. Il ne serait pas étonnant que la lecture de ce poète l'eût vivement intéressé, mais avec quelle force, quelle énergie l'auteur de l'*Esprit des lois* n'a-t-il pas étendu cette pensée, au reste très simple et très ordinaire !

osent la torturer. On ne pense pas à ce qu'il en a coûté de sang, pour la répandre dans le monde, et combien plaît celui qui *s'accote* humblement contre elle. Chacun s'ingénie [1] à se montrer au grand jour, cite ses inventions; les prédicateurs les débitent, et l'Évangile se tait. L'un dit que la lune, au moment de la Passion du Christ, retourna en arrière, et obscurcit la lumière du soleil; un autre, que la lumière se cacha d'elle-même, de manière que cette éclipse aurait été commune aux Espagnols, aux Indiens et aux Juifs. On débite en chaire, tous les ans, plus de ces sortes de fables, qu'il n'y a à Florence de *Lapi* et de *Bindi*. Les brebis ignorantes reviennent de la pâture repues de vent, et leur ignorance ne les excuse pas. Le Christ n'a pas dit à ceux de son premier couvent : Allez, et prêchez au monde des fables. Il leur a donné un texte plus noble, et ils en ont été si pénétrés dans leurs discours, qu'à leur combat pour allumer la foi, ils ont fait, de l'Évangile, des boucliers et des lances. On emploie aujourd'hui des mots burlesques et des bouffonneries; et, quand en prêchant on a fait rire, on enfle orgueilleusement son capuchon [2], et l'on n'en demande pas davantage : mais dans le rebord du capuce se niche un tel oiseau, que si le peuple le voyait, il connaîtrait le peu de valeur des pardons auxquels il se fie. A ce sujet, la sottise s'est tant accrue sur la terre, que l'on accéderait à toute promesse sans preuve d'aucun témoignage. C'est ainsi que saint Antoine engraisse

---

[1] Chacun s'ingénie, etc. Sortie véhémente contre les prédicateurs du temps : l'un, au lieu de prêcher humblement l'Évangile, veut passer pour un astronome savant, et cherche à expliquer comment se forma l'éclipse qu'on remarqua au moment de la mort de J. C., l'autre prétend que cette éclipse fut observée par tous les peuples de la terre ; ce qui est impossible, puisque la lune ne peut cacher à la fois, à toutes les nations, le soleil, qui a plus d'étendue qu'elle.—*Lapi et Bindi*, noms communs à Florence. *Lapo* est une abréviation de *Jacopo*; *Bindo* est une abréviation de *Aldrobandino*—J. C. n'a pas dit aux apôtres : « Allez et prêchez des fables, » il leur a dit : « *Prædicate Evangelium* » (Marc, 16.)

[2] On se donne des airs de victoire, et l'on s'applaudit soi-même. L'oiseau qui se niche dans le rebord du capuce est, suivant les commentateurs, le démon « C'est le diable, ce vilain oiseau noir, et non la blanche colombe, qui se cache, comme dans un nid, sous le revers du capuchon, autour du cou ou de la tête » (Lombardi)

son porc¹ ; c'est ainsi qu'agissent bien d'autres qui sont pires que des pourceaux, et qui payent en monnaie de mauvais coin. Nous nous sommes trop éloignés de notre sujet² ; reprenons la vraie route, et regagnons le temps que nous avons perdu. La nature angélique se multiplie tellement de degré en degré, qu'il n'est pas de termes humains pour exprimer le nombre des anges ; et, si tu te souviens des révélations de Daniel, tu verras que dans les milliers qu'il cite³, il ne manifeste pas un nombre déterminé. La première lumière qui éclaire toute cette nature, se répand en autant de portions qu'il y a de lueurs différentes auxquelles elle doit s'unir. L'effet de son amour se mesure en raison de la connaissance plus ou moins grande de Dieu, dont les anges ont l'avantage d'être doués ; et la douceur de cet amour ineffable bout, et s'attiédit diversement en eux. Considère donc la hauteur et la grandeur de la valeur éternelle qui s'est réfléchie dans cette immense quantité de miroirs où elle se multiplie sans avoir cessé de rester, comme auparavant, dans son unité. »

1 Saint Antoine engraisse son porc :
« *Di questo ingrassa il porco sant' Antonio.* »
Il faut encore citer le texte ; on ne serait peut-être pas cru sur parole, c'est Béatrix qui parle, et elle est dans le Paradis : « Synecdoque, dit Venturi, pour exprimer que les religieux de tels couvents vivent dans l'opulence, c'est ainsi qu'agissent bien d'autres que j'estime moins que cet animal. » — La synecdoque est, comme on sait, la figure par laquelle on fait entendre le plus en disant le moins, ou le moins en disant le plus

2 Écoutons Venturi : « Le poëte connaît par lui-même et confesse qu'il est sorti de la route plus qu'il ne devait. Lombardi ne veut pas que Venturi se permette une pareille réflexion, et il répond : « Mais, si alors il y avait de tels hommes, comme on sait qu'il n'y en avait que trop, il faut louer le zèle du poëte. » Lombardi a oublié de voir ici ce qu'exigent et les convenances du lieu, et le caractère grave de Béatrix, en présence de tant de bienheureux embrasés d'une vive charité, et tout à coup condamnés à entendre, de la bouche d'une femme qui partage leur béatitude, des reproches aussi étrangement exprimés.

3 *Millia millium ministrabant ei et decies millies centena millia assistebant ei.* (Daniel, 7)

CHANT XXX.

A six mille milles de distance [1], peut-être, la sixième heure répand ses feux, et ce monde voit cependant l'ombre s'éloigner jusqu'à l'extrémité du sol terrestre, quand le milieu du ciel élevé au-dessus de nous se fait tel qu'aucune étoile ne peut plus apparaître. A mesure que s'approche l'éclatante servante du soleil, le ciel se ferme, d'astre en astre, jusqu'au plus brillant [2] : ce fut ainsi que le triomphe des anges destinés à se réjouir autour de l'éclat qui m'avait ébloui, se renferma dans le point qui contient l'univers, et s'évanouit peu à peu à mes yeux. La peine que j'éprouvais de ne rien voir, et mon amour, me déterminèrent à tourner mes regards vers Béatrix. Je réunirais ici dans une seule louange, toutes les admirations que j'ai prodiguées à cette femme divine, qu'elles ne suffiraient pas pour la célébrer. Sa beauté surpassait celle de tout objet créé, et son créateur seul peut, je crois, la contempler tout entière. Je me confesse vaincu, comme aucun auteur comique ou tragique n'a pu être vaincu par son sujet. De même que l'œil qui peut le moins regarder le soleil, cherche,

---

[1]. Voilà un des morceaux les plus difficiles du poëme. Dante ne cherche pas ici à être mystérieux, il ne se perd pas dans une discussion métaphysique sans intérêt, il veut seulement commencer le chant avec noblesse et harmonie, comme il le fait souvent, et cependant chaque vers présente des difficultés sans nombre. Les images sont tirées en partie de la manière de compter les heures en Italie. Le poëte embrasse à la fois les deux hémisphères, il nous entraîne avec lui dans la partie du monde opposée à la nôtre, et nous ramène rapidement à celle que nous habitons. Il faut étudier ici Dante dans le calme et dans le silence ; et, après avoir interrogé avec persévérance les commentateurs, s'attendre encore à rester indécis sur quelques vers de ce passage.

[2]. On lit dans Ovide,

«*Diffugiunt stellæ, quarum agmina cogit*
Lucifer, et cœli statione novissimus exit.»

en se fermant à moitié, à en diminuer l'éclat, mon esprit, incapable de se rappeler le sourire enivrant de Béatrix, essaye d'affaiblir en moi ce même souvenir[1]. Depuis le premier jour où je l'avais vue dans cette vie mortelle[2], jusqu'à ce moment, il ne m'avait pas été impossible de bien chanter ses charmes; mais desormais il faut que mes vers se désistent devant sa beauté, et que j'imite l'artiste qui renonce à son travail, lorsqu'il l'a porté au dernier degré de perfection. Celle dont j'abandonne l'éloge à une trompette plus harmonieuse que la mienne, parce que je dois d'ailleurs mettre fin à mon entreprise périlleuse, commença à parler ainsi avec les gestes et la voix d'un guide expérimenté : « Nous sommes montés du plus grand des corps célestes à celui qui n'est que pure lumière, lumière intellectuelle, pleine d'amour, amour du vrai bien, rempli de joie, joie qui surpasse toutes les félicités[3]. Ici, tu trouveras les deux milices du paradis. La dernière est déjà revêtue de la splendeur que tu verras au jour du dernier jugement[4]. »

Un éclair subit nous empêche de distinguer les objets les plus grands; de même une lueur éblouissante m'environna d'un tel éclat, que je ne pouvais plus rien distinguer. Béatrix me dit : « L'amour qui satisfait ce ciel[5], accueille ainsi ceux qui s'y présentent, pour les disposer à concevoir la grandeur de sa gloire. » A peine eut-elle achevé ce peu de mots, que je me sentis élevé au-dessus de mes premières facultés, et j'acquis dans les yeux une telle force, qu'ils auraient pu se défendre contre le plus vif éclat. Je vis une lumière, en forme

---

1 Quel langage passionné ! J'ai suivi l'interprétation de Lombardi.

2. Il n'y a plus de doute, il s'agit bien de Beatrix, fille de Portinari, que Dante a aimée sur la terre. Aucun commentateur ne s'avise de dire ici que Beatrix est la theologie.

3 Nous sommes montés du plus grand des corps célestes, du premier mobile, au ciel empyrée, au ciel qui n'est que pure lumière, etc. Belle gradation, dit Venturi, pour exprimer la félicité eternelle!

4 Le poëte va voir les deux milices du Paradis : la première se compose des anges restés fidèles ; l'autre, des hommes qui ont mérité la béatitude ceux-ci paraîtront avec la forme qu'ils auront le jour du dernier jugement, lorsqu'ils reprendront leur corps sanctifié.

5. Dieu, qui habite ce ciel

de fleuve ¹, qui brillait entre deux rives ornées des fleurs d'un admirable printemps. De ce fleuve sortaient des étincelles qui se mêlaient à ces fleurs, et leur donnaient le brillant de rubis entourés d'or : mais bientôt ces étincelles, comme enivrées d'une odeur céleste, se rejetaient successivement dans le gouffre merveilleux, tandis que d'autres en sortaient à leur tour.

Le soleil de mes yeux me dit alors : « Tu brûles de comprendre ce que tu vois : ton désir me charme; mais, avant que je satisfasse une si grande soif, il faut que tu boives de cette eau. » Beatrix ajouta : « Ce fleuve, ces topazes qui en sortent et qui y rentrent, ces rivages émaillés de fleurs, sont l'emblème qui te cache la vraie béatitude de ces esprits. Ce n'est pas que ces choses soient difficiles à comprendre ; mais ta vue en défaut n'a pu encore rien considérer d'aussi élevé. »
Il n'est pas d'enfant qui, en se réveillant, après avoir dormi plus que de coutume, se précipite sur le sein de sa mère, plus rapidement que je ne me baissai pour faire, de mes yeux, de plus ardents miroirs, en buvant de cette onde qui ne court là que pour nous rendre plus parfaits. A peine l'extrémité de mes lèvres y eut-elle touché, que ce fleuve, qui était long d'abord, me parut arrondi ; et, de même que ceux qui sont sous le masque, en se dépouillant de leurs déguisements, n'offrent plus les mêmes traits, ainsi les fleurs et les étincelles, devenues plus joyeuses, changèrent de forme, et *je vis* les deux Cours du ciel présentes à mes yeux. O splendeur de Dieu, par laquelle *je vis* le triomphe du royaume véritable, donne-moi la force de dire comment *je vis* ce triomphe !
Là-haut est une lumière, par l'effet de laquelle le créateur est rendu visible pour la créature qui met son bonheur à le voir. Elle s'étend en forme circulaire, tellement que sa circonférence serait une trop large ceinture pour le soleil. Ce qui apparaît de cette lumière est un rayon de Dieu, réfléchi

---

1 Une lumière en forme de fleuve, etc. « On me montra un fleuve d'eau vive, splendide comme du cristal procédant du séjour de Dieu » (*Apoc.*, chap 22)

sur la partie supérieure du premier Mobile, qui en reçoit sa force et sa puissance; et comme un coteau dont le pied est baigné par une rivière, s'y répète avec les herbes et les fleurs qui le recouvrent, de même je vis toutes les âmes, qui de notre séjour sont retournées là-haut, répandues sur plus de mille degrés, se répéter dans cette lumière : et, si la partie inférieure présente tant d'éclat, que ne doit pas être celui de cette rose, à l'extrémité de ses feuilles! Ma vue ne s'égarait pas; elle embrassait la longueur et la hauteur de cette allégresse que l'on distingue facilement; à quelque distance qu'on se trouve, de près ou de loin, on ne voit pas plus, on ne voit pas moins Les lois de la nature sont vaines, là où Dieu gouverne immédiatement.

Béatrix s'apercevant que, malgré mon silence, je désirais cependant interroger, me dit de fixer ma vue sur le calice de la rose éternelle, qui s'étend, se divise en degrés, et exhale une odeur de louanges pour ce printemps qu'on ne voit jamais finir. Elle ajouta : « Remarque combien est grande la réunion de ceux qui sont vêtus de blanc¹; vois tous nos de-

¹ Je n'ai pas interrompu, par des notes, le discours de Beatrix, et la description des *deux Cours du ciel*, je vais donner rétrospectivement quelques éclaircissements sur cette partie du poème — Le soleil de mes yeux, l'objet le plus beau à mes yeux, Beatrix.
— Ce fleuve, qui était long d'abord, me parut arrondi, etc Landino, Vellutello, Grangier, Venturi et Lombardi prétendent que ce fleuve, par sa longueur, figure d'abord l'esprit de Dieu, qui, après s'être répandu dans toutes les créatures, revient sur lui-même Biagioli pense que la forme allongée est l'immense étendue de la divine lumière, et la forme arrondie, la forme de son éternité Dante n'a-t-il pas voulu dire simplement qu'il y eut autant de différence entre ce qu'il voyait d'abord, quand il n'avait pas bu de l'eau du fleuve, et ce qu'il vit, après en avoir bu, qu'il y en a entre un objet long et un objet arrondi?
— Et je vis les deux cours du ciel, les deux milices dont il a été parlé plus haut, les anges et les âmes humaines qui ont mérité le ciel. J'ai répété ici avec intention ces mots *je vis*, etc , parce que le poète dit trois fois *vidi*. Venturi fait, à ce sujet, des reproches à Dante : Biagioli le défend, et soutient que le poète l'a voulu ainsi très-raisonnablement. Voici la note de Biagioli : « Averti par une longue expérience que Dante n'écrit pas la plus minime chose *sans cause*, je pense que, par cette repetition, il veut exprimer ce *voir* de l'intelligence, qui est un et seul, et qui, rendu par un mot, ne peut pas être rendu par un autre, sans souffrir une diminution dans la quantité, dans la qualité, dans la cause, argument infaillible qui prouve qu'un mot n'a pas d'autre synonyme que lui-même »

Les lois de la nature, etc Les lois de la nature ne règnent pas là où Dieu gouverne, les lois de la nature veulent qu'un objet voisin de nous paraisse plus grand qu'un objet de même gran-

grés si remplis, qu'il reste peu de places à occuper Dans ce haut siége que tu considères maintenant, et qui est surmonté d'une couronne, s'assiéra, avant que tu soupes à ces noces, l'âme du grand Henri ¹, qui obtiendra le titre d'Auguste sur la terre, et qui rétablira la paix en Italie, quoique cette contrée soit peu disposée à la recevoir. La passion aveugle qui vous domine, vous fait ressembler au nourrisson que la faim tourmente, et qui ne veut plus voir sa nourrice. Alors sera préfet dans le *forum* divin un homme qui contrariera les vues de ce monarque, secrètement ou à découvert ². Mais cet homme ne sera pas longtemps toléré de Dieu dans l'office saint : il sera jeté là où a été précipité Simon le Magicien, et par-dessus celui d'Anagni, qu'il poussera plus profondément dans l'abîme. »

deur qui est très-éloigné — Le calice de la rose éternelle, etc. Il appelle la rose éternelle, les différents degrés de bienheureux dont Dieu est environné. Le calice est le milieu de cette fleur qui exhale une odeur de louanges pour Dieu, ce printemps qu'on ne voit jamais finir.

— Ceux qui sont vêtus de blanc : « *Datæ illis singulæ stolæ albæ* » (*Apocal.*, 6)

1 L'âme du grand Henri, l'âme de Henri VII, empereur On a vu des poëtes distribuer les couronnes de l'immortalité historique. Dante adresse un hommage encore plus flatteur au héros, qu'il regarde comme pouvant être le libérateur de l'Italie, et il fait conserver à ce prince, jusque dans le ciel, en quelque sorte, les marques distinctives de la souveraineté et de la puissance.

2 Clément V — Mais cet homme, etc. Mais ce pontife ne sera pas longtemps toléré de Dieu, il sera jeté là ou a été précipité Simon le Magicien, avec les simoniaques (voyez *Enfer*, chant XIX, page 82), et, pressant de son poids l'homme d'Anagni (le pape Boniface VIII, né à Anagni), il poussera ce dernier dans l'abîme à une plus grande profondeur. Voici la note énergique de Biagioli sur ce passage « Quand un pécheur arrive à cette fente, celui qui y est déjà enfoui tombe plus avant, le survenant se renverse et s'enfonce. Ainsi, d'un seul trait, notre poëte tue l'un, et fait renaître l'autre pour lui donner une seconde mort Voilà comme peint un grand maître »

CHANT XXXI.

La sainte milice, que Jésus-Christ épousa de son sang, se montrait à moi sous la forme d'une rose blanche[1]. L'autre milice, qui chante en volant autour de Dieu, voit la gloire de celui qui l'enflamme, et célèbre la bonté qui l'a tant élevée: semblable à un essaim d'abeilles qui s'attachent aux fleurs, et vont porter à la ruche les produits de ce premier travail destiné à acquérir une si douce saveur, tantôt elle descendait sur la fleur divine ornée de tant d'âmes bienheureuses, et tantôt elle remontait vers le point où séjourne leur amour. Leur figure était rouge comme une vive flamme[2]; leurs ailes étaient d'or, le reste de leurs formes d'une blancheur à laquelle ne peut arriver la neige. En descendant sur la rose, de degré en degré, ces esprits lui communiquaient la paix et l'amour qui les enivraient au milieu de leur vol, et le grand nombre de ces substances qui étincelaient interposées entre Dieu et la fleur, n'empêchait pas qu'on ne vît toute la splendeur du maître du monde. Sa lumière pénètre sans obstacle dans tous les corps, suivant qu'ils en sont plus ou moins dignes. Tout ce royaume joyeux et en paix, peuplé d'habitants anciens et nouveaux, avait la vue fixe sur un seul point. O lumière des trois personnes divines, qui en brillant aux yeux des bienheureux, comme une seule étoile, leur donnes tant de félicité, daigne abaisser tes regards sur ce monde de tempêtes! Si les Barbares arrivés de cette plage où l'on voit Hé-

---

[1] La milice des bienheureux. L'autre milice est celle des anges, semblable à un essaim d'abeilles : « Qualis apes æstate novâ, etc. » (Enéide, liv I.)

[2] « Apparuit illis in deserto montis Sinaï angelus in igne flammæ rubi » (Act. apost., cap 7) Le reste de leurs formes plus blanc que la neige (Apocal., 20)

licé¹ se mouvoir, avec son fils qui lui est encore si cher, etaient frappés de stupéfaction devant Rome et ses sublimes monuments, lorsque Latran surpassait en magnificence les choses mortelles, de quelle admiration ne devrais-je pas être rempli, moi qui venais de passer de la nature humaine à la nature divine, du temps à l'éternité, de Florence² au milieu d'un peuple juste et pur! Dans cette surprise mêlée de joie, j'aimais à ne m'occuper d'aucun autre objet, et à garder le silence. Tel qu'un pèlerin parvenu au temple, l'objet de son vœu, le considère avec délices, espérant déjà redire ce qu'il a vu, tel je portais mes yeux en haut, en bas, autour, partout où circulait cette vive lumière. Je contemplais des figures étincelantes qui m'invitaient à la charité, décorées de la splendeur de l'Esprit-Saint, du sourire qui leur était propre, et ornées de toutes les vertus. Mes regards avaient déjà embrassé la forme entière du paradis, et je ne m'étais arrêté sur aucune partie. Je me retournais, avec une volonté rallumée, pour demander à la femme sainte, des explications que je désirais alors. Je m'attendais à retrouver près de moi Béatrix; ce fut un autre qui me répondit pour elle. J'aperçus à sa place un vieillard vêtu comme les âmes bienheureuses; ses yeux et ses traits annonçaient la douce joie qu'éprouve un

---

1 Où l'on voit Helicé ou Calisto, c'est-à-dire la grande Ourse, se mouvoir avec Arcas, son fils, qui est la petite Ourse suivant Vellutello et Grangier, et Bootes ou Arcturus suivant Venturi et Lombardi. On lit dans le *Dictionnaire de la Fable*, par Chompré: « Junon métamorphosa en ours Calisto et Arcas son fils, on dit que Calisto est la grande Ourse, et qu'Arcas est la petite Ourse ou Bootès » — Calisto, fille de Lycaon et nymphe de Diane, éprouva ce triste sort, parce qu'elle avait été séduite par Jupiter (voy *Purgatoire*, chant XXV, page 305) — La plage où l'on voit Hélicé, les pays du nord. — Latran, il y a à Rome une porte appelée de ce nom, que le poëte prend ici pour la ville même. C'est à côté de cette porte qu'est bâtie la célèbre basilique de Saint Jean-de-Latran, la première et la principale église du monde catholique « *Ecclesiarum urbis et orbis mater et caput* » « La mère et la tête des églises de Rome et de l'univers » Aussi est-elle le siège du souverain pontife, qui, en sa qualité d'évêque de Rome, va, après son exaltation, prendre possession de ce temple Anastase le Bibliothécaire lui donne le nom de *Lateranensis*, parce qu'elle est construite sur la place qu'occupait le palais de la famille des *Laterani*

2 Landino, Florentin, par amour pour sa patrie, soutient que Dante, par *Fiorenza* entend toute la terre, mais Grangier, Venturi, Lombardi et Biagioli ne se méprennent pas sur ce trait satirique lancé contre les habitants de la ville qui avait exilé le poëte

père tendre. Je m'écriai : « Et, elle, où est-elle? » Il répondit : « Elle m'a envoyé ici pour satisfaire à ton désir, et si tu regardes au troisième cercle du degré le plus haut [1], tu la verras sur le trône que lui ont mérité ses vertus. » Je levai les yeux sans répondre, et je la vis couronnée des rayons éternels qui étaient réfléchis sur elle. Quoiqu'elle fût à une distance plus grande que celle qu'on peut compter de la région où se forme le tonnerre, à la partie la plus profonde de la mer, sa figure descendait jusqu'à moi sans obstacle. Je lui adressai cette prière : « O femme, en qui j'ai placé toute mon espérance, et qui, pour mon bonheur, as daigné laisser la trace de tes pas dans l'enfer [2], c'est à ta puissance et à ta bonté que je dois d'avoir vu tant de prodiges. De l'esclavage, tu m'as appelé à la liberté, par toutes ces voies, par tous ces moyens qui étaient en ton pouvoir. Conserve-moi ta magnificence, et que mon âme, que tu as secourue si efficacement, te soit encore agréable, quand elle se séparera de son corps! » Je priai ainsi, et celle-ci, tout éloignée qu'elle paraissait, sourit, me regarda, et se tourna vers la fontaine éternelle. Le vénérable vieillard reprit ensuite, et me dit : « Afin que tu achèves ton saint voyage, et pour le protéger, une prière touchante et un amour divin m'ont envoyé vers toi. Vole donc avec les yeux vers ce jardin. Sa vue te donnera la force de considérer les rayons célestes. La reine du ciel [3], qui m'enflamme d'amour, nous accordera sa grâce, parce que je suis son fidèle Bernard. » Comme cet homme accouru de la Croatie [4], pour voir

---

1 Au rang des trônes, qui sont le troisième cercle de la première hiérarchie.

2 Béatrix était descendue dans l'enfer pour prier Virgile de servir de guide à Dante. (*Enfer*, chant II, p. 7) — De l'esclavage tu m'as appelé à la liberté, de la terre tu m'as appelé au ciel.

3 Marie, qui m'embrase d'amour, nous accordera sa grâce, parce que je suis son fidèle Bernard. J'ai été le plus ardent admirateur de ses vertus.

« La grande merveille du XIIe siècle, c'est saint Bernard Il semble que Dieu a voulu renfermer en ce grand homme les divers dons qu'il a répandus dans les autres, et qu'il a partagés entre les plus célèbres Pères de l'Église On le regarde comme le dernier d'entre eux, par rapport au temps où il a vécu, mais il a paru animé de l'esprit des anciens, il a été la langue de l'Église dans ses combats, etc. » (*Abrégé de l'histoire ecclésiastique*, tome V, page 269)

4. La Croatie est ici pour un lieu éloigné. — Notre Véronique, le saint suaire conservé à Rome dans l'église de Saint-Pierre.

notre Véronique, ne se lasse pas de l'admirer, à cause de son antique réputation, et dit en lui-même, tant qu'on laisse l'image sous ses yeux : O mon Seigneur Jésus-Christ, roi véritable, c'est donc ainsi qu'on a pu conserver votre sainte face ! tel j'étais en admirant la vive charité de celui qui sur la terre a joui, par avance, dans ses contemplations, d'une partie de la paix divine [1]. Il continua : « Fils de la grâce, tu ne connaîtras jamais cette félicité, si tu tiens ainsi les yeux baissés. Regarde ces cercles jusqu'au plus éloigné, tellement que tu voies la reine à qui ce ciel est dévoué et soumis. » Je levai les yeux ; de même que l'orient est plus éclatant le matin, que la partie où s'est couché le soleil, de même, en allant comme d'une vallée sur une montagne, je vis une lumière plus étincelante que toutes les autres ; et ainsi qu'insensiblement la partie du ciel où l'on attend le char que Phaéton sut si mal guider, s'enflamme davantage, tandis que les autres parties sont plus obscures, de même cette pacifique oriflamme [2] brillait au milieu des âmes bienheureuses, et de toutes parts surpassait leur éclat. Autour d'elle, je vis plus de mille anges aux ailes ouvertes, et qui, distingués chacun par leur ferveur et leur éclat, paraissaient la fêter à l'envi. Cette beauté qui comblait aussi de joie les autres saints, souriait à leurs jeux et à leurs chants ; et si je savais m'exprimer aussi bien que je sais imaginer, je n'oserais pas encore essayer de peindre la magnificence de ce spectacle délicieux. Quand il vit mes regards fixés attentivement sur l'objet de son ardeur, Bernard y attacha aussi ses yeux, avec tant de tendresse, qu'il redoubla en moi l'attention avec laquelle j'y avais déjà porté les miens.

[1] De saint Bernard, qui sur la terre s'est livré à la vie contemplative.

[2] Marie. Les commentateurs pensent que le poëte fait allusion à l'oriflamme de Saint-Denis, mais les Italiens avaient également des etendards appelés ainsi. (V. Rossi, *Trattato dell' oriflamma di Brescia*.)

CHANT XXXII.

Le contemplateur qui est si affectionné à Marie[1], consentit à m'offrir d'autres explications, et prononça ces paroles saintes : « La femme si belle que tu vois assise aux secondes feuilles de la rose, est celle qui ouvrit et irrita la plaie que Marie a guérie et refermée. Aux troisièmes degrés, près de la première est assise Rachel. Remarque que Béatrix l'accompagne. Tu peux considérer successivement, à mesure que je te les nomme, Sara, Rebecca, Judith, et la bisaïeule de celui qui, dans le repentir de sa faute, composa et chanta le *Miserere mei*. Elles se suivent sur la rose, de feuille en feuille; et depuis le septième degré jusqu'en bas, sont d'autres femmes juives qui occupent avec les précédentes, toutes les étamines de la fleur. Ces femmes forment la séparation qui distingue les esprits que la foi dans le Christ a conduits au ciel. De ce côté où la fleur a toutes ses feuilles, sont assis ceux qui crurent que le Christ devait venir; de l'autre côté, où les places en demi-cercles ne sont pas toutes remplies, on voit ceux qui crurent au Christ venu sur la terre. Dans cette partie, la séparation est encore mieux marquée par le degré où est la reine du ciel, et par les degrés inférieurs. Dans l'autre partie, en face de Marie,

---

[1] Saint Bernard : il parla ainsi. La femme si belle que tu vois assise aux secondes feuilles de la rose, est Ève, qui ouvrit la plaie guérie par Marie. *Illa percussit, ista sanavit*, dit saint Augustin. Plus loin est assise Rachel fille de Laban, et épouse du patriarche Jacob; Sara, épouse d'Abraham, Rébecca, épouse d'Isaac; Judith, qui coupa la tête à Holopherne et délivra Béthulie. — La bisaïeule de celui qui composa le *Miserere*, Ruth, épouse de Booz, bisaïeule de David — Le degré de saint Jean, qui toujours saint, etc. Saint Jean resta deux ans dans les limbes qui sont en enfer, et n'en sortit qu'après la mort de Jésus Christ, qui lui survécut deux ans. — Saint François d'Assise, saint Benoît, saint Augustin.

est le degré du grand saint Jean, qui, toujours saint, vécut dans un désert, souffrit le martyre, et demeura deux ans en enfer. Au-dessous de lui sont François, Benoît, Augustin, et tant d'autres qui se prolongent de cercle en cercle. Maintenant, admire la haute providence divine : ce jardin sera rempli également par ceux qui auront vu la foi sous l'un ou l'autre aspect. Ceux-ci que tu vois encore placés sur la ligne ou sont formées les séparations, n'ont pas obtenu ce bonheur par leur propre mérite¹, mais par celui de quelques autres, et sous des conditions que je vais t'expliquer. C'est là qu'on a placé les esprits délivrés des liens corporels avant l'âge de raison pour choisir. Tu peux t'en apercevoir à leur figure et à leur voix enfantine, si tu les regardes et si tu les écoutes. Tu as un doute en ce moment, et tu n'oses le proposer; mais je vais briser le rude lien qui enveloppe la subtilité de tes pensées : dans l'immensité de ce royaume rien n'est soumis à l'empire du hasard, de même qu'on n'y connaît ni la tristesse, ni la soif, ni la faim. Ce que tu vois a été établi par une loi éternelle, et l'anneau est proportionné au doigt : ce n'est pas sans motif que ces enfants qui moururent sitôt, ont obtenu la véritable vie. On entre ici plus ou moins agréable à Dieu. Le roi qui gouverne ce royaume de joie et de félicité, où l'on n'a d'autres desirs que les siens, doue d'une grâce diverse ces différents esprits qu'il a créés suivant son plaisir. Qu'il te suffise de savoir que telle est sa loi ce fait nous est démontré dans la sainte Écriture par les deux jumeaux qui se querellèrent même dans le sein de leur mère. Mais il convient que la sublime lumière qui accorde une telle grâce, s'orne suivant la couleur de la chevelure; aussi ces bienheureux, quelles qu'aient été leurs actions, ont reçu des places différentes, et participent diversement à la première félicité. Dans les siècles voisins de la création, il suffisait,

---

1 N'ont pas obtenu ce bonheur par leur propre mérite mais l'ont du aux prières de leurs parents. Lombardi observe que cette opinion du poète est combattue par saint Prosper (*Carmen de ingratis*, vers 620 et suivants).

pour être sauve, qu'on eût l'innocence, et qu'on fût protégé par la foi de ses parents. Après les premiers âges [1], il fallut que les enfants mâles acquissent par la circoncision, la force nécessaire à leur aile innocente; mais lorsque le temps de la grâce fut venu, même l'innocence était retenue là-bas, si elle n'avait pas reçu le baptême parfait du *Christ* [2]. Regarde maintenant dans le visage qui ressemble le plus au *Christ;* son éclat seul peut te disposer à voir le *Christ.* »

En effet, je remarquai que cette beauté faisait pleuvoir une vive allégresse sur les saints esprits créés pour jouir du droit de s'élever jusqu'au bien éternel. Tout ce que j'avais vu auparavant n'avait pas autant excité mon admiration, et ne m'avait pas aussi vivement démontré la gloire de Dieu. Alors l'amour [3] qui descendit le premier, sur la terre, en chantant « Je vous salue, Marie pleine de grâce, » étendit ses ailes devant elle. La cour bienheureuse répondit de toutes parts à ce chant divin, en s'animant d'une joie nouvelle. Je dis à celui qui s'embellissait des charmes de Marie, comme l'étoile du matin brille des feux du soleil : « O père saint qui daignes descendre près de moi, et abandonner la douce place que la faveur éternelle t'a marquée, quel est cet ange qui avec tant d'allégresse regardant les yeux de notre reine, est si embrasé, qu'il paraît tout de flamme? » Et lui à moi : « Il a toute l'innocence et toute la grâce que peut avoir un ange ou une âme, et nous le voulons tous ainsi, parce que c'est lui qui a porté la palme à Marie, quand le Fils de Dieu a daigné consentir à se couvrir de notre charge mortelle.

« Mais maintenant viens avec les yeux, à mesure que je parlerai, et remarque les Patriciens de ce pieux et juste empire. Les deux vieillards qui sont les plus voisins de l'auguste

---

1. Je me suis conformé à l'interprétation de Grangier, de Venturi et de Biagioli

2 Voilà encore trois fois *Cristo.* (Voyez *Paradis,* chant xii, page 406, et chant xiv page 417.)

3 L'ange Gabriel —Celui qui s'embellissait des charmes de Marie, saint Bernard.

souveraine, sont en quelque sorte les racines de cette rose. A gauche tu vois le père dont la téméraire gourmandise a rendu notre vie si amère ¹ ; à droite est cet ancien père de la sainte Église à qui le Christ a donné les clefs de cette fleur brillante. Près de ce dernier est celui qui connut avant de mourir, tous les malheurs de la belle épouse qui fut acquise par le supplice des clous et de la lance. Près de l'autre est ce chef sous lequel se nourrit de manne une nation ingrate, indécise et dédaigneuse. Auprès de Pierre, tu vois Anne si joyeuse d'admirer sa fille, qu'elle ne la perd pas de vue, quoique, comme toutes les autres, elle ne cesse de chanter HOSANNA. En face du premier père de famille, est Lucie qui t'envoya ta femme sainte, quand tu fermais les yeux sur les bords du précipice. Parce que le temps de ton sommeil ne cesse de fuir, nous nous arrêterons, semblables au bon tailleur qui règle et dispose le vêtement, suivant la quantité de drap ². Nous éleverons notre vue vers le premier amour, afin que tu pénètres dans sa splendeur, autant que tu le pourras. Vraiment, de peur que tu ne restes en arrière, croyant avancer en remuant tes ailes, il faut, en priant, obtenir cette grâce de celle qui peut te seconder : tu te joindras à moi d'intention ; dirige ton cœur vers ce que je vais dire ; » et il commença ainsi sa sainte prière :

---

1 A gauche, Adam ; à droite, saint Pierre, près de ce dernier, saint Jean l'Évangéliste, auteur de l'Apocalypse ; près d'Adam, Moïse ; du côté de saint Pierre, Anne, mère de Marie, en face d'Adam, Lucie. Quelques commentateurs voient dans Lucie, sainte Lucie de Syracuse, la patronne de ceux qui ont mal aux yeux. Le poète l'invoque, ajoutent-ils, parce qu'il était louche. Venturi rejette cette opinion, et pense qu'on n'a pu s'y arrêter un moment que par plaisanterie. Lombardi et Portirelli adoptent cependant cette interprétation, c'est-à-dire qu'il s'agit de la martyre de Syracuse, mais sans parler de l'intérêt que le poëte pouvait avoir à invoquer cette sainte. Il est question de Lucie au deuxième chant de l'*Enfer* (voy p 8); elle est une des trois femmes bénies (p 9), c'est elle qui envoie Béatrix au secours de Dante, et alors Béatrix prie Virgile de servir de guide au poëte.

2 *Qui farem punto, come buon sartore,
Che, com' egli ha del panno, fa la gonna*

Mot à mot, « ici nous ferons un point, comme un bon tailleur, qui, selon le drap qu'il a, fait le jupon » Lombardi explique l'intention du poëte, et dit que le tailleur, suivant la quantité de drap dont il dispose, fait le vêtement plus ou moins ample. L'expression est piquante et précise, mais nous ne nous aventurerons pas facilement en France à des comparaisons si imprévues et d'un autre ordre de style que celui auquel un auteur s'exprimant en paroles graves, vient de nous accoutumer, au moins pour un instant.

CHANT XXXIII.

« Vierge mère ¹, fille de ton fils, humble, mais élevée plus qu'aucune autre créature, terme fixe de la volonté éternelle, tu as tellement ennobli la nature humaine, que Dieu n'a pas dédaigné de devenir son propre ouvrage. Dans ton cœur a été rallumé cet amour dont les rayons ont fait germer au sein de la paix céleste, cette fleur étincelante. Soleil dans son midi, tu nous embrases d'une ardente charité; tu es, pour les mortels, la source d'une vive espérance. O femme, tu es si grande, tu as tant de puissance, que quiconque veut une grâce, et ne recourt pas à toi, veut que son désir vole sans ailes. Ta bonté n'exauce pas seulement celui qui l'invoque, souvent elle prévient généreusement les demandes : en toi est la miséricorde; en toi est la tendresse; en toi est la magnificence; en toi se réunissent les vertus de toutes les creatures. Celui que tu vois près de moi a parcouru le monde, du centre de la vallée infernale, jusqu'à ce haut empire ; il a vu une à une les âmes des esprits qui habitent le ciel. Il t'en supplie, accorde-lui assez de force pour qu'il puisse embrasser la connaissance parfaite de la dernière béatitude. Je n'ai jamais désiré ma vision bienheureuse, autant que je souhaite que tu favorises la sienne ². Exauce mes vœux,

---

1 «*Vergine madre*, etc. » Voilà pourtant des vers de la langue italienne des premières années du xiv⁰ siècle. Le poëte a cherché toute la pureté d'expression convenable dans cette circonstance. Il a multiplié les images que l'Écriture lui offrait de toutes parts, il a évité le faux brillant. Enfin, ce passage n'a besoin d'aucun commentaire, plus de cinq siècles après l'époque où il a été écrit.

2. Saint Bernard donne à Dante un exemple frappant de vraie charité. Le poëte en profitera, il ne dira plus d'injures à personne. Il retombera dans quelques détails scientifiques, mais au moins il sera digne de voir le Paradis. Saint Bernard est animé ici d'une cha-

dissipe par ton assistance puissante, l'obscurité de ses facultés mortelles, et que le haut plaisir se manifeste à lui de toutes parts. Je t'en conjure aussi, ô reine qui peux tout ce que tu veux, après une si ineffable contemplation, conserve son cœur dans un état de pureté ! que ta protection le soutienne contre les passions humaines ! Regarde Béatrix et tous ces esprits divins ; en joignant leurs mains ils t'adressent avec moi la même prière. » Les yeux que Dieu chérit et vénère se fixèrent sur le saint orateur, et montrèrent que la demande était agréée. Ensuite ils se dirigèrent sur l'intelligence suprême vers laquelle on ne peut pas croire qu'aucune créature envoie ses regards aussi fixement; et moi qui m'approchais, comme je le devais, de l'objet de mes vœux, je sentis que l'ardeur de mon désir était arrivée à son terme. Bernard, en souriant, m'invitait à regarder plus haut; mais déjà je lui avais obéi, et mes yeux pleins d'une nouvelle puissance pénétraient de plus en plus dans le rayon de lumière où tout est vérité. Dès lors, les facultés de ma vue surpassèrent celles de nos paroles qui cèdent à un tel spectacle; insultée par un tel outrage, la mémoire fléchit. Semblable à celui qui voit un objet en songe, et qui, à son réveil, en conserve encore l'impression récente, sans pouvoir se rappeler ce qu'il a vu, je dois avouer qu'en ce moment ma vision échappe à mon souvenir; mais un charme vague, né de cette vision, reste dans mon cœur. C'est ainsi que la neige se fond au soleil; c'est ainsi que le vent emportait les feuilles légères qui contenaient les oracles de la Sibylle. O splendeur éternelle, qui te refuses aux expressions des mortels, redeviens une faible partie de ce que tu me semblais être ! Accorde à ma langue une telle vigueur, qu'elle puisse transmettre à la postérité au moins une étincelle de ta gloire. Ta victoire sera encore plus éclatante, si tu daignes renvoyer quelques fa-

rité plus vive que celle qui est commandée par saint Matthieu « *Diliges proximum tuum sicut te ipsum* » —

Les yeux que Dieu chérit, les yeux de Marie.

cultés à ma mémoire, et raisonner quelque peu dans ces vers.

Je crois que si mes regards avaient cessé d'être attachés fortement sur ce spectacle resplendissant, et s'en étaient un moment détournés, j'aurais perdu le don ineffable qui m'était accordé ; et je me souviens que, devenant plus hardi à soutenir un tel éclat, je confondis bientôt mes yeux dans l'excellence infinie de cette lumière.

O grâce abondante, tu me permettais de contempler la splendeur éternelle où mes regards s'absorbaient, et je vis dans toute sa profondeur, qu'un amour réciproque avait réuni dans un seul volume ce qui est répandu dans le monde en plusieurs feuillets : les substances, les accidents et leurs effets y étaient comme confondus d'une telle manière, que mes chants suffisent à peine pour en faire concevoir une faible idée. Je crois que j'ai bien conservé dans mon esprit la forme universelle de ce nœud qui lie tant de substances diverses, et je pense ne m'être pas trompé ; car en y réfléchissant, je me sens rempli d'une douce joie : cependant le moindre point de temps écoulé depuis ma vision en efface la trace, plus aisément que vingt-cinq siècles n'effaceraient celle de l'entreprise qui fit admirer à Neptune l'ombre d'Argo [1]. Immobile et attentif, je regardais en silence, et je m'enflammais d'une ardeur nouvelle. L'effet de ce spectacle

---

[1] Argo est le nom du vaisseau sur lequel s'embarqua Jason pour aller à la conquête de la toison d'or. Le poëte dit « Le moindre point de temps écoulé depuis ma vision, en efface la trace plus aisément que vingt-cinq siècles n'effaceraient celle de l'entreprise qui fit admirer à Neptune l'ombre d'Argo » Dante n'a pas mis la vingt-cinq siècles au hasard. Il est impossible de faire un calcul plus juste, à ce que dit Lombardi

Il s'était écoulé vingt-cinq siècles depuis l'entreprise des Argonautes jusqu'au temps où écrivait le poëte. Depuis Dante, en partant de l'âge de trente-cinq ans qu'il dit avoir en 1300, époque où il écrivit son poëme, jusqu'à la naissance de Jésus-Christ, il s'est écoulé . . 1,300 ans

De Jésus Christ à la fondation de Rome . 750
De la fondation de Rome à la destruction de Troie. . 431
De la destruction de Troie à l'entreprise des Argonautes, suivant quelques auteurs, 79 ans, suivant d'autres, au plus . . . 42

Avec ces derniers auteurs 2,523 ans

En suivant les premiers auteurs, 25 siècles 60 ans Ainsi, à peu près 25 siècles — Quelle érudition assurée ! quelle connaissance exacte des faits historiques ! Le poëte a dit juste, moins une fraction, qu'on est bien excusable de négliger en poésie

miraculeux est tel, qu'il est impossible de consentir à toute autre pensée. Le bien qu'on désire est tout en cette lumière : hors d'elle, tout est rempli de défauts; dans elle, tout est doué de la perfection. Pour décrire ce dont je peux me souvenir, ma langue sera donc plus impuissante que celle d'un enfant à la mamelle. Ce n'est pas qu'il y eût dans cette vive lumière que je regardais, plus qu'un aspect unique, car il est toujours tel qu'il était auparavant : mais pour ma vue qui se fortifiait à mesure que je le regardais, ce seul aspect s'altérait à cause du changement qui s'opérait en moi. Dans la claire et profonde *subsistance* de la haute lumière, il me sembla que je distinguais trois cercles de trois couleurs qui n'en formaient qu'un seul : le premier était réfléchi par le second, comme Iris réfléchit Iris; le troisième paraissait un feu qui brillait de la lumière des deux autres. Que mes paroles sont vaines! qu'elles sont molles pour exprimer ce que je conçois! et ce que je conçois n'est plus rien, si je le compare à ce que j'ai vu. O lumière éternelle, qui ne reposes qu'en toi, qui seule peux t'entendre, et qui souris, après t'être entendue, fortunée d'être seule à t'entendre, le second cercle qui brillait en toi, et que tu réfléchissais, lorsque je l'eus bien considéré, me parut d'une couleur qui approchait de celle de notre corps [1], et qui en même temps n'avait pas perdu la sienne propre. J'étais, devant cette vue nouvelle, semblable à ce géomètre qui s'efforce de mesurer le cercle, et cherche en vain dans sa pensée le principe qui lui manque. Je voulais savoir comment le cercle et notre image pouvaient s'accorder, et comment s'opère l'union des deux natures; mais pour comprendre un tel mystère, mes forces n'étaient pas suffisantes : alors je fus éclairé d'une splendeur de la divine grâce, et mon noble désir fut satisfait. Ici la puissance manqua à mon imagination qui voulait garder le souvenir d'un si haut spectacle; et ainsi que deux roues obéis-

---

[1] Me parut d'une couleur, etc. Le second cercle était Jésus-Christ, qui avait conservé une partie de la couleur de la chair mortelle

sent a une même action, ma pensée et mon désir, dirigés avec un même accord[1], furent portés ailleurs par l'amour sacré qui met en mouvement le soleil et les autres étoiles.

[1] Ma pensée et mon désir, semblables à deux roues d'un char qui obéissent en même temps à la même impulsion, se dirigèrent ailleurs, vers une autre idée, avec le même accord, avec une impulsion pareille à celle qui fait agir deux roues, parce que Celui qui met en mouvement le soleil et les étoiles, Dieu, ne voulut pas que je visse plus longtemps un tel spectacle, ni que le souvenir de tant de merveilles se gravât plus profondément dans ma mémoire.

Tout ce chant termine convenablement le poëme. Voici enfin de très-excellentes réflexions de M. Ginguené, sur ce dénoûment :

« Dante a fait très-sagement de finir avec cette brièveté religieuse et de nous donner une dernière leçon, en trompant pour ainsi dire l'attente où il nous avait mis lui-même d'une chose impossible et hors de la portée du genre humain... Un rayon de la grâce l'illumine et lui montre tout à coup le fond de l'inexplicable mystère. Cette faveur est pour lui seul, il ne peut trouver dans son imagination, ni dans sa mémoire, aucune image pour la rendre sensible : l'Être éternel ne le lui permet pas, et il se soumet à sa volonté. Ce dénoûment est tout ce qu'il devait, tout ce qu'il pouvait être. Le poëte n'a plus rien à nous dire, et l'objet de son poëme, comme celui de son ouvrage, est rempli » (*Histoire littéraire d'Italie*, t. II, p. 281.)

J'ai terminé une grande tâche. Voilà cette immense composition qui enivre d'enthousiasme l'Italie entière. La France, invitée plus tard à connaître et à percevoir avec sa haute intelligence tout ce que la *Divine Comédie* renferme de sage, de hardi et d'abondamment instructif; la France a, de toutes parts, offert l'hommage de son admiration, peut-être un peu tardive. J'ai contribué, j'ose le dire, à l'accord qui règne, en ce moment, sur ce sujet, entre ma patrie et la péninsule Ausonienne. Dans cette action, dont la pensée m'a poursuivi pendant presque toute ma vie, je suis heureux d'avoir joint, un des premiers, mes louanges à celles dont l'Italie environne le *gran padre Alighieri*, et d'avoir ensuite, après Rivarol, averti la France qu'à ses portes, sans qu'aucun de ses historiens en eût fait mention, dans l'espace de plus de quatre siècles, il avait existé un génie du premier rang, un philosophe catholique, éminent théologien, et le plus profond moraliste qui ait su, avec charme, enseigner la vertu, et, d'une main redoutable, attaquer le vice et punir les crimes commis dans tout l'univers, depuis le commencement du monde, jusqu'au moyen âge.

TABLE DES MATIÈRES.

Introduction Page v

ENFER.

CHANT I.

Le poète expose qu'il s'égare dans une forêt obscure, et qu'ayant voulu monter sur une colline, il trouve trois bêtes féroces qui lui en interdisent l'accès. Alors Virgile lui apparaît, et lui promet de le conduire dans l'Enfer et au Purgatoire, en lui annonçant que Béatrix le guidera dans le voyage du Paradis. Dante témoigne toute sa reconnaissance à Virgile, et suit ses pas. Page...................... 1

CHANT II.

Le poète craint de n'avoir pas assez de force pour entreprendre le voyage de l'Enfer. Virgile relève le courage de Dante, qui se rassure et continue de suivre son guide. Page........................ 6

CHANT III.

Virgile et Dante arrivent à la porte de l'Enfer. Ils lisent l'inscription placée sur cette porte. Ils entrent, et trouvent les âmes malheureuses qui vécurent sans vertu et sans vice. Ils parviennent au bord de l'Achéron, et voient Caron qui, dans sa barque, passe les âmes à l'autre rive. Dante est surpris par un profond sommeil. Page... 10

CHANT IV.

Dante se réveille au delà de l'Achéron. Il descend dans les Limbes, qui sont le premier cercle de l'Enfer. Il y trouve les âmes de ceux qui sont morts sans avoir reçu le baptême. Dante est reçu avec honneur par Homère, Horace, Ovide et Lucain. Il voit ensuite une foule d'autres personnages de l'antiquité. Page........................ 14

CHANT V.

Dante arrive dans le second cercle, où il trouve Minos : c'est là que sont punis les luxurieux. Le poète y rencontre Françoise de Rimini et Paul Malatesta Après avoir entendu le récit de leurs malheurs, il s'évanouit. Page.................................... 18

CHANT VI.

Le poète recouvre l'usage de ses sens; il parcourt le troisième cercle, où sont punis les gourmands : Ciacco, Florentin; Plutus, dieu des richesses. Page.................................... 23

CHANT VII

Arrivé dans le quatrième cercle, le poète y trouve les prodigues et les avares. Définition de la *fortune*. Dante et son guide parviennent au cinquième cercle, où sont punis ceux qui se sont livrés à la colère. Page.................................... 27

CHANT VIII.

Virgile et le poète se trouvent encore dans le cinquième cercle. Ils voient venir une barque conduite par Phlégias. Ils montent cette barque pour traverser un fleuve, et ils arrivent ainsi au pied des murailles de la ville de Dité. Les démons qui en gardent les portes leur en refusent l'entrée. Page.................................... 31

CHANT IX.

Sixième cercle. Un ange fait ouvrir aux poètes les portes de la ville de Dité. C'est là que sont punis les hérétiques, renfermés dans des tombes entourées de flammes Page.................................... 35

CHANT X.

Dante s'entretient avec Farinata degli Uberti, et Cavalcante de' Calvacanti Farinata prédit au poète qu'il sera exilé, et qu'il souffrira mille infortunes. Page.................................... 39

CHANT XI.

Continuation de la description du sixième cercle. Virgile apprend au poète que dans les deux cercles qui suivent et qui sont divisés, l'un en trois enceintes, et l'autre en dix vallées, on punit la violence et la fraude. Page.................................... 44

CHANT XII.

Virgile descend avec Dante dans la première enceinte du septième cercle, où sont punis les violents. Ce lieu est gardé par le minotaure. Plus bas, les poètes trouvent une rivière de sang gardée par une troupe de centaures. Un d'eux porte Dante sur sa croupe au delà de cette rivière. Page.. 49

CHANT XIII.

Seconde enceinte du septième cercle. Le poete y trouve Pierre Desvignes, Lano de Sienne, et Jacques de Saint-André, suicides. Page 52

CHANT XIV.

Troisième enceinte, où sont punies trois sortes de violences. La violence contre Dieu, ou l'impiété; la violence contre la nature, ou la sodomie; la violence contre la société, ou l'usure. Les coupables sont tourmentés par une pluie continuelle de flammes ardentes. Description des sources de l'Achéron, du Styx et du Phlégéthon. Page......... 57

CHANT XV.

Troisième enceinte du septième cercle. Dante rencontre Brunetto Latini, son maître. Ce dernier lui prédit qu'il sera envoyé en exil. Page.. 62

CHANT XVI.

Les deux poetes arrivent sur le bord du gouffre, où est le huitième cercle. Virgile y jette une corde qui servait de ceinture à Dante. Tout à coup ils voient venir à eux Géryon, qui figure la fraude. Page.. 67

CHANT XVII.

Le poete décrit la forme de Géryon : il voit ensuite les usuriers qui sont dans la troisième enceinte des violents. Dante monte avec Virgile sur la croupe de Géryon, qui doit les descendre dans le huitième cercle. Page... 71

CHANT XVIII.

Les poetes sont arrivés dans le huitième cercle. Ce cercle se subdivise en dix vallées. Description de la première et de la seconde vallée où sont punis les flatteurs et ceux qui ont de lâches complaisances pour les débauchés. Cacciaunnico, Jason, Interminelli de Lucques. Page 75

CHANT XIX.

Troisième vallée du huitième cercle, où sont punis les simoniaques. Page... 80

CHANT XX.

Les poetes voient la quatrième vallée, où sont punis ceux qui prédisent l'avenir. Le visage de ces pécheurs est tourné vers les épaules, et pour avoir voulu voir en avant, ils ne voient que par derrière, et marchent a pas rétrogrades. Supplice de Manto. Origine de la ville de Mantoue. Page... 85

CHANT XXI.

Dante voit la cinquième vallée du huitième cercle, où sont punis ceux qui ont trafiqué de la justice et de la faveur des souverains. Les poetes y trouvent des démons avec lesquels ils s'entretiennent. Description de l'arsenal de Venise. Page........................ 91

CHANT XXII.

Suite de la cinquième vallée. Dante trouve Ciampolo Navarrais, qui avait vendu la faveur du roi Thibault, son maître. Ruse employée par ce damné pour sortir des griffes des démons qui voulaient le déchirer avec leurs crocs. Page............................ 96

CHANT XXIII.

Sixième vallée, où sont punis les hypocrites. Ils marchent revêtus de lourdes chapes de plomb. Loderingo degli Andalò, et Catalano Malevolti, podestats de Florence, Caïphe. Page............... 101

CHANT XXIV.

Dante sort avec beaucoup de peine de la sixième vallée du huitième cercle. Il voit dans la septième les voleurs piqués par des serpents venimeux. Il trouve parmi ces ombres, Vanni-Fucci de Pistoie. Page... 106

CHANT XXV.

Continuation de la septième vallée, où est puni Cacus qui vola le troupeau paissant près de sa caverne ; la sont punis aussi les concussionnaires. Épisode des serpents. Ciaufa, Angelo Brunelleschi, Puccio Sciancato, Guercio Cavalcante, Buoso degli Abbati. Page..... 111

CHANT XXVI.

Les poetes arrivent a la huitième vallée, où sont punis Ulysse et Diomède, qui marchent renfermés dans une même flamme. Ulysse raconte l'histoire de ses voyages et de sa mort. Page.............. 117

CHANT XXVII.

Dante continue à visiter la huitième vallée. Il rencontre Guido de Montefeltro, qui est aussi renfermé dans une flamme. Page........ 122

CHANT XXVIII.

Neuvième vallée, où sont punis ceux qui répandent le scandale, les schismes et les hérésies. Dante y trouve Mahomet, Aly, Pierre de Medicina, Mosca et Bertrand de Born. Ce dernier, décapité, tient sa tête dans sa main suspendue comme une lanterne. Page...... 127

CHANT XXIX.

Dixieme vallée, où sont punis les charlatans et les faussaires. Griffolin d'Arezzo et Capocchio de Sienne. Ils sont couverts de lèpre Page.. 132

CHANT XXX.

Continuation de la dixieme vallée. Punition de trois sortes de faussaires, Gianni Schicchi, Florentin, habile a contrefaire la voix des autres personnes, et qui dicta un faux testament; Myrrha, fille de Cynire, roi de Chypre. Dispute entre maître Adam, falsificateur de métaux, et Sinon, que Dante appelle le Grec de Troie. Page......... 137

CHANT XXXI

Les poetes descendent dans le neuvième cercle qui est partagé en quatre enceintes, où sont punies quatre sortes de traîtrises. Ce cercle est bordé par des géants, au nombre desquels Dante voit Nembrot, Éphialte et Antée. Ce dernier prend dans ses bras les deux poetes, et les dépose dans le neuvième cercle. Page.................. 144

CHANT XXXII.

Première enceinte appelée giron de Cain. Dante y trouve les frères Alberti, Mordrec fils d'Artus, Focaccia Cancellieri, Sassolo Mascheroni, Camiccion de' Pazzi. Seconde enceinte du neuvième cercle, ou giron d'Anténor. Dante y trouve les traitres à la patrie, Bocca, Buoso da Duéra, Beccaria, Soldaniero, Ganellone, Tribaldello, et enfin le comte Ugolin, qui ronge la tête de l'archevêque Ruggiéri. Page 148

CHANT XXXIII.

Épisode du comte Ugolin. Troisième enceinte dite Ptolémée, où sont punis ceux qui ont trahi leurs bienfaiteurs. Parmi ces traîtres, Dante trouve frère Albéric. Dans les notes on cite des vers de Lucrèce, traduits par M. de Pongerville. Page...................... 153

CHANT XXXIV.

Quatrième et dernière enceinte du neuvième cercle, dite enceinte de Judas, où Lucifer est enchaîné, entouré de traîtres. Dante et Virgile sortent de l'enfer, et revoient l'éclat des étoiles. Page.......... 160

PURGATOIRE.

CHANT I.

Invocation aux Muses, les quatre étoiles (la *croix du Sud*). Le poète expose qu'il rencontra l'ombre de Caton d'Utique, qu'il lui adressa plusieurs questions, et qu'ensuite il suivit avec Virgile un chemin qui conduisait à la mer. Là, ce dernier lava la figure de Dante, et lui mit autour du corps une ceinture de joncs, ainsi que Caton l'avait recommandé. Page.......................... 169

CHANT II.

Dante et Virgile voient venir une barque remplie d'âmes conduites par un ange dans le Purgatoire. Parmi elles, Dante reconnaît Casella, son ami, célèbre musicien. Celui-ci s'était arrêté pour chanter, et Dante prenant plaisir à l'écouter, Caton survient, et leur reproche leur négligence. Page................................ 175

CHANT III.

Les deux poètes se présentent pour gravir la montagne, mais ils la trouvent trop escarpée. Pendant qu'ils délibèrent, il survient une foule d'âmes qui leur montrent le chemin qu'il faut suivre. Une de ces âmes dit à Dante qu'elle est Mainfroy, roi de la Pouille et de la Sicile. Page.. 180

CHANT IV.

Dante raconte que la troupe d'ombres au milieu de laquelle se trouvait Mainfroy, ayant montré des sentiers très-étroits, il les gravit, à l'aide de Virgile, non sans beaucoup de difficultés, et monta sur une plate-forme où étaient retenus les négligents qui avaient tardé à faire pénitence. Le poete rencontre parmi eux Belacqua. Page...... 185

CHANT V.

Dante trouve les négligents, et ceux qui, surpris par une mort violente, eurent le temps de se repentir et furent sauvés. Jacques del Cassero, Buonconte de Montefeltro, Pia, noble Siennoise. Page........ 190

CHANT VI.

Dante continue de parler des négligents qui ne se sont repentis qu'en recevant une mort violente; il rencontre ensuite Sordello de Mantoue, et il apostrophe toute l'Italie, et particulièrement Florence. Page... 194

CHANT VII.

Le poete rencontre ceux qui ont tardé à se repentir pour s'être endormis au sein de l'autorité et du commandement, et qui se purifient dans un pré émaillé de fleurs. Il y trouve l'empereur Rodolphe, père de l'empereur Albert; Philippe III, roi de France, et fils de saint Louis; Henri de Navarre, dont la fille avait épousé Philippe le Bel; Pierre III, d'Aragon; Charles Ier, roi des deux Siciles; Pierre, quatrième fils de Pierre III; Henri d'Angleterre, fils de Richard, Guillaume, marquis de Montferrat. Page..................... 200

CHANT VIII.

Les poetes voient deux anges armés d'épées flamboyantes, et qui sont commis à la garde de la vallée, et trouvent ensuite Nino, et Conrad Malaspina, qui prédit à Dante qu'il sera exilé. Page......... 205

CHANT IX.

Dante rapporte qu'il monta en songe jusqu'à la porte du Purgatoire, et il décrit le chemin qu'il parcourut pour y arriver. Un ange qui tient une épée à la main lui en ouvre la porte. Page.............. 211

CHANT X.

Les poetes montent jusqu'au premier cercle, où se purifie l'orgueil Ils voient plusieurs exemples d'humilité. Épisode de Trajan et de la veuve. Page.. 216

CHANT XI.

Parmi les âmes orgueilleuses, Dante reconnaît Oderigi da Gubbio, avec uel il s'entretient longtemps ; Provenzano Salvani. Page.... 222

CHANT XII.

Les poetes quittent Oderigi da Gubbio, et continuent de marcher. Ils voient sculptés sur des marbres de la corniche beaucoup d'exemples d'orgueil Dante commence a décrire le second cercle, où se punit le péché d'envie. Page.. 227

CHANT XIII.

Dante avance dans le second cercle, où l'on se purifie du péché de l'envie, et trouve quelques âmes couvertes d'un cilice, et qui avaient les yeux cousus avec un fil de fer Parmi elles, il rencontre Sapia, dame siennoise. Page.. 232

CHANT XIV.

Continuation du cercle où l'on se purifie du péché de l'envie. Dante rencontre messer Guido del Duca de Brettinoro, et messer Rinieri da Calboli de Romagne. Page.. 238

CHANT XV.

Dante annonce qu'un ange lui indiqua le chemin qui conduisait au troisième cercle où l'on punit la colère. Là, les poetes furent incommodés par une grande fumée qui les empêchait de distinguer les objets. Vision extatique de Dante. Page................... 244

CHANT XVI

Dante trouve dans le cercle des ombres qui ont été adonnées à la colere, Marc Lombard, noble Vénitien. Celui-ci démontre l'erreur des hommes qui croient que nos actions ont pour causes les influences du ciel. Page 249

CHANT XVII.

Les poetes sortent du lieu obscurci par la fumée, et retournent a la lumière. L'imagination de Dante lui retrace plusieurs exemples de colere. Il est conduit ensuite par un ange à la voie qui mène au quatrième cercle, dans lequel se purifie le péché de la paresse. Page 254

CHANT XVIII

Virgile decrit dans ce chant ce qu'est proprement l'amour. Dante presente ensuite plusieurs exemples de célérité opposés au péché de la paresse, puis il se livre au sommeil. Page.................... 260

CHANT XIX.

Dante monte au cinquième cercle Il y trouve le pape Adrien V, qui lui dit qu'il se purifie du péché d'avarice. Page................ 265

CHANT XX.

Dante raconte qu'après avoir suivi quelque temps le même chemin, il rencontra Hugues-Capet, et qu'ensuite il entendit trembler la montagne, et qu'alors les âmes chanterent « *Gloire à Dieu* » Page.. 270

CHANT XXI.

Dante, en continuant son chemin, rencontre le poete Stace qui, après s'être purifié, montait au Paradis. Il apprend la cause du bruit extraordinaire qu'il a entendu. Page 278

CHANT XXII

Les poetes entrent dans le sixieme cercle où l'on punit le péché de la gourmandise; ils y trouvent un arbre couvert de fruits savoureux et baigné par une eau limpide qui tombait de la montagne. Page.. 283

CHANT XXIII

Beaucoup d'âmes rejoignent les poetes. Dante reconnait parmi elles, Forese, frère de Corso Donati, Florentin, et qui adresse des reproches aux dames florentines a cause de leurs habits immodestes. Page 289

CHANT XXIV.

Les poetes arrivent près d'un second arbre, d'où sortent des voix qui rappellent différents exemples funestes de gourmandise Enfin, ils trouvent l'ange qui les envoie aux degrés du septième et dernier cercle, où l'on se purifie du péché de la luxure. Page.............. 294

CHANT XXV.

Dante étant monté au dernier cercle, trouve ceux qui se purifient, dans le feu, du péché de luxure. Stace et Virgile dissipent quelques-uns de ses doutes, et tous trois ils entendent rappeler autour d'eux des exemples de chasteté Page... 299

CHANT XXVI.

Dans ce chant, Dante raconte qu'il s'entretint avec Guido Guinicelli, et Daniel Arnaut Provençal. Page............................ 304

CHANT XXVII.

Autre vision de Dante. Il monte ensuite à la partie la plus elevée de la montagne, et la Virgile le laisse en liberté de faire ce qu'il voudra, sans qu'il reçoive de conseil. Page............................ 310

CHANT XXVIII

Dante se trouvant dans le Paradis terrestre, veut s'avancer vers une grande forêt; le fleuve Léthé l'empêche d'y pénétrer. Sur ses bords, il voit Mathilde chantant et cueillant des fleurs. Cette femme, interrogée par Dante, éclaircit quelques-uns de ses doutes. Page..... 315

CHANT XXIX.

Dante et Mathilde marchent le long du fleuve. Elle lui fait remarquer une nouvelle apparition. Page................................ 320

CHANT XXX.

Béatrix, descendue du ciel, reprend Dante de son peu de prudence qui l a entraîne dans une conduite tout autre que celle qu'elle lui avait indiquée pour son salut. Page........................... 325

CHANT XXXI.

Dante confesse toutes ses fautes a Béatrix; bientôt plongé par Mathilde dans le fleuve Léthé, il boit de ses eaux. Page............... 331

TABLE DES MATIÈRES.

CHANT XXXII.

Dante arrive au pied de l'arbre de la science du bien et du mal, il y est surpris par le sommeil. Page.................................... 335

CHANT XXXIII.

Dante, toujours conduit par Mathilde, goûte des eaux du fleuve Eunoé, ensuite il se trouve purifié et digne de s'élever au séjour des étoiles. Page.. 341

PARADIS.

CHANT I.

Le poète expose dans ce chant qu'il est monté vers le premier ciel sous la conduite de Béatrix. Il y conçoit plusieurs doutes que son guide s'empresse de résoudre. Page.................................... 349

CHANT II.

Le poète monte avec Beatrix dans le corps de la lune. Là, il demande ce qui produit les taches qu'on aperçoit dans cette planète. Béatrix lui en explique la cause. Page 355

CHANT III.

Dante rencontre dans la lune les âmes des femmes qui, sur la terre, ont fait le vœu de virginité, et que la violence contraignit à le rompre. Il trouve parmi elles, Piccarda, sœur de Forèse, qui lui raconte son histoire, et celle de Constance, fille de Roger, roi de Sicile, et épouse de l'empereur Henri V. Page.................................... 360

CHANT IV.

Dante se trouvant encore dans la planète de la lune, Béatrix lui apprend où est le séjour des bienheureux, et lui explique la différence qui existe entre la volonté mixte et la volonté absolue; il demande ensuite si l'homme qui a rompu ses vœux peut offrir une satisfaction, en rappelant de bonnes actions qui trouvent grâce devant Dieu. Page.. 364

CHANT V.

Béatrix resout le doute avancé par le poète à la fin du chant précédent.

CHANT XX.

L'aigle fait l'éloge de quelques anciens rois qui ont été justes et vertueux ; elle explique ensuite à Dante comment plusieurs personnages qui n'ont pas eu la foi chrétienne ont obtenu une place dans le ciel. Page. 447

CHANT XXI.

Dante monte, du ciel de Jupiter, à celui de Saturne. Il y trouve ceux qui se sont adonnés à la vie contemplative, et il y voit une échelle très-haute couverte d'une foule de substances. Saint Pierre Damien répond à toutes les demandes que le poète lui adresse. Page.... 453

CHANT XXII.

Le poète trouve saint Benoît dans la planète de Saturne ; ensuite il monte, en entrant dans le signe des Gémeaux, a la huitième sphère, qui est le ciel des étoiles fixes. Page................................. 458

CHANT XXIII.

Le poète expose dans ce chant qu'il vit le triomphe de Jésus-Christ que suivaient un nombre infini de bienheureux. Page............. 463

CHANT XXIV.

Saint Pierre examine Dante sur la foi. L'apôtre approuve les réponses du poète. Page.. 467

CHANT XXV.

Saint Jacques examine le poète sur l'espérance, et lui propose trois doutes. Béatrix répond au second, Dante répond au premier et au troisième ; saint Jean l'Évangeliste entretient ensuite le poète Page . 473

CHANT XXVI

Saint Jean l'Évangeliste examine Dante sur la charité. Adam a un entretien avec le poète. Adam ensuite dit combien de temps il est resté dans le Paradis terrestre. Page 479

CHANT XXVII.

Saint Pierre se répand en reproches contre les mauvais pasteurs, ensuite Dante monte à la neuvième sphère avec Béatrix, qui lui en explique la nature et la vertu. Page...................... 485

www.ingramcontent.com/pod-product-compliance
Lightning Source LLC
Chambersburg PA
CBHW070823230426
43667CB00011B/1678